商标法

实证性分析

TRADE MARK LAW

A PRACTICAL ANATOMY

[英] 杰里米·菲利普斯 (Jeremy Phillips) 著
马强 主译
王燕 陈洁 廖飞 译
马强 审校

中国人民大学出版社
·北京·

序

孔祥俊[①]

我从事商标法研究和实务工作已有多年，既撰写过一些商标法论著，又审理过一些商标大要案，对于商标法的理解和认识也是逐步由浅入深的。我曾经研究和执行反不正当竞争法多年，因反不正当竞争法与商标法有一定的关联，我以前对商标法也有所了解，起初并未觉得商标法问题有多么复杂。我刚开始从事知识产权审判时，主持审理的第一个商标案件是侵犯“长城牌”葡萄酒商标的案件。该案涉及的商标近似等问题使我们纠结不已，此案使我初识商标法问题之疑难复杂，远非我最初的想象。随着遇到商标法适用问题的增多，我对商标法的研究日益深入，但所遇到的困惑也越来越多。对于商标法适用中的那种左右为难和踌躇难决，我曾在拙著《商标法适用的基本问题》[②] 中有过较多的描述。我曾说过，在商标法适用中我们不断面对丰富多彩和纷繁复杂的司法难题，不断应对司法政策的取舍和裁判选项的选择，不断处理抽象与具体、一般与特殊、原则与例外、稳定与变动的复杂关系。正是为解决高难度的商标法适用问题，我才在近乎哲学的层面对于有关疑难问题进行了探讨。我深感了解思考越多，困惑也就越多。商标法的适用不仅涉及高深复杂的理论，而且需要实践智慧。

为研究和解决商标法适用问题，我对于国外的商标法也有较多的了解和借鉴。商标法具有相当程度的国际共通性，我从比较法的研究中受到了很多启发，也不时有所借鉴。杰里米·菲利普斯教授撰写的这本《商标法：实证性分析》就是我颇为认同的国外商标法著作。多年前我就接触到这本书，我在 2006 年出版的《商标与不正当竞争法——原理与判例》[③] 中就有多处援引该书的观点。我当时即感到该书不仅有较为深入的理论阐述，而且紧密结合商标法实践，理论与实践兼备。该书作者本身就是有深厚的实践背景的。为该书作序的雅各布法官也是我的朋友，我也很认同他在序言中对商标法的评价。不久前得知马强博士等将该书翻译为中文，颇为高兴。马强博士等既有留学背景，又长期从事商标法实务，

① 最高人民法院审判委员会委员，华东政法大学、西南政法大学教授、博士生导师。

② 孔祥俊：《商标法适用的基本问题》，北京，中国法制出版社，2012。

③ 孔祥俊：《商标与不正当竞争法——原理与判例》，北京，法律出版社，2006。

外文和商标法功底均很深厚，这使得本书的翻译质量很高。他们在繁忙的工作之余，能够静下心来从事翻译，很值得赞赏。我深感这是为我国商标法研究和实践做了一件大好事。

本书是一本难得的高质量商标法著作，我很乐意向同行们推荐这本好书。

2014 年 7 月 5 日

中文版序

2003年年底，这本书英文版出版的时候，社会各界有好奇也有惊讶。这是一本有关商标法的书，但它并不具体介绍某个国家的商标法，事实上它援引了六十多个国家的案例法和实务。然而，它也不是一本系统学习或比较各国商标法的著作，其实它是尝试从各类对品牌活动和市场营销有兴趣的人的视角来阐释商标法，包括品牌所有人及其合法或非法的竞争者、消费者、法律代表人、商标被许可人、商标行政主管机构、市场营销顾问和法官。这一探索的目的在于展现人们其实拥有相同的兴趣、期望和关切——在许多情形下，无论各国法律具体如何规定，我们解决问题的方式是大致相同的。

这既不是一本教科书，也不是一本从业者的参考书。在出版初期，这本书没有立刻得到认可，而如今，在它出版十年之后，它已被认为是一本能够给予读者思想与启迪的书，也能使读者更加理解我们为什么都对商标和品牌如此关注。

过去十年中，法律条文一改再改，而现实生活中自然人和公司的行为却未曾改变。商标的注册、撤销、异议和侵权仍在持续发生，品牌价值仍在继续增加或减少。成功的品牌依然是承载着法律权利的“商品”。消费者也依旧用商标来判断商品的质量或来源，或者用其来宣扬个人价值。而法院，仍然在品牌所有人、市场和广大消费者的利益冲突中努力地寻求着平衡。这本书就是奉献给这些人的，我也同时向他们表达我最好的祝愿。

最后，我需要特别感谢我的中国朋友们承担并完成如此繁重庞大的翻译工作。正是通过他们的辛苦努力，我向整个世界讲述商标重要性的工作才得以延续。

杰里米·菲利普斯

序言

应邀写这篇序言，我觉得很荣幸，也很高兴，原因容我下面道来。多年以前一位枢密院法官（不确定是 Eve 法官、Clauson 法官抑或是 Romer 法官）审理了一起十分不起眼的有关商标可注册性的上诉案件——好像是商标太具有描述性之类的问题。他开始的观点大意是他必须决定一件“这个不是那么有意思的法律分支”的事务。实际上我并没有再查到具体是哪个案件了——对于一个用功的学生或实习生来说，这却是个有意思的任务。不管法官是谁，他都大错特错了，因为商标法具有令人惊叹的欺骗性。其不寻常之处在于，你对商标法知道得越少，你就越会觉得它简单——我们都知道商标是什么，很明显，你不能注册描述性的商标，也不能使用别人的商标或与之混淆性近似的商标。那就是问题的全部，是不是？当然不是。那些必须涉足该领域的人们会惊异地发现，他们遇到了真正的知识难题。已故的我在出庭律师实习期间的导师安东尼·沃顿在我被任命为［1993］FSR 764 案法官的欢迎致辞中诙谐地说，“老法之下，的确如此”。他描述为哥德尔不完备定理（哥德尔不完备定理（Gödel Undecidable），大意指一切逻辑系统，不论多么复杂，都不可能导出所有定理，其本身必是“不完整”的）的问题之一是“商标究竟是什么?”还有一些其他的商标问题，都在新法之下浮现出来。他请求我不要决定这些问题，因为这些问题让律师们做会大有可为。

倘若安东尼得知那些以新的形式出现的商标问题均未有定论，他会高兴的。与此相反，在我看来，尽管《欧盟理事会指令》生效后（难道该指令真的才生效 9 年?）欧洲法院已经作了大量的裁定，商标法却比多年以前更加模糊，更加不确定——事实上在没有法院出台那么多“有益的”解释之前更是如此。新概念或至少新词已经出现——“全球评估”、“词汇的创新”、“来源保证”等等，然而我们并未将法律规则解释得更清楚。

杰里米·菲利普斯做了什么呢？他提供了商标法问题的清晰答案了吗？我们能通过阅读本书了解商标是什么和为什么的问题吗？肯定不会。我们能读到的是更令人激动的内容。我们会更深入地洞察相关的知识产权问题。本书令你思考，也会让你从更深层次理解为什么商标法上的一些基本问题至今悬而未决而且可能永无答案。他也会使你理解商标法实际上和量子力学有许多共同点。二者本质上都存在不确定性。

不仅如此，杰里米·菲利普斯更以貌似轻快的笔触阐释了这些问题。它不像大多数法律图书。你翻开此书的任何一页，都肯定会被读到的内容吸引，通常还会轻声一笑。由于杰里米本来就在阐释原则性问题的缘故，本书肯定会吸引世界各地的商标律师——无论你所在法律制度的细节如何，潜在的知识问题总会浮出水面。我不会说读者都必定同意他的观点。他们很可能不会赞同——但是他们会被激发去思考找出自己的答案。它不是那种会让你打盹的法律读物。请阅读、欣赏吧。

皇家司法法院上诉法官　罗宾·雅各布

2003年10月

前言和致谢

我为什么写作此书?

写作初衷

我写此书的唯一目的在于向希望阅读本书的读者揭示商标制度运作的方式。此书没有隐藏的安排。它既非为商标所做的辩解，也非对它的攻击。我也并不是特别为教育学生或者开导商标从业者而写作的。我没有试图在本书中加入满满的脚注，也没有用熟悉和容易检索到的无用长篇附录把书拉长。我的目的是表现商标法的乐趣，指出它的罪行，嘲讽它的反常，惊羡于它的精益的用途，愤慨于对它的滥用。

我不会说我比别人更有资格写这本书。商标法很久以来就是我生活的主要部分，以至于我能在写作这本书时带来很多不同的观点。作为一个学者，我教授和研究这一学科；作为一个作者、编辑和出版者，我最大限度地探究了它的各个分支；作为一个消费者和之后涉足商业领域的生意人，我也做出过基于品牌的各种决定；作为一个现实和潜在的诉讼当事人，我做出过有利的判断，因为我知道错误的判断只能使我自己遭受损失；作为行政官员，我承担了商标保护的一些责任；作为一个英国“神奇圈”(Magic Circle，指英国五大老牌顶级律所。——译者注)律师事务所的知识产权顾问，我为世界上一些最知名的品牌提供了很多实践和理论方面的法律建议。自 1973 年起，商标就成了我的面包、黄油和果酱。

本书是我的商标宣言。由于我受雇于自己，我很感激不会有愤怒的雇主因我的言辞而解雇我，也不会有任何学术团体能压抑或误导我的努力或者取消我的终身职位。我上了年纪的老师 Harry Bloom 教会我许多有益的事。第一件事是享有学术自由最好的方式是避免成为大学的雇员；第二件事是如果没有强有力的事实基础，任何意图严谨的写作都是没有价值的；第三件事是如果你没有什么可说，那就别说。但对我而言，却有很多话要说。能以我手写我心，我感到是一种极为有趣的满足，而自我雇佣的不安全感只是获得这种满足的小小代价。

他人的作品

对于不是我写的商标类书籍，以及我写的这本书，我也想说两句。同事们和同学们会记得一些我对他人作品的苛刻评价。有案可查的，它们在细节问题上要么太过冗长，要么寥寥数语；它们充斥着别人的见解，没有任何有意义的评论；它们鹦鹉学舌般乏味地复述法律或者危险地解释法律。花了过去 9 个月中大部分时间来重读这些作品，我愿意收回我对它们的尖锐评价——好吧，至少是大部分评价——并感谢它们对我的写作所发挥的作用。

方法论

本书源于我在 2002 年 9 月至 2003 年 6 月之间这 42 周时间的笔记草稿，我知道有限的闲暇时间一旦用完，就不得不停止写作。所以，我当时暂别讲台，全身心投入阅读、写作和修改的狂乱日程中。本书的写作是自下而上的，从资料和脚注开始，到段落，再到章节。因此，对于那些习惯于阅读有关商标的传统内容的读者来说，本书有些怪异。敏感的读者会意识到书中有些段落还有待修改和润色才能达到完美，尽管我已经尽力将该影响最小化。

我首先试图阅读那些原始的资料，比如案例、条令、指令、规范和条约。之后我才看同僚们著作和文章中的内容，部分是为了看我是否能独立地与他们的观点达成一致，部分是为了验证推理过程。在写作一个特定主题时，我的观点似乎与通说不尽一致，以致使我怀疑是否遗漏了什么重要的问题点。从这种训练中，我逐渐认识到，商标法领域有很多问题远未解决，还有许多可争论或补充的空间。

责怪谁？感谢谁？

本书所有内容的责任完全由我本人承担。我在下文中感谢的人中有许多和我的观点大相径庭，一些人希望能表明我所写的内容不会被当做他们的观点。我请求那些和我观点不同的人对书中一些章节的草稿进行评论，原因在于两点：学习他们的批评；看看我的理论是否能经得起他们的批评。无论我本人同意与否，这些评论都增进了本书的总体质量以及我认识问题的深度。

在此无法具体描述许多批评者评价或批判草稿章节的热忱。一些人，不满于仅在我所写内容的侧翼开火，不满于仅从我的分析中挑刺，甚至决定重写本书的有关内容，当然我不会负责：他们的靶子包括从 TRIPs 和巴黎公约中的逐字引证，更不用说 Saki 的微妙讥刺和 Naomi Klein 的尖锐散文，所有的一切都是改善内容的有益建议。书中的引言故事常遭受最挑剔的文学批评，第 14 章中曼迪的角色被给予了心理分析，一些诗作也被鉴定为破坏了文体和韵律的严格要求。我愿再次给同时也作为作者的读者们一个建议：曾在他们的文章上批满了红墨水和刺耳评论的学生，最适合对你的草稿发表评论建议。

在向那些曾帮助过我的个人表示感谢之前，必须感谢来自 Slaughter & May 的集体支持。这一富有才华的团队过去和现在向我提供了思想种子得以萌芽的友好而宽容的氛围。Negel Swycher，Susie Middlemiss，Cathy Connolly Rob Sumroy 以及辅佐他们的 Carina Badger，Martin Cook，Dominic Dryden，David Morris，Mark Persons，Rhys Steiger Wald 和 Richard Watts，他们对本书的贡献比他们能意识到的更多。

说到需感谢的个人，首先就是我的研究助理 Ilanah Simon（玛丽女王知识产权研究中心），她也是我在 www. ipkat. com 网络博客上的伙伴。Ilanah 特别值得赞扬，她将我写的内容和思想提高到一个极高的评论水准，发现并质疑了书中建议的矛盾之处。她的许多见解如此细致，如此令人信服，以至于我几乎情不自禁要说书中存留的任何错误都得归咎于她，而不是我本人。她是商标学术世界中一位真正的"鞭笞小姐"，在她面前所有 A4 白纸都感到恐惧，期待她严厉的修改。我须承认，在极个别的情况下，当我碰巧找出 Ilanah 未能找出的错误时，我欣喜万分。感谢你，Ilanah。

另一位极大地帮助我理解了这个问题的人是商标代理人 Claire Lazenby。她敏捷的目光和锐利的评论——其中一些起码与本书的内容一样具有争议——使我保持警醒。

需要提及的还有下列个人：

(1) 我的学生（过去以及现在的），提出了很多关于商标法的我仍然在思考的问题，尤其是 Suzanna Hawkes，Eva Lehnert，Noam Shemtov 和 Tom O'Shea。

(2) 学者们，以姓氏字母排列：Subathire Amarasingham，Catherine Colston（斯特莱斯克莱德大学），Jennifer Davis（剑桥大学沃尔森学院），Gerald Dworkin 教授（新加坡知识产权学会），Catherine Ng（牛津圣彼得学院），Spyros Maniatis（玛丽皇后学院），Ruth Soetendorp 教授（波恩茅斯大学），Paul Torremans（诺丁汉大学），Uma Suthersanen（玛丽皇后学院）以及 David Vaver 教授（牛津圣彼得学院）。

(3) 鼓励我，并给予我信息或有用意见的，在英国从事私人执业的律师和学员、大律师以及商标代理人，包括下列各位，以姓氏字母排列：Richard Abnett（Reddie & Grose），Lucy Adler（Harbottle & Lewis），Ray Black（S. J. Berwin，London），Hugh Brett（White & Case），Nina Burden（Charles Russell），Anna Carboni（Wilberforce Chambers），Larry Cohen（McDermott Will & Emer-

y)，Michael Edenborough (Hogarth Chambers)，John Groom (Hallmark IP)，Carolyn Jones (Richards Butler)，Ian Karet (Linklaters)，Louise Gellman (Nabarro Nathanson)，Tibor Gold (Kilburn & Strode)，Gill Grassie (MaclayMurray & Spens)，Naomi Gross (Herbert Smith)，Gurminder Panesar (Taylor Wessing)，Tim Pinto (Taylor Wessing) 以及 Michael Skrein (Richards Butler)。

(4) 鼓励我，并给予我信息或有用意见的在英国境外的私人执业者，包括下列各位，以姓氏字母排列：Juliette Biardeaud (Gilbey de Haas，Paris)，Sheldon Burshtein (Blake Cassels & Graydon，Toronto)，Fabrizio Jacobacci (Jacobacci e Associati，Turin)，Bas Kist (Shieldmark，Amstedam)，Sheldon H Klein (Arent Fox Plotkin & Kahn，Washington DC)，Roland Kunze (Wuesthoff & Wuesthoff，Munich)，Willem Leppink (NautaDutilh，Rotterdam)，Patricia McGovern (L K Shields，Dublin)，Neil Wilkof (Herzog Fox & Neeman，Tel－Aviv)，Steven Nemetz (Blaney McMurtry，Toronto) 以及 Gert Wurtenburger (Wuesthoff & Wuesthoff，Munich)。

(5) 对于那些为拥有知识产权的实业工作的人，我受益于以下各位的思想和意见：Jeffrey Belson (Hewlett Packard)，Bob Boad (BP)，Dawn Franklin (Brandright)，Kelvin King (Valuation Consulting)，Daniele Le Carval (Pocter & Gamble)，Tove Graulund (Arla Foods)，John Noble (British Brands Group)，Lyndon Miles (Investec)，Frederick Mostert (Richemont) 及 Naomi Runquist (Glaxo Smith Kline)。

(6) Sir Robin Jacob (专利法院，现在上诉庭，伦敦)，David Keeling，Stefano Sandri 以及 Kerstin Sundstrom (欧洲商标协调局复审委员会成员)，Bojan Oretnar (世界知识产权局)。

(7) 欧洲商标报告编辑委员会的很多成员也向我提供了关于该特定领域的信息。

(8) 对于欧洲商标所有人组织 MARQUES 无法言尽的灼见，我感到万分感谢，我拾穗于其精彩的会议，了解商标所有人的期望与他们的法定代理人所理解的它们的期望之间的差距。

(9) 我还需要对未能列入上述各类别的个人表示感谢：Chavi Phillips (Brent Cross) 给予我很多关于品牌和市场相关问题的有价值的信息，Barney Phillips (Barnstormers Publicity) 在若干行销问题上给予我建议，Rachel Simon 对第 18 章“地理标记”提供了美味的食谱。

这本书在我找到可能的出版商之前已经完成了五分之二，可谓私生子。我与牛津大学出版社的联系即便非常短暂，但完全意气相投。这要归功于 Chris

Rycroft 的努力，他在指导我克服所有困难并冲向我热情的高峰上做了出色的工作。

那些启发、鼓励或煽动我、挑战我的思维过程，使得我得以对商标形成比原本更深远认识的人也对这本书做出了其他形式的贡献。他们包括我年迈的博士生导师 Harry Bloom（律师、小说家、编剧、记者以及幻想家），给人留下深刻印象并要求严格的 John Murphy（Interbrand 公司的创设人，现在是 St Peter's Ale 和 Plymouth Gin 品牌的幕后力量），偶尔脾气暴躁的前任 PTMG 总裁 Derek Rossitter 及另外两个非常与众不同的、但我素来珍视并尊敬其观点的个人，Florent Gevers（Gevers）和 Charles Gielen（NautaDutilh）。在这一类别中还有我仅了解其著作的 Naomi Klein，她的《拒绝品牌》一书激发了我写这本书的连锁效应。

最后一句开篇语：先父是一位不相信法律课本的律师。不仅是因为它们很昂贵，更因为它们缺乏适用性：如果你是个好律师你不需要它，如果你不是个好律师，它们也帮不了你。但他却给予了他的家庭和朋友无条件的支持和全身心的爱。他虽然永远不会阅读此书，但他将为我的名字印在封皮上感到骄傲。

杰里米·菲利普斯（Jeremy Phillips）
jjip@btinternet. com
Temple Fortune，2003 年 8 月

目 录

第1章

关于这本书需要说明的一些小问题

A. 咬文嚼字及概念上的过分关注：商标专家的真正标志

几乎所有的商标狂热者都是学究。他们是那种在对话过程中纠正你并且提醒你，当你说“Hoover”时，你实际上指的是“吸尘器”。当你要一瓶“Coke”时，你实际上指“萃取蔬菜精味道的碳酸可乐饮料”。你的Frisbee对他们而言是，“塑料模制的飞行盘”，使你的衣服扣好的不是Velcro，而是“搭扣”。 1.01

这种咬文嚼字突出了法律规则和生活用语之间不断冲突的状态。如果奥地利举国上下将便携式立体音响系统称为“walkman”，无论这个词语是否是新造词， 1.02

它实际上已经是一个常见名词，因此，它在奥地利也不再是一项商标。① 也有其他词语从一开始绝对是普通词语，但被经营者所采用，提升至商标的地位，例如APPLE、ORANGE以及PENGUIN。另一些词语则一开始是商标，因公众使用发生变化然后再被商标所有人纠正，如MERC、CHEVY以及COKE。文字不断地在一般用途和商标用途之间转变，不但扩充了日常用语也充实了私人财产。

1.03 除了将法律用语从生活用语中区分出来，真正的商标爱好者还不知疲倦地检视着若干问题地带。我们的使命引导我们总是执著于思考我们的律师同行、以至于我们中的多数人难于理解的一些词语和概念上的含义。其中一例便是我们反复需要了解什么是“相同的”，什么是“近似的”。在法律世界中虽然有很多细致的规则和标准，但只有商标律师能符合逻辑并令人信服地主张商标ARTHUR ET FELICIE与商标ARTHUR是相同的。② 但这不是全部。我们还为软饮料是否与啤酒类似，以及鱼钩是否与鱼竿类似设定规则。我们判定对牙医提供的服务是否与由牙医提供的服务类似。在商标和标记方面，我们是唯一掌握着ORANGE XPRESS是否与ORANGEX近似，或者文字APPLE是否与一幅苹果图片近似的答案的人。

1.04 任何一本典型商标法书籍的读者或因商标法规则本身，或因它们转化为商事惯例的途径而感到疑惑不解。就不同企业之间的商业竞争来看，商标法也是丛林规则。它或许不够敏锐或错综复杂，可能对于那些日常与之打交道的人而言，时时刻刻都是不方便的，但最终人们还是得遵守它。

1.05 即便是通过清楚、无歧义的书面表述，也无法消除读者对于商标法性质和实效的疑惑，但是，也不应该因缺乏确定性的表述来加剧这个问题。因此，我尽量用简洁的用语来书写，甚至冒着以概括性描述代替精确性描述的风险。对于那些需要获得更多法律信息的人，尤其是有关特定国家的法律而不是本书所描绘的世界整体情况，会找到多如牛毛的本书无法相比的其他书籍。

B. 本书的用语习惯

1.06 在本书中，我一般将商标以大写字母方式书写以区分于公司名称（首字母大写）以及一般用语（小写字母）。因此，APPLE是苹果公司（Apple Corp.）所拥有的一项商标，而有别于“一天一苹果（apple），医生远离我”。我没有在我

① 见Sony Europe诉Time Tron Corp案，2002年6月（未公开）（奥地利最高法院）。

② 见SA Societe LTJD Diffusion诉SA Sadas案，C-291/00号案，2003年3月20日判决（未公开）（欧洲法院）。

的书中写满Ⓡ的标志，这是因为，这样做会使内容看起来累赘并俗气（比方说，试想一下这句话，“来麦当劳（McdonaldsⓇ）和米老鼠（Mickey MouseⓇ）、唐老鸭（Donald DuckⓇ）以及来自迪斯尼乐园（Disney WorldⓇ）的朋友们一起尽情享用巨无霸（Big MacⓇ）吧！”）。在拼写地理标志的时候，我采用首字母大写的方式（例如，Champagne、Gorgonzola）。

我在拼写“商标”时，一般用“trade mark”而不是“trademark”。前者主要见于欧盟以及老英联邦国家中；后者主要为世界知识产权组织所用，世界贸易组织以及美国、加拿大这些个人主义的天堂则使用“trade-mark”。在拼写上，我惯用英式对名词许可“licence”的拼写，而不是美式的“license”，从而便于与动词“to license”区分开来。 1.07

除了英国，几乎所有使用英语语言的国家称呼在法院起诉他人的人为“原告(plaintiff)”[3]。但1999年英国受到法律改革浪潮的冲击，很多拉丁短语在该国消失了（从而使得英国用语有别于那些坚持使用拉丁用语的大陆法系国家的用语），并将“原告”改为“申诉人”(claimant)。（本书为了理解的方便，仍然将作者的用语claimant翻译为原告。——译者注）显然有些人认为英国人可能不明白“原告”的含义，即便该词在英国长盛不衰的反映美国法院系统的电视剧中无处不在。出于对那些比我们更具真知灼见并为我们做出此决定的当权者的改革热情的崇高敬意，这本书将把原告称为申诉人，但在引文中除外。 1.08

C. 重要的概念及区分

(1) 商标和服务标志

商品商标是用于与商品相关的标志（例如，CROSS用于钢笔，ROLEX用于手表），而服务标志是用于与服务相关的标志（例如，FINNAIR用于航空运输服务，AMERICAN EXPRESS用于金融服务）。除非上下文另有规定，凡本书中使用“商标”一词，既包括商品商标也包括服务标志。 1.09

(2) 注册及未注册商标

很多人使用“商标”表示一种法律地位（比如，主管商标授予的部门如政府商标注册机构或专利局根据当事人的申请，授予其一项商标）或纯粹一种事实状 1.10

③ 苏格兰是例外，申诉人被称为“pursuer”。

况（比如，商业实体在没有试图完成商标注册的法律程序的情况下先行将其花园肥料称为 SUPA-GRO 牌的）。很多事实上的商标（*de facto* trade marks）在完成注册程序后能转变为注册商标，但有些商标无论看似多么显著，永远都无法注册。两者的区别略似婚姻：一些人婚后才住在一起；有些人先住在一起随后才结婚；还有一些人最终可能根本不具备结婚的能力。[4]

1.11　在某些地区，尤其是欧洲境内，我们会普遍地发现商标（trade mark）仅对注册商标予以使用，而使用“标记”（sign）来表示已经使用、但未注册的标志。这个用语通常被不承认“未注册商标”说法的国家使用，对他们而言，“未注册商标”[5] 听起来是自相矛盾的。而在其他地区，尤其是美国，词语“商标”被广义地并不加区分地用于无论注册与否的各种类型的标志上。

（3）商标以及“标记”

1.12　除非有明确相反规定，在本书中商标一般指注册商标。“未注册商标”以及“标记”将会被分别用来描述未被注册但已经使用的商标，以及无论是否已经使用（或将被使用），可以注册或不能注册的推定商标。

（4）商标、商号、营业名称以及公司名称

1.13　商号是商业交易时使用的名称。它可以是也可以不是注册商标。因此，我避免将“商号”作为“商标”的同义词使用。我也试图避免使用在很多国家作为法律专业术语使用的，如“营业名称”、“公司名称”等词语。

（5）商标和品牌

1.14　“商标”和“品牌”两词经常作为同义词使用。例如，喝啤酒的人可能对其朋友声称：“我最喜欢的啤酒是 HEINEKEN”。这句话会被一个商标律师理解为“HEINEKEN 是识别我最喜欢的啤酒品牌的商标”。但同样这句话可能对啤酒交易中的一些人传达了这样的信息：“我最喜欢的啤酒是由 Heineken 公司许可生产的并贴 HEINEKEN 商标出售”。“商标”和“品牌”作为同义词使用源于“品牌”曾经被纳入商标法的事实：“品牌”一词的原意指把一项标记烙在农场主的牛群身上从而区分他的牛群和他邻居的牛群。[6] 实际上，一直到 1994 年，“商标”在英国的定义便包含了该种意义上“品牌”的意思。[7]

④ 这个比喻可以更深一步：正如婚姻因为不同房可以撤销，商标也可以因为未经使用而撤销。

⑤ 在《假冒法（1994）》中第 6 章，Christopher Wadlow 倾向于将这些组织称为“标注”（indicia）。

⑥ 对于“品牌”的双重含义，见《品牌的秘密》（美国运通，1985）。

⑦ 《1938 年商标法》第 63（1）节。

品牌和商标在历史上的亲缘关系并不意味着在现代说法下，“商标”与“品牌”两词仍然具有同样的含义。今天商标是指由其合法所有人控制的标记。只有该所有人才能使用、允许或禁止该商标在其享有商标注册证书领域的商品或服务上使用，或将该标记用于使公众消费者认为与其相关的商品或服务。品牌则是一种速记手法，是公众消费者能够识别并联系上实际商品或服务的信号。 1.15

举例说明，COCA COLA 是很多人首选的软饮料。文字 COCA COLA 是其所有人可口可乐公司的注册商标，可以用于软饮料，也可用于诸如 T 恤衫、杯垫、钢笔以及徽章等的相关营销工具上。对 COCA COLA 商标的控制并不仅仅使可口可乐公司有权阻止仿造者生产自己的混合饮料却作为可口可乐销售，还使其有权阻止合法竞争者在软饮料上使用令人混淆的近似名称。最后，当由可口可乐公司自行生产不可行的情况下，其可以将 COCA COLA 商标许可他人使用的权利则可谨慎控制对贴有 COCA COLA 商标的可口可乐公司真正产品的生产。 1.16

商标的主要功能是区分一个厂商和另一个厂商的商品（例如，COCA COLA 与 PEPSI COLA 商标让消费者识别可口可乐公司和百事公司各自生产的产品）。同时，商标的次要区分功能是区分同一生产商生产的不同产品（例如，可口可乐（COCA COLA）和健怡可乐（DIET COKE））。二级商标通常与主商标一同使用（例如，“请给我一瓶百加得冰锐（BACARDI BREEZER）”，考虑到除了百加得公司以外，没有其他公司制造和销售这种叫做冰锐的产品，这种表达几乎是多余的），但有时二级商标也可以在没有主商标的情况下使用。 1.17

COCA COLA 也是软饮料的品牌；是人们在饭店和酒吧中点该饮料时使用的名称。COCA COLA 品牌的推广涉及其他知识产权，如与众不同的 COCA-COLA 字体和标识，“曲线状玻璃瓶”徽标以及家喻户晓的容器设计。品牌会表现出一种特质，这种特质或源于确凿的事实（比如有 80%的福布斯 500 强公司使用特定品牌的软件）或源自操纵式的营销（例如，通过展现年轻、时髦的人物佩戴某产品的流行广告，鼓励追求年轻、时髦的人们购买该时尚产品）。正是品牌向公众宣告了一套价值准则：某商品是高档的（或经济的）、时尚的（或实用的）、耐用的（或一次性的），等等。 1.18

COCA COLA 饮料可通过增加副品牌而得以提升，副品牌同原品牌传达了相同的基本价值并通过适当的修改试图将它们转化为在不同商品上的使用。例如，DIET COKE 和 PEPSI MAX 是副品牌。它们传达了副品牌下的商品与普通 COCA COLA 或 PEPSI COLA 具有相同价值的信息，但该信息根据特定的副品牌顾客量身定做。比方说，福特福克斯（FORD FOCUS）将福特的价值观（稳定的表现、令人愉悦的设计、易得便宜的配件、踏实的动力性能等）传达给副品牌 1.19

FOCUS。尽管福特汽车公司同时也持有捷豹（JAGUAR）商标，但它未将 JAGUAR 作为副品牌使用：一个新的福特捷豹（FORD JAGUAR）品牌会对购车一族传达潜在混淆的信息。

1.20 本书主要关注商标，但有必要提到若干涉及品牌的问题，尤其是因为注册商标使用的合法垄断是树立和维持品牌、防止外部竞争者以及第三方对其特质和价值侵蚀的主要方法。[⑧] 倘若对商标的保护是坚固的，其品牌的价值也不会遭受攻击。想想玩具反斗城（TOYS“я”US）的命运——它在当时是一项出色的品牌创新，但革新者无法维持对“‘я’US”后缀的合法控制。[⑨] 现在所有说英语的地方都有“‘я’US”商店（洁具反斗城（DRAINS“я”US）、厨具反斗城（KITCHENS“я”US）），并且用网络搜索你会惊恐地看到 RATZ“я”US（为宠物鼠饲养人提供服务），以及 VAC“я”US（吸尘器灰尘袋供应商）。如果使用“я”US 的目的是针对儿童并把他们从健康的玩具店引至险恶的产品和儿童不宜的社会环境时，那么使用该后缀甚至可能会引起社会的不满。不管怎样，该商标对其后缀的保护无能极大地限制了其品牌价值以及将 TOYS“я”US 传达的信息延伸到适当的相关领域的能力。

1.21 本书还须关注到相反方面，分析品牌持有人试图扩张其品牌进入多数人认为属于公共领域的企图。例如，麦当劳的汉堡包帝国显然已经确立了保护文字商标 McDONALD'S 的权利，但它还在争取将其控制权扩张到前缀词语 MC 和 MAC 上。这个举动最初源于其他经营者试图在“麦氏特质”中分一杯羹的猥琐企图，但后来发展到公司之外的旁观者认为不能接受、实际上滑稽可笑的程度。[⑩] 尽管如此，麦当劳在控制“MC”前缀的使用上要比 TOYS“я”US 控制其发明及原创的后缀上要更成功——虽然这个前缀并非麦当劳的发明而且与很多其他知名品牌[⑪]是共享的。

（6）商标和“公司标记”

1.22 一些商标被称为“公司标记”，因为它们在消费者的脑海中将产品与销售产

⑧ 我万分感谢我的同事 Spyros Maniatis 提醒我商标垄断对公司特质和价值的内部侵蚀并不提供保护。

⑨ 见 Toys 'R' Us（Canada）Ltd 诉 Manjel Inc 案（加拿大联邦法院），2003 年 5 月 19 日 WTLR 所载。

⑩ 比如，参见 Yuen 诉 McDonald's Corp and another 案，2001 年 11 月 27 日（未公开）（衡平法庭），该案中，一中餐馆的所有人面临激烈的异议后，仍可以注册 McCHINA 作为商标；参见 McDonaild'sCorporation USA 和 McDonald's Restaurants Denmark A/S 诉 Pedersen 案［1997 年］ETMR 151，该案中，丹麦最高法院准许一名卖热狗的摊贩使用有些以假乱真的趣味名字“McAllan”出售热狗。

⑪ 例如 McDONNELL DOUGLAS，McDOUGALLS，McINTOSH。

品的零售店或“地方”联系起来，而不是与生产商相联系。

公司标记在法律上与其他种类的商标并无不同，并且“公司标记”一词并非专门术语。即便如此，它们的商业表现也是不同的，因为它们在消费者的意识中试图使消费者原本从不同公司厂家或网站上购买商品时所体验到的通常迥异的商誉在零售商这里统一起来。例如，当我去哈罗德百货商店（HARRODS）购买芝华士苏格兰威士忌（CHIVAS REGAL）时，我的购物决定是根据我对 HARRODS 品牌的零售服务和 CHIVAS REGAL 品牌的威士忌的态度。但如果我去乐购超市（TESCO）购买 TESCO 自有品牌的威士忌，原本在生产商和零售商之间不同的两种商誉会被我在乐购超市中联系为同一整体。 1.23

在现代用语中公司标记的概念已被扩大了，包含主品牌（有时称为“保护伞品牌”），以及在其之下商品以副品牌出售的使用。例如，FORD 可以被称为公司标记，在该公司标记之内有向给大众销售的一系列固定产品，包括福克斯（FOCUS）、金牛座（TAURUS）、野马（MUSTANG）和雷鸟（THUNDERBIRD）。 1.24

D. 浅谈涉及的法域

本书勾画了商标法的基本情况，不仅着笔于较广范围国家的制定法和判例法，还涉及国际条约。不可避免地，基于欧洲商标法在当前国际法制发展中的中心地位，以及笔者对欧洲资料的易得性，本书具有非常强烈的欧洲色彩，并主要针对——但绝非仅仅针对——在欧洲生活的与商标有交集的读者。当本书的命题或评论试图针对某一国家或某类国家时，本书会做出相应说明。除此之外，正如人们所期待的，本书所述法律为欧盟任一成员国的法律，并虑及各成员国在细节方面可能做出的变通。本书任何内容都不应作为对适用于特定事实情况的某一国家实体法律规定的法律建议或其替代。 1.25

读者不应从本书分析了众多国家判例的事实而推定本书具有比较分析的因素，从而试图根据不同国家法律的差别加以比较。历经超过 120 年的合作，最终各国国内商标体系协调一致，似乎提示我们采取比较分析方法实际上不会有任何收获。相反，本书所采纳的研究方法是综合性的而不是比较分析的：本书假定所有商标体系具有同样的目标，并且在绝大多数实际情况下，一组既定商标的相关事实在各个国家会产生相同的结果。无论是哪种情形，本书假定多数商标体系在 1.26

多数情况下的运作体现了规范化和同一化的趋势。[12] 鉴于商标案例取决于法官或注册处官员如何认知两项商标之间的相同之处或不同之处，即便是相同的一组事实，我们也不能确保不同国家的不同裁判庭在裁判时，会得出同样的结论。这种“自然偏差”的因素体现了商标法领域中人为干预影响的程度，实际上这也是该领域具有不可抗拒的吸引力的原因之一。

1.27 如果人们看到商标体系实际运作的方式，就会意识到起码在学习的初期阶段，商标法有更多的内容需要学习。将商标体系作为活着的有机组织进行研究，与将个人毕生的精力用于孤立地、理论化地研究不同国家商标法之间依然存在的细微区别相比，前者要有意思得多。

E. 判例法

(1) 国家之间的层次

1.28 本书中选入的很多案例来自在商标法发展方面影响微弱的国家。我的一些朋友在阅读本书初稿后批评我采用这些国家的案例，理由是“没有人真的关心巴拉圭的情况”。还有人质疑我，“伊朗的案例？你一定是在开玩笑吧！”但其实并非如此。

1.29 商标领域中的每个人都知道国家之间存在明显不同的层次划分。美国位居顶端。意识到这点，即便本国商标法里没有正式确立淡化原则[13]的人也会感到迫切需要了解美国最高法院就维多利亚的秘密（VICTORIA’S SECRET）一案所作的裁决。往下一层，是那些在过去、现在以及将来与美国处于激烈竞争的国家：分别是日本、欧盟以及中国，及其各自的经济卫星国。再之下是若干重要并有参考价值的国家（如澳大利亚和加拿大），被笼罩在很多强大法治国家的光环下，却凭借其在商标法领域无可置疑的专业知识散发着光芒。居于上述国家之下的是属于度假区的国家，而位于最底层的是悲惨地受到战争、疾病、贫穷困扰的国家，以及在电视纪录片中反映的国家。

1.30 这种对不同层次国家的认识——很多有经验的读者都存在的意识——成为在法律和实践中理解商标法著作的不利障碍。信誉卓越的大公司不能简单地选择在

---

[12] 这种规范化的行为体现为当前欧洲法院经常引用的美国概念如“淡化和模糊”，以及美国商标初审复审委员会在 Re Continental Graphics Corp 案 52 USPQ 2d 1374（TTAB 1999）及南非最高上诉法院在 Cowbell AG 诉 ICS Holdings Ltd 案 2001（3）SA 941 中采纳欧洲令人混淆的近似性标准。

[13] 关于淡化和 VICTORIA’S SECRET 案，见第 12 章。

美国或欧洲进行商标诉讼。他们必须在其权利受到威胁和侵害的地方起诉，这些地方可能是那些处于较低位阶的国家。

这些国家很多在世界贸易组织于1994年缔结《与贸易有关的知识产权协议》并通过（下称TRIPs）后，制定了与我们非常类似的商标法。驰名商标的所有人是这些国家法院和商标登记处的常客。倘若你花些时间去了解这些国家律师的想法，会发现他们也建立了一套如何处理法庭内外复杂问题的办法。我热忱地相信，正如我们希望他们学习我们的方式，我们也能从他们身上学到东西。我也相信，在批判我们所介绍的法律体制之前，我们起码应该先思考它们比其他地方所采纳的立法技术是更好一些还是更糟糕一些。因此，本书不需要为引用来自相对弱势国家的裁决而感到歉疚。 1.31

（2）作为先例的案例

本书提到大量的法院判例和行政决定，其中一些非常重要。欧洲法院做出的裁决对于欧盟境内所有成员国都有约束力，并且在遵从先例的法律体系中，上级法院的裁决对下级法院有约束力。另一方面是商标审查机构在注册听审时的决定以及行政机构，如内部市场协调局的各委员会和部门的决定。这些决定可能不具备作为先例的价值，尽管在没有其他指导意见的情况下，它们可能具备建议法院或登记处可采取某种立场或行为的劝说性价值。 1.32

（3）作为范例的案例

本书征引多数案例和行政决定并非因为它们包含了确定的有约束力的法律，它们只是作为例证被引用，目的是解释当面临特定类型问题时，商标审查机构和裁判庭的做法。常规商标代理人非常重视审查机关和复审委员会的做法，因为他们的做法就是每个商标体系的核心。打个比方说：动物学教授比粗俗的动物园看守人更了解狮子的身体结构、五官以及消化系统，但动物园看守人才是每天进到狮笼里的人，知道如何使狮子高兴，狮子真正爱吃什么。同样的，高高在上的学术家和知名法官可能比低微的商标代理人对商标法知道的多得多，但后者才是每天面对登记处“狮子”的人。 1.33

多数有争议的商标申请和异议根本不会到达法院：只有个别案件进入诉讼程序并在“司法显微镜下”被审视。本书尽可能采用令各方人士赞同的方式，解释问题，并填补理论和实践之间，以及学者和专业机构之间存在的距离。这是我们为何对“商标体系是如何运作的”给予了与“法律是如何规定的”同等关注的原因，也是本书在引用上诉法院和学者的权威声明的同时，也引用了如此之多的商 1.34

标审查机构如何适用法律的低层次案例的原因。[14]

（4）作为研究假设的案例

1.35 很多读者会试图跳过本书所分析的其本国以外国家的案例部分，因为它们不见得在解释他们自己国家法律时相关或有用。我们提醒这些读者，并非仅从案例结论中我们才可以学到东西：对于律师或商标代理人而言，如何得出该结论的推理过程可能是更有价值的资源。因此他们应该记住，这些案例中所采用的论证常常可为读者提供新的设想，以向本国法官或商标审查机构提出。

（5）具有标杆意义的案例

1.36 一小部分的案例具有标杆的意义，能在适当情形下，改变法院、商标登记处、法律职业者、商标所有人或品牌经理的行为。这些案例非常稀少。欧洲法院的例子包括 BABY-DRY 案[15]（对商标的可注册性设定了新的较低标准）、Silhouette 案[16]（否认了商标权利穷竭的全球原则，肯定穷竭的地域性原则）以及 Davidoff 诉 A&G Imports 案[17]（终结了非欧洲经济区国家对价低真品的平行进口）。来自美国的标杆性判例包括 Qualitex 案[18]（涉及将颜色注册为商标）等等。

1.37 什么因素使一个案例成为有里程碑意义的裁决？不是法院，不是诉讼主体的身份以及经营规模，也不是事实，而是取决于该裁决做出后律师、商标代理人以及他们的客户如何对待该判例。他们在其他所涉案件中是引用、忽略还是不予重视该判例？[19] 他们是否会从专利药品公司中撤资转而投资基因药物？他们是否会找出之前被驳回的商标申请，掸去灰尘，重新申请呢？当某一案例作为标杆指导其他人的行为时，便成为标杆性案例。因此在某些方面，是由我们的商标律师、学者以及作者来决定哪些案例是标杆性案例。我们有能力做出类似决定。读者可能会发现，在众多予以谈论的案例中，还存在一些未及发现的宝藏，当其为人们

⑭ 在大陆法系国家，如德国，学者评论的影响是受高度重视的。在英国这样的普通法系国家，学者意见在法律发展和适用中所起的作用要小很多。

⑮ Procter & Gamble Company 诉 OHIM 案，C-383/99 号案 P［2002］ETMR 22。

⑯ Silhouette International Schmiedt GmbH & Co KG 诉 Hartlauer Handelsgesellschaft mbH 案，C-355/96 号案［1998］ETMR 539。

⑰ Zino Davidoff SA 诉 A& G Imports Ltd 案；Levi Strauss & Co 和 Levi Strauss（UK）Ltd 诉 Tesco Stores、Tesco plc 和 Costco Wholesale Ltd 案，合并审理 C-414/99 号案、C-415/99 号案和 C-416/00 号案［2002］ETMR 109。

⑱ Qualitex Co 诉 Jacobson Products Co 案 514 US 159（最高法院，1995）。

⑲ 英国读者可能会问 Series 5 Software Ltd 诉 Clarke 案［1996］FSR 273，以及紧随其后一系列案件的情况；参见 Jeremy Phillips，《临时禁令与知识产权：对美国根据 Series 5 Software 案做出的 American Cyanamid 诉 Ethicon 案的回顾》［1997］JBL 486。

所熟悉了解后，或许会在未来实现其标杆的价值。

F. 商标及历史

关于商标历史和商标法有很多优秀的出版物。这本书并非其中一员，因为其主旨是对当前商标法的期望及现实功用的展现。我们今天所知道的商标法和惯例或多或少地来自20世纪90年代中期国际所接受的TRIPs[20]规范的建立，欧共体商标法和《马德里议定书》体系的执行，以及《美国联邦反淡化法》的引入。[21]本书只在两种情况下回顾1994年之前的情况，第一种情况是，倘若不分析1994年之前的情况，1994年之后的商标法就不能获得令人满意的解释或理解；第二种情况则是，1994年之前的时期为所讨论的商事或法律现象提供了很好的范例。 1.38

商标并不是自始而终地存在，商标法也不是。必然存在促使其形成的因素，并且一旦其形成后，其他因素会塑造其特征并确保其持续存在。因此，我们对商标的论述起始于发出“为什么选择商标”的疑问，并尝试回答这个问题。 1.39

⑳ TRIPs将在下一章讨论。
㉑ 关于这点，参见第12章。

第 2 章

为什么选择商标？

A. 导言

“是商标导致的区别”

这是一个非常适合忙里偷闲的美丽下午。大约有六千名出席圣地亚哥1997年国际商标协会（INTA）年会的代表从会议中心蜂拥而出，去享受在这个城市著名的动物园举行的大会闭幕式之前的一段闲暇时光。有些代表到闹市购物，还有些到清澈的海湾去坐游艇游览，其他的代表则勇敢地踏上了开往墨西哥边境的城市电车，从那里搭乘短途计程车去墨西哥的提华纳市，我太太和我也在他们当中。

计程车带着我们来到了一条灰尘弥漫的大街，街上赤脚的小孩子们在玩耍，小贩们则在各个角落吹嘘着自己的商品。一头骡子在街边抽动着它的尾巴，而它的主人则利用小憩的工夫品着一杯提神的龙舌兰酒，附近一群土狗慵懒地挠着身上的跳蚤。

在喝了些玛格丽特酒壮胆之后，我们一行人决定去游览这条大街的主要景点——满是假冒商品的商店。这里的手提包看起来似乎都是当月的流行款式，不论是最粗糙的货品还是精巧缝制的精美货品，它们无一例外都打着著名商标的名号——尤其是LOUIS VUITTON。

我们冒险进了其中一家商店，我妻子开始非常仔细地查看这些包。在我妻子装出一副非常认真的顾客样子后不到半秒钟，店主突然出现在一旁，非常认真地向她兜售各种样式的手包，并催促她购买。我们劝说店主先休息片刻，好让我们不受打扰地挑选手提包。

没多久我们便查清楚，这个商店存有两种类型的手提包：最贵达20美元（这里全部的价签都是用美元标价）的假冒商标手提包，以及价格在5美元左右的没有商标的手提包。有些手提包实际上都是完全一样的，唯一的区别是标价20美元的带有商标，而5美元的没有。我妻子觉得非常好奇，她捡起两个一模一样的包，一个是假冒商标的，另一个则是没有商标的，她问店主为什么一个比另一个要贵4倍。

“原因是这样的，”店主解释说，“这个包更贵一些是因为它带有商标，是商标使它更值钱。”

这个故事的寓意

2.01 即便像那位墨西哥店主那样明目张胆、毫无忌惮的商标侵权人都不得不承认，在商品上加上商标会使其增值。前面的故事讽刺挖苦了边境那边的奢侈商品店主的轻信或贪婪，但在其他很多情形中却并不存在这种讽刺：人们有真实的愿望，为了增进购买者的福利或幸福，而通过商标的媒介作用，来向购买者传达关于这个商品的某些优点：它能减少痛苦，它拥有可靠的高制造水准，它非常时尚，等等。本章将要更深入地分析一些支持商标存在的因素。

（1）商标的作用是什么？

2.02 有些商标向商品和服务的购买者告知这些商品或服务同某个特定生产者或销售者相关联；有些商标向购买者承诺这些商品或服务将帮助他们培养某种特定的形象。有些商标向购买者提供他们所购买的商品或服务的有关信息；有些商标则可能什么作用也没有。同一个商标可以起到上述全部或任意的作用，但这取决于（i）商标所有人如何使用该商标；或（ii）购买者如何看待它。

（2）其他东西能否有商标一样的作用？

2.03 不能，同样的条件下无论如何也不可能。商标促成了三个松散的对象之间强有力的亲密联系：商标所有人，他的市场，以及该商标所注册的商品或服务。其他同商标在很多功能方式上类似的法律工具，比如证明商标、集体商标、受保护的地理标志以及原产地名称，将在第18章再讨论。

（3）有没有别的用途是商标所不具备的？

2.04 有。商标并未被认为是将食品和饮料的成分信息传达给消费公众的一种足够的手段，因此，当进口商因为将带有COCA-COLA商标以及成分表的罐装饮料从荷兰进口到英国从而被依照《1990年食品安全法》起诉的时候，进口商抗辩说因为消费者能够辨别出饮料罐上的驰名商标，所以他们可以知道饮料成分都是一样的，这种抗辩被法官驳回。[1]

B. 商标的利害关系方

(1) 谁在从商标中受益?

(a) 商标所有人

在拥有商标注册作为武器后，商标所有人可以依靠法律的支持去阻止竞争者一模一样地复制他的产品或者在竞争者自己的产品上使用相同的商标，从而避免因为其欺骗或混淆，造成原商标所有人的顾客基于对该产品合法性的错误信任而购买该产品。有了商标，一名经营者能够保护其产品或服务的声誉，以及吸引顾客选择同其交易的商誉。根据不同情况，法律可以给商标所有人提供下列各种益处：(i) 阻止任何非法使用其商标的交易；(ii) 获得对其损失的赔偿或者直接获取侵权人从中所获的利润；以及 (iii) 确保销毁任何侵权产品。 2.05

(b) 其他诚实经营者

即便你并没有自己的商标，只要不滥用，你一样也可以从使用他人的商标中获益。为了给他人产品的销售或维修进行宣传，或者表明你的产品从技术上可以同他人的产品配套，你可以在广告或促销手段中使用他人的商标。这一点使得不是商标所有人的经营者同样可以合法地获得使用他人商标所产生的利益。而商标所有人可以同样在他们自己的比较广告[2]中诚信地使用竞争者的商标并获益。 2.06

(c) 其他恶意经营者

对于从事侵权或假冒产品的经营者来说，他人充满吸引力的有价值的品牌产品的存在始终对其是一种激励。这是因为正如本章一开始的故事所讲到的一样，即便是对他人商标的非法使用都是对潜在客户推荐自己产品的简单而便捷的方式。从这个意义上说，即便是对一个商标的侵权使用——如果这个商标足够驰名的话——也能帮助保护非法经营者对其存货、分销系统以及日常开支的投资。 2.07

(d) 国家

每个商标授权机关都会对申请人的商标申请收取费用，而且在商标的存续期间还会对其间发生的如临时续展、向另一人进行转让的详细登记等重要事件继续收取费用。管理商标制度所带来的收益是相当大的。截至 2001 年 3 月 31 日的一 2.08

① London Borough of Hackney v Cedar Trading Ltd [1999] ETMR 801 (Divisional Court).

② 第 8 章将列举许多对他人商标的诚实和不诚实使用的例子。

年间，英国商标登记处的商标程序收费高达 1 854 万英镑，而同期支出 1 328.4 万英镑，盈余 525.6 万英镑。③ 由于有人认为从专利商标申请费中获得的收入已经被转用做资助其他的政府部门活动，因而才导致美国出现了相关的诉讼④，甚至可能会进行相关的立法。⑤

(e) 法律专业人员

2.09 职业法律从业人员和辅助人员推动着商标制度的发展，他们代理客户从事下列服务：(i) 申请商标；(ii) 对他人的商标申请提出异议及撤销；(iii) 起诉侵权者；并 (iv) 处理商标在商业化运作中的事务。由于很多的商标专业人士同样涉足其他相关法律领域，因而依靠商标制度而维系生计的律师以及律师助理的总数很难估计出来。然而他们的总数应该非常可观⑥，正如他们大概的总体赢利能力一样。

(f) 带有商标的商品和服务的购买者和终端消费者

2.10 如果一个商品包装上的商标写的是 ZANTAC，那么它的购买者所寻求的应该是保证他所买到的是来自葛兰素史克（GlaxoSmithKline）公司的治疗肠胃不舒服的药物，而不是什么江湖庸医用戏法变出来的药草、糖以及色素的混合物。在商标保护不力、商标所有人很难寻求保护的发展中国家，不仅仅是假冒的药品，而且包括自酿的白酒、软饮料、低劣的刹车片、没有效果的避孕用具在内的许多产品，都在使用着合法经营者备受好评的商标在销售着，而它们往往会带来潜在的致命后果。在服务领域，同样人们也常常看到由于某个国际上驰名和备受尊敬的商号被盗用，旅行者在进行互联网或电话预订时被误导到位于令人不愉快的地段中的酒店去。

(2) 谁是商标法的受害者?

(a) 侵权者

2.11 虽然那些将拯救生命的产品的商标打在他们自己毫无价值的药品包装盒上的不诚实经营者根本不值得同情，但必须承认并非所有的商标侵权者都是受道德谴

③ 英国专利局 2001 年年报第 45 页。

④ 见 Figueroa v United States（美国联邦权利申诉法院，2002 年 11 月 14 日）。

⑤ 《美国 2003 年专利和商标费用现代化法案》，互联网及知识产权法庭特别委员会批准通过；见 Sam Mamudi 刊登于 2003 年 6 月 1 日的 *MIP Week* 上的《立法者投票决定终止转移》，他指出，美国 2004 年财政预算计划将美国专利和商标局（USPTO）的 9 970 万美元费用转移用于联邦政府的其他领域。

⑥ 国际商标协会（INTA）在其正式成员和准成员名单中，列出了超过 4 200 名单位内部法务以及私人执业律师。美国知识产权法律协会在 2002 年宣布有超过 10 000 名成员。同一年，欧洲内部市场协调局（欧盟自己的商标局）宣布其已经登记 5 881 名有资格在该机构程序中代表客户的个人，不包括那些有权在各国家局代理客户而不必到内部市场协调局登记的欧盟律师。

责的作恶者。商标侵权在大多数情况下并不取决于侵权者的主观意图、态度甚至是知识，而是取决于对“被控侵权者是否从事了侵权行为”这个问题的客观验证。由此，一个经营者即便在根本不知道他的竞争者的存在且不知道该竞争者的商标申请的情况下，依然不得不承担对其侵权的责任——同样，在英国，即便一个商标申请仅仅是在被主张的侵权行为发生日之前一天才提交，而被控侵权者已经首先在商标注册簿上进行了查询并没有发现任何该商标申请的记录，他仍旧需要承担侵权责任。[⑦] 大多数国家的商标法都规定各种无恶意的使用他人商标的行为都不用承担责任，这样一来名为 Helena Rubinsteins（赫莲娜，一种化妆品品牌。——译者注）或者 Harry Porter（哈利·波特）的人都可以诚实地使用他们自己的姓名而不用承担侵权责任。

（b）带有商标的商品和服务的购买者和终端消费者

到今天为止，大多数国家的商标法都没有实行全球范围的权利用尽原则。[⑧] 2.12
这意味着商标所有人能够阻止那些首先在其他国家销售的带有该商标的产品向其本国进口和再销售，即便这个所有人已经从第一个销售产品的国家那里得到了销售或者许可销售该产品的收益。根据欧洲实行的地区性的权利用尽原则，Levi Strauss 可以迫使其在欧洲的牛仔裤购买者对于完全一样的服装要比美国消费者[⑨]花费更多的钱。

（3）商标法中消费者的准确定位是什么？

商标法中消费者的定位是个有争议的话题。[⑩] 敏感的读者应该已经察觉到消 2.13
费者实际上被同时列为商标法的受益者和受害者。这两种论点都对，并无矛盾之处。当全球性的权利用尽原则被普遍接受的时候（这一点最终会实现的），消费者将会极大地享受到商标法给产品生产商和供应商的保护所带来的好处，而同时又不用负担身处被分割的市场所带来的代价。然而，我们说带有商标的商品和服务的购买者和终端消费者从商标制度的存在中受益，并不等于说他们会从商标法

⑦ 英国《1994年商标法》第9章第40（3）节。

⑧ 权利用尽将在第9章详细讨论。

⑨ 见 Levi Strauss & Co and Levi Strauss（UK）Ltd v Tesco Stores Ltd and others［2002］ETMR 1153（HC）。

⑩ 在《保护还是服务？欧洲商标法和公共利益的淡化》（“To Protect or Serve? European Trade Mark Law and the Decline of the Public Interest”）［2003］EIPR 180-7 一书中，Jennifer Davis 基于法官和总法务官的观点而并非实际的法律实践，编造了一个美妙的案例，主张消费者现在或者至少已经不仅仅像书中所报道的那样只是笼中的金丝雀而已。同样见 Felix Cohen 的经典著作《先验的谬论和功能方法》（“Transcendental Nonsense and the Functional Approach”）（1935）35 *Colum L Rev* 809，814-17，在该书中作者第一个质疑保护商标免受淡化的合理性，因为它从保护消费者角度看上去并没有任何法律功效。

授予的权利中受益。一般来说，各国商标法并不赋予消费者强制执行的权利或利益；国际法中也没有对这种权利的要求。

2.14 那么这在实际操作中意味着什么呢？如果我到当地的Asda商店去买一个著名品牌的早餐麦片，结果却买了一个在形状、大小和颜色上都很相像的使用该商店自己品牌的产品，那么我是混淆了两种产品的相似性，甚至可能是受到了两种商品相似性的欺骗。如果最终得知Asda商店产品侵犯了商标权的话，商标所有人可以起诉Asda侵犯了国内商标法律所保护的权利并请求赔偿，而我唯一能做的只能是向商店经理抱怨并期望他能对我发些慈悲。他可以很有理由地指出说买错了早餐麦片的过错在我自己，作为一个拥有两个学位的学识渊博的律师来说，我原应该仔细阅读麦片包装盒上的图例说明，要么是在我将其捡起扔进我的购物车的时候，要么是在后来当我将其从购物车中拿出来并交给收款台的收银员的时候。我可以抗议说商标法的全部宗旨应该是禁止利用消费标记的相似性在销售商品时混淆公众，但对方可以反驳说我并不是商标所有权人。

2.15 以消费者的选择作为尺度去衡量混淆性的方法在全世界都很常见，而消费者的个性可能会根据国家、消费的产品或服务的性质的不同而变化。有些时候他或她是所涉及的商品或服务的“普通消费者”，有时候又是“相关消费者”。消费者被混淆的数量或比例在不同国家的要求也都不一样。但在所有情况下，消费者的地位并非法律所保护的对象的地位。消费者就像浸入市场中去的一片专门用来进行酸性试验的人工石蕊试纸，以考验商标所有人是否能够成功地起诉那些制售所称的相似产品的人；或者就像关在笼子里的金丝雀，被带到矿井下面去看看里面的空气是否健康。如果金丝雀死了，矿工就知道他们必须离开矿井；同样的道理，如果消费者被混淆了，假冒者就知道他们必须停止他们的仿冒行为。无论是消费者还是金丝雀都没有从这种行动中得到任何个人的好处。

C. 商标制度的功能

(1) 商标制度意图实现的功能是什么？

2.16 在探讨支持商标制度的理由之前，我们有必要先大概谈谈几种理论。

2.17 许多关于商标制度的实际功能或预期功能的理论都是建立在模型的基础上的。构建模型的方法经常被用来了解各种自我封闭的制度体系的运作，以及用来对拥有外界影响力的主题进行系统分析。事实上，处理商标申请的制度并非是自我封闭的，因为它涵盖了像商标申请人和异议人这样的经常是自我挑选出来的各方，不过它还是一个相对紧密集中的制度。然而，行使商标权利的制度并不是自我封闭的，因为它涉及整个全国性的以及更大范围的市场，更不用说它还涉及企业律师、进口商、设计者、承运人、消费者以及执行官，等等。

构建模型的方法要求从整个真实世界出发，然后从中挑选出那些同需要研究 2.18 的主题（这里是商标制度）相关的特征，并忽略剩余的特征。有些东西显然同所有商标制度相关（比如，法治、消费者的选择、信用以及商品市场的存在），而其他东西明显很少或者毫不相关（如家猫要睡几个小时，π能计算到多少个小数位，最新一期的 Harry Potter 小说的酝酿期有多长）。还有一些因素则介于以上两个极端的中间（如，同龄人的认同，由于养老金计划以及社会对待休闲活动的态度所提供的可支配收入的多少），它们也许同某个特定模型相关或者不相关。解释到这里应该还比较清楚。

在以上挑选程序之后，就是对那些特征进行提取将其合并入一个简化了的工 2.19 作模型中，分析师通过这个工作模型去演示并解释这个体系。体系越封闭，越容易找出并提取其中的突出特征，将其组合进模型中；体系越开放，在其外围设备中就越容易引起争论，哪些应当被包括进模型中，而哪些应该被忽略。

有些模型从本质上来说是具有静态特征的，因为它们的目的就是要描述一个 2.20 明显一成不变的体系的各种功能。其他一些模型则是动态的，包含了能够进行自我修正或演化的特征，这些特征能够反映出某个制度通过线性时间或者经济、社会或政治的变化模式来实现的功能。事实上，将主动积极型的以及被动反应型的消费者的概念引入模型中，可以说是为商标保护动态模型增添了一定程度的民主化色彩。

虽然构建模型是广受推崇的一种学术方法，尤其对于经济学家来说是如此， 2.21 但对于那些更多采用存在主义或者现象主义的方法的人来说，它具有几乎能导向欺诈的误导性。对于目的是了解或者体验整体意义上的制度而不是去创造一个帮助说明的工作模型的任何人来说，创建模型的方法并没有多少意义。实际上创建模型的研究方法可以被看做是拒绝吸取日常运作中的商标制度至关重要的细节因素的故意之举。

从真正意义上说，没有哪种方法是理想的。构建模型的方法所产生的模型 2.22 不完美不准确地描述了商标制度的功能和运作，因为它所产生的概括性在原则上非常适用，但却顽固地拒绝适用于许许多多的个案。存在主义者和现象主义者也许可以体验商标制度最真实的事实；他们可以由直觉真实地感知商标制度的现象，从而可以对他们的观点进行商业体验——但是某人自己的体验和认识难以量化，也难以同他人分享。

2.23 前述讨论的目的是向读者解释，他们不能对各种所谓的支持商标体系的理由以及商标体系运作的评估都期望过高，从它们中并不能发现什么深刻的真理，但是可以从中得出相当多的有用指导。⑪

(a) 标明商品和服务的实际来源

2.24 商标是商品和服务来源的标记的理论具有很古老的渊源，长期以来备受推崇。⑫ 它的理念很简单：如果你在一辆汽车上看到PORSCHE（保时捷）的名字，你就知道它是由一个特定的汽车生产商而不是别的厂商所设计和制造的。你可以确信你的PORSCHE汽车并非是由FIAT（菲亚特）或者HYUNDAI（现代）生产的，它是千真万确由一些经过严格培训的熟练工人在德国制造出来的。正如一个评论家这样评述：

> 一个商标本身就是真品的标记，通过它消费者检查商品的质量时只需要看商标而不用检验每件商品。⑬

2.25 这个关于商标作用的理论支持着国际商标权利用尽原则。⑭ 比如，假设有家工厂生产一批ZANTAC牌的治疗消化不良的药片，其中一半是首先在瑞士销售，另一半是首先在德国销售。我们不能说是因为保证ZANTAC药品真实来源的需求，才导致了我们需要行使商标权来阻止瑞士销售的药品而不是德国销售的药品向英国进口。对保证商品的质量而非其来源或者真伪的需求，更好地避免了消费者受到国际商标权利用尽原则的影响。例如，当COLGATE牌牙膏高端产品在欧洲销售，而其低端产品在巴西销售的时候，欧洲公众就会要求保证他们所买的COLGATE牌的牙膏正是他们所更喜欢的——虽然两种牙膏都可以被合法地描述为COLGATE产品。⑮

2.26 上述关于商标作用的理论如果需要应用到现代世界的商业情况中去的话，需要满足一些条件。由于在单个工厂生产出产品并将其运输到全世界的成本太高，因而现在商标所有人越来越多地许可他人生产带有他们自己商标的产品；或者他

⑪ 关于这个主题的进一步研究，请参见 Anselm Kamperman Sanders 和 Spyros Maniatis 所著《消费者商标：基于来源和品质的保护》（*A Consumer Trade Mark: Protection Based on Origin and Quality*）[1993] EIPR 406。

⑫ 这个理念曾被接受于贵重金属的纯度检验标记以及早期的商标体系中，但是早在1925年，Frank Schechter 在其著作《商标法的历史基础》（*The Historical Foundation of Trade-mark Law*）中就指出该理论已过时。

⑬ Frederick Mostert，《真品：永恒的任务》（"Authenticity: The Timeless Quest"）（2003）156《商标世界》第22期，第24期（*Trademark World* 22，24）。

⑭ 见第9章第9.09～9.14段。

⑮ 见 Colgate-Palmolive Ltd and another v Markwell Finance Ltd and another [1998] RPC 283（HC）一案。

们也会将所有这些产品的生产制造外包给世界上劳动力或原材料成本很低的地方的工厂。尤其是啤酒和软饮料经常是由被许可的公司而不是商标所有人自己生产的，因为这些产品不过是种调味过的水而已，而将大量的水运输到别的国家的终端消费者手中的成本，大大超过了在当地直接生产的成本。采用外包生产是一个非常流行和成熟的现象：同一个公司的足迹也许会遍布中国、菲律宾、印尼或者其他任何为加工合同而相互竞争的国家。

在上面的情况下，商标并非是产品的实际来源的标记，而是有可能被认为是产品的一种形而上的来源的标记——比如外观、样式、理念以及其他被同样的具有权威品位的公司所看中的无形特征，这些权威公司例如 Nike（耐克）、Adidas（阿迪达斯）、Tommy Hilfiger（汤美希绯格）、Heineken（喜力）或者其他公司。不会有人真的相信 Disney（迪斯尼）公司真的会生产 MICKEY MOUSE 牌的手表或者牙刷架，但是大多数人都猜想迪斯尼公司从这些产品的销售中挣到了钱，如果任何 MICKEY MOUSE 牌产品有缺陷的话，他们会毫不犹豫地起诉迪斯尼公司而不是实际的生产商。[16] 2.27

对来自商标所有人的某个产品进行身份确认，实际上既可以从客观角度也可以从主观角度去看待。从客观角度上说，消费者看到商标后就会猜想该商标所附着的产品同该商标所有人相关，或者至少同与商标所有人有关系的某个人相关。从主观角度上说，是商标所有人对产品进行了身份确认，在这些产品投放到商标权利所覆盖的市场之前，他将商标贴在了产品上从而从字面上赋予了其身份。至少已有一个重要的判例涉及后一种的“身份确认”[17]。商标赋予所有人的这种对进入市场的产品进行身份确认的垄断权，甚至包括那些由商标所有人自己或许可他人在第三国合法生产的但在进口时所有人自己却没有机会进行“身份确认”的产品。 2.28

欧洲法院（ECJ）认为，使用商标是标明产品实际来源的一种途径的说法，并不能充分或必然地支持商标制度的存在。正如一审法院近期曾说过的： 2.29

> ……一件商标并不一定需要传达关于产品生产者或服务提供者的身份的确切信息。如果这个商标使相关公众成员能够将其指定的产品或服务同拥有不同商业来源的产品或服务区分开来，并确认它所指定的所有产品或服务是在商标所有人的控制之下进行的生产、销售或提供，而且商标所有人为其质量负责的话，这就足够了。[18]

---

⑯ 见下文第2.37段关于产品责任的评述。

⑰ La Chemise Lacoste SA and SIDAS SpA v Centro Tessile Srl［1997］ETMR 520（米兰上诉法院）一案。

⑱ Unilever plc v OHIM，Case-T-194/01，2003年3月5日（未公布），第43段。

(b) 保证商品和服务的身份来源

2.30 这一点正是欧洲法院支持保护商标的明显且唯一的原因。在目前广受赞誉的Arsenal诉Reed⑲一案中，法院认为：

> ……根据本法院已审结的判例，商标的关键功能应该是，通过使消费者在没有任何混淆可能的情况下将产品或服务同其他来源不同的产品或服务区分开来，从而向消费者或终端用户保证标有商标的产品的来源身份。为了使商标在充分竞争的体系中实现这个关键的功能……它必须保证它所指定的所有产品或服务全部都处于能为产品或服务的质量负责的单一实体的控制之下。⑳

2.31 这个定义明确了商标所有人相对于其竞争者的关系，它使得商标所有人同消费者之间的沟通渠道免受其他未经授权而使用相同或相似商标的行为的干扰。法律所意图保护的正是两个或更多竞争者之间的“充分竞争”的关系。

2.32 关于保证来源身份和保证来源本身到底有什么准确的区别，实际上纯粹凭个人推测。本人认为法院并不希望两个术语表达任何不同的细微含义差别。实际上，有观点认为“身份”这个词是用来表达“同一性”的概念，意思是所有带有同样商标的产品都拥有完全一样的来源。

2.33 对商品和服务的来源身份起的担保作用已经由于欧洲法院在Arsenal诉Reed案㉑中的裁决而受到威胁，法院认为，未经授权便将商标作为对足球队“忠诚的标志”而使用，已经构成了对ARSENAL商标的侵权。

(c) 保证商品和服务的质量

2.34 如果消费者不再关心产品或服务的确切来源的话，那么他们关心什么呢？在上一节中，我们看到了欧洲法院是如何确信消费者实际上是在寻求对产品或服务来源身份的保证的，但美国的商标理论则完全受到不同的理念的影响——消费者寻求的是对商标指定的产品或服务的质量的保证：

> 那么商标的真实功能是，表明产品是令人满意的，从而刺激消费公众进一步购买。㉒

2.35 换句话说，商标向消费者承诺产品的满意度以及这种满意度再次重复的概

⑲ 进一步参见下文第2.38段。

⑳ Canon Kabushiki Kaisha v Metro-Goldwyn-Mayer Inc，Case C-39/97 [1999] ETMR 1，第28段，该案援引CNL-Sucal NV v Hag GF AG [1990] 3 CMLR 571（“HAG II”）第13、14段。

㉑ 进一步参见下文第2.38段。

㉒ Frank Schechter，《商标保护的理性基础》（The Rational Basis of Trademark Protection）（1927）40 *Harv LR* 813。

率。人们可以立即注意到，这种功能只存在于商标所有人和实际或潜在消费者之间。这个理论同“实际确切来源”的理论是相一致的（见上文第 2.24～2.29 段），虽然“实际确切来源”的理论并不涉及消费者满意度的问题。该理论同“保证来源身份”的理论（见上文第 2.30～2.33 段）则又是完全相冲突的。通过“保证质量”的观点，商标将商标所有人限定为面向其消费者的品牌开发者，而“保证来源身份”理论则将商标视为阻止竞争商业之间靠得过近的一种缓冲器。

2.36 早在 1970 年就可以明显看出这个商标制度的理论在欧洲并不受欢迎，我们很难再找到还有比下文更坦率地否定该理论的话了：

> ……在我看来，有关质量保证的功能并没有任何独立的法律意义。它起源于表明产品来源的基本功能，它意味着公众在知晓带有商标的产品拥有相同的来源时，也相信它们拥有相同的品质。但是这种期待即便真实存在的话也不会受商标法的保护。保护产品免受品质欺诈实际上是属于刑法或者反不正当竞争法的内容。㉓

2.37 欧洲的法律甚至比上面走得更远，它规定，对于带有某个商标的产品就一定具有好品质的保证或者期待，并不能证明需要对商标进行保护，相反却会带来繁重的责任。根据这个规定，一个欧洲的消费者如果购买了一个有缺陷的产品时可以向产品的制造者索赔。这里的“制造者”的定义是：

> 一个成品的制造者，任何原材料的生产者或者零部件的生产者，以及任何将自己的姓名、商标或者其他具有区别性的特征标注在产品上以表明自己是制造者的人。㉔

(d) 作为标明某种支持或关联的印记

2.38 欧洲法院在 Arsenal 诉 Reed 案中深入地探讨了这样一个观点，即作为标明支持或关联的印记而使用，在某种程度上已不再是商标的通常功能之一。该案中，Arsenal（阿森纳足球俱乐部）试图阻止他人未经授权而销售带有 Arsenal 商标的明显属于未经授权的足球纪念品，如帽子和围巾。原受理法院㉕比较支持这样一个观点，即被告是将商标当成支持阿森纳足球队的一种表达忠诚的标记来使

㉓ Friedrich-Karl Beier，《商标法和国际贸易的地域性》（Territoriality of Trade Mark Law and International Trade）（1970 年）1 IIC 48-72，64。

㉔ 《欧盟理事会指令 1985/374》，有关各成员国关于有缺陷产品的责任的法律、法规以及行政规章的近似性，第 3 条。

㉕ Arsenal Football Club plc v Matthew Reed [2001] ETMR 860 (HC).

用，而不是当成一种表明同阿森纳公共有限公司有任何关联的标记。欧洲法院的总法务官 Ruiz-Jarabo 则否认存在一方面商标所有人使用球队名字（作为赚钱的途径），而另一方面球队的支持者使用球队名字（作为忠诚或支持的标记）的二分法；他的观点被欧洲法院所采纳。[26] 如果这种观点是正确的话，那么商标所有人自行将商标作为忠诚或关联的印记来开发使用的能力，则成为支持商标保护制度合理性的又一个因素之一。

(e) 实现消费者对其生活方式的宣言

2.39 一旦商标被创立和使用，它就不再仅仅是商标所有人的私有财产，而且成为消费者任意摆弄的玩具。所以有必要从消费者的角度去审视商标制度存在的合理性——从这个观点看，自从商标为时尚代言以来，将商标作为生活方式的宣言来使用的现象给商标所有人以及假冒商品经营者带来了丰富的利润。

2.40 时尚商标远远不止是简单地表明制造的产品的来源或者品质。它们使消费者购买的产品能向世界宣告“我就是这样的一种人”。所以通过穿上带有 BENETTON 标签的衣服，消费者在宣告“我是一个 BENETTON 人，拥有 BENETTON 价值观”，意思是“我（或者我认为我）年轻，漂亮，富裕，时尚，没有任何种族、性别或者政治方面的问题，愿意同和我一样的人建立个人联系”。而穿 NIKE 运动服的人则是在宣布：“我年轻，追求体力上的挑战和成就，拥有沉着无所顾忌的态度。”穿 BURBERRY 格子图案或者 HERMES 丝绸衣服的人则表示：“我非常富足，所以能够拥有一般街头并不常见的良好品位；我非常谨慎地思索和行动，在与人结盟上很挑剔，并培养个人的阶层品位。”当然，消费者自己所购买的产品的信息并不一定和他人所感知到的信息一样。BENETTON 的信息也许可以被毫不留情地理解为：“你是一个被溺爱的、自私的、故作时髦、装腔作势的人，一旦你个人成熟了，你短暂的价值观也就随之而去了。”很多的商标都能够同时带有这种混合的信息，而这些商标已经成为夺目的品牌，如 ROLLS ROYCE（劳斯莱斯）、HÄAGENDAZS（哈根达斯）、ROLEX（劳力士）。

2.41 然而，大多数商标要么根本不具备生活方式宣言的功能，要么在销售的时候具有能够传达给消费者生活方式宣言的功能，但随后却并不能使消费者将这种生活方式传达给他人。第一个类别的商标包括 BOEING，HEWLETT PACKARD，或 NESTLÉ。这些商标代表着那些有着广泛市场应用的不能代表任何生活方式的品牌。无论是富人还是穷人，年轻的还是年老的，漂亮的还是丑陋的，都会乘

[26] Arsenal Football Club plc v Matthew Reed，Case C-206/01 [2002] ETMR 975，[2003] RPC 144（总法务官论述）；[2003] ETMR 227（欧洲法院）。关于欧洲法院关于该案的后续经历，请见第 7 章第 7.52～7.54 段。

坐 BOEING 飞机，使用 HEWLETT PACKARD 电脑硬件，并喝 NESTLÉ 咖啡。第二个类别的商标包括 ANDREX，DINERS CLUB CARD 以及 JOY。那些在生活上充满抱负的人所最能留下印象的一般不是卷纸、信用卡和香水这样的产品的品牌之间的关系。

(2) 商标的病理学

许多商标的一生都是平淡而没有纷扰的。它们在注册申请的时候没有被授权机关置疑；它们没有被竞争者提出异议；它们没有被侵权；它们只是平静地待在商标注册簿里，无声地为它们的主人的权利宣誓作证。本书并不讲述商标的生命期，本书大部分涉及的是关于它们的各种问题，如不可注册性、无效、撤销、淡化、贬损以及侵权。但是不要忘记商标制度产生的目的是实现商业贸易的良好秩序，而不是作为所有人和侵权人以及申请人和授权机关之间的对抗游戏。 2.42

法院和商标登记处内部评审委员会所审理的商标纠纷数目惊人。如果你检查一下本书正文以及案例列表中的案例，你不仅会发现有很多的商标诉讼，而且会发现有很多都是由商标所有人（或雄心勃勃的所有人）针对商标登记处提出的。一件商标的战略商业价值往往是惊人的，而获取商标的费用常常又微不足道，它所带来的利益几乎有潜力保持永恒。另外，和其他大多数财产不同的是，你使用一件商标越多，它就越有价值。那么这么多的商标争议宁愿纠缠到底而不愿通过调解或其他方式小心解决，这还值得奇怪么？也正是这个原因，商标法似乎对争议非常关注，我们所了解到的这个制度更多的都是从商标出现问题的角度而不是其顺利运作的角度。 2.43

(3) 商标法的道德准则

商标法就像一座冰山，它的大部分都浸没在法律职业者和法院的视野所组成的海平面以下。大多数的商家和公众从商标法中看到的只是最直接涉及他们敏感事务的部分：我能抄袭这个商标么？我还需要对该商标修改多少才能使我不致因为抄袭它而被起诉？我能在我的广告中使用竞争者的商标么？如果包装盒上没有明确写“KELLOGG’S”的话，是不是意味着它就不是 Kellogg’s 公司出品的？为什么我不可以在牙膏上注册 BRITE-KLEEN 而在鸡眼药上却可以注册？我是不是真的需要获得同意才能将我喜爱的足球队名字绣在我的围巾上？然而，涉及所有这些问题的规则并不都一样。大多数商标法规定的是管理提交申请、异议、撤回、撤销、续展以及建立、维护和修改档案的各种程序和机制。本书更多关注的是商标法所牵涉的鲜明突出问题，而并非关注于将各个国家的制度或跨国制度 2.44

缝合在一起的补丁式的规定。

2.45 所有的商标法都是人造的法：它是由一系列的任意规定所组成的，其中大多数都是程序性的，并且含有不能说代表了任何明显公认的道德准则的内容。从这个意义上说，对于大多数商标法所调整的行为，我们愿意看做是一种并非本质错误而只是因为被禁止了所以才错误的行为。然而，商标制度的核心却是有着高度道德内容的规则——抄袭和欺骗都是错的观点。如果我将你的商标放在我的产品上，这就是抄袭，而欺骗则是我通过某种方式将我的产品表现为同你的产品有关系而实际上却并不是。然而这种观点有种种例外限制，下文将详细描述。

(a) 并非所有的抄袭都是错误的

2.46 即便不去考虑关于抄袭是最真诚的恭维形式的陈词滥调的话，我们实际上既在教导别人也同时在学习着抄袭。同龄人认同的社会现象和害怕被人认为是异类或者是“外人”的心理，赋予抄袭一种无可辩驳的合法印记，因为它是人类正常行为的体现。在时装界能否成功依靠的是消费者模仿他们的偶像或者朋友们的强烈欲望。事实上，即使是从法律术语上来讲，也不能说抄袭是错的。一位英国法官的评述将这种观点很简洁地表现了出来：

> 有些人认为抄袭是不道德的；另外一些人则不这么认为。今天的抄袭者往往就会成为明天的革新者。有些人认为抄袭是竞争的生命血脉的一部分，可以打破市场事实垄断、降低那些不被诸如专利或者注册外观专利这样的特殊垄断形式所保护的产品的价格。另外一些人则说抄袭者是革新者身上的寄生虫。这些都不重要。很显然，法律并没说只要是抄袭一定就是违法的：普通法（我很关注普通法）是更倾向于反对垄断的。㉗

2.47 虽然这个论述是专门针对专利权和注册外观专利权的保护的，它看上去也同样适用于商标，尤其是那些赋予了曾默默无闻的产品以简洁方便名称的商标。而且虽然这些话是一个普通法法官所说的，但它所表达的思想实际上也被成文法国家所认可，而这些成文法则将“毫无创造性的模仿”视为违法的。㉘

(b) 并非所有的谎言都是错误的

2.48 少量的相对无害的谎言是自由市场经济中广告和市场营销的重要组成部分，消费者在这样的市场经济中必须从一开始便知道不要去相信他们所看到或听到的任何东西。事实上，所有的普遍性的概括——只要它们并不适用于具体情况的

㉗ Jacob法官，Hodgkinson Corby Limited and another v Wards Mobility Services Limited [1995] FSR 169，172。

㉘ 例如法国和意大利。

话——大部分从其定义上就可以看出都是谎言。我们知道将自夸的广告称为“吹嘘”[29]，也记得航空公司被允许在其同竞争对手比较价格时宣传自己更经济。[30] 我们也同样知道要把握比喻性的广告中隐含的核心事实，并去除包含在外面的虚假外壳（没有人会期望“大型的”（man-sized，字面含义为成人大小的）纸巾真的有成人那么大，也没有人会夸张地期待“不损害森林”（forest friendly，字面含义为对森林友好的）的卫生卷纸真的能奉献出友谊）。我们不仅能容忍这样的虚伪假话，而且还拒绝将其称为“谎言”，这反映了我们并不认为它们是错的。

（c）并非所有对商标的抄袭都被商标法认定为非法

所有国家的商标法都规定了一些对触怒商标所有人的商业行为的免责理由。这些下文将要谈到的免责理由[31]，只有当存在不构成侵权的抄袭复制行为时才能起作用。 2.49

（d）商标法使同抄袭或欺诈毫无关系的、明显处于道德中性地位的行为变得非法

在这种情况下，如果一个商人将在美国购买的MAG牌手电筒进口到欧盟市场并销售赢利的话，即便他既没有抄袭也没有撒谎，他一样也触犯了商标法。同样的情况也会发生于在所销售的商品上选择自创的商标名字的某个无辜商人身上，实际上他既不知道也没有机会去发现有个竞争者已经在相同商品上提交了注册相同商标的申请。 2.50

（e）商标法处罚并非有意违法的行为

当一个商人选择使用一个同竞争者的注册商标实际并不同的标记的时候，他也许并没有概念他的标记是否会被认为同那个注册商标混淆性相似。商标的相似与否完全属于个人判断问题，一个人认为混淆的，另一个人则可能认为其完全不相似。任何不相信这一点的读者可以对比一下欧洲内部市场协调局在共同体商标申请中对混淆性相似的裁定[32]，看看他在多少情况下是赞同他们的观点的。 2.51

关于商标法道德准则的更多问题将在第9章和第21章讨论。 2.52

(4) 商标制度的真实功能到底是什么?

商标制度的真正功能并没有在商标立法中或者国际条约的准备工作资料中写 2.53

[29] 例如 Carlill v Carbolic Smoke Ball Company [1893] 1 QB 256（上诉法庭）一案。

[30] 见 British Airways plc v Ryanair Ltd [2001] ETMR 235（高等法院）一案。

[31] 见第8章。

[32] 这些裁定可以在下列网址找到：http：//oami. eu. int/search/legaldocs/la/EN _ Opposition _ index. cfm。

明，甚至在关于商标的书中也没有。钥匙、铲子或者杯子实际使用的功能同其理论上设计的功能都是一样的。商标制度也应该这样，我们不仅需检验它在真实世界中的功能，也应该检验在法律起草者案桌上所设计出的它的用途。

2.54 我相信所有的发达经济的商标制度的功能都是要在以下人群时而冲突时而关联的利益之间建立一种创造性的张力平衡：

(i) 拥有商标的人；

(ii) 直接或间接同上述人群相竞争的人；

(iii) 根本不同上述人群竞争的人；

(iv) 选择使用上述人群的产品和服务的消费者；以及

(v) 不选择使用上述人群的产品和服务的消费者。

2.55 在这种平衡状态下，每个人必须尽力去实现其所属集体从商标制度中享受到的利益的最大化，而同时每个集体所享受到的利益又会对其他集体的成员造成损害。

2.56 这个定义非常复杂，因为商标法并不仅仅是为商标所有者而存在的：它为每个人而存在。因此，它必须至少适用于以下几组关系：

(i) 商标所有者同其竞争行业之间（例如，PENGUIN 巧克力饼干同类似的 PUFFIN 饼干）；

(ii) 商标所有者同非竞争性行业之间（例如，金融服务上的 VISA 同安全套上的 VISA）；

(iii) 商标所有者同消费者之间（例如，欺骗性商标的可注册性和使用）；

(iv) 竞争行业同消费者之间（例如，药品的平行进口商劝说国外消费者认同某种贴有黏性标签的药品可以安全使用的能力）；以及

(v) 消费者同非竞争行业之间（例如，当一个大众汽车的潜在购买者希望通过互联网对拥有 POLO 商标的三家主要公司中的一家了解相关信息时，他并不希望被另外两家公司的网站或者弹出的标语所骚扰）。

2.57 关于商标制度功能的定义还有更复杂的版本，这种版本还要考虑以下群体的特殊利益：(vi) 驰名商标的所有人；(vii) 商标的被许可人和受让人；(viii) 政府部门和管理机构；(ix) 诉讼当事人。但是鉴于本书的目的，我们只需采用前面简单的定义版本。

2.58 如果将任何目前已知的商标制度同这个复杂的功能定义相衡量的话，我们可以看到这个定义非常恰当。所有的商标制度都被迫在不同的竞争性或互补性利益之间创造一系列的折中妥协：这正是当那些相冲突的利益在诉讼中交叉作用时商标制度所运作的方式，商标制度的优缺点也正好可以被评估出来。如果一个国家

的商标法不能制止哪怕是明目张胆的侵权行为，或者在这个国家中创新性企业的萌芽屡屡被当前广泛保护的商标权利践踏于脚底的时候，或者这个国家的消费者暴露于缺乏道德的寄生虫商人刻薄的剥削行为中时，那么这个国家已经显示出缺乏上述商标制度功能定义中理想的平衡状态。

D. 结语

本章已经解释了本书的主要目的，并为商标法理论和日常实践所涉及的进一 2.59
步主题的探讨进行了铺垫，它讨论了商标法的道德基础以及商标法所赖以制定、解释和实行的法律框架。

第 3 章

商标法和商标注册制度

A. 导言

狄更斯的故事[①]

人人都知道拖拉衙门是英国内阁下面最重要的部门。如果没有拖拉衙门的默许，在任何时候都无法完成任何公共事务。它的触角能伸至大小各种公共利益。没有这个部门的明确授权，不可能做任何最明显正确的事情，同样也不可能不做任何最明显错误的事情。如果在火柴点燃半小时前就发现了另外一个火药阴谋的话，除非在拖拉衙门中已经发现了十张会议桌、半蒲式耳的会议记录、几大袋的官方备忘录以及能塞满一个家庭地窖的文法不通的信件，否则没有人能够证明挽救议会的正当性。

在这个显赫机构的早期阶段，政治家们刚刚开始清楚地了解同治理国家的困难艺术相关的一项崇高原则。当时最重要的是要研究这个光辉的启示并将其杰出的影响力一直保持在各种官方行动中。对于任何要求做的事情，拖拉衙门永远预先就使其他的公共部门陷入思索——怎么才能不去做事。

拖拉衙门通过它所一贯掌握和依靠的这个巧妙的创意、手法和天才构思，跃居所有公共政府部门的地位之上；公共秩序也就这样形成了。

① 来自查尔斯·狄更斯（Charles Dickens）所著《小杜丽》（“Little Dorrit”）第10章（“包含政治的全部科学”）。

确凿无疑的是，怎样不去做这件事，一直是围绕在拖拉衙门周围的所有公共部门和职业政客的伟大研究课题和目标。每位新首相和每届新政府，虽然他们是由于支持某类必须要做的事情才得以上台，但一旦他们上台，便会不遗余力地去寻找怎样不去做事的答案。从每次大选结束的一刻起，那些因为没有做事而在竞选讲坛上胡言乱语的被选议员，那些一直在质询正承受弹劾痛苦的对立派的体面绅士的朋友为什么没有做这件事情的被选议员，那些断言必须做这件事以及自己发誓必须做这件事的被选议员，都会立刻开始策划如何才能不做某件事。

的确，议会两院在整个会议期内都会一致地倾向于对如何不做事进行冗长的讨论。会议开幕式上的王室致词毫无疑问会这样说，议员阁下们，你们有最重要的工作要做，请回到你们各自的会所，讨论怎样才不做事。同样，在会议的闭幕式上，王室致词又会这样说，议员阁下们，通过过去几个月的辛苦，你们怀着伟大的忠诚和爱国心一直在思索如何才能不做事，现在你们已经找到了答案，现在基于上帝对丰收（自然的而不是政治上的丰收）的祝福，我现在正式解散你们。这些都千真万确，但其实拖拉衙门比这些走得更远。

拖拉衙门在每天的机械运转中，一直将如何不做事这个美妙而完善的政治工具保持着有效运作。拖拉衙门憎恶那些准备做点事，或者似乎是由于意外巧合而处于准备做点事的遥远的危险边缘的没有头脑的公务员，并通过会议记录、备忘录以及指示函的形式对其进行压制。正是由于拖拉衙门所具有的这个关于国家效率的精神，才导致它逐渐使自己同所有的事物都有瓜葛。机械师，自然哲学家，士兵，航海家，上访者，请愿者，有冤情的人，想制止申诉冤情的人，想要申诉冤情的人，诈骗者，受骗者，有功而得不到奖赏的人，有过而得不到惩罚的人，全都不分青红皂白地被置于拖拉衙门的大页书写纸之下被弄得皱皱巴巴。

无数的人都消失在拖拉衙门里。那些犯过错的或者为了公共福利事业的倒霉蛋（他们最好先犯一些错误，也胜过让那个苦涩的英国秘方来俘获他们），在时间和痛苦的缓慢流逝中，安全地躲过了其他的公共部门；他们按照规则曾经被这人威逼欺凌，被那人施加影响，然后又被其他人欺骗逃避，但最后他们都被提交给拖拉衙门，就永远不见天日。委员会在他们身边安坐，秘书们为他们做会议记录，委员们为他们喋喋不休，职员们为他们注册、登记、检查并画勾，然后他们就悄然消失。简而言之，整个国家的业务都要从拖拉衙门经手，除了一个行业例外：它的名字是退伍军人协会。

故事的寓意

3.01 商标是由官僚机构核准的，所以，无论一套商标法是如何的好，商标制度的优点还是由管理机构的品质所决定的，而不是仅仅由法律的质量来决定。

法律从业者、商标代理人、商标注册管理官员以及商业经营者通常都想当然地认为，从商标注册申请之日到商标申请被核准或者驳回之日之间需要相当长的时间。但是为什么要这样呢？如果你申请银行贷款，银行会表示希望对贷款附加一系列的条件以保证其安全，并要对必要的担保、还款方式和还款周期进行证明和约定，这样整个交易会持续一些天。但如果你申请在冰棍上注册 FROOTIE TOOT 作为商标的话，你可能需要等待数月甚至数年的时间才能得到结果。 3.02

查尔斯·狄更斯非常不喜欢官僚作风。他在短篇小说《一个可怜虫的专利故事》[②] 中无情地嘲弄专利授权的官僚主义方式，而上面描述的拖拉衙门也许正是以这为原型设计的。但是，他所鞭挞的拥有繁文缛节的专利制度毕竟能在 6 周之内对专利授权；而现在，从申请到获得专利往往需要 30 到 42 个月。 3.03

商标制度取决于其法律的好坏和管理能力。本章将对这些现象逐一进行审视，然后读者将更能理解为什么虽然一个商标申请所花费的时间比应当花费的要多得多，但它所需要的时间的确要比很多人想象的要长。 3.04

B. 商标法的来源

(1) 商标法是从哪里来的？

商标法的渊源非常之多，它们的影响遍布商标制度中各个不同的层面。这些渊源包括：(i) 国际多边协定；(ii) 国际双边条约；(iii) 区域性条约；(iv) 国内制定法和下级立法；(v) 法院对商标争议的裁定（判例法）；(vi) 地区性和全国性商标注册机关的实践指导以及裁决；以及 (vii) 学者和职业专家的学术论述。简要说明如下。 3.05

(2) 条约和区域性协定

(a) 国际多边协定和条约

许多国家的商标法之间如此相似，不同司法体系中的国家商标制度之间具有如此高程度的兼容性，其中的一个原因就是在过去近 120 年的时间里形成了一系列由众多国家作为签署国的国际条约。这些主要的条约有： 3.06

(i)《保护工业产权巴黎公约》，它规定国家对商标要进行保护，要提供“宽

② 见 Jeremy Phillips，《查尔斯·狄更斯和〈一个可怜虫的专利故事〉》(1984)。

展期”，从而使一个国家的申请人能够在另一个国家当地的竞争者之前在该国申请他的商标，并要求国家向其他成员国的申请人所提供的待遇不得低于其对本国申请人的待遇；

(ii)《商标国际注册马德里协定》，它使得商标所有人可以通过一次申请在其他很多国家申请注册；

(iii)《马德里议定书》，它对《马德里协定》的某些方面进行了扩充和修改；

(iv)《与贸易有关的知识产权协议》（TRIPs），它规定了商标所有人应当享有的最低限度的法律保护；

(v)《商标法条约》，它的目的是减少同过分官僚化的商标申请程序相关的不必要的繁文缛节。

3.07 如果签订国际条约的国家后来选择无视其义务的话，那么大多数国际条约将无法得到执行；而且由于目前为止还没有哪个国家会为了一件商标而同另一个国家开战，因而很多的条约义务最后往往被违反而不能得到执行。然而，TRIPs 却拥有一个非常成熟的争端解决机制，可以对顽抗的成员国进行贸易制裁。[③]

(b) 国际双边条约

3.08 由于主要的国际公约在法律界如此闻名，因而人们很少注意到双边条约。它们就像商标法中的静脉曲张的血管，由各种常常是不悦目的条款所组成，一旦被忽略的话，它们就会阻碍甚至最终堵塞国家之间的商业流通。如果想获得它们的相关信息，却并没有很方便的渠道，这也正是它们经常被忽略的原因。近来使商标诉讼当事人大吃一惊的双边协定或许包括 Stresa 条约[④]，以及由前捷克和斯洛伐克、葡萄牙[⑤]和瑞士[⑥]所制定的为了保护货源标记、原产地名称标记和其他地理名称标记的协定。

(c) 区域性条约

3.09 这里我们指的是由那些地区性国家集团所制定的旨在调整商标法各方面的条约。这个范畴的法律协定包括：《比荷卢统一商标法条约》[⑦]，它规定比利时、卢

③ 违反 TRIPs 协议的成员国将会受到贸易制裁以及关税报复。最新新闻、背景材料和法律来源可见世界贸易组织的网站 www. wto. org。

④ 尽管名称起得很大（《1951 年 6 月 1 日关于使用奶酪名称及原产地名称的 Stresa 国际条约》），实际上这个条约似乎只对法国和意大利有效；见 Consorzio per la Tutela del Formaggio Gorgonzola v Käserei Champignon Hofmeister GmbH & Co KG and Eduard Bracharz GmbH [1999] ETMR 454（欧洲法院）。

⑤ Budejovicky Budvar Narodni Podnik v Anheuser-Busch Inc [2002] ETMR 1182（葡萄牙最高法院）。

⑥ 见 Anheuser-Busch Inc v Budejovicky Budvar Narodni Podnik [2001] ETMR 74（Schweizerisches Bundesgericht）。

⑦ 1962 年 3 月 19 日《商标相关条约》附带《比荷卢统一商标法》（分别由 1983 年 11 月 10 日议定书和 1992 年 12 月 2 日议定书修改）。

森堡和荷兰三国共享一个单一的商标体系；《欧盟理事会条例》；《喀他赫纳协定》，它规定安第斯条约成员国之间就商标事务进行的合作[8]；《班珠尔商标议定书》[9]；以及1999年修订的《非洲知识产权组织班吉协定》。[10] 这些条约表明小国家们认为通过将其各自的资源进行整合能够实现规模化的效率和经济，同时也可能表明了这样一种勉强达成的妥协，即国内商标法终究只是一种小范围的娱乐，而全球性的商标保护即便不会完全替代它，最终也会演化为国内商标注册之外的替选方案。

欧盟的《商标协调指令》是一种不同的区域性协议。[11] 该指令并没有太多的 3.10
调整国家间的关系或者对它们之间的合作提出要求。相反，它要求所有签约国各自的国内法必须实行相同的标准，这个标准既包含强制性的，也包含选择性的法律规范。这些标准赋予了欧洲法院通过裁判来进行解释和进一步发展的空间。

(3) 国内制定法和下级立法

大多数国家都有自己的国内商标立法，它由国家级立法机关通过并在其实施 3.11
和日常运作中通过下一级立法得到补充。然而正如前面段落中介绍过的，也会有一些例外。

有些司法辖区有着特殊的国内商标立法。例如，美国既是一个单一的整体， 3.12
也是一个由51个独立的司法辖区所组成的联盟。[12] 由此美国既运行着一套用于"州际商业"中的商标使用[13]的联邦商标制度，同时也实行大量的独立的各州商标制度。虽然美国以外的很多人并不了解各州的商标注册的存在，但它却是非常重要的法律保护形式，而非美国的企业往往很大意地忽略了它的存在。[14]

⑧ 玻利维亚，哥伦比亚，厄瓜多尔，秘鲁，委内瑞拉。

⑨ 该议定书由非洲区域知识产权组织（ARIPO）支持执行。目前实行该议定书的7个国家是马拉维、莱索托、斯威士兰、坦桑尼亚、津巴布韦、纳米比亚和乌干达。关于ARIPO的详细情况，请见aripo. wipo. net。

⑩ 该协定规定在至少16个国家中由一个单一的专利商标局来管理知识产权：贝宁、布基纳法索、喀麦隆、中非、乍得、刚果、赤道几内亚、加蓬、几内亚、几内亚比绍、科特迪瓦、马里、毛里塔尼亚、尼日尔、塞内加尔和多哥。非洲知识产权组织（OAPI）的详情请见oapi. wipo. net。

⑪ 《欧盟理事会指令89/104》。

⑫ 联邦中50个州以及波多黎各。

⑬ 美国宪法第1条第8节规定国会有权"管理同外国之间、各州之间以及同印第安部落之间的贸易"。很显然，那些拥有品牌的大企业所享受到的美国法律赋予其商标的强有力保护，正是得益于这个条款的规定。

⑭ 关于各州的注册和保护，请见国际商标协会（INTA）出版的令人印象深刻的活页出版物《州商标和不正当竞争法》(State Trademark and Unfair Competition Law)，大约有1 600页。

(4) 判例法

(a) 欧洲法院、欧洲一审法院以及欧洲自由贸易联盟法院的裁定

3.13 就欧盟法律而言[15]，所有的欧盟成员国都受欧盟法律约束，即便他们的国内法有同其不一致的地方。欧洲法院经常对包含了众多国内商标法和欧盟商标法观点的欧盟法律原则进行发展阐释，各国法院则经常就此将棘手的案例提交到欧洲法院进行初步裁决。当管理共同体商标制度的机构——欧洲内部市场协调局（通常称为OHIM或OAMI）所做的决定被提起上诉的时候，欧洲一审法院（通常简称一审法院或CFI）也会对欧盟法律原则进行阐释。欧洲法院审理对欧洲一审法院的决定的上诉。一旦欧洲法院或者一审法院对欧洲商标法的条款宣布解释的时候，欧盟内部的国内法院不得直接对该决定提出异议。然而对于欧洲法院已经裁决过的案件，国内法院还是可以提请欧洲法院再次审理，以试图让欧洲法院能发现自己的错误并重新做出裁决。[16] 属于欧洲经济区的非欧盟国家的法院[17]仅仅将欧洲法院的裁定作为参考，虽然这些裁定可能具有一定影响力。

3.14 欧洲自由贸易联盟（EFTA）的法院有权就那些属于欧洲经济区但不属于欧盟的国家的商标事务进行裁决。[18] 欧洲自由贸易联盟法院的裁决仅仅具有参考作用而不具有强制约束力，欧洲法院会很直接地忽略他们的方法而采用自己的方法。[19]

(b) 国内法院的裁定

3.15 普通法司法辖区中的法院传统上会接受他们国家高等法院的裁判的约束；而且通常从司法礼让来说，他们一般不会与相同级别的法院的意见相左，且不会对他们为什么这样做而给出合理的说明。这种惯例现在也越来越多地存在于普通法世界之外，不仅是美国和英国，而且包括德国、澳地利、波兰和意大利在内的其

⑮ 关于欧盟法律相对于各国内法律的权威性，请见 Craig 和 De Búrca 所著的《欧盟法律：文本、案例和材料》(EU LawText, Cases and Materials)(2002)一书，第6章。

⑯ 这实际上已经在商标法律领域出现过，欧洲法院在 Van Zuylen Freres v HAG AG [1974] ECR 731（"HAG I"）中的裁定后来在 CNL-Sucal NV v Hag GF AG [1990] 3 CMLR 571（"HAG II"）一案中被推翻。

⑰ 写本书的时候包括冰岛、列支敦士登和挪威。

⑱ EFTA 成员国之间签订的关于设立一个监管机构和法院的协定，第34条。

⑲ 见 EFTA 法院在 Mag Instrument Inc v California Trading Company Norway，Ulsteen [1998] ETMR 85 一案中的裁定，该裁定甚至根本没有被欧洲法院在 Silhouette International Schmiedt GmbH & Co KG v Hartlauer Handelsgesellschaft mbH，Case C-355/96 [1998] ETMR 539 一案中提到过。以上这两个裁定首先被瑞典上诉法院在 NGK Spark Plug Co Ltd v Biltema Sweden Aktiebolag [2000] ETMR 507 一案中讨论，该案裁定认为瑞典法律虽然并没有明确拒绝全球权利用尽原则，但仍然优先于 Mag 一案而沿用 Silhouette 一案的裁决。

他国家所在的司法辖区中的判决的读者们会发现，其中的法律原则早在这些司法辖区的先前案例中就被讨论和诠释过。另外一些国家则相对来说并不经常引用在先判例，例如，法国、芬兰、葡萄牙和瑞士。

(5) 地区性和全国性商标注册机关的实践指导及裁决

在国家商标注册机关进行的商标申请和异议程序中，由审查官员所做的决定相对来说处于较低的级别；在很多国家中，审查官的决定根本不向公众公开，而在其他一些国家，他们的决定虽然公开但很少受到商标律师的认真关注。但是，至少在一个方面它们是非常关键的：它们对商标注册机关如何处理某个具体情况提供了最重要的指导形式。事实上，当法律变更时（正如大多数欧洲商标法律在 20 世纪 90 年代所做的），在缺少更新或更合适的指导的情况下，审查实践和审查官员的决定可以作为参考的标准。有些国家，如同内部市场协调局一样，会出版有用的指导手册，指导商标审查员们如何处理特定的事务，其出发点是认为审查官员在面临这些事务时的一致行动是非常重要的。这些指导手册以及各个审查官员的决定也许不具有法律效力，但是从行为学观点来看，一个商标注册官如何处理其案件本身就是法律，除非任何更高一级的权力机关进行介入。在缺乏其他指导的情况下，人们通常的焦点便集中在指导手册上，从而来预测更高级别的权力机关会如何作为，而不是去依赖个别商标执业者的主观猜测。 3.16

商标注册机关同样也会公布他们自己的指令，如果谁忽视它谁就会面临风险。这些指令可以是纯粹关于程序性的事务（比如节日期间注册机关哪一天休息），或者是关于严肃的实体性事务（比如表明该机关打算今后会如何处理某种特殊类型的申请）。 3.17

(6) 学者和职业专家的学术论述

在大陆法系国家中，学者和专家的论著长期以来一直被当做法律的渊源之一。乃至今日，任何人如果读到例如奥地利、德国和希腊这些国家的商标案例的时候，都会惊奇于法官会考虑如此大量的学术引用。虽然普通法国家例如美国和英国以前相对很少关注学术原则，但近年来援引学者观点的实践——尤其是在并非直接相关的法律渊源的法律适用领域——看起来有所增加，尤其是在美国。事实上，由于很多的商标律师会阅读和吸取有关学术案例评述，并在法庭上将其作为自己的观点陈述出来，因而即便在人们没有承认其用处的时候，学术论述已经开始让人感受到它们的影响了。 3.18

C. 商标注册制度

（1）国家必须要有商标注册制度吗？

3.19 理论上不是。不管是《巴黎公约》还是 TRIPs 协议，都没有对任何国家施加必须实行商标注册制度的义务：它们只是规定了一个国家商标注册制度必须符合的参数。然而实际上，大多数国家确已实行商标注册制度，只有少数国家仍然规定商标所有人需在一家当地报纸上刊登“警示公告”，来宣布其利益作为给予保护的依据。[20]

（2）现代注册制度：原理

3.20 今天大多数的商标注册制度都在努力达到如下同样的目标：（i）批准商标申请，除非有明确相反的理由；（ii）通过对信息技术的最有效的利用，将人员成本控制在最低水平；并（iii）保证注册机关的操作符合商标使用者及其专业代表的需求。

（3）国家注册

3.21 多数国家都实行一套商标注册的国内制度。国内商标注册机关（通常是这个国家的专利局的一个分支机构）的运行由国内法律所调整。虽然不时有建议认为专利局应该私有化，但所有国家的商标注册机关依然是他们国家的行政机构的一部分。

3.22 当一件商标被国内商标注册机关核准的时候，由此产生的专有权利通常只是及于该核准国家的边境。但这并不是绝对的。例如，法国商标能够延伸到世界的一些遥远地域[21]，而英国商标则要相对不那么令人惊喜，它只能延伸到马恩岛。[22]

（4）地区注册

3.23 当一些国家联合起来组成一个单一的核准商标的体系时，他们通常采取的是

---

⑳ 厄立特里亚仍然实行着一种“警示公告”的制度。即便是在有些已经用注册替代警示公告的司法体系中，为了安全考虑，当地的律师有时候仍然建议在报纸上刊登公告。

㉑ 法属南极领地，瓜德鲁普，法属圭亚那，马提尼克，马约特岛，新喀里多尼亚岛，法属玻利尼西亚岛，留尼旺，圣皮埃尔和密克隆群岛，法属南部领地，瓦利斯和富图纳岛。

㉒ 《2000 年商标条例》SI2000/136，r2。

区域性商标注册机构形式，例如内部市场协调局（欧盟国家）或者比荷卢商标局（比利时、荷兰和卢森堡）。实行该体系的法律基础并非国内法律，而是设立这些机构的条约或国际规章，以及根据条约为该机构的运作所颁布的下一级立法。

一旦核准，商标效力便覆盖条约所规定的领土。当一个地区体系内的国家数目增加的时候，对于在扩充之前注册的商标在新增区域的保护范围必须进行仔细规定。[23] 3.24

（5）国际注册

虽然在商标领域中常常能听到“国际商标”这个术语，但它的使用不应鼓励听众认为有可能获得一种赋予商标所有人全球性保护的商标注册形式。《马德里协定》和《马德里议定书》提供了一种机制，通过该机制，从一个单一的国内商标注册或者申请开始，申请人能够在一系列的国家获得保护（目前两个条约间约有70个国家）。这两个马德里体系由位于日内瓦的世界知识产权组织国际局来管理。 3.25

（6）商标注册制度的主要特点

（a）注册意味着必须有注册簿

“注册”这个词语正好意味着应当有一个注册簿的存在。它是一个商标名录，同时还带有： 3.26

（i）其所注册的商品和服务的记录；

（ii）注册日期；

（iii）其所有人的详细情况，以及

（iv）某些情况下，包括在申请程序中代表所有人行为的专业代理人的详细情况。注册簿同样还会记录申请被核准之后发生的同商标相关的各种情形。

（b）注册簿的功能是什么？

原则上讲，注册簿是一个向公众开放的任何人都可从中获取信息的文件。它主要行使以下有用的功能[24]： 3.27

㉓ 关于区域性商标体系扩充的问题，请参见 Tibor Gold 所著《过渡中的共同体商标》（Community Trade Marks in Transition）（2003）126 MIP 55-9。

㉔ 关于注册簿在商标说明上的功能的“官方”观点，可见 Myles Ltd’s application，Case R 711/1999-3，2001年12月5日（内部市场协调局）：“说明必须完整且包含商标整体。此外，它必须足够清晰和精确，使商标局能够进行绝对驳回理由和相对驳回理由的审查，能够在欧共体商标公告上刊登商标并且在欧共体商标注册簿上将其注册。该说明同时必须非常明确，从而使竞争者能够依靠该商标精确划定的范畴来进行投资，而法院和各当事人能够随时确立和评估任何商标侵权行为”（第11段）。

(i) 能使潜在的商标申请人了解他们打算注册的商标是否在他们希望使用商标的商品或服务上或是在其他相关商品或服务上，已经被他人占有㉕；

(ii) 方便商标所有者的竞争对手去了解，哪些文字、标识和其他商标由于已经被占有注册为商标因而不能再被当做商标使用或者在对其业务的商业推广中使用；

(iii) 方便竞争对手当面对一个商标注册标记（®）的时候，能够精确地认定该注册商标的组成部分是什么；

(iv) 向注册商标的潜在被许可人提供他们应当向谁提出核发许可的要求的信息；以及

(v) 它为那些试图设计一件有效商标的人以及希望研究他人如何达到这个目标的人都提供了思路和灵感。

3.28 通常明智的做法是应该对注册簿的内容进行重新核对，因为商标注册机关收到相关信息后往往需要一段时间才能将其载入注册簿。

(c) 将注册簿按类别区分：《尼斯协定》

3.29 对于外行的公众来说，他们往往认为一旦一件商标注册，它就能在所有的商业领域获得保护，来对抗未经授权的使用。这只能适用于以下可能的情况：(i) 商标已经在所有能够注册的商品和服务上获得了注册，或者可能性很小，但仍常见的情况，即：(ii) 商标如此驰名，以至于除了商标所有人或其被许可人之外的任何其他人对该商标的使用都不可能不混淆公众或者损害该商标的知名度。在其他所有情况下，注册所带来的保护只能限制在申请人要求保护的指定商品或服务上。

3.30 为了方便商标申请人、商标登记机关以及（按照某些人的观点）大多数公众，大多数国家的指定商品和服务方案均遵照《尼斯协定》所规定的分类体系确定。㉖ 这个制定于1952年的协定最早是将商业所涉及的所有商品和服务划分为42个类别，随着商业越来越复杂以及商品和服务的范围不断增加，《尼斯协定》也随之不断地进行修改。㉗

3.31 国内以及区域性的商标制度对该体系的采用使商标申请人更容易核查是否可以自由使用某个商标。例如，医药产品在第5类注册，如果某个药品公司希望在

㉕ 基于这个原因每件注册必须只包含一件单一商标而不能包含可变不确定的商标的群组或者组合。因此，在 Re International Flavors & Fragrances Inc 51 USPQ 2d 1513（联邦巡回法庭1999年）一案中，注册 LIVING xxxx，LIVING xxxx FLAVOUR 以及 LIVING xxxx FLAVOURS 三件商标的申请被驳回，这三件商标中的“xxxx”部分被打算用来替换成不会出现在注册簿上的各种单词。

㉖ 《有关商标注册用商品和服务国际分类的尼斯协定》，1957年6月15日，最近修改于1979年9月28日。

㉗ 目前的尼斯协定是第九版，包含45个类别（第1～34类是商品，第35～45类是服务）。

一种新的抗生素上注册商标 POXYCILLIN，即便是在其根本不熟悉当地法律的国家，其也能够知道应当在其注册簿的哪一部分去检索在先相同或者类似的注册商标，只要这些国家都是实行尼斯方法即可。

并非所有国家都签署了《尼斯协定》[28]，但国内和区域性商标制度一致化的趋势将会最终导致该协定在全世界范围被采纳。 3.32

(d) 申请的审查：审查什么?

审查过程是非常多面性的。首先，商标注册机关需要审查申请，以确定它确实是一项商标申请。其次，审查官需要确定其审查的是符合正式标准的“商标”。再次，审查官要考虑商标是否存在某种内在的缺陷使其无法注册为商标。在很多国家，审查官还要检查申请人的商标是否在相同商品或者服务上已经被另外的申请人所注册。 3.33

商标注册机关对商标的审查都采用不同的方法。有些国家，例如英国注册机关在 1994 年前就实行一种有时候称为“注册的纯正性”的原则：任何商标如果不是确实有益于注册的话，则不得注册。其他一些国家，包括欧洲大陆的绝大多数商标体系则更倾向于实行推定具有可注册性，即他们会准许某件商标注册，除非有合理的理由认为其不得注册。在有些注册机关中，为了“在个案中实现公平”，审查官们在决定商标是否可以注册方面拥有非常大的裁量权。其他的注册机关实行的基础则是审查官所拥有的自由裁量权应当越少越好，目的是通过对具有可比性的商标适用最大程度的统一性的法律原则，来实现亚里士多德学派的“分配正义”。当前通常的规则是，商标注册应当是商标申请的自然而然的结果，而不要被各种令人恼怒的问题所困扰，审查官应当是管理者而不是法官，所适用的应当是法律准则而非他们自己的判断。 3.34

(e) 申请的审查：这是唯一途径吗?

现在通行的规则是商标权应当基于一个被审查的注册申请。然而，直至现在还有一些体系所基于的是登记或者公告的形式。 3.35

备案制度是指申请人可以将任何他愿意的商标进行备案；这种备案并不需要审查其有效性或者除形式要求之外的任何其他内容，它并不具有任何高度的推定有效性。[29] 一旦一件商标被备案，它的所有人便拥有在先和更高级别的权利，来对抗其他任何随后在相同商品或服务上登记相同商标的人。也就是说，如果我于 3.36

[28] 截至 2003 年年初，只有 70 个国家加入了尼斯协定。尚未加入的重要国家包括（按字母顺序）阿根廷、巴基斯坦、巴西、加拿大、马来西亚、智利、印度。

[29] 仅仅进行形式审查的包括阿尔及利亚、安哥拉、布隆迪、摩洛哥、卢旺达、索马里、圣赫勒拿岛、柬埔寨、黎巴嫩和缅甸。

1999 年 2 月 10 日在糖果上备案了 FIZZPOP 文字商标的话，我就会比在 2001 年 3 月 15 日才备案了同样商标的 Mongoose 拥有优先的权利，但我比在 1997 年 8 月 19 日就备案了该商标的 Bandicoot 的权利要低。如果我使用这个商标，Bandicoot 就可以起诉我侵犯其已备案的商标；如果 Mongoose 使用了该商标，而 Bandicoot 对此并不介意或者他本身已不再使用该商标的话，那么我就可以起诉 Mongoose 侵权。备案制度维护的成本低，但它导致了较弱的、未经审查的备案商标的激增，而其中很多具有很少的或者根本就没有法律效力或者商业意义。

3.37 由于公告的制度甚至不要求将商标进行备案，因而是一种更不正式的申请形式。它唯一要求的是，对某件商标主张权利的人必须在一家全国性的或者官方的报纸上刊登关于对该商标权利的声明的正式警示公告，从而将该事实公之于众。这种制度存在于拥有非常少量商标的国家中（比如厄立特里亚），且如果每个人都读报并且保留其竞争对手的公告记录的话，这种制度应该能发挥更好的作用。

3.38 由于许多原因，近些年来基于备案和公告的制度越来越少见。这些原因包括：(i) 人们认为如果一项商标制度不提供商标审查的话，它会很难被看做是对新品牌开发进行投资的鼓励措施；(ii) 各国国内商标法同 TRIPs 条款逐渐接轨的趋势；以及 (iii) 世界知识产权组织为建立商标审查制度和培训商标审查员向发展中国家提供的建议和帮助的程度。

(f) 商标申请人和审查官之间的互动

3.39 一旦一项商标注册申请被提出来，它可能进展就很顺利直到注册。然而，很多情况下，申请会变成一个互动的过程，在此过程中，审查官会就商标提出异议或者就申请产生的一系列问题要求申请人进行明确说明。如果这些问题的处理并不能使审查官满意的话，申请也许就无法再进行下去。

(g) 申请的公告

3.40 商标将会成为其所有人享受私有垄断并对后使用者行使其在先权利的依据，鉴于这种事实所带来的后果，通常商标申请会被公告，这样各利害关系方——一般是竞争者——可以对这种后果做出反应。公告的商标决定了其所有人权利的性质。在申请人可以通过传真提交申请的体系中（比如共同体商标），公告的是接收机关的传真机所接收到的标记样本，而不是申请人所发送的样本。

(h) 对申请提出异议的机会

3.41 当某件商标已经被核准公告，而其竞争者或其他有利害关系的第三方对此表示反对的时候，商标制度通常都会实行一种机制，可以对该申请提出异议。（对该商标提出异议的理由将在第 13 章探讨。）

(i) 申请人有机会修改其申请和/或放弃专用权

在注册机关最终处理商标申请的时候，通常都会给申请人机会对申请进行修改。这种修改可以是关于他的个人情况如姓名或地址变更，也可以是关于那些影响授权垄断范围的事项，比如变更商标注册的商品或服务的类别，或者对每个类别中所列出的商品或服务的规格进行修改。 3.42

在有些司法体系中，包括在欧共体商标体系中，申请人可以通知注册机关放弃对商标中无法进行合法垄断的某个具体性质的专用权。放弃专用权能够帮助避免这样一个风险，即注册机关驳回申请人试图据为己有的而实际上他人应该有权使用的文字或标记；对于竞争对手来说，他们担心他们有兴趣使用的文字或者标记可能会落入申请人的注册商标权利范围，此时放弃专用权便能够起到阻止这些竞争对手提出多余的异议的作用。 3.43

(j) 商标的核准和注册

当商标注册机关确信注册没有障碍时，申请便会以核准有效的商标注册而结束。核准机关会核发一份证明商标被核准的证书，证书会载明商标所有人的身份，并提供能够满足法院要求的有关核准商标的性质、保护起始日期以及原始所有权等相关的充足信息。 3.44

一旦商标申请被核准，该注册商标即被推定为有效。这意味着在一个侵权诉讼程序中，如果被告不置疑商标的有效性的话，商标所有人不需要重新证明他的商标是有效的：他所唯一需要做的便是提交他的注册证。此外，它还意味着一旦商标效力被核准，任何主张无效的一方必须对无效进行举证。在美国，这种有效性的推定被延伸到商标的“最显著特征”，即便这些特征可能具有描述性或者通用性。[30] 3.45

(k) 核准后异议

大多数国内商标体系都具有这样一个共同的特点，一旦导致核准商标的行政程序以商标被核准注册而结束，任何第三方便可以依据绝对事由对被核准商标的有效性提出异议。此外，当某件商标被核准，而另一商标所有人或者经营者相信该核准侵犯了他们的权利，该利害关系人可以依据相对事由来申请撤销该注册。有时候这种异议是通过向核准机关进行的（如在欧共体商标体系中，可以向内部市场协调局撤销处提出申请）；有时候，这种质疑是通过法院提出的。（第 13 章会更详细地讨论通过撤销或者撤回诉讼程序对注册商标的有效性提出异议。） 3.46

D. 共同体商标和欧盟成员国的商标

欧共体商标体系和各欧盟成员国的国内商标体系[31]都无法替代对方所带来的 3.47

㉚ KP Permanent Make-Up Inc v Lasting Impression I，Inc，No 01-56055（第九巡回法庭，2003 年 4 月 30 日）：含有可能是通用术语的 MICRO COLORS 的文字图形组合商标被推定为有效。

㉛ “国内体系”同样也包括比荷卢区域注册体系。

优点，所以它们被设计为共存的。由于国内法律能够阻止在某一个成员国合法使用的商号或商标在其他成员国使用[32]，因而即便共同体商标申请和核准的范围在逐渐增长，国内法所赋予的保护依然是必要的。

3.48 各成员国的共同体商标的法院[33]同样也是它们的国内商标法院；当提起共同体商标诉讼的时候[34]，这些法院尽量适用《欧盟理事会条例》[35]，但是当条例没有规定的时候，法院则在程序和证据以及救济措施和执行上均适用国内法律。[36] 共同体商标申请可以在适当的时候转换为各国的国内商标申请。[37] 国内注册则可以为随后的共同体商标申请提供优先权。[38] 欧共体商标法和国内商标法的解释受欧洲法院的裁决所约束，并受欧洲一审法院的裁决的影响。我们通过下面的几点来探讨这种共存的有趣方面。

(1) 同一项商标既可根据《欧盟理事会条例》注册也可根据国内法注册

3.49 同一所有人没有理由不可以在欧共体商标法和国内法下分别注册同一件商标，就正如 VIAGRA 案一样。[39] 这两种注册可能会出现延伸范围并不相同的情况，这是由于国内商标和共同体商标注册簿中的其他商标的存在将决定在任何特定类别[40]中该商标所能注册的商品或服务的范围。

3.50 当两个申请人为控制同一件商标而争夺时，同一件商标可以在两个重叠体系的一个或两个中获得注册的事实给其带来了有趣的矛盾现象。例如，在一个爱尔兰申请中[41]，Dairygold 试图在猪肉和猪肉制品上注册 PORK-THE OTHER WHITE MEAT 商标时，审查官以该申请具有描述性和缺乏显著特征为由将其驳回。在听证会上 Dairygold 解释说，第三方已经将实质相同的一件商标申请欧共体注册，Dairygold 正基于该爱尔兰申请对该共同体商标提出异议。实际上，这

[32] Pfeiffer Grosshandel GmbH v Lowa Warehandel GmbH，C-255/97［1999］ETMR 603（ECJ）.

[33] 《欧盟理事会条例 40/94》第 91 条。欧洲法院的最新名单请参见内部市场协调局网站 http：//oami. eu. int/pdf/aspects/Co026-ann. pdf。

[34] 要获取关于欧共体商标执行方面的简要说明帮助，请参见 Gert Wurtenburger 的《欧共体商标权的执行》［2002］IPQ402-17。

[35] 《欧盟理事会条例 40/94》第 97（1）条。

[36] 同上，第 97（2）条和第（3）条。

[37] 同上，第 108 条等。

[38] 同上，第 34 条。

[39] Pfizer Ltd. 和 Pfizer Incorporated 诉 Eurofood Link（United Kingdom）Ltd.［2000］Etmr 896（高等法院）。

[40] 关于分类体系，见上文第 3.29～3.32 段。

[41] Dairygold Co-operative Society Ltd 商标申请案［2001］ETMR 1279（爱尔兰专利局）。

样一来听证官员将面临以下选择：（i）核准 Dairygold 的申请，结果是 PORK-THE OTHER WHITE MEAT 商标在爱尔兰获得注册，且可以被用来对共同体商标申请提出异议；或者（ii）驳回该申请，结果是欧共体申请将在没有异议的情况下得到继续。无论哪一种情况，文字 PORK-THE OTHER WHITE MEAT 都将是爱尔兰商标垄断的主体。结果是，听证官驳回申请的决定看似被证明为正当，因为那件共同体商标申请后来似乎不露痕迹地就被废弃了。[42]

（2）国内法院可撤销欧共体的注册

虽然撤销共同体商标注册的程序必须向内部市场协调局的撤销处[43]提出，但是在侵权诉讼程序中[44]还是可以提出反诉申请撤销共同体商标，这样一来，作为共同体商标法院的国内法院就可以宣布共同体商标无效。[45] 一旦这种情况发生，法院将把裁决交给内部市场协调局，而内部市场协调局必须接收其裁决。[46] 3.51

E. 结语

本章我们已经了解了商标体系的体制结构，包括法律的渊源、商标如何管理及其效力的范围。这个制度结构并不复杂，它总体上非常好地满足了申请人、竞争者、消费者以及管理者的需求。 3.52

现在我们进入下一阶段，以下三个章节将探讨商标授予机关履行其各种职责所涉及的商标保护的因素。 3.53

[42] 经过 2003 年 3 月 6 日对内部市场协调局数据库的检索，只发现有三件商标包含单词“pork”，且没有哪件是同白肉相关。

[43] 《欧盟理事会条例 40/94》第 51 条。

[44] 但不包括申请宣布被告无权要求停止原告对商标的使用的宣告之诉；见 Ohio Art Company and Bandai GmbH Toys and Entertainment v CreCon Spiel U Hobbyartike GmbH ［2000］ETMR756（慕尼黑地区法院）。

[45] 见《欧盟理事会条例 40/94》第 96 条。

[46] 同上，第 96（6）条。

第 4 章

注册性的基本原则

A. 导言

“但是我告诉你，我想注册它”

他们五个人紧密地站成一排。这些斯堪的纳维亚商人都是现代的维京人，英俊、精心修饰、表达力强。他们从事的是瑞典式自助餐的国际运输业务，已经占领了世界的大部分市场。他们的公司——国际自助餐运输公司——使他们的商业对手们都不寒而栗。他们公司的 Volvo 大卡车发动机在轰鸣，拉着写有公司名字的巨大的白色集装箱，在全世界的高速公路上奔驰。他们的成功来源于他们的技巧、耐心，尤其是决心。他们对于必须要做的事情毫不退缩。

马克·法斯特也是如此，他是托比·斯若特在 FastMark 商标代理人事务所中的负责人。他的商标申请业务的兴旺发展并不全是机遇的原因：它需要技巧、耐心，尤其是同客户的交际能力。他今天为了交际参加了一项体育赛事，他和他的一位长期客户现在正在令人垂涎的设施精良的套间中观赏比赛。斯若特会处理日常业务，直到马克经过下午富有成效的交际后，心满意足、满面红润地回来。

但是今天斯若特开始为通过资格考试并成为独立的商标代理人而后悔了。他先是以一对五在数量上相对于那些斯堪的纳维亚团队处于弱势，然后，他除了说“不”之外已经无计可施了。

“你们就是不能注册 INTERNATIONAL SMORGASBORD TRANSPORTATION（国际自助餐运输）这个商标”，斯若特犹如念咒语一样重复着，但不久他自己也快没有了信心，“首先，它完全描述了你们的业务；其次，它是任何人提到你们公司所从事的业务的唯一方便的途径。它不能将你们的业务同你们的竞争对手区分开来。”

“不，我们必须注册它。它是我们公司和我们业务的名称，我们因为它而出名，而且我们的业务已经很出名。它是全世界最著名的自助餐运输公司。”说话的这个人面色苍白，举止优雅，他抚摸着自己的头发，有礼貌地点着头，他又说道，“这就是我们来这里的目的，将我们的商标注册。”

“让我再解释一遍”，斯若特说，“你们在全球运输自助餐，这意味着 INTERNATIONAL SMORGASBORD TRANSPORTATION 这个商标从字面上已经准确地描述了你们所从事的一切。你们无法注册它，因为你们的竞争对手也需要使用它。”

“但这正是我们为什么想要注册它，我们不想要我们的竞争者们使用。”

斯若特突然有了个主意。“来，我给你们举个例子。你不可能在自助餐上注册 SMORGASBORD 这个商标。如果其他某个人被允许注册 SMORGASBORD 的话，你就不能在你们公司的名称上使用它，否则你会成为侵权者。”

北欧式的皱眉不易察觉地在五张困惑的面孔上一闪而过，于是，为首的维京人发话了，“这是否意味着没有人在自助餐上注册过 SMORGASBORD?”

“不错，”斯若特断言道，他希望他说的是对的。

“那样的话，我们就要注册它，”洋洋得意的客户激动地说道，“也就是在我们已经注册 INTERNATIONAL SMORGASBORD TRANSPORTATION 商标之后。谢谢你。”他转向他的同事，用英语补充说出一句赞扬斯若特的话，“我跟你们说，这些英国的商标代理人是多么的聪明。”

“但是你不能注册它们，”斯若特急促地说道，他的肩膀可不配承受那句恭维的重量，“听着，除非你们要么改变你们的业务，要么改变你们想要注册的名称，否则我认为我无法帮助你。”

“啊!”为首的维京人微笑着说，他的脸上满是若有所悟的表情，总算听明白了。“我们是要做些改变了。没错，我们可以做些改变。我们的惯例并不是要改变，但是，没错，在目前这种情况下我们是要变了。”他向他的同事招手示意，他们挤到桌子边，用一种斯若特所不熟悉的语言认真地悄悄讨论着。斯若特拨着他的手机，在考虑要不要将法斯特先生叫来加快此事的进程，或者如果他让法斯特先生再继续多享受他的世俗快乐也许更有利于他的晋升。

"斯若特先生，"维京人说道，"我认为我们已经解决了你的难题。我们已经决定要改一下我们的商标。从现在起，我们将不再以 INTERNATIONAL SMORGASBORD TRANSPORTATION 而闻名，我们将叫这个名字，"他递给斯若特一张纸，上面写着优雅的几个字"INTERNATIØNAL SMØRGASBØRD TRANSPØRTATIØN"。"当你完成此事之后，我们再开始注册 SMORGASBORD"。

故事的寓意

4.01 有些商标天然地就具有可注册性。这些商标最好的例子就是自创的单词，它们对于将要注册的商品或者服务既没有内在的含义，也没有某种暗示性。KODAK、XEROX、VIAGRA、ROLEX、HÄAGEN-DAZS 以及 EXXON 都属于这一类。但是，对于很多商标来说，它们的申请过程是一个充满了各种障碍、拖延、挫折并常以失望告终的旅程。注册过程是一个改进的过程，在这个过程中，许多弱商标或者无价值的商标（正如我们故事里不幸的 INTERNATIONAL SMORGASBORD TRANSPORTATION）都被商标授予机关所筛选和排除，被竞争者所削弱，最终被它们往日的拥趸所抛弃。本章大部分内容以及随后一章将探讨这种筛选和改进过程的理由，以及它们给商标申请人所带来的实际后果。

4.02 本章将讨论能够作为商标的标记，但不论及标记本能够成为商标，但由于同现存商标相似或因某种方式干预其他法律权利而不能注册的问题，这些问题将在第 10 章再讨论。

4.03 本章还将探讨注册性的基本要求。这些基本原则在一些特殊情况下的应用——比如，颜色商标、声音商标或气味商标——将在第 5 章中涉及。

(1) 商标为什么可以注册?

4.04 其他明显近似商标已经注册的事实，并不是注册的理由[①]：一件商标只有当其满足了法律规定的注册条件时才可以注册。那么这些条件到底是什么呢？TRIPs 第 15 条对这个问题给予了一些指导——它指出了世界贸易组织（WTO）的多数成员国的商标法所应当具有的注册性的最低标准：

可保护的对象

任何能够将一个企业的商品或者服务同另外一些企业的商品或者服务区分开来的标记或者标记的组合，都应该能成为商标。这些标记尤其包括个人姓名、字

① Streamserve Inc. v OHIM，Case T-106/00［2003］ETMR 751（欧洲一审法院）。

母、数字、图形要素、颜色组合以及上述标记的组合，都应该能够注册为商标。当标记本身不能区分相关商品或服务的时候，成员国可以将注册建立在通过使用获得显著性的基础上。各成员国可以要求，作为注册的条件，这样的标记必须在视觉上可以感知。

《欧盟理事会指令89/104》将上述规定进行了简化： 4.05

商标可以包含的标记

商标可以包含任何能够书面表达的标记尤其是文字，包括个人姓名、图案、字母、数字、商品外形或其包装，条件是这些标记能够将一个企业的商品或服务同其他企业的区分开来。[②]

从这里可以看出，注册商标的基本保护要求是，这个商标应该是（i）一个 4.06
“标记”，而且（ii）先天能够将竞争者的商品或者服务区分开来，而且，根据提供保护的国家的自主选择，（iii）能够基于该商标的使用情况而区分商品或者服务。此外，TRIPs的成员国可以要求标记“能够被视觉感知”，而欧盟成员国必须要求标记“能够以图形表示”，这个概念将在下文讨论（见第4.24～4.30段。）

（2）关于注册性这个术语的简要注释

有关显著性概念的各种术语，比如“显著性”单词本身、“显著的”、“区分 4.07
能力”以及“显著特征”等等，在国际的、区域性的以及国内级别的商标法中都十分常见。在欧洲，这个术语在以下语言环境中使用：（i）商标可以包括的标记有哪些；（ii）驳回注册的理由；（iii）原先不能注册的标记后来对注册身份的取得；（iv）已注册商标的无效。除非有毫无争议的相反证据存在，本书都假定“显著的”这个单词及其同词源的其他词，在任何语境下都具有而且将会一直具有相同的含义，即便它们用于不同的法律目的。

（3）国际法下的注册

国际条约总是专注于商标注册的积极方面而不是消极方面。即便如此， 4.08
《巴黎公约》依然不嫌麻烦地规定了各国必须拒绝注册的标记的类型，其出发点并非这些标记根本不构成商标，而是因为它们具有内在的问题。所以，公约要求各成员国应当拒绝注册各成员国以及国际政府间协会的各种标识、旗帜和徽章。[③]

② 《欧盟理事会指令89/104》第2条（同时参见《欧盟理事会条例40/94》第4条）。
③ 《巴黎公约》第6条第（1）项（a）和（b）款。

4.09 《巴黎公约》让各国自行决定申请和注册的条件[④]，但是同时规定了商标申请不得因两种理由被驳回。首先

……成员国公民的商标注册申请不能因为该商标没有在其本国进行申请、注册或者续展而被驳回。[⑤]

4.10 有时候被称做商标原样保护原则（telle-quelle principle）[⑥] 对该条款进行了进一步补充，即：一件商标如果在其本国被注册，则应当同样在其他《巴黎公约》成员国也被接受申请和注册。[⑦] 如果将这两个原则结合在一起的话，则可以得出：

(i)《巴黎公约》成员国A国不能因为某件商标的母国B国拒绝其注册而同样拒绝其注册；但是

(ii) 如果某件商标的母国B国已经接受了该商标同样的申请的话，《巴黎公约》成员国A国则必须也接受其注册申请。

4.11 这些规定实际上不像其看起来那么好，因为《巴黎公约》随即列出了商标原样保护原则不能适用的情况：当申请人的商标在实行与在原属国注册那样原则的国家中同第三方权利相冲突，缺乏显著特征，同道德相抵触，或者违反公共秩序时。[⑧]

4.12 商标原样保护原则在不同国家的适用情况是不同的。例如在土耳其，它导致的结果是那些目前根据国内法律还无法注册的事项可以被注册：如香烟盒[⑨]、巧克力棒包装[⑩]以及瓶子外形。[⑪] 然而德国法院却判定商标原样保护原则在以下情况于德国不适用，即：在申请人母国注册的商标标的在随后的别国申请中并不被认可为可注册的标的。[⑫] 目前对《巴黎公约》的条款进行一致解释的便捷方法尚未形成。[⑬]

4.13 商标原样保护原则对共同体商标来说并不适用，因为欧盟并非《巴黎公约》的成员。[⑭]

④ 《巴黎公约》第6条第（1）项。

⑤ 《巴黎公约》第6条第（2）项。

⑥ 由于"telle-quelle"是一个法语词，没有明显对应的英语翻译，它在很大程度上被讲英语的国家所忽略了。但是在大陆法系国家中却有颇为可观的与其有关的裁决。

⑦ 《巴黎公约》第6条。

⑧ 同上，第6条B款。

⑨ Reemtsma Cigaretten Fabriken Gesellschaft mit Beschrankter Haftung v Turkish Patent Institute，第1998/777-1995/225号裁定，1999年4月22日（安卡拉第五商业法庭）。

⑩ Société des Produits Nestlé SA v Turkish Patent Institute，第2000/783号案，第2001/382号裁定，2001年5月9日（安卡拉第九商业法庭）。

⑪ Twelve Islands Shipping Company Ltd. v Turkish Patent Institute，第2000/3866-2000/4995号裁定，2000年6月1日（土耳其最高法院）

⑫ Füllkörper trade mark application［1997］ETMR431（德国联邦专利法院）。

⑬ 《巴黎公约》第28条和世界贸易组织（同TRIPs相关的争议）都规定了争端解决的机制，但是它们只适用于签约国之间，并不能应用于商标申请人。

⑭ Procter & Gamble Company's application，CaseR116/1998-3［1999］ETMR 664（内部市场协调局）：申请人申请商标是COMPLETE。

拒绝商标注册所不得依据的第二个理由是： 4.14

商标所申请指定的商品的性质不得成为商标注册的障碍。[15]

这个规定的含义是，例如，可以在《巴黎公约》成员国就酒精饮料、避孕用 4.15
具以及口香糖这样的产品注册商标，即便这些商品在该国属于非法或者它们的使用基于宗教敏感性或者法律受到严格约束。

B. 注册的绝对障碍

(1) 注册的绝对障碍是如何体现的

上文故事寓意一节中，我们提到了，本章所讨论的问题是一件商标是否具有 4.16
内在的可注册性，也就是说，一个打算注册的标记是否能够绕开注册的“绝对”法律障碍。同注册的“绝对”障碍相对应的是“相对”障碍，即申请人的标记本身并没有什么问题，但由于它同他人的商标或者其他受法律保护的权利太过近似因而不能注册。（第10章将详细介绍注册的“相对”障碍。）

大多数国家都有条款规定某些类型的商标在任何情形下均不得注册。为什么 4.17
必须这样呢？当然，也许有人会辩解道：如果某个经营者在他的商品或者服务上使用了某个特定的文字或标记，那么法律就必须保护它，防止其他竞争者未经授权使用对其造成的损失。然而，公众利益的保护应确保有些文字和术语必须可以被任何人自由使用（例如，在苹果上的“APPLE”），而有些文字则必须被保留，不被任何人使用（例如，INTERPOL国际刑警组织）。那么在实践中又是如何做的呢？例如，在英国，像POLICE这样的公众感兴趣的常用词语已经在大量类别的商品和服务上得到了注册。这看上去非常合理：生产和销售一个自称The Police（警察乐队）的乐队所录制的CD，并不会使任何人受到伤害或混淆，不会有人相信这个国家的执法机构的活动会居然如此超越了它的公共职责范围。相反，对于今天大多数人们来说已经失去了意义的ANZAC（澳新军团）这个单词，却不能在任何商品或者服务上注册。[16]

本章讨论的有些注册障碍同商标所采用的形式有关，而有些则是同商标的含 4.18
义相关。同商标形式相关的障碍可能是有关其是否构成了一个标记，其是否能够区分不同的商品或服务，以及其是否能够以图形表示出来。同商标含义相关的障

[15] 《巴黎公约》第8条。

[16] “Anzac”（词语商业使用限制）1916年法案。ANZAC是澳大利亚和新西兰军团（Australia and New Zealand Army Corps）的首字母缩写。

碍可能是关于该含义是否具有描述性或者通用性，是否有欺骗性，该商标是否同另外一个已经被禁止作为商标使用的单词相同或者相似，是否违反了公共政策或者道德。(并非出于商标内在性质的其他注册障碍，如申请人缺乏善意，申请人的商标同在先商标或者其他某项受保护的知识产权相似等等，将分别在第 5 章和第 10 章讨论。)

4.19 图 4.1 描述了根据《欧盟理事会指令 89/104》的规定，在欧洲经济区(EEA) 成员国中的注册绝对障碍的结构。

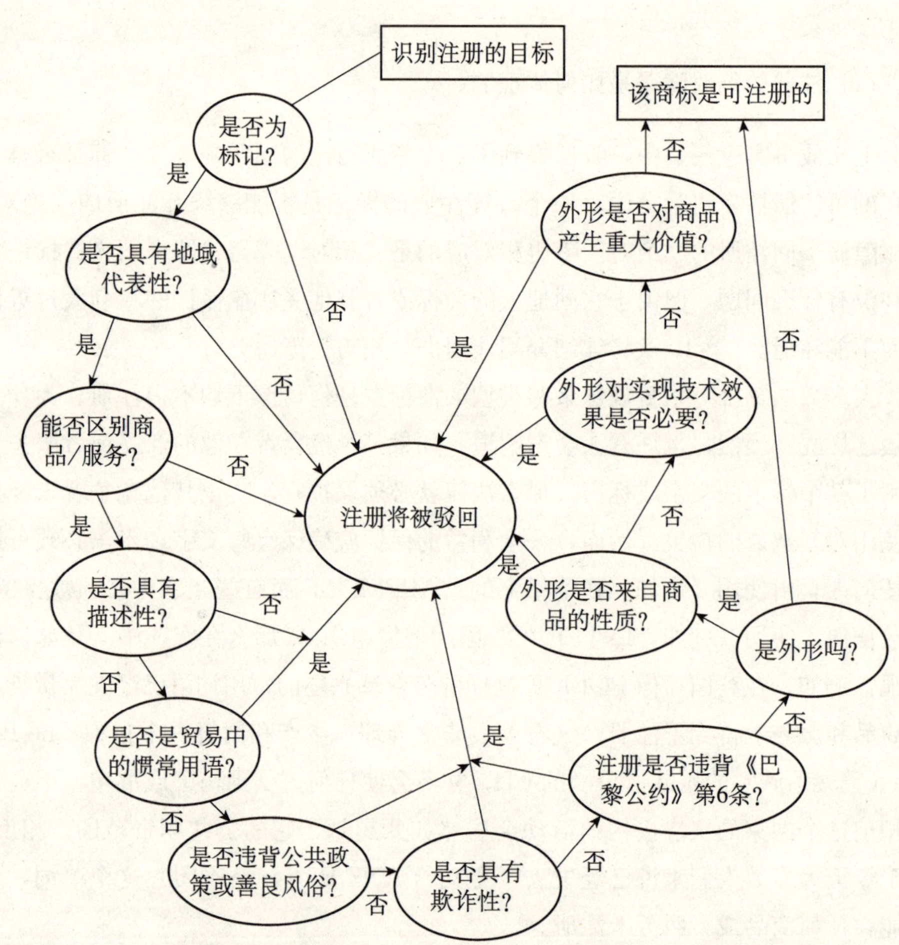

图 4.1　基于绝对理由驳回注册（《欧盟理事会指令 89/104》第 3 条）

(2) 不可注册的理由是互相独立的

4.20 有些驳回商标申请的理由同另外一些有重叠。尽管在概念上有重叠，但驳回理由之间“既不是互相依赖的也不是互相排斥的关系”[17]。每个理由都可以独立存在，它们不需要累积使用：一件商标只需要违反其中一个标准就足以被禁止注册了。

按照欧洲法律的条文规定，驳回理由的重合在实际中意味着什么呢？一件商标可以是（i）不具有显著性，因为它（ii）具有描述性，而同时它具有描述性是因为（iii）它使用了在商业中具有通用含义的术语。一件外形商标可能会无法注册，因为（i）它是获得产品技术性能所必需的形状，其带来的结果是（ii）它给产品赋予了实用性的价值。一件商标可以是（i）违反了公共政策或者公认的道德准则，因为（ii）它具有欺骗性，等等。从制定政策的角度来说，为了更安全，应该确保用重合的方式来表述驳回理由，而不应冒险核准注册那些位于法律盲区的标记。 4.21

由于驳回的绝对理由会出现重合，因而人们必须特别留意一件申请的驳回理由的表述。一件商标可以既缺乏显著特征，又具有描述性，但是它缺乏显著特征的事实并不能仅仅归因于该商标具有描述性的事实。因此，在一个比利时的案例中，申请人寻求将 WECOVER（“WE”和“COVER”的组合）商标注册在保险服务上，比荷卢商标局可以认定该商标既缺乏显著性同时又具有描述性，而不是因为它具有描述性所以缺乏显著性。[18] 4.22

商标申请的驳回理由不必组合使用而是可以独立存在，这真的很重要么？当然，一件根据三个理由被驳回的商标申请，有点像一匹被三名猎人射中的狼——它不可能具有三倍的不可注册性，正如那匹狼不可能死三次一样。但是，在商标情况中，驳回注册的有些理由只是暂时性的，它可以通过广泛的使用（在缺乏显著性情况下）或者改变某个商业领域中的术语（在描述性或通用术语情况下）来消除。由于商标申请被驳回后还可以随后被重新提交，因而原先申请失效的理由可以为申请人准备新申请提供有用的信息。 4.23

C. 图形表示以及注册簿的功能

TRIPs 第 15 条规定：“作为注册的一个条件，成员国可以要求商标具有能够被视觉感知的标记”。相反，《欧盟理事会指令 89/104》和《欧盟理事会条例 40/ 4.24

⑰ Harbinger Corp v OHIM，Case T-345/99［2001］ETMR11（Trustedlink）（欧洲一审法院），第31段。

⑱ D’Ieteren v Benelux Trade Marks Office［2003］ETMR 842（CA，Brussels），第7段。

94》则规定，一件商标可以包括“任何标记……只要这个标记能够将一个企业的商品或者服务同另一个企业的区分开来。”⑲

4.25 商标必须能够以图形表示或者能够被视觉感知的规定，反映了 TRIPs 和欧盟所采取的截然不同的观点，尤其是欧盟要求，作为注册的一个绝对先决条件，标记必须能够以“图形表示”，而 TRIPs 则要求标记应当具有显著性，“视觉感知”只是作为额外的选项被提出来。出现这种分歧显然是经过深思熟虑的。在 TRIPs 最终版本前的两个草案中⑳都有“图形表示”的规则，但在最终版本中都被放弃了。商标具有视觉可感知性意味着它必然能够以图形表示，其原理是任何能够看见的东西都能够被视觉记录下来，而任何能够被视觉记录下来的东西必能够用图形表示。从另一方面来说，对 TRIPs 观点的字面翻译准许各成员国可以将声音和气味这样的看不见的商标从注册中排除出去，这些商标不被特别列明为符合注册条件。㉑

4.26 事实上，TRIPs 对视觉可感知性的规定是含混不清的。它可以意味着一个标记除非可以像 PEPSI 文字或者 BMW 圆盘标志那样能够被看见，否则不能注册。它同样还可以意味着一个标记无论是否能够被看见都可以注册，只要能将可被视觉感知到的内容登记在商标注册簿上，从而使人们通过阅读注册簿就能理解该商标的性质，即便商标本身是看不见的。按照第一种解释，声音商标（比如广告的叮当声）以及气味商标（比如网球上的草的气味㉒）可被排除在注册之外。按照第二种解释声音商标则可以被注册，因为这些声音能够被音符表述出来，而气味商标也可以注册，只要是能通过一种合适的可理解的形式将其用能够看见的方式记录在注册簿上。

4.27 这并不是一个学术性的问题，而是一个极端重要的问题。商标注册簿并不应该是一个将诸如声音和气味这样的无形概念转化成文字和图形的学术运作的结果，它是一个面向任何商业经营者的实用工具，该经营者希望从事经营，并想知道如果他赋予他的产品某个名称、外形、颜色或者气味的话，他是否会有法律上的麻烦。如果注册簿不能给他这个信息的话，那么注册簿在实现其首要目标上就

⑲ 《欧盟理事会指令 89/104》第 2 条；《欧盟理事会条例 40/94》第 4 条。

⑳ 1990 年 7 月 23 日 W/76 号草案，以及同年下半年的布鲁塞尔草案；见 Daniel Gervais，《TRIPs 协议：起草历史分析》（*The TRIPs Agreement：Drafting History and Analysis*）(1998)，102～104 页。

㉑ 见 Michael Blakeney，《TRIPs 协议在亚太地区的影响》（*The Impact of the TRIPs Agreement in the Asia Pacific Region*）[1996] EIPR 544-54，548。

㉒ 该商标实际上作为共同体商标获得注册；参见 Vennootschap onder Firma Senta Aromatic Marketing's Application，Case R 156/1998-2 [1999] ETMR 429（内部市场协调局），以及本书第 5 章关于嗅觉商标的讨论。

失败了。一个认识文字和图形的人可以翻阅注册簿上的内容，并能够判断哪些文字和图形已经被其他经营者所拥有，但是他能够如此容易地识别一个声音或者气味么？嗅觉商标带来一些特殊的问题，既是由于我们对气味的感觉完全是敏感的主观性的，同样也因为那些诸如使用"电子鼻"的客观化的记录气味的方式，它对气味的描述方法并不能使一个竞争者在参考了注册簿之后能够理解到底注册的是什么。正如 Geoffrey Hobbs 大法官所表述的：

> 如果某人没有对该物品的必要经验的话，他无法通过看注册簿识别这个标记，无论他们拥有或者使用什么技术手段。[23]

为了能够了解商标审查官所面临的一些困难，读者也许愿意想象一下下面这个商标的清晰画面： 4.28

一头猪的图形，并非照片，整体以轮廓的形式表现，背上有条狭缝，尾巴卷曲如同一条电话线，整体颜色为紫色。[24]

属于这个描述范畴的猪的图形范围是非常广的。除了每头猪的轮廓大致不是左边就是右边的之外，不同的猪在外形上的差别是非常大的，而狭缝可以是沿着其脊柱也可以是横穿脊柱。对这种性质的宽泛的主张对于专利法来说比商标法也许更为自然一些。 4.29

我们目前对于注册簿的理解也许需要更新了。例如，在现代的技术条件下，不存在人们不能通过计算机来进入注册簿的理由，然后通过点击相关的图标来获取某个音乐或者响声商标的声音，多重颜色产品商标的颜色及其构造，立体外观商标的视觉透视图，或者动画商标的各顺序组成部分。如果注册簿能够应对如何将商标的审美或者感知效果传达出来的挑战，而不是仅仅关注于将其通过图形表示的话，它就能够解决我们上面提到的难题。 4.30

D. 如果消费者并不将某个标记视为商标的话，它就不具有可注册性

如果一个标记"能够区分……商品或者服务"，它就能"构成一件商标"[25]。如果一种酒精饮料的消费者可能将瓶子上的文字商标 AD2000 认为是个日期标记[26]，或者如果电脑用户将屏幕上的术语 YOU'VE GOT MAIL 看做是他们收到 4.31

[23] John Lewis of Hungerford Ltd's Trade Mark Application [2001] ETMR 1193 (LCAP).

[24] Telecom Plus plc's application，2002 年 11 月 26 日（英国商标登记处）。

[25] TRIPs 第 15 条；同时参见《欧盟理事会指令 89/104》的同样条款第 2 条以及《欧盟理事会条例 40/94》第 4 条。

[26] Allied Domecq plc's application [1997] ETMR 253 (LCAP).

电子邮件的通知[27]，那么这样的标记都无法作为商标注册。这是因为如果它们不被相关公众认为是商标的话，那么它们就无法实现商标的区分商品或者服务的功能。[28] 购物者会以相同的方式来看超市货架上来自不同生产者的装有家用清洁用品的瓶子。即便这些瓶子在外形和颜色上各有差异，如果购物者并不将这些差异视为辨别他们所选择的品牌的一种手段，而只是认为这些差异是这些产品所“特有”的，那么它们的差异——无论是单独的还是整体的差异——都不能被认为是商标。[29]

E. 基于政策理由不能注册的标记

(1) 不道德的和不合法的商标

4.32 《欧盟理事会指令 89/104》规定，“违反公共政策或者公认的道德准则的商标”不能被注册。这种性质的缺陷将会是注册的绝对障碍。[30] 这样的规定能在大多数国家的法律或者实践中找到，虽然有时候具体术语会有些区别。例如，在波兰，商标如果“违反社会和平共处原则”就不得注册。这个在共产主义时期引入波兰商标法的规则，在这个国家转向市场经济之后依然保留下来，现在似乎同“违反公共政策”含义大致相同。

4.33 欺骗性的商标同样也违反了“公共政策或者公认的道德准则”，但它在大多数国家的商标法中都是单独规定的，本章也将单独讨论（见第 4.41～4.49 段）。

4.34 公共政策和道德准则的概念我们都能理解，但是它们的标准非常难以确定并适用到具体的情况中。在欧洲的很多地方，这些术语与性道德观念的关联最为紧密，但没道理它们的适用应如此受限。[31] 因此，有观点认为，如果一个商标申请

[27] America Online Inc's application，Case R 209/2000-3［2002］ETMR 59（内部市场协调局）。

[28] 关于书名是否能够作为商标一直有质疑声；见 Rowling v Uitgeverji Byblos，2003 年 4 月 3 日（未公开）（阿姆斯特丹地区法院），该案中 HARRY POTTER 商标在多个商品类别中提出申请，书籍产品类别只是其中之一。（但是 HARRY POTTER 是一系列书籍而非单本书的书名。）

[29] Re Procter & Gamble's trade mark application［1999］ETMR 375（CA）.

[30] 《欧盟理事会指令 89/104》第 3（1）（f）条。同时参见《欧盟理事会条例 40/94》第 7（1）（f）条。

[31] 很多被多数欧洲国家认为不可能会驳回的商标类型，相反在美国，也许会依据《兰哈姆法》第 2（a）条的规定因具有诽谤性或者违反道德而被驳回；例如，见 Stephen R Baird，《商标竞技场的道德干预：禁止诽谤性和不道德商标的注册》（“Moral Intervention in the Trademark Arena：Banning the Registration of Scandalous and Immoral Trademarks”）（1993）83 TMR 661-800，以及 Theodore H Davis Jr，《根据〈兰哈姆法〉第 2（a）条注册诽谤性、不道德和蔑视性事项：一个人的粗俗语能成为另一人的注册商标吗?》（“Registration of Scandalous，Immoral and Disparaging Matter Under Section 2（a）of the Lanham Act：Can One Man's Vulgarity be Another's Registered Trademark?”）（1993）83 TMR 801。

人试图在过于宽泛的商品或者服务清单上注册商标的话，那么从理论上讲，至少在英国它会落入上面这个绝对的驳回注册的理由范畴。[32] 然而，欧洲一审法院裁决认为，基于恶意对商标进行申请的事实，并不使该商标“违反公共政策或者公认的道德准则”[33]。

4.35 谁是公共政策和道德准则的管理者呢？在 1996 年召开的欧盟商标协会的会议上，内部市场协调局审查部门的负责人 Vincent O'Reilly 在回答台下的提问时，对兴致高昂的听众这样说道，内部市场协调局审查商标申请时所适用的“公认的道德准则”，也就是西班牙阿里坎特（Alicante，内部市场协调局总部所在地。——译者注）大街上的当地人的标准。这是否属实还很难说，但目前为止，内部市场协调局保护这些道德准则的努力在法院中还从没有被置疑过。截至本书创作时为止，只有六件注册共同体商标的申请是因为违反了公认的公共政策和道德标准而被驳回。它们包括三个淫秽的文字商标[34]以及 BILLCLINTON[35]，FIDEL CASTRO[36] 和 JOHANNES PAULII。[37]

4.36 即便从这些或许同过去已经成功的一些申请形成反差的少数失败申请中，我们仍可以看出，内部市场协调局对待含有性内容的商标的态度比欧盟内的一些国家商标局还是要更为宽松一些。例如，在“引发性欲的皮肤贴片”上注册文字“SEX PATCH”的申请被驳回的理由，是该商标具有描述性并缺乏显著性[38]，并没有提到不道德的因素。即便在 20 世纪 70 年代天主教占主导地位的爱尔兰共和国，性被认为是发生于紧闭大门背后的或者想象中的事情，但是，爱尔兰高等法院依然裁决认为性内容本身并不能阻止商标被授权注册。[39]

4.37 同内部市场协调局的观点相反的是，英国注册局以及大法官的指定官员试图禁止在服装上注册文字商标 TINY PENIS[40]，就是前面提到的“如何不作为”原则的很好范例。如果我们承认无论是 TINY 还是 PENIS 本身来讲既不淫秽也不违反道德的话，那么只能将这个驳回商标的决定建立在消费者看到商标

[32] David Wilkinson，“Broad Trade Mark Specifications”［2002］ETMR 227-31，230-1.

[33] Durferrit GmbH v OHIM，Kolene Corporation Intervening，Case T-224/01，2003 年 4 月 9 日，第 76 段。

[34] 第 65839 号申请“BALLE”指定葡萄酒、白酒等；第 99103 号申请“BOLLOX”指定成人棋类游戏；第 06399 号申请“F＊＊＊ OF THE YEAR”（＊＊＊为作者所加）指定影片、杂志和电视广播。

[35] 第 956540 号申请（指定香水、酒精饮料、烟草制品）。

[36] 第 921155 号申请（指定茶、咖啡、啤酒、烟草制品及烟具）。

[37] 第 958280 号申请（指定不含酒精饮料和含酒精饮料、吸烟用具）。

[38] Medical Research Industries Inc's application，Case R 639/1999-2，2001 年 5 月 23 日（未公开）。遭受类似命运的还有 SEXCAM（第 R 0212/2001-4 号）。

[39] APHRODISIA *Trade Mark*［1997］FSR 133（爱尔兰高等法院）。

[40] Ghazilian's application［2002］ETMR 631.

时所可能产生的义愤感觉上，近些年来由于看到这个国家有如此多的人们都穿着 FCUK 牌子的 T 恤衫并挎着 FCUK 牌的购物包[41]，这种义愤可能已经逐渐减少。

4.38 对于法国人来说，公共政策和道德观同性没有任何关系，但是却同根深蒂固的存在于高卢人灵魂中的两种情感不可分割地联系在一起，即：公民的自豪感[42]以及美食。由于这个原因，Saint-Tropez 市政当局[43]申请撤销商标 LA PIZZA DE ST-TROPEZ，理由是该商标申请试图“占有独一无二的不可剥夺的名称”并且“攫取属于本地区所建立的企业的遗产”；不仅如此，而且“本地区发现，将本地区的名称同一种大众消费品联系在一起已经给该地区带来了二流的形象”。法院驳回了这个诉求，理由并不是该诉求没有法律根据，而是因为并没有证据证明这种平凡琐碎的联系已经带来了损害；然而，这个商标最终还是被驳回，因为它同 Saint-Tropez 并没有联系，因而有可能会在产品的来源上误导公众。

4.39 另外两个法国的判决也值得关注，它们显示了在该国商标制度中公共政策和道德因素所能被赋予的潜在范围的跨度。在第一个案例中，一个商标所有人在糖果上注册了 HALLOWEEN（万圣节前夕）文字。Haribo 在糖果上将自己的名字和 HALLOWEEN 组合使用并由此遭遇了侵权诉讼的指控，他辩解说商标所有人试图非法占有一个著名的公众庆祝节日，目的是阻止他人在销售他们的季节产品时提到 HALLOWEEN。法庭驳回了这个抗辩理由，实际上如果将这个理由作为主张该商标属于不当注册的诉求的一部分，而不是仅仅作为一个对抗侵权主张的抗辩理由的话，也许情况能更好一些。[44] 在第二个案件[45]中，在女式服装上拥有 VICTORIA’S SECRET 商标的所有人试图撤销在酒精饮料上的 VICTORIA’S SECRET 商标。在饮料商标注册的时候，VICTORIA’S SECRET 尚未成为《巴黎公约》第 6 条所规定的驰名商标，但是该商标还是被宣布无效了：如果它被允许继续在饮料产品上注册的话，原告在自己的妇女内衣产品上宣传 VICTORIA’S SECRET 商标时，将不可避免地使人看上去认为他还同时在为被告的饮料产品提供赞助，而这违反了很少人知道的《饮料企业法》。

---

[41] 在 French Connection Ltd. v Sutton［2000］ETMR 341，361 一案中，Rattee 法官顺带否定了对 FCUK 商标有效性的质疑。在本书写作时，该商标已在 15 类商品上注册。

[42] 例如，见 Gabriel Chevallier 著 Clochemerle，Marcel Pagnol 著 Jean de Florette 和 Manon de Source。

[43] Saint-Tropez v Valais and another［1999］ETMR 310（巴黎大审法院）。

[44] Optos-Opus Sarl v SA Haribo Ricqlès Zan SA and others［1999］ETMR362（巴黎大审法院）。在随后的案件中，巴黎上诉法院撤销了 HALLOWEEN 商标在糖果产品上的注册，原因并不是因为 HALLOWEEN 是一个节日，而是因为它是一个同糖果相关的事件，所以该商标应该可以被其他经营者所使用，见 Chambre Syndicale Nationale de la Confiserie v Optos-Opus Sarl（2003）PIBD III-216。

[45] Société Roullet Fransac Sarl v V Secret Catalogue Inc［2001］ETMR 1187（巴黎上诉法院）。

在这个讨论的最后，也许有人会问，对于那些违反公认原则或公共政策的商标的社会反应问题，禁止商标注册是否为其解决提供了最恰当的法律基础呢？所有的文明国家——即便是那些以宪法条文来规定保护言论自由的国家——的国内法律，通常都有对抗公开猥亵以及冒犯公众的法律。例如，抛开商标法律规定不说，任何对“wog”（外国佬）、“wap”（小丑）、“chink”（中国佬）、“kraut”（德国佬）、“nigger”（黑鬼）、“poof”（男同性恋者）、“queer”（同性恋者蔑称）或者“coon”（黑人蔑称）等等（以及它们的非英语的对应单词）这些对种族或者性取向有褊狭观点的术语进行公开商业使用的行为，都有可能被法律所禁止，对于其他淫秽事物的类似用法也都通常有类似的法律规定。在这样的情况下，在管理的层面重复引入法律规定，要求商标审查官清除掉那些也许在商业上永远没有用途的商标申请，这样做有多大价值呢？作为对比，专利法中的同等规定就被证明在制止不合需要的发明上是毫不实用并且最终失败了的机制。[46] 4.40

（2）欺骗性商标

《欧盟理事会指令89/104》同样规定，如果商标“在例如商品或者服务的性质、质量或者地理来源上具有欺骗公众的性质”，将不得注册。[47] 与违反道德或者公共政策的商标的情形一样，欺骗性商标同样被广泛禁止注册。这个规定旨在保护公众，这个公众是指注册申请所指定的商品或者服务的消费者。因此，如果一个伏特加上的商标在英国以西里尔字体注册的话，我们关心的是伏特加的饮用者而非广义上的公众不得被该商标所欺骗。[48] 4.41

制止欺骗性商标注册的政策从来没有被置疑过，但是有种观点认为许多非常合法的商标也具有欺骗性。SUN MAID牌子的葡萄干并非是由太阳少女所采摘的；BIRDS EYE牌的冷冻豌豆包里不会滚出什么鸟眼睛出来；AMBROSIA（神的食物——译者注）牌的罐头里装的是奶油米饭，而并非神的食品。KIWI（几维鸟，新西兰产的无翼鸟。——译者注）牌的鞋油从来就不是从澳大利亚和新西兰的不会飞的鸟身上提取的。为什么这些商标就不具有欺骗性？如果我们准许这些商标注册的原因，是因为它们包含的不过是如此富有想象力的欺骗以至于绝无可能相信的话，那么我们就是在奖赏最大的谎言而惩罚更小一些的谎言。或者， 4.42

[46] 见《欧洲专利公约》第53条以及根据该条所判决的案例。

[47] 《欧盟理事会指令89/104》第3条（1）（g）款。

[48] Zakritoe Aktsionernoe Obschtechestevo “Torgovy Dom Potomkov Postavechtchika Dvora Ego Imperatorskago Velitschestva Pa Smornova” v Diageo North America Inc，2003年4月7日（未公开）（大法官法庭）：听证审查官认为西里尔字体的商标不具有欺骗性的观点是错误的。

我们容忍这些谎言是因为至少在某些例子中，商标所有人教育其消费公众将该词语同他自己而不是同他的商品的内容联系在了一起，或者，是不是有可能公众并没有被这些欺骗所干扰呢？上面最后一种提示也许正是正确的答案。当一个很小的地区银行并没有在整个欧洲范围营业，它所拥有的商标 EUROPABANK 因为欺骗性受到质疑时，比荷卢法院驳回了质疑，并认为：

> 在服务上使用地理标记只在以下情况中才能具有欺骗性，即公众相信服务是在该整个地区范围提供的这个事实，对公众在根据商标提供的该服务的性质、来源、质量或者其他同等意义的特点上的信任产生了决定性的影响。[49]

4.43 换句话说，如果我只用几维鸟的提取物来擦我的皮鞋而不用其他任何产品的话，那么几维鸟的图形以及文字 KIWI 将会诱使我去购买这种由非常不同的并在我看来不受欢迎的东西所做成的产品。但是，如果我对那些画面上收获整筐葡萄的人的性别和婚姻状态并不关心的话（画面指的是商品包装袋上的图画——译者注），就不能说是 SUN MAID 商标欺骗我进行了错误的消费决定。

4.44 在美国，如果一件商标进行了“欺骗性的错误描述”则不得注册。[50] 这个规定比欧洲的更为简洁，而且乍一看似乎能更有效地解决关于 KIWI 商标是否是一个欺骗性商标的问题。但是它真的能做到么？我们知道 KIWI 商标即便是一个错误描述的话，它也并非是欺骗性的错误描述，因为没有人期望鞋油里的东西会同几维鸟有任何关系。但是，这种预见并非是天然和内在形成的：它来源于我们对鞋油的了解以及我们对其来源于非鸟类事物的预见。如果一个我们所不熟悉的产品被赋予了一个含有我们所熟悉的单词的商标时，它带来的结果可能会碰巧是（i）我们相信了这个单词的错误描述的特征并被欺骗，或者（ii）我们不相信这个错误描述的特征并没有被欺骗。

4.45 在欧洲，当类似于 BIO-和 ECO-这样的术语被用于营销以及确立品牌的时候，它们表达了这样的强烈含义，即：很显然在使用包含了这些术语的商标的任何产品上，该商标意味着某些公共认可的有机的或者生态学的内容或者制作方法。然而，欧洲是一个古老的大陆，带有诸如 BIO 这样单词的商标早在它们具有现在这样的细微差异含义之前，就已经被使用了。这样一来，欧共体商标立法就介入并规定，虽然含有 BIO 单词这样的商标必须最终被保留在正常的有机产品上使用，但同时还确立一个延续期，期限内那些商标仍然可以继续在非有机产

[49] Europabank NV v Banque pour l’Europe SA [1997] ETMR 143，144.

[50] 美国《兰哈姆法》第 2（e）（3）条；15 USC，s 1052（e）（3）。该法条将在第 5 章讨论，见第 5.44～5.55 段。

品上使用，只要它们明确标注是非有机类产品。[51] 一旦这个延续期在2006年7月1日截止，那些商标将只能继续在有机类产品上使用[52]，否则，它们将会自动具有了欺骗性。

商标注册机关所为之恼怒的欺骗中许多来自地理标志。如果按照通常情况下经营者错误表述其产品来源于某个特定的地区就有可能承担刑事责任的话，那么法律不可能反常地去保护其垄断地使用某个能造成这种错误表述效果的商标。欺骗性商标被驳回的最好例子是MCL PARFUMS DE PARIS商标，申请人试图将其注册在同巴黎甚至是法国任何一个地方都没有关系的香水上。申请人试图从法国购买原料然后在同香水工业没有丝毫联系的欧洲某地区来生产产品，从而建立某种“法国联系”，但是英国注册局对此拒绝接受。[53] 如果巴黎并不是同香水密切关联的话，也许就并没有问题（因此，例如PARFUMS DE CALAIS（加来，法国北部港口城市。——译者注）将可以注册）。 4.46

在*MCL PARFUMS DE PARIS*案中，异议人（一个法国香水生产商协会）同巴黎有关联而商标申请人却没有。然而有时候情况往往会相反。在法国的GPT诉Cartier France[54]一案中，GPT起诉Cartier侵犯了其在珠宝上注册的SAINT-PETERSBOURG商标权。Cartier质疑该注册的有效性，指出St Petersburg（圣彼得堡）在俄国革命之前便已经是皇家法院所在地，而Cartier早在革命前的时代便已经向俄国的上流社会提供珠宝。GPT却并没有同这个城市有任何关联，纯粹只是为了自己的目的来利用这个城市的奢华声誉赚钱。法庭驳回了这个理由。不论St Petersburg作为珠宝和奢侈品的中心曾经享有怎样的声誉，这个声誉早在80年前就已经消失，因此对于法国公众来说已经不存在了。一旦这个声誉消失，任何人都有权利自由使用这个城市的名字，Cartier没有使用，而GPT却使用了。但这并不是来源于对俄国皇家遗产掠夺使用的唯一的欺诈案例：某个俄罗斯公司试图在英国撤销（目前仍没有成功）伏特加酒上的若干SMIRNOFF商标，理由是这些商标同文字“Moscow”以及俄罗斯皇家法院徽章组合使用在酒瓶的标签上， 4.47

[51] 见《欧盟理事会条例1804/1999》，该条例对有关农产品有机化生产及标记的第2092/91号条例进行了补充，使农产品及食品可以包含家畜业，尤其是第2条。该规定的操作由欧洲一审法院（欧洲一审法院）在以下案例中进行了审查，Fédération Nationale d'Agriculture Biologique des Régions de France (FNAB)，Syndicat Européen des Transformateurs et Distributeurs de Produits de L'Agriculture Biologique (SETRAB) and Est Distribution Biogram Sarl v Council of the European Union，Case T-268/99，2000年7月11日（未公开）（欧洲法院）。

[52] 欧洲立法同样也对“有机”一词严格管理；见第2092/91号理事会条例。

[53] Madgecourt Ltd's application；opposition of Fédération des Industries de la Parfumerie [2000] ETMR825（英国商标登记处）。

[54] SA GPT v Sté Cartier France [1998] ETMR 382（巴黎大审法庭）。

在伏特加的来源上误导了公众。[55] 商标所有人争辩说，该标志仅仅是装饰性的，并不会被伏特加的饮用者理解为是对伏特加来源的标记。

4.48 有些对欺诈的否认坦白来讲实在没办法让人接受。因此在芬兰，在并非不含尼古丁的香烟上申请注册 DE-NIC 商标就被驳回了。申请人主张 DE-NIC 是一独创词语，在任何语言中都不是“de-nicotinized”（不含尼古丁）的缩写形式。也许这是事实，但是 DE-NIC 词语的概念是如此之强烈，所以芬兰最高行政法院不费力地就驳回了该申请。[56]

4.49 法律和逻辑优雅完美的组合运用，使得肉产品上的 EUROLAMB 商标的注册被排除。如果该商标是使用在产自欧洲之外的肉产品上的话，那么商标的前半部分 EURO-就是欺骗性的；但是，如果肉产品确实是来自欧洲的话，EURO-则又是描述性的。商标的后半部分是-LAMB，如果该肉产品并非是羊肉，那么-LAMB 就是欺骗性的；但是，如果它是羊肉，那么-LAMB 又是描述性的。[57]

F. 其他经营者可能希望使用的标记

(1) 侵犯版权、外观设计专利权以及其他知识产权的商标

4.50 虽然 TRIPs 或者其他主要的欧洲立法并没有规定这个注册的障碍[58]，但它却写入了英国的立法中，该立法规定如果一个标记的使用依据如下理由被阻碍的话，则不得注册：

> 存在某个在先的权利……尤其是根据版权法、外观设计专利权法或者注册外观设计专利法的规定。[59]

4.51 它同样出现在德国法律中，其中规定禁止注册他人公司名称和称号[60]；它也

[55] Aktsionernoe Obchtchestvo Zakritogo Tipa Torgovy Dom Potomkov Postavcht chika Dvora Ego Imperatorskago Velitschestva PA Smirnova v UDV North America Inc，2002 年 10 月 18 日（大法官法庭）。

[56] Philip Morris Products Inc's application；opposition of R J Reynolds Tobacco Company [1997] ETMR 511.

[57] BOCM Pauls Ltd and Scottish Agricultural College's application [1997] ETMR 420（英国商标登记处）。

[58] 然而，《欧盟理事会条例 40/94》第 52（2）条规定，如果一个已注册共同体商标由于任何国家的版权、工业外观权、个人肖像权或者姓名权而被禁止使用的话，则也可以被撤销。

[59] 《1994 年商标法》第 5（4）（b）节；见 Team Lotus Ventures Ltd's application；opposition of Group Lotus Ltd [1999] ETMR 669，该案中英国商标登记处因商标侵犯了异议人标识中的版权而驳回其申请。

[60] Markengesetz，第 55（2）（2）（德国）。

出现在丹麦法律中，该法规定商标在缺少授权的情况下，

不得包含任何能够被看做是他人受版权保护的独特作品的权利部分。[61]

4.52 根据《欧盟理事会条例》或者《欧盟理事会指令》的规定，一个标记如果侵犯了版权或者外观设计专利权，并不作为其注册的障碍。这样一来，在缺少像英国那样的条款规定的情况下，一旦获得注册，商标所有人可以在五年的时间里获得许可将版权作品作为商标使用，否则他的注册将面临撤销程序的风险。另外一种解决方法可以归结为，申请将他人的版权作品或者外观设计专利保护对象作为商标注册将被认为是恶意的。[62]

（2）公众保留的术语不得注册

4.53 最近的德国判例法提醒我们，有些单词不得作为商标使用的原因并不是因为它们内在具有欺骗性或者不道德因素（它们可能并非如此），而是因为它们的使用被依法控制或者限制。这便是商标 PARTNER WITH THE BEST[63] 的结局，根据《合伙企业法》[64] 的规定，“partner”一词和诸如 AG、GmbH、KG 以及 Ohg 这样的表示企业名称的单词都被禁止作为商标的一部分注册。与此类似，许多国家都禁止注册“incorporated”或者“limited”这样的术语，因为它们暗示了商标所有人或者使用人的某种程度的个人法律地位。这样做的原因是为了防止公众成员产生这样的印象：以为他们所进行交易的商品或服务是由一个比实际要显得更具备商业实力的企业所提供的。

4.54 “Partner”是一个可以出现在任何商业活动领域中的单词，但是有些保留术语在其应用范围上要受一些局限，例如，apoteket（丹麦语，意为药品）。丹麦最高法院判决认为，虽然 apoteket 是一个保留的术语，不能在保健产品和服务上作为商标的一部分注册，但是这种保留并不能阻止其成为没有任何保健含义的术语的一部分。因此，商标 BETON-APOTEKET（意为混凝土改良剂）可获得注册：它的使用不会误导消费者认为，商标申请人在其提供的混凝土修复和保护产品上具有任何医术。[65]

---

[61] 《商标法》第14（5）条（丹麦）。关于该条款的运用，请见 VN Legetøj A/S v Patentankenovnet [2001] ETMR 529，该案中海事和商事法院判决 FLIPPER 不得注册：与其同名的一部电影名是对其注册的障碍。

[62] 关于恶意的原则，请见第13章。

[63] ‘Partner With The Best’ trade mark application [1998] ETMR 679（德国联邦专利法庭）。

[64] 1994年7月25日《合伙企业法》（BGGL I 1994，1744）。

[65] Board of Appeal for Patents and Trade Marks v Danish Association of Pharmacists WTLR，2003年4月1日。

4.55 《欧洲共同体条约》本身限制了各国国内法保留限制术语作为商标使用的程度。欧盟成员国可以禁止那些在其他成员国合法注册和使用的商标在其本国领域内使用，只要是误导消费者的风险超过了商品自由流通的需要即可。[66] 然而，《欧洲共同体条约》不允许成员国使用哪怕是非常微妙的手段来对进口[67]进行限制，例如仅允许那些在法国山区生产、准备、制作以及包装产品的经营者保留及使用诸如“montagne”（法语，高山）这样的词语。欧洲法院很轻易地就能宣布这种保留违反了欧共体贸易原则。[68]

4.56 欧洲人权法院[69]判决认为，《波兰新闻出版法》禁止注册具有欺骗性或者违反公共政策的期刊标题（指用于出版而非商标目的），本身便违反了言论自由的原则。这样一来，也许有人会问，案件涉及的标题（《德国：波兰的千年宿敌》和《社会和政治月刊：欧洲的道德法庭》）是否可以因为言论自由的目的而被作为期刊标题所接受，但却依然在商标法中被视为违反公共政策？这是非常有可能的，因为人权法[70]下公共政策的目标以及标准同商标法下的目标和标准并不相同。

4.57 奇怪的是，在商业和金融服务上注册包含文字“euro”以及欧元标志的商标的申请被驳回，其理由却并不是因为该标记要被保留作为货币的符号，而是因为在欧洲消费者眼中，它在那些服务上永远不可能具有显著性。这里使用“永远”是不寻常的，因为将某个标记作为商标持续地长期地使用，通常被认为是能够为其使用者赢得注册的权利。然而内部市场协调局复审委员会[71]则认为，任何具体的“euro”或者欧元标记形式在消费者眼中不可能传达除了货币单位之外的任何含义。考虑到他们的立场，也许我们可以想象一下委员会在面对通过使用获得显著性的证据面前该是如何反应的。

(3) 通用术语以及商业惯用语不得注册

4.58 在欧洲，《欧盟理事会指令 89/104》[72] 和《欧盟理事会条例 40/94》[73] 禁止注册以下商标：

---

[66] Fratelli Graffione SNC v Ditta Fransa，Case C-313/94［1997］ETMR 71（欧洲法院）：COTONELLE 牌产品被禁止从法国进口到意大利，因为它们错误地暗示该商标名下销售的产品是含棉的。

[67] 《欧洲共同体条约》第 28 条。

[68] Pistre and others v France，Joined Cases C-321 至 324/94［1997］ETMR 457。

[69] Gaweda v Poland［2002］ETMR 691 一案。

[70] 见《欧洲人权公约》第 8 条。

[71] ABN Amro Holding NV's application，Case R 190/1999-3［2001］ETMR 90。类似的观点也见于 Grosz Sp Zoo's application，1998 年 4 月 29 日（未公开）（波兰专利局复审委员会），该案中注册波兰货币单位 GROSZ 的申请因为缺乏显著性而被驳回，并非基于公共政策。

[72] 《欧盟理事会指令 89/104》第 3（1）（d）条。

[73] 《欧盟理事会条例 40/94》第 7（1）（d）条。

仅仅由在当前语言中以及在同行业诚实信用及约定俗成的实践中建立起的习惯符号或者标记所构成的商标。

4.59 这种在所有正常运作的商标制度中都能找到的排除性规定，禁止注册那些被经营者或者公众——或者公众中的任意特殊群体——所赋予了某个特殊含义的术语。这种术语可以因为描述或指向了一个特殊类别的商品或服务（例如，在包括了 bruschetta[74] 的某种食品上的 BRUSCHETTA 商标）而具有通用性，或者可以直接被律师、会计师、养鸽人、科学家或者桥牌玩家所使用的专业术语。虽然指令和条例都没有明确说明[75]，但是上面的排除性规定只适用于所谓的商标或术语在其所使用的商品或服务上具有通用性的情形。因此，文字“absolute”（绝对）作为一个商业术语使用在伏特加的除生产和销售之外的活动环节，不能禁止文字商标 ABSOLUT 在该商品上的注册。[76]

4.60 在一个术语被认为是“当前语言中的习惯术语”之前，是否它一定必须具有描述性呢？欧洲法院认为并不必要。[77] 得出这个结论的原因是，纯粹描述性的术语已经被排除在注册之外了，如果这时再另行规定仅含有“当前语言中的习惯术语”的标记不得注册，那么所能排除注册的实际上已经在先前被排除掉了。

4.61 欧洲一审法院对于通用术语和商业术语不得注册所给予的司法解释是，这种标记在涉及再次购买相关商品或者服务的时候，如果前次购买是成功的，无法使得相关公众重复购买，或者如果不成功的，也无法避免公众再次购买。[78]

4.62 如果这个原理被严格适用的话，诸如 LITE（清淡的，低盐的）这样的商标将会恰当地被排除在可注册商标之外，而那些确实能够使得消费者再次购买的商标则可以注册。然而，人们理解这种排除注册的不仅包括上面这些商标，也包括这种情形，即如果有证据证明某些商标原本可以这样使用的话，将同样无法使得消费者去完成或者避免关键的再次购买。这种做法将市场现实领域的排除注册带到了猜想的领域，如此一来，欧洲一审法院拒绝商标 BiOID 注册在“基于一个或更多的特别生态特点对活生物体进行鉴定和/或查证”的计算机程序及服务上。[79]

[74] “Bruschetta”是一道意大利菜，包含“一个烤面包片，上面抹有蒜、油、西红柿或者其他咸味或甜味调料”，该商标的欧共体注册已被撤销；见 Piromalli's trade mark; application for cancellation by Greci Industria Alimentare SpA，Case 133C 000372920/1，2002 年 2 月 13 日（未公开）（内部市场协调局）。

[75] Merz v Krell GmbH，Case C-517/99［2002］ETMR，231 第 27 段。

[76] ABSOLUT trade mark［2001］ETMR 21（Bundesgerichtshof）.

[77] Merz v Krell GmbH，Case C-517/99［2002］ETMR，231 第 35 段。

[78] Rewe Zentral AG v OHIM，Case T-79/00［2002］ETMR 1109（食品和饮料上的 LITE 商标），第 26 段。

[79] BioID v OHIM，Case T-91/01，2002 年 12 月 5 日（未公开）（欧洲一审法院）。

4.63 法院和商标注册机关耐心费力地阻止对日常用语的盗用以保护公众，并出于保护商业利益的需要，而阻止对他们认为应当被正常普通使用的单词进行私有垄断使用。这样一来，由于“giro”和“form”是日常用于吉欧系统（一种在欧洲广泛使用的账单支付系统——译者注）和表格的单词，因而文字商标 GIRO-FORM 被欧洲一审法院[80]判令不得注册在纸质产品和打印表格上。即便就这两个单词的组合本身来讲并非是习惯用法，结果依然如此。

4.64 欧洲商标法律只反对盗用事实上的习惯术语，但它并不禁止注册那些虽然本身不是习惯术语但暗指某个属于习惯术语的单词。因此，啤酒酿造商们在商业中已经使用了“Extra Special Bitter”或者“Extra Strong Bitter”这些术语的事实，并不能阻止三个字母商标 E. S. B 的注册。[81]

4.65 任何阅读即便像 Damon Runyan[82] 这样新近作家作品的读者，都会很快发现语言变化的速度。不仅词语会改变含义，而且即便是它们所联系的物质对象都有可能从我们的生活中消失。像《黑美人》(Black Beauty)[83] 这样的故事也许仍然可以逗弄孩子们，但是那些同马相关的词汇，它们所拉的车辆以及它们同车辆连接的各种方式，现在对我们这些生活在现代都市范围的人们来说，已经是非常的陌生了。那些属于马车时代的日常琐碎事物（旅馆马夫、马眼罩、马缰绳、短腿壮马、马尾下的皮带），现在主要只有那些以养马或者做字谜游戏来消遣的人才能知道。这种现象促使我们作为律师去询问：通用术语是否有这样的“半衰期”，在这期间它们不再作为通用术语使用，但却依然同某类已经陈旧荒废的商品联系在一起？对这个问题的答案显然是肯定的：内部市场协调局的一个复审委员会[84]拒绝 OBERON 在计算机软件上作为商标注册，这个词语以前是代表一个鲜为人知的程序语言，因此 OBERON 对于消费者来说并不是商标，它对于他们来说传达的信息是关于该产品本身。这个裁决看上去对于商业中的习惯术语的定义过于宽泛，因此并不是关于那些缺乏注册性的一类词语的很好的范例。

4.66 关于通用性的问题将在第 6 章进一步探讨。

---

[80] Mitsubishi HiTec Paper Bielefeld v OHIM，Case T-331/99［2001］ETMR 614（BABY-DRY 案以前的案例，但根据欧洲法院在 COMPANYLINE 案中的立场，今天依然有可能有相同的裁决）。

[81] West（tla Eastenders）v Fuller Smith and Turner plc［2002］FSR 822，上诉法院于 2003 年 1 月 31 日维持裁定。

[82] Damon Runyan，卒于 1946 年，他创作了一系列轻松欢快的短篇小说，描写声名狼藉的好莱坞人士的冒险经历，他们丰富多彩的黑话很快被那些除了耐心和年长的读者之外的所有人都认为是难以理解的。

[83] Anna Sewell 的《黑美人》(Black Beauty) 首次出版于 1877 年，当时在欧洲，马还是主要的交通工具。

[84] Lombard Risk Systems Ltd's application，Case R 4/1999-2［2000］ETMR 1055.

(4) 保证所有公众都可以使用某个词语或者其他标记的需求

根据德国法律，“自由使用必要性”原则（保证某个词语或者其他商标[85]可以自由通用），正如其名称本身所表达的，它可以阻止某个商标的注册，如果能够证明[86]该商标必须保留为所有经营者使用并不得仅仅被其中某个人所垄断使用的话。这个原则具有浓厚的德国特征，如果有证据表明某个词语——无论对其自由使用的需求多么的强烈——实际上已经在寻求注册的商品或者服务上获得了显著性特征的话，那么这个原则就不能适用。[87] 然而，这个原则的影响依然能在其他司法辖区中尤其是欧洲内部看到。因此，这里需要多费一些篇幅介绍。 4.67

“自由使用必要性”原则的极端例子是词语BANANA，该词应该被所有的香蕉经营者所自由使用。不幸的是，“自由使用必要性”原则被用来作为驳回商标注册理由的很多案例并非都是极端的案例。在这些论点都被精心权衡对比的案例中，其他的经营者能够做到不去使用申请人的商标而开展业务，但可能不愿意去面临这样的不便。更重要的是，不应当苛求其他经营者为避开对贸易造成的不便而去注册比原申请人当初挑选商标时更具创造性的商标。 4.68

(a)“自由使用必要性”以及被核准商标的保护范围

“自由使用必要性”的概念应当同被授予商标保护范围的含义结合起来理解。如果保护范围很宽，那么“自由使用必要性”原则就能发挥更大的作用；如果范围很窄，那么甚至可能并不需要“自由使用必要性”原则。[88] 另外，当一件商标包含文字和图像时，例如，文字“TAX FREE for tourists Europe Tax-Free Shopping”（游客在欧洲免税店购物可免税）同非常醒目的彩色图形结合，单纯对“tax free”术语予以使用并不构成对该商标的侵权，因为该商标注册所赋予的保护范围限定在那个独特的色彩组合和图案中，所以在这里“自由使用必要性”原则并不需要适用。[89] 最后，还存在一个距离的问题，超过了这个距离就并没有保留某个商标自由使用的现实需要。BANANA应该被所有销售或者种植香 4.69

[85] 大多数问题由文字引起，但这个概念也涉及其他类型的商标，如颜色商标（见Wm Wrigley Jr Company's application [1999] ETMR 214）以及产品形状商标。（见Linde AG，Winward Industries Inc and Rado Uhren AG，2002年10月24日，Jointed Cases C-53/01 to C-55/01 [2003] ETMR 354（总法务官Ruiz Jarabo的观点）。）

[86] 这一点非常重要。保留自由使用的需要必须被证明而不是仅仅出于假设；K *trade mark* [2001] ETMR 1181（德国联邦专利法院）。

[87] Windsurfing Chiemsee Produktions- und Vertriebs GmbH v Boots- und Segelzubehör Walter Huber and Franz Attenberger，Joined Cases C-108 and 109/97 [1997] ETMR 585（欧洲法院），第44～45段。

[88] 见Deutsche Telekom案 [2003] ETMR 170，奥地利上诉法院认为，一个特别弱的商标的保护范围是如此之窄，以至于竞争者并不会由于它而遭受过度的不便。

[89] Tax Free trade mark application [1998] ETMR 193（德国联邦专利法院）。

蕉的人所保留使用，但是对于那些用船运输水果的或者生产水果味冰淇淋的人来说呢？对这个问题的答案也将取决于对BANANA保护的范围以及他人所能使用的抗辩理由。描述性的使用必须一直被自由保留，甚至是对于联系更远的产品也是如此，但是最大的问题是使用以下三种方法中的哪一种来达到这个目的：(i) 通过从一开始就拒绝其注册；(ii) 通过准许注册但是并不认为这种描述性使用是侵权（例如，要求将“商标使用”作为侵权的一个先决条件）[90]；或者 (iii) 通过准许对描述性使用的一种特殊的抗辩理由（正如我们在欧洲所采取的）。[91] 这个问题由“自由使用必要性”在GENESCAN一案中进行了探讨，在遗传分析和排序业务上自由使用“genescan”的需要并没有延伸到提供某种能够为这种分析和排序提供便利的计算机程序上。[92]

4.70 鉴于“自由使用必要性”原则同缺乏显著特征以及具有描述性这两个强制性法律障碍之间潜在的概念重叠，在适用“自由使用必要性”原则时就很有可能不会导致驳回或者撤销任何可能属于非显著性和描述性的商标。因此，在法国文字商标TRANSLATIONS必须保留为所有翻译公司自由使用的抗辩理由被驳回，原因是该商标自身已具显著性[93]，而面对“神经网络”（neural networks）时，NEURONE商标则被允许注册在计算机产品上，原因是它既不是惯常词语，也不具有描述性。[94]

4.71 如果一个独创的词语或者“不同寻常的排列语句[95]”所包含的含义是来源于所使用的商品，那么有可能会认为有必要保留该词语为公众通用。因此，文字商标ERGOPANEL无法在带有控制台的产品上注册[96]：那些控制台都是“人类环境控制台”（ergonomic panels)，而ERGOPANEL在创造出来之后是如此之贴切，以至于不能使其落入私人手中而被控制。

(b) 欧洲法院以及欧洲一审法院判例法中的“自由使用必要性”

4.72 欧洲商标立法的两个中心法规，即《欧盟理事会指令89/104》以及《欧盟理事会条例40/94》，同样都禁止注册以下商标：

[90] “作为商标使用”在第7章和第8章中探讨。

[91] 《欧盟理事会指令89/104》第6（1）条；《欧盟理事会条例40/94》第12（1）条。

[92] GENESCAN trademark [2002] ETMR 329，332.

[93] Sarl RWS Translations Ltd v Getten and Sté Translations [1999] ETMR 258（巴黎上诉法院）。在这个值得关注的案例中，一个英国翻译公司侵犯了翻译服务上的TRANSLATIONS商标。法语中的翻译一词是traduction，而对于单词TRANSLATION来说，原本没有理由让其仅仅由外国人才能自由使用。

[94] Neurone Tech v Neurones andde Chanmmard [1999] ETMR 611（法国最高法院商业庭，巴黎）。

[95] 该术语创造于Procter & Gamble Company v OHIM案例中，Case C-383/99 P [2002] ETMR 22第43～48段，在内部市场协调局系统内有时候被称为“suj”。

[96] ERGOPANEL trade mark application [1997] ETMR 495（德国联邦专利法院）。

仅仅由在当前语言中以及在同行业诚实信用及约定俗成的实践中的习惯符号或者标记所构成的商标。[97]

它们同样也禁止注册仅仅由下列标记所构成的商标： 4.73

在商业中表明了商品或者服务的种类、质量、数量、预定用途、价值、地理来源、产品制造或者服务提供的时间或者货物或服务的其他特点的标记或者符号。[98]

上面的第一个禁止条款也许可以认为是"自由使用必要性"原则的纯粹表现 4.74
形式，而第二个禁止条款，在下文中将更深入地讨论[99]，它所禁止的是所有包含具有完全描述性术语的商标。欧洲法院已经明确说第二个禁止条款追求的目标是基于公众利益，即同申请注册的商品或者服务类别相关的描述性标记或术语（包括集体商标或者作为复杂的商标或者图形商标的一部分），都可以被所有人自由使用。[100]

从这里我们可以看出它所意图实现的功能同"自由使用必要性"原则是一样的。

从某种意义上说，"自由使用必要性"原则比欧洲所采取的新立场走得要更 4.75
远，它禁止注册那些也许还没有成为习惯术语但却应当被那些在特定行业或职业圈中工作的人所自由使用的标记或者术语。从另外一种意义上说，《欧盟理事会指令89/104》和《欧盟理事会条例40/94》的措辞更为宽泛一些，它们所禁止注册的并不仅仅是那些对保持商标为他人所自由使用具有"现实的、重要的或当前的需求"的情况。[101]"自由使用必要性"原则实际上所处的是一种不稳定的边缘，它介于缺乏显著性（由于竞争者需要使用的词语也许很少或者没有固有的显著特性）以及具有描述性（如果某个词语也许具有描述性的特点）之间，但并非这两者之中任何一种。

欧洲法院曾在BABY-DRY一案[102]中指出，当前欧洲法律对注册以及对侵权 4.76
的抗辩的诸多规定，将能保护其他经营者在诚实使用那些根据"自由使用必要性"原则无法注册的商标时的利益：

---

[97] 《欧盟理事会指令89/104》第3（1）（d）条；《欧盟理事会条例40/94》第7（1）（d）条。

[98] 《欧盟理事会指令89/104》第3（1）（c）条；《欧盟理事会条例40/94》第7（1）（c）条。

[99] 见下文第4.128～4.142段。

[100] Windsurfing Chiemsee Produktion- und Vertriebs GmbH v Boots- und Segelzubehör Walter Huber and Franz Attenberger，Joined CasesC-108 and 109/97 [1999] ETMR 585，第25段。

[101] OHIM v Wm Wrigley Jr Company，Case C-191/01 P，2003年4月10日（总法务官Jacobs观点），第17段，引用Windsurfing Chiemsee，第29～35段。

[102] Procter & Gamble Company v OHIM，Case C-383/99 P [2002] ETMR 22，第35～37段。

……商标如果缺乏显著特性将不得注册……或者如果这些商标仅包含在商业中表明商品或者服务的种类、质量、数量、预定用途、价值、地理来源、产品制造或者服务提供的时间或者商品或服务的其他特点的标记或者符号……

……商标所赋予的权利并未使所有人有权去禁止第三方在商业中使用那些表明商品或者服务的种类、质量、数量、预定用途、价值、地理来源、产品制造或者服务提供时间或者商品或服务的其他特点的标记的权利，只要他的使用符合工商业的诚信实践。

从这两个法条规定可以明显看出，禁止将具有完全描述性的标记或者术语注册为商标的目的是……阻止注册……那些由于同通常表述相关商品或者服务或者其特点的方式没有任何区别，所以无法实现区分其制造者身份的功能并因此缺乏实现这种功能的显著特性的商标。

4.77 以上表述尤其是其第二段显示，在应对保留某些标记为他人所自由使用的需要时，不能不先考虑对商标独占的限制。然而，欧洲法院也许并不急于强迫竞争者依赖于描述性方式使用词语的抗辩理由。正如总法务官 Jacobs 所说的：

也许有人担心这种观点会造成权力平衡向具有垄断野心的商标所有人倾斜，而他们可以向仅是想诚实地使用描述性词语的涉嫌“侵权者”主张或者即将主张他们的权力。在现实世界中，第 12（b）条所赋予的抗辩理由也许比表面上所具有的法律价值要弱很多。

这种危险不能忽视。希望垄断不仅是商标本身而且还包括其周围区域的商标所有人，也许会以不必要的诉讼向一个竞争者进行威胁，而竞争者也许就会屈从而不是选择花钱诉讼或去面临一个有不利裁决的风险。[103]

4.78 BABY-DRY 以及 Windsurfing Chiemsee 案[104]分析了将商标作为地理来源标记的功能为他人所自由使用的需要，此后，欧洲一审法院[105]通过准许文字商标 ULTRAPLUS 在塑料制微波炉烤箱器皿上注册，很好地平衡了“自由使用必要性”原则、描述性、显著性以及发挥将标志作为商标功能的能力之间的关系。以下是该法院对此问题的分析：

---

[103] OHIM v Wm Wrigey Jr Company，Case C-191/01 P，2003 年 4 月 10 日，第 94～95 段。

[104] Windsurfing Chiemsee Produktions- und Vertriebs GmbH v Boots- und Segelzubehö Walter Unber and Franz Attenberger，Joined Cases C-108 and 109/97［1999］ETMR 585（ECJ）.

[105] Dart Industries Inc. v OHIM，Case T-360/00［2003］ETMR 406，Ilanah Simon 在下面文章中对该案有过讨论：《欧洲一审法院在调制些什么食品？对描述性和非显著性商标的更多指导》［2003］EIPR 322。

21. 第40/94号条例第7（1）（c）条……其是为了公众利益，即描述性的标记或标志可以被所有人自由使用……

22. 从那个观点看，第7（1）（c）条所提到的标记或标志……是指在相关公众看来在通常的使用中已经直接或者间接地描述了注册申请所指定的商品或者服务的某个重要特点……因此，一个商标的描述性只能通过与相关的商品或服务联系起来才能进行评估，并且按照特定的公众对象的理解方式来进行……

23. 在本案中，复审委员会认为……该商标的构成中，首先，前缀"ultra"意为"超过，超越，超过……限制"或者"在数量、数目、规模以及细节上超过……"，其次，后缀"plus"则意为该产品"拥有上好的质量；在同类中很出色"。复审委员会认为这两个单词是用来表明指定商标的优越性的赞美性术语，因此，判定UltraPlus对任意种类的商品或者服务都具有描述性。

24. 如果一个术语包含例如前缀"ultra"以及一个形容词的话，那么可以认定该形容词直接而迅速地向消费者传达了产品的某个特点，而且由于该前缀纯粹只是对特征描述起强调的作用，因而以这种方式组合而成的商标具有描述性。

25. 然而……"ultra"并没有以消费者能直接理解的方式来描述烤箱器皿的质量、数量或某个特性，这个词语……只能够对其他词语描述质量或者特点加强语气……"plus"本身并没有以消费者能直接理解的方式对塑料制烤箱器皿的质量或者特点进行描述，也就能被词语"ultra"所加强。

26. ……相关公众将立即不假思索地将塑料制烤箱器皿同UltraPlus之间建立起确定的直接的联系……这一点并不明显。

27. 当一个主体以间接和抽象的方式通过使用诸如UltraPlus这样的商标来对其产品的优点进行赞美，却并没有直接和迅速地向消费者传达烤箱器皿的其中某个质量或特定性质的时候，它只是一个引导的行为，而并不是第7（1）（c）条所规定的描述行为……

28. ……商标局认为UltraPlus商标描述了商品特别良好的品质，尤其是——正如在听证的时候所充分主张的——优质的塑料材料使得产品很轻而且可抗温度变化，这个观点并不可能将该商标定性为具有描述性。这一特征既未被所讨论的商标注明也未被其单独指明，且在公众可能想象它们暗示什么的情况下，仍太含糊、极不确定，以至于不能使该商标对所述商品进行描述……

29. 接下来可以看出……复审委员会没有将其分析同指定商品联系起来，也没有表明 UltraPlus 商标可以直接地对那些商品进行描述，因此违反了第 7（1）（c）条……

30. 最后……一个商标不具有描述性的事实并不能自动意味着它具有显著性。如果相关公众不能从这个商标上看出商品的商业来源的表示的话，那么该商标同样也缺乏这个显著性。

(c)“自由使用必要性”只同文字商标相关吗？

4.79 大多数“自由使用必要性”案例涉及的都是文字商标，但是这种保留商标要素为公众所自由使用的概念能够同样适用于标识语、外形、颜色以及商标的任何其他特征上。但是这个原则应当慎重适用。毕竟，在每一个商标申请被核准的案例中，申请人的竞争者的选择自由都被削弱了。欧洲一审法院曾这样说道：

一个包含产品图案的三维商标申请人的竞争者，他们自由选择其自己产品的外形以及颜色的利益需要，本身并不能构成拒绝该商标注册的理由……[106]

4.80 另外需要考虑的一点是，对于那些通过使用获得显著性的商标的“自由使用必要性”原则的适用问题。一旦足够比例的公众已经被教育成能够理解一个曾经被所有人自由使用的商标，已获得了一个新的含义从而能够标明使用该商标的人的产品或者服务，那么保留该标记为竞争者自由使用的理由就自然消失了。

(5) 赞美性的术语什么时候可以注册？

4.81 直接对产品或者服务进行赞扬的术语通常不具有作为商标的内在可注册性。这也许是由于：（i）它们在商业中或者被公众所习惯使用在那些产品或者服务上——不论这些术语对注册指定的商品是否具有描述性[107]；（ii）它们被认为是应该保留为所有经营者所使用的术语[108]；或者（iii）赞美性术语的注册被国内立法所明确或暗示禁止。

[106] Procter & Gamble Company v OHIM，Case T-117/00 [2002] ETMR 174，para 72.

[107] Merz v Krell GmbH，Case C-517/99 [2002] ETMR 231（ECJ）：在打字机上的 BRAVO 商标。

[108] 例如德国联邦专利法院审理的 BONUS trade mark application [1997] ETMR 413 中的 BONUS 商标。

一旦一个术语被大量而广泛地使用以至于其获得了作为商标应使用而获得的显著性，那么它具有赞美性的事实则不再构成注册的障碍，即便它作为商标的含义并没有完全消除掉其原先的赞美性含义。[109] 因此，词语 IDEAL 通常来说在任何产品或者服务上都不可以注册[110]；但是，当有证据表明单词 IDEAL 在橡皮章和印泥上清楚地被作为商标使用和认知的时候，它在这个略为专业的市场中的注册不再被驳回。[111] 4.82

怎样才构成赞美性术语是一个文化相对论的问题。例如，德国人就已经认为 BRAVO（喝彩声，好啊，妙啊）在打字机上是一个赞美性的术语[112]，即便很多人会奇怪，对于一个几乎不会引起这种反应的机器来说，即使这个术语被他人所专用，到底该产品的其他生产商会面临多严重的不便呢？同样是这个国家，在经过一阵不确定状态之后，得出结论认为词语 YES 不是对香烟产品表示称赞的术语。[113] 英国认为词组 THE PERFECTIONISTS（十全十美主义者）在胸罩和短裤上不具有可注册性[114]，他们的理由是这个称赞的术语是关于这些内衣产品的生产者的，尽管丹麦人和澳大利亚人对于该商标的注册并没有任何障碍。 4.83

内部市场协调局的各复审委员会的操作标准一直有些不太确定。他们认为 SUPREME 词语在所有产品和服务上都不可注册，理由是它“缺乏任何创意或者显著性”，而不是由于它具有赞美的特点[115]，而拒绝 COMPLETE 商标则是因为其描述了产品具有“所有必要的部件或者因素”，而且描述了“那些产品的预定目的（即达到完整或者完美）”[116]。词语 XTRA 也不能注册，因为它“描述了比预期的品质要更好”，因此缺乏显著特性。[117] 4.84

然而并非所有的赞美性术语都在内部市场协调局经历了这样的困难时刻。虽然 MAXIMA 被拒绝注册在外科和医疗产品上，理由是该词带有“最大和最好”的含义，而且“暗示某种产品代表了某个特定领域的最高的技术成就”，但是复审委员会对此非常实际地评述道： 4.85

---

[109] Mainland Products Ltd v Bonlac Foods [1998] IP Asia LR 289（新西兰高等法院）：虽然 VINTAGE 的原始含义（“最佳的”——译者注）并未消失，但仍然在干酪上成功注册。

[110] Harcourt Brace & Co's application，Case R 130/1999-1 [2000] ETMR 382（内部市场协调局）。

[111] M&R Marketing Systems Inc's application，Case R 1167/2000-1 [2002] ETMR 317（内部市场协调局）。

[112] 见 Merz & Krell GmbH 案件事实，Case C-517/99 [2002] ETMR 231（ECJ）。

[113] YES trade mark [1998] ETMR 386；[2000] ETMR 883（德国联邦专利法院）。

[114] Warnaco Inc's application [1997] ETMR 505（英国商标登记处）。

[115] Fuji Photo Film Co Ltd's application，Case R 44/1998-3 [1999] ETMR 505.

[116] Procter & Gambe Company's application，Case R 116/1998-3 [1999] ETMR 664，665. 比照 Henkel KgaA's application WTLR，2003 年 7 月 11 日，在此案中，爱沙尼亚复审委员会允许 X-TRA 商标注册，理由是：“Extra（‘额外的’——译者注）一词对于至少 80%的爱沙尼亚人来说都没有任何意义。”

[117] USA Detergents Inc's application，Case R 20/97-1 [1998] ETMR 562.

本案产品通常的购买者是经过高级训练的个人，他们不太可能被任何包含在商标中的暗示该产品在某些方面要超过竞争者的产品的潜意识信息所影响。[118]

4.86 近来内部市场协调局在实践中甚至对申请人要更为宽松。他们不仅准许IDEAL商标在橡皮图章以及印泥上注册（如上文所述），还因支持明显毫无希望的商标的注册而引起了轩然大波，其中的一个复审委员会就核准了单词 THE（定冠词，用于指独一无二的对象或者特定的重要的对象，等等）在螺钉、螺帽、螺栓以及螺杆上注册。[119] 审查员一开始驳回了该申请，理由是该商标意味着“最好的”、“唯一的”或者“最不寻常的”，但复审委员会对此并不同意，他们认为：THE 只有当后面跟着另一个单词的时候（例如，THE BEST，THE TOP）才有这种含义；但是当缺少另一个合适的单词的时候，单词 THE 自身根本不具有任何含义。事实上，它是非常具有想象力的单词，因此它需要更多的东西来使其完整。

4.87 欧洲一审法院准许了 ULTRAPLUS 商标在塑料制微波炉烤箱器皿上注册。虽然“ultra”和“plus”也许各自都由于其赞美的性质而缺乏注册性，但是它们的组合却并没有含义，而且“被相关公众立即不费力就记住了”[120]。

G. 显著性

4.88 在同注册性相关的所有标准中，显著性是最为重要的。TRIPs 中同商标注册相关的条款[121]规定，一个商标“能够区分”商品或者服务的事实，便是该商标适于注册的唯一关键的决定要素。

4.89 我们如何知道一个商标是显著的因而天生就能将一个企业的商品或服务同另一个企业的区分开来呢？各个法院和商标注册机关规定了各种各样的关于显著性的标准，其中有些已经被推崇为意义重大的准则，而其他的因为在寻求显著特性上几无帮助所以被抛弃。在下列段落中，我们来思考这个概念在法律上和实践中的意义。

[118] Medtronic Inc's application，Case R 51/1998-1［1999］ETMR 504。同样的观点见于 *Daishowa Seiki Co Ltd's application*，Case R 991/2000-3［2002］ETMR 403，内部市场协调局复审委员会认为金属机床零部件的购买者不会被文字商标 BIG PLUS 的赞美性含义所影响。

[119] Tong Hwei Enterprise Co Ltd's application，Case R 374/2000-1［2001］ETMR 961。选择 THE 词语做商标是因为它是申请人名称的首字母缩写形式。

[120] Dart Industries Inc v OHIM，Case T-360/00［2003］ETMR 406，415.

[121] TRIPs 第 15（1）条。

(1) 显著性是从相关普通消费者的视角去看的

为了建立固有显著性的检验标准，各法院都努力去寻求只将那些确实能够区分申请人的商品或服务的商标界定为具有客观上的可注册性。然而，他们被要求不仅要关注他们作为法官认为何为具有显著性，而且还要关注一个相关商品或者服务的普通消费者认为什么才是显著性。[122] 这个消费者“通常从商标整体去感觉，并不去分析它的各个细节”；他或她具有“合理地了解各种信息，并且具有合理的观察力和审慎”，而且具有“能够随商品或者服务的种类而变化”的注意力水平。[123] 4.90

当分析一件商标的注册性的时候，法官们并不愿意使相关公众认为什么才是具有显著性的检验过程沦为一个这样的结果，即：准许诉讼双方在法庭前检阅一队队据称是代表性的相关消费者，从而作为证明一个相关消费者是如何看待一个特定标记的证据。[124] 4.91

(2) 显著性无法在数学上被量化

在明显是涉及商标侵权而非注册性问题的 Lloyd Schuhfabrik Meyer 诉 Klijsen 一案中，欧洲法院认为： 4.92

> 不可能用通用性的语言去描述一个商标什么时候才具有强烈的显著特征，例如，对该商标在相关公众群体内达到的认知程度给出一个特定的百分比例。[125]

这是一个很重要的论述。显然，如果一件商标被百分之百的消费者认为是指明了其所有人的产品或服务的话，它是一个具有很强显著性的商标，而如果没有人认可这种功能的话，那么它就完全不具有显著性。但是，并没有这样一个绝对意义上的或者百分比意义上的“临界点”，低于其标准的显著性商标就不再是显著商标。对于很少被购买的而且使用寿命很长的商品和服务来说，消费者也许偶尔才来到市场购买这样的商品或者服务，并且在不必要的情况下不太可能会对它们进行仔细的研究。其他品牌的商品和服务则在整个社会中保持着很鲜明的姿 4.93

---

[122] Lloyd Schuhfabrik Meyer & Co GmbH v Klijsen Handel BV, Case V-342/97 [1999] ETMR 690 (欧洲法院)，第 25～26 段。

[123] Gut Springenheide GmbH, Tusky v Oberkreisdirektor des Kreises Steinfurt etc, Case C-210/96 [1999] ETMR 425 (欧洲法院)，第 31 段。

[124] Bach Flower Remedies Ltd v Healing Herbs Ltd [1999] IP&T 146 (CA), 160, 169.

[125] Lloyd Schuhfabrik Meyer & Co GmbH v Klijsen Handel BV, Case V-342/97 [1999] ETMR 690, 699.

态，即便对于那些从来不购买它们的消费者来说也是如此，因此它们拥有很高的认知程度。但是显著性的条件混淆了两个概念：一方面是公众成员对于某个特定商标的存在具有一定程度的认知，另一方面是该商标能够在相关消费者市场上起到标志商品和服务的作用。认知程度能够很容易地被量化，在市场调研中经常这样做。但商标的标志能力则不那么容易被量化，因为它既包含了这个商标进行区分的实际能力，也包含了它的潜在能力。实际的认知程度并不是区分能力的一个衡量单位。

(3) 除非有相反证据证明，显著性是推定存在的

4.94 如果决策和行使自由裁量权只限制在那些绝对必要的场合下的话，商标申请人就不用在他们的商标显著性原先并未受到置疑的时候去为其显著性做保证，现代的商标注册机关则会运转得更为高效。理想情况下，注册商标的申请应该是一个行政管理传送带运转过程中的第一步，然后，除非发现申请中的某些缺陷，这个传送带将会自动从申请提交一直延伸到核准注册。

(4) 显著性必须在拟注册商标的全部领土中均存在

4.95 这对于多文化的欧洲来说是一个非常重要的问题，一个词语或者图形[126]的商标也许在欧盟的一部分具有完全的显著性，但是却有可能在另外部分具有描述性[127]或者缺乏显著性。[128] 从理论上讲，一件商标不可能在其领域范围内部分有效，同样也不能对商品具有或不具有部分显著性。那些暗示存在这种部分显著性[129]的商标的案例在得出上面结论的时候都发现，有些消费者认为某件商标具有显著性，但是另外的消费者却认为没有，但是（i）上面这个结论并非是建立在地域基础之上的；而且（ii）上面结论的得出是基于以前完全具有显著性，但是后来却已经开始失去显著性特征。

---

[126] Poulsen Roser ApS' application，Case R 746/2001-1［2003］ETMR 112（内部市场协调局）：一朵玫瑰的准确图形也许在丹麦具有显著性，但是如果需要作为共同体商标注册的话就必须能够证明在欧盟范围内具有显著性。

[127] 例如 Matratzen v OHIM，Case T-6/01［2003］ETMR 392（欧洲一审法院），文字商标 MATRATZEN 在西班牙完全具有显著性，但是在德国却是通用名称（意为"床垫"）。

[128] Ford Motor Company v OHIM，Case T-91/99［2000］ETMR 554（欧洲一审法院），文字商标 OPTIONS 在保险服务上被驳回：它在几乎所有欧盟国家都具有显著性，除了法国和英国。

[129] 参见例如 D Green & Co.（Stoke Newington）Ltd and Plastico Ltd v Regalzone Ltd［2002］ETMR 241（HC）：勺子（spoon）和叉子（fork）的组合产品上的 SPORK 商标；Björnekulla Fruktindustrier Aktiebolag v Procordia Food Aktiebolag［2002］ETMR 464（斯德哥尔摩地区法院）：黄瓜产品上的 BOSTONGURKA。

也许有人会想，即便一件商标正在削弱的显著性历经时间磨砺并没有自动使得商标无效，也仍然不可能从一开始就注册一件部分显著的商标。但是，这并不正确。只要申请人的标记具有显著特征，即便对于部分消费者来说它具有描述性含义，也依然不会使其失去注册资格。[130] 4.96

（5）显著性不能抽象理解，必须同商标要使用的商品或服务联系在一起考虑

例如 PC（个人计算机）这样的商标在个人计算机上永远也不可能被认为是显著的，但是在鹌鹑蛋上也许能成为一个非常完美的商标。 4.97

（6）显著性必须同商标整体联系在一起考虑，不能只考虑商标的一部分

将申请人的商标分成类似意大利腊肠切片一样，然后再去分析每个切片对注册的适合程度，这种做法目前已不再被接受。[131] 正如欧洲法院在 BABY-DRY 一案中所述： 4.98

> 关于包含文字的商标……确定其描述性的时候不仅要分别从每个词语而且要从它们所组成的整体出发。将相关领域消费者所通常使用的指定商品或服务或其关键特点的术语以及申请注册的文字组合之后，它们之间的明显差异较易赋予该文字组合以显著特征，使其能够作为商标获得注册。[132]

在该案中，一个持腊肠切片式的观点的人会试图这样分析：（i）BABY 在婴儿尿布上是一个非显著性的术语，因为它表明了单个尿布的用法或者用途；（ii）DRY在婴儿尿布上是一个非显著性的术语，因为它表明了尿布的能够不漏尿的功能；（iii）基于上述前提，并假定一件商标不可能比其各部分组合更具显著性的条件下，商标 BABY-DRY 同样不具有显著性。这个推理在共同体商标中被裁定为不成立，在有些国家的国内法院中也被驳回。[133] 4.99

欧洲法院已高调地宣布必须从商标整体进行审查，但是持腊肠切片观点的人仍然存在，甚至就在欧洲一审法院的同一幢楼房里。在文字商标 KIT PRO 和 4.100

[130] West（tla Eastenders）v Fuller Smith & Turner plc，2003 年 1 月 31 日（未公开）（CA），引用了 BABY-DRY [2002] ETMR 22 以及 Wm Wrigley Jr Co v OHIM [2001] ETMR 623。

[131] 在 Paniberica [2002] EIPR N-8（西班牙最高法院）一案中，法院认为第 32/1988 号法令第 11 条实际上禁止法院将 PANIBERICA 商标拆分成 PAN-和 IBERICA 两部分，因为只能允许对商标进行整体审查。

[132] Procter & Gamble Company v OHIM Case C-383/99 P [2002] ETMR 22，第 40 段。

[133] 参见，例如 Aimo-Boot v Fabre [1999] ETMR 55（巴黎大审法院）：在高保真音响设备上的 AUDIO FEELING 商标具有显著性；D'Ieteren v Benelux Trade Marks Office [2003] ETMR 842（布鲁塞尔上诉法院）：在保险服务上 WECOVER 商标具有显著性。

KIT SUPER PRO在第12类商品上（陆地车辆用修鼓形闸的部件）申请注册共同体商标一案中，欧洲一审法院维持了内部市场协调局对这些申请的驳回决定，理由是由于文字“kit”、“pro”和“super”是促销各种商品和服务的常用词语，它们缺乏显著性因而不得注册。[134] 难道KIT SUPER PRO商标在鼓形闸部件上的显著性真的比BABY-DRY在尿布上或者ULTRAPLUS[135]商标在塑料制烤箱器皿上的显著性要弱么？在KIT PRO和SUPER KIT PRO商标案中，欧洲一审法院通过BABY-DRY中被大量引用的一段话支持了腊肠切片式的观点：

> 由于该商标是由许多部分所组成（组合商标）的，因而必须从整体上来评估其显著性。然而，这同对商标中的各个独立部分逐一审查来说并不矛盾。[136]

4.101 当非常短而简洁的商标SAT.2被认为是一个组合商标，而且从其区分“SAT”，“.”和“2”的能力上被进行分析的时候[137]，上面这个观点的采用被发挥到了极致。

4.102 这些学说的发展所导致的结果是法院拥有了两种选择。如果它想支持一个组合商标的有效性的话，那么商标的整体比其各部分的总和要更为重要，但是如果法院想让一件商标无效的话，则正是商标的个别部分宣判了商标的不可注册性。[138] 法院也许同样可以这么说：

> 由于这是一个完整的腊肠，必须从整体上考虑其注册性。然而，这同将其切开分别检查各个切片来说并不矛盾。

4.103 这种腊肠切片式观点的作用可以在颜色组合商标的注册申请中得到少量的发挥，在这样的申请中，申请人既没有说明每个颜色所占的比例，也没有明确该颜色组合所使用的产品的外观[139]，对于这样的案例不可能进行全面整

[134] Robert Bosch GmbH v OHIM，2002年11月20日，Joined Cases T-79/01和T-86/01（欧洲一审法院（第四庭））。

[135] Dart Industries Inc v OHIM，Case T-360/00 [2003] ETMR 406.

[136] Procter & Gamble Company v OHIM，Case C-383/99 P [2002] ETMR 22，第40段。

[137] SAT 1 SattellitenFernsehen GmbH v OHIM，Case T-323/00 [2002] IP&T 928（欧洲一审法院）。该商标实际上在部分服务上被裁决可以注册，但在其他服务上不得注册。

[138] 这正是欧洲法院在DKV Deutsche Krankenversicherung AG v OHIM（COMPANYLINE）CaseC-104/00 P [2003] ETMR 241一案中所做的，当时法院裁定COMPANYLINE在第36类保险和金融服务上缺乏显著特征。比较：商标复审委员会在Re Revenue Technologies Corporation WTLR（2003年6月5日）中的多数派观点所形成的裁定准许“MARKETPRICE”在“在产品和服务定价领域的商业咨询服务”上注册。

[139] 例如，在园艺工具上的绿色和灰色：Viking-Umwelttechnik GmbH v OHIM，CaseT-316/00 [2003] ETMR 196（欧洲一审法院）。

体的审查，而只能对其各个组成部分的显著性进行判断。当由各个缺乏显著性的术语所组成的显著性组合受到的保护范围很宽的时候，腊肠切片主义者也能够发挥作用。例如，如果文字商标 ULTRAPLUS 的注册赋予商标所有人阻止竞争者分别使用单词“ultra”和“plus”的垄断权的话，这将是很有害的。

(7) 描述性以及商标的其他消极特征也必须同商标整体一起考虑，不能只是考虑商标的单独组成部分

由此得出结论，如果商标的显著性是通过对商标整体来进行评估的话，那么在注册所指定的商品或服务中，同样也应该这样来评估那些阻止商标注册的特征：描述性、欺骗性、通用性，等等。然而这个观点同法国的“消极显著性”概念并不一致：该概念认为商标的显著性被定义为一个标记的非必要的、非通用的、不同寻常的或者非描述性的特征。根据这个近来被法国最高法院[140]确立具有重要地位的检验标准，很难想象 BABY-DRY 怎么能够在婴儿尿布上注册。 4.104

(8) 文字商标弱的显著特征可以通过添加图形要素来进行强化

原则上来说，商标的固有显著性能够通过其整体外观来产生，即便该商标包含某个自身不具有显著性的词语部分。然而，一个文字商标越弱，围绕其周围的图形成分的显著性就应该越强。拿一个法国案件为例，词语 GEO（见图 4.2）在书籍和印刷品上并非强商标，因为它非常简短，而且能使人想起很多以 GEO 前缀开头的不是印刷物的名称就是主题词。但是一旦将词语 GEO 置入有着强烈视觉效果的形式中，它的整体显著性便得到大大加强[141]，并因而获得注册——即便注册所赋予的保护范围也许会相当狭窄。 4.105

图 4.2 GEO 文字商标

(9) 通用的标记并非不可以被垄断

在挪威，文字商标 GOD MORGON APELSINJUICE MED FRUKTKÖTT（瑞典语“早安果肉橘汁”）的注册申请并不以申请人放弃 4.106

[140] Société Prime TV v Top Tele，2002 年 3 月 26 日（法国最高法院（商业法庭））。

[141] Sté Prisma Presse and Sté Gruner und Jahr Communication GmbH v SA Editions Economica [1999] ETMR 549（巴黎大审法院）。

对文字 GOD MORGON 的专用权为附加条件。虽然数百万喝橘汁的人日常都说这些词，它们依然能够被作为商标所垄断使用。这些词并不缺乏显著性，其含义并没有表明它们必须保留为其他橙汁生产者所使用。[142] 然而商标 THANK YOU（谢谢你）却被判决在巧克力上缺乏显著性：当某人接受他人赠与一盒巧克力的时候，往往会做出这个礼貌而正式的回应"thank you"[143]。

4.107 不仅常用词而且平常的视觉图像都可以被注册。像地球图形[144]这样被用滥了的标记并未被剥夺可注册性，只要它们具备注册的通常标准即可。

4.108 颜色能够成为平庸常见的标记么？欧洲一审法院似乎暗示可以。在一个案件中，法院发现，由于橙色的农业机械"并不罕见"，这种颜色使用"非常常见"[145]。这个推理似乎已经遗忘了排中律原理（the law of excluded middle）：当然应该有一定程度的出现频率是介于罕见和平庸常见的对立两极的中间：我们甚至还有至少三个很方便的术语去描述它（偶尔、不经常、经常）。这个被排斥的中间地带似乎成为了具有部分显著性的商标的天然聚集区。[146]

4.109 一旦一个标记超出了平庸常见的水平，即便描述它的最礼貌的话是它"并非完全的平庸常见"，欧洲一审法院也还是裁定它具有足够的显著性，使其有注册的资格。[147]

(10) 商标便于记忆的性质能增强其显著性

4.110 一件商标易于记忆的事实使其更容易被认为是显著的。这是因为这个商标易于记忆会方便满意的消费者进行重复购买。[148]

(11) 平庸以及缺乏独创性、想象力或者随意的修饰都不能证明缺乏显著性

4.111 在 BABY-DRY 案这个分水岭之前，有些商标申请由于平庸或者缺乏独创性而被驳回，而有些则没有。因此，内部市场协调局复审委员会驳回了将商标 MULTI 2'N I 在所有工具和工具部件上的注册申请，理由是将普通常见的部分融入一个"平庸"的商标"没有任何想象或者多变"可言。[149] 与此类似，即便在

---

[142] Jo-Bolaget Fruktprodukter HB v State Ministry of Industry and Commerce [2002] ETMR 161（Borgarting Lagmanstrett）.

[143] Thank You Candy Co Ltd's application，1995 年 10 月 19 日（未公开）（英国商标登记处）。

[144] Ajlan bin Abdullaziz Al-Ajlan Brothers Co's application；Al-Masaraat International Trading & Contracting Co Ltd [2000] ETMR 710（LCAP，Geoffrey Hobbs QC）.

[145] KWS Saat AG v OHIM，CaseT-173/00 [2003] ETMR 288（欧洲一审法院），第 40 段。

[146] 见第 4.95～4.96 段讨论。

[147] DaimlerChrysler Corp v OHIM，CaseT-128/01，2003 年 3 月 6 日（未公开）。

[148] Dart Industries Inc v OHIM，Case T-360/00 [2003] ETMR 406，第 48 段。

[149] Black & Decker Corp's application，Case R 99/1999-1 ETMR 846.

承认商标不必要为原创或具有想象力之后，欧洲一审法院仍然认定文字 CINE ACTION 在包括“电影放映和出租”等一系列电影相关的服务上缺乏显著特征，理由是它缺乏“最低限度的想象力”[150]。相反，在内部市场协调局的一位审查官以既平庸又非独创为由驳回了术语 BEAUTY ISN'T ABOUT LOOKING YOUNG BUT LOOKING GOOD（“美不是看起来年轻而是看起来美好”）之后，复审委员会重新考虑了该申请：该术语并不老套，而是一个落入“美化哲学”范畴的术语[151]，它的缺乏独创性并非致命的。巴黎高等法庭也采取了类似的立场，他们核准 TECHNOCITE 商标使用在一个技术城上的有效性，认为商标权并不是基于创造性来授权。[152]

商标法实际上并不要求运用想象力，这是留给知识产权法的其他领域的事。如果诸如个人姓名这样的商标并不适用“最低限度的想象力”标准的话，那么这样去要求其他类型的商标似乎是不公平的。 4.112

欧洲一审法院在多个场合都判定，商标不具有想象力的单一事实并不意味着它缺乏显著特征。因此，虽然 NEW BORN BABY 并非儿童玩偶上最具有想象力火花的术语，但仍然能够注册。[153] 同样，DAS PRINZIP DER BEQUEMLICHKEIT（德语，意为舒适主义）能够在家用和办公用家具上注册，尽管内部市场协调局复审委员会认为该商标缺乏独创性。[154] 最后，欧洲法院也同样认定加入任意创造的成分和修饰并非一个产品外形注册为商标的先决条件。[155] 4.113

(12) 暗示性不能证明缺乏显著性

商标可以对注册指定的商品或者服务的性质或功能进行暗示，这是因为暗示并非直接描述而是暗示性的，只要这种暗示不会阻止其他经营者使用那些属于他们普通商业所有的图像或者文字，这种暗示不会否定商标所应该具有的显著性。 4.114

[150] Taurus-Film v OHIM (Cine Action), Case T-135/99 [2001] ETMR 594, 602。同样见 Matsushita Electric Works's application, Case R 332/1999-1 [2000] ETMR 962（BLOOD PRESSURE WATCH 在血压计上没有表现出“多余的想象力”，在下文第 4.123 段进一步探讨）。

[151] Clinique Laboratories Inc's application, Case R 73/1998-2 [1999] ETMR 750，其同 Visa International Service Association's application (Case R 46/1999-1 [2000] ETMR 263) 中裁定截然相反（“THE WORLD'S BEST WAY TO PAY AND BE PAID”，意为世界上付款和收款的最好方法），该案中的口号商标即便使用了“way”、“pay” 和 “paid” 这样的押韵方法，依然不能免于平庸而缺乏显著性。

[152] Sarl Cargo Communication v La Cité des Sciences et de l'Industrie [1999] ETMR 545.

[153] Zapf Creation AG v OHIM, Case T-140/00 [2002] ETMR 128。商标 NEW BORN BABY 显然在新生婴儿上是无法注册的。

[154] Erpo Möbelwerk GmbH v OHIM, Case T-138/00 [2002] ETMR 430.

[155] Koninklijke Philips Electronics NV v Remington Consumer Products Ltd, Case C-299/99 [2002] ETMR 955.

因此，一个类似牙齿的图形（见图 4.3）并没有被禁止在牙科产品上注册，因为申请人的竞争者们还有其他很多方法去描绘一个牙齿。[156] 事实上，今天的很多驰名商标都有着暗示性：例如，在录制的外语教学材料上的 LINGUAPHONE，在防水服装上的 AQUASCUTUM 以及 DRIZABONE，在预防龋齿的牙膏上的 GARDOL。美国同样也确定商标的暗示性质并不损害其内在的显著特性，因此并不需要提交使用证据以证明商标从暗示性转化成显著性。[157]

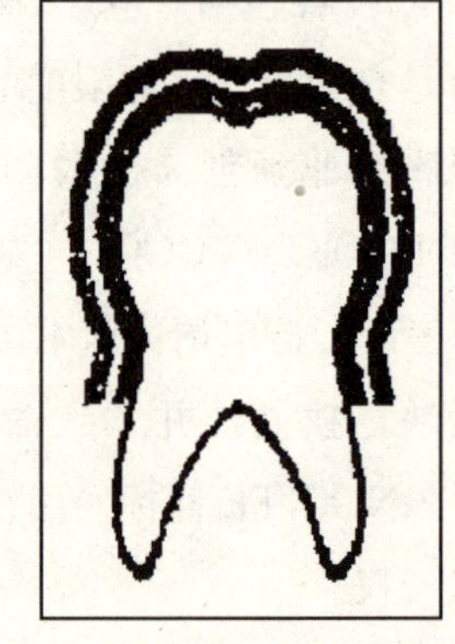

图 4.3　该类似牙齿的图案并未被排除注册在牙科产品上

4.115　欧洲一审法院建议的一种检验标准[158]是，申请人的商标是否传达了有关注册指定商品的功能的“清晰明确的信息”。根据这个标准，VITALITE——尽管其有着一个暗示性的法语形式“vitalité”——并没有清晰明确的信息来表示其是同婴儿食品相关联的。与此类似，词语 FORMATIL 尽管包含瑞典单词“forma”和“till”，意为“填料的造型”[159]，仍然能够在牙科产品上注册，因为并非所有的牙科产品都是用来为填料塑形的。而在电讯服务尤其是同安全电子邮件相关的服务上注册 KEYMAIL 的一件爱尔兰申请则没有那么幸运。申请人辩解说该单词最多只是暗示性的，但听审官员不这么认为：虽然“key”有许多可能的含义，但是它同单词“mail”组合使用在电子邮件的服务上时，则意味着它唯一表明的正是电子邮件安全性。[160] 内部市场协调局也在 WEBRECORD 商标案中得出了同样的结论：作为一个自由使用的单词，它可以同记录蜘蛛的活动联系起来，但是一旦将其申请注册在电脑软件上，则任何含混不清都会消失。[161]

(13) 创造词汇、语法错误以及曲解不能证明存在显著性

4.116　独创单词所具有的固有显著性最为强烈。商标历史已经反复地证明了这个真理，例如 KODAK、XEROX、BOVRIL、ROLEX、ZANTAC 和 COLIBRI。有些独创单词是形成于现有单词的缩写（例如，从其业务创始人 Adi Dassler 的姓名而来

---

[156] Fertin A/S's application，Case R 382/1999-1［2002］ETMR 652（内部市场协调局）。

[157] Two Pesos Inc v Taco Cabana Inc 23 USPQ 2d 1081（美国最高法院）。

[158] Sunrider v OHIM（VITALITE），Case T-24/00［2001］ECR II-449；［2001］ETMR 605；［2001］IP&T 452（欧洲一审法院）。

[159] Echodent AB's application，Case R 773/2001-2［2002］ETMR 1240（内部市场协调局）。

[160] Bord Telecom Eireann plc's application［2001］ETMR 790（爱尔兰专利局）。

[161] Canon Kabushiki Kaisha's application，Case R 182/1999-1［1999］ETMR 845.

的 ADIDAS，从意为“play well”（玩得好）的丹麦词语“leg godt”而来的商标 LEGO[162]）或者现有单词的变形（例如，从“tampon”（棉球）而来的 TAMPAX）。然而，从消费者的眼中看来，它们不是来源于日常语言中的单词：它们是能够将一个生产者的商品或者服务同其他企业的商品和服务完美区分开来的创造物。

很多的商标申请人都通过“创造力”这个非常高贵的字眼来掩盖其少得可怜的付出。因此，诸如 INVESTORWORLD[163] 这样的文字商标被驳回注册，原因是它们的描述性或者说非显著性并没有被最低水平的创造力所掩盖。其他的一些并不一定更具有创造力的词语则被核准注册，原因并不仅仅是基于它们的创造力，而是还因为它们的“含义”是无意义的（如 NETMEETING）[164]、含混不清的（如 DOUBLEMINT）[165] 或者至少不容易猜测的（如 EASYBANK）。[166] 这证明词语创造力的有无不再是显著性的一个决定性标准。 4.117

(14) 从商标中不能猜测其商品的性质，这并不能使商标具有显著性

词语 CHEMFINDER 在“用于化学检索和信息集成的计算机程序”上具有显著性么？没有，内部市场协调局审查官这样认为：“chem”是“chemical”的缩写，而“finder”则是“发现者”的意思，因此这些词语同样都具有描述性。如果将两个单词放在一起的话，你并没有添附任何东西使其描述性减弱。在复审的时候，申请人这样辩解： 4.118

> 想象一下，有人无意中听到一段对话，其中一人说“我刚刚买了一个 CHEMFINDER 计算机程序”或者“我刚刚一直在看一个 CHEMFINDER 的指导手册”……对 CHEMFINDER 的这些引述对于听者来说实际上没有任何意义。[167]

因此，如果这些引述是无意义的话，那么它们就不可能同时具有描述性。如果它们不具有描述性而且其含义不可能被聆听的消费者猜测出来的话，那么可以断定 CHEMFINDER 文字商标一定具有显著性。 4.119

---

[162] Jeremy Phillips，《砖块构成的帝国：乐高案简评》（“An Empire Made of Bricks：A Brief Appraisal of LEGO”）[1987] EIPR 363-6。

[163] Community Concepts AG v OHIM，Case T-360/99 [2001] ETMR 176（欧洲一审法院）。

[164] Microsoft Corp's application，Case R 26/1998-3 [1999] ETMR 386（内部市场协调局）。

[165] Wm Wrigley Jr Company's Application，Case T-193/99 [2001] ETMR 623（欧洲一审法院），目前仍在上诉中。比较：Optimum Healthcare Ltd's application [2003] ETMR 628，该案中尽管“sorb”可能意味着“absorb”（吸收）或者“adsorb”（吸附），但内部市场协调局复审委员会仍然驳回了 ALOESORB 商标。

[166] Bank für Arbeit und Wirtschaft AG v OHIM，Case T-87/00 [2001] ETMR 761（欧洲一审法院）。

[167] Chemfinder Cambridgesoft Corp's application，Case R 211/1998-2 [2000] ETMR 250，253.

4.120 复审委员会指出了这个本来听上去很动人的辩解的一个谬论所在，即它预先假定无意中听到这段对话的人并不知道这个产品是什么。词语“CHEMFINDER”也许对普通人并无任何意义，但是对于使用计算机软件来获取化学信息的人来说它就有重大的意义。因此，判断显著性的关键在于，只有结合商标所指定的具体商品或服务来猜测商标的含义的时候才有意义。

4.121 基于这个论断，我们可以有把握地说，当无意中听到一段对话的人确实知道这个产品是什么却仍然不能指明商标的描述成分的话，这个商标就具有显著性。词语 VISION DIRECT 在“用于旅游支出管理的计算机软件”上的注册申请中就出现了上面这个观点。[168] 内部市场协调局审查官认为该商标纯粹描述了一个将数据立即在屏幕上显现出来的装置或者工具。复审委员会对此并不认同，而是核准了注册，他们认为内部市场协调局审查官的结论过于要求跳跃的想象力，而不是首先去研究商标的创造本身，这是因为他将对计算机程序特点的纯粹的暗示理解为一个事实上的描述。

4.122 在同 VISION DIRECT 案立场不同的另一案件中，欧洲一审法院批评内部市场协调局复审委员会在驳回注册申请的时候，并没有证明申请人商标所“面对的人群”——可能是购买玩具的成人而非身无分文的毛头小孩——会“不加进一步思考就立即将 NEW BORN BABY 标记理解为描述了玩偶的质量或者其他特点”[169]。这个决定看上去赞同了 CHEMFINDER 的明确立场，只是将“猜测”换作了“思考”。

(15) 竞争者不使用某个术语的事实并不妨碍该术语更具有描述性而不具有显著性

4.123 血压计是一个像腕表一样佩戴的能够读出佩戴者血压的装置。当松下公司打算在血压计上注册词语 BLOOD PRESSURE WATCH 时，他们指出没有任何竞争者使用过“blood pressure watch”；因此该用词属于应该被认为具有显著性。内部市场协调局审查官以及复审委员会对此都不表认同[170]，竞争者的不使用也许同诸如一个术语是否是通用名称之类的问题有关，但是它不涉及固有显著性的问题。

(16) 竞争者同样使用某个术语的事实不能阻止该术语具有显著性

4.124 有一种观点认为由于词语“mail”在很多的报纸标题中常用，它并不是某个

[168] Rosenbluth International Inc's application, Case R 190/1998-2 [2000] ETMR 934.

[169] Zapf Creation AG v OHIM, Case T-140/00 [2002] ETMR 128, 133（欧洲一审法院）。

[170] Matsushita Electric Works' application, Case R 332/1999-1 [2000] ETMR 962.

商标所有人所独一无二拥有的，因而商标 THE MAIL 并不能将其所有人的报纸同其他出版商的报纸区分开来。这个观点被拒绝，原因是唯一性本身并非是显著性的前提条件。[171]

(17) 所有类型的商标都要求具有相同水平的显著性

欧洲法院在 Linde 一案中裁定认为： 4.125

> 不论是欧盟理事会指令的指导思路还是具体的条款措辞都没有规定说，在判断一个商品的三维外形商标的显著性的时候，应该适用比其他类型的商标要更严格的标准。[172]

法律并没有规定不同的标准，但是苛刻的现实却要求有法律所回避的不同标准。遍布全球的一代代的消费公众成员都已被教会通过查看附于商品上的文字、标签或者其他来源标记来辨别商品的来源，而不是看商品的形状本身。然而有一些值得注意的例外，例如，当软饮料还都在使用普通的包装瓶外形的时候，可口可乐的弯曲瓶第一次被认为是所装产品的来源标记。 4.126

虽然很有可能消费者会出于其自身原因将某个产品形状理解为商标，但除非通过广告或者促销技术，否则并不能确定他们一定会这么做。因此，对于任何不符合我们所“默认”的商标概念的东西来说，我们作为消费者有必要被明确地教育去将其看做是一个商标。对于弱商标或者不显著的文字商标来说，我们可以从超级市场的货架上拿下一个叫做 TREAT 的商标，并将这个单词理解为：(i) 是件商标，尽管由于具有赞美的含义因而比较弱[173]；(ii) 或是对其内容的描述性或者欺骗性的标记；或者甚至 (iii) 只是一个没有任何含义的文字装饰。如果文字 TREAT 被放置于我们所认为商标应该放置的地方的话，我们可能会将其视为一件商标。但是，产品形状（以及颜色）的情况却并不一样，因为如果我们消费者没有被教育告知的话，我们可能会捡起一个明显没有贴商标的产品，然后将其旋转并颠倒过来去试图寻找上面能够提示其来源的标签或者文字。由于这个原因，如果申请人试图确立同样层次的显著性从而将产品形状注册为商标的话，那么他需要做更多的工作。 4.127

[171] Associated Newspapers Ltd and another v Express Newspapers [2003] EWHC 1322 (Ch)，第52~55段。

[172] Linde AG，Winward Industries Inc and Rado Uhren AG，Joined Cases C-53/01 to C-55/01 [2003] ETMR 963.

[173] British Sugar plc v James Robertson & Sons Ltd [1997] ETMR 118；[1996] RPC 281 (HC).

H. 描述性商标

(1) 纯粹描述性商标不能注册

4.128 禁止纯粹描述性商标的注册是一个成熟商标体系的特征之一。在上文讨论"自由使用必要性"⑰的时候，已经对欧盟商标的不可注册性进行了表述：一个标记如果具有以下情形则不得注册：

> 仅仅由在商业中表明了商品或者服务的种类、质量、数量、预定用途、价值、地理来源，或产品制造或者服务提供的时间或者商品或服务的其他特点的标记或者符号所构成。⑱

4.129 这里"仅仅"这个词的作用应该仔细分析，正如下文所述：

> "仅仅"这个词语在该条款中起到修饰动词"构成"的作用；它所指的是商标的构成成分，而不是它们描述特征的能力。如果要驳回一件注册……所有的构成成分必须都有这样的描述能力；并不一定……它们不能有其他的非描述性的含义。基于第7（1）（c）条中后半段的标准所做出的对注册性的决定，从法律上初步看是错误的。⑲

4.130 根据上面这段话，有人争论说，文字DOUBLEMINT不得在薄荷口味的口香糖上注册。虽然它并没有仅仅只描述薄荷口味的口香糖，它所唯一的构成术语成分在口香糖消费者看来仍然是对其口味的描述。⑳

4.131 注册具有完全描述性的商标的申请不会引起太多困难，因为它们很容易被察觉和驳回。LITE商标的简单故意错误拼写，并不能掩盖其在食品和饮料上的含义（"light"），其欧共体注册申请是如此的缺乏显著性，以至于即便发现申请人的程序性权利遭到侵犯的事实也不能挽救其注册。㉑ 根据类似的推理，在以金盏花为基础制作的化妆品上，"marigold"（金盏花）单词的波兰语形容词形式并不

⑰ 见第4章第4.67～4.80段。

⑱ 《欧盟理事会指令89/104》第3（1）（c）条；《欧盟理事会条例40/94》第7（1）（c）条。

⑲ OHIM v Wm Wrighley Jr Company，Case C-191/01 P，2003年4月10日（总法务官Jacobs的意见），第39段。

⑳ 如上，第37～48段。类似结论见于泰国最高法院在Sari（PT）Incofood Corporation v Department of Intellectual Property and others（2003）17 WIPR 9一案中的裁定，将地理名称"Java"和通用术语"café"组合成单词JAVACAFE，并不能使这种由仅仅具有描述性的术语所组成的组合具有注册性。

㉑ Rewe Zentral AG v OHIM，Case T-79/00［2002］ETMR 1109（欧洲一审法院）。

比英文单词本身的描述性少多少。[179]

如果一个商标事实上并不仅仅起描述作用，其注册申请就不能因为这个理由被拒绝。因此，BEQUEMLICHKEIT（德语“舒适”）在舒适家具上不能注册，但是DAS PRINZIP DER BEQUEMLICHKEIT（“舒适主义”）却可以。[180] 4.132

(a) 暗指并不构成纯粹描述性

在治疗恢复血液产品的设备上申请注册BLOODSTREAM文字为共同体商标被准予继续申请。审查官认为该词是描述性的；但是复审委员会不这么认为。“Bloodstream”描述了血液在循环系统中的流动；它只是对该设备的性质有所暗示，但不能说是对其进行了描述。[181] 类似的结论也见于会议软件上的NET-MEETING一词[182]，在儿童玩偶上的NEW BORN BABY[183]用词，以及一次性尿布上的BABY-DRY用词。[184] 4.133

有些时候法院也会在处理处于描述性和暗示性之间空白地带的商标上碰到困难。欧洲法律建议除非该商标是仅仅具有描述性的，否则应当准予注册。如果是这种情况的话，法院应该对于什么构成纯粹描述性赋予一个宽泛的定义，从而能使他们能够驳回那些他们认为本质上不值得称道的商标。不幸的是，情况并不总是这样。因此，有些反常的是，欧洲一审法院认为ELLOS（西班牙语中男性第三人称复数）单词在衣服上不具有可注册性，因为“他们”这个指男性的单词表明了衣服是男用的，但同时法院认为该词在同样物品的邮购服务上却可以注册。[185] 很难让人相信一个含义为“他们”的西班牙单词是“所述商品的一个关键特征并且会被相关公众考虑进去”[186]。 4.134

欧洲之外的地区采用不同的概念。例如，韩国就承认一个申请人的商标有可能落入介于描述性和暗示性之间的空白地带；一旦出现这种情况，申请将被驳回。[187] 4.135

(b) 对市场或者终端用户的描述

有时候商标所涉嫌描述的并非是商品或者服务，而是面向的市场或者终端用户。内部市场协调局复审委员会驳回了文字商标PETIT BEBE（法语“小宝宝”） 4.136

[179] Dax Cosmetics Zaklady Kosmetyczno-Chemiczne Jacek Majdax I Wojciech Szulc SC's appeal [2001] ETMR 506（波兰专利局）：NAGIETKOWY。

[180] Erpo Möbelwerk GmbH v OHIM，Case T-138/00 [2002] ETMR 430（欧洲一审法院）。

[181] Harvest Technologies LLC's application，Case R 33/1998-2 [1999] ETMR 503.

[182] Microsoft Corp's application，Case R 26/1998-3 [1999] ETMR 386（内部市场协调局）。

[183] Zapf Creation AG v OHIM，Case T-140/00 [2002] ETMR 128（欧洲一审法院）。

[184] Procter & Gamble Company v OHIM，Case C-383/99 P [2002] ETMR 22（欧洲法院）。

[185] Ellos AB v OHIM，Case T-219/00 [2003] IP&T 384.

[186] 同上，第34段。

[187] Korea Telecom Co Ltd's application (2003) 57 (21) INTA Bull 4（韩国专利法院）。很难将该案的裁决同该案事实统一起来，该案中商标MEGA-PASS在“电讯和广播商业服务”上被驳回。

在儿童服装上的注册申请，理由是它将商品的预定用途描述为是为小宝宝（petits bébé）所用的服装，尽管申请人激烈地辩解说该词组非常模糊不清，很难被认为描述了任何东西。[188] 从表面上看这似乎很反常，NEW BORN BABY 不会对儿童玩偶有描述性，而 PETIT BEBE 则对儿童服装有描述性，前者有嫌疑对产品本身有描述性，而后者则对穿着带有该商标产品的主体有描述性。但是我们应该更青睐于哪种立场呢？NEW BORN BABY 案中的观点遭到了批评，至少其裁定的英文版本很难理解，但是它符合欧洲法院在 BABY-DRY 一案中的裁定精神，它应该被认为是支持这个原则，即应当对注册的障碍理由进行限制性的解读，并限制其在各个独立案件事实中的应用。

4.137 在荷兰，商标 YOU、YOURS 以及 FOR YOU 被认为对服装不是仅仅具有描述性的；对这些商标提示了商标所有人消费群体的质疑理所当然地被拒绝了。[189] 德国联邦专利法院对于在香烟上使用 FOR YOU 的申请案中也得出了类似的结论。[190]

(c) 对功能的描述

4.138 对商品功能的描述能够成为导致商标申请失败的充足理由。因此，在爱尔兰，FLU-SHIELD 一词不能在流行性感冒用的疫苗上注册，即便人们对抵御流感的确切用品本身并非是这样表述的，而且“flu-shield”也许除了被理解为是一个苍白的隐喻之外，再无其他含义。[191] 相反，如果商标所描述的只是能达到的理想结果，而并非功能本身的话，那么申请人也许就会比较幸运。因此，FLU-SHIELD 一词也许能够在公众的心中唤起这样的印象，即该疫苗在注入病人体内并建立某种特别的防御体系后，能够使人抵御流行感冒。与此相反，虽然 EASYBANK 暗示一种轻松的银行理念，但这种暗示非常弱和隐晦；它并没有解释其结果是如何达到这一目的的。[192]

(d) 有多重含义的词语

4.139 作为商标或者其他商业描述语的词语可能在字面上具有多重含义，这是一个人们公认已久的事实。因此，在爱尔兰 MOTHERCARE 商标被描述为既包含了母亲慷慨付出给孩子的关爱，也包含了孩子给予他的母亲的关爱。[193] 但是现代的方法不再是抽象地去理解商标，而是将其同申请指定的商品或者服务联系在一起

---

[188] Marks & Spencer plc's application, Case R 95/1998-3 [2000] ETMR 168.

[189] Hij Mannenmode BV v Nienhaus & Lotz GmbH [1999] ETMR 730（乌得勒支地区法院）。

[190] FOR YOU trade mark application [2001] ETMR 28.

[191] *American Home Products Corp's application* [2001] ETMR 536（爱尔兰专利局）。然而该商标在英国却获得了注册（第 2181057 号，1999 年 10 月 22 日注册）。

[192] Bank für Arbeit und Wirtschaft AG v OHIM, Case T-87/00 [2001] ETMR 761（欧洲一审法院）。

[193] *Mothercare Ltd's application* [1968] IR 359（都柏林高等法院）。

进行理解。因此，“舒适的”（comfort）的概念可以指物质上的舒适（如“他坐回他最喜欢的舒适扶手椅子上”），指精神上的舒适（如术语“舒适的毯子”和“实际增加对方痛苦的安慰者”），指放松（如“拜仁慕尼黑很轻松地保持着他们的两球领先优势”），以及指财务安全状态（如“他非常有钱么?”；“不，但是他已相当富有了”）。如果你将 COMFORT PLUS 这个词组使用在地毯上，那么所有的含混不清都烟消云散，该词组将变成具有描述性并不可注册。[194] 关键的是，如果词语的含义足够含混不清，以至于商品或者服务的消费者不能够在看到它们的时候立即确定其特定含义的话，那么这些词语就能够注册。然而，当口香糖的消费者看到 DOUBLEMINT 这个词语的时候，他们也许会立即开始猜测“double”和“mint”这两个含义中的哪个才是该商标意图体现的，这从而导致 DOUBLEMINT 不具有注册性。[195]

(e) 多语种法域中的描述性

欧洲法院总法务官建议欧洲法院，对于一个多语言的法域中的审查官来说，他在决定一个标记是否仅仅具有描述性的时候，应当审查该标记在每个通用语言中的含义。[196] 4.140

(f) 一个新的思路?

在 OHIM 诉 Wm Wrigley 一案[197]中，总法务官建议，在那些表明商品或者服务的特征的标记和那些对此仅仅只是暗示的标记之间，并没有明确的区别。因此，他提议采用一种介于“特征式标记”和“暗示性标记”两个极端之间的标尺。根据现行实践和判例法，为了确立稍微更客观一些的标准，商标的评估必须从以下三个角度进行： 4.141

(i) 一个词语是如何同商品或者商品的某一特征进行关联的? 这种关联程度越实际和客观，这个词语越有可能被作为一个商业标记和名称（例如，在橙汁饮料商标 SUNNY DELIGHT 中的 SUNNY 一词同商品的关联程度，就比橙味冰棍上的 ORANGE MAID 中的 ORANGE 单词同商品的关联程度实际要低）。

(ii) 一个词语是如何被理解的? 词语越普通、确定和务实，消费者会越容易去理解其对某个特征的表述，因而该词也就越不大可能作为商标注册（例如，TASTY 比 PALATABLE 就更明显是指一种食品的质量）。

---

[194] *Milliken & Company's application*，R 66/1998-1 [1999] ETMR 575（内部市场协调局）。

[195] OHIM v Wm Wrigley Jr company，Case C-191/01 P，2003 年 4 月 10 日（总法务官 Jacobs 的观点），第 27 段。

[196] Koninklijke KPN Nederland NV v Benelux Trade Marks Office，Case C-363/99，2002 年 1 月 31 日（邮局）。

[197] OHIM v Wm Wrigley Jr Company，Case C-191/01 P，2003 年 4 月 10 日，第 60～67 段。

(iii) 尤其在消费者心目中，这个特征对产品而言有多特殊的意义呢？当指定的特征对该产品而言越关键或者重要，就越会强制要驳回注册（例如，像TURBO-（涡轮增压）这样的前缀会在汽车买家心中具有强烈的意义，但对于马铃薯购买者来说则不会）。

4.142 一旦从以上三种角度分别对一个申请商标进行评估之后出现以下情况时，商标则应当被驳回注册：(i) 当从三个角度考虑之后，从整体来说看上去该商标更接近标尺中“不可注册”的那一端，或者 (ii) 即便从其中一个角度来看也尤其接近标尺中的那一端。在写本书的时候还不知道欧洲法院会不会以及如何应对上面这个提议，同完全依靠做决定的人的主观印象的判断标准相比，这个提议从客观角度看上去更为复杂一些。

(2) 非实质性的描述性

4.143 我们可以有把握地说，当一个商标的描述性或者实际上的通用性对于消费者决定购买带有该商标的商品或者服务具有实质上的意义的时候，它就只会阻碍商标的注册。内部市场协调局复审委员会因此裁定商标 ORGANIC ESSENTIALS 在棉球和止血垫上可以注册：虽然这些商品由于是由棉花制成因而是“organic”(有机的)，同时对于女性卫生又是“essential”（必需的），但是没有证据表明有任何人曾经将它们称为“organic essentials”[198]。因此，虽然这个术语具有描述性，但是它并不具有相关性。基于同样的原理，虽然如果以足够剂量口服 POISON（意为毒药）牌的香水的话，该产品是有毒的，但是 POISON 这个通用术语还是能够在香水上获得注册。与此类似，在香烟上注册文字 DEATH 和图形组合的商标也没有任何障碍，即便这些产品若以普通方式使用就能加速消费者的死亡（见图 4.4）。[199] 同样，TRIVIAL PURSUIT 这个大获成功的商标在棋盘游戏上也不是没有可注册性，即便是将棋盘游戏的所有目的和用途考虑在内，它也不过是一个无足轻重的追求。

图 4.4 将该文字图形组合注册在香烟商品上并无阻碍

4.144 欧洲一审法院认可了非实质描述性的另一种形式，当时他们得出结论认为，如果一个国内商标描述性的成分所采用的语言并不被该国的公众所理解的话，那

[198] Organic Essential Inc's application，Case R 146/2001-4，2002 年 5 月 22 日（未公开）。

[199] 参见例如英国商标第 1481627 和 1569155 号。

么这个商标就不具有描述性。因此，MATRATZEN 作为床垫的德语单词的事实，使得其无法作为商标在德国注册，但在西班牙却并不影响其商标有效性。[200] 同理，KIKU 在香水上的注册在爱尔兰得到准许，该国的居民被认为并不了解“kiku”是菊花的日文单词[201]；而 BLOOD PRESSURE WATCH 在德国注册在血压计上，因为在该国该词组对于不说英语的德国人来说，并没有什么描述性的含义。[202] 然而，当将英语单词“smart”和“web”组合成 SMARTWEB 用在互联网相关服务上的时候，它们在德国就被认为具有描述性。[203] 在欧洲语言能力的不均衡所带来的后果意味着，那些本国居民外语能力相对比较差的国家（例如，生活在英国、爱尔兰和西班牙的人们），比起那些拥有优秀的通晓多种外语能力的居民的国家（例如，德国、荷兰和斯堪的纳维亚半岛的居民）来，将会注册更多的商标。

从欧洲的商标实践来说，法律根据描述性所划分的语言范畴也许从理论上看有些矛盾。当一个共同体商标申请因为在欧盟 11 种语言中（在欧盟扩充之后成为 21 种）都具有描述性而以绝对理由被驳回的时候，它同样也有可能因为有一件国内商标在先注册这样的相对理由而被驳回。即便那件在先的国内商标除了在其注册国的语言之外的所有欧盟语言中都具有描述性，这种情况完全可能存在。虽然这个分析显示出了明显的不一致，但它确凿无疑是正确的。一个共同体商标如果在其中一个欧盟成员国内具有描述性就无法注册的原因在于，它将阻止该成员国居民以惯常方式对注册指定商品或者服务进行描述或者暗指；对于一件仅在一个国家注册而在其他国家都具有描述性的勉强算是显著的商标来说，其所有人能够享受成功进行异议程序的前提在于，该国的消费者有权受保护来对抗两个或两个以上经营者在商品或服务上使用相同或者混淆性近似的商标。然而这种理论上的矛盾实际上并没有带来大的不公平：即便在先的国内商标所有人并没有对共同体商标提出异议，一旦这个共同体商标在任一欧盟成员国具有描述性的话，其申请依然会失败。 4.145

（3）固有显著性需要一个低门槛吗?

如果对于固有显著性存在着一个低门槛标准的话，具有任意程度的显著性的商标在理论上都是可以注册的。我们早已经摒弃了“纯正的商标注册簿”这一英 4.146

[200] Matratzen v OHIM，Case T-6/01 [2003] ETMR 392.

[201] KIKU Trade Mark [1978] FSR 246（最高法院）。

[202] Matsushita Electric Works' application，Case R 332/1999-1 [2000] ETMR 962（内部市场协调局）。

[203] SMARTWEB trade mark application [2003] ETMR 272（德国联邦专利法院）。

国传统观念，该观念认为只有确实有资格的商标才能够被注册。现在人们已经普遍地认同，只要一件商标能够具有帮助消费者在不同竞争商品或者服务之间进行选择的功能，它就可以注册。但是这到底是好事还是坏事呢？

4.147 在诸如欧盟这样的多文化区域环境下，对显著性设立的最低标准就正如在橡皮底帆布鞋上的一条橡皮线那样低。这是因为这种最低限度的“显著性”便于商标审查官在整个欧盟范围内进行确认。任何不构成事实上的描述的、作为通用术语在商业中使用的、并且既不具有欺骗性也并非不道德的——因而具有一件商标应有的正式特征的——都能够在欧洲任何地区获得注册。这就是为什么 BABY-DRY 的裁定，不论其有或者也许有着多么令人不快的副作用，它对于所有各国国内的或者区域性的商标注册机关来说都是一个理想的通行的标准。

4.148 但是“低级别”显著性仍然遭受着批评。首先，固有显著性的级别标准越低，就会有越多的文字和图形从公众和其他经营者那里被掠走，被那些幸运获得注册的人们作为私人领地锁藏起来。针对这种批评，有种反对观点认为，如果有人有足够的锐利眼光去注册那些勉强算是显著的商标，而消费者确实也依靠该商标去将他的商品同其他经营者的商品区分开来的话，那么如果允许其他经营者去不公平地利用他的努力，并去讨好消费者，使他们被混淆后认为他们购买的是那个眼光锐利的所有者的产品，那么，这有什么正当理由可言呢？第二个批评观点认为，几乎没有显著性的商标的注册，使得竞争各方之间不断出现各种高度相似的商标以及使用没有商标的广告和促销手段，而这些商标之间的区别也仅在毫厘之间。因此，如果 BABY-DRY 可以注册而“baby”和“dry”单词依然保留为公众所自由使用的话，我们可以想象出 DRY-BABY 和 BABY-DRY 的商品都会充斥整个市场，更不用提像“helps keep your baby dry”（帮助你的宝宝保持干爽）这样的广告语了，因此，这样一来会潜在地使那些试图区分这些产品的第一次购买的消费者大惑不解。

4.149 在 BABY-DRY 一案之后，我们已经发现了许多显著性非常弱的商标根据泛欧洲区域法律和各国国内法律而被核准注册的一系列案例。于是 LABEL 文字商标作为一个比“brand”单词使用频率低一些的替代词，在香烟上被核准注册[204]，而 GENESCAN 则在德国和英国都被准许注册在用于基因排序的计算机软件产品上。[205] 其他还有很多的例子。到目前为止，我们还没有发现有竞争者由于弱商标的注册而产生无法表述他们自己的产品或服务的痛苦，并因而提起诉讼的实例，

[204] Philip Morris Products SA's application，Case R 687/2000-2［2002］ETMR 403（内部市场协调局）。

[205] GENESCAN Trade Mark［2002］ETMR 329（Bundesgerichtshof）.

因此，我们能够推断：(i) 这些商标在实践中并没有像在理论上那样带来许多麻烦；或者 (ii) 竞争者们比法律设想的要更为足智多谋；或者 (iii) 消费者购买带有二级品牌 BABY-DRY 的 PAMPERS 牌婴儿尿布的时候，甚至根本就没有想到 BABY-DRY 这个词语是一个注册商标，而并不是一个广告标语或者通用的描述语；(iv) 对侵权诉讼的抗辩准许对他人商标中的成分进行描述性使用，这一点平衡了商标所有人和他的竞争者之间的利益[206]；最后 (v) 商标所有人并不愿意通过起诉非常近似的商标来竭力维护其商标垄断权，因为他们害怕引起撤销他们自己的注册商标的反诉。

(4) 存在一种独创的描述性商标吗?

在显著性商标和描述性商标之间存在着一个临界点，它成为一些最激烈抗辩的商标诉讼的焦点：它是独创的单词成为描述性单词的临界点。试想一下：有些单词 (i) 具有内在的描述性，因此在它们所描述的商品上无法注册（在蜂蜜上的 SWEET，鸡蛋上的 FRESH，消耗燃料的产品上的 ECONOMICAL），而其他一些单词则具有内在的显著性，这或者是因为 (ii) 它们虽然并非独创，但也不具有描述性（计算机上的 APPLE，钢笔上的 CROSS），或者因为 (iii) 它们确实是独创的（VELCRO、POLAROID、PEPSI），并因此具有可注册性。 4.150

上面这个分类法对于律师和商标申请人来说是无用的事实，因为最高法院所讨论的大多数词语并不适用于那三种分类中的任一种：它们属于三种完全不同的类别，它们作为词语可以是 (i) 对描述性词语的改编；(ii) 描述性词语的混合；(iii) 将消费者指引向商标所使用的商品的特点或者质量的编造词语。 4.151

以上第二种三类分法中的词语都同样具有以下特点：(i) 它们是在任何字典中都找不到的创造词汇，以及/或者它们是具有通用而非具体含义的口头创造语；(ii) 它们包含某种描述性的成分，这种成分从本身来讲，并不能使那些不熟悉的人们去辨别出它们所使用的商品或者服务；且 (iii) 它们通常还没有被申请人的竞争者们作为商标使用或者在广告和营销活动中使用。 4.152

我们从官方裁定和法院裁决中所涉及的大量个别申请中能领会哪些通用原则呢? 4.153

(a) 对已存在单词的混合

将两个已知单词混合成第三个创造单词的事实，本身并不能使这第三个单词具有可注册性。它完全取决于不同词语。WALKMAN 就是一个从一开 4.154

[206] 《欧盟理事会指令 89/104》第 6 (1) 条；《欧盟理事会条例 40/94》第 12 条。

始就很成功的混合单词：将动词（“walk”）和名词（“man”）混合在一起并不常见，这两种词在通常的用法中并不会相互搭配。两个并列的名词也可以取得同样的注册效果：例如，DISCMAN 在便携式 CD 播放机上。同样，将形容词和介词并列（在微波炉用塑料烘烤器皿上的 ULTRAPLUS）或者将一个形容词前缀和另一个形容词并列（如 BIOMILD[207]）的不合规律的并列形式都可以注册。

4.155 当词语的排列顺序常见而且这些词语被放在一起的时候同样都同注册指定商品相关的话，那么不大可能会注册成功。例如，在真空包装机上注册 FOOD-SAVER 的申请就失败了：单词“food”和“saver”当组合成一个单词的时候将会构成一个具有描述功能的术语。该商标在文字书写上是单一融合的单词而并不是两个独立的单词的事实，无论如何对于收音机前的听众来说是没有意义的，因为他们不能听出其中的区别。[208]

4.156 当两个混合单词中的第一个是一种“概念”式的前缀，如“bio-”是指“biological”（生物学）的主旨或者指向“生命”，这时候上面这些原则就不能适用。不论这个单词是同一个名词还是形容词连在一起，它都容易被认为具有描述性或者应该被驳回，即便这种暗示意义并非立即显现出来。因此，BIO-CLAIRE（“BIO-CLEAR”的法语单词）在比荷卢不仅在水净化剂产品上甚至在去除鱼食中污染成分的添加剂产品上都被拒绝注册。[209]

(b) 现有单词的从不使用的和非正常的形式

4.157 将一个本来具有描述性的或者非显著性的名词转化成一个动词的做法，并不能自动使得该单词成为一个能够注册的奇特词语，即便得出的这个词语在所涉及的语言中并不存在。这一点在内部市场协调局的复审委员会员会的裁定中得到了证明，复审委员会驳回了试图将名词“enamel”（珐琅）变成动词 ENAMELIZE 然后作为商标在牙膏上注册的申请。[210]

(c) 描述某种并不存在的事物的单词

4.158 文字商标 SWEDISH FORMULA 在香皂、化妆品和洗发液上可以注册，内部市场协调局复审委员会认为在申请人试图注册的商品上，并没有什么“瑞典配

[207] 关于这个混合词语的问题被提交到欧洲法院审理，但在总法务官于 2002 年 1 月 31 日出具意见之后，该案趋于平静；参见 Campina Melkunie BV v Benelux Merkenbureau，Case C-265/00，2002 年 1 月 31 日（AG）。

[208] Tilia International's application，Case R 57/1998-1［1999］ETMR 191（内部市场协调局）。有人质疑到底能有多少人会是在听了广播中的广告之后去买真空包装机的。

[209] Bio-Claire International Ltd v Benelux Trade Marks Office［1989］ETMR 251（海牙上诉法院）。

[210] Cosmedent Inc's application，Case R 29/1998-3［1998］ETMR 658.

方”(Swedish formula)[211]，即便该词语可能指的是暂未发明的某种香皂或者洗发液的配方，也不能改变这一点。相反，POLYPADS文字商标在马鞍踏板上被认为不能注册：尽管这两个词语没有连用因而是一个普通的创作，但内部市场协调局复审委员会认为POLY一词在读音上同含义非常模糊的词语“poley”很近似，而该词是指一种没有鞍头的马鞍。因此，这个商标对注册指定商品具有描述性。[212]

(5) 为什么不注册描述性的商标?

对于商标审查官和法院所经常予以激烈反对的大多数描述性商标来说，我们有很多的理由可让其注册，尤其是准许这样的商标登记在册几乎能令所有人皆大欢喜。 4.159

首先，商标申请人获得他的注册证后就不用对注册审核机关提起诉讼。基于在我们看来大多数活跃的商标申请人都似乎拥有永远花不完的钱和无比的耐心，因此这会节省大量的时间和金钱。而且如果他们在两个或两个以上国家注册了某个商标之后，这会成为其区域性或者全球性战略的一部分，因而这个商标在其他国家的注册本身就会成为他们的一个期望的目标。其次，很多商标申请人的竞争者们会非常高兴，因为他们了解了所有国家都会承认的对商标侵权的抗辩理由，根据这个理由，诚实地使用一个词语去描述他们的产品无论如何也不会侵犯该商标。即便描述性商标注册越来越容易有可能导致商标侵权，竞争者们仍然会很高兴，因为他们知道，商标所有人仍有责任证明对其商标的描述性使用并非诚实的。[213] 再次，商标注册机关也会高兴，因为一项商标一旦注册，将会产生潜在的永久性的续展费用源。 4.160

会有谁不高兴么？也许会是商标审查官，因为他们不能再由个人拒绝来自像宝洁和联合利华这样的企业巨人的商标申请因而阻止这些大企业的计划，并因此失去由此享受到的独一无二的美妙的满足感（人们会不会好奇商标审查官在经过办公室中漫长的一天之后，在晚餐中和他们的伴侣或者伙伴谈一些什么?）。有一些商标申请人的竞争者们也会不高兴，因为他们获得的法律意见或者缺少经济来源的事实都会导致他们在原本也许可以成功抗辩的申诉面前退让或者和解。最后，消费者对于描述性术语的注册应该会保持中立态度，即便这些术语并不能作为商标注册，所有国家的经营者都在使用这些术语甚至会从中培养出专用权利。[214] 4.161

某些经济学家可能基于一个费解的理由也会不高兴，即如果竞争者若不能轻 4.162

[211] Procter & Gamble Company's application, Case R 85/1998-2 [1999] ETMR 559.

[212] Penny Makinson's application, Case R 68/1998-3 [1999] ETMR 234.

[213] 参见例如British Airways plc v Ryanair Ltd [2001] ETMR 235（高等法院）。

[214] 参见例如Frank Reddaway & Co Ltd v George Banham & Co Ltd [1896] AC 199 (HL)，该案中初步看具有描述性的文字“camel hair belting”（驼绒输送带），通过持续使用已经足够同原告联系在一起，从而使其能够阻止竞争者使用它。

而易举地使用最具描述性的用语，他们便得更费力地去寻找替代的词语。[215] 这种寻找会是昂贵的并且是不具效率的资源分配，会导致消费者支付更高的价格。对于一个所有竞争者均销售相同商品的市场，这个理由或许会被经济学家所理解，但却难以称道。其一，如果竞争者并非都能对最具描述性的用语做同种程度的使用，消费者会发现识别竞争者之间的产品非常困难，并不得不花费更多的时间和努力去分辨它们。其二，确定哪些词语构成对产品和服务的最具描述性用语目前越来越受营销和广告的引导。其三，在我们当今时代，商业中的很多领域，包括奢侈品的销售、设计师的服装、轿车、饮料和非主食的食品，消费者是根据对生活方式的期待来区分商品的，而不是基于在竞争的行业中对描述性用语的使用。

I. 通过使用获得的显著性

4.163 读者们应记得，固有显著的商标即便在没有证据证明商标通过使用而获得了显著性的情况下依然可以注册。然而对于那些并非天生就具有显著性的不那么幸运的商标来说，则有必要证明它们获得了这种高一位阶的地位。在 Windsurfing[216] 案中，欧洲法院对于一件商标何时能够由于使用而获得显著性给出了一些很宽泛的指导意见：

——一件商标通过使用，能够将注册指定的商品识别为来源于某个特定的主体，并因而将该商品同其他主体的商品区分开来，在这之后，该商标便获得了显著特征；

——在决定一件商标是否已经通过使用获得显著性的时候，主管机关必须全面评估证据，以判断该商标是否已经能够将相关商品标记为来源于某个特定的主体，并因而将该商品同其他主体的商品区分开来；

——如果主管机关发现相关领域人们中的相当比例由于该商标的原因而将产品视为来源于某个特定的主体的话，就应判定该商标已经满足了注册所需条件；

——当主管机关发现评估申请注册的商标的显著性非常困难的时候，欧共体法律并不阻止其根据其国内法律制定的相关条件，求助于民意测验来作为其判定的指导。

4.164 换句话说：(i) 使商标获得显著性的应该是作为标示物的使用而不是仅仅使

[215] 理查德·波斯纳和威廉·兰德斯：《商标经济学》，1988，78 TLR，p267。

[216] Windsurfing Chiemsee Produktions- und Vertriebs GmbH v Boots- und Segelzubehör Walter Huber and Franz Attenberger, Joined Cases C-108 and 109/97 [1999] ETMR 585.

用；(ii) 必须有证据证明商标是作为标示物来使用的；(iii) 如果有相当比例的消费者使用该商标来标示申请人的商品的话，申请就必须被核准注册；(iv) 民意测验只有当构成一件商标的显著特征的证据时才可以被采用。

这些要点经常被误解。例如，很多人总是无法把握使用证明和通过使用获得显著性的证明之间的区别。AOL遍布全球的互联网用户都很熟悉文字YOU'VE GOT MAIL，只要他们收到电子邮件这些文字都会跳出来。但是YOU'VE GOT MAIL文字无处不在的证据并不等同于任何特定商品或者服务能够被它所识别的证据。即便是AOL的用户在看到该文字的时候，会认为这些文字表达的是收到电子邮件的信息，而不是将AOL的商品或者服务同任何他人的商品或服务区分开来的信息。[217] 4.165

不仅要有证据证明人们对申请人商标的熟知，而且要证明该商标标示了其商品或者服务来源于某个特定主体。因此，虽然很容易找到证据来证明使用电动剃须刀去除脸部多余毛发的男人们很熟悉Philips PHILISHAVE三头旋转刀片的外观，但是却很难举证证明，这些男人们会认为三头排列形状是一个区分商品用的商标，而不是仅仅作为商品的一个组成部分。[218] 这是因为任何产品形状都能够被消费者认为既是一个外观，也是一个商标；如果它被认为是一个外观的话，它不一定必须是一个专属于某特定生产商的外观。[219] 同样，证明人们浏览buy.com网站去购买东西的证据，并不等于是证明文字商标BUY.COM已经获得了作为商标的显著性而不只是被看做一个互联网地址的证据。[220] 4.166

(1) 并非所有的使用都是“通过使用获得的显著性”的证据

即便商标申请人以区分商品为目的使用了某个标记，这个使用可能仍不能证明所获得的显著性。这可能是因为所依据的使用是 (i) 同另外一个商标一起使用的；或 (ii) 是作为另外一个商标的一部分进行使用的，或 (iii) 是同并非商标的东西一起使用的。 4.167

上面提到的Philips案就是第一种情况的例子：任何人看到剃须刀外包装上的文字商标PHILIPS和PHILISHAVE以及独特的飞利浦盾牌图案，都会相信里面的东西是由飞利浦公司制造的，几乎不可能说消费者是依靠剃须刀刀头的形状本身或者该形状与其他商标的结合才能将飞利浦产品同其他竞争产品区分开来。 4.168

[217] America Online Inc's application，Case R 209/2000-3 [2002] ETMR 59（内部市场协调局）。

[218] 参见 Philips Electronics NV v Remington Consumer Products [1998] ETMR 124（HC）；[1999] ETMR 816（CA）。

[219] Henkel KgaA v OHIM，Case T-30/00 [2002] ETMR 278（欧洲一审法院）：双色矩形的清洁片。

[220] Buy.Com Inc's application，Case R 638/2000-4 [2000] ETMR 540（内部市场协调局）。

4.169 上面第二种情况的例子见于雀巢公司目前未能在英国就巧克力棒和其他糖果产品上注册 HAVE A BREAK 商标的申请中。该短语是著名的广告语“HAVE A BREAK……HAVE A KIT KAT”的一部分，这个广告语被广泛用于面向一代代消费者的 Kit Kat 巧克力棒的促销中，很明显这短语是同雀巢公司的产品联系在一起的。然而，由于 HAVE A BREAK 从来没有离开 HAVE A KIT KAT 而单独使用过，因而没有证据证明该短语已经独自获得了显著性。[221] 虽然这个推理的逻辑是正确的，但从事实来讲它对雀巢公司没有什么帮助，对雀巢公司的竞争对手来说也没有带来什么好处：任何其他人一旦使用这句短语几乎都肯定会遭遇涉及盗用广告语的反假冒诉讼。

4.170 第三种情况的例子是在互联网相关服务上注册 LAST MINUTE 共同体商标的申请。申请人有着充足的关于使用 lastminiute. com 域名的证据，但这个使用并不等同于对纯粹的文字 LAST MINUTE 的使用。[222] 对于带有或不带有“. com”部分的文字来说，含义很可能是相当不同的：可考虑比照 Amazon（河流和雨林）和 Amazon. com 的情况（在线书籍和音乐销售服务）。

(2) 多少证据才能证明已经获得了显著性?

4.171 除了要证明该商标被使用之外，还需要证明这种使用是作为商标使用的[223]，而并不仅仅是作为与争议商品或者服务有关的其他形式参考来使用。这些证据通常必须发生于商标注册申请日之前[224]；书面证据必须是“相关、可信和充足的”，而且必须是同某个特定的时间和地点相关的。即便所有这些条件都满足的话，如果证据仅仅只能证明商标已经被使用而不能证明在相关消费者眼中其已获得显著性的话，申请仍然会被驳回。[225] 提交未被使用的带抬头的信笺或者带有商标的钥匙圈是没有意义的，因为它们不能证明已经获得了显

[221] Société des Produits Nestlé SA v Mars UK Ltd，2002 年 12 月 2 日［2003］FSR 684（高等法院）。

[222] Last Minute Network Ltd’s application，Case R 1068/2000-2［2002］ETMR 534（内部市场协调局）。

[223] 参见例如 Labatt Brewing Co Ltd v Molson Canada WTLR，2003 年 5 月 16 日（加拿大联邦法院审判厅），该案申请人 15 年来一直将初步看缺乏显著性的术语 OLAND EXPORT 作为商标使用在其啤酒产品上，从而同其他竞争者的产品区分开来，而那些竞争者谁也没有在他们的啤酒上使用过这个地名兼人名 OLAND。

[224] 委员会《欧盟理事会指令 89/104》第 3（3）条规定，欧盟成员国可以选择允许考虑产生于申请日或注册日之后的证明通过使用获得了显著性的证据。这个选择权利如果真的被行使的话，将会使对一个先前不具有显著性但在诉讼的时候具有显著性的商标提出撤销诉讼变得毫无意义。英国《1994 年商标法》第 47（1）节已经执行了这个选择权。但是比荷卢法律却没有，见 Campina Melkunie BV v Bureau Benelux des Marques［2001］ETMR 392（比荷卢法院）：BIOMILD 商标。

[225] Global Asset Management Ltd’s application，Case R 426/1999-2［2001］ETMR 131（内部市场协调局）。

著性。

虽然申请人必须证明已经在申请注册的司法辖区中使用了商标[226]，但他不需要证明其本人在商标使用的时候也在该司法辖区中。因此，某知识产权事务所在拉脱维亚的出版物上作了广告，并代表拉脱维亚的公司以及专利代理公司履行了相关服务，在这种情况下虽然它在拉脱维亚并没有办公地点，它依然被裁定已经在该国使用了商标。[227] 4.172

也许有人认为，一个标记的固有显著性越弱，就越需要说服授权机关承认其具有显著性。在有些国家这种说法也许很对[228]，但是在欧盟，获得注册所需要证明的只是标准不高的显著性，尤其是内部市场协调局似乎对申请人举证方面并没有施加什么过重的要求。 4.173

某人在过去曾成功地阻止竞争者使用其标记，而且他对未经授权的第三方的使用能进行积极的"控制"，所有这些证据本身并不能证明该标记已经获得了或者维持了显著性。[229] 相反，对这些使用的尝试行动并没有获得满意的效果的事实，也许反而会被作为证明该标记被认为缺乏显著性的证据。[230] 4.174

(3) 谁的使用才能作为证据证明通过使用获得显著性?

商标申请人对自己的标记的使用具有极高的重要性，但这并不等于说在证明该标记获得显著性时，其他人对他的标记的使用就没有任何法律意义了，更不用说申请人的被许可人的使用同样也会对他有利。新西兰上诉法院在裁定中，不排除未经授权第三方的敌意使用也能证明获得了显著性的可能性：虽然这种观点也许"很难被接受"，但任何事物都是要视具体情况而定的。[231] 平行进口商采用的进口销售的使用形式可能就属于这个范畴。欧洲法律不禁止竞争者的非授权使用标记对申请人利益的增进。事实上，从逻辑要求上来说，既然对商标的非授权使用所假设的前提就是相关消费者会认识它并会判断对比商品和服务的优点，那么这种商标的使用就是一种对事实显著性的强有力的证据。 4.175

[226] 见例如 Boston Pizza International Inc v Boston Chicken Inc WTLR，2003 年 4 月 11 日，加拿大联邦上诉法院告诫说，在美国通过使用获得的显著性并不构成在加拿大获得显著性的证据。

[227] Tria Robit Agency v Jason WTLR，2003 年 4 月 23 日（拉脱维亚最高法院）。

[228] 例如哥伦比亚，在该国具有描述性和/或称赞性的术语 SUPERIOR 在烈酒上被准许注册，理由是其通过超过 40 年的使用已经成为一件驰名商标：Empresa Licorera de Santander's trade mark application，2002 年 3 月 8 日（哥伦比亚商标局）。

[229] Alcon Inc v OHIM，Dr Robert Winzer Pharma GmbH intervening，Case T-237/01，2003 年 3 月 5 日（欧洲一审法院）。

[230] SA Bardinet v SCP Ego-Fruits（SCP Belat-Desprat intervening）[2002] ETMR 1043（巴黎上诉法院）。

[231] McCain Foods（Australia）Pty Ltd v ConAgra Inc，2002 年 6 月 6 日（未公开）。

(4) 经使用获得的显著性甚至可以克服注册的绝对性障碍

4.176 一旦证明获得了显著性，一件商标在消费公众的眼里便具有了显著性，并不再具有描述性，它也不再是一个在商业中惯用的术语[232]，它甚至也不再具有欺骗性。因此，商标 MANPOWER 在获得了一个新的第二含义之后，在澳大利亚就可以在人事服务上有效注册[233]，而 RIGTIG JUICE 商标（“Rigtig”在丹麦语中意为“真正的”）即便是使用在并不纯正的果汁产品上，它也免受攻击：该商标经过了如此长期的使用，以至于使用在商标所有人的橙汁产品上时，它的字面含义全部被抹去了。[234]

4.177 对于共同体商标申请中具有固有显著性的商标，我们知道这样的商标在每个成员国领域内必须都具有绝对可注册性，否则该申请将会被驳回。[235] 当申请是基于获得的显著性的时候情况就不是这样了：在这种情况下，商标只需要在欧盟领域内的“至少是相当大的区域”已经获得了显著性。[236] 出现这种背离的原因十分明显：对于注册的绝对障碍来说，可注册的反义词是完全不可注册，而对于经使用获得的显著性而言，其对立面仅仅是经使用获得显著性的欠缺。获得百分之百的显著性是非常罕见的现象，如果要求达到这种程度的证明，将会造成不公平和难以承担的负担。[237]

4.178 对于那些以欧洲一体化之前英国旧商标法为基础构建国内法的国家来说，恐怕不存在不具有固有显著性但后天经使用获得了显著性的情况。因此，南非的最高上诉法院判决认为，PREMIER 和 PREMIER PACKAGE 词语即便已经具有了显著性，在银行服务上依然不得注册，因为在银行业中对这些词语有合理的使用需求。[238]

---

[232] Merz & Krell GmbH，Case C-517/99 [2002] ETMR 231（欧洲法院），第 37 段。

[233] Manpower***** v Manpower Austria P***** GmbH，***** [2002] ETMR 845（澳大利亚最高法院）。

[234] Rynkeby Foods A/S v Ministry of Foods，Agriculture and Fisheries [2002] ETMR 136（丹麦高等法院）。

[235] Ford Motor Company v OHIM，Case T-91/99 [2000] ETMR 554（欧洲一审法院）。

[236] Ty Nant Spring Water Ltd's application，Case R 5/1999-3 [1999] ETMR 974，978（内部市场协调局）。

[237] 在 York trade mark [1981] FSR 33 (HL) 一案中，文字 YORK 被认为在拖车上百分之百具有显著性，但是根据随后生效的法律，该商标仍然不能注册：因为它不仅要在事实上具有显著性，而且在法律上也要具有显著性。

[238] First National Bank of Southern Africa Ltd v Barclays Bank plc WTLR，2003 年 5 月 1 日。

J. 不可注册性的相对理由：一个提醒

本章只涉及由于商标内在的问题而导致商标必须被拒绝注册的理由。如果一个商标申请自身没有问题，但其注册可能会导致相关公众消费者产生混淆的话，一样也会被驳回，我们将在第10章详细讨论这在实际中意味着什么。 4.179

K. 结语

本章留给大家的印象应该是注册性的标准根本上来说应是合理的： 4.180

- 它们防止了对公众或者品牌所有者的竞争者们需要使用到的标记的不公平的垄断；
- 它们准许垄断，除了所有者之外任何人都不能合法主张使用权利的标记；
- 它们充分考虑了文字和标记并不只具有某种单一的永久的含义的事实。

本章引用的大部分案例都是商标申请的非典型案例。在所有的国家和地区性司法辖区，大多数商标申请要么被核准，要么被驳回，这一点毫无异议：因为它们或是明显可以注册或是明显不能注册的。本章探讨了很多处于分界线之间的商标，这正是为什么试图将它们登记在册的斗争是如此白热化的原因。正如大多数结果不确定的敏感争论一样，这些结果有时候取决于法律程序以外的外部事实因素：裁判者的心情、性格、人生观、性别[239]以及个人经历。 4.181

上文最后一个因素不能忽视，因为它是一个尤其在商标法领域非常敏感的问题。法院能更加客观地处理各种不同的事务，如离婚、人权、租船合同、商业财产交易、医疗疏忽、软件专利侵权以及政治避难申请，这是因为法官们不太经常在法庭之外遇到这些事务。但是每名法官即便对商标领域的法律一无所知，他作为一名消费者也能是一个商标专家。法官们会去购物，他们有时会将选错的洗发水放入购物车中，他们有他们钟爱的雪茄烟、高尔夫设备、汽车和时尚饰物。当一名法官在审理一件商标的注册性案件时，很难让他去压抑他作为消费者每天都有不同的感受，尤其当摆在他面前的证据比他个人的感觉的说服力要弱一些的时候。[240] 一位资深的英国上议院高级法官不仅承认了这一点，而且试图将其变成一种优点： 4.182

---

[239] Ian Kilbey 在所著的“‘Baby-Dry’：A Victory for the Ephemera of Advertising?”（《Baby-Dry：短命广告的胜利?》）[2002] EIPR 493，495 中，从法官的角度对 BABY-DRY 一案的判决进行了解析，而这些法官都是早已过了不得不应付失禁婴儿年龄的男人。

[240] 这并非只是种推测。美国判决法理学实证主义学派已经从事了大量的工作来研究司法判决同审判成员的非法律特点之间的相互关系；见例如 Glendon Schuber 著 The Judicial Mind（1965）以及从该著作中所产生的学术流派。

法官对于（混淆）问题的观点应该同陪审团的是一致的，他同样也会成为该商品的潜在购买者。当然他必须对容许自己的专业知识或者性格影响他决定的这一危险保持警觉，但是他所有的法律执业训练应该能够使他适应这种状况，并提供安全保障，而此类保障在有陪审团的情况下是由陪审团成员的数目所决定的。对于这类问题，本院已认定法官有权使用自己的观点来判断欺骗或者混淆的可能性，并且由此不必受限于传唤到庭的证人所提供的证据。[241]

4.183 注册性的标准容易理解也容易应用。对于任何特定标记来说，它们使得法院或者其他裁判所出于其直觉的偏好而做出对于注册性的判决，而且这些标准使得没有必要去曲解国内商标立法的措辞，或者曲解那些能够解释立法的内在意义的法律逻辑技巧。总的来说，在做出对注册性的判决的时候，一个法院或者裁判所所运用的推理越回旋复杂，这个推理越有可能是错误的。

4.184 在探讨了商标注册的通用准则之后，我们现在再来审视一些具体的问题领域。

[241] GE trade mark [1972] FSR 225，235 Diplock 法官所述。

第5章

各种具体类型商标的注册性

A. 导言

“他们永远不会抄袭这个！”

Acme 鞋业公司的常务董事 Magnus 冷冷地摇着头。“这没有用的，”他叹息道，“每次我们推出一款新鞋的时候，有些该死的愚蠢同行就来偷走它。Higgins，你应该总是有聪明的主意的，我们应该怎么办呢？”Magnus 转头看着 Higgins，他那阴沉的表情也体现在他的产品开发团队成员拉长了的脸上。

Higgins 将眼镜推到前额上，用圆珠笔的后端挠着头发。“嗯，先生，”他犹豫了一下，然后开口说道，“我想我这次找到了一款制胜的新鞋产品，它叫 EXCALIBUR（传说中亚瑟王的神剑——译者注）。你想听我介绍一下关于它的计划么？”

“继续说，Higgins，”Magnus 发着牢骚，“我一直都没有找到这种产品，这里的其他人也没有。”他又开始摇头，紧接着他的团队成员也立刻开始摇头。

“先生，这是一种非同寻常的运动鞋设计，”Higgins 说道，他翻动着活动挂图，直到展示出那款色彩亮丽、外形惊人的 EXCALIBUR，“但是不会有人想偷走它的。”

Magnus 一看到它便吓得躲开了，“我的上帝，Higgins，”他大叫道，“太荒谬了！太恶心了！谁能设计出这种可怕的东西来？”

“是律师，我的先生。我找了公司的法律部门跟他们说了我的想法，于是他们就设计出了这个。”因为是法律部而不是产品设计部设计出的这双奇特的靴子，所以 Higgins 感觉有些宽慰。当他发给他们一份便函请求帮助的时候，他们令人无法置信地提供了很多帮助。他在想，如果 Magnus 以根本不胜任为由将他当场解职的话，他能指望得到他们的同情么？

“Higgins，你是正常人还是傻瓜？你到底为什么要让那些律师去设计出这样一个可恶的东西？”

“是你让我这么做的，先生。你说在设计出任何可以让竞争对手对我们进行敲诈的新产品之前，我最好先同法律部门谈谈。”坚决服从命令，这是 Higgins 对如何在企业中成功问题的个人哲学，这次当然也不会使他陷入麻烦。

“你这个笨蛋。我是让你向律师展示我们的下一款产品，然后问问他们如何去保护它——而不是要他们自己去设计！”Magnus 因为愤怒而激动得脸通红。

“那么，先生，你是说你不想让我展示一下它是如何有效的么？”Higgins 用一种绝对能让人气恼的礼貌而傲慢的语气问道。

“那么继续吧。把最差的给我们瞧瞧！我想律师们设计出的鞋不可能比设计部门所提供的法律意见更糟糕了。”Magnus 又摇着头，然后准备倾听 Higgins 的陈述，他的下属也同样这么做着。

“原则很简单，”Higgins 指着这个靴子的插图开始说道，“我们的目标是获得最大限度的商标保护。”

“噢，我可没看出 EXCALIBUR 这个单词有什么了不起的，”Magnus 嘟囔着，他喜欢自己想出公司的产品名称。

“先生，律师们喜欢这个。他们说比起以前我们推出的那些运动鞋来说，这个更容易作为商标来注册。”

“以前是哪些？”Magnus 怒目而视。

“SHOE-IN，FAST-FOOT，POWERBOOT，KICKIES ……律师说他们认为这些都有些过于描述性了，是不会被允许注册的。”

“但是销售部门坚持要使用一些能够反映运动鞋内容的东西，”Magnus 重申道，“我是说 EXCALIBUR 同鞋有什么关系？它不就是一把讨厌的剑而已么？你怎么去销售听起来像是从 Camelot（英国传说中亚瑟王宫殿的所在地——译者注）里钻出来的鞋呢？我们需要一些更相关的东西，就像，嗯……就像……”Magnus 停顿了一下，试图寻找失去的灵感。

“就像 NIKE？ADIDAS？REEBOK？”Higgins 主动接道。

“噢，行了，”Magnus 不耐烦地说着，他永远不是一个体面的输家，“继续说。”

“对于商标保护来说，EXCALIBUR 只是冰山的一角，”Higgins 继续说道，他为这个任务而兴奋，“看看这个鞋底的形状：很漂亮吧？我们可以将它注册为一个商标。更不用提那个可爱的小‘宝剑和石头’图形了。”

产品开发部门的人员一边观察着Magnus的尴尬表情，一边假装激动地在公司的便签本上记录着。Higgins然后继续说着：

“但是这还没完。在鞋跟上我们安装了一个电子发音装置。当你穿上靴子的时候，它们会播放《星球大战》的旋律。我们可以将这个曲子注册为商标。然后还有紫红色、金色和橙色的颜色组合：没有别的人使用这些颜色，因此我们可以把它们作为商标。最棒的是，我们在鞋面和鞋衬里注入了名人的个人气味，是从戴安娜王妃的DNA中提取重组的。我们同样也可以把它作为商标注册。”Higgins停顿下来，以等待鼓掌欢呼。唯一能听到的是Magnus从他的椅子跌落到会议室的豪华地毯上所发出的微弱的扑通声。Higgins抓住了他的机会。

“好吧，伙计们，把他扶起来抬出去。下面该说一下鞋带了，它们是由一种非比寻常的材料制成的，手感非常独特。毫无疑问我们也可以将它的外观和触觉注册为商标……”

这个故事的寓意

可注册商标的概念已经大大超越了传统上的文字或者图形商标的范畴。因此，像我们的英雄Higgins这样的新一代法律和市场营销狂热者们的想象力已经扩展到去构思那些更加奇异的花招上，法律至少从理论上能够对这些花招提供保护外套。 5.01

正如本章后文将予以说明的，即便这种非传统商标可以注册，它们所得到的商标保护水平也许会是令人失望的微弱：Magnus先生的怀疑也许不仅仅是出于谨慎而产生的类似膝跳反应的产物。 5.02

在第4章中已经讨论了商标注册绝对障碍的通用原则。本章将探讨商标主体的各种具体种类，并将解释上一章提到的注册绝对理由的原则在具体情况下实际上是如何应用的，或者应当如何应用的。此外，关于可注册性还有一个情况在本章中并没有涉及，即：商标似乎并没有什么问题，但对于申请人来说却有疑问的情况，这就是将在第13章中讨论的“恶意”情况。 5.03

B. 可注册性有最低和最高的标准吗？

(1) 简单商标

理论上讲，只要一个商标具有显著特征，它就完全有理由是简单的。荷兰律 5.04

所 NautaDutilh 就成功地将一个单一的黑圆点在比荷卢同盟内注册为法律服务类商标，并将其恰当地使用在文具和宣传资料上，毫无疑问这个黑点能够很好地发挥商标的功能。

5.05 在 Corning's application 案中，欧洲内部市场协调局（OHIM）的审查官驳回了一个由光学镜片上发散出的三条线条所组成的商标的注册申请，理由是过于简单。复审委员会对此并不同意，裁定认为即便是极端的简单性也不能自动地使一件商标缺乏显著性：必须考虑消费者而不是审查官对商标的反应。①

(2) 几何商标

5.06 OHIM 的复审委员会判定认为，由不超过一个线条所画成的"简单、普通和微不足道"的六边形会被（马厩设备的）相关消费者认为只是一个简单的六边形而已，并没有其他的意义，因此，它不能作为"产地或来源的指示器或者标记"②。做出这个裁定的理由貌似有些不太充分，也许和比荷卢法律存在激烈冲突，因为后者准许一个普通的六角形状作为三维商标在奶酪上注册。③

(3) 复杂商标

5.07 商标的长度或者复杂程度并不是衡量其固有显著性的尺度。因此，虽然一个单一文字商标拥有 34 个字母长度的事实也许能使其变得不同寻常，但是它的内容本身，以及其他由 34 个字母构成的文字商标也许同其不太容易区分开来的事实，都倾向于它的不可注册性。④

(a) 商业建筑的"商业外观"

5.08 尽管 Planet Football（英格兰著名的足球网站——译者注）就其在英国注册商业外观提出的申请被注册局以及大法官的指定官员驳回⑤，但是就商业格局的外观的可注册性而言——对商店、餐馆或者其他商业建筑的式样和外表的一种详细表述——并没有在欧洲法院中经历过有定论性的审判。即便通过很详细的表

① Corning Incorporated's application，案例编号 R 449/1999-2 [2001] ETMR 933。

② De Boer Stalinrichtingen BV's application，案件编号 R 175/2000-4 [2001] ETMR 899，904。

③ SA Kaasmakerij Passendale 诉 Coopératives Réunies de l'Industrie du Lait Coberco 案 [2000] ETMR 840。

④ Telefon & Buch Verlags GmbH 诉 OHIM 案，合并审理案件编号 T-357 and 358/99 [2001] ETMR 1004（UNIVERSALKOMMUNICATIONSVERZEICHNIS）。

⑤ Jimmy Nicks Property Company Ltd's application [1999] ETMR 445，446："申请保护的商标是用做酒吧、餐馆、夜总会或娱乐场所的建筑物的内部布局，看上去像一个足球场的内部空间，中心区域的场地像一个足球场，两边各放有足球，与中心场地相连的是一片代表观众席的区域以及通往中心场地的入口通道，通道两边各有球员休息区和教练席，音响背景是一场足球比赛的现场音效，该室内布局至少有一个外观像足球的备餐室。"

述，一名竞争者在阅读了注册簿上的商标文字表述之后，依然非常难以确切地知道他被禁止做的事到底是什么。

在美国，商业建筑的商业外观依据商标法被保护的理念得到了进一步的发展。美国最高法院承认“它涉及一个产品的全部形象，包括诸如大小、形状、颜色或颜色组合、结构、图案甚至某个特定销售技巧等等各种特征”⑥。在相关案例中，Taco Cabana 餐厅（贩售墨西哥卷饼的快餐连锁店——译者注）的格局得到了法律保护：一个喜庆的就餐氛围，室内就餐区以及室外就餐区都用各种人工制品、鲜艳的色彩、绘画和壁饰所装饰。室外就餐区包括封闭式和露天两种区域，封闭式部分能够通过悬挂式车库门同露天区域隔离开来。这个建筑阶梯状的外观有着喜庆、鲜艳的色彩设计，使用了氖光条纹以及在顶端镶边的涂料来装饰。鲜艳的遮阳篷和遮阳伞也延续着同样的主题设计。⑦ 5.09

几乎无法想象以上文这种表述方式描绘的图示能够符合欧洲法院对可注册性规定的标准，他们要求商标的表述必须“清晰、精确、完整、容易获得、能够理解、经久以及客观”⑧。 5.10

（b）产品设计图案形式的“商业外观”

在欧洲，似乎一个公司产品的整体“风格”、“式样”或者“外观”很难被作为商标注册。这是因为对一种整体风格或者式样的定义很难使用符合下面标准的清晰表述：第一，它能够精确地用图案表述出来；第二，同时明白无误地表述一个单一的标记，而不是一个宽泛的概念。即便是在通过“商业外观”原则来保护商业建筑这种不确定的概念的美国（见上文第5.09段），法院在应用这种保护的时候也一直非常谨慎。⑨ 在沃尔玛超市（Wal-Mart）案中⑩，最高法院缩小了商业外观的概念，只将其应用于“产品包装”而不是“产品外观设计”上。因此，Taco Cabana 餐厅的装饰风格可以作为“产品包装”获得保护，消费者会将该产品包装视同某个特定的产品来源。相反，下文所述的服装的样式或者风尚不能作为“产品外观设计”获得保护，因为消费者不会将该设计同某个特定的产品来源联系起来。 5.11

受到保护的商业外观包括以下全部或者至少是大多数的要素：专门使用的泡

⑥ Two Pesos Inc 诉 Taco Cabana 案 505 US 763（1992）。

⑦ Two Pesos Inc 诉 Taco Cabana 案 932 F 2d 1113，1117（CA5 1991）。

⑧ Sieckmann 诉 Deutsches Patent- und Markenamt 案，案件编号 C-273/00［2003］ETMR 466，第47～55段。

⑨ 参见 Graeme Dinwoodie 所著《产品商业外观的固有显著性的重新定义》（1997）75 NCLR 471，557。

⑩ Samara Brothers Inc 诉 Wal-Mart Stores Inc 案 120 SCt 1339（2000）。

泡纱织品；两三个形状相同对称排列的贴花（非丝网印刷），非常类似于嵌入Samara服装衣领（以宽大白色衣领为典型）、衣领边和/或口袋（如果有的话）、单片或者完整裁剪的衣身上的颜色鲜艳的贴花；缺少立体特点、轮廓和文字。“Samara外观”的关键是图案要素在服装上组合的方式。正是各因素的融合……“一种各成分的独特的组合”，从而产生了统一的可保护的Samara外观……尤其是，在服装衣领或衣领边以及在所有口袋上的一排两三个贴花的排列位置，是这个外观的关键。[11]

C. 不一定能作为商标的标记

（1）商品条形码

5.12 商品条形码可以注册为商标么？理论上答案应该是“可以”。商品条形码是由一系列宽细不等的黑色线条所组成的标记，并且可以被书面表示出来。此外，它的功能是为了使其所附着的产品同其他产品区分开来。如果它不能做到这一点，它作为商品条形码就毫无用处。消费者知道使用条形码是为了针对采用了条形码的商品一系列相关目的：使零售场所能够监视货物的销售并因此方便其自动排列货物；标示向公众销售产品的批发商或者进口商的身份；为控制质量而标示批号并记录价格。但是没有任何一个商标注册机关准许将商品条形码注册为商标。

5.13 对主张商品条形码不具可注册性所称的原因之一是，消费者不能够读取它们所包含的数据。这个理由本身很值得怀疑，因为法律并没有要求消费者必须在缺乏条形码阅读器的外在帮助的情况下仍然能够理解一个商标，就像不能要求不戴眼镜的人也必须能够认出一件商标一样。另一理由，同时也是反对商标条形码可以注册的根本理由，是每个条形码都同另一个条形码混淆性相似。基于这个原因，任何人希望仅仅依靠商品条形码来标示某个产品或者服务几乎肯定会失败。因此，将商品条形码作为商标要么不能使消费者辨别某种产品，要么有可能会导致其将某种产品误认为是另外一种。只有在仅存在一个商标条形码的时候，商标条形码才具可注册性。

5.14 除此之外，即便组成商标条形码的标记指定了诸如地理来源、生产时间或其他由于自身描述性而无法被独占使用的传统数据范畴内的因素的，该条形码也不

[11] Samara Bros Inc诉Wal-Mart Stores Inc案165 F 3d 120，128-9（第二巡回法院，1998年）。

具有可注册性。[12] 尽管如此，如果（当然可能性极小）商品条形码能够发挥商标的功效，而且消费者也被训练得这么认为的话，它具有功能性的单一事实并不一定排除其可以作为商标被注册的可能。

（2）秘密的和隐藏的商标

生产商经常将细小而不引人注意的标记标注在产品上，以证明产品是正品或者是假货。由于这些标记不能被消费者或者经营者所发觉，因而它们不具有商标的功能，不能作为商标被注册。 5.15

尽管元标签在正常适用计算机的情况下对消费者来说是看不见的，但仅仅作为元标签使用的文字商标也可以具有注册性。如果消费者必须在搜索引擎中键入一个关键词以搜索并进入商标所有人的网站的话，那么这个关键词可能正在被作为商标使用，虽然这种使用商标的方式并不常见。 5.16

D. 文化符号

（1）货币

OHIM复审委员会认为，目前正被使用的表示货币的文字和标记会使消费者始终认为其具有这个功能，因此不能在任何商品或者服务上作为商标使用。[13] 波兰专利局表达了同样的观点。[14] 也许一旦某个术语或标记不再同货币联系在一起（例如“guinea”（几尼，英国的旧金币——译者注）、“groat”（英国古时的四便士银币——译者注）、“doubloon”（西班牙及拉丁美洲的古金币——译者注）和“louis”（法国古金币名——译者注）），或者由于只是同某个国家的货币联系在一起因而大多数消费者不会将其认为是货币（例如，赞比亚的货币克瓦查），这个时候商标注册的障碍就不复存在了。 5.17

在比荷卢商标体系中，数个关于2.20371商标的注册申请都被核准，该商标刚好是荷兰盾兑换欧元的官方汇率。[15] 5.18

---

⑫ 参见如《欧盟理事会指令89/104》第3（1）（c）条；《欧盟理事会条例40/94》第7（1）（c）条。

⑬ ABN Amro Holding NV's application，案件编号R 190/1999-3［2001］ETMR 90（欧元文字和符号）。

⑭ Grosz Sp Zoo's application，1998年4月29日（未公开）（波兰专利局复审委员会）。

⑮ 对于Bas Kist先生（Shieldmark）提供的该信息以及本章中其他有关比荷卢同盟的商标信息，笔者在此致谢。

(2) 时间和日期

5.19 就日期敏感型的产品和服务来说（例如，葡萄酒的酿造年份），任何看上去属于日期的东西都不具有显著性，因而不能作为商标被注册。消费者看到它们会说，“看哪！这一定就是它的生产日期”，他们根本不会将其视为商标。[16] 如果这个日期的性质决定了它不可能对所涉及的产品有任何直接描述的话（例如，移动电话上的号码 1437），或者它被看做是商标所标示的来源企业的创建日期的话（例如，法国啤酒上的 KRONENBOURG 1664），那么商标注册就不存在障碍。

5.20 有些日期的含义决定了它们无法就部分领域或者可能是所有领域中存在的产品和服务注册。例如，1812 就不可能就有关音乐的产品和服务注册，因为人们会自然地联想到柴可夫斯基的《1812 序曲》。比如，7 月 4 日（美国独立日）和 7 月 14 日（法国国庆日）这样的日期，它们所包含的特定国家意义在消费者眼中将会超过其区分产品或者服务的价值，而 9.11（美国人对 2001 年 9 月 11 日的简称）则由于其包含的悲剧意义在今后相当长一段时间内都不会被准许注册。

5.21 诸如 SIECLE 21 和 XXIème Siècle（两者在法语中都指“21 世纪”）这样的年代词语被认为并非具有固有的不可注册性[17]，尤其当加入了其他一些主题词的时候（例如，TWENTY-FIRST CENTURY FOX（美国著名的电影公司二十一世纪福克斯——译者注））。

5.22 宗教的以及非宗教的节日并没有被自动排除在注册范围之外。[18] 然而，由于“Christmas”（圣诞节）、“Ramadan”（斋月）和“Diwali”（印度排灯节）等词语自带的主要含义是如此之强烈，因而这些节日名称只能在和其他术语或标记组合使用后才能作为具有显著性的商标。

(3) 国家标志、官方印记以及政府间组织的标记

5.23 根据《巴黎公约》[19] 以及相应的该公约成员国的国内法的规定，未经授权禁止注册诸如国家旗帜、徽章、官方印记的国家标志以及政府间组织的标记等。然而，在无证据证明会导致公众混淆的情况下，各国可以自行决定是否应当授予其

---

[16] Allied Domecq plc's application [1997] ETMR 253（英国商标登记处）：AD2000 在酒精饮料上不可注册。

[17] Century 21 Real Estate Corporation's application，案件编号 R 135/1998-2 [1999] ETMR 781 (OHIM)；Casaubon and Vingt et Unième Siècle 诉 21st Century Film France 案 [1999] ETMR 787（巴黎上诉法院）。

[18] 关于万圣节（HALLOWEEN），Optos-Opus Sarl 诉 SA Haribo Ricqlès Zan SA 及其他案 [1999] ETMR 362（巴黎大审法院）。

[19] 《巴黎公约》第 6 条。

注册保护。[20] 因此，在缺乏证据证明存在混淆或错误联系的情况下，荷兰法院可以自行裁定，一家药品连锁商店为其销售产品所合法注册的商标并不对欧洲航天局所享有的类似外观的商标构成侵权。[21]

（4）黄道十二宫

尽管黄道十二宫的星座图被认为是人类两千多年以来的共同文化财产，但它仍然被认为可以自由注册。因此，TÄHTIMERKKI KAURIS（芬兰语，意为黄道十二宫之一的摩羯座星座图）被准许注册在袋泡茶上，即便他人以该商标有可能与在相同产品上的在先商标 HOROSCOPE（天宫图）构成混淆为由提出了异议。[22] 黄道十二宫的某些星座图被大量作为商标使用，但是 CANCER（巨蟹座——译者注）作为一个独立图形，尚未被大多数商品和服务作为商标使用。 5.24

E. 定位标记

（1）地址和互联网网址

由于消费者在看到一个地址的时候不用多启发也会认为这就是一个地址，因而他不会将其看做是一个商标。OHIM 复审委员会在运用了这个对地理地址和域名同时有效的逻辑之后，驳回了有关就软件以及提供商业信息服务将 WWW. PRIMEBROKER. COM 注册为商标的申请。[23] 5.25

虽然“www”较为清楚地表明位列其后的文字是一个域名，但即便没有“www”，也能得出同样的结论，只是推理过程不同而已。OHIM 复审委员会驳回了 BUY. COM 的注册，理由并不是因为它是一个网络地址，而是因为它缺乏固有的显著性。复审委员会并未说没有域名可以发挥商标的功能，而是更宽容地说“并非所有域名都能发挥商标的功能”[24]。BUY. COM 却并不是这方面的先驱者：“buy”描述了人们在商标申请人的网站上期望从事的活动，而“. com”则是通用顶级术语，表明是域名。同样的命运也降临在 INTERNET. COM 上，比 5.26

[20] 《巴黎公约》第6（1）（c）条。

[21] ESA（European Space Agency）诉 ETOS BV 案，2002年10月1日（未公开）（荷兰哈勒姆地方法院）。

[22] Aaro Forsman OY's application；opposition of Gilvaria OY［2000］ETMR 142（赫尔辛基最高行政法院）。

[23] Nationsbanc Montgomery Securities LLC's application，案件编号 R 77/1999-2［2000］ETMR 245。

[24] Buy. Com Inc's application，案件编号 R 638/2000-4［2002］ETMR 540，第21段（重点已突出）。

荷卢商标局认为该标记由通用术语“Internet”和非显著性术语“.com”所组成。[25] 然而，使用了土库曼斯坦顶级域名的缩写形式“.tm”的域名则有可能可以注册：对消费者而言，他们在看到 BUY.TM 这样的网络地址时，会首先将其认做商标还是认做域名呢？

5.27 顶级通用域名可以被注册么？逻辑告诉我们它不会被视为具有区分商品或服务的能力，因为其一，它看上去是网络地址的一部分；其二，从定义就可以看出它是通用的；其三，它只不过是在一串网络地址中对其前面单词的补充添加而已，而正是前面的单词才赋予了它商业含义。然而，新加坡知识产权局却核准新加坡网络信息中心在“教育、域名注册和互联网连接服务”上将“.sg”注册为商标。在 ICANN（互联网名称与数字地址分配机构）表示强烈反对之后，该注册申请最终被放弃。[26]

(2) 电话号码

5.28 大多数的电话号码——包括那些非常知名的被消费大众在其商业交往中频繁使用的号码——都被认为是电话号码而不是商标。不仅数字组合如此，文字和数字的混合组合，例如 800FLOWERS，也是如此。[27] 如果一个电话号码被作为商标使用而且通过这种使用获得了显著性，那么它最终能够被注册。[28] 然而，如果一个电话号码获得了第二含义（例如，Glenn Miller（美国知名歌手——译者注）的著名单曲的歌名《宾夕法尼亚 65000》），它也许就不会被相关消费大众认为是有效的电话号码。如果出现这种情况，就不能以缺乏显著性为由驳回商标注册申请。然而，如果电话号码的所有权是在一个和商标所有人无关的电话用户手中的话，准许其注册也许会违反公共政策，因为在商业过程中对该号码的曝光将会给其用户带来潜在的不便。

5.29 从逻辑上讲，虽然词语 FLOWERS（英语单词，含义为花朵。——译者注）被清晰无误地认为是用于各种花卉的通用术语，但并不能从中得出结论说电话号码 800-FLOWERS 也会被这么认为。尽管所有种花的人都使用 FLOWERS 一词，但社会公众知道他们不会分享同一个电话号码，因此，如果拨打 800-FLOWERS 这个号码将只会找到他们其中一人。也许正是因为这个原因，美国联邦巡回上诉

---

[25] Mecklermedia Corporation 诉 Benelux Trade Mark Office 案［2001］ETMR 523（海牙上诉法院）。

[26] 见 Tan Tee Jim 和 Tan Wee Meng，《“.sg”商标注册申请被放弃》WTLR，2003 年 3 月 24 日。

[27] 1-800 Flowers Inc 诉 Phonenames Ltd 案［2000］ETMR 369（HC），上诉法院在［2002］FSR 191 案中维持原判。

[28] Pizza Pizza Ltd 诉 Registrar of Trade-marks 案（1989）26 CPR（3d）355（加拿大联邦上诉法院）。

法院准许将1-888-M-A-T-R-E-S-S（SIC）注册为床垫销售服务的商标。实际上没有人在谈论床垫时将其描述为“1-888-mattresses”，因此既然不存在“1-888-mat（t）ress”这种事物，那么这个术语就不是通用的。[29] 但是，另一美国法院则判定文字数字的组合“1-800-PLUMBING”具有描述性，因为它“立即给人一种只要拨打这个电话号码就能找到某个特定的水管安装修理服务商的印象”[30]。该法院大概没有考虑他们使用“特定的水管安装修理服务商”的这一描述是否实际上在暗示，由于这个电话号码指示了该项服务的来源，因而它并不具有描述性，而是具有显著性。

F. 与字母和数字相关的问题

（1）缩写

当一个缩略语被认为已经或者有可能成为商业习惯词汇中实际上或潜在的一部分的话，法院将不会准许其注册。因此，BIOID作为“biometric identification”（生物鉴定）的缩写在同生物鉴定相关的计算机程序和服务上不被认为具有显著性。[31] 5.30

（2）文字商标的具体形式

事实上，任何字母或者字母的组合都有可能被注册为商标。我们来看看下面这些例子：单一字母（鞋上的K）、首字母缩写（WWF是世界自然基金会World Wide Fund for Nature的首字母缩写；FIAT（菲亚特）是Fabbrica Italiana Automobile Torino汽车的首字母缩写）、形容词（英国服装品牌NEXT）、动词（洗发液品牌WASH ‘N’ GO）、定冠词（螺丝钉品牌THE）、代名词（杂志品牌ELLE）、副词（卫浴设备品牌ALWAYS）、广告语（金融服务业所采用的广告语DON’T LEAVE HOME WTHOUT IT）、姓名（汽车品牌雷诺RENAULT）、时尚品牌（伊夫圣罗兰YVES ST LAURENT）、地理名称（爱尔兰玻璃制品品牌WATERFORD）以及特殊创造词语（前文提到的美国药品品牌PROZAC）。创造词语的形式可以是普通的形式（COMPANYLINE），或者特殊的形式（婴儿尿布品牌BABY-DRY；计算机软件品牌NETMEETING）。有关文 5.31

㉙ Re Dial-A-Mattress Operating Corp 240 F 3d 1341（联邦巡回上诉法院2001年）。

㉚ Cline诉1-888-Plumbing Group案146 F Supp 2d 351，362（SDNY 2001）。

㉛ BioID诉OHIM案，案件编号T-91/01，2002年12月5日（欧洲一审法院）。

字商标的一些特殊问题将在下文讨论。

(a) 单一字母

5.32 虽然一个单一字母只是对商品或者服务来源的一种简要表述，但它依然落入“标记”的范畴因而可以作为商标被注册。商标注册机关经常表现出对注册申请的审慎抗拒。在德国，字母 K 在包括门、窗、金属器具、保险柜和邮筒等各种商品上的注册申请一开始被驳回，理由是虽然 K 是一个标记，但缺乏显著特征，因而必须被保留以便其他经营者能够使用。德国联邦专利法院驳回了申请人对此提出的复审请求，但申请人最终在联邦最高法院获得了成功。最高法院判决，不应先有假设：有关显著性大小的下限不得设定得太低，换言之，只要存在显著性，不论其程度如何，都意味着商标并不缺乏显著性。[32]

5.33 当某一个单字母被描绘为图形化商标而不是文字的话，其可注册性就相应增加了。这是因为在脑海中想象一个用来区分某主体的商品或服务的图形化字母，远比去想象一个简单而不加修饰的字母如何起到相同功效要容易得多。甚至于单一字母的极简图案也可被认为具备固有的显著性。此处所举的字母“a”（见图 5.1），虽然一开始被 OHIM 审查官以缺乏显著特征为由驳回注册申请，但复审委员会却不这么想，他们认为：“虽然这个字母的图案也许相当寻常……从整体上仍然必须被看做是一个商标……”该商标中，黑色方框与该字母之间的不对称位置关系，增强了区分被申请注册商标的特定商品和服务（服装和艺术展览）的能力。[33]

图 5.1 仅含一个字母的简单图案也可被认做具备固有显著性

5.34 OHIM 的《审查指南》并没有排除一个或两个简单的字母或数字具有显著性的可能性，但 OHIM 建议说这只有在“特殊情况”下才是这样。[34]

(b) 首字母和首字母缩写

5.35 除了能够拼写出一个单词之外，两个或更多的字母组合也能够代表一个数字或者以简写的形式指代两个或更多单词的组合。缩写和首字母缩写在现代社会中被广泛使用，而且常常比它们所代表的单词更为知名。由于这个原因，商标申请人不得不期待所有极其简短有力的字母组合能够代表某种事物，并因而至少在某

---

[32] K trade mark [2001] ETMR 1181.

[33] AdolfAhler AG's application，案件编号 R 91/1998-2，28 May 1999（未公开）。

[34] 《审查指南》第 8.3 段：参见 Fuji Photo Film Co Ltd's application，案件编号 R 4/1998-2 [1998] ETMR 343（IX）。

些领域中传达出强烈的第二含义。即便是如 WWF 这样相对烦琐的词组首字母缩写也能够表达两个或更多的独立、无关的含义；事实上 WWF 已经成为相关当事人誓死捍卫的争议主体。[35] 成功注册词组首字母缩写所需的代价之一便是在控制和保持这些难于控制的词语的完整性时付出的成本，原因是此类首字母缩写可以代表各种截然不同的东西。

某一词组已经在某个特定领域获得了通用含义的事实，将会阻止其在该领域内被独占使用，即便是公众对此毫不知情。因此，如果词组首字母缩写 DLC 就剃须刀和剃须刀片被注册为共同体商标就是错误的：因为该缩写代表“diamond-like carbon”（钻石形碳）这个工业术语，所以它们不能被吉列公司独占使用。即使是使用剃须刀片的男人，他们中的绝大多数都不知道 DLC 代表的是什么；但科学家同样也是公众的一部分，男性科学家需要刮胡子，至少有时候需要，当他们在剃须刀或者剃须刀片上看到 DLC 的时候，他们应该知道其含义。[36] 5.36

请不要将上面这句评论理解为 DLC 的不可注册性在某种程度上保护了需要刮胡子的人的利益。它保护的是吉列公司竞争者的利益，因为他们同样可以使用这个缩写。 5.37

如果一组首字母缩写可以代表两种不同的事物，而且这两种用法在申请注册商标的商品上都被认为是常见的话，将不会有助于该缩写被核准注册为商标。因此，由于词组首字母缩写 BSS 同时具有“buffered salt solution”（缓冲盐溶液）和“balanced salt solution”（平衡盐溶液）两种含义，被注册为眼科手术用消毒溶液的共同体商标是错误的。[37] 5.38

即便一组字母还没有获得很高的认知度，负责办理注册申请的注册审批部门可能会有不同意见。例如，有关将字母组合 TDDI 注册为车辆和备件商标的申请遭 OHIM 驳回，理由是该字母组合代表“turbo-diesel direct injection”（涡轮柴油机直喷）[38]。复审委员会采信了《首字母缩拼词、首字母组合词及缩写词词典》(Acronyms，Initialisms & Abbreviations Dictionary) 中将 TD 和 DI 分别解释为是“turbo-diesel”和“direct injection”的缩写词这一事实，据此裁定上述字母 5.39

[35] World Wide Fund for Nature and World Wildlife Fund Inc 诉 World Wrestling Federation Entertainment Inc 案［2002］ETMR 564（CA）。

[36] Gillette Company's trade mark；application for a declaration of invalidity by Warner-Lambert & Company，案件编号 000703579［2002］ETMR 733，745。

[37] Dr Robert Winzer Pharma GmbH's application to cancel a trade mark of Alcon Pharmaceuticals Ltd，案件编号 C000090134/1［2000］ETMR 217，经上诉在 Alcon Inc 诉 OHIM，Dr Robert Winzer Pharma GmbH intervening 案，案件编号 T-237/01，2003 年 3 月 5 日（未公开）（欧洲一审法院）中维持原判。

[38] Ford Motor Company's application，案件编号 R 433/1999-1［2001］ETMR 679。

组合不具可注册性。所以，尽管除了上述商标注册申请人以外没有人曾使用字母组合 TDDI，可以预计未来对该字母组合的使用也不外如此了。

(c) 数字

5.40 OHIM 复审委员会驳回了在运动汽车及相关商品和服务上的数字 7 的注册申请。虽然“7”从技术上看是一个“标记”，但委员会认为这个标记应当属于公共领域，属于“对所有经营者开放的标记仓库的一部分”。在缺少任何“不同寻常的独特特点”的情况下，它无法发挥商标的基本功能。[39]

(d) 各种不同的字体和字形

5.41 使用装饰性或创造性的字体可以使一个本来无法注册的标记变得具有显著性。但是，字体版式越普通，它越不大可能被认为具有固有显著性。因此，欧洲一审法院认为小写单词“electronica”在同电子部件相关的手册、商品交易会和商业会议上缺乏显著特征：这个单词的简单的 Helvetica 字体形式并没有对它的显著性的缺乏起到多少帮助作用。[40] 该法院同样也在用了普通 Arial 字体的 BIOID 文字商标中得出了同样的结论。[41]

5.42 将字母“a”替换为“@”并不能使单词 GLASS（即 GL@SS）在“包括玻璃在内的建筑材料”上具有显著性。[42]

5.43 在比荷卢商标体系中，整个一套字体都已经被核准注册。这个商标申请包含一套完整字母表并同时附带相关描述，以说明商标就是字体本身。[43]

G. 地理标志

5.44 此处的讨论未提及受保护的地理标记以及原产地名称的权利。这些权利将在第 18 章分别进行讨论。

5.45 地理术语和地点名称也可以作为商标使用；很多这样的商标具有很强的显著性（例如，YORK 拖车、沃特福德玻璃、PONTIAC（庞蒂克由通用汽车公司生产的汽车品牌——译者注）、林肯汽车、GRANADA（格拉纳达古典吉他——译者注）、TOLEDO（著名汽车品牌“吉普”的诞生地）、哥伦比亚电影和音响制作）。与其他很多国家相同，欧洲法律对于地理术语的可注册性施加了限制。《欧

[39] Caterham Car Sales & Coachworks Ltd's application，案件编号 R 63/1999-3［2000］ETMR 14，第 13 段。

[40] Messe München GmbH 诉 OHIM 案，案件编号 T-32/00［2001］ETMR 135。

[41] BIOID 诉 OHIM 案，案件编号-91/01［2003］ETMR 766。

[42] Pilkington plc's application［2002］ETMR 206（英国商标登记处）。

[43] Wegener's trade mark，BX 665106.

盟理事会指令 89/104》规定商标若仅含有指明其商品或服务之地理来源的标记不能够予以注册。[44]

产生这项限制的原因是显而易见的。地理术语是人类共有词汇的一部分：其 5.46
他经营者自由指明其商品来源的需要要比经营者希望独家分配给他们使用以满足其个人需要的愿望更为强烈。实际上，以善意使用作为抗辩对抗侵权之诉也能实现对这种需要的保护。[45]

上文所提到的限制并不只对特定地名适用，还对用于指明地区来源的标记或 5.47
指示适用。因此，该等标记或指示包含表示区域的形容词，例如使用在桑拿房上的“NORDIC”（意为“北欧的”——译者注）一词。[46] 上述限制似乎只适用于文字而不是图形商标。因此，虽然“EUROPEAN”这个词语对于内容涉及欧洲的出版物是不可以注册的，但是 THE EUROPEAN 标记（见图 5.2）描绘了一只嘴里叼着报纸的鸟飞过字母“O”，却是可以注册的。[47]

图 5.2　该“EUROPEAN”（欧洲）的文字图形组合商标为可注册

无须多言，对于这个最显著部分是文字 EUROPEAN 的商标来说，其获得的 5.48
法律保护范围是非常狭窄的。因此，当一名被告出版了一份叫做《欧洲之声》的报纸时，并没有侵犯该商标的权利。

在欧洲，当地名用于指示地区来源的可能性被排除时，该地名作为商标就可 5.49
以被顺利注册。典型的例子便是 NORTH POLE（北极——译者注）牌的香蕉，因为香蕉不生长于该地区，所以与该地区没有自然上的联系。[48] 同样的，MARS（火星——译者注）牌巧克力与被称为火星的红色星球也没有什么关联。美国似乎采用了完全相反的策略，禁止任何“在地理方面基本上属于欺骗性的、误导性陈述”的名称进行注册。[49] 因此，在美国，申请将“HOTEL MONACO”商标注册在并非坐落于摩纳哥公国、且与之毫无关联的酒店被驳回。[50] 同理，试图为预

[44] 《欧盟理事会指令 89/104》第 3（1）（c）条。

[45] 《欧盟理事会指令 89/104》第 6（1）条；《欧盟理事会条例 40/94》第 12 条。

[46] *Nordic Saunas Ltd's trade mark*; application for revocation by Nordic Timber Council AB [2002] ETMR 210（英国商标局）。

[47] European Ltd 诉 The Economist Newspaper Ltd 案 [1998] ETMR 307（上诉法院）。

[48] British Sugar plc 诉 James Robertson & Sons Ltd 案 [1996] RPC 281，306（高等法院）。

[49] 《兰哈姆法》第 2（e）（3）节；《美国统一商法典》第 1052（e）（3）节。

[50] Re Kimpton Hotel & Restaurant Group Inc 55 USPQ 2d 1154（TTAB 2000）.

录磁带申请注册 CUBA L. A. 商标的尝试也由于该产品既非来自古巴、也非来自洛杉矶而被拒绝。原因是，两个著名地名的组合并不会削弱其中任何一个地名的地理含义，尽管根本不存在“古巴洛杉矶”这样的地方。[51]

5.50 欧洲法院对有关地理商标可注册性[52]限制性规定的措辞做了谨慎的思考，然后总结出如下几点情形：

- 不能仅仅因为地理名称指明的地方在某一类人群脑海中目前与所涉商品类别相关联，而禁止将其注册为商标；这一点对于将来可能使用的用以指明该类别商品地理来源的地理名称也同样适用；
- 在相关领域人们不会将所涉商品和地理名称相联系的情形下，主管机关必须评估是否能合理假设，该名称在某一类人群脑海中能指明该类别商品的地理来源；
- 在做出该评估时，尤其应考虑与地理名称相关的某一类人群对该名称指定地点的特点和所涉类别商品的熟悉程度；
- 该商品和该地理区域相关联并不必然需要在该区域生产。

5.51 另外三种类型的商标申请因其具有的地理范畴也需要我们予以特殊考虑，它们分别是：国家名称、前缀 EURO-和词语 INTERNATIONAL。

5.52 在法律上，国家并不必然拥有它们名称的所有权。[53] 基于这样的原因，国家名称被视为可以作为商标注册，并且和其他待注册的地理标记一样需要符合同样的法律标准。因此在英国，“ICELAND”一词已经在与冰岛无直接或明显联系的许多商品和服务上获得了注册；再比如“CANADA”和“GREENLAND”也已经在英国注册。不过“FRANCE”和“GERMANY”的单一单词形式未获注册。

5.53 在欧洲，“EURO-”在最乐观的情况下可能会被视为中性的，在最糟糕的情形下，则可能会被视为描述性的或非显著性的：这取决于后面跟的词语。因此 EUROLAMB 用于肉类上时只能是描述性的或欺骗性的（取决于肉的来源和品质）[54]；EUROCOOL 并非天然不能区分储藏和运输冷鲜食品，尽管它也可能是描述性的[55]；EuroHealth 只间接地使人们想起“金融服务”，因此在此类方面具有

[51] Re Narada Productions Inc 57 USPQ 2d 1801（TTAB 2001）.

[52] Windsurfing Chiemsee Produktions-und Vertriebs GmbH 诉 Boots-und Segelzubehor Walter Huber and Franz Attenberger 案，合并审理案件编号 C-108 and 109/97［1999］ETMR 585（CHIEMSEE）。

[53] Queen 诉 Virtual Countries Inc 案，WIPO D 2002-0754，2002 年 11 月 27 日（世界知识产权组织）。

[54] BOCM Pauls Ltd and Scottish Agricultureal College's application［1997］ETMR 420（英国商标登记处）。

[55] Eurocool Logistik GmbH 诉 OHIM 案，案件编号 T-34/00［2003］ETMR 51（欧洲一审法院）。

可注册性，但对于“保险服务”仍然是不可注册的[56]，诸如此类，不胜枚举。即便 EURO-不作描述使用，它在本质上仍然是不显著的，它与通用术语的结合会导致一项标记无法区分商品从而无法注册（例如，EUROCLIP 申请在夹子上注册[57]）。直到 20 世纪 90 年代中期，曾作为统一、和平与和谐的象征，EURO-前缀现在具有了很多贬义的含义（不受欢迎的货币；地方事务的不当管理；腐败和隐瞒的指控），从而有很多理由建议商标所有人不要去碰它——正如很多主要的品牌所有人在之前几十年中所做的一样。

INTERNATIONAL 一词也是经常使用的，而现在贬义的色彩还要少些。正如 OHIM 复审委员会所述：INTERNATIONAL 这个词在商业中是常用语，仅仅表示在多个国家进行的一项行为，国际的（international）、全球的（global）、国内的（national）以及欧洲的（European）形容词可以自由为任何事业所使用来表示其业务或理想的地理范围，或者描绘了一幅反映其希望如何被消费者所理解的图像。[58] 5.54

如果幸运的话，这个话题可以到此为止。 5.55

H. 商业外观和商业格局

法律中并没有排除商业外观（例如，快餐店格局或连锁干洗店格局）注册的规定，只要它能满足其他类型商标需要满足的相同标准，尤其是地理标志需要满足的标准。[59] 一家商店的装饰特色被视为具有固有显著性，这在欧洲是不大可能发生的，因为在顾客习惯其特定的格局并能识别其外观之前，在商标申请时哪些因素应该包括在布局中，哪些因素应仅被视为商店或服务本身的一部分，这对于申请人或商标注册机关来说都是不清楚的。 5.56

---

[56] DKV Deutsche Krankenversicherung AG 诉 OHIM 案件（EUROHEALH），案件编号 T-359/99［2001］ECR II-1645；［2001］ETMR 919（欧洲一审法院）。

[57] IBP Industrial Products Ltd's application，案件编号 R 736/1992-2，2001 年 7 月 27 日，OHIM OJ，2002 年 12 月，第 2299 页，第 10～12 段（OHIM）。

[58] International Paper Company's application，案件编号 R 868/200-2［2003］ETMR 92，95（INTERNATIONAL PAPER 只被核准注册在画笔、打字机以及其他同纸没有关系的产品上）。

[59] 这点在 Jimmy Nicks Property Company Ltd's application［1999］ETMR 445，446（LCAP，苏格兰）一案的无说服力的裁定中体现得非常明显，该案中的商标被描述为“用做酒吧、餐馆、夜总会或娱乐场所的建筑物的内部布局，看上去像一个足球场的内部空间，中心区域的场地像一个足球场，两边各放有足球，与中心场地相连的是一片代表观众席的区域以及通往中心场地的入口通道，通道两边各有球员休息区和教练席，音响背景是一场足球比赛的音效，该室内布局至少有一个外观像足球的备餐室”。

I. 姓名、标题和文化图标

5.57 商标法中并没有规定个人的名字不能注册为商标。实际上，TRIPs[60] 以及欧洲的《欧盟理事会指令 89/104》[61] 和《欧盟理事会条例 40/94》[62] 在举例说明哪些标记可予以注册时，明确提到了“个人姓名”。

(1) 个人姓名是个感性话题

5.58 尽管事实是，原则上个人姓名普遍具有可注册性，姓名（尤其是姓氏）的垄断使用，不仅是个法律问题，还是个心理情感方面的问题，下文将论及。

(2) 我们也许不得不同商标所有人一起共享我们的姓名全称

5.59 之前已有真实的个人取名为 Harry Potter、James Bond、Henry Ford、Jack Daniels、Johnny Walker、Stuart Little 以及 Donald Duck——并且甚至以后可能还会令人惊奇地出现此类现象。这些名称为它们各自的商标所有人所“获取”。对于个人而言，如果发现其名字被朋友和同事作为娱乐和取笑的对象时，会觉得十分蒙羞；但更为尴尬的是发现由于一项商标的注册，使用自己姓名的能力被削弱或完全剥夺了。尽管如此，除非与驰名商标同名的人也想从事同一行业的经营，否则该商标的存在不会使他们在自己的交易领域中感到过分不便。

(3) 我们也许不得不同商标所有人一起共享我们的姓或名

5.60 如果你的名字是 Harry Potter 或者 Stuart Little（精灵鼠小弟——译者注），你将要忍受对你开的很多玩笑；如果你的名字是 Mary Potter 或 Jason Little 时并不会如此。但有些姓氏被注册为商标后，却成为与其共享姓氏的人尴尬的代名词。ROTHSCHILD 是金融服务的主商标；MARS 巧克力块可以取代饭菜作为正餐；PHILIPS 制造洗碗机。我们可能想象所有的 Rothschild 家族的人都是富人；Mars 家的人除了吃 MARS 巧克力什么都不吃，Philips 家族的人必须忍受将他们同洗碗机扯到一起的无聊的言论，等等。有些名字与注册商标的联系是如此强烈，以至于不断被提醒具有这种联系成为了相关同名同姓者将毕生面对的问题：这些名字包括如 Daimler（戴姆勒克莱斯勒汽车——译者注）、Smirnoff（皇冠伏特加酒——

[60] TRIPs 协议第 15 条。

[61] 《欧盟理事会指令 89/104》第 2 条。

[62] 《欧盟理事会条例 40/94》第 4 条。

译者注)、Nestle(雀巢——译者注)、Hover(胡佛电动吸尘器——译者注)、Cadbury(吉百利——译者注)、Schweppes(英国饮料品牌——译者注)等。

一些名人的名字与某个人的强烈联系导致上文所述的效果同样在这些名字上适用。例如,MADONNA、ELVIS(美国摇滚歌手猫王的名——译者注)和OSAMA(奥萨姆·本·拉登的名——译者注)。 5.61

(4) 我们也许会发现通往名望和财富的道路已经被某个在先拥有同样姓名的人所阻碍

如果你从事歌唱事业,你的名字是 Elton John,你拥有成为著名娱乐工作者的野心,你可能会很失望地发现另外一个具有相同名字的歌手已经获得了知名的成就。如果在你之前的 John 先生已经将他的名字注册在 T 恤衫、马克杯、枕头以及其他名人纪念品上,你试图开发的属于你的成名之路就被挡住了。[63] 即便你唱得比 John 先生好并且真实名字是 Elton John,就算在先的 Elton John 已经不再使用该名字,改用 Reignald Dwight 来称呼自己,事实也会是如此。 5.62

(5) 个人和商标并不常常反映同样的价值

一些姓名商标带有可识别的价值。譬如,GUCCI 暗示某种时尚血统;DISNEY 代表健康、干净的美国家庭生活模式;FERRARI 集速度与魅力于一体。没有人被要求必须是时尚中人,但当任何人去机场会见一位未曾谋面的 Gucci 先生时,如果把他想象成富有 Gucci 风格的人物的话,不会被认为是不合理的。同样,一个人对不健康、道德低下和有着粗鄙习惯的人的印象可能会因发现该人姓氏为 Disney 而发生变化。这意味着那些不具备姓名所含价值的人必须额外承担着消除他人对其错误期待的负担,虽然这个错误期待并非由他们自己所造成。 5.63

(6) 个人可注册自己姓名但其后又输给第三方

有时,当一个人将其名字注册为商标然后将其转让给他人时,他本人或者与其相关的第三人可能希望将其用于专业或商业用途。[64] 如果一个人将其姓名商标转让给他人,他本人不能被完全阻止使用该姓名,但是法律极大地限制了他的使用范围,因为新的商标所有人可以对他行使同样的权利,就正如他对任何其他未 5.64

[63] 见 Re Torres Valls,2001 年 7 月 6 日,ETMR N－53(西班牙最高法院):Torres 先生和 Torres 太太不能在起泡酒上注册他们的姓氏 TORRES VALL,因为 TORRES 已经在苦艾酒和红酒上注册了。

[64] 见 Graeme Colquhoun,《姓名中大有学问……》(2003) 89 LES News Exchange 4,描述了服装设计师伊丽莎白·伊曼纽尔将自己的注册商标名称输给了下游时装商店 Joe Bloggs。

经新所有者同意而使用相同商标的人所行使的对抗权利一样。[65]

(7) 处理姓名商标的问题

5.65 法律应如何规范姓名商标？本章只是粗略地回答了这个问题。有关已故和健在的名人的名字引起的法律问题将在第15章中详细论述。

5.66 总体上讲，与特殊的名字（如，WARHOL，NESTLE，PICASSO，RIMSKY-KORSAKOV）相比，各国国内商标法倾向于将普通姓氏（根据各国法律不同，如O'SHEA，PATEL，LEE，BROWN，WONG，POPOVIE，SHMIDT，PEDERSEN，MACDONALD）视为更缺乏固有的可注册性。但从商标法的角度，对于名字普通和非普通的定义是否应该有个统一的结论？毕竟在一些商业领域中是普通的，但在另一些领域是不普通的。如果商标垄断权所涉领域是几乎没有天然障碍的经济领域，垄断史密斯这样的名字则可能给潜在竞争者带来不便，比如，在开设酒吧、饭店或甜品店时。但是，如果SMITH商标垄断的领域涉及航空用高科技专业电气设备的生产和销售，很多其他的Smith就不大会面临在同样市场中使用改名称的可能性。

5.67 OHIM假定，一个姓氏很普通，本身并不意味着它不可能在其意图注册的商品或服务上具有显著性。[66] 不过欧洲法院被要求对下述问题做出回答：(a) 普通姓氏在缺乏证明其具有显著性的证据时是否应被认为是非显著的；(b) 商标登记处是否可以在"先到先得"的基础上授予注册或是否应该确立其他精确依据。[67]

5.68 实践中欧洲对于姓名的可注册性没有统一的做法。例如，在一些斯堪的纳维亚国家，一项姓名商标的申请只有在获得其他使用该姓名的人同意后才可以被注册（在芬兰，这个要求扩展到商标法之外，还适用于公司名称[68]）。但是当商标的性质体现为姓名被其他因素有效掩盖从而不会被视为姓名时，该商标的姓氏本质会被忽略。[69]

---

[65] 见Centro Botanico Srl，Angelo Naj Oleari and Gruppo Cartorama SpA诉Modafil di A Toniolo & C Sas案，[2003] ETMR 500，米兰裁判庭（第一民事庭）拒绝其他公司使用"Angelo Naj Oleari创造的CENTRO BOTANICO RANGES CARTORAMA"的模式，尽管Naj Oleari之前将其商标转让给其他公司使用。

[66] Leroy Merlin Participations（SA）诉K-2 Corp案，案件编号R 66/2001-4 [2003] ETMR 113 (OHIM)：本案中的名称是用于箱包上的MERLIN。

[67] Re Nichols plc，2003年7月23日（高等法院）。

[68] 见Homer诉Homer's Bar Maunlua OY and Homer's BAR Pihlajanmaki OY案 [1998] ETMR 591，最高法院判定Elia Homer太太可以阻止公司对包含"Homer's"一词的名称注册，尽管该名称（1）在芬兰之外普遍作为姓氏使用；（2）与Homer Simpson有关联；并且（3）是以所有格的形式被使用。

[69] L'Oreal's application [2000] ETMR 10"芬兰行政法院支持了申请人对拒绝授予文字及图形商标PLENTITUDEEXCELL A3的上诉请求：在该情形下，Excell不应被视为姓氏。"

一些普通的姓氏也是形容词，例如 Brown/Braun/Brun；White/ Weiss/ Blanc/Bianco；Green/Grun/Vert/Verdi。这是否意味着商标申请人除了在举证姓名的使用频率外，还需要论及描述性的问题。矛盾的是，在这样的情况下，一项商标略微的描述性或模糊性可能实际上提高了其可注册性。因此，当联合利华公司试图在冰淇淋和冷冻产品上注册 MISTER LONG 时，由于 LONG 是个极为普通的名字，商标会被认为是个名字，缺乏固有显著性，相关申请因而被驳回。但当联合利华统一限制了拟申请商品的范围，只包括可被加长的产品，文字"长"（long）则成为描述性词语而不指代姓氏，该商标就可以被授予注册。[70] 5.69

OHIM 异议部判定，当两件商标共享相同的姓氏，但具有不同的名字时，"它们存在着尽管是很微弱的含义上的近似"；消费者会将共同的姓氏作为偶然因素而不是交易上的关联。[71] 5.70

(8) 个人签名

签名是个人书写其名字的特定形式。正如个人的姓名，签名可以被注册。但是对签名注册授予的保护是有限的。如果一个名叫 John Smith 的申请人以特定花式方式签名，其注册有助于其防止竞争者对不同的名字以类似的花体方式书写，但不能帮助它阻止其他 John Smith 的极为不相似的签名的使用，除非他能够向法院证明在考虑两者之间的视觉、发音和含义上的因素后[72]，两者存在总体上的近似性。 5.71

(9) 歌曲、书籍和电影等的标题

原则上不存在歌曲曲目、书名以及电影名称不能被注册为商标的理由。著名的歌曲 WALTZING MATILDA（澳大利亚著名民谣"华尔兹马蒂尔达"，被誉为该国准国歌。——译者注）在澳大利亚已在很多商品和服务上注册为商标。然而，当书名具有显著的其他含义时，德国法院可能会持不同观点。因此，当书名 Winnetou 注册在印刷品、电影和制作服务以及书本和杂志的印刷后，联邦最高法院注销了其注册，认为 WINNETOU 很易使人联想其高尚的印第安首领，从而失去了辨别商品或服务的能力，并且应该为竞争者所自由使用。[73] 如果这项决 5.72

[70] Unilevel plc's application [1999] ETMR 406 (LCAP).

[71] Linda Jackson Pty Ltd's application; opposition of Jackson International Trading Company Kurt D Bruhl Gesellschaft mbH Co KG，案件编号 520/2000 [2001] ETMR 376：LINDA JACKSON 签名和 DAVID JACKSON 图形标识对同类产品而言不够类似。

[72] 关于商标近似性的判断，见第 10 章。

[73] ZDF 诉 Karl-May-Verlag 案，2002 年 12 月 5 日（德国联邦最高法院）。

定是正确的，应该是很好地建议了出版商使用不大会引起他人联想的标题并且避免使用书籍中主人公名字作为书名。

J. 标语

5.73 尽管过去并不总是这样，但当前大家一致接受的是：标语可以作为商标注册。这并不意味着它们就不存在问题。首先，一项标语即便与特定的商品和服务联系在一起，它们区分那些商品或服务的意图对于消费者来说也是不明显的。其次，从营销的角度来说，最好的标语往往是那些描述性的[74]、赞美的[75]和其他缺乏显著性的形式[76]——尽管这些标语通过广泛使用可以获得显著性。[77]

5.74 因为同注册商品缺乏关联正是一个标语显著性的体现，所以没有理由认为一项与拟申请注册的商品或服务毫无关联的标语从一开始就具有不可注册性。[78]如果不是这种情况，裁判庭认为：标语被视为促销性文字的事实应该作为商标的积极因素而不是消极因素，因为它不仅能识别与其相关的商品或服务的来源，而且能够起到吸引注意力的营销效果。[79]

5.75 这种对于标语营销功能的赞扬暗示了标语比其他类型的商标（例如，产品外形和颜色）更容易通过使用跨越描述性和缺乏显著性这两道障碍。但是欧洲一审法院在审查用于远程营销服务的标语“REAL PEOPLE，REAL SOLUTIONS”时采取了较为谨慎的态度：该术语除了明显的促销含义外，不存在任何使得相关公众能够轻易、立即记住该标语将其作为指定服务的显著性标记的内容。即便该标记单独使用……相关公众在事先不知情的情况下，只会意识到其促销性的含义。[80]

5.76 将这两个结果放在一起，导致以下两者之间不存在任何折中立场：（1）一种标语的促销性如此强烈以至于只可能被视为标语——这虽是希望达到的，但却是

[74] Fieldturf Inc’s application，案件编号 R 462/2001-1，2002 年 5 月 15 日（未公开）（OHIM）：“看起来像草……摸起来像草……玩起来像草”不能注册为合成草皮的商标。

[75] Visa International Service Association’s application，案件编号 Case R 46/1999-1 [2000] ETMR 263（OHIM）：“世界上最好的支付和收款方式”不能注册在金融服务上。Master Foods Ltd’s application [2001] ETMR 667（爱尔兰专利局）：“顶级饲养人也推荐它”被判定不能注册在宠物食品上。

[76] “Partner With the Best” trade mark application [1998] ETMR 679（德国联邦最高法院）。

[77] Roux Laboratories Inc 诉 Clairol Inc 427 F 2d 823 案（CCPA 1970）（发色如此自然，只有她的美发师知道）。

[78] “做你自己”商标，[2003] ETMR 879（土耳其上诉法院第十一庭）。

[79] Clinique Laboratories Inc’s application，案件编号 R 73/1998-2 [1999] ETMR 750（OHIM）：美丽并不是看起来年轻而是看起来健康。

[80] Sykes Enterprises Inc 诉 OHIM 案，案件编号 T-130/01 [2003] IP&T 213，第 29 段。

不可注册的，以及（2）不具有任何促销效果的标语——它可以被注册，但从申请人的角度来说，可能是不想要的。基于此，标语经过使用获得显著性从而具备可注册性，方能提供实际的解决方案：以使用商标的方式使用标语（与其他商标共同使用或单独使用），引导公众对其做出正确反应，从而能实现对该标语的注册。

一些标语本身包含了商标。譬如，英国很多年以来 KIT KAT 巧克力均是在标语“HAVE A BREAK，HAVE A KIT KAT”下营销的。该标语由于被相当广泛地使用，因而深深地烙在了该国消费者的意识中。但随后雀巢在申请将该标语的前半句“HAVE A BREAK”注册作为商标时却未获成功。“HAVE A BREAK”广为公众知晓，但它对于雀巢产品却不具有固有显著性。更重要的是，它的名气来自整句话的使用“HAVE A BREAK，HAVE A KIT KAT”，而没有证据证明“HAVE A BREAK”在无标语的后半句“HAVE A KIT KAT”的伴随下，已经通过使用获得了自身独立的显著性。[81] 5.77

K. 技术标准

OHIM 复审委员会拒绝了将文字 BROADBAND CODE DIVISION MULTIPLE ACCESS 作为商标用于电信产品或服务上的注册申请。根据审查官的观点，该商标是“通信行业中某种指定的技术标准”，因此是对符合该标准的商品或服务的描述性用语。复审委员会对此表示同意。申请人发明了该技术标准的事实并不会使其具有显著性；委员会也没有接受申请人的如下主张：因为“broadband”（宽带）和“code division multiple access”（多种途径编码分配）具有相同的含义因而是同义反复的，所以在使用任意一个词语就足够的情况下同时使用两个描述性术语，降低了该商标的描述性。[82] 5.78

L. 产品外表和形状

（1）应用在产品表面上的图案

从理论上来说，不存在一项用于商品表面的外观设计不能作为商标注册的理 5.79

---

[81] Societe des Produits Nestle SA 诉 Mars UK Ltd 案［2003］FSR 684（高等法院）。上诉法院现将这个问题提交到欧洲法院；见 Societe des Produits Nestle SA 诉 Mars UK Ltd 案［2003］EWCA Civ 1072，2003 年 7 月 25 日（未公开）（上诉法院）。

[82] Interdigital Communications Corporation's application，案件编号 R 50/98－3［1999］ETMR 758。

由：这样的一项设计不但具有可注册标记的物理特征，并具有与竞争的经营者的商品或服务进行区分的潜能。但在实践中当事人可能很难说服注册机关，该表面图案会被相关的消费者视为商标而不是商品装饰的或功能性的特征。因此，在Glaverbel的申请中，欧洲内部协调局认为用于玻璃产品表面的抽象图案（见图5.3）会导致消费者认为，这些产品是由雾化玻璃制成的，原因是这项设计对于旁观者并非显而易见的。这项结论为欧洲一审法院[83]所采纳，但当前正在欧洲法院进行上诉。

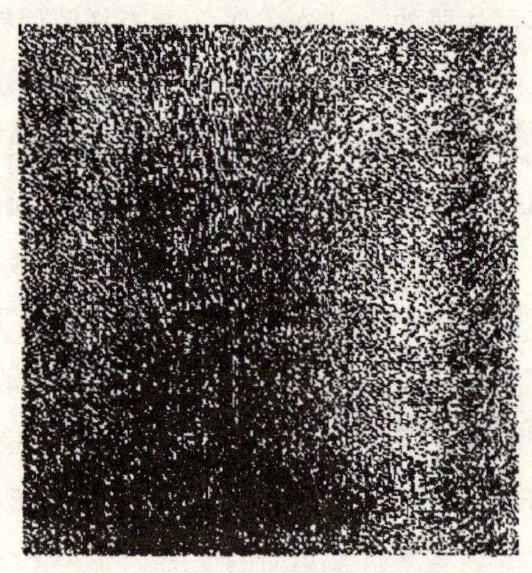

图5.3 应用于玻璃制品表面的抽象设计图案

5.80 商品表面点状或斑状的外形图案在理论上可以被识别：例如，粉红色的圆点图案能将一个箱包制造商的产品与其竞争者的产品区分开来。根据《欧盟理事会条例》，目前外形不能用来区分去垢药片，因为欧洲一审法院判定，斑状去垢药片是将各种成分用于去垢产品的最明显的配方方式，并且也是去垢固体通常的外形。[84]

（2）产品外形[85]

5.81 此前本章的很多篇幅主要是关于文字商标和二维可视商标的注册问题。三维的商品外形现在也可以通过对商品外形本身的注册或通过对有可能以三维方式再现而被侵犯的二维商标的注册作为商标加以保护。

5.82 毫无疑问消费者能够识别产品外形的显著性特征，但他们可能对于外形相同但贴附不同文字商标的产品产生混淆。[86] 欧洲法院明确指出，审查标记和授予商标的主管机关必须对所有标记一视同仁，相比其他种类的标记，产品外形不存在更为严格的注册标准。[87] 然而，与外形申请注册相比，申请注册其他种类的标

[83] Glaverbel诉OHIM案，案件编号T-36/01［2003］ETMR 425。申请人因为程序权限而被豁免。

[84] Unilevel plc诉OHIM案，案件编号T-194/01，2003年3月5日（未公开）。

[85] 关于内部市场协调局对产品外形商标的做法的详细回顾，见Arnaud Folliard Monguiral和David Rogers：《共同体商标对外形的保护》［2003］EIPR 169-79。

[86] 在这个基础上，意大利坎波巴索省法院对大量模仿本田部件外形的引擎部件供应商发布了一项临时禁令：Honda Italia Industriale SpA诉Kama Italia Import and Export Srl案 WTLR，2003年5月12日。

[87] Linde AG，Winward Industries Inc and Rado Uhren AG，2002年10月24日，合并审理案件编号C-53/01 to C-55/01，［2003］ETMR 963。

记[88]更易成功，并且此类商标一旦授予，更容易被提起撤销注册的申请。[89] 原因主要有三点：（1）因其他知识产权，如专利、实用模型或外观设计权仅授予较短时间的保护，法院和授予机关在授予一项在产品外形上的潜在永久的垄断权时十分谨慎；（2）很难证明产品外形在消费者眼中，尤其是当和其他更为明显的商标共同使用时，具有作为商标功能而不是仅表明产品特点的视觉冲击力[90]；并且（3）也不确定，即便消费者为产品的整体或部分外形所吸引，并将其与商标申请人联系起来，他们会把它视为商标而不仅仅是争议商品外形的一部分。在第三种情形下，欧洲法院被要求对此做出判决——当商标中混合了外形一并使用从而事实上形成垄断时，即便该标记之前并没有作为商标来推广，消费者对申请人标记的识别能否用以证明标记获得了显著性。[91]

很显然，由于申请人注册商品外形不会与其他注册区别对待，其他适用于注册标记的一般绝对禁止事由也同样适用于产品外形。[92] 因此，即便独立于其他阻止产品外形注册的理由[93]，一项产品外形完全是由在商业中指明商品的种类、质量、数量、意图使用的目的、价值、地理来源或产品生产时间……或其他产品特征的标记或其他指示构成时[94]，则不具有可注册性，除非它事先获得了显著性的特征。具体而言，这个问题基于两点理由，主要是个学术性问题。首先，存在多少这样仅仅由这类指示构成的产品外形？我们依据假设讨论的是不具有美学或功能特征的产品。其次，有多少完全由这些指示构成的产品，有人试图将其注册为商标？ 5.83

产品外形注册相对难以成功进一步引起以下问题的不确定性：由于鲜有产品外形被合法注册，相关商标侵权案件实际上也非常少，因而难以衡量法院对这类问题的回应。比方说，澳大利亚联邦法院以多数意见允许“千年虫”昆虫形状的 5.84

[88] 由知识产权建议委员会进行的对1999年1月到2000年6月之间在澳大利亚商标局提出的商标申请的一项调查显示，在62%被允许注册的商标中，仅仅有10%的外形、声音、气味以及其他不同类型的商标申请被接纳；见Colin Oberin，《注册外形商标》，《知识产权公告》（Allens Arthur Robinson），2002年12月，第9～12页。

[89] 见Mega Bloks Inc v Lego System A/S，案件编号HG000095/Z07（苏黎世商事法庭）：LEGO商标的注册因丧失显著性而被注销。

[90] 见Bongrain SA's trade mark application，2003年3月21日（未公开）（高等法院），该案中，法院认为审查官员有权认为6瓣花朵形状的奶酪不具有显著特征，因此需提供证据证明经过使用获得了显著性。

[91] Dyson Ltd诉Registrar of Trade Marks案，2003年5月15日（高等法院）。

[92] Linde AG，Winward Industries Inc and Rado Uhren AG，2002年10月24日，合并审理案件编号C-53/01 to C-55/01，[2003] ETMR 963。

[93] 《欧盟理事会指令89/104》第3（1）（e）条；《欧盟理事会条例40/94》第7（1）（e）条。

[94] 《欧盟理事会指令89/104》第3（1）（e）条；《欧盟理事会条例40/94》第7（1）（e）条。

注册。[95] 该外形属于一般昆虫的外形，并非任何特定昆虫的形状。其中一个法官认为：理论上，可能存在对称分布（的昆虫外形）的数目是有限的；假定这是前提，得出该数目及某种特定外形是否对其他经营者将昆虫外形作为商标使用产生重大影响都是基于推测的。

5.85 这显示了该类商标中潜在的不确定性。如果一个经营者注册了一项可明确识别的昆虫，例如蜜蜂外形的三维图像，那么判断其他经营者使用的形状是否类似于蜜蜂相对来说较为容易。相反，对不存在的昆虫外形的注册可能对商标所有人授予了更高程度的保护，因为不熟悉它的（或记忆力不好的）消费者可能会将其与大量其他昆虫的外形相混淆。

(a) 如果产品外形完全来源于产品本身的性质，则无法注册

5.86 描述性的文字商标和图形商标都是不可注册的。因此，无论是“COCONUT”这个词语还是椰子这个图形都不能注册于椰子上。对于文字和图形商标，产品外形具有描述性不是被拒绝注册的理由，但是外形商标的形状来自商品本身构成了欧洲驳回商标注册申请的类似理由。[96]

5.87 我们不确定的是，对于“自然属性”一词能否作字面解释。例如，鸭子的外形来自其自然属性，但冰淇淋并非如此。当所有的冰淇淋都可以被具有分辨能力的消费者所识别时，就不存在消费者推定存在的外形。因此，我们似乎可以合理地推定冰淇淋的外形（见图 5.4）并非来源于其“自然属性”[97]，尽管柏拉图的形式理论[98]认为冰淇淋具有构想的观念性存在，而店中产品仅是对其朴素的写照。

图 5.4 这些冰淇淋甜点的外形是由其“本质”还是由其“功能”所决定的?

[95] Kenman Kandy Australia Pty Ltd 诉 Registrar of Trade Marks 案［2002］FCAFC273，见 Julia Baird，《该商标是如此的具有吸引力：它应该为我们所有人所使用！从澳大利亚视角看功用性外形商标》(2003) 52 IP Forum 26-37。

[96] 《欧盟理事会指令 89/104》第 3 (1) (e) 条；《欧盟理事会条例 40/94》第 7 (1) (e) (i) 条。

[97] 在 Societe des Nestle SA 诉 Unilevel plc 案中，[2003] ETMR 681（高等法院），提交到欧洲法院寻求初步裁决的申请随后被撤回了。在 Procter & Gamble Company's application，案件编号 R 74/1998-3 [1999] ETMR 776、案件编号 T-122/99 [2000] ETMR 580 案中，欧洲一审法院认为如果存在其他不具有同样形状的肥皂块，肥皂块的外形则并非来自产品的自然属性。

[98] 今天几乎没什么人读柏拉图的作品了。更易获得的是 Jostein Gaarder 所著的《苏菲的世界》中有关柏拉图的短小章节。

一些非自然的产品大体上比冰淇淋具有更为统一的外形：例如，铅笔、剪刀、鞋带等。那么，冰淇淋的外形是由它们的“自然属性”还是它们的“功能”决定的呢？既然它们的功能可以决定它们的自然属性，这个讨论也许毫无意义。

曾有一种观念认为产品本身不能成为商标[99]，因此商标应该是附加到该产品上的事物。这项公理并没有被TRIPs和主流的欧洲商标注册观念——“任何能够地域性地表彰……商品外形及其包装……”而直接证实。我们或许会质疑这项公理是否准确反映了当前商标法的现状。在解答的时候我们会发现，尽管该公理仍有道理，但它可能是对欧洲当今法律极端的体现。当一项产品是商标本身时，消费者通常会将看到的外形作为该商品的代表。即便如此，声称产品的外形永远无法暗示其来源恐怕是苛刻的及不切实际的：这种情况尽管非常罕见，但并非完全不可能，需要证明它存在很高程度的显著性。 5.88

(b) 如果产品外形仅仅是获得某种技术效果所必需的形状，则无法注册

这个原则通常被称为“功用性”：产品外形如果具有功用性则不能注册。“功用性”一词未在欧洲制定法中使用，但为国内法院和欧洲法院所采纳。“功用性”的一般问题多见于商标具有二维或三维产品外形的情况，但也略有不同地存在于文字商标和普通图形商标的情况下。因此，“TEAR HERE TO OPEN OR STIR BEFORE DRINKING”（饮用前请撕开这里以打开或搅拌）的表达不能注册为商标，因为它们既不是商标，也不能区分商品。基于同样理由，一幅扑克牌中的人头牌（扑克牌中的大王、小王等——译者注）的图像也是不可以注册的。[100] 5.89

一项产品实现其功能的部分在欧洲不能够被注册为商标，原因是即便人们认为它们看起来不错，它们也不能用来显示与商标所有人的联系，而是用来发挥功用。[101] 因此，一把梳子的锯齿、车的引擎，以及飞利浦电动剃须刀三头构造被视为只具有功用性作用。[102] 5.90

严格来讲，实际上没有产品外形完全是由其功用决定的，即便该外形本身由另一项物品外形或功能决定。因此，当电插座必须具有某种特定的外形以插入插槽时，它仍可以以不同的外形插入该插槽，因为不插入插槽的插座部分可以任意地改变尺寸。同样，斯德哥尔摩地区法院的多数法官认为，如果由它们来决定飞 5.91

---

[99] Fullkorper trade mark application [1997] ETMR 431（德国联邦最高法院）。

[100] Societe France CArtes 诉 Naipes Heraclio Fournier SA 案，案件编号 R 766/2000-2 [2002] ETMR 1119（内部市场协调局）。

[101] 《欧盟理事会指令89/104》第3(1)(e)条；《欧盟理事会条例40/94》第7(1)(e)(ii)条。

[102] Koninklijke Philips Electronics NV 诉 Remington Consumer Products Ltd 案，案件编号 C-299/99 [2002] ETMR 81（欧洲法院）。

利浦剃须刀的可注册性，剃须刀上该外形所赋予的功用优势可由相同形状加以不同变形来实现。[103] 根据这个观点，没有什么产品外形是专门或必须由其技术功能而决定的，因此将纯粹的功用性外形从注册中排除永远不可能。[104] 然而，这个观点被欧洲法院否认，理由是一项外形不能因为能够以看起来不同的形式完成同样的技术目的而被认为减弱了功能性。[105]

5.92 一项产品外形中同时存在其他知识产权是否意味着该产品是具有潜在功用性的？不一定。因为技术结果的授予是由商标法自身法律标准所确定的。在丹麦，婴儿用的婴儿凳上的专利权已经失效但版权仍然存在，这是因其高度显著性的“视觉效果”有权受到知识产权法的保护。[106] 婴儿凳有商标保护，尽管其外形和形式才是其具有价值的原因。因为对于法院而言，“排他性”的标准没有被证明：婴儿凳的生产商在制造其他样式的椅子时，未使用被告复制使用的显著性样式，但仍具有同样的技术优势。

5.93 前述评论仅适用于外形的功用性。其他功用性特征，如颜色，并未被欧洲商标法功用性规则排斥在外。例如，在美国，黑色对船的引擎不可注册，因为它实现了使引擎看起来体积较小，并且与不同颜色的船只兼容的功能。[107] 这个结果在德国也可以通过援引“为自由目的而使用”原则而实现，从而使黑色能为其他船只制造商所自由使用。黑色还有可能因为被消费者仅仅视为引擎颜色而未联想到其试图作为商标使用的原因而不具可注册性。在这种情况下，一项被承认具有功用性的特征不能被注册是基于非显著性原则，而非基于功用性原则被剥夺了可注册性。

(c) 如果产品外形独有地赋予产品以实质的价值，则无法注册

5.94 产品外形独有地赋予产品以重大价值而没有产生技术效果的情况是非常少见的。因此，在异议或撤销程序中提出“重大价值”主张的时候，实际上它相当于“功用性”主张这位能言善辩姐姐的沉默小妹妹。

(d) 常见的产品外形

5.95 虽然产品外形可以注册为商标，但在下述情况下不可注册：(1) 外形是产品

---

[103] Ide Line Aktiebolag 诉 Philips Electronics NV 案［1997］ETMR 377。

[104] Amp INC 诉 Utilux Pty Ltd 案［1972］RPC 103（HL）。

[105] Koninklijke Philips Electronics NV 诉 Remington Consumer Products Ltd 案，案件编号 C-299/99［2002］ETMR 955，第 84 段。

[106] Stokke Fabrikker and another 诉 Playmaster of Sweden AB（Ltd）and another 案［1998］ETMR 395（Ljunby 地方法院）。该商标目前在荷兰涉诉。

[107] Brunswick Corp 诉 Brtish Seagull Ltd 案，35 F 3d 1527，1532（1994 联邦上诉法院）。

固有的部分而并非与其相关的标记（因为被视为不具有显著性）[108]；（2）外形在消费者购买商品时不会被注意到[109]；或者（3）外形赋予了产品某种功用性的优势。

宝洁公司骨头状的肥皂块（见图5.5）的可注册性问题证实了可注册性和不可注册性之间法律问题微妙的平衡点。肥皂块的外形并没有被其他竞争者所用，并且也并非来自肥皂本身的自然属性。[110] 而另一方面，其外形在销售时是不明显的（因为被包装遮住了），其凹陷型的外形并不会被立即识别出是产品来源的标志[111]，而当肥皂弄湿后，骨头形状的设计仅是便于使用者握在手里。[112] 5.96

图5.5　宝洁公司简单骨头形肥皂块设计

商标登记处对于此类性质的申请相对来讲是不予同情的。这既可以通过驳回申请的各种理由，也可以从驳回本身的语气看出。例如：Coca-cola瓶子、Porsche超级跑车、Mini Cooper以及Rolls-Royce的轿车仅通过外形便可识别产品，这些对于申请都没用……这些产品销售时都没有加包装，并且……经过很长时间，产品仍然能保持原形。这些都不同于被包装纸包着、且使用后形状会发生变化的肥皂块。[113] 5.97

获取注册困难的不仅仅是肥皂块。装饰的外形也有其问题。产品外形是装饰的事实并不必然排除其具备显著性，而无论该装饰是用于整个产品[114]还是部分产品。[115] 但是，如果产品装饰性的属性是其本身就打算具有的功能，则装饰性的属性也不能避免无法注册的结果。这正是发生在三角形巧克力碎屑商标上的结果（见图5.6）：由于它们本来是打算撒在蛋糕上起到装饰的效果，它们的装饰正是 5.98

[108] Mag Instrument Inc诉OHIM案，案件编号T-88/00 [2002] ETMR 665（欧洲一审法院）。

[109] Procter & Gamble Company's application [2000] ETMR 703（爱尔兰专利局）。

[110] Procter & Gamble Company诉OHIM案，案件编号T-122/99 [2000] ETMR 580（欧洲一审法院）。

[111] Procter & Gamble Company诉OHIM案，案件编号T-63/01，2002年12月12日（未公开）（欧洲一审法院）。

[112] Procter & Gamble Company's application，Case R74/1998-3 [1999] ETMR776（OHIM）.

[113] Procter & Gamble Company's application [2000] ETMR 703（都柏林专利局）。

[114] Warman International Ltd/s application，案件编号R 64/1998-1 [2000] ETMR 1159（内部市场协调局）。

[115] Valigeria Roncato SpA's application，案件编号R 164/1998-1 [2000] ETMR 46（内部市场协调局）：手提包上三维装饰带。

它们的功能，因而予以注册是不适当的。[116]

(e) 表明某种产品不完整的形状的注册

5.99 丹麦奶业委员会试图宣布某种具有甜圈圈外形、中间有个圆孔、且用于奶酪的共同体商标无效，理由是其他奶酪中间也有圆孔，因此该商标缺乏显著性。内部市场协调局撤销部并不同意这一判断。在考虑一项商标的显著性特征时，有必要考虑该商标在商品本身中的体现。在这个例子中，尽管圆孔的概念可能为多种奶酪所用，即便有相同的圆孔，每种奶酪看起来还是不同的。[117] 撤销部还认为圆孔本身不能注册为商标，是因为它永远都是产品的一部分，该外形还体现了其他的特征。

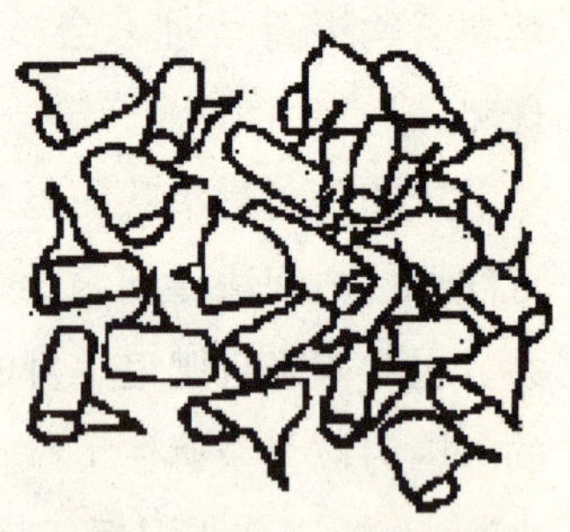

图 5.6 某款三角形切割的巧克力商标图案

(f) 包装瓶、外包装以及容器

5.100 瓶子、外包装和容器现在都是可注册的标的物。但这并不意味着所有瓶子、外包装和容器实际上都是可以注册的。只有那些满足了其他种类商标可注册性同样条件的此类物品才可以被注册。

5.101 内部市场协调局一复审委员会驳回了申请人“以真空包装塑料袋包装单件衣服”的申请，因为该包装不构成申请人商标的图解。委员会认为：申请人提交有关其商标的清楚且可识别的图像是基本要求……仅仅描述，而非表达该商标清晰明确的体现，不能被视为一种再现。[118]

5.102 不同真空包装的产品看起来是非常不同的；的确，一双廉价袜子毫无疑问都可以采用不同款式进行真空包装。但是，真空包装并不能提高袜子的质量，而且它也不能成为此类的真空包装从而具有可注册性的一个必要步骤。总法务官建议欧洲法院意识到对颜色商标加以界定的需要，同样反映了通过界定物理维度而界定真空包装这个概念的需要。[119]

5.103 尽管本章后述内容会强调“模糊商标”的风险，但瓶子与其他商标共同使用的事实不应削弱其显著性。也许是基于其所装物品的流行，很多瓶子实际上凭借自身获得了非常高的显著性：这样的例子包括 Coca-cola 瓶子、Yakult 瓶子[120]以

[116] Luijckx BV 诉 ECC 案［2000］ETMR 530（荷兰 Hertogenbosch 上诉法院）。

[117] Josef Rupp Gesellschaft mbH’s Trade Mark；application for a declaration of invalidity by the Danish Dairy Board［2002］ETMR 395.

[118] Antoni and Alison’s application，案件编号 R 4/97-2［1998］ETMR 460 463。

[119] Libertel Groep BV 诉 Benelux-Merenbureau 案，案件编号 C-104/01［2003］ETMR 508。

[120] 这个问题可见 Kabushiki Kaisha Yakult Honsha and others 诉 Danone Nederland BV and others 案［1998］ETMR 465（海牙地方法院）。

及 Dimple 公司的威士忌瓶子。一家德国法院根据使用独特形状瓶子的广泛商业实践得出两个假设：(1) 消费者的确注意到该外形；(2) 消费者的注意与瓶子形状反映产品来源的功能有关。[121] 但这有可能夸大了该案。消费者可能将瓶子的外形视为其来源的提示或一种具有吸引力的设计（后者体现为很多人购买具有吸引力的瓶子，从而一旦瓶子中的东西用完后，便可以将瓶子作为烛台使用）。

对于容器形状显著性的绝对特征尚未有可识别的共同标准。对于其他种类的商标，存在以下三种类型的容器：完全不具显著性的容器、本身具有固有显著性的容器以及介于上述二者之间能够识别商品，但在未能证明其通过使用获得显著性之前不能被注册的容器。问题就在于如何确定某种容器属于哪个类别。内部市场协调局拒绝授予两项被精确描述、略为时尚的二维常规油瓶的商标（见图 5.7）；复审委员会形容该商标的图形要素是“实用性”的。[122] 另一种具有明显描述性的更为随意的瓶子外形被英国商标局拒绝注册（见图 5.8）[123]，然而一个普通的未经装饰的简易瓶子却被葡萄牙商标局认为是具有固有显著性的（见图 5.9）。[124] 5.104

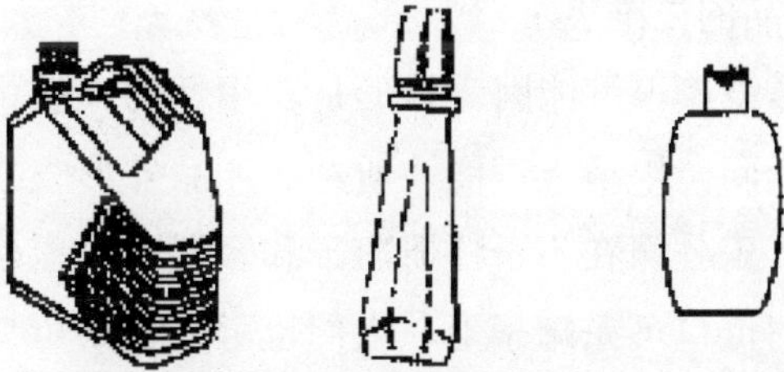

图 5.7～5.9 至今关于判定容器形状显著性的绝对标准尚没有定论

(g) 具有形状但并非形状本身的产品的性质

有这么一例关于将“构成吸尘器一部分的透明盒子”申请注册为共同体商标的申请，由于未能展现盒子的形状，该申请被驳回了。申请人辩称该商标不是一项文字、图形或三维商标，而是一项“外形”商标，表现了拟注册商品所具有的特征之一。[125] 正如我们在有关外包装和容器的可注册性的讨论中所述，在申请“以塑料真空袋包装单件衣服”为共同体商标案中也是得出类似的结论。[126] 对这 5.105

[121] Likoerflasche trade mark [2002] ETMR 456（德国联邦最高院）。

[122] British Petroleum Company plc's application，案件编号 R 55/1998-2 and R 60/1998-2 [1999] ETMR 282，286。

[123] Fresh Breath Co Ltd's application [2000] ETMR 644.

[124] Jansen Pharmaceutica NV 诉 Patent and Trade Marks Office 案 [2001] ETMR 663（里斯本民事法院）。

[125] Notetry Limited's Application，案件编号 R 78/1998-1 [1998] ETMR 435（内部市场协调局）：审查员的决定因程序问题被宣告无效。

[126] Antoni and Aison's application，案件编号 R 4/97-2 [1998] EMTR 460（内部市场协调局）。

两个案例，商标登记处都没有给予竞争者足够的指导，说明其产品应当具有什么外形才可以注册，尽管很多人认为该竞争者轻而易举便能明白申请人试图注册的是什么外形。

(h) 具有各种可变内容的形状

5.106 一个申请人试图在糖果上注册，一项包含“一圆形扁平的糖果片，在糖果片的两个平面上刻着跳动的心脏，并且每一面在心形图案上都写着几个词或短语”的商标。申请被驳回，理由是糖果产品的经营者，早就知道申请人多年来在推广其产品时使用“LOVE HEARTS”的文字商标。任何知道该产品的人都会立即将其从商标中识别出来，但那些不熟悉的人并不知道该商标包含什么，从而无从知道哪些因素他们可复制使用。[127] 糖果的厚度及直径、所画的跳动心脏的位置以及糖果上剩余的空间都没有清楚地表达。但是，可予变更的文字内容——包括简洁表达的情感用语，如“我爱你”、“爱侣男孩”及“迷醉”——并不是拒绝注册的理由。

(i) 三维立体产品的二维表示

5.107 如果三维的外形申请很可能因为外形是功用性的，或由于其注册商品的内在属性而决定予以驳回，申请人试图注册并非产品外形直接体现的二维商标的胜算则更大。可口可乐公司在不予注册瓶子和容器的国家使用了这种方法。今天即便在英国销售的可口可乐罐子上，人们也可以看到可口可乐瓶子的缩微图形，这并不是构成易拉罐图形的图画，而是代表其所有人在该行业中的商标的体现。

5.108 不同于产品外形的是，三维产品的二维图形可以通过不同方式来描绘。因此，任何该产品足够原创的描绘会被认为本身是可注册的。[128] 相反，对只体现被售商品外形的有关产品的逼真描绘却可能不可注册：顾客看到它的时候只认为是产品的一张照片，而根本没有意识到其实是打算作为商标使用的。[129]

(3) 产品外形和“跛行”的商标

5.109 产品外形商标带来的最大问题便是“跛行”商标问题，即和其他比外形商标更早为消费者认知的商标（通常为文字商标）一并使用的商标。英国高等法院法官在有关飞利浦剃须刀案的裁决中认为：该商标从未被飞利浦公司用做表彰产品

[127] Swizzels Matlow Ltd's application [2000] ETMR 58 (LCAP).

[128] Absperpoller trade mark application [1997] ETMR 176（德国联邦最高法院允许交通指示板图案在有关包含交通指示板商品上的注册）。

[129] Car Wheel Rim trade mark application [1998] ETMR 584（德国联邦最高法院）。

来源的唯一标志。在考虑经使用而获得显著性的问题上，飞利浦公司从不信任由其单独承担此任。它起码是个“跛行的商标”，需要借助于PHILISHAVE这一文字商标作为拐杖。[130]

相比词语“跛行的”，上诉法院更喜欢使用“支持性”一词[131]，即便布鲁塞尔最高民事法院也将“跛行性”商标用于更广泛的丧失显著性特征、仅具有描述性特征的商标。[132] 5.110

辅助性商标和“跛行”的商标之间有很大的区别，因为“跛行”的商标并不有助于其他商标。欧洲一审法院认为该类标记甚至不应当被视为商标。在Viking案中，该法院认为：申请人承认一项商品的商事来源最终将由其显著性的特征来表现，例如文字商标。如此，消费者就不会将绿色和灰色的矩阵视为提示商品来源的标记，而只会将其视为争议产品成品的一部分。[133] 5.111

BABY-DRY（美国产尿片牌子——译者注）就是支持性商标的一个例子：BABY-DRY经常伴随PAMPERS商标出现在一次性尿片的包装上，主要起到支持性的作用（见图5.10）。 5.112

商标所有人在使用一项辅助商标并且不希望其变得“跛行”时，必须避免产生该商标仅仅用于区分其名下各类产品之目的，而不是区分所有人产品和第三人产品之目的的印象。有些BABY-DRY的包装可以说确实造成了这样的印象，即便其最近的营销活动正在试图消除这种印象。 5.113

图5.10 一个支持性商标的例子

商标具有支持性功能并不影响其固有的可注册性：只要该商标能够将其所有人的商品或服务与其竞争者的商品或服务区分开来，即便实际上它只用于区分相同生产商名下的各类商品，这仍然是可以注册的。但是，仍存在一个问题（如在飞利浦案中），即该使用是否足以对抗之后的撤销之诉，即有关声称该商标在规定期限内未作为商标而使用的诉称。这个问题将在第13章中进一步分析。 5.114

不是所有的国家都能容忍“跛行的”商标。比如说，伊朗的做法是只有当文 5.115

---

[130] Philips Electronics NV诉Remington Consumer Products案［1998］ETMR 124，130（Jacob J法官）。

[131] Philips Electronics NV诉Remington Consumer Products案［1999］ETMR 816，815（Aldous LJ法官）。

[132] Lipton Ltd，Van Den Berg & Jurgens BV，Unilevel Belgium and Unilevel NV诉Sara Lee/De NV and Douwe Egberts案［2002］ETMR 1073，1077。

[133] Viking-Umwelttechnik GmbH诉OHIM案，案件编号T-316/00［2003］ETMR 196，［2003］IP&T 25，第6段。

字商标或标志语附于注册申请中时，才允许注册三维商标。[134]德国的做法没有那么极端：其假定，既然瓶子（仅为了举例）适用于其所装物品的容器，所装物品的相关消费者会将瓶子主要视为容器，除非能证明消费者也将瓶子视为具有描述性的功能。[135] 内部市场协调局的做法是，询问消费者是否会将“申请人包装的纯粹外形……识别出来并与特定的商品来源联系在一起”[136]。德国和内部市场协调局的做法都保留了注册的可能性，但规定申请人应当承担证明消费者观点的举证责任。

5.116 从营销的视角来看，现代多数产品的包装都微弱地提示了产品来源，结果是没有商品仅仅依赖商标展现给消费者。这是否意味着在销售单一商品或服务时使用的一切实际或潜在的可注册商标，因为彼此相互辅助，所以都具有某种程度的“跛行性”？或许不是。营销实践始终不变地试图对消费者传递一种清晰确定的信息，而最佳的方式便是用单一文字、标志、颜色或其他图形。主商标吸引了消费者的注意力并满足其根据选择做出购买的需要：其他商标或是包装视觉效果的一部分或用以对抗因不使用而予以撤销的风险。一个很好的范例便是一个普通的可口可乐易拉罐。有时易拉罐上描绘了四到五种可被视为商标的文字或可视图案——但它们的商标功能在消费者未拿起易拉罐并进行仔细打量之前是无法实现的；并且，除非不是普通消费者，否则在购买前不会这么做。

M. 非传统商标

(1) 嗅觉商标

5.117 嗅觉商标引起的一个争议性难题便是它们是否能够以图解的形式表达出来。内部市场协调局一复审委员会[137]认为文字“新鲜割下的青草的味道”是该味道的充足图解表达，该观点被其他委员会采纳，并因此认为文字表达“越橘的香味”是同样可以接受的表述。[138] 在上述两个案例中，委员会均认为由于该味道广为人知，任何试图注册商标的人都会感到十分熟悉，因而不需要进一步的文字描述。

[134] High Lights (newsletter of the Law Offices of Dr Ali Laghaee & Associates Inc)，2003年1月，第3卷，第1页。

[135] Likoerflasche trade mark [2002] ETMR 456（德国联邦最高法院）。

[136] Cabot Safety Intermediate Corporation's application，案件编号 R 381/2000-1 [2001] ETMR 949（内部市场协调局）。

[137] Vennootschap onder Firma Senta Aromatic Marketing's Application，案件编号 R 156/1998-2 [1999] ETMR 429。

[138] Myles Ltd's application，案件编号 R 711/1999-3，[2003] ETMR 718（内部市场协调局）。

欧洲法院在 Sieckmann 案中采取了相反但权威的立场。[139] 其基于内部市场协调局委员会也同意的一项前提，“商标可以包含一项本身不能为视觉感知的标记”，例如，一种气味，“只要……该描述是清晰、精确、自我周全、容易获得、可读、经久并客观的”，欧洲法院的结论是：无论是“凤仙花果味带有轻微的月桂气味”，还是 C6H5-CH=CHCOOCH3 公式均不符合那些标准；容器中所装的提交保存的样品多数也不能符合要求。

为了避免歧义，需要强调的是，当欧洲法院在 Sieckmann 案中主张商标可以包含一项本身不能为视觉感知的标记，只要……该描述是清晰、精确、自我周全、容易获得、可读、经久并客观的[140]，同样的标准也适用于可以被视觉感知的标记，包括颜色、外形、声音、表情和手势。 5.118

气味商标，即便它们能通过“文字表达”，却可能永远也不能作为其适用于商品的有益的显著性特征。它们特殊的性质给律师、消费者以及市场战略者带来新问题。内部市场协调局第三复审委员会声称：不同行业对气味和文字商标的认知不同。商标的新颖形式，如颜色商标、音响商标、味道商标或触觉商标，都必须具有相关商品的独立功能性和自发的特征。除非它们能在空间中扩张，并能够独立于商品被认知，否则它们不能成为商标。商品和商标之间的关系应该是稳定并经得起时间考验的，以便购买决定总是能够依据保持同样状态的商标做出。[141] 5.119

如果这段话是正确的，那么不仅嗅觉商标而且产品外形——尤其用于诸如肥皂块的会失去外形的商品——也许就不能作为可注册商标。 5.120

如果人们怀疑是否真的存在将嗅觉标记登记注册为商标的问题，让他们试想一下正在销售受青草味道商标保护下的网球的体育用品店里发生如下情形： 5.121

(i) 因味道充斥整个商店，因此消费者无法发觉网球上带有新鲜青草味道。

(ii) 味道并没有充斥整个商店，而是似乎来自网球摆放区：消费者则需要依赖于视觉或其他暗示从一系列相竞争的网球产品中找到他认为散发该味道的网球。

(iii) 该味道完全被隔壁摆放的网球味道所覆盖，后者注册了煎熏肉的味道。这是否构成不公平竞争呢?

(iv) 该网球是去年的存货，因此味道不再新鲜：商标所有人能否基于商品的品质发生改变而拒绝销售它们? 或者仅仅是商标的状态发生了变化?

(v) 网球场草坪的草种供应商希望在其种子袋上注册所描述的新鲜青草味道。这样的行为是否侵犯了网球上注册的嗅觉商标?

(vi) 某竞争者试图在网球上注册新鲜松树的味道。这会导致与新鲜割下的青草味道混淆么?

---

[139] Sieckmann 诉 Deutsches Patent-und Markenamt 案，案件编号 C-273/00［2003］ETMR 466。

[140] Sieckmann 诉 Deutsches Patent-und Markenamt 案，案件编号 C-273/00［2003］，见 476。

[141] Myles Ltd's application，案件编号 R 711/1999-3［2003］ETMR 718。

5.122 对于上述各种情形，我们很难从现有对法律的理解中归纳出法律应如何应对。在其他情形下，我们能以对商标系统现有的知识进行类推适用。比方说，很多不具备很强气味识别能力的人无法识别新鲜割下的青草味道作为网球商标，但这不构成一个问题，因为很多全盲、半盲或者文盲消费者也无法识别汤力水瓶子上的文字 SCHWEPPES（饮料品牌，国内翻译为“怡泉”。——译者注），但该文字仍然构成一项商标。

（2）颜色[142]

5.123 此前在欧洲被接受的观点是，一种颜色可以用来将某经营者的商品或服务和其他经营者的商品和服务区别出来[143]，只要其图解表达包含了样品或是颜色的展现而不仅仅是文字的描述：文字“orange” （橙色）[144] 以及“claimed colour green”（声称为绿色的）[145] 不构成任何橙色或绿色相应颜色的图解表达，颜色样品若以可能掉色的墨水打印也不能充分实现该目的。[146] 欧洲法院现已判定申请人可以通过国际承认的颜色编码来指定一种颜色。[147]

5.124 颜色商标可能会遇到相对常见的文字和可视商标不会遇到的问题：公众习惯通过文字和图形商标识别商品的商业来源，当标记成为商标试图注册的商品的外形的一部分时，就未必如此了。[148]

5.125 因此，比较可靠的是声称颜色经使用获得商标的显著性，因为消费者被引导将其视为商标，而不是在申请时期待审查官也会同样乐观地认为适用于商品上颜色的固有显著性特征。基于同样的理由，美国统一的做法是在批准注册前，要求申请人提供证明颜色可以代表商标第二层含义的证据。[149] 尽管内部市场协调局一

[142] Charlotte Schulze 在《在欧盟注册颜色商标》[2003] EIPR 第 55 页和第 65 页中写道，一系列用语（抽象颜色商标、诸如此类的颜色、没有轮廓的颜色、颜色如此等）在文学和欧洲判例法中的使用，反映了对此类商标的统一看法。这可能夸大了问题，多种用于大额使用可能仅仅暗示了表达我们思想的词汇的丰富。我对该术语的选择并不意图带有任何深刻的概念上的意义。

[143] 对有关欧洲颜色商标的详细论述，以及其他非同寻常商标引起的问题，见 Stefano Sandri 和 Sergio Rizzo，I Nuovi Marchi：forme，colori，odori，suoni e altro（2002）。也可见法律文章的调查报告，尤其是来自德国的，Schulze（见[142]脚注）和 Maria Cristina Caldarola，《涉及抽象颜色商标的问题：德国最新的发展》[2003] EIPR 248。

[144] Orange Personal Communications Services Ltd's application [1998] ETMR 337（内部市场协调局）。

[145] Aquatherm GmbH 诉 Wavin SpA 案 [2002] EIPR N-33（意大利 Rovigo 法院）。

[146] 同上，第 32 段。

[147] 同上，第 68 段。

[148] Viking-Umwelttechnik GmbH 诉 OHIM 案，案件编号 T-316/00 [2003] ETMR 196， [2003] IP&T 25。

[149] Qualitex Co 诉 Jacobson Products Co 514 US 159 案（美国最高法院，1995）讨论可见 Kelvin M Jordan 和 Lynn M Jordan，《Qualitex Co. v Jacobson Products Co.，案，未予回答的问题——颜色能否是固有显著性的?》（1995）85 TMR 371-98。

复审委员会批评审查官在申请人注册颜色商标时，仅仅因为注册的是颜色，便在质疑显著性时倒置了显著性的举证责任。[150] 自此，欧洲法院确认对于试图注册商品或服务的申请，颜色几乎从来都不是固有显著性的：就颜色本身而言，除非在极个别情况下，未经使用便获得显著性是不可想象的，尤其是所主张的商标用于的商品或服务的数量极为有限而且相关市场非常特定的情况下。[151]

为了满足显著性的要求，颜色应该是随意的，并且与所要注册的商品没有直接或间接的关联。在一项申请共同体商标的案例中，口香糖的制造商申请将一种特别的绿色注册为商标，被复审委员会驳回，理由是：首先，该颜色为其他生产具有同样颜色口味的（薄荷以及假设苹果和青柑橘）口香糖厂商所需要；其次，绿色还具有生态的含义。[152] 此外，欧洲一审法院在一个申请三维双色去垢剂的案例中依据类似理由予以驳回。[153] 如果将颜色注册在服务商标上，此类问题似乎要少一些，因为服务除去颜色后，很少与特定颜色相关，从而为其他服务提供商保留了某些颜色的使用权的必要性便没有如此迫切。[154] 5.126

(a) 产品和服务的单一颜色

某种单一颜色能否凭借自身，在没有经过使用获得显著性证据时而被注册呢？是否有必要对其以某种形状或界限加以限制，体现其拟作为商标而不仅仅是产品颜色来使用呢？这个问题首先为比荷卢法院[155]所考虑，该法院认为任何颜色只要足够随意，例如在本案中，将绿松石颜色用于电信设备，便可作为商标来使用。但是，在该案之后法院又在 Libertel 案[156]中得出相反的结论。于是，这个问题提交给欧洲法院做出初步裁决。总法务官[157]建议，Libertel 案法院应当认定商标的图解本身不足以支持注册：该申请必须对商标标的的描述是清晰和精确的；并且对于竞争者和消费者也应具有可识别性。基于这样的理由，总法务官在提交的意见中认为，没有任何形状的颜色本身不应该注册为商标，而欧洲法院并不认为颜色必须以形式或形状来加以限制。[158] 5.127

[150] National Car Rental Systems Inc's application，案件编号 C-194/2000-3，OHIM OJ 1/2003，67（申请将墨绿色注册在第39类别下的汽车租用服务上）。

[151] Libertel Groep BV 诉 Benelux-Merkenbureau 案，案件编号 C-104/01，[2003] ETMR 807（欧洲法院），第66段。

[152] Wm Wrigley Jr Company's Application [1999] ETMR 214（内部市场协调局）。

[153] Procter & Gamble Company 诉 OHIM 案，案件编号 T-117/00 [2002] ETMR 174；Henkel KGaA v OHIM，Case T-30/00 [2002] ETMR 278。

[154] KWS Saat AG 诉 OHIM 案，案件编号 T-173/00 [2003] ETMR 288（欧洲一审法院）。

[155] Belgacom 诉 Benelux Trade Mark Office 案 [2000] ETMR 286。

[156] 见 E Derclaye，《欧洲法院决定比利时、荷兰最高法院之间的颜色大战的胜负》，[2001] 15 WIPR 11。

[157] Libertel Groep BV 诉 Benelux-Merkenbureau 案，案件编号 C-104/01 [2003] ETMR 508。

[158] Libertel Groep BV 诉 Benelux-Merkenbureau 案，案件编号 C-104/01 [2003] ETMR 807（欧洲法院）。

5.128 即使总法务官在Libertel案中的观点最后被采纳，促使颜色的注册受到特定形状或样式的限制，我们不能断定这个判决也适用于北爱尔兰上诉法院判定的事实中。该案涉及一种拟注册在加油站服务上的特殊绿色，申请人在商标注册中提交了一幅以绿色装饰的加油站的生动图片来展现。法院判定该颜色不限于申请所显示的服务站的特定设计中，而可以被所有加油站所用。[159] 基于加油站在外形、样式或风格上差异很大（不限于遵守地方规划限制或环保、安全限制），将颜色作为其有关来源的显著性标志是不切实际的。

5.129 欧洲法律对于颜色“线条”注册的谨慎对待或许与采取勇敢决断态度的澳大利亚形成不受欢迎的鲜明对比。在一起申请将陶土色作为商标用于非金属的坚硬灌溉管的案例中，联邦法院认为该商标可被即时注册，因为满足了联邦法院认为的固有属性下的四项标准。首先，该颜色不是描述性的；其次，该颜色并非功用性的；再次，该颜色并非是正常制造过程的结果；并且，该颜色并非用于颜色构成竞争重要因素的行业。[160] 但这种标准并非所有颜色商标问题的万灵药。尽管它为缺乏显著性特质的问题提供了解决方案，但对于回答相关公众是否会将一种颜色视为商标仍未提供适当答案。从实际上来说，这个问题在澳大利亚不构成问题：商标要么是合法注册并使用的，从而公众很快识别其商标功能，要么是不被使用的，从而可能被予以撤销。然而，上文提到的最后一项标准很有可能被法院判决高度限制。这是因为，当一个竞争者将一种颜色注册为一项商标时，它必然会成为竞争的重要因素，从而会排除在该经济领域中颜色的进一步注册。

(b) 仅在产品一部分上使用的单一颜色

5.130 尽管澳大利亚登记处认为，单一颜色用于商品时只具有很低程度的识别商品的能力，在新鲜香蕉尖上的红色在澳大利亚仍被注册为商标。[161] 如此看来，申请人的商标是颜色具有可注册性的有力的范例。基于红色对于黄色香蕉而言是很不寻常的颜色；该颜色也不为香蕉交易商为任何目的所需要，并且将该颜色用于香蕉尖本就是极为创新的举动。

(c) 颜色组合

5.131 有时申请人希望注册不是单一颜色而是颜色组合。在这样的情况下，是否意味着，在商标注册中关键的不仅仅是要提示所注册的颜色，还有它们各自的比例，以及申请人拟使用此等颜色组合的方式呢？如果这不是必要的，在吸尘器上注册了银色和黄色的申请人，便可以制作黄色机身配银色吸尘管，或者银色机身

[159] BP Amoco plc诉John Kelly Ltd案［2001］ETMR 1021。

[160] Philmac Pty Ltd诉Registrar of Trade Marks案［2002］FCA 155。

[161] Fada Pty Ltd (t/a Pacific Coast Eco-Bananas)'s application WTLR，2003年5月19日。

配黄色吸尘管，并且通过批准注册，获得了阻止竞争者使用黄色或银色产品的垄断。[162] 德国联邦最高法院原则上认为：即便申请人还没有确定特定商品上颜色的比例，该申请仍然是可以接受的。[163] 该院认为，但是仍会有其他不予批准该申请的理由，例如缺乏显著性。实际上，欧洲一审法院便基于这个理由驳回了在花园器具上注册绿色和灰色颜色组合的申请[164]：申请并没有指定灰色和绿色如何使用的事实会导致消费者不能注意或识别该"标记"是一项商标。

(d) 非显著产品外形的彩色形式

从上述对于颜色可注册性的评述中我们可以认为，倘若一种或多种颜色在相关形状下是可以注册的，则原本无法注册的产品外形便会获得某种程度的商标保护。从理论上讲，商标可以包含整个产品外形的外表面，即便实践中消费者在看到这样的商标时并不会领会其商标性质。比方说，如果雨伞的制造商 Perkins 公司决定生产的所有雨伞都使用粉红色把手，它便会试图将把手上的粉红色注册为商标。实际上，其他雨伞的制造商或许可以完全避免使用粉红色。如果消费者说，"看，那里有一把 Perkins 雨伞；我知道它是 Perkins 雨伞，因为它的把手是粉红色的"，那么该彩色产品的外形显然起到了商标的作用。如果消费者说，"看，那里有一把带粉红色把手的雨伞"，则 Perkins 公司和它的营销团队应立即着手开展公关宣传推广工作，引导公众将粉红色把手与 Perkins 商品联系起来。这就是我们常说的"通过使用获得显著性"的现实生活版本。引导相关消费公众的重要性无论怎么强调也不为过。在一起对栗色呼吸器的商标的撤销申请中，听审官员注意到，"宣传资料中从不存在'看，那人正在用栗色管'的类似感叹。"[165] 5.132

法院对于非显著产品外形的彩色形式的不予同情态度在欧洲一审法院的一起案例中可见一斑。在该案中，法院驳回了当事人对内部市场协调局复审委员会拒绝授予"方形桌子具有略微圆形的边角，双层设计，其白色和灰绿色也被要求注册"（类似于双色去垢药片的申请）的商标申请的上诉申请。[166] 法院除了正确地指出消费者会将去垢药片视为去垢药片本身而非商标时，另外补充道，使用颜色对于该类产品是常见现象；既然如此，整个商标的显著性就不能仅仅通过指出颜 5.133

[162] Notetry Ltd's application，UK Trade Mark Registry transcript O/258/97，1997年12月29日（未公开）。

[163] Yellow/Black [1999] ETMR 677，Yellow/Green [2002] WRP 450.

[164] Viking-Umwelttechnik GmbH 诉 OHIM 案，案件编号 T-316/00 [2003] ETMR 196； [2003] IP&T 25。

[165] Glaxo Group Ltd's trade mark；Riker Laboratories Inc's application for a declaration of invalidity [2001] ETMR 96，第42段（英国商标登记处）。

[166] Procter & Gamble Company 诉 OHIM 案，案件编号 T-117/00 [2002] ETMR 174。

色安排中的绿色部分而证明。

(3) 声音商标

5.134 正如气味商标，声音商标也存在它们是否能够被“图解”的问题，以及对它们适当的图解应是怎样的。当声音商标具有音调时，起码有识别该音调的选择。人们可以翻开商标注册簿，看到：(1) 曲调名称的描述（如，“献给爱丽丝”）；(2) 以诸如C大调的方式标明曲调（E、D♯、E、D♯、B、D、C、A）；或者(3) 一张音乐原稿，注明适当的卷舌音、颤音和半休止符。海牙上诉法院[167]指出，这些技巧实际上都不能录下音乐所产生的声音。之后在该案的上诉中，该案被提交给欧洲法院进行初步裁决。[168] 总法务官[169]建议欧洲法院裁定，可注册的声音商标必须是“能够以清晰、准确、完整、容易获得、能够理解的、经久和客观的方式”进行图解，实现这要求的最好方式是将其录制下来。这项建议被采纳了，允许诸如“献给爱丽丝”这种曲调的注册。

5.135 一些商标登记处以愿意接受声音录制而闻名，如对雪糕车钟声音乐的录制。[170] 这种录制可以被同为雪糕销售商的竞争对手所查阅，但从法律角度上来讲，它们不应被认为是“图解的”，因为它们没有被写下来，因此不符合“图解”的要求。声音的录制在很多国家可能都不能准许注册，除非相关法律根据现代科技和人们的知识做出修改。

5.136 非音乐的声音例如“咯咯咯咯”[171]、狗吠声、鸭子呱呱叫声、摩托车呼呼声[172]或者手指在干净盘子上刮过的声音，根本不能用乐符记录下来。我们或许会想起内部市场协调局对于气味商标所采用的观点，基于人们都知道该气味是怎样的理由，新鲜割下的青草味道得以被注册，但该做法能否同样用于声音商标呢？恐怕不行。气味可能基于浓度而加以区别（人们可以区分挥发掉的气味和很浓的气味），但声音由四个因素决定：长短、音高、音调和音量。“教堂钟声的声音”、“雨水打到金属屋顶的声音”或“用手指甲刮麦克风表面发出的噪声”的文字描述，可能描述的是我们所熟悉的声音，但这些对于听众通过该描述所包含的各种不同变量而识别申请人声音商标是不足够的。因此，即便是对家喻户晓的声音的

[167] Schield Mark BV 诉 Kist，trading as Mermex 案［2000］ETMR 147。

[168] Schield Mark BV 诉 Kist，trading as Mermex 案［2002］ETMR 2002。

[169] Schield Mark BV 诉 Kist，trading as Mermex 案，案件编号 C-283/01，［2003］ETMR 822（AG）。

[170] 瑞典正是如此。

[171] Kukelekuuuuu 在荷兰是“公鸡咯咯叫”的声音：该声音的可注册性也在 Shield Mark BV 诉 Kist，trading as Memex（见脚注[167]～[169]）案中讨论。

[172] 见 Honda Giken KKK and another 诉 H-D Michigan Inc 43 USPQ 2d 1526（TTAB 1997），对 Harley-Davidson 在美国申请其摩托车呼呼声的异议。该申请最终被撤回了。

描述也需要比众人皆知的气味的文字描述更为具体和复杂。

5.137 非音乐的声音可以被记录下来。例如，使用音频器（例如，用音频器录制的狮子叫声[173]，见图5.11）。但值得怀疑的是，它们作为商标注册和使用是否会必然提升商品或服务的名声或质量，或者它们是否能作为其所有人法律武器中的有价值的武器。这是因为对非音乐声音商标的保护范围完全是不明晰的。不同品种的狗发出不同类型的吠声：但是否对一般品种的狗，如金毛犬吠声的注册就授予了阻止竞争者注册罗特韦尔犬或吉娃娃的狗吠声的垄断呢？这里也存在商标近似性的问题：吠声商标的所有人是否能够抵制竞争者随后使用狗的咆哮声或狗的图片或文字商标“正在吠叫的狗”？我们不应由于存在这些问题便得出注册此类商标是不当的结论，但我们希望立法能够为此类型声音商标的注册扫清道路，从而避免根据个案进行诉讼的尴尬情形。

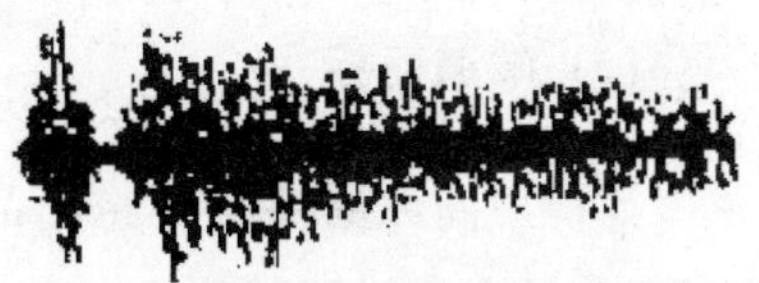

图5.11　狮子咆哮时的声波图

5.138 内部市场协调局驳回有关注册滴答声的一项申请，申请所描述的注册对象为“滴答”声响，并认为滴答一词能使阅读申请表的人们识别声音本身。[174]

5.139 声音商标必须是显著的。在巴拉圭，一段很简短的象征性声音在亚松森交响乐队指挥家宣誓该音乐完全是“原创及新颖”并且该声音与其他声音都不相似后被准予注册。但这种做法似乎没有涉及关键问题，原创性是版权法的要求而不是商标法的要求，对商标的要求是，它对其所注册的商品和服务而言具有显著性。[175]

（4）姿态和动作

5.140 姿势能否被注册为商标？如果有图片加以解释，英国商标局则允许注册该类商标。英国商标局这样描述：一个人用伸开的手指弹着一侧鼻翼的商标是一种姿势商标，通常弹的是手指那边的鼻翼。[176]

5.141 描述姿势的图片是不容易制做出来的。例如，通过单一静止图片来描述一个动作类似于用二维表现方式来描述三维商标，无法完整描述一个姿势，也无法轻易证明，哪些其他行为构成的类似行为会侵犯所授予商标保护的范畴。姿势商标的合法性和范围目前均未在法院程序中得到审查。

5.142 若干动作图片商标成为欧共体申请的标的，包括以动作形式来表现的，例如音频图像，也包括需要实际动作的商标，如以每分钟500到700转旋转的装着薯

[173] Metro-Goldwyn-Mayer Corp's trade mark US73553567（该商标包含一只狮子的吼叫声）。

[174] Qlicksmart Pty Ltd's application，案件编号R 1/1998-2［1999］ETMR 190。

[175] Dolby Laboratories Licensing Corporation's application，1999年2月11日（巴拉圭商标局）。

[176] 英国第2012603号商标。

条的大口杯。[177]

(5) 味道商标

5.143 比荷卢商标局接受了将商品的味道注册为商标的申请。[178] 该商标被描述为“带有商品上所描述的味道（味道商标）”。这样的描述似乎比欧洲法院对于气味商标和颜色商标的图解所采取的严格标准要宽松得多。

5.144 味道商标引起了其他问题。例如，如果在商品上添加味道后，在商品被试吃之前它不可能起到商标应当具备的提示所有人商品和服务来源的基本功能。消费者也未必会因为其他消费者尝试后拒绝购买商品而自己也不去购买。并且，如果味道是商品本身的一部分时，例如食物和饮料，也很难将味道作为此类商品的区分性标志。

(6) 摆放位置商标

5.144A 对原本不能注册的标记以特定方式摆放，并将其用于拟注册的商品不会赋予其可注册性。因此在 Axion 案中，申请人试图在巧克力上注册金色锭铁形状的纸盒包装。[179] 在对一审法院判决的上诉程序中，申请人主张该包装具有固有的显著性，因为它必须以倒过来的方式放置。但法院没有采纳这种理由。

N. 注册和申请人的行为

5.145 本章我们回顾了由于申请人注册标记本身性质的因素而产生的不可注册问题。本章剩余部分内容将考虑人的因素：首先我们探讨一下为了对实际或潜在不可注册标记加以保护，而在其周围通过一系列注册来实现的合法并被频繁使用的策略。然后我们再探讨一下申请人的若干行为，对此类行为法律显然不予接受，从而不会授予任何合法资产。

O. 注册系列商标以覆盖无法保护的类别

5.146 商标注册是一种策略游戏。好的筹划使申请人可以获得原本无法直接申请到

[177] 欧共体第 1222256 号申请。该申请和其他不寻常的商标申请在 Stephen Volker 所著的《注册新的形式为共同体商标》一文中进行了解析，(2002) 152 Trademark World，24～33。

[178] 有关这个主题，见 Bas Kist，《抚摸我，闻我，保护我：保护非传统商标》，会议文件，第 125 届国际商标大会，阿姆斯特丹，2003 年 5 月。Kist 所引用的范例是 BX 625 971 号商标，酒槽的味道。

[179] Axion SA and Christian Belce 诉 Office for Harmonisation in the Internal Market 案，合并审理案件编号 T-324/01 and T-110/02，2003 年 4 月 30 日（未公开）（欧洲一审法院）。

的商标保护。实现该目的的一种做法就是围绕不准予注册的商标周边领域建立一张注册网。孩子们会很快认出这种策略实际上就是成人版本的“顺点连线游戏”。但如何做到呢？

让我们假设我们的目标商标是文字商标 LUSCIOUS LIPS，我们想将其注册在唇膏上。法律是明确的：描述性商标不能注册，因此短语“luscious lips”（柔软双唇）描述了所有唇膏使用人想达到的效果。第一步首先申请将“LUSCIOUS LIPS”注册在唇膏周边产品上，或是用于其他唇部周边产品，或是在销售时摆放在唇膏周边的产品。因此，我们可能将“LUSCIOUS LIPS”注册在面霜、保湿霜、保湿粉、眼线笔和按摩霜上——只要对于那些产品而言该商标是具有显著性的。如果其他竞争者希望将其唇膏也称为“LUSCIOUS LIPS”，我们可以主张他会误导那些会将他的产品与我们的系列产品相联系的消费者。从安全的角度来说，我们可以将唇膏注册为“LUSCIOUS LIFE”，因为这个短语对于唇膏的物理特征而言并非描述性的，也不构成对唇膏效果的比喻性的承诺。任何想到将“LUSCIOUS LIPS”用于唇膏的人都会警惕也许会因此收到律师发出的诉状。最后微妙的一步便是将“LUSCIOUS LIPS”用于唇膏并主张，基于我们对该商标在唇膏上的使用，该商标已经获得了显著性。即便你对该商标的使用是用于周边商品，实际上不能算做是用于唇膏并因此获得显著性目的，但对于公众而言，他们已经绝对知悉该商标在其他商品上的使用，从而注册“LUSCIOUS LIPS”便实际可行了。 5.147

宝洁公司在将“PERFECT BROW”注册为共同体商标用于卫生间肥皂、卫生间用品、香氛、精油、身体以及美容护理、清洁用品、皮肤护理和美容、洗发水和化妆品时，便使用了这种程序的简易形式。审查官开始完全驳回了该项申请，但复审委员会提到以下现实情况：注册仅对于那些涉及眉毛的产品是禁止的，对于其他产品应予准许。一旦准许在部分产品上使用，该申请便提供了一道藩篱，以便公司的“PERFECT BROW”注册能在相关美眉产品上进行培养，而不承担其他制造商侵权的严重风险。[180] 这种策略不仅仅适用于化妆品制造商：克莱斯勒汽车公司也使用了同样的方法，它将 CARCARD 商标注册于一系列商品和服务，包括不可注册的目标领域——机动车辆使用的信息提供卡上。欧洲一审法院允许在所有不被禁止的商品和服务上注册，并认为：为了评估一项标记在某一特定领域的商品或服务上的描述性，该争议商标申请人是否拟在除注册领域内商品或服务以外的其他商品或服务上使用或实际使用特定的营销策略无关紧要。 5.148

[180] Procter & Gamble Company's application，案件编号 R 110/1998-3［2000］ETMR 174（内部市场协调局）。

是否存在营销策略对于共同体商标的授予不会造成影响。并且，由于营销策略纯粹是由相关企业进行抉择的事项，它可能在一项标记被注册为共同体商标后发生改变，因此它在检测标记的可注册性方面不应被纳入考虑。

5.149 换言之，内部市场协调局只关注一项标记是否能被注册为商标的问题。该商标注册后发生的事情，无论是好是坏，是无关紧要的。[181]

5.150 我这里提到的在一开始不能注册的商标周围另辟蹊径的策略也可以通过略微不同的方式加以运用。商标所有人不是将相同商标用于不同种类的商品上取得一系列注册，而是在同一类别中建立起被称为“系列”注册的不同商标。这种技巧不太适用于所有人对其他商标的进一步注册以防止第三方进行其不愿实现的注册。这将在第 13 章中详细讨论。

P. 结语

5.151 本章显示了之前章节中描述的注册基本原则是如何在各种不同情形下发挥效果的。有些场合超出我们对正常商业现实的理解。例如，当申请人试图注册嗅觉商标时。在其他场合下也可能因为商标申请人不真实的意图而超出我们的想象，使得原本不被看好的标记为了商标注册的目的，被包装成可注册的标记。还有些其他不同寻常的场合，商标审查官（以及受理其裁决的上诉法院）尽力去解释一个法律术语使其面前的商标不应被准予注册，尽管他们的制定法从字面上看，其解释含义似乎是相反的。

5.152 商标申请人和其竞争者、公众以及商标注册部门之间明显存在的固有紧张关系，不仅仅是经营者如何应对法律而产生的副产品，它也来自商标体系的构建路径。比方说，“图解”的要求对于商标法中一项标记能否作为商标的核心问题实际上是无关的。但由于它是注册系统的主要形式要求，它对于能否获得法律保护产生了影响，因而有人主张应该允许其他不同的表现标记的方式，比方说，在授予机关存放某个形状的样品。另外一种解决方案是完全放弃“图解”的要求，以“不确定性”原则取而代之，即仅在竞争者的确无法获得法律所保护的对象时，才从商标申请人或所有人手中撤回商标保护。第三种做法便是美国的做法，不要求“图解”而顺其自然。

[181] DaimlerChrysler AG 诉 OHIM 案，案件编号 T-356/00［2002］IP&T 815（欧洲一审法院）。

第 6 章

商标和通用术语

A. 导言

对文字使用的一些看法

1909

“富有的商人总是渴望将英语语言的公共部分据为己有，并将现在以及今后的普通大众排除在其藩篱之外。”①

1984

“字典进行得如何了?”温斯顿提高他的音量盖过噪音问道。

“缓慢进行着，”塞姆答道。“我正在做形容词这部分，精彩极了”。

提到“新法说话”，塞姆眼前一亮。他推开小盘子，一手优雅地拿起厚面包，另一手拿着奶酪，斜靠着桌子，这样他就可以不费力地说话了。

“第 11 版是最终版本，”他说，“我们正在整理语言的最终模式——没有人会用这种模式以外的词语。一旦我们完成，其他人，比方说你，就得重新学习一遍语言。我敢说，你会认为，我们的工作就是发明新词语。但绝不是这样！我们在摧毁文字，每天几十个地摧毁，成百上千地摧毁。我们将词汇量减至最低。第 11 版的词语在 2050 年前绝对不会过时。”

他狼吞虎咽地咬了几口面包，喝了几大口酒，然后带着空谈家的激情继续演说。他瘦削黝黑的脸变得富有生机，他的双眼不再是嘲弄的神情，几乎是充满幻想的。

“毁灭词语是多么美好的事情。当然毁灭最多的是动词和形容词，但也有成百上千的名词可以消除。不仅是同义词，还有反义词。毕竟，一个词语是另一个词语相反意思的正当理由是什么？一个词语本身就包含了它的反面。比方说‘好’，你有‘好’这样的词，为什么还要有‘坏’这个词呢？‘不好’就可以了——而且这更好，因为它就是最恰当的反义词，而其他的都不是。再说，你希望表达比‘好’更重的词，要那一整套无用的模糊词语如‘卓越的’、‘辉煌的’以及其他词语干吗？‘比好更好’就涵盖了这个含义，或者你希望更强烈的词语，“双倍好”就可以了。当然，我们已经使用了这些词语。但在‘新法说话’中不再有其他。最后好或者坏的概念仅由 6 个词语概括——实际上，就一

① Sir Herbert Cozens-Hardy MR, Joseph Crosfield & Son's application (“PERFECTION”) (1909) 26 RPC 837, 854.

个词语。你不觉得这非常美好么，温斯顿？这就是原汁原味的大哥[②]理念。”他补充说明道。

塞姆提到“大哥”时，一种黯淡的期盼从温斯顿脸上掠过，塞姆立即就察觉到了他对此不太热情。

“你对‘新法说话’并不是真正地欣赏，温斯顿，”他几乎是悲哀地说道。“即便你在写着，你仍然想着‘旧法说话’。我偶尔读了你在《泰晤士报》上写的几篇文章。它们很好，但它们仅是翻译。你打心底里情愿守着‘旧法说话’，保留所有模糊和无用的含义。你没有体会毁灭文字的美感。你是否知道‘新法说话’是全世界唯一每年词汇量越变越小的语言?”

温斯顿当然知道。他体谅地微笑，不再说话。塞姆咬掉深色面包另一端，嚼了两口，接着说：

“你不知道‘新法说话’的整体目标是限制思维么？最终我们能将思想犯变得完全不可能。因为没有词语能表现出来。任何需要的概念只会由一个词来表达，严格界定其含义并将其附带含义消除遗忘掉。在第11版本中，我们距离这点已经不远了。但这个过程在我们死后仍会持续很久。每年词语都在减少，意识范围也一直缩小。当然，即使是现在也没有理由或借口犯思想上的罪行，这仅仅是自律、现实控制的问题，但最终会变成完全没有必要这样做。当语言达到完美时，这场革命将最终完成。‘新法说话’就是Ingsoc，Ingsoc即‘新法说话’”。（Ingsoc在《1984》这本小说中，指的就是大洋洲的独裁统治。——译者注）他带着神秘的不可思议的满足感补充道：“温斯顿，你有没有想过，最晚到2050年时，地球上没有活着的人能够理解我们现在所说的话?”

“除了——”温斯顿迟疑地说，然后停顿了下来。

他几乎脱口而出“除了无产者”，但是他又想了想，不太肯定他的言论某种程度上是不是有些离经叛道。塞姆已经推测到他打算说的话。

“无产者不是人类”，他不假思索地说。“不到2050年，很可能所有知道‘旧法说话’的人都没了。所有过去的文学都会被摧毁掉。乔叟、莎士比亚、密尔顿、拜隆——它们只有‘新法说话’的版本，并不是仅仅变得不同，而是变得和它们过去相矛盾。党的历史也会发生改变，甚至是口号也会改变。当自由概念取消后，你怎么会有像‘自由是奴隶’这样的口号？整个思想的氛围都会不同。实际上不会再有我们现在所理解的思想。正统理论意味着不思考——不需要思考。正

② B. B.，大哥的意思。Big Brother是乔治·奥威尔小说《1984》中虚构的人物，是大洋洲神秘的统治者。该小说中，人们被反复地提醒，“大哥正盯着你”。——译者注

统理论就是无意识。”③

故事于今天（2003年）的寓意

6.01 上文两篇摘录反映了从语言中删减词汇的不同方面。第一篇假想将文字置于私人控制下，第二篇则假设它们彻底消失了。另外一点启示则是前者对人类语言表达的威胁远远小于后者。我们的直觉告诉我们，与后者相比，前者会造成更大的威胁，但本章认为我们所说的语言并不存在任何威胁。

6.02 本章揭示了一个双向过程，一方面一些文字从通用词汇中被摘出，被虏获转变为商标，另一方面，一些最初诞生在私人领域内的文字却被公众解放，由商标变为通用术语。

“通用术语”的含义是什么？

6.03 “通用术语”在国际商标法或欧洲商标立法中并没有精确的法律含义。④ 在本书中，“通用术语”指一个表明下列含义的词语：（i）指代一件物品而不需要提及它的来源或起源，且（ii）不需要指明任何将其区分于其类别中其他物体的特定性质和特征。例如词语“香味剂”就是一个通用术语，涵盖了香水、须后水、古龙水以及除臭剂。“苹果”也是通用术语，因为它并没有向读者特别指明它是绿色还是红色的，是甜的还是酸的水果。通用术语同样可用来表示服务，但由于它们很少成为诉讼或注册听审的争议标的，因而在商标注册方面产生的后果要较不显著。有关服务的通用术语的例子可以是“干洗”、“免下车服务”、“外卖服务”、“高收益”以及“延付利息”等。

6.04 当一个词语是通用术语时，它不能注册为其直接指向的商品或服务的商标⑤，但它可以注册在与其毫无关联的商品或服务上。这也是为何APPLE可以注册为电脑的商标，但不能注册为苹果的商标，以及“SWORD”可以注册在刮胡刀片上，而不能注册于剑上。对一个通用术语的略微改变可能足以去除其通用术语的性质，但未必能使其变得显著从而可注册。因此，MUSLI（或者MUESLI）作为早餐谷物的通用术语，如果加上附加的“x”变成MUSLIX，虽不再是通用的，但仍然不能注册为商标。⑥

6.05 一个本身并非通用的词语，可能会在其存续期间的某个阶段变成通用的。这

③ George Orwell，1984，第一章。

④ “通用术语”一词用于《兰哈姆法》（见15 USC，s 106（3）），但该法未对其做出法定界定。

⑤ 关于通用术语注册的法律规定，见第4章。

⑥ Kellogg Company v Oehuamar SA WTLR，22 May 2003（阿根廷布宜诺斯艾利斯第二联邦上诉庭）。

常见于一个创新的词语开始作为商标使用然后变成通用术语的情况。具有丰富词汇的英语中随处可见这样的词语：aspirin（阿司匹林）、linoleum（油毡）、cornflakes（爆米花）以及 thermos（热水瓶），便是在一个或多个英语系国家变成通用术语的例子。这种现象不限于英语，电冰箱（frigidaire）（法国）以及 walkman（随身听）（奥地利）则体现了法语和德语同样可能会这样。

一些商标在变成通用术语的边缘摇摆不定，因为在语言中没有适合的词语来指代它们。这样的例子包括 HOOVER 作为吸尘器的名词或作为表示其功能的动词，FRISBEE 指代塑料模制飞盘，以及 YO-YO 指代一种儿童玩具。还有些商标，尽管针对某种特定产品有完美的通用术语，但因上述商标自身成为文化标记，同时变成了上述产品的近义词，进而归入通用术语这个范畴。对很多人来说，VALIUM、PROZAC、VIAGRA、FILOFAX 和 ROLLERBLADE 代表一种生活模式，因而散发着魔力，从而不再仅仅是一件商品。 6.06

B. “在公共地方圈地”：文字上相冲突的公共及私人利益

在过去的一个世纪中，进行着一场大辩论[⑦]——《商标法》为文字私人财产化提供便利，允许私人在属于我们所有人的文字遗产“公共领地中的圈地”，这是否是正当的？公地意指任何人都有权进入的土地，无论进去做什么。有些人可能在那放牧他们的羊群，有些人可能在收割干草，还有些人可能在上面踢足球来利用这块土地。重要的一点是公地对大家都有利。一旦它变成私人所有并隔上藩篱，它作为公共资源的作用就终止了。 6.07

一方面可能是因为“公地”通常被列为反对保护特定种类商标的理由，另一方面它是被假设的变化无常的领域，“公地”的概念变得不确定，并模糊了我们对现实生活中的消费者、公司以及商标法之间互动关系的客观考量。 6.08

语言公地[⑧]的含义如下： 6.09

(i) 语言是一种“知识公地”，一种所有人都可以贡献以及所有人都可以自由获取、但任何人都不可以占有的资源。

(ii) 尽管语言属于知识公地不能为任何人占有，那些源于知识公地并被称为

⑦ 见 Jennifer Davis，《欧洲商标法和公共领地的圈地》［2002］IPQ 342-67，以及她所提到的材料来源，很好地解释了这场讨论的性质和历史。我感谢在这个问题上她对我立场的有说服力的批评。还可见 Spyros Maniatis，《商标权利：基于财产的正当性》［2002］IPQ 123-71 对于这个问题的全面观点，以及 Jeremy Phillips，《消失的领域》［1996］EIPR 429-31 有关以丧失公共资源为代价私人领域最近的增长。

⑧ 这只是一种简化。有很多对公共领域的不同构建，以公共所有人与其所拥有的精神内容之间的不同关系为特征。可见 Peter Drahos，《知识产权哲学》（1996），第 57～58 页。

“知识产品”的词语可被授予私人财产的地位（例如，词语“a”（一个）、“Mars”（巧克力）、“day”（白天）、“help”（帮助）、“you”（你）、“work”（工作）、“rest”（休息）以及“play”（玩耍）是通用语的部分，因此不能为任何人占有，但它们连在一块时，“每天一块Mars巧克力使你工作、休息以及玩得更好”便可转化为私人所有）。

(iii) 将知识产品视为财产应具有正当理由，应给予那些被排除使用的人某种好处。就版权、外观设计和专利而言，以短期的排他性使用权换取随后将该知识产品纳入“公共领域”，永久地进入公地。就商标而言，其正当性在于更有效率地传播令消费者做出恰当选择的市场信息，或表现为消费者在做出选择时更不可能被混淆。

(iv) 若知识公地划归私人所有，公共资源则有所减少。这种减少不仅对社会文化福利而且对资源分配的效率都产生了影响。例如，我们需要花费时间和精力去寻找新的词语和其他标志取代那些从公共领地里去除的词语。

6.10 “公共”理论很少受到批判，因此人们的印象是“公地”的概念已经被普世接受。但现在或许到了对其进行批判性评价的时候。与其说建立一个理论上的“知识公地”架构，然后试图将商标、专利、版权、设计以及其他垄断性法律规定纳入，不如说构建者面临的更大的挑战是从法律以及法律对实际行为的影响入手，然后构建适当的架构。

(1) 公共领域以及polo测试

6.11 就商标而言，在我们认真考虑任一建立在通用术语基础上的模式前，必须先满足polo测试。思考一下“polo”这个词语：它有多少种不同的含义？多少不同行业的经营者，无论是以独占所有人的身份，还是以所有人授权的使用人身份，抑或是未经所有人授权、但根据法律条款可在未授权情形下使用的人，均同时享有使用它的权利？这些权利和自由在多大程度上影响其他经营者、购买者以及非购买者的公众？前述问题答案的经济和社会影响是什么？

6.12 现实是：用公地作为形象的比喻是站不住脚的。商标法对人类共同的语言或专用术语遗产没有产生严重的威胁，其原因至少包括以下各点。

(2) 文字并非绵羊

6.13 绵羊的特点使得最好用篱笆拦住它们。在任何既定的时间，每只羊非生即死，非克隆的即自然的，非公即母，非在公地里即在公地外。即便具有这些多样化的特点，羊仍然是确定以及有限的[9]生物。这与文字不同。一个词语可能同时具有多种含义，不仅具有字面意思还具有比喻的意思。我们可以不费吹灰之力地创造文字，可能会不使用它们，然后又重新起用它们。它们不是确定的，也不受精确界定的规则所限制。它们可以同时在公地内外存在。不正当的使用不仅会改变它们的含义，甚至会改变它们被私人所拥有的可能性，并且它们可与短语、同义词、同音词及其他词共存。对文字采取诸如公地这样的限制模式等同于对其多样性认同的限制。

（3）文字比商标繁衍得更快

语言中新词语的产生要比商标注册的速度快得多。这不奇怪，因为现存的文字不能完全表达人们所遇到的情况、情绪以及技术。新词，无论是以单一词语的形式还是以短语的形式，不断地被创造出来。它们借助新式媒体的传播方式，尤其是网络、电邮以及短信，被越来越多地认同。而注册为商标的词语总量增长却要慢得多，因为：（1）它们受到商品和服务范围的限制；（2）它们需要花费金钱去获取或维持；且（3）它们在注册中存在很多绝对的以及相对的障碍。换句话说，精神领域的公地对于商标而言，是无限的资源，其迅速增长的词语远多于对商标用途有吸引力和有用的而消耗的词语。同时，那些因为不能再作为商标而从私人控制下回归的文字也在不断加入精神领域的公地中。 6.14

（4）注册为商标的文字的使用多数未产生负面的法律后果

商标潜在侵权行为的数量很少[10]，并且一项商标注册后，对付商标侵权的法律武器的种类却是非常广泛的。[11] 这使我们不仅能够在对话过程中使用商标，也能够在商事交易中使用，而不需要担心商标问题。这也是我们允许 BABY-DRY 注册为婴儿尿片商标的原因，因为“baby”（宝宝）以及“dry”（干爽）仍然可为其竞争者自由使用。[12] 6.15

（5）商标的大众滥用：法不责众

实践中，商标所有人在对付那些小规模滥用商标或误用商标的人时处于弱势无助的处境——也许用“无计可施”来形容更为恰当。例如，假设我注册了商标 6.16

⑨　这个词语并非明显来自合法词源，但众多阅读本章的朋友和同事中，仅有一位质疑该词的使用——即便他也知道它的含义该是什么。

⑩　见第7章。

⑪　见第8章。

⑫　Procter & Gamble Company v OHIM，Case C-383/99 P［2002］ETMR 22（欧洲法院）。

HIPPOGRIFF（词语本身含义是神话中的鹰头马身有翅怪兽——译者注）用于一种与众不同的绒毡男拖鞋上，我的产品勾起了公众的幻想，我现有的和未来的顾客会发现将特定种类的绒毡男拖鞋表述为“hippogriff”更方便，因此将其作为通用术语使用。社会公众中的多数成员不在乎这个词语的法律地位。他们未学习过商标法，对 HIPPOGRIFF 牌和 hippogriff 的区别也没有认知。无论我的看法如何，他们均可将我的商标从私人领域中抽离并坚决地在日常语言中使用。

6.17 如果公众消费者选择将我的商标作为通用术语使用，我无计可施。即使这样的使用会构成对 HIPPOGRIFF 商标的侵权（尚未构成⑬），在这种情况下我去起诉实际或潜在顾客的行为至少会遭到质疑。而且提起上述诉讼的成本也必然比我在营销和推广中教育公众将 HIPPOGRIFF 作为商标使用（而非作为通用术语来使用）或是创造另一个商标的成本高得多。

(6) 对公众有比保全公共领域更重要的利益

6.18 “骆驼毛制带”（camel hair belting），作为人们能够想到的一种对骆驼毛制带进行说明的描述性或通用方式，即便未注册商标，其原告制造商也能阻止其竞争者使用该词语，只要其竞争者的使用会造成公众混淆，认为其商品与原告的相关。⑭ 只要法院认为保护公众不受混淆比使公众免受将公共领域划归私用的影响具有更高的价值，则这种性质的裁定便会经常出现并且具备正当理由。

(7) 商标所有人和消费者的利益能否共存？

6.19 有人认为⑮当前商标法的新自由主义理论依据——该理论认为恰当管理的商标体制促进竞争——不能考虑到与商标所有人利益不同的公众利益。在批评者看来，其原因在于新自由主义者的自由市场理论假设的是，在一个正常运行的自由市场里，商标所有人和消费者的利益是共存的。对新自由主义的观点提出批判的人认为，产权人利益和公共利益之间始终存在潜在的根本利益冲突，并且这种冲突无法通过现行的例外条款来消除（在 Windsurfng Chiemsee 案⑯中清楚地表明）。

---

⑬ 见第 8 章，第 8.83～8.84 段。

⑭ Frank Reddaway & Co Ltd v George Banham & C Ltd [1896] AC 199（HL）。比较 McCain International Ltd v Country Fair Foods Ltd ad another [1981] RPC 69（HC），后案中法院认为即便对于 OVEN CHIPS 文字的使用形成了事实上的商标使用，也不能授予那些通用术语可保护的利益。

⑮ Jennifer Davis，欧洲商标法及圈地运动，[2002] IPQ 342，358。

⑯ Windsurfing Chiemsee Produktions- ung Vertriebs GmbH v Boots- and Segelzubehor Walter Huber and Franz Attenberger，Jointed Cases C-108 and 109-97 [1999] ETMR 585（欧洲法院）。

这种冲突的潜在性，以及保护公共利益的需要，被视为“公地”主张的正当理由以及为保护公地以防强盗式资本家切割瓜分公地所采取的保护主义手段的正当理由。

对于并非经济学家的任何人以及部分经济学家来说，商标所有人和消费者利益共存的前提或许是值得质疑的。商标所有人的直接利益是减少消费者的选择权及推广自己的品牌商品和服务抵制竞争者的商品和服务（如果存在竞争者的话，很多商标产权人同时也是专利人）；他的利益还在于利润最大化和成本最小化。在竞争性市场中商标所有权是一种成本，因为产权人的品牌价值必须通过广告传达给消费者以使其具备打败竞争者的市场实力。相反，在不存在或不可能存在竞争的市场中，商标所有权是不必要的，没有任何意义。如果我们将消费者利益与商标所有人利益并列，我们会看到在同样的市场中，有利于商标所有人的条件不同于对消费者有利的条件。消费者的利益是获得有意义的选择权并能通过有意义的方式加以行使。因此，产权人和消费者利益是共存的前提根本无法深入人心。 6.20

如果这个前提不成立，能否认为该论断——对公众财产采取以公众利益为导向的保护主义手段是唯一的选择——就是正确的呢？这个假设同样也是令人质疑的。我在本书的其他章节里已经讨论了[17]商标法的功能是维持该领域内所有主体之间的利益冲突存在创造性张力。不管这个论断是对还是错，其引发我们在更广泛的前提下考察商标法，而不是本节截至目前所讨论的两极模式。在保护公众消费者方面，我们起码应该注意到消费者本身有能力与商标所有人、竞争者、非竞争企业、其他个人消费者、压力集团以及政府结成联盟并打破联盟。因此，结论是：不管是基于家长制保护主义的原则，还是冷漠的新自由主义或者介于两者之间的理论，任何能兼容各种不同的、相互冲突的利益并获得双赢效果的商标体系，应该为我们认真对待。 6.21

C. 涉及通用术语的法律问题

(1) 如果一个词语是通用的但并非广为人知的会怎样？

鉴于“阿司匹林”（aspirin）类型的商标因被公众以通用的方式广泛使用而变成通用术语，我们可以尝试推定公众对其通用性质的广泛接受是其被认定不能用做商标或不能继续用做商标的前提条件。实际上并非如此。为大多数公众所不 6.22

⑰ 见第2章，第2.53～2.58段。

知晓的词语，例如 DLC[18] 和 BSS[19]，仍然有可能变成通用的，即便它们仅在狭窄的科学或专业圈内及若干专业字典和参考书中使用。

（2）你可以将他人的商标变成通用术语吗？

6.23 鉴于商标在不作为商标使用的时候可能变成通用的，不再指明商标所有人的商品，有人可能会问，第三方是否可以故意地将他人的商标用于非商标用途从而使其变成通用术语？理论上，这种性质的第三方使用，即便是故意及恶意的使用，也会导致商标显著性的消亡，其效果是将一项商标变得不能再作为商标使用。但实践中，在注销诉讼中注销申请人将他人商标作为通用术语来使用的证据不大为裁判庭所重视。[20]

（3）未经授权将他人商标作为通用术语来使用

6.24 欧洲模式下的商标侵权，除非是出于区分商品和服务的目的，并不要求欧盟成员国保护商标所有人免受任何第三方行为的影响。根据《商标协调指令》[21] 的规定，对不涉及区分商品和服务目的的损害商标的行为，成员方大可另行提供附加救济[22]；自此我们可以推定，对于商标因使用变为通用术语的问题，成员方被授予了单独立法的权力。

6.25 哪些导致通用性的行为应被纳入这项制度中呢？或许当报纸专栏或电视节目在说到使用直立吸尘器的缺点时，不断提到其实际生产商[23]，称呼其“hoovers”。这种情形应该属于上述行为。

6.26 在美国将他人的商标作为通用术语使用可能构成“淡化”的行为[24]，但这种使用如果不构成商业使用是很难构成可诉的侵权行为的。

（4）如何防止显著的商品品名变成通用术语？

6.27 事后诸葛总是来得容易。例如，1974 年一个法国公司将商标 PINA COLA-

⑱ “钻石形碳”（diamond-like carbon）的简称：Gillette Company’s trade mark；application for a declaration of invalidity by Warner-Lambert & Company，Case 000703579［2002］ETMR 733（内部市场协调局）。

⑲ “buffered salt solution 或者 buffered saline solution 的首字母缩写”：Alcon Inc v OHIM，Dr Robert Winzer Pharma GmbH intervening，Case T-237/01，5 March 2003（未公开）（欧洲一审法院）。

⑳ Midland Wheel Supplies Ltd’s application for revocation［2000］ETMR 256（英国商标登记处）：当事人申请注销用于汽车轮胎的 MINILITE 商标被驳回。对注销的进一步讨论见第 13 章。

㉑ 《欧盟理事会指令 89/104》第 5（5）条。《欧盟理事会条例 40/94》未作相应规定。

㉒ Robelco NV v Robeco NV，Case C-23/01，［2003］ETMR 671（欧洲法院第六办公室），para 36，欧洲法院认为一公司设立时名称与另一公司的商标类似。

㉓ 类似的例子涉及购物推车，见 SA Ateliers Reunis Caddie v Sarl Societe Nouvelle de Presse et de Communication（SNPC）［1999］ETMR 45（巴黎最高法院），第 8 章已讨论，见第 8.83～8.84 段。

㉔ 见 15 USC，s1125。

DA[25]注册于啤酒之外的酒精饮料上时，它并不知道这个商标之后会变得多么广泛和流行。[26]如果人们从一开始就没有好好考虑如何教育消费者和商界、采取挫败不正当使用的措施以及做好实施这些措施的预算，他们会迅速以及不可避免地失去对商标的控制。

基于以下一个或多个原因，商标或变成通用术语或（如果未变为通用术语）至少被很多人作为通用术语而使用： 6.28

（i）基于其专利或外观设计保护或其他原因，商标所有人是市场上该商品的唯一生产商（例如LINOLEUM）；

（ii）可能由于上述第一点原因，公众对商标所指代商品或服务没有其他便利的词语来表达（例如FRISBEE、VELCRO）；

（iii）竞争者希望利用商标的声望及其高度的公众认知；

（iv）竞争者以通用术语的性质提及商标（一个恰当的例子：该例子与地理标志（而非商标）有关，即一方在法国申请注册MILLENNIUM商标用于“Champagne”（香槟），将“Champagne”作为通用语对待）[27]；

（v）实践中公众被引导将商标作为通用术语使用（“不要深色面包，要HOVIS”）（HOVIS面包的广告语——译者注）；

（vi）商标在公众中深入人心或被公众视为文化标志，从而使商标变成通用的（例如，当政客与错误不沾边时而被形容为TEFLON式的总统）；

（vii）字典、文字游戏和纵横拼字谜的编辑者将该词作为通用术语，而在谜语提示中并未提及它们受到保护的法律地位。[28]

上述任何一种导致通用性的实际或潜在原因须根据其各自的情况加以处理。[29]最好的处理方式是在必要时采取下列一项或全部措施： 6.29

（i）当投放一种新商品时，首先，确定公众有用于指代该商品但又不同于商标的便利名称，即便这意味着要为其创造一个新的名词。然后，引导行业媒体以及公众熟悉并使用该词语。例如“塑料模制飞行盘”这样很长且难以记忆的短语

[25] 该商标在西班牙语中的字面意思是“脱水菠萝”。

[26] SA Bardinet v SCP Ego-Fruits（SCP Belat-Desprat intervening）［2002］ETMR 1043（巴黎上诉庭）。

[27] West v Nicolas Feuillatte SA and Yvon Mau SA，13 November 2002（法国兰斯上诉庭）

[28] 感谢John Groom（Hallmark IP）提供的UGLI商标用于柑橘的信息。因为英语以“i”结尾的4字母单词很少，UGLI经常为纵横拼字谜的编辑使用。

[29] 对简单但有帮助的预防商标变成通用术语的方法，见Juliana Viegas，《自杀：过度名誉的危险》(2003) 155《商标世界》36－9。

会导致人们简称其为“frisbee”[30]。

(ii) 在广告、营销、包装甚至在己方的通信联络中，以商标而不是产品名称的形式来表达商标，无论是采用大写或字母缩写方式书写的方式，还是通过标明®标志的方式，抑或通过使用独树一帜的印刷形式和艺术字体的方式。

(iii) 在营销中以视觉方式、在解说中或对话中表达商标时，不要将商标作为通用术语来使用。

(iv) 不仅要小心监控竞争者的行为，更要小心监控授权或未经授权使用商标的分销商、灰市商品交易商、转售商、修理商、网站等的商标使用。

(v) 制作希望他人在使用商标时遵守的指导规则，并在必要时通过用户指南、网页[31]或其他适当的方式公布指导规则。

(vi) 及时将词语注册为商标，因为一开始显著的词语可能在其所有人有时间注册时已丧失显著性。[32]

(vii) 在商品上使用那些看似不大会成为通用术语的商标（例如，将 HOOVER 用于家用电器而不是直立式吸尘器）。

(5) 如何防止通用术语变成商标？

6.30 任何通用术语都不能在其指向的物品上注册为商标，除非它以商标方式使用并获得显著性。因此，这意味着当一个商人意识到他的某一竞争者正在将一个通用术语当做商标使用时，他也应该着手这样做。如果他以及其同一商事领域中的其他竞争者没有这样做，则该词语最终将变成使用该术语的经营者的代名词并可能被注册为商标。

(6) 一项商标能否是部分通用的？

6.31 商标区分商品，而通用术语表述其性质。一项商标是部分通用的说法表面上看起来和一个女人是部分怀孕的说法一样不符合逻辑。然而并非如此。显著性和通用性并非是相互排斥的状态。在一个怀孕或未怀孕的女人的情况下，她的状态

[30] 感谢 Jennifer Davis。她观察到，在医药行业中，大家乐于对药品使用其又长又复杂的名称，因为专利失效后药剂师能顺利开出这项药品。在医药行业，通用性的危险来自专利失效更甚于商标显著性的丧失，并且一些国家要求在可行的情况下使用通用的非专利同类药。商标在药品中的作用的进一步分析见第15章。

[31] 这方面可见 SA Bardinet v SCP Ego-Fruits (SCP Belat-Desprat intervening) [2002] ETMR 1043（巴黎上诉庭）。

[32] 见 Korean Florist Association v Kordes WTLR，14 March 2003（韩国最高法院）：RED SANDRA 和 KARDINAL 玫瑰在德国是商标，但当产权人腾出时间在韩国注册时，它们已经普遍地被认为是玫瑰的一种。

可以根据她的身体状况做出肯定和客观的认定。但对于文字而言，其状况取决于人们如何理解文字。一些人，尤其是那些既在商标界又在其他商业领域以及更为广泛的领域中的人，会将 VASELINE 视为用于特定凡士林油（Vaseline）产品的商标；而其他人，或因为从未见过其他牌子的凡士林油或根本从未考虑过这点，认为 VASELINE 不是一个牌子而就是凡士林油本身，是一种放在浴室壁橱里保存在罐子里的东西的通用术语。

一个词语可以同时是显著的商标也可以是通用术语的观点，已在两起案例中被确认。第一起案例中[33]，一个公司于 1979 年在瑞典注册了 BOSTONGURKA 商标用于特定种类的腌黄瓜条。20 年后，一个竞争者开始生产其自产的腌黄瓜条也打算称其为“Bostongurka”，并以该词已变成通用术语的理由提起注销 BOSTONGURKA 商标的诉讼。斯德哥尔摩地方法院驳回注销商标的申请。法院认同该商标正在被转化为通用术语，但认为直到该转换过程完成前，商标仍应处于注册状态。截至审理之时，尽管有大量的证据证明公众将该词语视为通用术语，但在业界中最为关注该商品的人仍然将 BOSTONGURKA 视为商标；业界的观点比那些购物者甚至店员更为重要。这个案例后来被提交到欧洲法院做出初步裁决。[34] 6.32

第二起案例中[35]的法律问题大不相同。本案并非第三方用户去法院要求解除正在消退的商标所形成的专制，而是商标所有人要求法院阻止有侵权嫌疑的使用。该案中的商标 SPORK 注册于一种“勺子和刀”混合物的餐具上。而被告在其价格表以及与顾客的通信中使用 spork 一词，否认侵权行为，并主张其并非以商标形式而是作为勺子和刀混合物的名称使用 spork 一词。初审法官认为：即便在他看来事实上该商标已经在“某种程度上变为通用的”，但该行为仍构成商标侵权。但上诉庭支持了被告的上诉并认为：如果商标已经变得部分通用的，则判断是否侵权是根据收到被告价目单以及信件的顾客是将词语 spork 理解为指代原告的商品（这种情况构成侵权）还是指代勺和刀的混合物（这种情况不构成侵权）。在这个案子中，根据事实，该使用不应被认为是侵权使用。[36] 6.33

[33] Bjornekulla Fruktindustrier Aktiebolag v Procordia Food Aktiebolag [2002] ETMR 464（斯德哥尔摩地区法院）。

[34] Bjornekulla Fruktindustrier Aktiebolag v Procordia Food Aktiebolag，Case C-367/02（有关对 2002 年 10 月 14 日 Svea Hovratt 在下列问题上的引用：“在一项商品出售给消费者前要经过若干阶段的情况下，根据《欧盟理事会指令 89/104》第 12（2）(a) 条，由哪个阶段的人决定一项商标是否变成其注册领域通用名称?”)

[35] D Green & Co（Stoke Newington）Ltd and Plastico Ltd v Regalzone Ltd [2002] ETMR 241（CA）.

[36] 该标准是对欧洲法院在 Holterhoff v. Freiesleben Case C-2/00 [2002] ETMR 917 案中所采纳的非侵权使用的标准的回顾，见第 8 章，第 8.45～8.46 段的论述。

(7) 两个通用术语联合使用能否变成一项商标?

6.34 欧洲法院在COMPANYLINE案[37]中考虑过这个问题。该案中，法院肯定了对所有欧共体商标注册申请进行评估的基本原则：商标的显著性特征应从申请人商标的整体出发对商标的显著性特征进行评价。[38] 如“公司”、“行业”等词语都是通用的，但一旦它们被结合成COMPANY-LINE，我们需要关注的是整个标志而不是其各组成部分。在这个例子中，对这两个通用术语的整体评价并未发现其具有可注册性：COMPANYLINE可能不再是通用的，但其不再具有通用性的事实并不意味着它自动获取了显著性。

(8) 通用术语和语言因素

6.35 在多数市场中，不被相关消费者作为通用术语的术语不会被认为是通用的。这意味着一个国家的通用术语可在其不作为通用术语使用的国家成功地注册为商标。[39] 但是那些为相关公众所理解的外语词汇仍然可能被视为是通用的。[40]

6.36 在MATRAZEN案中，一德国公司主张将床垫的德语在西班牙注册为床垫商标会对商品的自由流通产生负面影响，因为德国MATRAZEN床垫进口至西班牙后进行销售可能因通用术语在当地的注册而遭遇阻力。一审法院不予认同，引用了早先欧洲法院关于此问题的判例：国内商标注册并不构成对商品自由流通的障碍，尽管在特定情形下它可能受到约束。[41] 法院还可以补充说明，由于西班牙对本国和外国商标申请执行相同的标准，德国公司原本可以在西班牙人考虑注册该通用术语MATRAZEN之前先行申请注册。[42]

(9) 通用性取决于术语性质也取决于商品性质

6.37 “horse”（马）这个词对于马这个物种而言是通用的，但它对于“晾衣架”

---

[37] DKV Deutsche Krankenversicherung AG v OHIM, Case C-104/00 P [2003] ETMR 241.

[38] 同上，第21段。

[39] Matratzen v OHIM, Case T-6/01 [2003] ETMR 392（欧洲一审法院）：matrazen，“床垫”德语表达，在西班牙可以注册；Tong Yang Confectionery Corporation's trade mark; application for cancellation by Lotte Confectionery Co Ltd [2002] ETMR 219（英语词语“巧克力派”在波兰可以注册于巧克力派）。

[40] Lipton Ltd, Van Den Berg & Jurgens BV, Unilever Belgium and Unilever NV v Sara Lee/De NV and Douwe Egberts [2002] ETMR 1073（布鲁塞尔上诉庭）：冰茶（ICE TEA）本认为是通用的，尽管该词语是英语并且通用术语应该是“ice tea”。

[41] Matratzen（见上注释39），第54段，引用了Terrapin v Terranova案，Case 119/75 [1976] ECR 1039，第5段，Dansk Supermarked, Case 58/80 [1981] ECR 181，第11段。

[42] 这种想法是在阅读Deutsche Renault AG v Audi AG, Case C-317/91 [1995] FSR 738案时得到的灵感。

(clothes horse) 及“海马”(sea horse) 所属类别而言并不是通用的。这个例子提醒读者文字本身并非通用的，而是它们在涉及特定物品的使用时才变成通用的。[43] 当一申请人试图注册商标 K GLASS 用于“片状玻璃……不包括玻璃纤维……”时，内部市场协调局的复审委员会[44]适用了这个原则。基于 K GLASS 对于纤维玻璃和由纤维制做出的玻璃是通用的这一理由，该申请被驳回。复审委员会驳回了审查员的决定。K GLASS 对于某种类型的玻璃可能是通用的，包括纤维玻璃，但对于片状玻璃并非通用的；实际上，在片状玻璃生产中根本不使用纤维玻璃。因此，该标志可以注册。

(10) 人名能否成为通用术语?

在一起荷兰的案例[45]中这个问题被提及，该案中的商标内包含了一个虚构人物的名字——TARZEN（美国影片《人猿泰山》中主角泰山的名字——译者注)。本案中的被告，引用了字典中对“TARZEN”的解释：“(通常假设头脑简单) 四肢发达的男人”，认为 TARZEN 已经变成了通用术语。法院注意到本案的问题并非确定 TARZEN 是否对于某一类人而言是通用术语，而是它对所涉及的要注册的商品，即电影和书籍，是否是通用的。因此，被告的理由是不正确的，虽然背后蕴藏的想法却是有趣的。 6.38

一些人名必然是通用术语。比方说，在英语中，梅·韦斯特 (Mae West) 是一个以丰乳而闻名的演员，但 mae west 是指不可燃的救生衣。海鲂 (John Dory) 是一种鱼的名称，但 John Doe 原本是美国在司法程序中对原告的通称[46]；杰克·拉塞尔 (Jack Russell) 是一种狗的名称，而 Mickey Finn 是指加催眠药的饮料。我们从早先英国统治阶级那里继承了如三明治 (sandwich)[47]、伯爵红茶 (Earl Grey)[48]、开襟羊毛衫 (cardigan)[49] 以及高筒靴 (Wellingtons) 等[50]语言文字遗产。伦敦东部人用的押韵俚语将人名 Rosie Lee（茶）以及 Jimmy Riddle (撒尿) 变为通用术语。美国人将衰减腮腺炎病毒称为 Jeryl Lynn。[51] 非英语民族 6.39

[43] Merz & Krell GmbH, Case C-517/99 [2002] ETMR 231，第 27 段。

[44] Pilkington plc's application, Case R 81/1999-3 [2000] ETMR 1130.

[45] Edar Rice Burroghts Inc v Beukenoord BV and others [2001] ETMR 1300（阿姆斯特丹上诉庭）。

[46] 与 John Doe 一样通用的当事人名称是 Richard Roe（某甲），同样都有鱼的含义。

[47] 以 John Montagu 命名，Sandwich 伯爵第四。

[48] 以英国首相命名 (1764—1845)。

[49] 以卡迪根伯爵第七命名。

[50] 以威灵顿男爵第一命名。

[51] Merck and Company's trade mark; SmithKline Beecham plc's application for a declaration of invalidity [2000] ETMR 75 (HC)，该病毒以一不幸于 1963 年染上该病毒的 6 岁小女孩 Lynn Hilleman 命名。

也没有被排除在这个过程之外。Garibaldi，前意大利将军，变成了添加无核葡萄干烘焙出的饼干，Marquis de Bechamel 被尊称为白协眉沙司调味酱的创造者，以及 Bismarck 的名字，令人畏惧的铁血宰相，变成了腌泡汁青鱼。所有这些显示了通用性并不限于商标法领域；它是语言发展中的正常过程。

(11) 商标通用性及举证责任

6.40 商标一旦合法注册后将被推定并始终处于合法状态，除非有人向法院或商标授予机关提出令其信服的证据，证明商标不再合法。因此，商标所有人并不需要证明其商标不含通用术语——而是由质疑其合法性的人提出相反的证据。[52] 在向法院提交合法注册证书后，法院并不依据其个人知识去判断一项商标是否已经变成通用术语：他们会要求提交商标事实上变成通用术语的证据，仅是未经证实的主张并不会被采纳。[53]

6.41 法院倾向于采纳哪些有关通用性的证据呢？鉴于这里需要考虑的问题是一个词语的含义到底是什么，因此商标授予机关会使用字典来确定一个词语是否已变成通用术语而不能予以注册。[54] 但商标是否已变成通用术语这个问题若是在商标注册后产生的，就不能再以字典中的定义作为商业使用或相关消费者使用的证据了。[55]

6.42 事实是字典并非法律文件，仅反映了律师和字典编纂者之间对于何为商标、何为通用术语的认识上的差距。1988 年兰德斯和波斯纳在美国注意到：

> 法院在确定商标是否已成为通用术语方面做得并不出色，至少在字典能够作为相关公众通常使用的词汇的精确清单（这是一个大胆的假设）的情况下是这样。麦卡锡商标季刊中被法院认定为通用术语的 35 个商标范例中，其中 16 个并没有被列在最新非简缩版字典中，或者，即便出现在字典中，它们被认为是通用的含义也并没有被列出……法院认为并非通用术语的 17

---

[52] TDC Forlag A/S v Medieforlaget Danmark A/S [2003] ETMR 158（丹麦海商和商事法庭）：FAGOG（丹麦语中参考书的含义）被认定为非通用语，在注册前通过使用获得了显著性。

[53] Pfizer inc and Pfizer BV v Lestre Nederlandse Reformacviefburreau ENRA [2001] ETMR 155（乌得勒支地区法院）。

[54] 见 Alcon Inc v OHIM，Dr Robert Winzer Pharma GmbH internvening，Case T-237/01，5 March 2003（未公开）（欧洲一审法院）。

[55] Du Pont de Nemours (EI) and Company v AMA VOF Antoon Michielsen Automobiles（trading as Protech Nederland Teflon Lakbesherming）and others [2001] ETMR 777（荷兰"s-Hertegenbosch"城市上诉庭）；比较 Magna Ltd v Abdullah Ismail [1998] IP Asia LR 176（商标注册，Karachi），事实是词语 WIMPY 在字典中列入作为商标被认为是对事实上它是商标而不是通用术语的初步支持。关于倘若是通用术语不得在字典中列为已注册的共同体商标的义务，见第 8 章。

个商标范例中有7个被列入了字典并带有通用的含义。[56]

这并不意味着法院做错了，或是字典错了。法院和字典编纂者只能根据有关词语使用方式的可靠证据来判定一个词语的性质。鉴于法院本身也认同一个词语可以既是显著的也是通用的[57]，因此司法判决和字典中所表现出的、我们在使用文字时出现的模糊或缺乏明确性的特点是不足为奇的。 6.43

(12) 商标侵权不能以添加通用术语为借口

在一起法国案例中，被告被指控通过 imajeink. com 网站交易的方式侵犯了用于印刷墨水和印刷配件的 IMAJE 商标。被告辩称对原告商标的使用因为在商标后添加了通用术语“墨水”一词（“imaje-ink”）而“通用化”，网站的浏览者因此会将“imaje-ink”视为被告销售墨水的一种，而不是指向原告的商标。巴黎上诉庭驳回了这个荒诞的解释。[58] 6.44

D. 结语

在本章中，我们考察了什么构成一个通用术语并且回顾了在试图将词语变为私人财产或强迫私主体放弃对应属于公众的词语的控制时所出现的问题。我们指出，通过谨慎和良好管理，一项注册商标可以抵御变成通用术语的风险。我们也试图证明，商标权利对交易中以及普通大众普遍使用的语言的蚕食，事实上并没有对“公地”产生任何严重的威胁。 6.45

接下来我们对侵权行为概念进行考察。 6.46

---

[56] William Landes, Richard Posner,《商标法经济学（1988）》,《商标法评论》第78期，267、294页。

[57] 见上文，第6.31～6.33段。

[58] Sarl Wolke Inks & Printers GmbH v SA Imaje［2003］ETMR 849（巴黎上诉庭）。

第7章

侵权行为

A. 导言

媒体报道

夏季度假人士受到香水、白酒和飞机零部件等假货危险的警告①

国际反假冒集团曾向国际旅游者发布警告，称小到他们的行李箱大到他们乘坐的飞机上都包含危险的假货。

上述警告与知识产权机构（IPI）发布的关于假冒对社会和经济影响的新报告互相呼应。该报告包含了涉及有组织假冒犯罪和导致全球诸多事故的假冒飞机零件贸易等新信息。1973年至1996年间发生的174余起美国飞机坠毁或事故，已证明与飞机相关的假冒产品存在关联。假冒问题如此严重，即便美国总统的空军1号和2号都不能幸免：1997年，其氧气和灭火器系统被发现是“未经批准”的。

让这一产业的全体部门都彻底承认存在问题很难做到，因此IPI报告的结论是，这些已报道的个案只是冰山一角。

问题的另一方面是，那些人们认为“无害”的假货，比如香水、烟草、酒和服装等，其实绝非如此。例如，1997年俄罗斯22人死于假冒的伏特加酒，从那时起英国贸易标准局官员查获过类似的假货。在另外一起案件中，北爱尔兰皇家骑警队查获一批假香水，在其成分中发现用尿作为稳定剂。

软底运动鞋使发育中的脚致残，玩具含有让年幼儿童窒息的零件，服装带有易燃纤维，这些仅仅是日益充斥世界市场的越来越多的假货中的一小部分。

然而，假冒造成的损害并不仅限于所导致的直接身体伤害。在英国，每年

① 国际反假冒集团新闻报道，2001年7月6日。

有 4 100 份工作和 7.68 亿英镑的损失是由于假冒行为破坏了产业，而因此少征的税收及增加的收益开支也削减了政府对重要公共服务的投入。同时，购买假货填鼓了犯罪分子的腰包。各种犯罪行为，包括盗窃、贩毒、卖淫、色情书刊影视，乃至国际有组织的犯罪和恐怖活动等，都已经证实和假货提供的资金存在关联。

据英国国家犯罪情报服务中心（NCIS）报告，26%的有组织犯罪集团涉及制假。国际防假冒集团执行秘书 John Anderson 指出："据了解，北爱尔兰准军事组织参与了假货销售，美国世界贸易中心爆炸幕后黑手亦通过销售假冒 T 恤而向相关恐怖活动提供资金。"

他还补充道："我们认为非常重要的是，消费者应当意识到其购买决定的后果——特别是在旅游途中购买商品时更应如此。挑选一件假手包或一条牛仔裤看上去不是什么大事，但这正是造假这一犯罪行为的基础，这种犯罪是为了来得快且容易的利润而把人们的生命、健康和生计置于险地。"

IPI 组织主席 Paul Leonard 博士指出："我认为公众普遍并未真正理解造假业的规模和性质，造假能产生严重的社会和经济后果。我感到特别不安的是，诸如波兰、捷克等国家是向欧盟输入假货的很大源头，我们现在把这些国家当做欧盟的一部分，人们会想知道当边境不存在时这对合法贸易的后果是什么。"

媒体报道的寓意

7.01 尽管商标侵权会以不同的形式和规模出现，但在任何情况下都应坚持一个原则：法律应当使商标权利人能够坚决对抗侵权行为，而不考虑侵权行为实际的严重程度和它显示出来的严重程度。在这种情况下，我们必须意识到我们对待侵权的态度并不总是一致的，因为比起贴附着可信赖商标的假冒药品或假冒医疗制剂而使人在痛苦中死去，在远东售卖假冒 ROLEX（劳力士——译者注）手表使得购买者在向朋友们炫耀时招致讥笑，并没有稍微人性化一些。但是，并不是所有的侵权行为都涉及对他人商标的原样复制或假冒：其他类型侵权所造成的损害可以根据消费者混淆的程度（比方说在面临如何选择 HARVARD 和 JARVARD 产品时），以及根据消费者对品牌信心的减弱来测算（例如，当在一定领域，比如工程领域性能优良而声誉卓著的某一品牌，如 ROLLS-ROYCE（劳斯莱斯——译者注），被"绑架"而使用在没那么高端的另一领域的产品和服务上，比如刮胡刀片、糕点或夜总会等）。

7.02 本章将探讨商标被认为侵权的法律基础。此处所说的侵权，不仅仅包括通过假冒方式（正如导言的媒体报道已经提到的），还包括许多商标所有人的竞争对手为从他人知识产权中获利而采用的许多手段。

B. 商标侵权的范围

(1) 侵权行为：商标注册的存在理由

如果注册商标不能用来防止竞争者及其他人试图通过使用它来获利或者采取可能损害它的行为，经营者将认为没有必要进行商标注册。因此，商标制度的价值取决于他人什么程度的行为即被商标所有人确定为“侵权行为”，只有这样，法律制度的效力才能得以充分用于打击侵权行为。 7.03

在商标所有人看来，有两种行为应被谴责：侵权行为和令人反感的行为。前者是不合法的，无论再怎么微不足道，都可以通过采取法律行动而加以避免；后者虽令人讨厌却无法防范，无论它怎么损害商标信誉或品牌价值。本章将探讨前者，第 8 章则会讨论后者。第 8 章也会在公平的比较广告的背景下，讨论其“非法继姐妹”——不公平的比较广告。 7.04

(2) 法律将什么行为看做“侵权行为”

《与贸易有关的知识产权协议》（TRIPs）对商标侵权问题采用了两步法分析。它首先规定商标所有人享有下述基本权利：“……已注册商标权利人应拥有专有权利阻止所有未经其同意的第三方在贸易中使用与已注册商标相同或相似的商品或服务的、其使用有可能招致混淆的相同或相似的标志。”[②] 7.05

TRIPs 接着规定了所有 TRIPs 成员国应根据《巴黎公约》给予[③]驰名商标以法律保护[④]，规定《巴黎公约》保护的驰名商标应当扩大到包括（a）服务商标和商品商标[⑤]；（b）与已注册商标的商品或服务不相似的商品或服务之上，条件是该商标与该商品和服务有关的使用会表明该商品或服务与已注册商标权利人之间的联系，而且已注册商标权利人的利益有可能为此种使用所破坏。[⑥] 7.06

欧盟关于商标协调的《指令》则包含了商标权利人享有制止他人从事一系列 7.07

② TRIPs 第 16 条。

③ 同前，第 2 条第 1 款。

④ 《巴黎公约》第 6 条在相关部分规定：“本联盟各国承诺，如本国法律允许，应依职权，或依利害关系人的请求，对商标注册国或使用国主管机关认为在该国已经驰名，属于有权享受本公约利益的人所有、并且用于相同或类似商品的商标构成复制、仿制或翻译，易于产生混淆的商标……禁止使用。这些规定，在商标的主要部分构成对上述驰名商标的复制或仿制，易于产生混淆时，也应适用。”

⑤ TRIPs 第 16 条第 2 款。

⑥ 《巴黎公约》第 6 条第 3 项。

行为的排他性权利。该《指令》规定：

> 注册商标应赋予其权利人关于注册商标的排他性权利。
>
> 该权利人应有权制止任何第三方在商业过程中：
>
> (a) 与在注册商标指定商品或服务相同的商品或服务上使用任何与注册商标相同的标记；
>
> (b) 在相同或类似的商品上使用与任何注册商标相同或近似的标记，使得相关公众有产生混淆的可能性，包括将该等标记和商标之间产生联系的可能性。[7]

7.08 《指令》也给予欧盟成员国选择权[8]，规定："……注册商标权利人应有权防止任何第三方在商业过程中未经同意在与注册商标指定商品或服务不相类似的商品或服务上使用相同或近似标记的行为，只要注册商标已经在成员国具有一定声誉，且没有适当理由所使用的标记取得不公平的优势，或该等使用损害该商标的显著性或商誉。"

7.09 《指令》中描述的三种侵权行为依据《欧共体商标条例》都是侵权行为。[9]图 7.1 是侵权行为的示意图。

(3) 侵权行为的分类

7.10 尽管一些国家严格遵循了 TRIPs 的范式，但还是有一些国家在它们的立法起草中拟定了它们自己更愿采取的侵权法规范。即便如此，TRIPs 的内容一般而言仍代表国际社会共同的法律文化。从 TRIPs 的规定可以推断出四类不同的侵权行为，它们也体现在两套欧洲规则中。为简化下文对商标侵权的分析，本书将它们简称为下述四类。

第一类 在与他人商标注册指定商品或服务相同的商品或服务上使用相同的商标（比如：我制造并销售我的 ROLEX 手表，尽管劳力士公司拥有手表上的注册商标）。

第二类 有三种情形：(i) 在类似商品或服务上使用相同商标；(ii) 在相同商品上使用近似商标；(iii) 在类似商品上使用近似商标，这三种情形均使得相关公众可能产生混淆（三种情形的举例分别为：(i) 我把自己的无醇啤酒称做 RIBENA，而 RIBENA 是果汁商品上的注册商标；(ii) 我把自己的香水称做

⑦ 《欧盟理事会指令 89/104》第 5 条第 1 款。

⑧ 同上，第 5 条第 2 款。

⑨ 《欧盟理事会条例 40/94》第 9 条第 1 款。

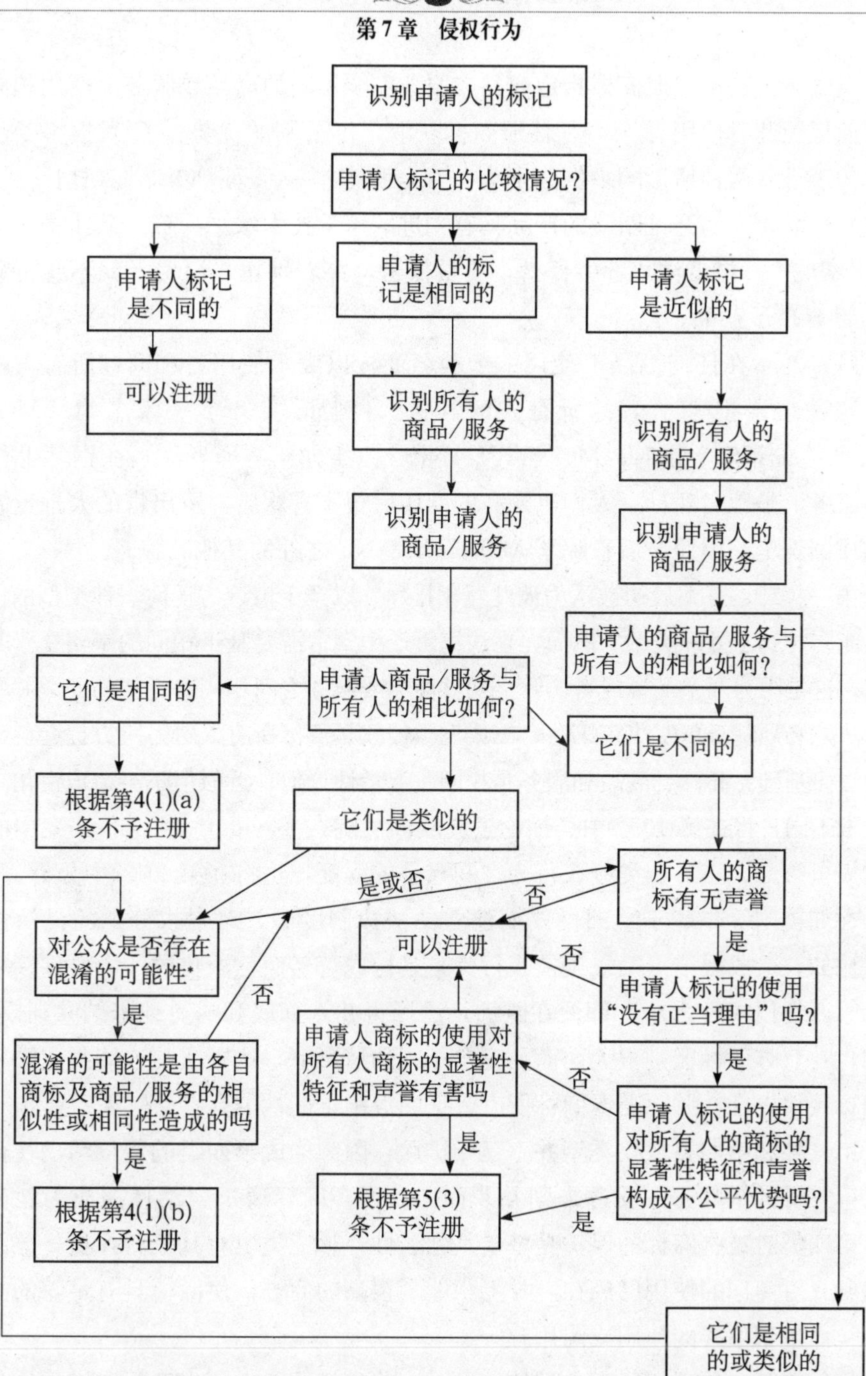

图7.1　为《欧共体商标条例》和《欧盟理事会条例40/94》第5条项下侵权行为的示意图，该示意图将欧洲法院对Davidoff诉Gofkid一案的判决考虑在内。

＊若存在混淆的可能性，商标所有人可以选择上述显示的任何一条或两条路径。

CHRISTINA DIOR，人们认为它是CHRISTIAN DIOR（克里斯汀迪奥——译者注）香水而购买；（iii）DENTINE是医用口香糖上的既有商标，我则生产具有DEN-KLEEN商标的医用漱口水）。

第三类　在与注册商标指定商品或服务完全不同的商品或服务上使用相同或近似商标，此时使用者（i）从注册商标获取了不公平的优势；（ii）损害了注册商标的声誉（两种情形的举例分别为：（i）我推销一系列 DOLBY（杜比——译者注）产品，人们会推断我的产品具有先进的声学技术水平；（2）我生产了 SONY（索尼——译者注）牌牛仔裤，质量低劣，穿着别扭，消费者就不愿再购买其他的 SONY 产品了）。

第四类　在任何商品上使用一个驰名商标以表示使用者和商标所有人的联系，这种情况损害了商标所有人的利益。（例如，我开了一家名为“MONT BLANC”的钢笔零售店；MONT BLANC（万宝龙——译者注）在钢笔上而非零售服务上是驰名商标。人们惠顾我的商店后很不喜欢店内所出售的大批量制造的劣质圆珠笔，因而今后青睐了 MONT BLANC 之外的其他品牌。）

7.11　第一、二、三类最初被认为彼此互相排斥，以至于被认为任何一种类型的侵权不可能同时属于另一类型。然而，在法律诉讼中常常需要基于相同的事实主张数种侵权。这是因为两个商标或者实际上两种商品或服务之间相同、近似的问题并不清楚：法院必须基于事实决定第一、二或三类侵权是商标所有人对另一方提起诉讼的适当法律基础。商标、商品和服务是相同、混淆性近似、近似但不会造成混淆，或者非常不同，将在第 10 章中详细论述。欧洲法院在 Davidoff 诉 Gofkid 案中的裁决增大了第二、三、四类侵权行为之间重叠的程度，这将在第 11 章中分析。

7.12　在如美国等非基于欧洲模式而建立的法律制度中，对侵权分类的灵活性更强，比如，造成混淆（第二类侵权行为）是构成著名商标淡化的一个要件（第三类或第四类侵权行为）。[10] 即便在欧洲，法国也并未彻底和一贯地采纳欧洲模式。例如，在双方商标区别很大而商品完全相同的情形下，法国法院连续判定被告承担商标侵权责任，并不需要商标所有人证明混淆可能性的存在。[11]

7.13　第三种和第四类侵权类型并不互相排斥，因为构成第四类的侵权活动往往也落入第三类的范畴——反过来则并非如此。很多商标通过广泛使用成为驰名商标，第四类对这些商标的保护是基于其驰名性；第三类也对其进行保护，原因在于权利人对商标的使用已经在声誉上积淀了很高的商誉，使商标具有足够的吸引力，从而遭到他人的使用或滥用。

7.14　仅仅在第二种侵权行为类型的情形下，才有必要考虑原告商标和被告行为结果之间的混淆问题。在第一种侵权类型情况下，或者混淆被认为与案件无关，或者推定具有混淆情况而无须证明[12]，而在第三种和第四种侵权情形中所谈到的损

⑩ Nabisco，Inc et al v PF Brands Inc et al（第二巡回法庭 1999 年 8 月 31 日）。

⑪ 参见 Bouchard Pere Fils v Pascal Bouchard，2002 年 7 月 2 日（法国最高法院）。

⑫ TRIPs 第 16 条第 1 款。

害不是使消费者混淆而带来的损害，而是因为盗用或侵犯商标声誉或显著性所造成的损害。[13]

与第三种和第四种侵权类型相关的法律和商业问题，将在第 11 章和第 12 章中进一步讨论。 7.15

C. 侵权性使用的实例

(1) 什么样的实际行为构成“使用”

TRIPs 并未规定商标侵权行为实际必需满足的具体条件。然而，欧洲立法提供了现成的答案，规定了侵权范围所包含的一系列具体行为。[14] 未经许可的使用行为包括： 7.16

(a) 将标记贴附于商品或其包装；

(b) 提供贴附标记的商品，将其置于市场，基于销售目的存储该等商品，或者在标记之下提供服务；

(c) 在该标记下进出口商品；

(d) 在商业文件上或广告中使用标记。

由于上述列表并非穷竭性的列举，法院可以将它们认定为“使用”的任何行为增入其中。上述使用即构成侵权，除非它明确落入法律明文规定的非侵权性的抗辩范围。现在，我们依次分析每种特定的使用方式。 7.17

(2) 将标记贴附于商品或包装

尽管将标记附着于商品或其包装是一种侵权行为，但仅仅印刷或制造标签本身并未构成商标侵权[15]，即使其可能构成对商标上包含的艺术作品图形著作权的侵害。然而，在英国和爱尔兰，某人在“用于标记或包装商品的材料”上印刷注册商标，倘若他知道或有理由相信他在商品上使用商标并未被商标所有人或被许 7.18

⑬ 参见英国高等法院在 Pfizer Ltd and Pfizer Incorporated v Eurofood Link（United Kingdom）Ltd［2000］ETMR 896 一案中所做的裁定，采用了在 BASF plc v CEP（UK）plc［1996］ETMR 51（高等法院）和 Baywatch Production Co Inc v The Home Video Channel［1997］FSR22（高等法院）两案中的相反观点。同时参见 Ray Black 所做的深入分析“Baywatch：酸葡萄还是正义”［1997］EIPR39－42。

⑭ 《欧盟理事会指令 89/104》第 5 条第 3 款；《欧盟理事会条例 40/94》第 9 条第 2 款。

⑮ Beautimatic International Ltd v Mitchell International Pharmaceuticals Ltd and another［1999］ETMR 912（高等法院）。

可人适当授权，则其对该材料的使用会被认为侵犯商标权。[16] 这种规定对于被要求印制驰名商标标签的印刷商来说自然是一种威慑，尽管印刷商随即成为侵权性使用当事方的后果并不清楚。

(3) 许诺销售商品或许诺提供服务

7.19 如果我在出售的 ROLEX 手表上附加一个标记，记载的文字是“此表为假货，与 ROLEX 手表正品之间不存在任何形式的联系”，我仍然侵犯了商标权吗？毕竟，尽管手表商标为“ROLEX”，但我说的可是“非 ROLEX”。此时，尽管消费者不会被混淆或误导，法院也会认定这种许诺销售构成商标侵权。的确如此。以 ROLEX 商标销售假冒 ROLEX 手表的行为落入第一种侵权类型，无须证明混淆的存在即可提起诉讼。[17]

7.20 如果我出售具有相同商标的 ROREX 手表，记载“此表为假货，与 ROLEX 手表正品之间不存在任何形式的联系”文字的标记能免除我的责任吗？实际上这是第二种侵权行为，此时必须证明“混淆的可能性”。然而，即便仔细研读商标法，我们仍不能轻易发现答案之所在。TRIPs 规定“有使用导致混淆的可能性时”即存在侵权。[18] 欧盟商标法相关条款则规定[19]，在比较了双方（a）各自的商标，（b）所使用的商品之后，认为相关公众可能产生混淆的情形下，才构成侵权。因此 TRIPs 有赖于个案的实际和可能事实，因为这与涉嫌的侵权性使用对于消费者产生的冲击密切相关，而欧盟规定则着眼于上述两步骤对比的结果。二者的区别在实践中影响不大，原因在于正是当事人各自商标和商品（欧盟标准）的近似性确定了被诉侵权商标的使用产生混淆的可能性（TRIPs 标准）。

(4) 进口/出口

7.21 侵权商品就是侵权商品，即便仅仅处于其他两个国家之间的运输过程中而未在运输中途国销售，这一点也不会改变。[20] 甚至在这些商品未侵犯出口国和进口

[16] 《1994 年商标法》第 10（5）节（英国）；《1996 年商标法》第 14（5）节（爱尔兰）。这一限制未见于《欧盟理事会指令 89/104》，但似乎并不与《欧盟理事会指令 89/104》冲突。

[17] 在 Arsenal Football Club plc v Matthew Reed［2001］ETMR860 一案中，被告出售的商品上标有说明文字：“该词语……在销售的商品上所使用，目的仅仅在于装饰商品，并不意味着与任何其他商品制造商和销售商的关联或联系”，但是被告甚至并不寻求依赖该弃权声明作为商标侵权诉讼的抗辩。

[18] 第 16 条第 1 款。

[19] 《欧盟理事会指令 89/104》第 5（1）条；《欧盟理事会条例 40/94》第 9（1）条。

[20] Salamander AG v Industria de Calcados Kissol Ltda，Too Vitl and Centra Anstalt［1998］ETMR94（芬兰最高法院）：商品在从巴西到俄罗斯的旅程中侵犯了波兰的注册商标；Polo/Lauren Company LP v PT Dwidua Langgeng Pratama International Freight Forwarders，Case C-383/98［2000］ETMR535（欧洲法院）：商品从印度尼西亚运往波兰。

国的商标权时也是如此。

进口对市场没有冲击的事实与进口造成的侵权无关。因此，倘若一批WATERFORD（沃特福德——译者注）眼镜的假货，从西班牙毕尔巴鄂出发到纽约，在被告不知情的情况下进入英国费力克斯托港，以便能从一船转移至另一船，这已经构成进口侵权。[21] 但是未对市场造成影响将意味着尽管商标所有人可以获得禁令救济，侵权商标被移交或扣押，而若商品真的在途中在主张损害赔偿的法域内实际并未发生损害，商标所有人也很难在象征性损害赔偿外，主张其他损害赔偿。 7.22

英国法院曾判决，印制附有英国注册商标标签的行为，以及将上述标签贴附于出口到国外商品所使用的外包装上的行为，均不构成可诉的商标侵权。[22] 这意味着在另一国拥有相同商标的第三人可以合法地将印制标签并将其贴附于产品上的工作外包给英国分包商完成，这是好事。这同时也意味着商标所有人在制止别人使用商标、制造假货而流入市场方面不能防患于未然，而这些假货的销售确实侵害了他的权利，这就是坏事了。 7.23

（5）商业文件和广告中的使用

这类侵权案件中可能是最极端的发生在法国，该案涉及商标EPSY，为原告营销公司从前的商号。[23] 被告，一家同行业的竞争者，在《营销杂志》上刊载了一则广告，内容包括其一位经理的简历，该经理曾经为原告工作多年。简历中写道：Jean Lagadec……有12年在研究所（Motive/Epsy/Synapse）工作的经历，他创建了Sylab…… 7.24

大审法院认为名称EPSY作为介绍被告经理获得职业经验的简单使用，并未构成商标侵权。巴黎上诉法院否定了该意见，认为：Lagadec本人使用该名称或许是合法的，但是被告使用EPSY商标的目的在于为其自己的经营做广告，这种使用依据法国法构成侵权。该案例实际上反映了法国法有关商标侵权“绝对权”理论的持续影响[24]，因为别的法域近来并没有类似性质的裁定。 7.25

[21] Waterford Wedgwood plc v David Nagli Ltd [1998] FSR92（高等法院）。

[22] Beautimatic International Ltd v Mitchell International Pharmaceuticals Ltd and another [1999] ETMR912（高等法院）。

[23] Sarl Sygroup and SA DCM v Societe Sylab Ypsis and Jean Lagadec [2001] ETMR1275.

[24] 参见Isabel Davies，Sweet & Maxwell's European Trade Mark Litigation Handbook（1998）。第6～37部分表述为“未经授权许可，未得到授权的任何人不得在商业环境中使用他人商标”，这种感性的表达其实与《欧盟理事会指令89/104》第5条不相符合。

D. 对于侵权性使用的深入观察

(1) 动机和明知在很大程度上与侵权问题无关

7.26　在民事侵权诉讼中，通常情况下并不需要商标所有人证明被告故意从事了商标侵权行为。商标所有人甚至不需要证明被告知晓他的商标。一旦商标获得了注册，就推定该法域的其他任何商业主体都熟悉该商标。但是被告的动机可能在一定程度上免除其责任[25]，原因在于《欧盟理事会指令 89/104》和《欧盟理事会条例 40/94》列举了大量出于“善意”[26] 的法定抗辩事由；此外，法院判令一个不诚实或故意侵权的被告所承担的救济措施可能要比判令无过错的疏忽行为人所承担的更宽。

7.27　被告的动机和明知在刑事诉讼和藐视法庭的案件中是十分关键的问题，在这些程序中，被认定须承担责任的被告违反了例如停止侵权行为和移交侵权商品的法院指令。[27]

(2) 申请注册他人的商标

7.28　在一些法域中，申请注册他人商标的行为明确构成商标侵权[28]，原因是推定这就是一种在“商业过程”中的行为。在其他一些国家，这种行为似乎从来就没有被认定过是侵权或不是侵权。[29] 无论是哪种情况，一个商标都可因被认定“恶意”注册而被从商标注册簿中撤销。[30]

(3) 口头使用

7.29　侵权行为并不需要以诸如印刷等永久的方式记录下来，对他人商标的口头使用甚至都可能是一种侵权行为。因此，在宣称本人是商务代表[31]或者接电话时[32]

㉕ 参见如 Aktiebolaget Volvo and another v Heritage (Leicester) Ltd [2000] ETMR940（高等法院）。

㉖ 参见第 8 章（特别是第 8.13～8.36 段）。

㉗ 参见第 14 章（特别是第 14.33～14.35 段和第 14.39 段）。

㉘ Alvorada Trade Mark [2003] ETMR623（土耳其共和国上诉法院 11 法庭）。通过申请而侵权也在法国的侵权诉讼中屡屡被认定。

㉙ Reality Group Ltd v Chance [2002] FSR 13（高等法院）。

㉚ 关于对商标申请中“恶意”法律问题的详细论述，参见本书第 13 章。

㉛ Premier Luggage and Bags Ltd v Premier Co (UK) Ltd and another [2002] ETMR787（上诉法院）：被告代表称自己为“Premier”。

㉜ VolvoLtd v DS Larm Ltd and Dick Edvinsson [2000] ETMR299（瑞典最高法院裁定未经许可的 Volvo 汽车销售商在接电话时使用“Volvo 服务”的言辞构成侵权）。

使用他人商标，都可能构成侵权。口头使用应当与其他类型的使用一样适用相同的侵权认定标准；因而，在使消费者明显不会认为被告商品来源于原告的情形下，口头使用他人商标不构成商标侵权。[33]

(4) 为海外目的的国内使用

即便侵权商品的最终市场是另一国家，在一法域境内实施的侵权行为仍然是侵权行为。[34] 7.30

(5) 互联网上的使用

在网站上使用商标可以构成对该商标的侵权性使用。[35] 在英国，在网站上使用商标，至少在缺乏进一步证据的情况下，不会被认为该商标在互联网延及的任一法域均得到使用。[36] 7.31

(6) "无形"使用

商标的使用需要在下列时间点为消费者在视觉上可感知吗？(i) 任何时间；或 (ii) 在销售时；或 (iii) 在意欲侵犯商标的其他时间。 7.32

以元标签方式使用他人商标以吸引互联网用户，使之注意到他并不积极寻找的某网站或网站横幅广告的存在，这种行为已经被认定构成侵权性使用，即使互联网用户可能并不知道权利人的商标以机器可读的方式被用于该目的。[37] 7.33

被告将原告预先录制的录像带未经许可的副本销售及分销，这种行为已经被认定构成侵犯原告商标权，尽管该商标在销售时并不会被人们看到：因为它被编写在录像带里面，它只可能在观众播放录像带时才能被看到。[38] 7.34

(7) 侵权性使用会因"免责声明"而豁免吗?

被诉侵权者可以通过在未经许可使用他人商标时附以"免责声明"的方式逃脱 7.35

---

[33] Holterhoff v Freiesleben，Case C-2/00［2002］ETMR917（欧洲法院）：从方便参照的角度，使用与商标权人有联系的一种特定风格的珠宝商标。

[34] Beautimatic International Ltd v Mitchell International Pharmaceuticals Ltd and another［1999］ETMR912（高等法院）。

[35] 参见第17章第17.51～17.63段。

[36] Euromarket Designs Incorporated v Peters and another［2000］ETMR1025（高等法院）；1－800Flowers Inc v Phonenames Ltd［2002］FSR191（上诉法院）。

[37] 参见第17章第17.64～17.72段。

[38] Esquire Electronics v Executive Video 1986（2）576AD（南非）。最高法院上诉庭推翻了初审法院关于商标被使用于电影而非磁录制的胶片上的裁定。

责任的情况，即便存在，也鲜见于案例法，这一点很让人吃惊。在一起美国案例[39]中，被告经营一家基于互联网的货车定位器公司，在其网站的域名、元标签和网站“墙纸”中使用了原告的两个商标。网站的访问者会看到一则信息：本网站提供了著名品牌产品的一系列服务，但与此处所列举的品牌产品的生产者没有任何关系。

7.36 在 MATRAZEN 案中，一德国公司主张将床垫的德语在西班牙注册为床垫商标会对商品的自由流通产生负面影响，因为德国 MATRAZEN 床垫进口至西班牙后进行销售可能因通用术语在当地的注册而遭遇阻力。一审法院不予认同，引用了早先欧洲法院关于此问题的判例：国内商标注册并不构成对商品自由流通的障碍，尽管在特定情形下它可能受到约束。[40]

7.37 在他人商标上加“仿制品”一词或类似用语的（例如手表上的 TISSOT（天梭——译者注）仿制品[41]）也可能在于产生一种“免责声明”的效果，以否认使用者和商标所有人之间的联系，使得他免于商标侵权的责任。然而，以这种方式将一商标包含于标记的使用并不属于本书后一章所探讨的抗辩情形。

E. “商业过程”要求

(1) 侵权性使用须在“商业过程”中发生

7.38 TRIPs、《欧盟理事会指令 89/104》和《欧盟理事会条例 40/94》中关于侵权行为的概念均要求侵权行为须在“商业过程”中实施。[42]“商业过程”一词既普通又平淡，但其含义却导致了激烈的争论。在进一步讨论该问题之前，让我们先总括地谈谈一些基础性的问题。

(2) “商业过程”侵权：问题之所在

7.39 大西洋两岸都曾在下面的问题上有过诸多争论：是否在任何时候某人从事了被定义为对他人商标侵权行为的行为都被称做侵权，还是对他人商标也必须得是作为商标而使用才可称之为侵权。Andy Warhol 对 Campbell 汤罐的连续绘画正

---

[39] PACCAR Inc v TeleScan Technologies LLC，No 00—2183，2003 年 2 月 5 日（美国第六上诉法庭）。

[40] 参见如 Sarl Le Book Editions v Ste EPC Edition Presse Communication and another [1999] ETMR 554（巴黎大审法院），第 10 章第 10.142 段将论述。

[41] “仿制品……”现象将在第 10 章第 10.18～10.20 段中深入论述。

[42] 参见前述第 7.05～7.09 段。

反映了这点。商标权利人将CAMPBELL（金宝——译者注）注册为商标，指定商品为“汤类食品”；Warhol则创作了载有“Campbell”文字的汤罐画。在严格的字面意义上，Warhol使用了注册在商品“汤罐”上的注册商标“CAMPBELL'S”，因此可以被视为侵权人；在宽泛的比喻意义上，他是一个创作艺术作品的艺术家，不是制造食品的食品生产商。即便是汤类食品的消费群体也会意识到Warhol的绘画是艺术品，并不会把它看做对Campbell商标权的侵犯。但是商标所有人是否有权反对，主张尽管其汤罐的销售没有因艺术品的流行而受到直接和明显的影响，但是Warhol在绘画上的商业活动降低了CAMPBELL'S商标在汤类食品上发挥商标功能的作用？例如，可以主张CAMPBELL'S商标支撑和保护了神圣的、以家庭为中心的、温馨的、有营养的商品之上的品牌价值，而Warhol关于相同商标的使用将使得以家庭为中心的消费群体联想到暴力、吸毒、乱交、异装癖这些Warhol文化特征的对立价值。

(3)“商业过程中使用”的含义

欧洲法院指出只要满足“……以取得经济优势为目的在商业行为环境中发生，并非私人事务”[43]，商标使用就构成“商业过程中的使用”。 7.40

这不是“商业过程中使用”的定义，而是关于这种使用所发生场合的评述。事实上不是所有的侵权行为都在“以取得经济优势为目的在商业行为环境中”发生。例如，如果在没有正当理由的情况下，我从事了损害他人商标声誉的行为，这种行为即便没有促进我的经济优势也不能否定其侵权属性。 7.41

但是，欧洲法院明确了“商业过程中使用”是指，“必须影响或导致影响权利人商标某一功能的”的使用侵权。[44] 这种要求似乎是确定商标是否被侵权的先决条件。它明显不是“商业过程中使用”这一说法的字面阐释，同样也明显要求法院在侵权诉讼中既审查被告行为的特征，也审查这种行为的后果。因为商标权是财产权，其功能是保证商标所使用的商品或服务的来源[45]，所以只要损害了保证权利人商标或服务来源的财产权权能，就构成“商业过程”中的侵权性使用。 7.42

(4)“商业过程中使用”等同于“商标使用”吗?

直到欧洲法院对Arsenal（阿森纳足球俱乐部——译者注）诉Reed[46]一案裁 7.43

[43] Arsenal Football Club plc v Matthew Reed, Case C-206/01［2003］ETMR227（欧洲法院），第40段。

[44] 同上，第42段。

[45]《欧盟理事会指令89/104》前言第十；Arsenal案（上文脚注[43]），第32段和第48段。

[46] 在下文第7.49～7.51段和第8章（参见第8.85～8.88段）中详细讨论。

定尘埃落定之前，有一种论点较有说服力，即如果仅当一种被禁止的行为在“商业过程”中实施的时候才存在侵权的话，被告对权利人商标的利用若非“作为商标”使用，就未构成侵权。在这种情况下，“作为商标使用”就是表明被告商品或服务的来源和商标权利人商品和服务的来源相同，或者两者之间存在某种联系。例如，在前述的 Andy Warhol 一案[47]中，将商标贴附在汤罐上构成“商标使用”，而在帆布上画上商标就不是“商标使用”。

7.44 “商标”使用和“非商标”使用之间的上述区别，还可以从比 Andy Warhol 案例更具有显著商业和贸易特征的情形中表现出来。这种情形包括，例如，在并非销售场合，且消费者不被期待能推断出商标所有人和使用人之间关联的场合下，不明显地使用他人的商标。根据这一依据，一家意大利公司印制一种可让孩子们将足球明星肖像贴上的影集。该公司在影集内印制了足球明星所在球队的商标。这种使用并非在销售时发生，并且被看做是对影集主题的描述，因此不被当做执行商标功能的使用。[48]

7.45 分析这一问题还有更进一步的方法，即确定涉及他人商标的活动是否根本不构成一种“使用”。该方法可以从涉及足球贴纸的另一案例中领会。英国足协将其商标“三只狮子”盾形图饰印于代表国家比赛的球员所穿着的球衣之上。一家糕点公司在未事先寻求英国足协授权的情况下，在其产品中加入了一系列可收集的画片，其上印有穿着带盾形图案运动衫的球员照片。由于该图案指明英国足协是球衣的来源，足协将盾形图案用于球衣的使用显然是一种商标使用，但是法院认为糕点公司对盾形图案的使用并非商标侵权。由于不是一种“使用”，它不可能是“商业过程中的使用”：公司销售的是糕点而非球衣，盾形图案是运动员碰巧穿着的球衣上的附带装饰。考虑到《欧盟理事会指令 89/104》第 5 条第 3 款规定的“使用”例子[49]，法院认为商标所有人主张其商标被“贴附”于被告的卡片或卡片在该商标下被投入市场的说辞并非事实。[50]

(5)“商标使用”和免责声明的作用

7.46 如果说“商业过程中使用”一定是“商标使用”，未经授权的使用者可以寻求采取的一种脱责方式是拒绝承认商标是被用做商标而使用的。那么，是否可能通过发布一个免责声明而消除使用他人商标被看做侵权性使用的风险？一些提供销售仿制品的网站有时会采取这种方式。例如，Fashiontime 的网站上如此陈述：

[47] 参见前述第 7.10～7.15 段。

[48] Milan AC SpA and Juventus FC SpA v. Topps Italia Srl［1999］ETMR182（米兰法庭）。

[49] 英国通过《1994 年商标法》第 10（4）节予以实施。

[50] Trebor Bassett Limited v The Football Association［1997］FSR211（高等法院）。

Fashiontime 仅为新颖性目的提供仿制品。任何从该网站购买手表的人士，均同意不冒充为真品，而仅为私用。[51]

7.47 这仅仅是一个一般性的免责声明，并未提及任何商标的名称。与之不同的是，Replicawatchworld 网站宣称：请谨记，我们以最低价格提供最多种的手表仿制品。我们保证提供最优惠的价格，请直接询价。我们提供的仿制品包括 Jacob & Co、Cartier、Breitling、Omega、Silverstein 等所有品牌，此外还有大量精选的超过 270 种款式的 Rolex。如有任何问题和要求，请与我们联系。[52]

7.48 判例法是怎样应对诸如此类的免责声明的？澳大利亚有一个案例，一个走私者销售包含 Rolling Stones（滚石——译者注）摇滚组合乐队现场录音节目的 CD，每一张盘上都带着免责声明，称录音唱片“并未被 Rolling Stones 乐队或其唱片公司授权”。ROLLING STONE 商标的所有人以侵权为由起诉却输了官司：多数法官认为不存在侵权，因为“Rolling Stone”文字被用于指明乐队的名称，而非指示产品来源。[53] 在权利人注册商标和被告使用之间的联系并不明显的情况下，即便没有免责声明，侵权责任可以基于类似的事实被避免，例如苏格兰的一件涉及流行乐队 Wet Wet Wet 的案子。[54] 该乐队未能阻止由注册商标“WET WET WET”保护的文字被一本有关该乐队的非正式图书用做书名的一部分。“ROLLING STONES”和“WET WET WET”两案的明显差异是前者中走私的 CD 实际上包含了 Rolling Stones 的作品，而后者中未授权图书并未包含 Wet Wet Wet 的任何作品。

（6）Arsenal 诉 Reed：欧洲“商标使用”区分的终结

7.49 在欧洲，使用是否必须为“商业过程”的使用仍是个问题，在涉及免责声明和仿制品时尤为如此。然而，这一问题目前在欧洲似乎已经不再成为辩论的焦点。在著名的 Arsenal 诉 Reed 一案中，被诉行为是将已经注册为商标的足球球队名称在未经授权的围巾上使用，被告辩称对球队名称的使用旨在象征忠诚而非标记产品来源，因此，消费者基于对商标存在状态的信任，不会错误地认为商品来源于 Arsenal 足球俱乐部。论及该问题的法院注意到同一法域内其他法院之前并没有确定侵权性使用是否必须为商标使用。[55]

[51] www.fashiontime.net/commerce/Resource.htm#returns&warranty（2003 年 1 月 6 日查证）。

[52] www.replicawatchworld.com（2003 年 1 月 6 日查证）。

[53] Musidor BV v Tansing（t/a Apple Music House）（1994）ALR593（澳大利亚联邦法院复议法院）。

[54] Bravado Merchandising Services Ltd v Mainstream Publishing（Edinburgh）Ltd.［1996］FSR205（治安法庭）。

[55] 参见 Jacob J 在 British Sugar plc v James Robertson & Sons Ltd［1997］ETMR118（上诉法庭与 Philips Electronics NV v Remington Consumer Products［1999］ETMR816 裁定观点一致）和 Philips Electronics NV v Remington Consumer Products［1998］ETMR124 两案中的对立观点。

7.50 欧洲法院[56]明确地指明在“商标使用”（表现为来源保证的使用）和“非商标使用”（表现为象征忠诚的使用）之间并不必然是互相排斥的“二分法”关系：同一行为可能身兼两种职能，或者事实上就是如此，即使同一行为被商标所有人看做商标使用而为侵权嫌疑人看做非商标使用。因此，对他人商标的使用即便是作为忠诚的象征也会构成侵权性使用[57]，任何损害其实现商标保证商标所有人商品或服务的来源这一功能的其他使用方式也是如此。

7.51 为阐明该问题的结论，有必要根据上诉法院在 Arsenal 诉 Reed 一案中的裁定总结下述要点：

i. 商标是一种财产权，能够使商标所有人防止他人对商标进行损害其特定功能的使用；

ii. 商标的特定功能是保证为之注册的商品或服务的来源；

iii. 被告对商标的使用倘若侵害了商标的基本功能，就构成对商标的侵权；

iv. 第三人对商标的未经核查的使用（除了法律允许的描述性使用）将损害商标是来源保证这一事实的传达能力；

v. 因此，在标记相同且商品也相同的情况下，第三人除描述性使用之外的所有使用都被禁止。

7.51A 上述结论并不必然反映了欧洲法院的立场。例如，在 R 诉 Johnston 案[58]（在 Arsenal 诉 Reed 案的上诉法院判决做出前，贵族院已在争论本案决定，但该决定直到前述判决后一天才做出）中，大法官同意上述前三点，但同时认为欧洲法院裁定的效果是判定：只有“商标使用”，即指明被告商品来源的使用，可能妨碍商标本质功能时才构成侵权。此外，依据《欧盟理事会指令 89/104》第 5 条第 2 款的规定，总法务官在 Adidas 诉 Fitnessworld[59] 案中对欧洲法院提出建议，指出将他人商标作为被告商品装饰使用的行为不构成侵权，只要它不被看做是区分被告商品来源的使用。同时，他将该案与 Arsenal 诉 Reed 案进行了区分：Arsenal 诉 Reed 案涉及依据（《欧盟理事会指令 89/104》）第 5 条第 1 款（a）项的侵权主张，该款规定了在商标和标记相同以及商品或服务与商标注册商品或服务相同情

---

[56] Arsenal Football Club plc v Matthew Reed，Case C-206/01［2003］ETMR227，第 61 段。

[57] 在 Arsenal Football Club plc v Matthew Reed［2003］IP&T75 中，最高法院基于事实拒绝认定存在侵权。上诉法院则在［2003］ETMR895 中予以推翻。米兰法庭在 Gua Giu SNC v FC Internazionale Milano SpA［2003］EIPR N-73 中采取了对 Arsenal 案审判法庭相似的观点，准予宣布销售 INTER 商品的当事一方未构成侵权。依据欧洲法院在 Arsenal 案中的裁定，该结论是否还能得出必须被怀疑。

[58] R v Johnstone［2003］UKHL 28，2003 年 5 月 22 日（未报道），第 17 段。

[59] Adidas-Salomon AG and Adidas Benelux BV v Fitnessworld Trading Ltd，Case C-408/01，2003 年 7 月 10 日意见（未报道）（欧洲法院），第 52～62 段。

况下，对商标的绝对保护。在这种情形下，第三人未经授权在相同商品上对相同商标的使用明确就是商标使用，尽管存在不同看法。[60]

F. 商标所有人的侵权

如果侵权可以产生利润，商标所有人为什么不“侵犯”自己的商标？这个问题实际上并不像看上去那么荒唐。许多商标所有人，特别是制造或销售那些生产成本较低商品的商标所有人，致力于一场与那些用常规司法机制和市场机制无法制约的竞争者之间的持久战。药品就属于这种情况。药品的研发和实验耗费了难以想象的巨额资金，而药品本身仅仅由花费区区几个便士的成分构成。一旦药品专利保护期届满，仿制药生产商就可以合法仿制。对于开发独特香气的公司来说，情况也是如此。香气一般来说得不到专利保护，而那些“闻起来接近”的产品常常贴附了具有暗示性的不同商标，它们会侵蚀甚至彻底破坏一个销路良好的市场。另一个是设计师手表的例子：有多少从远东回来的一贯守法人士会炫耀地佩戴冒牌 ROLEX 手表？倘若这些手表是真品，他们根本不会有胆量去偷了。 7.52

很明显，商标侵权可以赚大钱。这样，就会提出这样的问题，比如，Rolex 为什么不自己生产真正的假冒 ROLEX 手表。可以想见，它能够采用比冒牌货对手更高的生产标准；它甚至能够提供破损和出现故障的国际保修（这一点没有任何冒牌货竞争者可能企及）；更关键的一点，通过销售大量自己生产的“假货”，它可以挤压侵权者的获利空间并使得真正的未经授权的侵权行为吸引力下降。ROLEX 品牌的吸引力和声誉如此卓著，以至于全球侵权者的持续活动都无法黯淡它的光芒；因此，在侵权本身都无法损害品牌的情况下，从本源提供真正的假冒 ROLEX 手表就更不会对品牌造成伤害。 7.53

公司与自己进行竞争的主意并不新鲜。一些制药公司同时生产高价的品牌药品和超低价的仿制药。[61] 计算机生产商曾为本国市场的终端用户“克隆”了贴附自己品牌的商品。[62] Nabisco 公司（纳贝斯克食品公司——译者注）通过超市销售贴附其自有品牌 WHEAT BISKS 商标的商品，以与其自己销售的 WEETABIX[63] 展开竞争。一旦有了低价仿制品，消费者就不会购买真品了，那么到底 7.54

[60] Adidas-Salomon AG and Adidas Benelux BV v Fitnessworld Trading Ltd，Case C-408/01，2003 年 7 月 10 日意见（未报道）（欧洲法院），第 62 段。

[61] 如专利药制造商 Merck 拥有一个专门的 Merck 非专利药小组。

[62] 因此，IBM 制造的廉价 AMBRA 专为英国市场制造；参见 Jeremy Phillips，“Unwanted Rivals”（1994）40，Managing Intellectual Property24-6。

[63] United Biscuits（UK）Limited v Asda Stores Limited［1997］RPC 513，536（高等法院）。

是什么抑止了商标所有人向消费者出售自制低价仿制品？无论通过包装、材质、条码、电子标签，还是其他任何技术，只要有可能将真的仿制品从真品和第三人冒牌货中区分开来，真品的质量、声誉以及保护品牌的商标声誉和价值就不应受到危害。另一方面，商标所有人对于采取诉讼手段可能很勉强，因为诉讼显然会使消费者发现他能够以价格的一小部分制造出高质量产品的事实。这一发现会使得消费者降低购买真品的意愿，从而会侵蚀商标所有人的垄断利益，更不要说对商标声誉的威望所造成的损害了。

G. 间接侵权和侵权人

(1) 间接侵权行为：帮助、教唆、许可和介绍侵权

7.55 TRIPs和主要的欧洲商标法都没有直接提及法律所定义下何种程度的侵权预备行为本身被视做侵权行为。这并不是说导致法定侵权的"间接"行为或"预备"行为本身依据商标法不构成民法上的不法行为，因为许多为他人侵权行为做准备的行为本身已经作为主要侵权行为被明确规定于泛欧洲立法之中。例如，为侵权目的将商标贴附于商品或包装之上，以及为侵权目的存储商品。[64]

7.56 一些国家采取了更宽泛的方式，以至于可被认定为"间接"侵权者的人士要为其行为承担主要的侵权责任，尽管这些行为要比《指令》所列举的间接行为与主要侵权行为的关系更远。例如，比荷卢法院认为一个给病人开立"（品牌药）或类似仿制药"处方的普通医疗从业者被认定既使用也侵犯了相关商标。[65] 如果这一决定也能通过后《欧盟理事会指令 89/104》原则的实施而做出，将会使药品商标所有人手中多了一件极为有利的工具。

7.57 尽管并不常见，一些国家的法律仍然详细规定了诸如"帮助和教唆"的间接行为构成民法上可诉事由的情形。例如，在土耳其，参加、帮助或教唆侵权行为本身就是可诉的侵权行为。[66]

7.58 除商标法条约、国内成文法和地区成文法之外，间接或预备行为责任的诉因还可以从民法中找到依据。例如，《奥地利民法典》[67] 规定，如果帮助和鼓励从

[64] 《欧盟理事会指令 89/104》第 5 条第 1 款；《欧盟理事会条例 40/94》第 9 条第 1 款。

[65] Nijs et al v Ciba-Geigy Ing Cons 1984，317.

[66] 《商标法令》556 第 61（e）条（土耳其）。该法的第 61（a）（c）条另外施加了严厉的处罚，包括监禁刑、罚金以及关闭营业场所。

[67] 《普通民法典》第 1302 条（奥地利）。

事民法不法行为的，行为人自己亦将承担损害赔偿责任；奥地利法学界则明确该条款同样支持请求禁止令救济的诉讼。《爱尔兰民事责任法》也值得注意，该法规定，两个或两个以上的人可被认定为“共同不法行为人”，即使其中一人或一人以上的不法行为对于受害人的损害来说仅仅是偶然原因。该法进一步规定，任何一人均对共同不法行为人造成的全部损害承担责任。[68]

普通法也为受到侵害的商标所有人提供支持。例如在英国，有一种很少被使用的民事共谋侵权，即，某人会因与他人共同计划从事一项民事不法行为（如商标侵权）而承担责任。[69] 7.59

（2）替代责任

尽管许多商标法未涉及该问题，奥地利明确规定雇主应为其雇员从事的商标侵权行为承担责任。[70] 7.60

（3）共同侵权人

还有一个问题值得考虑，实施侵权行为的人是否为唯一的商标侵权人，是否可能作为共同不法者或“共同侵权人”加入另一方，比如侵权方的母公司。共同责任是可能成立的，比如在证明尽管两方中仅有一方实施了侵权行为，但两方均共同进行了计划。 7.61

参与另一方可能会有特殊的好处。比如：（1）母公司资产可能远远超过实际侵权人的资产；（2）有可能在母公司所在的法域提起诉讼。（对涉及共同侵权具体法律问题的探讨不在本书范围之内。） 7.62

H. 美国的观点

同欧洲一样，美国也探讨了上述问题。成文法具有下列相关规定： 7.63

32节（15 U. S. C. 1114）救济；侵权；无辜侵权者

任何人，未经注册人同意进行下列行为的，应在注册人提出的民事诉讼中承担民事责任，承担下文规定的损害赔偿……

（a）在商业过程中以对任何产品进行销售、许诺销售、经销、广告等的

---

[68] 1961年《民事责任法》第11（1）、12（2）节（爱尔兰）。

[69] Douglas，Zeta-Jones and another v. Hello! Ltd. and others，2003年4月11日（未报道）（高等法院）。

[70] 《商标法》第54条（奥地利）。

方式使用一注册商标的复制品、仿冒品、仿造品或有意欺骗的仿制品，且这种使用有可能造成混淆、误解或欺骗；或者

（b）复制、冒充、抄袭或者外观上模仿一注册商标，并将这种复制品、仿冒品、仿造品或有意欺骗的仿制品贴附于意图用于商业过程的标签、标记、印刷品、外包装、包装材料、容器和广告，或应用于商品和服务的销售、许诺销售、经销或广告，且这种使用有可能造成混淆、误解或欺骗。[71]

7.64 看到这些规定，人们会立即注意到它们比欧洲法更加直截了当，在表述方式上对商标所有人的保护更加有力。为证明遭到侵权，权利人需要表明：（1）发生了被禁止的使用行为；（2）使用行为未经同意；（3）发生在商业环境中；（4）可能导致混淆、误解和欺骗。尽管如同欧洲法一样，美国法也涉及了被诉侵权行为是否需在商业过程中发生这一难题，美国似乎已经消除了侵权性使用是否为“商标使用”[72] 以及侵权性使用是否不必处理“联想可能性”的晦涩问题。它在“没有适当理由”和“显著性和声誉”问题上，也并未采取摇摆不定的态度。请再次读读 TRIPs 协议所概述的商标侵权概念，并问自己两个问题：（1）美国法和欧洲法两大法系，哪一个更好地解决了保护注册商标的任务？（2）如果你随意对待他人的商标，你更希望在哪一个法域中面临商标侵权诉讼？

I. 结语

7.65 本章试图勾画出商标侵权的范畴以及各特定侵权行为的性质，探讨各种不同的侵权行为并涉及其引出的更为有趣和敏感的问题。第三类和第四类侵权行为将会在第 11 章和第 12 章中深入分析。第 8 章将回顾侵权与非侵权的界限，处理单一侵权行为的法律机制将会在第 14 章中阐述。

7.66 从本章中，我们可以看到商标所有人反对的很多行为（当然不可能是全部行为）都能纳入 4 类宽泛的商标侵权界定中。但很多时间和精力都被用于争论“商标使用”及“非商标使用”的有关问题，并且其中的一些争论似乎是循环论证的。

[71] 《兰哈姆法》第 32 节（15 USC 1125）。

[72] 这并不是说，同样的事实问题并不发生在美国。在 Boston Professional Hockey Assoc，. Inc. v. Dallas Cap & Emblem Mfg，Inc. 510 F 2d 1004（第五巡回法庭 1975 年）一案中，被告出售仿制的受商标保护的徽标，但并不贴附于任何产品。法院做出了对商标所有人有利的判决。但在 International Order of Job’s Daughters v. Lindeburg and Co 633 F 2d 912；208 USPQ 718（第九巡回法庭 1980 年）一案中，法院并未采取上述态度，而是判决以商标权利人徽章造型生产珠宝的生产商并未侵犯原告的权利。上述两个案例显示，与欧洲法理学对待同样问题的方法相比，美国的分析直截了当，且针对不同的事实有不同的分析。

第8章

非侵权行为

A. 导言

我确信我们能逃避惩罚

“厄尼，你真的打算制作一部詹姆斯·邦德电影吗?”

厄尼摘下眼镜，慢慢擦拭，又再戴上。从闪亮的金属眼镜框里看过来，厄尼很有分寸地答道：“当然了，贝蒂。我一切都考虑好了。电影就叫《詹姆斯·邦德，印第安纳·琼斯和维多利亚的戴维森》，还不错吧，嗯。肯定在放映前就会引起轰动。”只要你父亲的银行肯投资制作费，他想。

“你疯了吧！给电影起个那样的名字，你到底怎么想的？等着上法院吧。”贝蒂厉声说。她不由思忖，有个有才华的男朋友偶尔也是个负担，他什么时候才能长大呢?

“别担心，没问题”，厄尼安慰道。上次她听到这种自鸣得意的、有点傲慢的腔调，是厄尼告诉她倒车空间很大之后，而把她的法拉利车撞上安全围栏。

“当然有问题，”贝蒂告诫道。“你怎么能用‘詹姆斯·邦德’这个名字，它已经被注册为商标了。人人都知道。”

“没问题。不是那个詹姆斯·邦德，是另一个詹姆斯·邦德。看，这儿有张他的照片。他会自己演这个角色。”厄尼解释道。

“他看上去可不像个能干的杀手”，贝蒂沉吟着，“他年纪有多大?”

“哦，他很老”，厄尼承认，“我想大概有57岁，叫詹姆斯·波特莱姆·阿尔格农·邦德，实际上是个会计师。但他一直很喜欢业余演出。去年圣诞节在当地《窈窕淑女》的演出中演过Higgins教授。”

“他看上去不太性感。那印第安纳·琼斯又是怎么一回事。那绝对是个商标，我敢打赌再没有人叫这样一个傻名字。”

“嗯。用印第安纳一词没什么问题，那只不过是个地名。你总不能妨碍人们使用地名。琼斯一词也没问题，它不过是个普通的姓氏名。你知道，它们都处于公有领域。”厄尼再一次表现出自信。

但是贝蒂并不能确定。“问题是有很多普通的姓氏名，绝大多数并不和印第安纳连用。如果你真想用普通姓氏，为什么不叫Indiana Singh?”

厄尼目光转动，又一个蠢问题。“又不是音乐剧。”（Singh Musical Instrument是著名乐器公司——译者注）

“那维多利亚的戴维森又是怎么一回事。它又有什么意思?”

“嗯。你肯定知道Victoria’s Secret这个女性内衣品牌？还有一个机车品牌叫Harley Davidson。（Victoria’s Secret，维多利亚的秘密；Harley Davidson，哈雷·戴维森。——译者注）我把它们凑在一起。电影剧情是詹姆斯·邦德和印第安纳·琼斯合作追捕一个国际坏人，这人穿着内衣骑着个马力强劲的摩托车到处游窜。”厄尼终于全盘托出了。

“他怎么可能一边穿着内衣一边骑马力大的摩托车?”

“这样才搞笑嘛。”

“不过，”贝蒂怨道，“我还是不明白。如果VICTORIA’S SECRET和HARLEY DAVIDSON是商标，VICTORIA’S DAVIDSON不就构成侵权了吗?”

“没问题的，甜心。”厄尼真的很享受这一自豪的时刻。“VICTORIA’S SECRET注册在短裤上，HARLEY DAVIDSON注册在摩托车上。我既不做短裤也不做摩托车，只是在电影名称中使用这两个词。不可能有任何损害。”

“我猜也没有”，贝蒂低声道，“但如果出了问题怎么办？你打算怎么办?”

"没问题。"厄尼笑着，耐心地说："我已经准备好另一个电影了。"

"什么呀?"

"比尔博·波特火烧摩天楼。"（比尔博·波特取自哈利·波特的姓和《魔戒》小说中比尔博·巴金斯的名字的结合，《火烧摩天楼》是1974年电影。——译者注）

故事的寓意

不是每件非商标所有人对商标所采取的干扰行为都构成商标侵权。侵权和未侵权之间的界限可以非常清楚。侵权责任有时取决于被诉侵权行为本身的性质，有时也取决于被诉侵权者的心理状态：他知道这个商标吗？他诚实行事了吗？本章将探讨有关逃避商标侵权责任的一些问题。 8.01

B. 非侵权行为的分类

(1) 为什么不是每一种商标未授权使用行为都构成侵权?

所有国家的商标法在界定构成侵犯有效商标的行为时都相当谨慎。这种谨慎也意味着，商标所有人的竞争者有必要学习怎样安全地从事贸易行为和开展经营活动，而同时避免被起诉的危险。至少在英国，商人可以凭意愿开展经营，除非存在禁止他从事某种行为的适当法律理由。[①] 因此，如果对某经营者是否从事了一项法律不允许或商标所有人未允许的行为存在疑问，他将会从中受益。 8.02

这里所讨论的第一种侵权行为，是指以法律根本没有规定的方式对他人商标进行未授权使用。例如，在音乐剧《艾薇塔》里，著名的女主角唱道： 8.03

> 我来自人民，他们要敬仰我，
> 所以请从头到脚地 Christian Dior 我。
> 我要变得让人眼花缭乱，我想成为 Rainbow High。
> 他们一定激动万分，我也一定会。[②]

没有任何说法指出像这样将一个驰名商标当做动词使用在某种意义上构成商 8.04

---

① Hodgkinson Corby Limited and another v Wards Mobility Service Limited [1995] FSR 169，174 根据 Jacob 法官的观点。

② "Rainbow High"（Tim Rice 写的歌词）。

标侵权。再举一个例子，大多数全国性报纸的体育版都会刊登运动员的照片，照片中运动员们都穿着贴附明显商标的运动服：这种对商标的使用也不需要商标所有人的许可。

8.05 第二种未授权使用是指那些特别允许的侵权行为。有时是因为它们在商业领域微不足道。例如，一个度假者带回家一包在台湾合法购买的香烟，但是将香烟带入国境侵犯了在其所在国商标所有人的权利。其他类型的未授权使用是特别被允许的，即便它们可能带来较高的经济价值或者实际上对商标所有人的商业危害相当严重：法律可能许可这种行为，原因在于它们可能带来一些具体的经济利益，例如从零售价较低的国家进口受到商标保护的商品在零售价格较高的另一国转售。③

8.06 第三种非侵权使用是指那些明确属于法定侵权范围并没有法定抗辩理由的行为，但是因为有人已经授权而不构成侵权。④

8.07 本章首先探讨有关非侵权行为法律的一般原则，并将评论三种形式的非侵权行为。

（2）非侵权行为：法律规定

8.08 被允许的对他人商标的未授权使用的含义⑤是非常清楚的。《与贸易有关的知识产权协议》（TRIPs）允许成员国规定商标侵权的有限例外，如：描述性用语的正当使用，前提是这种例外顾及了商标所有人和第三人的合法利益。⑥

8.09 《欧盟理事会指令 89/104》和《欧盟理事会条例 40/94》都明确规定了数个侵权的有限例外。根据《指令》⑦ 和《条例》⑧：商标不应授权其所有人禁止第三方在贸易活动中使用：（a）自己的名称和地址；（b）表示商品或服务的种类、质量、数量、用途、价值、地理来源、商品生产或服务提供时间，以及商标和服务的其他特征的标记；（c）在有必要表示产品或服务的目的，特别是作为附件或部件时使用商标；前提是他是根据工商业的诚信实践进行上述使用的。

8.10 （a）侵权使用必须在“商业过程中”

8.11 倘若未经授权的使用并非发生在“商业过程中”，则谈不上商标侵权。欧洲一审法院曾裁定欧元图形的使用不是“商业过程中的使用”，即便其被经营者所

③ 进一步分析见第 9 章。

④ 进一步分析见下文 8.177～8.178 段及第 16 章。

⑤ 在本书中，“允许”意指“法律允许”，而“授权”意指“商标所有人授权”。

⑥ 《与贸易有关的知识产权协议》第 17 条。

⑦ 《欧盟理事会指令 89/104》第 6（1）条。

⑧ 《欧盟理事会条例 40/94》第 12 条。

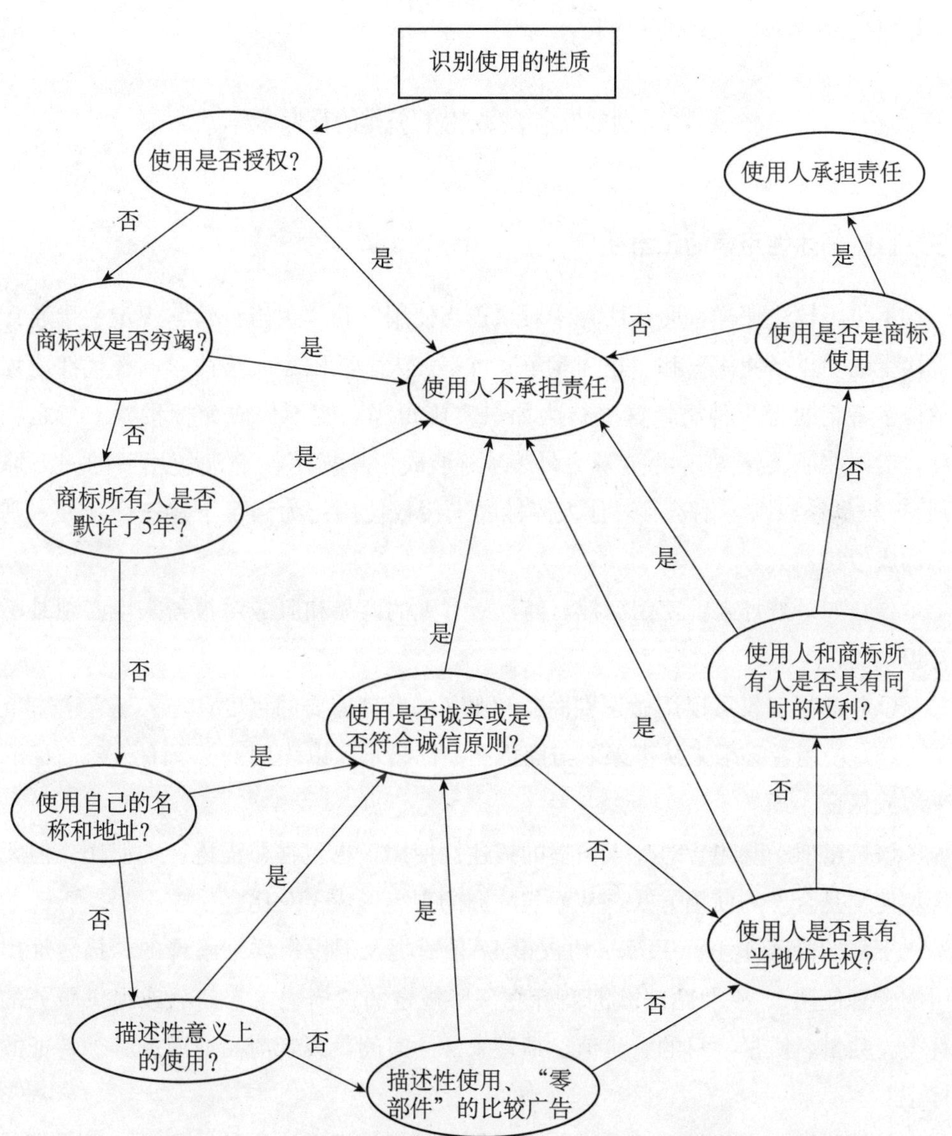

图 8.1　商标抗辩的图标示意（下文将详细讨论抗辩范围）

使用且为经营目的，原因在于该标记被用于数字之前从而表示金钱的数额。它并未用做保证商品或服务来源的标记。[9] 是否存在“商业过程中”使用的问题在本章后文还会出现，并会在将商标作为球迷忠诚象征使用的背景下进行详细探讨。[10]

将他人的商标用做一个非商业组织的名称的一部分不是“商业过程中的使用”。所以，FORD 商标的巴西注册人不能制止前福特经销商协会在名称中使用 8.12

⑨ Travelex Global and Financial Services Ltd（之前称 Thomas Cook Group Ltd）and Interpeyment Services Ltd v Commission，Case T-195/00，2003 年 4 月 10 日（欧洲一审法院）。

⑩ 进一步分析见下文第 8.85～8.88 段。

"FORD"一词。[11]

C. 明确规定了特定侵权抗辩的行为

(1) 描述性用语的正当使用

8.13 不像版权法那样，商标法并未对"正当使用"和"正当经营"规定一个通常可接受的"正当使用"和"正当竞争"抗辩。大多数国家的法律倾向替代性地列举许多特定的行为种类，这些行为如果实施得当，就不构成商标侵权。与之相反，美国在成文法规定的抗辩之外[12]逐渐形成了"指示性合理使用"的一般原则。[13] 根据该原则，倘若一对他人商标的未授权使用行为满足下述三个条件，则不构成侵权：

(a) 如果被告未曾使用商标，商标所有人的商品和服务对被告来说必须是不易识别的；

(b) 商标仅仅可以用做识别商品和服务的合理需要的程度；

(c) 使用者必须未从事采取与商标相关的暗示，以表明商标所有人对商标的来源或保证。

8.14 该抗辩似乎既包含对他人商标的描述性使用，也包含非描述性的使用，但无论如何都是合理的使用方式，从而与欧洲的观点形成了对比。

8.15 下面的段落评述了 TRIPs 协议第 17 条所提及但没有详细解释的"描述性用语的合理使用"，以及两部欧洲商标立法所规定的"描述生产商品或提供服务的种类、数量、质量、目的、价值、地理来源、时间，或者商品或服务其他特征的标记"。

8.16 如前所述，仅仅具有描述性的用语是不可作为商标注册的。但是，这并不是说商标本身就不具备较强的描述性内容。相反，实践中存在很多商标具有双重功能的情况。基于它们的描述性特征，对注册指定商品的描述性功能，它们可以非常合法地获得注册。例如：

(a) 商标在实际注册的时候可以没有描述性的内容，但在之后变得具有描述性（例如，KIWI FRUIT（奇异果、猕猴桃——译者注）最初是用在一种被称为中国

[11] Ford Motor Company v Association of Former Ford Distributors，WTLR，2003 年 6 月 5 日。

[12] 见《兰哈姆法》列举的抗辩理由，第 43 (c) (4) 节，15USC，第 1125 (c) (4) 节。

[13] 见 New Kids on the Block v New America Pub Inc 971 F 2d 302（第九巡回法庭 1992 年）：NEW KIDS 系列玩具的商标所有人未能阻止两份报纸实施电话调查它们的读者最喜欢哪种 NEW KIDS 产品。

醋栗的水果上的商标；它最终变成了指代该水果本身的用词而成为通用名称)；

(b) 商标最初可以是描述性用语，但可能获得第二含义，即非描述性的含义(例如，雀巢公司用在冰淇淋上的商标 TASTEEFREEZ UK 在最初曾经因首要的描述性含义[14]而被拒绝注册)；

(c) 图形商标可以包含具有描述性的文字或图形要素，但在整体上它仍具有可注册性，可以发挥商标的功能，而不仅仅具有描述性(例如，第 5 章中举出的用在新闻报纸上的文字 THE EUROPEAN 这一表示)[15]；

(d) 在现实世界中，汽车商标在使用时往往既具有显著性又具有通用性的特征，因此，VOLVO 商标将贴附了该商标的汽车和贴附着 OLDSMOBILE、SKODA 和 SAAB 商标的汽车区分开来。然而，汽车修理者会声称自己擅长修理特定类型的汽车(我们说的是“FORDS”、“BMW”和“VOLKSWAGEN”)，而对于车主来说，即便车子上早已装上了许多并非原厂生产或提供的零件，他们也会一直以那种标识名称呼自己的爱车。

对商标申请而言，商标注册制度运行得越有效，那些真正具有描述性(不具有双重功能)的商标成为“漏网之鱼”的可能性就越小。即便如此，商标可以被他人合理地用做描述性词语而未侵犯商标所有人合法权利的事实，表明竞争者和一般公众的权益得到了很好的保护。但是，法院不可能允许当事人滥用这些法律规定赋予的保护。例如，在英国上诉法院的一件裁定中，法官慎重地表达了对“合理描述”抗辩的作用的看法：允许用以指明被告商品或服务的特征，例如在广告中得以体现，但是不允许(无论单独还是与其他词语合并使用)既作为指明特性，又作为被告的商品来源的双重功能使用。[16] 8.17

换言之，被告可以将他人的商标用做“描述符”，但不能用做商标。法官进一步指出：我不认为(法律的)意旨……在于允许，就商品或服务的商业来源使用令人混淆的近似标记……这种允许将在根本上搅乱迄今为止一直作为商标保护基石的政策。 8.18

这一看法随后在欧洲法院的裁定中体现，今天仍然正确地表达了对法律和法律背后商业原因的分析。我们期待欧洲法院[17]会在 Gerolsteiner 案中强调这一意 8.19

[14] 见 Tastee Freez International 公司的申请，[1996] RPC 255(高等法院)。

[15] 另一个例子，可见 Tax Free trade mark application [1998] ETMR 193(德国联邦专利法院)，该案中，一图形表达“游客免税，欧洲免税购物”被认为是可以注册的。

[16] The European Ltd v The Economist Newspaper Ltd [1998] ETMR 307，316，根据 Milett LJ 法官的观点。

[17] Windsurfing Chiemsee Produktions- und Vertriebs GmbH v Boots- und Segelzubehor Walter Humber and Franz Attenberger，Jointed Cases C-108 and 109/97 [1999] ETMR 585，第 28 段。

见，而总法务官建议将被告对地理词语的商标使用作为考察被告行为是否诚信的因素之一。⑱

8.20 在下面的段落中，笔者将讨论不同国家的法院如何对待描述性用语合理使用抗辩。

(a) 商品的地理来源

8.21 LAPHROAIG 是威士忌饮酒人士所熟知的知名品牌。当威士忌在苏格兰的 Laphroaig 酿酒厂蒸馏后，一部分酒的成品会以 LAPHROAIG 品牌销售给公众饮用，其余的酒在不装瓶且不加工的情况下即行出售，用于调入其他威士忌酒中。商标所有人所销售的未加工威士忌均未装瓶销售，且未使用 LAPHROAIG 商标。被告是一家专业瓶装公司，购买了一些未加工的威士忌，在转售时附加一标签，上书“源自 LAPHROAIG 酿酒厂的艾雷岛单麦芽苏格兰威士忌”。法院认定，尽管原告未提出反对“地名”抗辩的理由，并不意味着他们未能向法院初步证明本案涉及商标侵权。⑲

(b) 商品的既定用途

8.22 这一抗辩大多数情况下不能成功地使用，仅有一个例外情况。在大多数情况下，消费者无须通过从不生产其所购买商品的他人商标这一信息渠道，能够从其信息得知商品的既定用途。此外，如果通过对他人商标的使用而使得消费者对商品用途有所了解时，就必须问一问商标本身是否就是描述性或产品功能性的体现，如是这样，则表明构成商标的符号应留给他人自由使用。若被告将涉嫌侵权商标用做自己商标的全部或一部分使用时而仍援引本抗辩，本抗辩将不会起作用，原因在于很难说这种使用符合诚实信用的商业实践。⑳

8.23 对此重要的例外便是，使用他人商标以表明产品的适用情形或相容性：例如，“编写本软件的目的在于减少微软视窗环境下 IE 用户遭遇的死机情况”，或者“本机油商品系专门设计用于改进 BMW 发动机的性能”之类的声明是允许被使用的。当对他人商标的使用是为了指出其所附着的产品对商标所保护的商品仅作为“零部件”的功能时，这种使用可以不予追究，例如，“本墨水适用于所有 PARKER（派克）钢笔”。

---

⑱ Gerolsteiner Brunnen GmbH & Co v Putsch GmbH，Case C-100/02，2003 年 7 月 10 日（未公开）（欧洲法院对 AG Stix－Hackl 的观点）。

⑲ Allied Domecq Spirts & Wine Ltd v Murray McDavid Ltd [1998] ETMR 61（苏格兰高等民事法院）：为了平衡便利，取消了临时救济措施。

⑳ System 3R International AB v Erowa AG and Erowa Nordic AB [2003] ETMR 916（斯德哥尔摩地方法院）（“combi” 意指一种商品具有与其他商品混合的功能，原告持有用于卡盘上的 COMBI 共同体商标，被告将自己的商品称为 EROWA Combi 及 Combi 卡盘）。

即便与他人产品的相容性正是未经授权的商标使用人的目的所在，他在试图实现该目的时也必须小心谨慎。有一家剃须刀片的制造商试图指明其产品适用于吉列剃须刀架，他在销售刀片的包装上使用的颜色和装饰与吉列产品大致相同，并标示了下述陈述：本剃须刀片适用于吉列锋速刀架，GILLETTE（吉列）和SENSOR（锋速）是吉列公司的注册商标。但实际上它并没有明示刀片不是吉列所生产。荷兰海牙上诉法院认为下面这种陈述方式更合适：本刀片非吉列公司所生产，但可适用于吉列锋速剃须刀架。 8.24

该案件后来被移送到另一上诉法院以审查若干相关问题，包括：(1)“刀片并非刀架的零部件，因为刀片本身就是‘主产品’，它可以离开刀架单独工作，反之刀架则不能”这个观点是否成立；(2)吉列的理由“出现在被告包装上的吉列系列商标的多种用途没有一项是真正必要的，因为就算不使用商标，消费者也会理解刀片的既定用途”[21]。 8.25

在丹麦的一起案件中，则体现了一产品与他人产品具有相容性的说明与侵权性使用之间的细微差别。[22] 被告网站将自己的咖啡过滤器描述为具有“MELITTA咖啡风格”，同时“适于MELITTA咖啡”。这里的前一种描述是侵权性的，后一种则不具有侵权性。[23] 8.26

这种抗辩为一些抗辩明显不成立的被告所用，而法院并不轻信其有关“必要性”的说法。法院认为，将制造商的注册商标保留于循环利用的电池上的做法对显示电池的既定用途而言并非是必要的。[24] 对零部件的供应商来说，利用原始设备制造商的商标作为域名一部分以提醒消费者商标所有人的产品在其网站有售的这种使用方式，也是毫无必要的。[25] 8.27

(c) 服务种类

某人在丹麦注册了一个图形商标，该商标包含了文字TELEMAEGLEREN（意为“电信代理”）的艺术化形式，使用在电信分析服务上。他起诉的被告公司是一家电信路由代理，被告将发给客户的简报命名为TELEMAEGLEREN。法院认定不存在侵权，理由是TELE-MAEGLEREN一词被认为对“电信代理”具有内在的描述性，因此，原告获得商标专有的范围主要在于图形而非文字。被告 8.28

㉑ Hermans Groep BV v Gillette Nederland BV and The Gillette Company Inc [2002] ETMR 150（海牙最高法院）。

㉒ Melitta SystemServices and another v Coffilter International (2003) 17 WIPR 6（最高法院）。

㉓ 对他人商标暗示风格的使用在特定以及很狭窄范围的 Holterhoff v Freiesleben 案中是被允许的，Case C-2/00 [2002] ETMR 917（见下文第8.45～8.46段）。

㉔ PAG Ltd v Hawke-Woods Ltd [2002] ETMR 811（高等法院）。

㉕ Sarl Wolke Inks & Printers GmbH v SA Imaje [2003] ETMR 849（巴黎上诉法院）。

对该词的使用也的确是描述性的，并不存在使法院认定不正当使用的情形。[26]

（d）商品的质量

8.29 两个洗发水图形商标包含了“ULTRA DOUX”（意为“特柔”）的文字，其法国所有人起诉销售 CLEANARGILE 洗发水的竞争者，因为后者商标的标签上附加了“ULTRA DOUX”的文字。一审法院驳回了侵权诉讼，认为被告的使用仅是描述性的。[27] 但是，上诉法院推翻了这一判决：文字“ULTRA DOUX”虽不是原告商标的整体，却是原告商标的最显著部分，被告对“ULTRA DOUX”的描述性使用是在商标所有人耗费巨资对产品进行广告宣传的情形下发生的。[28]因此，可以推定被告的使用与诚实信用的商业实践相悖。

（e）商标同时是商品品名的使用

8.30 根据近期的判例法，汽车经销商或维修商——即使不是正式授权经销商——在推广其业务时使用受商标保护的汽车名称的做法不构成商标侵权。由此，未授权地使用诸如“此处维修 VOLVO 汽车”或“我公司专修 BMW 汽车”的标语是合法行为。[29] 但是，以某种方式使用商标以错误地表示其是商标所有人（例如，接起电话时说 VOLVO 一词[30]）或是授权经销商、零售商或与商标所有人有任何其他联系，这样的行为是不被允许的。[31] 此外还有一个问题虽已提出，但并未解决，即：这种对汽车制造商商标的使用是否限于文字商标或者也包含如汽车车标在内的图形商标？[32]

8.31 受到商标保护的产品名称问题并不限于汽车，在另外一些以商标闻名而以商标作为代名词的产品领域也会发生。法国有一起案例，被告试图证明其在销售原告商业数据库的摘要信息时，使用原告受商标保护的知名产品名称的行为是正当的。这种抗辩必定无效，原因在于一旦原告证明被告销售的摘要数据侵犯了其版权和数据库专有权，被告对商标的使用就不会再被视做“遵循了工商业的诚实信用原则”[33]。

8.32 美国也产生了类似的结论，一巡回法院驳回了从 bargainbeanies. com 销售的

[26] Tel-Magleren ApS v Netsource Danmark A/S［2000］EMTR 523（丹麦海商法院）。

[27] Laboratoire Garnier & Cie v Ste Copar［1998］ETMR 114（巴黎一审法院）。

[28] Laboratoire Garnier & Cie v Ste Copar［2000］ETMR 1124（巴黎上诉法院）。

[29] Bayerische Motorenwerke AG（BMW）and BMW Nederland BV v Deenik［1998］EMTR 339（欧洲法院）。

[30] Volvo Ltd v DS Larm Ltd and Dick Edvinsson［2000］EMTR 299（瑞典）。

[31] Aktiebolaget Volvo and another v Heritage（Leicester）Ltd［2000］ETMR 940（高等法院）。

[32] Volkswagen Ag and Audi AG v Garage X［2003］ETMR 225（瑞士联邦法院）。

[33] Societe Reed Expositions France（之前称 Groupe Miller Freeman）v Societe Tigest Sarl［2003］ECDR 206（巴黎上诉法院）。

BEANIE BABIES 玩具构成商标淡化的主张。法院在认识到市场的商业实践后，做出了以下评述：一个商人在销售某品牌的产品时不可能不使用该品牌的名称——商标……如果专门销售二手玩具的销售商不能使用 BEANIES 以表明其业务，（二手玩具作为收藏者收藏品的）市场便不可能有效运行……因此，禁止将 BEANIES 用做其商业名称和广告（网络等）就像是禁止专门销售 CHEVERO-LATES 的二手车商在广告中提到该产品名称一样。[34]

（2）对自己姓名和地址的使用

商标法不能禁止一个自然人诚实地使用他或她自己的真实姓名，即便在人权法存在之前也仍是这种情况。对于叫做 Max Factor（蜜丝佛陀，美国化妆品品牌。——译者注）的人来说，倘若打算自己生产或销售系列化妆品，那可真是个好消息。不过，如果他人已经将同一姓名注册为商标，法律便不会允许这种将自己姓名用做商标的行为。这是因为为了避免对同一商品上存在的两个相同或几近相同的商标产生混淆，这样的公众利益被视为具有比个人使用自己姓名权利更高的法律价值，而商标所有人无疑比使用自己姓名的个人拥有更高的商业价值。因此，名为 Max Factor 的人可以在其商品上标注他是商品的生产者，但不能将 MAX FACTOR 使用为商标。 8.33

（a）公司名称的使用

除自然人出生时起的姓名之外，其他名称的法律地位如何呢？情况并不明确。公司是否有权做出“自己名称”的抗辩的问题，在英国的一起复杂案件 SCANDECOR 案中提出，该案在提交到欧洲法院之前以和解告终。[35] 然而，英国的法院裁定，即便公司可以采用这一抗辩，若公司在知晓原告的商标后更改自己的名称和风格使其与该商标更近似[36]，此时提出该抗辩是不能奏效的。此外，自然人也不能以声称为自己的绰号的名称交换他人的商标。[37] 8.34

英格兰一法院认定被告将公司名称中包含的“REED”商标用做网站中版权声明一部分的行为构成对该商标的侵权。[38] 这一判决目前处于上诉过程中。 8.35

（b）个人身份标志的使用

在美国，BEACH BOYS 流行乐队的前成员被禁止在未经同意的情况下出于 8.36

[34] Ty Inc v Perryman 2002 年 10 月 4 日（第七巡回上诉法院）。

[35] Scandecor Development AB v Scandecor Marketing AB and others [2001] ETMR 800（HL）.

[36] NAD Electronics Inc and another v NAD Computer Systems Ltd [1997] FSR 380（高等法院）。

[37] Biba Group Ltd v Biba Boutique [1980] RPC 413（高等法院），假冒的案例。

[38] Reed Executive plc and Reed Solutions plc v Reed Business Information Limited，Reed Elsevier（UK）Limited and Totaljobs. com Limited [2003] RPC 207（高等法院）。

商业目的而使用原乐队的商标。[39] 但是一个前"年度花花公子女郎"被允许在她的个人网站上使用商标保护的文字"PLAYBOY"（花花公子）、"PLAYMATE"（花花公子女郎）和"PLAYMATE OF THE YEAR 1981"（1981 年度花花公子女郎），也可以将之作为元标签。[40] 那种认为前花花公子女郎可以将自己介绍为"HEFNER 先生的杂志所选的作为 1981 年度原型女人第一名的裸体模特"以避免使用"PLAYBOY"商标的观点被认为是荒谬的。

(3) 属于"侵权"范围但是为法律所允许的其他行为

(a) 对自身注册商标的使用

8.37 法律不能是"两面派"。倘若法律通过正式的申请和审查程序赋予了某人商标专用权，再说该商标的所有人既拥有专用权又同时实际上侵犯了他人的商标就很荒谬。当后一商标在事实上与一在先商标确实有些重叠，该在先商标的所有人也许不能假定在后商标的使用必然就构成侵权：逻辑上似乎必须先通过申请撤销其注册或使其宣告无效，从而才能判定后一商标是否有效。如果在先商标的所有人成功地做到这一点，在后商标的使用者便如同被剥了壳的蜗牛，成为活生生且脆弱的目标。

8.38 当商标所有人使用其注册商标但又被诉侵犯了他人的商标时，法律是否具体为他提供了抗辩呢？两部欧洲法律都有相同的条款：

> 商标不应使其商标所有人有权禁止第三方在商业活动中使用——
>
> …………
>
> (b) 有关商品或服务种类……或其他特征的标记，只要这种使用符合工商业的诚实信用实践。[41]

8.39 本案中，被告试图在商业活动中使用其自己的注册商标——必须被视为"有关其商品或服务的种类……或其他特征的标记"——以区分其产品或服务。此外，使用某人自己的商标以区分其商品和服务很可能"符合工商业的诚实信用实践"。

8.40 有可能出现侵权诉讼中的原告事实上拥有两个争议商标中在后商标的情形。

---

[39] Brother Records Inc v Jardine，2003 年 1 月 28 日（第九巡回法庭）：原来的海滩男孩不允许以"海滩男孩家庭及朋友"身份表演。

[40] Playboy Enterprises，Inc v Terri Welles [2002] EIPR N-97（第九巡回上诉法院）。

[41] 《欧盟理事会指令 89/104》第 6（1）条；《欧盟理事会条例 40/94》第 12 条（英国《1994 年商标法》第 11 节，该第 11 节实施了《指令》的第 6 条，做了如下的特殊规定："一项注册商标不因使用另一项注册商标于后者注册的商品或服务上而被侵权……"）。

例如在 XTC 案件[42]中，原告于 8 月 10 日在奥地利注册了“XTC ECSTASY”商标，指定商品为无酒精饮料。原告起诉被告销售了 XTC（读音与 ECSTASY 相似）的巴西可可饮料。尽管被告自己的奥地利商标在原告注册日一个月后的 9 月 9 日被授权，其商标事实上是从《马德里协定》国际申请中延伸过来，而享有更早的瑞士 4 月 15 日注册的优先权。因此，奥地利最高法院裁定被告可以在侵权诉讼中以自己的商标为依托做出抗辩。

倘若一方当事人未使用商标的注册形式，他可能被视为不再是使用自己的商标，除非商标注册形式和使用形式之间的差异属于微不足道的程度。如果其实际使用商标的形式介于其注册形式和第三人著名商标的形式之间，他当然不能再依赖这种抗辩。[43] 8.41

匈牙利有一起值得注意的案件，被告试图申辩商标“MONTAZS”（意为“蒙太奇”）的另一种侵权使用方式，但最终徒劳无功。在该案中，原告和被告均是出版商。被告出版了名为“Heti Montazs”（意为“蒙太奇日报”）的广告杂志，该名称已依据《出版法》合法登记。被告辩称，有关期刊名称使用的合法性问题应依据《出版法》而非《商标法》解决，由于被告使用了自己合法登记的期刊名称，因而它并不承担商标侵权责任。最高法院未认可这一理由。《商标法》和《出版法》提供了两套各自独立且互不关联的制度，原告有权选择其所想到的任何救济方式。[44] 8.42

(b) 对恰好是他人姓名的商标的使用

如果我想写一位当代名人的传记，比如，Madonna 或 Hugh Grant（麦当娜或休·格兰特——译者注），我几乎一定会发现该名人已经在其出版代理人的建议下将自己的姓名注册为商标。名人将姓名注册为商标所指定的商品大多为《尼斯分类表》中第 16 类的商品：海报、照片、图片明信片，实际上是所有热情的“粉丝”所希望购买的几乎全部纸制商品。问题于是产生：如果我写的书名为《Madonna 的一生及 Madonna 时代》或者《Hugh Grant 哲学的简要指南》，我是否侵犯了他们的商标权呢？销售一本不甚精彩但封面有他们名字的书，我能挣到比写一本有关商标但却明显与名人无关的好书多得多的报酬，两位名人对此肯定心存抱怨；他们甚至可能会声称我写作的目的仅仅是获取他们姓名中的商誉价值。但是我并没有侵犯他们的商标：我对他们姓名的使用显然是描述性的，指的是“Madonna”这 8.43

[42] XTC trade mark [1998] ETMR 268.

[43] Sanrio Co Ltd v Dong-A Pencil Co Ltd，2002 年 11 月 27 日（韩国首尔高等法院）：HELLO KITTY 商标的挪用，该案上诉到最高法院。

[44] MONTAZA trade mark [2001] ETMR 275（布达佩斯最高法院）。

个人而非标记[45]，指的是“Hugh Grant”这个人而非可买卖的商品。[46]

8.44 在商标“GLENN MILER”已经在音乐会服务上注册的情况下，被告使用广告标语“Bill Baker 纪念 Glenn Miller 空军乐队”未被认定构成侵权。海牙地区法院未做出被告使用构成侵权的结论，但却认定这种使用是为了唤起对最初 Glenn Miller 乐队的回忆，并非商标注册可以阻却的行为。[47]

(c) 使用商标的风格，但非商标本身

8.45 如同风格不受版权法保护一样，商标的风格也无可保护的利益。因此，在一起案件中原告注册了商标，包含（1）文字 DEMOISELLE DE CHAMPAGE；（2）令人想起“Belle epoque”（西班牙影片《美好时代》——译者注）形象的香槟瓶形状和外表面装饰。被告在将其香槟命名为“BELLE DE CHAMPAGNE”时，挪用了相似的“Belle epoch”形象，且将其标签贴附于香槟瓶上，从而传达出相似的特指，这种行为并未侵犯两商标。但是他复制时仅仅将权利人香槟瓶装饰做了非显著变动，这种行为侵犯了香槟瓶上的商标。[48]

8.46 与模仿风格不构成商标侵权一样的是，在仅仅以口头方式提及文字商标以显示产品风格时也不构成侵权。因此，当经营者在提到其钻石切割风格为“灵日”（spirit sun）或“周边切割”（context cut）时，它并没有侵犯注册商标“SPIRIT SUN”和“CONTEXT CUT”的权利。[49] 对这些商标的使用是为了传递珠宝外观特定特征的信息，并不会被购买者认为代表提供或切割珠宝的商标所有人；欧洲法院认定这种使用未构成商标使用。

(d) 国家商标的地方许可使用

8.47 根据《欧洲协调指令》，如果成员国法律仅仅认可在商标注册特定地域内有效的在先权利，则该商标所有人无权禁止第三方在商业活动中利用仅在该特定地域内适用的该在先权利。[50]

8.48 该原则与在欧盟扩大后现有共同体商标获得的地域保护由 15 国扩张到 25 国时所采纳的原则有些相似：这种扩张将“淹没”与共同体商标有冲突的地方注

[45] 在名字的问题上，下面小学生的字谜很恰当，不应被省略，什么东西“George Bush 中的短，Arnold Schwarzenegger 中的长；Madonna 中没有；Pope 有但不用，是什么?”答案是“姓氏”。

[46] Bravado Merchandising Services Ltd v Mainstream Publishing（Edinburgh）Ltd [1996] FSR 205（苏格兰）。

[47] Glenn Miller Productions Inc and another v Stichting Bill Bakers Big Band Corporation [1999] ETMR 247.

[48] Vranken SA v Champagne H G ermain et Fils SA [1998] ETMR 390（巴黎上诉法院）。

[49] Holterhoff v Freiesleben，Case C-2/00 [2002] ETMR 917.

[50] 《欧盟理事会指令 89/104》第 6（2）条；还可见《欧盟理事会条例 40/94》第 8（4）条，涉及异议但不授予商标权利的理由。第 6（2）条可作为对由《欧盟理事会条例 40/94》第 97 条第 2 款的适用而确定的欧共体商标侵权的一项抗辩理由。

册，但是在国家商标有效注册的那些国家，其权利人将有权继续使用。

地方使用究竟要达到什么程度才能使被告避免侵权呢？大量集中的地方使用有可能导致并非纯粹的地方意义（例如，某一地方公司获得了国家甚至世界范围内的声誉[51]），从而能够支持撤销该商标注册的申请。但如果地方使用太少，它就根本没有真正的重要性可言，可以忽略不计。荷兰一法院曾指出以地方使用抗辩的一方所利用的地方使用必须“集中且持续”[52]。 8.49

(e) 在先使用

商标授权并未赋予其所有人禁止商标注册日前所发生的任一行为的权利。[53]因此，“RYTZ”商标的注册未授权该商标所有人要求 Rytz Industriebau 公司停止使用已经在贸易中用了 20 多年的名称。[54] 8.50

(f) 善意共存原则

在英国，两个商标有可能由两个具有竞争关系的经营者在相同商品上注册和使用。美国和捷克的“BUDWEISER”（百威——译者注）啤酒制造商被认定已经在相同商品“啤酒、麦芽酒和黑啤酒”[55] 上使用了相同文字。双方均有权使用该商标；双方都不能排斥另一方，但双方大概都能排除敢于碰运气在一法域内销售另一“BUDWEISER”啤酒的任意第三方。 8.51

D. 即使无法定抗辩但在原则上可以允许的行为

有许多无须提出明确的抗辩的行为也被允许，因为它们甚至未落入“侵权”的范围。下文具体讨论。 8.52

(1) 滥用贴附商标的商品

电影中植入产品广告能够提升产品信誉，也能促进销售。知名的成功产品植 8.53

[51] 例如，Maxim 是巴黎著名的餐馆，在 Maxim's Ltd 诉 Dye 案中被认为获得了跨国商誉。[1997] 1WLR 1155. 另一个没那么显著的例子是 Harry Ramsden 原本的“鱼和薯条”店，于 1928 年在 Bradford 开张，Ramsden 的当地小店最后为全国的顾客所喜爱。

[52] What If! Holdings Ltd v The What If Group BV [2003] ETMR 481（海牙地方法院）。

[53] 奇怪的是，《欧盟理事会指令 89/104》、《欧盟理事会条例 40/94》、《巴黎公约》或 TRIPs 中没有这种规定，根据英国法，注册日为申请注册的日期：《1994 年商标法》第 9 (3) 及 43 (3) 节。

[54] Rytz Cie SA v Rytz Industriebau AG [2001] ETMR 363（瑞士联邦民事法院）：没有权利阻止被告注册 rytz. ch 的域名。

[55] Anheuser-Busch（美国最大啤酒制造商——译者注）持有英国注册号码为 1125449 的商标，而 Budejovicky Budvar（捷克啤酒制造商——译者注）持有英国注册号码为 1389680 的商标。见 Anheuser-Busch Inc v Budejovicky Budvar NP [2000] RPC 906。

入广告例子包括在儿童经典电影《ET 外星人》中使用“Reese's Pieces”（好时公司出品的巧克力豆——译者注）诱惑深受公众喜爱的外星人，还有詹姆斯·邦德专用近半个世纪的系列汽车。实际上，产品植入广告的想法本身在有洞察力的喜剧《楚门的世界》（The Truman Show）[56] 中也有强烈的体现。但是出于相同原因，植入产品也可以损害产品的信誉（例如，一个令人厌恶的坏人表明他喜爱某种特定品牌的商品）。在商标被描述得很清楚，或者产品的形状和性质清晰可辨的情形下，损害更大。倘若电影制片商购买了商标权已经穷竭的产品，没有任何办法能够阻止他将产品放在某一特别令人反感或不赞同的角色的手里。

8.54 许多商标所有人，特别是时尚业的商标所有人，不得不无声地对产品被不合适的消费者所购买而感到忧伤。有一则轶闻报道称，当优雅的年轻女士意识到她们的母亲正在购买以她们为主要消费群体的服装时，Next 时装连锁店的销售显著下滑。一些对商标产品的滥用方式更微不足道，因为消费者的眼睛都不会立即注意到。例如，在 20 世纪 80 年代，劳斯莱斯汽车公司重视到一个事实：许多摄影者为了拍摄含有色情意味的照片而让裸体模特懒散地坐在其汽车的发动机机盖上。该公司的商标部门当时有很多抱怨，这种照片会使商标力求树立的精致形象变得粗糙。[57]

8.55 有时，商标滥用会使得商标具有一种刺激的意味，对此商标所有人虽然事实上并不认可，却又的确难以否认。例如，在“Mars 巧克力棒派对”[58] 出现以前，“MARS” 巧克力棒的色情潜力并不为人所知。但是 BARBIE 和 KEN 儿童玩具娃娃的色情潜力被一家网络经营商所利用，该经营商使用真实的 Barbie 和 Ken 玩具娃娃演示不同的性姿势。[59] 在欧洲，特别是与商标保护有关的法律并不支持 ROLLS ROYCE、MARS、BARBIE 和 KEN 商标的所有人，理由是被诉的行为发生在合法营销和购买的商品上，而相关商品上的商标权已经穷竭。《欧盟理事会指令 89/104》第 5（2）条规定了对损害商标声誉的救济[60]，但对商标所有人来说却没有用处，因为他所控诉的使用不是商标使用而是产品使用。商标所有人或许可以诉称被告对产品的使用方式显示或暗示了是商标所有人以某种方式认可或

[56] 进一步分析见 Kalle Lasn，《文化果酱》（2000 年），第 107 页。

[57] Louis Gaze（来自劳斯莱斯公司）在 1986 年第一届维也纳 MARQUES 会议上的发言。

[58] “很多父母也很担心‘轻车熟路’的成人会对孩子进行粗鲁、直白或‘下流’的性教育。因此，1994 年 3 月在英国利兹市为 10 岁和 11 岁的小学生举办‘Mars 巧克力条派对’时，回答他们的一个问题（在口交时使用巧克力条）之后，在全国激起了强烈抗议……该课程由英国健康主管部门外派的护士讲授。一个母亲说：‘当我听说这个课程引起争议时，我非常沮丧，而我的孩子很羞涩，不愿意告诉我这课堂涉及 Mars 巧克力条’”。（www. globalchange. com/books/rpl 1. htm）

[59] 见下文第 8. 66～8. 71 段对 Barbie 像地狱娃娃的讨论。

[60] 该条款的范围在第 11 章深入分析。

鼓励了这种使用，从而以侵害名誉权起诉，但是这种诉因成功的可能性就需要进一步考虑了。

(2) 仅仅复制商标所有人产品中的非保护要素

任何商标保护所不涵盖的，或者在申请时因超出保护范围而放弃专用权的内容，在理论上均可以被复制而不会面临商标侵权诉讼的危险。但是，一个足够气愤的商标所有人即便在实际胜诉的可能性很小或没有的情况下也会提出诉讼，或许会以不正当竞争行为作为追究责任的替代理由。在丹麦的一起案件中，最高法院确认，即便在双方产品（该案产品为 100 克的巧克力块）的形状、大小、配色方案上有一些近似的情形下，商标保护也不能延伸到由生产所决定的特征，比如巧克力块包装上的翼形封，这实际上是由使用生产过程的“吸塑包装”方式所产生的。[61] 8.56

(3) 仅仅将他人商标的显著性较弱部分设计在自己的商标内

组合商标几乎很少包含显著性作用相同的要素。例如，“NEW YORK KNICKS”是有关著名的 NBA 篮球队纽约尼克斯的注册商标。该商标包含三个单词：NEW（非常普通）、YORK（普通性较 NEW 小得多，但也是常见的姓氏名，并构成三个知名城市的全部或部分名称）和 KNICKS（相对少见且具有较强显著性）。如果我把我的篮球队称做 NEW JERSEY NETS（新泽西网队——译者注），我已经用了 NEW YORK KNICKS 这一商标三分之一的单词，但没有人会认为我侵犯了 NEW YORK KNICKS 的商标，原因在于两个队名中所共有的单词 NEW 源于纽约和新泽西这两个城市名称都包含单词 NEW 的事实；NEW YORK KNICKS 中的单词“NEW”与“YORK”合并后在任何情况下都会被认为是地理标识，而不会被当做自身就有识别能力的显著性部分。但是倘若我采用了“NEW JERSEY KNICKS”的队名，即便我不被认为是商标侵权者，最起码会因为缺乏原创性而被责难。 8.57

这个问题受到判例法的支持。例如，在丹麦，耐克将普通词语“alpha”用于 NIKE ALPHA PROJECT 鞋被认为没有侵犯用于同样商品上的 ECCO ALPHA 商标。[62] 同样，在拉脱维亚，文字商标 BOLS INSIDE 的使用不被认为侵犯 8.58

[61] Alfred Ritter GmbH & Co KG and CK Chocolade A/S v Ion SA Cocoa & Chocolate Manufacturers [1997] ETMR 103.

[62] Ecco Sko A/S v Nike Denmark ApS [2001] ETMR 371（赫斯霍尔姆城市法院）。

了驰名商标 INTEL INSIDE。[63]

（4）将商标隐匿在自己的商标中

8.59 有时商标——即使是驰名商标或十分知名的商标——会被深深隐匿于另一人的商标中，以至于没有人会去想象它们之间存在联系。这种情形发生在 Polo Ralph Lauren 公司身上。该公司的 POLO 商标（注册在香水、化妆品等商品上）未能成功支持对在相同商品上试图注册 10 ROYAL BERKSHIRE POLO CLUB 这一超长商标的异议。[64] 尽管该案不是一件侵权案件，但需承认的是，相同原则在侵权案件的情况下会同样适用。[65]

（5）言论自由

8.60 在当今欧洲社会，自由竞争是对商标垄断的神圣原则构成挑战的力量，除此之外还有言论自由的力量。不但欧洲理事会[66]而且欧盟自身均已经接受言论自由原则，并将其载入欧盟各成员国国内法作为价值观。这一自由原则使得我们得以对他人商品或服务持否定性评价，即使这意味着提及他们的商标。《欧洲人权公约》第 10 条的确对贬低给予了针对“保护他人声誉或权利”的优先考量，即便这是否可以将对 CATTY-PUSS 猫粮的保护延伸到防止 PUSS-PURR 猫粮的制造商的不利评价，还是一个有争议的话题。当这些保护言论自由的国家中，人们呼吁用保护言论自由作为对他人商标的未授权使用的抗辩，而当这些未授权使用又与商标所有人的利益和目标相冲突时，又会发生什么情况呢？让我们来看看案例法所引出的一些例子。

（a）言论自由和对他人商标的贬损性介绍

8.61 在法国的一起案件中，法国注册商标“DANONE”的所有人反对 jeboycott-edonone. net 网站在对该公司商业和雇佣政策的攻击言辞中使用其商标。巴黎大审判法庭确认即使文字 DONONE 的使用受到商标注册的保护，言论自由权也保护被告使用该文字的权利；但是言论自由权并未赋予被告使用该公司文字和图形

[63] Intel Corporation v Distilleerijen Erven Bols BV［2001］ETMR 1300（专利局，复审委员会）。

[64] Royal Berkshire Polo Club's application［2001］ETMR 826（英国商标登记处）。

[65] 在一起侵权案件中，British Sugar plc v James Robertson & Sons Ltd［1996］RPC 281，294，法官顺便说：“除了填字的痴迷者，没有人会说‘treat’一词存在于‘theatre atmosphere’一词中”。

[66] 《欧洲人权公约》第 10 条：“1. 每个人都有自由表达的权利…… 2. 这些自由的行使，由于也承担着义务和责任，可被施加……限制……基于国家安全、领土完整或公共安全的利益……为保护声誉或他人权利……”

组合商标的权利。[67] 不过，被告有关言论自由的理由是在上诉中被确认的。[68] 同样在一审中就确认的情况还包括，在一申请临时禁令救济的案件中，言论自由权保护绿色和平组织使用文字商标“ESSO”的权利，只是不能以E＄＄O这种形式描述商标。[69] 但是在E＄＄O案件[70]的合并上诉以及另一起绿色和平组织“拙劣模仿”商标的类似案件中[71]，巴黎上诉法院判令——无论全部审判后的看法如何——宪法赋予言论自由的权利不应受到第三方权利使用的限制，除非有进行限制的绝对必要性。在此类性质的案件中，言论自由权不应该被限制，原因在于倘若认定ESSO商标被侵权，损害赔偿金已经可以提供足够的补偿。

在一起涉及以商标使用作为识别商业数据库侵权版本来源的案件中，巴黎上诉法院更暗示《欧洲人权公约》第10条在有关赋予言论自由权方面应被视为表明立场问题，而并非赋予人们使用将他人商标用于描述或识别的目的的权利，这是商标法本身已经特别规定的。[72] 8.62

(b) 美国的商标和表达自由

在一些欧洲法律制度中，在不断演进并逐步联合的欧洲，商标法律制度建立在先，而言论自由的法律保护发展滞后。在美国，情况正好相反，第一修正案对言论自由的宪法保护在其适用于解决商标争议领域的可能性被发掘之前就已经比较充分和完善了。由于许多商标争端被转化为商标所有人是否有权限制被告使用某些词语、标志或者其他图像这一问题，在很多案件中言论自由这一理由相当普遍地被利用。[73] 晚近的案例法已经表明“糟透了”(SUCKS)域名（文字“SUCKS”被附加到注册商标中）的未授权使用只要在性质上是非商业的，则其在言论自由这一宪法权利的框架中受到保护。[74] 上述非商业使用的限定意味着使用者不试图自己从使用中赢利，而并非意味着这种有争议的使用对于商标所有人来说不存在产生商业效果的目的。从一些“糟透了”网站的内容来看，域名注册人似乎是乐于 8.63

[67] Ste Gervais Danone v Societe Ke Riseau Voltaire, Societe Gandhi, Valentin Lacambre [2003] WLTR 321.

[68] Ste Gervais Danone v Societe Ke Riseau Voltaire, Societe Gandhi, Valentin Lacambre WLTR, 2003年7月14日。

[69] Esso Societe Anonyme Francaise SA v Association Greenpeace France and Societe Internet, Fr [2003] ETMR 441（巴黎大审法院）。

[70] Association Greenpeace France v SA Societe Esso [2003] ETMR 867（巴黎上诉法院）。

[71] SA Societe des Participations du CEA v Greenpece France et al [2003] ETMR 870（巴黎上诉法院），还可见下文第8.66～8.71段在对滑稽模仿抗辩背景下的分析。

[72] Societe Reed Expositions France（此前是Groupe Miller Freeman）Societe Tigest Sarl [2003] ECDR 206（巴黎上诉法院）。

[73] 对美国第一修正案潜在适用性的很好的分析，见Arlen W Langvardt，《商标权利和对第一修正案的违反：保护前者但不违反后者》，(1998) 83 TMR 633。

[74] Taubman Company v Mishkoff 319 F 3D 770（第六巡回法庭2003年）。

见到商标所有人发生破产清算或遭遇其他毁灭性商业灾难的。

(c) 经营者享有"商业言论自由"吗？

8.64 印度出现了一个完全不同的言论自由问题。国际曲棍球协会试图禁止电子产品公司 PHILIPS 从事"埋伏式营销"业务。PHILIPS 是曲棍球世界杯赞助商 LG 公司的竞争对手，它主办了一场比赛，奖品是免费的南非旅游和多项曲棍球比赛门票。曲棍球协会在对 PHILIPS 公司提起的"埋伏式营销"官司中败诉。PHILIPS 公司事实上并未越权使用与赛事有关的任何商标或者版权保护的材料，其对"世界杯"文字的使用从任何方面都能认为是纯粹描述性的：更重要的，PHILIPS 公司的推广活动受到商业言论自由的宪法保护。[75]

8.65 这种处理方式在欧洲法律实践中所体现的作用大小仍不清楚。瑞典最高法院判定，如果诉讼一方使用他人商标的目的具有"商业目的并且……同时纯粹以商业上的考虑为目标"，他就不会从言论自由权的主张中获益。[76] 法国采用了相近的规定，"DIOR"商标被用来对名为"BEST OF DIOR"的盗版光盘进行广告宣传，和对 DIOR 时装秀的剪辑片段进行未授权的网络传播，这些行为并不因被告有权传播新闻而被判定合法。[77]

(6) 滑稽模仿、讽刺和反讽

8.66 由于商标传达的图像有潜力唤起强烈的感情，社会评论家倾向于将商标的使用看做阐明经济、环境、政治和社会论点的一种方式。Barbie Girl[78] 歌曲中 BARBIE 商标的适用就是一个佐证。[79] 另一个例子发生在南非，在 T 恤衫广告语中打出"BLACK LABOUR-WHITE GUILT"（意为"黑人劳工—白人之罪"，其中 Black Labour 与 Black Label 发音相似。——译者注），是对 BLACK LABEL（黑方）啤酒商标的滑稽模仿。[80]

(a) 司法回应

8.67 法院怎样处理对商标以这种方式适用的控诉呢？德国人缺乏幽默感，这一形象在欧洲众所周知，但是其案例却表明德国人不但能像任何其他欧洲人一样欣赏

---

[75] ICC (Development) International v Philips，2003 年 1 月 31 日（德里高等法院）。

[76] TV4 and TV Spartacus KB v Broderna Lindstroms Forlags AB，noted in Brandnews 2/2003（OKEJ 少年杂志获得了公开受到版权和商标保护资料的许可，但也在日历上进行了复制）。

[77] Christian Dior Couture v Fashion TV Paris and others [2001] ETMR 126（巴黎一审法院）。

[78] Mattel Inc v MCA Records Inc 296 F 3d 894（第九巡回法庭 2000 年）；cert denied 123 Sup Ct 993，第 21 章分析。

[79] 很多其他的例子见 Jeremy Phillip，《商标滥用》(1987)，《商标世界》，第 24～31 页。

[80] South African Breweries International (Finance) BV v Laugh It Off Promotions WTLR，2003 年 5 月 28 日，（高等法院）滑稽模仿并未侵犯商标。

笑话，而且比起大多数国家明显更能容忍对注册商标的滑稽模仿。在一起案例中，德国电信当时的标志包含字母“T”和一组圆点，被告则在生产的明信片上标记说明文字“Toll! Alles Wird Teuer”（好！什么都更贵），“Teurer”（更贵）正是以德国电信商标的形式显示出来，以此对原告商标进行滑稽模仿。此后的侵权诉讼被驳回。法院认为被告未构成侵权，但同时认为即便构成侵权，被告的使用在法律上也是不可诉的：由于它仅仅是通过取笑原告的方式试图使公众对其定价模式展开辩论，因而不是商标使用。[81] 法院审查了德国在先有关商标诋毁的判例，得出结论：滑稽模仿作为一种抗辩，可以在当事人之间[82]不存在竞争性关系，也可以在存在这种竞争关系且有可能提起不正当竞争诉讼的情形下提出。但如果并不好笑的话，这种抗辩则不成立。[83]

法国对商标“讽刺性模仿”的处理方式是不一致的，或者公平地说，与没有遵循先例原则情形下的普通法是一样的。在 TARZAN 商标（人猿泰山——译者注）的权利人就被告使用 TARZOON，LAHONTE DE LA JUNGEL（“丛林伯格”，法国 1975 年一部具有性意味的电影。——译者注）提出侵权诉讼后，法院驳回了起诉。[84] 法院并没有以滑稽模仿驳回起诉，而是基于被告标志很长，而且是多词复合，它给人留下的印象与一个词语 TARZAN 完全不同这一事实。这一分析表明如果 TARZOON 一词单独使用，原告的起诉是会得到支持的。在法国的 Esso 公司案件[85]中，以 E＄＄O 这一讽刺性使用 ESSO 未被允许，理由是这种使用可能损害原告商标的声誉。滑稽模仿或讽刺的抗辩在版权侵权案件中也存在，但并不会在商标侵权案件中使被告胜诉。[86] 然而 Esso 公司却并未在 CEA 案[87]中同样胜诉，同一法院拒绝支持商标所有人反对在其标记上使用头盖骨和交叉骨的图形，理由包括：1）该滑稽模仿涉及商标所有人的工业核活动，但却与其所注册的第 38 类服务无关；2）基于绿色和平组织声名远播，在其网站上见到 8.68

[81] “Alles Wird Teuer” [1999] ETMR 49（柏林上诉法院）。

[82] 正如在 BMW GRUR 1986，759 中显示的，搞笑 BMW 贴纸出售时，加上了句“又发生性行为了”被认为没有侵犯 BMW 商标。

[83] 因此在 Disparagement of Trade Marks 1 GRIO 1994，808 以及 Disparagement of Trade Mark 2 GRUR 1995，57 中，将 MARS 和 NIVEA 商标使用于避孕套包装以及贴纸上并分别对其做出广告，被认为构成侵权性使用：因为并不幽默，从而没有形成抗辩，并且侵权商品可能被认为是原告商品。

[84] Burroughs Inc and another v Picha，Valiza Films and Others [1978]《EIPR 欧洲摘要》，12 月，第 4 页（巴黎地方法院）。

[85] 见第 8.60～8.65 段论述。

[86] Esso Societe Anonyme Francaise SA v Association Greenpece France and Societe Internet. Fr [2003] ETMR 441（巴黎地方法院）。

[87] SA Societe des Participation du Commissariat a l/Energie Atomique v Greenpeace France et al，2002 年 8 月 2 日（未公开）（巴黎地方法院），上诉法院在 [2003] ETMR 870 判决中维持了该判决。

该标记的人不会相信商标所有人与同一网页相邻接的其他信息存在任何关联。

8.69 另外一种完全不同的对他人商标进行“讽刺性模仿”的行为，发生在商标所有人产品因其商标指明和识别的情形。这正是商标被称做儿童玩具名称的BARBIE案件所体现的。在该案中，生产和销售酷似BARBIE娃娃的女魔头“地狱娃娃”被认为未侵犯Mattel公司的美国商标权[88]，理由明显不是滑稽模仿，而是女魔头并未构成BARBIE商标使用的这一更普通的理由。

(b) 比较广告的影响

8.70 当比较广告[89]成为欧洲大陆广泛存在的商业现象时，滑稽模仿、模仿和反讽抗辩的存在会变得更加重要。比较广告目前之所以被容忍是因为其可以使得消费者对他们试图购买的商品或服务了解得更多，但是制造商可以怎样告知大众其产品与竞争者产品的差异尚在争论之中。以滑稽模仿的方式对他人商标的使用是否构成广告商的另一抗辩理由，正如德国案例法所判定的一样？抑或，它可被商标所有人作为另一项武器，用来宣称其注册商标被贬低，被告所做的任何对比都是一种不正当竞争行为？

(c) 商标所有人的报复

8.71 品牌被讽刺和嘲笑的商标所有人并非没有反击的方式。当其反对的使用是其竞争者所为时，商标所有人完全可以用类似的方式转而取笑嘲笑者的商标以进行反击，不过许多品牌所有人可能会认为这种行为有失公司的身份。戴姆勒克莱斯勒公司的商标“MERCEDES”（梅赛德斯——译者注）被已故的Janis Joplin当做歌曲“Mercedes Benz”[90] 中的笑柄，但是该公司随即获得了在公司自己的广告活动中使用该歌曲的权利，这是最甜蜜的复仇。

(7) 隐藏侵权行为的侵权属性

8.72 在Lindt（瑞士莲巧克力——译者注）公司成功地阻止了其竞争对手在巧克力包装上侵犯其四个商标后，竞争者却不愿销毁该包装，而用带胶标签遮住了侵权内容。Lindt公司认为这也是一种侵权，但法国最高法院未予支持。[91] 在被告

---

[88] Stuart Derrick, Barbie Ruling Rings Warning bells, Promotions & Incentives, 2003年1月，第23页。

[89] 本章详细分析见第8.93～8.176段。

[90] 1970年1月10日第一次灌录。歌词第一段是：“上帝啊，能不能给我买一辆梅赛德斯奔驰？/我的朋友们都开保时捷，我也得加把劲。/辛辛苦苦一辈子，朋友们都不帮我。/所以上帝啊，能不能给我买一辆梅赛德斯奔驰？”法院在Barbie Girl案中间接提到了这首歌（Mettel Inc v MCA Records Inc 296 F 3d 894（第九巡回法院，2000年），复审令被驳回123 Sup Ct 993）。法官认为没有人听了这首歌会认为Joplin和Mercedes是合伙关系。

[91] SA Lindt & Sprungli v Ste Chocometz [1999] ETMR 315.

巧克力销售店，该可移除的标签被玻璃纸包装覆盖，因此 Lindt 公司的商标不可能被用来促进商品销售。一旦售出，消费者若愿意可以揭开标签并看到先前的“隐形”广告，但这肯定不构成商标侵权。

(8) 小广告上的使用

(a)“私人小广告”

在一个可能依据现行新欧洲商标法不可能存在的奇怪裁决中，出版物在“小广告”栏目中刊载了私人广告。该广告的相关段落有如下文字：“销售：男士长裤，尺寸 40—42，Hugo Boss 牌，套装，价格便宜，质地好，款式新，多色可选。电话……最好晚间来电”。 8.73

斯特拉斯堡大审判法庭裁定该广告被置于被告的“小广告”部分的“保洁”栏目下，因此表现为私人广告，且并无证据证明该广告处于任何经济活动的安排中。据此，被告不应为刊登此广告而承担责任。[92] 应当强调的是，尽管许多国家商标法中相关刑事责任内容或者海关查封货物的规定对“私人”而非商业侵权行为设定了例外规则，上述行为在正常情况下并非商标民事侵权法明确规定免除非商业侵权行为承担责任的例外：欧洲规则依赖的原则仅是侵权性使用必须在“商业过程”中实施。[93] 8.74

(b) 商标太小而难以辨认

被告的包装说明错误地复制了许多原告商标并在被告产品广告中展现，原告提起的商标侵权诉讼被法国最高法院驳回，理由是该广告严格来说属于“小广告”[94]。原告商标的复制范围在说明文字上如此之小，以至于消费者不可能辨识出这些商标，因此不存在这些商标的非法复制。 8.75

(9) 联合抵制

雀巢公司产品成为几起较为知名的联合抵制案件的目标，以报复其不道德地向第三世界国家的母亲销售婴儿配方食品的行为。[95]（据科学家研究发现，向第三世界国家鼓吹奶粉喂养代替母乳会增加初生婴儿的死亡率。——译者注）典型的抵制是婴儿牛奶行动组织的 breakfast. com 网站，该网站以提及商标的方式列出并描述了众多的雀巢产品，甚至开发出了自己的标志。从已定案的案件报告 8.76

[92] Ste Hugo Boss v Dernieres Nouvelles d'Alsace and others [1998] ETMR 197.
[93] 《欧盟理事会指令 89/104》第 5（1）条，《欧盟理事会条例 40/94》第 9（1）条。
[94] SA Lindt & Sprungli v Ste Chocometz [1999] ETMR 315.
[95] 该联合抵制的范围不清楚，但 2002 年 11 月互联网搜索结果显示超过 2 500 个网页与之有关。

中，雀巢公司并没有提起诉讼维护商标权以反击消费者抵制的打算。

8.77 评估消费者联合抵制行为对商标造成的长远损害是困难的。巴克莱银行因在种族隔离制度支配的南非采取了投资政策，消费者对之采取的联合抵制导致该银行最终从南非金融市场上撤出。尽管该联合抵制行动现在看来在历史上无足轻重，且巴克莱银行今天的经营政策与它的竞争对手旗鼓相当，经验性的证据仍然表明，即便距离他们先前的联合抵制活动已经过去了 30 年，一些人对使用该银行服务仍然惴惴不安。

（10）以商标而非商品名称称呼商品

8.78 在商标所有人基于自身利益所构想的理想世界中，无论经营者还是竞争者都不应单独以其商标来提及商品。当被问及我们开什么车的时候，我们不应说“宝马”而要说“由宝马股份公司制造并贴附了‘BMW’商标投放市场的汽车”。我们的孩子不应玩“大富翁”而要玩“由 John Waddington 制造并以‘MONOPOLY’名称销售的棋类游戏”，诸如此类。然而现实世界中，人们不太情愿遵守如此严格的戒律，总是将商标代替名词和动词使用。当商标已经不再唯一性地指定某一特定商品来源时，在多数文明国家对商标的使用就不再构成商标侵权，尽管这种使用会弱化并最终毁掉商标。在这一方面，法国是一个主要的例外：因将商场购物车称做 CADDIES（Cadillac，即凯迪拉克车的俚语称呼。——译者注）而被诉诽谤侵权的新闻报道，被巴黎大审判法庭认定构成可造成商标弱化的非法使用，因而做出禁令加以禁止。[96]

8.79 奇怪的是，尽管一些商标被实际的或者明显的一般性使用损毁（例如，美国的 THERMOS（膳魔师，后泛指保温壶。——译者注）和 ASPIRIN（阿司匹林，原为该药商标。——译者注），奥地利的 WALKMAN（随身听，原为该产品商标。——译者注）[97] 和 TABASCO（一种墨西哥辣椒酱，原为该产品商标。——译者注）[98]，法国的 PINA COLADA（凤梨奶香酒，原为该产品商标。——译者注）[99]），另外一些商标却似乎被这种使用所增强（如，任何地方的 COKE（可口可乐）商标）。这种差异很大程度上取决于商标所有人是否容忍非侵权性使用。最好的方式是建议商标所有人教育一般公众或者（1）不要使用商

[96] SA Ateliers Reunis Caddie v Sarl Societe Nouvelle de Presse et de Communication（SNPC）[1999] ETMR 45.

[97] Sony 随身听商标［2000］ETMR 890（奥地利最高法院）。

[98] Tabasco Restaurant v Proprietor of the Tabasco Registered Trade mark［1998］ETMR 100（奥地利最高法院）。

[99] SA Bardinet v SCP Ego-Fruits（SCP Belat-Desprat Intervening）［2002］ETMR 1043（巴黎上诉法院）。

标，除非做商标用（如，不要写“valium”（药名，安定。——译者注）而要写“VALIUM®”），或者（2）认为商标将使用于多种商品而非最初的指定商品（例如，通过将CATERPILLAR的使用从几乎通用性的推土设备扩展到远非通用的鞋类和时装产品）。

欧洲商标指令规定：如果共同体商标在词典、百科全书和类似的参考书刊中的使用会造成其为该商标所注册的商品和服务的通用名称的印象，相关书刊的出版方应根据商标所有人的要求……保证在该出版物的下一期最新版本中对商标加以复制时注明其为注册商标。[100] 8.80

其他国家的商标法中没有类似的规定。这一规定显然是值得注意的：其一，商标所有人可获的救济较弱[101]；其二，其适用范围狭窄；其三，其适用于通用性使用的伟大创造者万维网的可能性有限。但是，这一规定所反映的观点却得到赞赏，因为它承认了商标所有人常常在自己并无过失的情况下，其私人所有的文字商标被人们当做公共资源而使用时所面临的挫折。 8.81

在词典问题上，还有一种法律观点认为词典的价值在于确定某一单词是否为通用词语，或者正在变成通用词语的索引。荷兰[102]已认定将商标纳入词典并非“商业过程中”的使用，因此，这种使用在任何情况下都不会使商标变成通用名称（相关案件与TEFLON[103]有关）。但是内部市场协调局撤销一部认为词典[104]以及其他参考类书刊[105]包含语言如何使用的大量证据。这两种观点并不必然冲突：荷兰被要求考虑被收入词典的商标的法律地位，而与此同时撤销部门也处理了词典单词被纳入商标注册簿中的案件。 8.82

（11）对两个不同商标的部分侵权

假设我非常喜爱TOMMY HILFIGER和TED BAKER的时装产品。当我开创自己的事业时，我可以将其命名为TOMMY BAKER并逃脱惩罚吗？法国发生了一起类似的真实案件。该案中，用于计算机游戏杂志上的MEGA FORCE 8.83

[100] 《欧盟理事会条例40/94》第10条。

[101] P A C E Van der Kooij，《欧共体商标条例：逐条指南》，第2—067段，表达了未能遵守本条规定按照《条例》第14（2）条是可诉的这一观点。即便是可诉的，也难以想象法院会判处实质性的赔偿或做出强制性的禁令。

[102] Du Pont de Nemours（EI）and Company v AMA VOF Antoon Michielsen Automobiles（以Protech Nderland Teflon Lakbescherming名称交易）and others［2001］ETMR 777（斯海尔托亨博思上诉法院）。

[103] TEFLON是一项商标，用于聚四氟乙烯。

[104] 见Beiersdorf AG的商标；L'Oreal注销申请，Case C000835728/1［2001］ETMR 187。

[105] 见Dr Robert Winzer Pharma公司申请注销Alcon Pharmaceutical公司的商标，Case C000090134/1［2000］ETMR 217。

商标和 SUPER POWER 商标各自的所有人均对一家将自己杂志命名为“Super Mega”的竞争者提出诉讼。由于被告所“借来”的商标要素都是普通的前缀，自身没有任何显著的功能，因而将其组合作为竞争者杂志的名称并未侵犯任一单个商标的权利；如果说该商标不会侵犯两注册商标，也就不能在两商标组合在一起的情况下说它对每个商标都构成部分侵权。[106]

8.84 两个商标中一部分的组合不会侵犯任一商标的结论在“Super Mega”案的事实上并不难得出，该案中组合商标的两部分都缺乏独立的显著性特征。不过这一原则能在多大程度上适用是个问题。例如，在“EASY”家族商标（EASYJET，EASYCAR，EASYCINEMA 等）（分别是航空公司、租车公司以及电影院的商标——译者注）的一个与另一单个文字商标（例如 VIRGIN）（维珍航空——译者注）结合而成为航空服务上的商标“EASYVIRGIN”时，两个原商标均很有可能被侵权：侵犯了“EASY-”是因为“EASYJET”所属的商标家族的强度，侵犯了“VIRGIN”则是因为与众不同且显著性较强的“VIRGIN”商标被盗用。但在两商标成分的组合中，商标成分较之“SUPER”和“MEGA”更显著而较“EASY-”和“VIRGIN”更弱的情形则较难处理了（例如，CHRISTIAN DIOR 和 YVES ST LAURENT 被“熔断”而重新组成“CHRISTIAN LAURENT”商标）。

（12）将商标作为忠诚或拥护的标记

8.85 在英国高等法院对激烈争论的 Arsenal 案做出裁定后，欧洲法院考察了这一问题。简而言之，阿森纳这一欧洲的知名足球俱乐部拥有包含文字 ARSENAL 在内的许多商标。ARSENAL 商标被许可给生产诸如标有 ARSENAL 商标的帽子和围巾等足球纪念品的几个商家使用。在未得到阿森纳足球俱乐部的许可下，一个名为 Reed 的街头摊贩销售了绘有“Arsenal”文字的围巾等商品。俱乐部于是以商标侵权和假冒诉至法院。

8.86 在英国高等法院[107]的审理中，Arsenal 辩称被告的行为构成类型一的侵权行为[108]（“相同商标，相同商品”）。Reed 不但否认商标侵权，而且以 Arsenal 连续 5 年未使用该商标为由提出反诉要求撤销 ARSENAL 商标。[109] 令很多人吃惊的是，法院并不打算判定被告构成商标侵权。关于假冒问题，法官认为 Arsenal 并未证

[106] Mega Press and Sumo Editions v Pressimage and Guidiceli [2000] ETMR 403（巴黎上诉法院）。

[107] Arsenal Football Club plc v Matthew Reed，Case C-206/01 [2003] ETMR 860（Laddie 法官）。

[108] 进一步分析见第 7 章第 7.10～7.15 段。

[109] 关于因连续 5 年未使用注册商标而申请撤销商标，见第 13 章第 13.46 段。

明 Reed 对商标的使用已经造成任何混淆。[110] 就商标侵权而言，法官则认为 Arsenal 俱乐部和 Reed 对商标的使用甚至未构成商标使用：将文字 ARSENAL 用在足球围巾上是将文字作为“忠诚标记”而非“来源标记”的使用，即便这种论点似乎明显和商标法的目标相距甚远。当流行乐队的名称已经在 16 类纸制品上注册，图书封面上乐队名称的未授权使用不是“商标”使用[111]，因为它表明与书和流行乐队有关而不是来源于该乐队。倘若如此，难道标示了文字“ARSENAL”的围巾就不能代表对 Arsenal 足球队的支持而并非来源于俱乐部吗？

欧洲法院[112]在大法官对当前足球商业行为和许多虚假宣传进行了细致分析之后[113]，驳回了商标的未授权使用必然只是作为忠诚标记或来源标记的主张：没有理由认为同样的使用不能具有两种目的。只要对他人的商标使用是作为来源标记的使用，它就构成侵权性使用，原因在于它影响了 ARSENAL 商标作为来源保证的功能。 8.87

故事并未结束。谈到该问题的审判法官拒绝做出有利于商标所有人即足球俱乐部的裁定。[114] 他得出结论，由于 Reed 对 Arsenal 商标的使用并没有损害注册商标保证其商品或服务来源同一的核心功能，且这种使用既不是出自 Reed 自己的本意也不会被公众理解为要指示来源，因而不存在侵权。该裁定在上诉中被撤销。[115] 8.88

(13) 称自己的狗为“Elvis”

商标作为某人名称的称号，无论如何令人烦恼，也不能被避免。如果品牌滥用的肇事者 Naomi Klein 想把她的孩子叫做 Calvin，哪怕商标 CALVIN KLEIN 再怎么显著、如何受法律保护、声名如何远播，她也可以这么做而不会被惩罚。事实上，英国高等法院已经就注册或非注册的名人姓名问题表明了明确的观点：即便 Elvis Presley（美国摇滚歌手猫王的姓名——译者注）还活着，他也无权制止其影迷将自己的儿子、狗、金鱼、汽车或者房子命名为“Elvis”或“Elvis Presley”。原因很简单，那是他出生时父母所起的名字。为制止他人使用其姓名的全部或部分，他必须证明他人这种使用的结果侵犯了他为 8.89

[110] 尽管冒牌的认定未上诉，2003 年 5 月 21 日，上诉法院表示他怀疑基于事实结论是否正确。

[111] Bravado Merchandising Services Ltd v Mainstream Publishing（Edinburgh）Ltd [1996] FSR 205（苏格兰高等民事法院）。

[112] Arsenal Football Club plc v Matthew Reed，Case C-206/01 [2003] ETMR 225.

[113] Arsenal Football Club plc v Matthew Reed，Case C-206/01 [2003] ETMR 975.

[114] [2003] IP&T 75.

[115] [2003] ETMR 895（上诉法院）。

法律所承认的权利。[116]

E. 对诉讼的限制

8.90 所有的法律制度对于商标侵权都采取了民事诉讼限制的规定。这些规定就像对其他民事过错行为一样，对商标侵权也同样适用，实际上是国内民法问题；它们通常见于单项成文法规定中或者规定在民事程序法之中。[117]

8.91 此外，还有一些对于欧洲自由贸易联盟成员国内授权的商标特别适用的限制性规定。这些规定表明，倘若被侵权商标的权利人在意识到在后商标使用的同时已经连续 5 年默许了这种使用，他就丧失了反对在后商标在其使用的商品或服务上使用的权利，不过在后商标的注册系恶意申请的情形除外。

8.92 期限限制仅仅针对商标权利人提起诉讼的规定，而并不适用于被控侵权方提出抗辩和反诉的情形。

F. 比较广告

(1) 在“比较广告”的过程中使用他人的商标

8.93 以牺牲竞争者的代价来推销自己产品的最直接方式是通过比较广告。在健全的市场上，所有的消费者都会了解供给他们的商品或服务的价格、质量、实用性或者其他特征，并基于相关信息做出理性的决定。通过告知消费者其商品或服务好于其竞争者提供的商品或服务，公司可以提高相关市场消费者的认知水平并使消费者更易于选择最优的商品。但是有一个重要的限制性条件：提高消费者的认知水平仅仅可以通过不含错误信息的广告进行，倘若教育消费者的职责由既得利益的企业来承担，则往往会存在危险。

8.94 那么究竟对他人商标的使用怎样才能有利于教育消费者呢？通过将信息与在商品或服务上知名的商标相联系（例如，“POPPO 比 BIPPO 的营养成分多一倍，但价格便宜一半”），POPPO 商标的所有人提高了品牌价值并教育了公众贴附了其品牌的产品比已知的竞争对手的更好。如果 BIPPO 产品的生产商未因此被赶出市场，他也至少不得不修正定价策略或者产品配方。理论上说，这种实践有利

[116] Elvis Presley Trade Marks［1997］RPC 543，547（高等法院），根据 Laddie 法官的观点。

[117] 《欧盟理事会指令 89/104》第 9 条。规制欧共体商标的类似的规定，见《欧盟理事会条例 40/94》第 53（1）、（2）条。

于消费者和两个或多个竞争产品中更受欢迎产品商标的所有人——但它合法吗?

有很多开展比较广告的方式。这些技巧包括: 8.95

(i) 提及竞争者的名称("如果你喜欢 Estee Lauder (雅诗兰黛——译者注)的产品，你也同样会喜欢我们的产品")[118];

(ii) 提及竞争性产品的商标(例如，在一 NOUVELLE 卫生纸的广告中标示了:"保证柔软，否则我们会为你换成 ANDREX®产品")[119];

(iii) 虽不提及竞争者或其商标但仅仅提到本领域人人皆知的"领先品牌"(例如，在很多国家的软饮料上公认的领先品牌是 COCA-COLA[120]);

(iv) 通过发布双方序列号都列明的表格以指明其产品与其竞争者产品之间的适用性。[121]

比较并不需要做广告的一方做出任何产品比其竞争者产品更好的声明。它当然包括广告者将产品和服务推广为其高级竞争者毋庸置疑的优质产品"便宜和舒心"的替代品。此外，企业还可以通过"我们的手表只是不如 ROLEX 迷人"之类的声明来吸引消费者的注意力。 8.96

在一种意义上，广告中的比较包括广告者所做的所有概括，其中并没有提及特定的竞争者。例如，下述陈述：NIKE 软运动鞋超越其他所有产品。这句话所传达的意思大体和以下陈述一致：NIKE 软运动鞋超越 ADIDAS，PUMA，REEBOK 等品牌产品。 8.97

在前一陈述中竞争者的名称并未出现，仅仅以比较概括的方式出现；而在后一陈述中，前一陈述中的文字"所有其他产品"被扩展开来。我们本能地会把后一陈述当做比较广告而把前一陈述当做简单的炫耀，但事实上在每一种情形中 NIKE 与其他品牌都存在一种相反的比较，或者以暗示的方式表现(如前一陈述)，或者以明示的陈述表示(如后一种情形)。 8.98

(2) 比较广告和商标法

《巴黎公约》、TRIPs 和传统泛欧洲商标法甚至没有将比较广告作为法律概念提及，我们从中可以推断：(1) 基于比较广告中对他人商标的使用提出的侵权诉讼必须根据其他类型商标侵权的相同法律标准来分析；(2) 本章中前面所讨论 8.99

[118] 见 Diversified Marketing Inc v Estee Lauder Inc 705 F Supp 128 (纽约南区法院 1988 年)。

[119] Kimberley-Clark Limited v Fort Sterling Limited [1997] FSR 877.

[120] 例如可乐案中提出的检验标准 (1987) GRUR 49，德国联邦法院认为，在三种可乐的比较中，除广告可乐外另两种均未指明品牌，人们会推断其他两种之一是可口可乐。因此，构成间接地指明了竞争者的商标。

[121] 正如在 Toshiba Europe GbH v Katun Germany GmbH，Case C-112/99 [2002] ETMR 295。

的抗辩将适用于比较广告，如同适用涉及他人商标的其他未授权使用行为一样。

(a)"比较广告"与商标法的联系是什么?

8.100 在一个品牌意识敏感的时代，将公众的注意力吸引到自己的商品和服务的最简单方式莫过于"烙印"上一个具有吸引力又记得住的商标。通过在潜在消费者或消费者面前展示竞争者熟悉品牌的发音或外观而吸引其注意力并不困难。因此，这样一个假设性的口号：喜爱COKE的消费者是喜爱PEPSI消费者的三倍，要比下面的标识鲜明和显著得多：喜欢COKE的消费者是喜欢由百事公司生产或许可生产的蔬菜萃取口味的碳酸可乐饮料的消费者的三倍。

8.101 这样也就不难理解广告者为什么总是希望提到其竞争者的商标，也不难理解商标权人为什么对于所有未授权而使用其商标的行为心存疑忌了。

(3)《关于误导广告和比较广告的指令》

8.102 尽管"比较广告"的概念未规定在所有主要的国际和欧洲商标法规中，但它的确出现在《关于误导广告和比较广告的指令》中。[122] 该指令将"广告"一词定义得十分宽泛，含义如下：为了促进产品或服务的供应而以任何方式对贸易、经营、工艺或者专业做出说明。

8.103 该《指令》进一步将"比较广告"定义为：任何明示或默示地提及竞争者或者竞争者所提供的商品或服务的广告。[123]

8.104 "比较广告"的定义要求广告者指明竞争者或者竞争者的商品或服务。相应地，诸如在广告中使用法律所保护的词语CHAMPAGNE（香槟——译者注）用于电脑，或者矿泉水，即便做了比较也不属于此类（例如"Champagner bekommen，Sekt bezahlen：IBM Aptiva jetzt zum V-Preis"[124]），因为起泡酒与电脑在销售时并非处于竞争状态。

8.105 《关于误导广告和比较广告的指令》第3a条允许比较广告的做出，需符合如下条件：

(a) 不具误导性……

(b) 它比较的是满足同样目的或意欲实现相同目的的商品或服务；

---

[122] 1984年9月10日涉及误导及比较广告的《欧盟理事会指令84/450》（由《欧盟理事会指令97/55》修订）。

[123] 同上，见第2条。

[124] 意为：以起泡酒的价格买到香槟：IBM Aptiva现在降价了；见Champagner Bekommen，Sekt Bezahlen [2002] ETMR 1091（德国联邦法院）。

(c) 它客观比较了那些商品或服务的一个或多个实质性、相关的、可证实的以及代表性的特点，包括价格；

(d) 它对广告人以及竞争者之间的市场或广告人与竞争者的商标、商号、其他显著标记、商品或服务没有造成混淆；

(e) 没有贬低或中伤竞争者的商标、商号、其他显著性标记、商品、服务、行为或状况；

(f) ……[125]

(g) 没有不公平地利用竞争者的声誉、商标、商号、其他显著性标记或竞争商品来源；

(h) 没有将商品或服务作为贴着被保护商标或商号商品或服务的仿制或复制来展示。

上述对他人商标“允许”使用的列举是非常狭窄的，并且起码对于一些商标律师而言难以适用。例如，根据第3a（b）条，比较必须是“满足同样目的或意欲实现相同目的的商品或服务”。由于这句措辞在《欧盟理事会指令89/104》中是没有的，因而我们应推断商标判例法对于商品或服务的同一性或类似性在该条的解释上派不上多少用场。 8.106

无论是否获得商标判例法的支持，为比较广告目的做出的比较必然需要某些指导原则。比方说，SKODA是否与LAMBORGHINI符合同样的目的？是否意欲实现相同的目的？更深一层的困难体现在适用3a（c）条上，该条要求可被允许的比较应该是客观的，涉及一个或多个实质性、相关的、可证实的以及代表性的特点。这是否排除了涉及个人品位的比较（例如，COCA-COLA和PEPSI的双盲样品比较）？你如何知道人们是宁愿选择NUROFEN（布洛芬——译者注）使其头痛快速减轻还是其他品牌：或许他们忍耐力更强，感觉的疼痛较少。最终，贴着商标的商品的哪些特征是代表性的？这由谁来决定？ 8.107

另外一种困难可能来自3a（d）条和《欧盟事理会指令89/104》以及《欧盟理事会条例》之间用词的不一致性。前者禁止“产生混淆”的广告，而商标法提到的情况是“存在混淆可能性的情况”，包括“联系的可能性”[126]。这些区别产生的法律和实践上的细微影响并非立竿见影，但是比较广告中混淆的概念比商标适用以及侵权中混淆的含义狭窄得多。 8.108

[125] 该条款涉及的是“指明来源的商品”。

[126] 《欧盟理事会指令89/104》第4（1）（b）、5（1）（b）条；《欧盟理事会条例40/94》第8（1）（b）及第9（1）（b）条，见第10章的深入分析。

8.109 3a条中的其他要求对于商标律师而言都很熟悉，并预计会同《欧盟理事会指令89/104》及《欧盟理事会条例40/94》以同样方式解释。因此，3a（e）中中伤的含义以及3a（g）条中不公平优势可根据《欧盟理事会指令89/104》以及《欧盟理事会条例40/94》中相应条款的解释进行理解。[127]

(a)《指令》与商标法的联系是什么？

8.110 《关于误导广告和比较广告的指令》1997年前言的第13条和第15条专门提到了《欧盟理事会指令89/104》。第13条承认《欧盟理事会指令89/104》对商标所有人授予了排他性的权利。第14条承认为了比较广告的目的，提到他人的商标对于广告人而言是必要的。第15条暗示了对他人商标的指明如果符合《关于误导广告和比较广告的指令》列出的条件，则不构成侵权。从这些我们可以看到立法者的意图是对严格的商标保护背景下的被允许的比较广告抱以仁慈的态度。

8.111 1997年《关于误导广告和比较广告的指令》修正案的通过是否意味着它意图对《欧盟理事会指令89/104》进行修订呢？起码有一个英国法官[128]认为不构成，因为不需要。1997年《指令》仅仅对于法院如何解释《欧盟理事会指令89/104》的条款给出了指导。根据Marleasing原则[129]，成员国为执行《欧盟理事会指令89/104》通过的立法可以依据《关于误导广告和比较广告的指令》进行解读，因此，进一步的立法调整是不必要的。这个结论与芬兰[130]和法国采取的模式吻合，涉及商标的比较广告被本国商标法以外的法律合法化。

8.112 《关于误导广告和比较广告的指令》不直接调整商标侵权的进一步证据，可以从其规制主要是强制性规定的事实中可见一斑。它要求成员方建立防止误导性广告为公众所接触以及当这种广告发布后发出“停止令”的机制[131]，但没有对商标所有人（或其他任何个人）授予对误导性广告采取行动的任何私权利，也没有授予其为了比较的目的而使用他人商标的特定权利。

8.113 一方面，《关于误导广告和比较广告的指令》可能比其解决的问题引发更多的问题。尽管第15条（前言中）声称对他人商标的指明，如符合指令的条件，不侵犯商标权利，这并不意味着对他人商标的指明，不符合指令条件时就必然会被视为侵权，尤其是在对一项商标未经授权使用的情况下，必须证明混淆的可能性才能确立责任。

---

[127] 对这些概念的详细分析，见第12章。

[128] British Airways plc v Ryanair［2001］ETMR 236，245，根据Jacob法官的观点。

[129] Marleasing Case 106/89［1990］ECR i-4135.

[130] 见《法律反对与诚信商业实践相悖的交易》。

[131] 《欧盟理事会指令84/450》第4条。

(4) 广告业界的行业惯例

《关于误导广告和比较广告的指令》(此处英文原文有误——译者注) 并不排斥工商业部门通过制订本行业广告规则进行一定程度的自律。[132] 广告实践同样还受到特定工业和贸易团体 (例如, 银行业) 以及广告行业自身自发施加的自我限制所调整。例如, 在英国, 广告事务委员会已制定了《实务规则》, 其中对广告中的比较做了如下规定: 8.114

> 与特定的竞争者和/或产品进行的比较
>
> 18.1 如果符合有效竞争和公共信息的目的, 可以允许比较性的声明。这种比较声明既不能具有误导性, 也不能有导致误导的可能。
>
> 18.2 它们应当比较符合同一需要或者是具有同一目的的产品。
>
> 18.3 它们应当客观地对产品的一个和多个重要的、相关的、可证实的和有代表性的特征进行比较, 包括价格。
>
> 18.4 它们不应在商人和竞争者之间, 或者在商人和竞争者的产品、商标、商号或其他具有识别性的标志之间造成任何混淆。
>
> 18.5 基于特殊的地理位置和制造方法, 特定的欧盟农产品和食品应被给予作为"地理标记"而注册的特殊保护。具有地理标志的产品仅仅应当和具有同样标志的其他产品进行比较。
>
> …………
>
> 诋毁和不公平
>
> 20.1 尽管比较性的声明是可被允许的, 包含明示了竞争者和/或其产品比较的营销信息也不应羞辱和诋毁竞争者的产品、商标、商号、其他识别性标志、行为和处境。其他的营销信息不应不公平地攻击或羞辱经营者或其产品。
>
> 20.2 商人不应从竞争产品的商标、商号和其他组织的识别力商标和来源标志的商誉中获得不当的利益。[133]

尽管这些规定都浅显易懂, 它们却至少表明, 在一般意义上, 无须特别指出不同经济部门中消费者的老练程度或易受骗程度, 广告业已经意识到有一些普遍接受的标准。但是对诸如上述的自发规则的违反一般会免于法律制裁。此外, 至少一个法院已经认定对比较广告的判定标准, 应基于相关消费者而非涉及的工商业部门。[134] 8.115

[132] 《欧盟理事会指令 84/450》第 5 条。

[133] 广告实践委员会, 2003 年英国广告、销售推广以及直销细则。

[134] Barclays Bank plc v RBS Advanta [1996] RPC 307; [1997] ETMR 199.

(5) 欧洲法院对“比较广告”的处理

8.116 欧洲法院在两起案件中对比较广告问题做出了评述，即杜塞尔多夫地方法院审理的 Toshiba 诉 Katun 一案[135]，以及奥地利最高法院审理的 Pippig 诉 Hartlauer 案。[136] 第一起案件涉及产品目录中对存在竞争关系的设备零部件、部件序号和价格的列明；第二起案件则涉及更纯粹的比较，被告的广告内容直接包含了原告受商标保护的标识以及店面门脸的一部分。

8.117 在 Toshiba 诉 Katun 一案中，地方法院提交到欧洲法院的一系列复杂问题涉及《关于误导广告和比较广告的指令》第 2（2a）和 3a（1）（c）条款的含义，欧洲法院相应做出两个裁定：第一，就设备制造商对其零部件所分配的产品序列号所做的说明，可以构成客观地比较产品重要的、相关的、可证实的和有代表性特征的比较广告。第二，只有当对竞争者区别性商标的使用是为了在消费者的心理上对制造商和存在竞争关系的供应商之间产生联系的时候，才能说这种使用使广告者从商标的声誉中取得了不正当的利益，原因在于消费者会把制造商的产品声誉和竞争者的产品声誉联系起来。

8.118 在做出裁定时，欧洲法院采取了它最常用的策略：它在做出的裁定中对《关于误导广告和比较广告的指令》的适用进行了概括性的解释，但同时提醒提交法院问题的核心，即“比较”在客观上公正与否的标准最终是事实而非法律问题，因此，需要在个案分析的基础上加以解决。欧洲法院同时对两个指令的相互影响做出了重要的评价：《商标指令》在对他人商标的合法使用问题上所规定的回旋余地比《广告指令》对比较性说明的规定更宽。法院在考察了后者的目的之后认定，“比较广告所需要的条件必须在对其最有利的意义上理解”[137]，这一观点在 Pippig 诉 Hartlauer 案中也得以重申。[138]

8.119 欧洲法院在 Piggig 诉 Hartlauer 一案中所采取的处理办法总体上十分类似，尽管它所面临的待解决问题范围更大[139]，从而使得法律比之前的裁定更宽泛。法院做出了以下裁定：

[135] Toshiba Europe GmbH v Katun Germany GmbH，case C-112/99 [2002] ETMR 295.

[136] Pippig Augenoptik GmbH & Co KG v Hartlauer Handelsgesellschaft mbH，Verlassenschaft Nach Dem Verstorbenen Franz Josef Hartlauer，Case C-44/01，2003 年 4 月 8 日（未公开）。

[137] Toshiba v Katun（见脚注[135]），第 37 段。

[138] Pippig v Hartlauer（见脚注[136]），第 43 段。

[139] 该案事实概括如下，Pippig 有三家专业眼镜店，出售高端商品，而 Hartlauer 主要出售低端市场商品以及平行进口商品。Hartlauer 在宣传册、广播和电视广告中发布了广告战略，广告中展现，从 Pippig 购买的一副眼镜、Pippig 标志以及店面外观。广告对 Pippig 与其自身的 52 种价格进行了比较，Pippig 均处于不利地位，并且陈述了平均节省价格以及 Pippig 的利润头寸。其中一些广告并没有提到 Pippig 与 Hartlauer 提供的眼镜是不同的。

(i)《关于误导广告和比较广告的指令》排除了对比较广告的规定比《指令》规定的标准更严格的国内法的适用（但是根据《指令》第7条而对比较广告之外的误导广告的规定施加更严格标准的权利得到保留）；

(ii)尽管广告者有权依其自由选择指明竞争者的品牌名称，但他不这么做也不能避免国内法院裁定这种省略能够产生误导作用（可能发生在消费者见到广告时对未知竞争者的身份所进行的合理但错误的推测时）；

(iii)比较可以在通过不同渠道购买的产品之间做出（换言之，价格比较可以在通过正常渠道获得的商品和在灰市进口的商品之间做出）；

(iv)《指令》不禁止在开始许诺销售产品之前“实验性”地购买竞争者产品的做法，只要他所做的广告符合上述第3a条所规定的标准（很难设想这种无害行为会与任何法律相冲突，更不用说旨在允许和鼓励竞争的规定了）；

(v)广告者和其竞争者所定的产品价格之间本是公平的比较，并不会仅因为价格差异的大小或者所做对竞争者不利的比较数量而成为对竞争者产品的不公平诽谤（如果不是这种情况，广告者会得到其律师的建议：对几乎相同定价的产品仅仅做最低程度的比较）；

(vi)本是公平的比较也不会因为广告中对竞争者名称之外的标识语和商店门面照片也进行了复制，而被认定不公平（当一些公司拥有驰名的标识语，但其公司名称在公众的心目中却是比较晦涩时，这是一种责任的解除）。

(6) 欧洲国内法关于“比较广告”的相关规定

目前在英国之外的欧洲国家有关比较广告的案例法似乎很少。因此，下文将着重探讨英国法所采取的立场。这并不是说其他国家的法律不值得讨论，而是因为一些国家已经主动禁止了比较广告。比如说在法国，实施《关于误导广告和比较广告的指令》的法律要求，意欲进行比较广告的主体须将广告副本预先向其竞争者披露，从而后者被赋予了优先采取法律措施的权利。[140] 在另外一些国家，比如德国，长久以来就存在着严格保护商业信誉并不赞成为自身利益而无偿引用第三方商标的司法传统。[141] 8.120

[140] Loi no 2001-741 of August 2001。法国传统上视比较广告与其广告文化相悖；见 Volkswagen AG SA v Societe Renault SA，1991年9月23日（巴黎地方法院），PIBD，1991年10月22日，第576页。

[141] 德国和西班牙对比较广告的大致态度，可见 M Dominguez Perez，《比较广告回顾：欧盟理事会指令下德国判例法》，(2000) 1 IIC 20-51；还可见 Brunhilde Steckler and Frank Bachmann，《有关欧共体法下的德国比较广告》，[1997] EIPR 578-86。

(a) 英国成文法

8.121 在1994年10月30日前，在广告中以比较广告者的产品或服务而使用第三人商标，无论比较本身真实还是虚假，都构成商标侵权。而现在立法情况已经改变。对他人商标的使用倘若符合《1994年商标法》第10（6）节所规定的下述情形，就不再构成侵权：本条中前款规定（指明并界定通常构成商标侵权的规定）不得被援引以防止任何人为区分权利人或者被许可人的商品和服务的目的而使用一注册商标。

8.122 如果第10（6）节就此打住，它就会容忍广告中出现的任何一种可能的商标比较。于是该条进一步规定：但是任何这种使用除符合工商业诚实信用原则之外，倘若没有正当理由而从商标的显著性特征或声誉获得不正当的利益，或者对商标的显著性特征或声誉造成损害，则应被视为对该注册商标的侵权行为。

8.123 有心的读者可能会注意到，尽管第10（6）节中的词语和措辞都源自主要的欧洲商标法，但事实上《欧盟理事会指令89/104》和《欧盟理事会条例40/94》两部法令中均找不到相关的规定。对于英国的商标律师来说，它并非本土商标文化的一部分，因此是“欧洲式的”，但是在直接实施了欧洲法的任意条款这一意义上说，它又不是“欧洲式的”。第10（6）节第1款正如Hugh Laddie爵士所言是“土生土长的”，而它的限制性条款的第一部分则来源于《巴黎公约》[142]，后者转而影响了《欧盟理事会指令89/104》的措辞。[143]

8.124 下文将探讨《1994年商标法》第10（6）节在不同事实情况下的适用：

(b) 英国案例法

8.125 Barclays诉Advanta案。[144] Advanta公司发放了20万本小册子，对其ADVANTA品牌的Visa信用卡进行广告宣传。该手册包含了不同Visa信用卡利率的对比表格，而Barclays公司的主要品牌BARCLAYCARD被列入其中，看上去昂贵而无吸引力。Barclays公司依据《欧盟理事会指令89/104》第5（1）条（相同商标和相同服务）起诉侵权，称Advanta公司的比较具有误导性，因此构成不诚实的欺诈行为。这一比较被诉称具有误导性的原因在于它并未使消费者意识到BARCLAYCARD牌的信用卡服务提供了其他许多优惠的事实，而ADVANTA牌信用卡并未提供。原告同时还寻求禁令救济。Advanta公司否认侵权，称其对BARCLAYCARD商标的使用全然是“出于识别权利人商品或服务

[142] 《巴黎公约》第10条之二。

[143] 见第6（1）条。

[144] Barclays Bank plc v RBS Advanta [1998] RPC 307；[1997] ETMR 199（高等法院）。

的目的”，称其完全依照“工商业的诚实信用原则”行事。[145]

高等法院以Barclays公司未能确立商标侵权的可诉案件为由拒绝签发禁令：原告承担证明被告在其他允许的比较中使用商标的行为具有“不诚实之欺诈性”的举证责任，但是Barclays公司无法基于具体事实证明“理性的公众成员”会认为ADVANTA广告具有欺诈性。尽管法律规制信贷广告，而且信贷广告界也存在行业自发认可的全国性《行为守则》，判定比较是否诚实信用的标准仍在于相关公众自身的合理期待，而不在于信贷公司认为公众保护的必要水平应该怎样。 8.126

《1994年商标法》第10（6）节但书规定的主要目的在于允许任何“诚实”的比较广告。比较的商品或服务并不相同的事实并不会使比较“不诚实”：如果这也构成不诚实，那么仅仅在相同的商品或服务之间的比较才被允许，而在比较广告中对他人商标的使用在实质上总是会被禁止。在本案中，并不能证明被告对原告商标的使用构成“不诚实”。 8.127

Emaco和Electrolux诉Dyson案。[146] 两家真空吸尘器的主要生产商分别以ELECTROLUX和DYSON品牌销售产品。它们之间展开了广告战，双方都在独立的测试后使用技术声明，称己方产品比对方产品性能更好。作为双方广告战的结果，双方互相以商标侵权和一种名为“恶意谎言”（有时被称做“商品诽谤”）的英国法特殊侵权行为起诉。[147] 法院驳回了双方有关恶意谎言的起诉，但受理了双方商标侵权的诉求。 8.128

法院首先认为作为比较之基础的测试是不当的，原因在于两案中的测试结果都是在非正常使用条件下获得的，这种使用旨在提升广告者产品相比于对手产品的优越性。在法院看来，一个理性的公众成员会自然地认为测试是在两产品的正常操作状态下所进行的，而本案中事实上所获得结果的大多数都并非如此。双方因此均构成不公平的比较广告。 8.129

Vodafone诉Orange案。[148] Vodafone公司是VODAFONE商标的所有人，以商标侵权为由起诉竞争者移动电话服务的供应商Orange公司，因为其广告声称：“Orange的用户每月能比VODAFONE的用户节省20英镑”。法院果断有力地处理了该案。《1994年商标法》第10（6）节允许比较广告，只要广告不因“欠缺诚信”而不受法律保护。基于该广告并非误导性的，并且也未能证明存在恶意， 8.130

[145] 《1994年商标法》第10（6）节。

[146] Emaco Ltd and Aktienbolaget Electrolux v Dyson Appliances Ltd［1999］ETMR 903（高等法院）。

[147] 对恶意谎言的简要论述，见Peter Birks主编，《英国私法》，2000，第1卷，第14.303～14.305段。

[148] Vodafone Group plc and another v Orange Personal Communications Services Ltd［1997］FSR 34（高等法院）。

因此关于商标侵权的主张不成立。

8.131 对恶意的提及可能看起来有些令人惊讶，因为恶意通常不是商标侵权诉讼胜诉的前提条件。Vodafone 公司，正如 Emaco 和 Electrolux 诉 Dyson 案中的当事方，也基于恶意的过错进行主张，因此法官对恶意的提及可以视为对该诉由的参考。

8.132 法官在分析法律的过程中，还注意到涉及商标时……不存在仅有一种含义的规则。倘若一项比较对于理性受众的相当大部分而言，在客观上是具重大误导性的，则不属于本节下的诚信行为。[149]

8.133 强调这点是很重要的。一项在广告中的对比可能具有一种以上的含义，取决于其受众的理解。为了使一项以商标侵权为由的诉讼胜诉，只需要相关消费者从广告中合理推断出的其中一项含义是不诚实的即可。

8.134 British Airways 诉 Ryanair 案。[150]英国航空公司享有用于航空旅行服务上的商标 BA。Ryanair，一家廉航公司，以最吸引人的形式为其价格做广告，并与英国航空公司的价格进行了有利于自身的对比。英国航空公司以商标侵权起诉。这起案例基于的事实是该对比如果发布，是极为误导性的。首先，该对比并没有告知公众航空公司各自价格所对应的条件是不同的。其次，英航的航线都是抵达市中心或附近的机场，而 Ryanair 的航线所到达的机场都是在距离城市很多公里之外的机场。倘若考虑到出租车费用和其他因素，Ryanair 市际之间的飞行绝对不会看起来跟广告价格一样便宜。

8.135 法院以苛刻的言辞驳回了英航的诉讼。法院认为，所谓的欺骗，即告知公众英航的飞机票价格平均比 Ryanair 价格贵 5 倍，而实际上，它们仅仅比 Ryanair 价格贵 3 倍。就 Ryanair 价格误导的程度而言，它们并非实质上误导的，因为该广告试图做出的结论，即坐英航的航班比坐 Ryanair 的航班要贵得多，仍是一样的。

(c) 其他欧洲判例法

8.136 Compare! 案。[151] 被告，流行配饰的经销商，发布广告以合理价格卖出高品质流行配饰，并邀请消费者对比其商品与其列明商标的竞争者产品目录中产品的价格。德国民事最高法院肯定了原则上价格对比在《欧盟理事会指令 84/450》之前是可接受的，使用竞争者的商标是合法的，因为广告人未从与商标有关的任何声望中获取任何利益。

[149] Vodafone Group plc and another v Orange Personal Communications Services Ltd [1997]，第 39 页。

[150] British Airway plc v Ryanair Ltd [2001] ETMR 235.

[151] Compare! (1999) GRUR Inc 453（德国联邦法院）。

Teknek Electronics 诉 KSM 案。[152] Teknek，一家制造电路板清洁工具的公司，持有 TEKNEK 商标。KSM，一家经销 Teknek 公司和其他制造商所生产的电路板清洁设备的公司，也开始销售其自身设备。因此它向 Teknek 约 20 个经销商发送了一份业务新闻邮件以及价格单。该价格单比较了 TEKNEK 产品和 KSM 产品的价格，列明了每个相应部件的型号。Teknek 获得了部分临时救济措施去阻止 KSM 在价格比较时使用 TEKNEK 商标。KSM 则申请取消该禁令但未果。 8.137

KSM 主张本案甚至不存在表面上的商标侵权情况，因为使用 TEKNEK 商标的唯一目的是在类似产品之间进行价格对比。业务新闻邮件以及价格单的收件人是 Teknek 自身的经销商，完全清楚 Teknek 和 KSM 是竞争对手，不销售对方的商品。因此，不存在混淆的风险。Teknek 认为，由于 KSM 没有作为制造商的独立声誉，收到业务新闻邮件以及价格的经销商会认为它是在 KSM 商标下销售 TEKNEK 商品（正如 TEKNEK 商品的一丹麦经销商错误理解的那样）。 8.138

法院略微变更了禁令，但没有撤销。价格单导致接收人假定 TEKNEK 商品在 KSM 商标下销售的推定构成了侵权中“可审理的事项”，将根据在全面审理中提交的证据来决定。同时，便利衡量也可以通过要求 KSM 在实际上不提及 TEKNEK 商标的前提下进行对比来实现。因为，它主要涉及当事方在审理过程中各自的立场，法院除了适用，并没有过多考虑第 10（6）节的含义，也许某种意义上这种考虑也是无用的：在商标上获得不公平优势，或对商标特性有害的行为，似乎指的是侵权嫌疑人的行为，而不是商品的来源。[153] 8.139

Sabena 诉 Ryanair 案。[154] Ryanair 通过口号攻击 Sabena 高价的机票：（1）“欢迎 Ryanair 及其最低价。告别 Sabena 以及极端昂贵的飞行”；（2）[在其广告中展示布鲁塞尔尿童雕像] “对 Sabena 的高价烦透了？（英文为 piss off，piss 原意为撒尿，和广告中的尿童暗合。——译者注）低价已经在比利时着陆”。广告没有包含使得消费者可以判断 Ryanair 话语正确性的各自航空公司的价格及服务的数据。法院判定该广告是误导的、冒犯的，并损害了 Sabena 的声誉。 8.140

(7) 比较广告在欧洲的情况：主要原则的尝试性总结

我们可以尝试从上文所析案例中总结出如下标题所示的几项原则。 8.141

[152] Teknek Electronics Ltd v KSM International Ltd [1998] ETMR 522（苏格兰高等民事法院，Penrose 大法官）。

[153] Teknek Electronics Ltd v KSM International Ltd [1998] ETMR 522（苏格兰高等民事法院，Penrose 大法官），见 532 页。

[154] Sabena v Ryanair，2001 年 7 月 10 日（布鲁塞尔商事法院）。

(a) 在多大程度上可以接受使用他人的商标

8.142 比照的商品或服务并非相同的事实并不会导致对比是不诚实的结论：如果会的话，则比较只能在相同商品或服务之间进行了，并且在比较广告中使用他人的商标实际上通常都会被禁止（Barclays Bank plc 诉 RBS Advanta 案）。

8.143 为侮辱或中伤商标所有人的目的的使用并非禁止的，只要在双方当事人商品或服务之间的比较是诚实的，因为符合诚信原则的中伤是允许的（英航诉 Ryanair 案）。

8.144 使用人不会从商标所具有的声望中获得好处的商标使用在法律上是允许的（Compare！案）。

8.145 如果相关消费者知道，或很可能知道，对比的双方当事方的商品或服务列出了详细的可能会发生变化的合同条件，比较没有对此进行暗示的事实并不会导致对商标所有人商标的使用变得不诚实（Barclays Bank plc 诉 Advanta 案，英航诉 Ryanair 案）。

8.146 仅仅是在广告中省略了竞争者商标可能是误导性的（Pippig 诉 Hartlauer 案）。

(b) 广告人行为应根据什么标准判断?

8.147 一项本可以是公平的广告并不会因比较价格之间差距的大小或比较的数目而变成不公平毁谤（Pippig 诉 Hartlauer 案）。

8.148 如果一项广告只用了模糊的词语如“非同寻常的昂贵”或“高价”，但未给予任何支持数据，则该广告中的比较无法使消费者客观判断（Sabena 案）。

8.149 尽管在特定商业领域的广告可能为法律所约束，并且对该广告可能会有自愿遵守的全国通用的商业惯例，比较的诚实标准须根据相关公众合理的期待来进行判断，而不是相竞争的公司认为必要的公众保护水平（Barclays Bank plc 诉 RBS Advanta 案）。

(c) 应由谁来决定“诚实”?

8.150 商标所有人必须客观地证明“理性的受众”认为比较是不诚实的事实（Barclays Bank plc 诉 RBS Advanta 案）。

(d) 举证责任

8.151 商标所有人应承担举证责任证明对其商标未经授权的使用在一本可以允许的比较中是不“诚实”的，而使用人无须证明其使用是诚实的（Barclays Bank plc 诉 RBS Advanta 案）。

8.152 当广告客观上具有不止一种的含义时，商标所有人只需要证明其中一种含义是不“诚实”的便能胜诉（Vodafone 诉 Orange 案）。

(e) 不诚实必须是重大的

如果比较的实质内容是真实的，但广告所表现的数据是虚假的，这并不会导致广告不诚实（英航诉 Ryanair 案）。 8.153

在与他人进行价格比较时，倘若广告“实质上”是虚假的，即便所涉的金额相对较小（DSG 诉 Comet Group plc 案）[155]，也是不诚实的，但若不是“实质上”虚假的，则不构成不诚实（英航诉 Ryanair 案）。 8.154

对自己商标“吹嘘”所做的声明，似乎使自己的商品或服务看起来比竞争者的商品或服务更重要，不视为默示的中伤竞争者商标（Jupiter 诉 Johnson Fry 案）。[156] 8.155

(f) 评估损害的数额

比较广告的最终意义，若要产生任何好处，则是它会以被引用商标的竞争者市场份额的减少为代价而增加广告人的市场份额。不管广告是诚实的还是不诚实的，都是如此。因此，不诚实广告导致的损害的计算是诚实比较导致的损害与不诚实比较导致的损害之间的区别，损失的数额可能难以计算，法院通常不愿意下令对损害进行调查（适用 Emaco 和 Electrolux 诉 Dyson 案）。 8.156

(g) 发布禁令

假如比较是诚实的，则可以在存在混淆可能性的争议中授予禁令的救济措施。比方说，存在误导比较广告的受众的风险，认为广告人在自己的商标下销售所比较商标的商品（Teknek 诉 KSM 案）。 8.157

(8) 比较广告：有原则也有例外

有兴趣知道该规则是如何运行的人或许会希望了解下列以英国法为基础提出的命题。 8.158

原则。法律允许在未获得授权的情形下，使用其他企业的标记以及其他智力创造。[157] 8.159

原则中的例外。法律禁止使用属于其他企业的标记，倘若该标记是注册商标并且对该标记未经授权的使用属于侵权行为范畴。[158] 8.160

原则中例外的例外。只要是为了提及商标所有人商品或服务的目的而使用， 8.161

---

[155] DSG Retail Ltd (t/a Currys) v Comet Group plc [2002] FSR 899（恶意谎言的案例）。

[156] Jupiter Unit Trust Managers Ltd v Johnson Fry Asset Managers plc，2000 年 4 月 19 日（高等法院）（有关恶意谎言的未公开决定）。

[157] Hodgkinson Corby Ltd and another v Wards Mobility Services Ltd [1995] FSR 169（高等法院）。

[158] 《欧盟理事会指令 89/104》第 5 条，《1994 年商标法》（英国）第 10（1）～（3）节。

法律允许本可能构成侵权行为的在销售中对他人商标的未经授权使用，即便该商标是注册商标，并且该未经授权使用属于侵权行为范畴。[159]

8.162 原则中例外的例外的例外。法律禁止在市场销售中对他人商标未经授权的使用，尽管对商标的使用是为了指明商品或服务所有人的目的，只要该指明使其享有不公平的优势或对所有人商标的显著性特征及名誉是有害的。[160]

8.163 原则中例外的例外的例外的例外。法律允许在市场销售中对他人商标未经授权的使用，尽管商标使用是为了指明商品或服务所有人的目的，即便该指明使其享有不公平的优势或对所有人商标的显著性特征及名誉是有害的，只要该使用“符合工商业的诚信原则”[161]。

8.164 读者可以从上述奇怪的架构中得出他们想要的结论。

(9) 比较广告：需要提及的一些有趣问题

8.165 在比较广告中使用他人商标的法律效力方面，认为欧洲还没有统一的规定，这样的观点是不恰当的，但我认为，对下列问题尚无清晰和肯定的答案。

(a) 第三方对一项注册商标的未经授权的使用构成避免商标撤销的使用吗?

8.166 如果 BIPPO 商标的所有人连续 5 年未使用其商标，未授权使用人可以所有人未使用或商标被撤销作为抗辩。[162] 但，如果在该期间内，竞争者若发布广告“POPPO 每千克的卡路里比 BIPPO 少，胆固醇也只有其一半”会怎样? POPPO 未经授权的使用是否会对 BIPPO 是有利的?《指令》很有可能会给予肯定的答复(“撤销指……未被真实使用”[163]，但没有说由谁使用)，但《条例》可能给出否定的答案(“只要……商标所有人未对……商标进行真实的使用”[164])。

(b) 第三方对未注册商标的未经授权使用可作为通过使用获取显著性的使用形式吗?

8.167 让我们假设 Easycredit Banking 公司(简称为 EBC)因 EASY CREDIT 被认为不具有显著性，未能注册该虚拟的商标。EBC 必须试图说服授予机关该商标已经通过使用获得了显著性。这种使用必须为 EBC 自己做出的吗? 还是说竞争者在诸如“SUPERLOAN 提供比 EASYCREDIT 利率低半个百分点的贷款业务”

---

[159] 《欧盟理事会指令 89/104》第 6 (1) 条，《1994 年商标法》第 10 (6) 节、第 11 (2) 节。

[160] 《欧盟理事会指令 89/104》第 5 (5) 条，《1994 年商标法》第 10 (6) 节的但书部分。

[161] 《1994 年商标法》第 10 (6) 节的但书部分。

[162] 见第 13 章。

[163] 《欧盟理事会指令 89/104》第 12 (1) 条。

[164] 《欧盟理事会条例 40/94》第 15 (1) 条。

的比较广告中的商标使用，也可以作为 EBC 获取注册的使用呢？《指令》[165] 和《条例》[166] 都认为 Superloan 的负面使用会对 EBC 有利，而无论该负面使用仅证明了 EASYCREDIT 有显著性还是提高了其显著性。无论哪种情况，逻辑上 Superloan 的负面使用都满足，因为倘若公众根本不能认出 EASYCREDIT 作为 EBC 信用服务的标志，Superloan 对比其自身与 EASYCREDIT 的利率的意义何在呢？

(c) 比较广告中使用的商标不同于注册的商标情况下的侵权

一个广告人可以试图通过在其广告中加入与其比较商标的注册名称不同的名称来降低被商标所有人起诉的威胁。这样做，他可以（1）增加商标所有人主张他造成混淆可能性的举证责任（比方说，当 MARKS&SPENCER 是零售连锁店的商标时，声称"我们的价格比 SHARKS&SPENSIVE 便宜 10%"），并且（2）提出是否根本就不存在"商标使用"的问题（例如，当注册商标是用于香水上的 OBSESSION 时，声称"当你可以享受 Calvin Klein 最知名商品之一的香气，却只要支付其价格的零头时，不要过于痴迷你选择的香水"）。倘若在两起案例中广告人很明确地表明其商品或服务不是商标所有人的商品或服务，证明混淆的可能性根据商标法的举证责任可能是无法完成的，商标所有人只能以不公平竞争、假冒、恶意欺诈或其他可以使用的诉由来起诉。 8.168

(d) 法院如何对待涉及"新型"商标的比较广告？

大多数传统的比较广告涉及的商标不需要消费者大众展开丰富的联想。直接提及商标的名称，BIPPO 与 POPPO 对比，EASYCREDIT 与 SUPERLOAN 对比，这种比较是显而易见的。但在新型商标时代，会怎样呢？商标特定的性质赋予了它们被微妙地暗示的潜力。试想一下以下情形： 8.169

(i) Orange 电讯公司拥有文字 ORANGE 商标外，还对橙色注册了商标。竞争者发布的广告描绘了其迷人的用户将一只橙子踩在脚下。

(ii) 该竞争者的广告中使用了比 Orange 电讯公司注册的橙色要深的几种颜色，并附以文字"我们的有些竞争对手最近好像有点脸色不好，难怪它们的费用如此的昂贵"。

(iii) Nike 的口号"Just Do It"（只要去做）被认为传达了参与健康、休闲运动以及以锻炼为主的生活模式的信息。其竞争者试图传达成就、成功的社会导向，而不只是重在参与。在其广告中，描绘了一项成功的运动或一个名人，并附

[165] 《欧盟理事会指令 89/104》第 3（3）条。

[166] 《欧盟理事会条例 40/94》第 7（3）条。

以口号“不要仅仅去做”。

8.170 只有那些给了事实数据使消费者得以运用其才智合乎逻辑地进行购买选择的比较广告才是“真正”的比较广告。但今天，很多商标，与其竞争者一道，成为激情或生活模式的代名词。消费者如何看待 BENETTON 和 TOMMY HILFIGER 哪个更时尚？风格同购买价格、质量或材质一样都是一种商品。在这个意义上，一则广告描述了两个很酷的人穿着 BENETTON 的服装，冷漠地走过一群穿着 TOMMY HILFIGERS 的流浪汉身边，正表达了“我们的衣服更能满足市场对款式的需求”的方式。是这样么？

(e) 由于代言转换而产生的比较广告

8.171 如果一个著名并具有影响力的人士与一高认可度的品牌建立了代言关系，则任何律师只要意识到该名人可能之后代言其竞争者商品，都会确保合同条款能防止这种情况的出现。如果没有做到这点，试想一下这种情况，一个之前认可甲咖啡的名人在电视黄金时间出现并佯装真诚地声称：“我过去饮用其他咖啡（并未指明），但我现在喝乙咖啡，我觉得好多了。它的味道很好，而且我的医生告诉我它的咖啡因含量也较少。”公众会记住该名人之前对甲咖啡的认可，并且在竞争产品之间形成理念上的联系，尽管乙咖啡的广告并没有指明之前饮用的是哪种咖啡。

(10) 比较广告在美国的情况

8.172 言论自由在美国的宪法保护并没有使得商标所有人在对待他们的竞争者时软弱无力。因为即便比较广告是允许的，《兰哈姆法》[167] 第 43 (a) 节也规定了：任何人 (B) 在商业广告中或推广中，对他的或她的或其他人商品或商事行为的性质、特征、质量或地理来源进行不实陈述，该行为人应对任何相信他或她有可能被该行为损害的人提起的民事诉讼承担责任。

8.173 这里“商业广告或推广”的意思是什么？为了使陈述构成“商业广告或推广”……其必须是 (a) 商业言论；(b) 由与原告形成商业竞争的被告做出；(c) 为了影响消费者购买被告商品或服务的目的做出，但陈述不需要在“传统的广告活动”中做出，可以包括更非正式形式的“推广”；(d) 必须向相关购买公众充分传播，构成该行业内的“广告”或“推广”[168]。

8.174 在适用这条规定时，不需要考虑仅仅是自夸性的观点陈述（例如，“更好的

[167] 15 USC，s1125 (a) (1) (B).

[168] Procter & Gamble Company and another v Randy L Haugen and others，2000 年 8 月 23 日（美国第十巡回法庭），引用了 Porous Media Corp v Pall Corp 173 F 3d 1109，1120-1（第八巡回法庭，1999 年）。

配料，更好的比萨”[169]）。但是，明确含有事实内容的虚假陈述显然是可诉的。在一起著名的案件中，Clorox 的电视广告描绘了下列情形：将 Clorox 公司的 GLAD-LOCK 袋子与其竞争者 ZIPLOC SLIDE-LOC 可重复密封的储藏袋摆在一块，两种袋子都在广告中指明了商标。两种袋子都盛满水各装了一条会说话的动画金鱼。当袋子反过来时，SLIDE-LOC 袋子漏水漏得很快，而 GLAD-LOCK 袋子根本不漏水。SLIDE-LOC 金鱼，显然很沮丧，说道："我的 ZIPLOC 封口滑块在滴水！"[170]

除了上文引用的法规，规范不法淡化、玷污以及模糊他人商标的成文法制度，对为了做比较而使用他人商标的广告者同样适用。例如，在比较广告中对原告"鹿"商标的变相使用因可能违反商标反淡化法律而被判处临时禁令。[171]（该制度将在第 12 章中阐述。） 8.175

如果比较过程中对他人商标的使用具有使消费者混淆的效果，该使用会与其他导致竞争者之间商标混淆的非对比行为一视同仁。[172] 8.176

G. 同意的效果

一类关键的行为是那些被纳入"侵权"并为法律禁止的，但为行使商标权利的人所允许的，经其同意后做的行为。确保自己不会侵犯他人商标最好的方式是从所有人或有权授予许可的人处获得使用许可。一旦一项使用被授权，被授权人在授权范围内的行为无论是商标所有人还是第三方，如独家被许可方，均不能以商标侵权为由起诉。[173] 8.177

如果被许可方超越许可协议的条件，许可方既可以商标侵权也可以违约为由起诉他。这也是被许可方会预料到的宿命，比方说，商标所有人授权他制造 10 万顶品牌棒球帽，但实际上他制造了 15 万顶帽子，向许可方交付了许诺的 10 万顶后，自己保留了剩余的，并通过非正式渠道处理。倘若商标所有人外包贴其商标商品的生产，并难以监控生产，制造商这种超出限度的行为是很常见的。5 万 8.178

[169] Pizza Hut Inc v Papa John's International Inc 27F 3d 489（第五巡回法庭，2000 年）。

[170] Johnson（SC）& Son Inc v The Clorox company241F3 的 232（第二巡回法庭，2001 年）。

[171] Deere & Company v MTD Products Inc 41 F 3d 39（第二巡回法庭，1994 年）。原告商标中的鹿的变形动画跳出来发出"颤噪噪声"。

[172] 见 Norton Co v Newage Industries 204 USPQ 382（EDPA 1979）；Plylycoat Corp v Environmental Chemicals Inc 509F Sup 36（SDNY 1980）。

[173] Northern & Shell plc v Conde Nast and National Magazines Distributors Limited and another [1995] RPC 117（高等法院）。

顶超出限额的帽子与许可方订购的 10 万顶帽子是相同的，这种情况通常是很难甚至是不可能察觉的。许可方应该意识到，当被许可方能以极具竞争力的价格销售那些外包品牌商品时，起码存在着超出限度生产的可能性。（商标的许可的进一步分析见第 16 章。）

H. 结语

8.179 当近年侵权行为的范围扩大后，由于欧洲的立法发展以及几乎在全球都适用的 TRIPs 的实施，侵权行为的抗辩范围也扩大了。

8.180 本章竭力列举了大量法院以及成文法视为并未侵权的行为，也是目前导致商标所有人及其许可方愤怒的所有行为。但就长远来说，这些行为中绝大多数，单个而言，并不会对未被侵权商标的价值或者合法性产生明显的冲击。

8.181 对商标侵权的最重要的抗辩影响着商标所有人将商品投放到因注册而获得垄断地位的市场上的权利，这一抗辩将在下一章另行论述。

第 9 章

商标权穷竭

A. 导言

小乔尼买东西：噩梦般的经历

小乔尼手中攥着他的零用钱，看着琳琅满目的货架。今天是发零用钱的日子。他仔细看着摆放着一袋袋糖果和整齐码着巧克力的柜台，眉头紧皱。这个星期买什么呢，他犹豫着，是 SNICKERS（士力架——译者注）还是 MARS（玛氏巧克力——译者注）？乔尼在街上和学校操场上挣扎了很久，仍未能作决定。他需要力量和果断。这个星期，他会买一条 MARS 巧克力么？

“请给我一条 MARS。”乔尼说，指着令自己愉悦的巧克力。他将硬币递给帕特尔先生。在他的脑海中，他已经拨开了巧克力的包装纸，他那刷得很干净的牙齿已经咬向了巧克力，用灵活的舌头吮吸着缓慢流出的糖浆。帕特尔先生从最高的货架上拿下一条 MARS 巧克力，用手掌掂量着，递给他这位经常光顾的小客户。

“住手！你在做什么?”

乔尼和这位朴实的商人愣住了。这是一条严厉的命令，嗓音低沉但暗示着无上的权威。说这话的人裹着一条长长的黑色披风。乔尼不确定这个人是否是警察，但看起来像个官员。

“我正在买一块MARS巧克力棒，先生，我没做错什么。”乔尼的父母告诫过乔尼如何应对危机。有礼貌，讲实话。

“孩子，你没做错什么。但是你……”他向可怜的店主举起MARS巧克力棒非难，店主将双手举在脑后，面无表情地站着。

“我做错什么了?”疑惑的帕特尔询问道。

“你又在卖MARS，这就是你做错的，你知道，你不能四处卖MARS巧克力，这是违法的。”

“可是我卖了很多年，每个人都是这样卖的。你在所有商店中都会看到。哪有法律禁止卖MARS巧克力。”帕特尔非常愤怒，但与一个用MARS巧克力指着其脑袋的男人争辩是不容易的。任何事情都有可能发生。

“难道你是律师么?”这个不受欢迎的入侵者问道，“让我告诉你。”他停顿了一下，傲慢地看向了可怜的小乔尼，乔尼已经开始后悔他诚实的告白。“Mars公司拥有MARS商标，这意味着只有Mars公司才能卖贴着MARS商标的巧克力。”

帕特尔茫然地望着这个男人。他的商店招待过很多奇怪的顾客，但从来没有像这样的。

“让我再解释一下。这次我会慢慢地说，”男人说道，嗓音忽然变得柔和了一些。叹了口气，停顿了一下，然后解释道：“你知道MARS是什么吗?”

“当然知道了，”帕特尔快速回答，认为这个男人试图在他的尊贵的小客户面前愚弄他。“它是巧克力啊。”

“啊哈，错了，”男人胜利般地反驳。“才不是，巧克力，他认为是巧克力，不是么？它才不是巧克力，”他感叹着反复强调道，“它是……商标。你已经侵犯它了，不是么？Mars公司拥有MARS商标注册于巧克力上，这意味着它是唯一有权销售MARS巧克力的公司。你知道，他们享有排他的垄断权（Monopoly)。”

现在轮到帕特尔皱眉头了。Monopoly（国内称为大富翁的一种游戏——译者注）是他侄子最喜欢的游戏，他们的家庭成员有时会在节假日一起玩。但是MARS巧克力与Advance（一种游戏——译者注）到Mayfair（一个桌面游戏公司——译者注）乃至老肯特路上的街头修理（游戏中的场景——译者注）有何关系？

“但是我是从批发商那里买来的，所以我可以在店里再卖它。我可不想都吃了它们”，他惊叫道，“或扔掉它们。”

“你不需要都吃掉它们，”不受欢迎的质疑者说道。

“那我能怎么办？”

“你可以卖了它们。”

“但你刚刚说我不能卖掉它们，只有 Mars 公司才能贴着 MARS 商标卖它们。”

“是的，你可以卖 MARS 巧克力，但你不能卖贴着 MARS 商标的巧克力，因为那是商标，只有 Mars 公司才可以这样做。”

“你的意思是我必须将所有的包装纸去掉？”

“正是。”

“但谁会买没有包装纸的 MARS 巧克力？”

“如果你不想这样做，你可以申请 MARS 巧克力的销售许可。”这个健谈的裹着披风的人将一张貌似官方文件的纸放到他面前。“在这里签名！”

噩梦般的场景：会在这里发生吗？

9.01 上述场景是纯粹虚构的。尽管商标法确实将绝对（即便有限）的垄断权[①]授予了商标所有人，允许他自己销售贴附商标的商品，该垄断也仅仅延及贴有商标的商品首次销售的场合。这种情况发生在商标所有人自己售出商品时，例如，像前面发生的，当 Mars 公司将 MARS 巧克力棒卖给零售商的时候。在贴附着商标的商品经其同意售出时情况也是一样。比如，实际上并不亲自包装和销售其须后用品的 Tommy Hilfiger（美国休闲服饰领导品牌之一——译者注）许可 Unilver（联合利华公司——译者注）在经其同意的情况下生产和销售 TOMMY HILFIGER 产品。

9.02 贴附商标的商品被合法售出的事实并不意味着商标所有人无权获得商标保护。他只不过不能利用商标权去阻止商品的销售。这种情况的好处是人们可以天天购买和销售二手商品，无须面临商标侵权法律诉讼的危险。这种好处通过两个法律机制而产生。一是通过“默示协约同意”原则；二是通过“权利穷竭”原则。下文将阐述这两个原则。二者之间的主要区别在于默示协约同意是

① 该垄断是有限的，因为：(1) 它通常不延及注册的商品或服务之外的商品和服务或类似的商品和服务，以及 (2) 法律列举了大量的第三方未经许可的商标使用不构成侵权的情况。

英国式的[②]、过时的[③]，仅仅在少数场合下能很好地适用，而穷竭原则是大陆法式的[④]、通行的[⑤]，在绝大多数情形下都能很好地适用。

（1）默示的协约同意

默示协约同意的概念比较简明。当批发商从 Mars 公司购买一批成百上千的 MARS 巧克力棒时，Mars 公司和批发商显然会预料到公众将会从诸如商店、加油站、自动售货机之类的零售点买到 MARS 巧克力棒，而不是在工厂门口排队购物。事实上，Mars 公司直接向公众进行产品广告宣传，而大多数人根本不会和 Mars 公司产生任何合同上的联系。批发商也显然盼望将产品卖给零售商。于是当批发商将 MARS 巧克力棒卖给零售商时，Mars 公司不能再抱怨其侵犯了生产商将巧克力棒做为 MARS 商品销售的专有权：这恰恰是双方之间交易达成的内在基础。 9.03

当零售商试图将 MARS 巧克力棒卖给个人（或者如一些律师更喜欢称做的“终端消费者”）时，情况就稍微不同了。如果 Mars 公司向零售商抱怨说其篡夺了该公司销售贴附 MARS 商标巧克力棒的专有权，零售商不能辩称它和 Mars 公司的合同暗含着它可以销售的同意，因为它并没有直接和 Mars 公司签订合同——它实际上是和批发商签订合同。零售商可以说存在着默示的同意，但却不能说那是默示的协约同意；根据经典的合同理论，这一说辞不利于零售商，因为作为合同的非当事方，它不能主张合同当事方享有的默示利益。[⑥] 9.04

默示合同如何适用于小乔尼和帕特尔先生的情形？Mars 公司向批发商销售 MARS 巧克力棒商品的销售合同，包含着一个批发商随后把巧克力棒售于他人的默示许可。当帕特尔先生购买 MARS 巧克力棒并卖给乔尼时，他和 Mars 公司之间实际上并没有合同关系。因此，Mars 公司并没有给予允许帕特尔先生把 MARS 巧克力棒卖给乔尼的协议同意。 9.05

理论上来说，为了克服这一困难，可以在帕特尔先生和 Mars 公司之间构建一个默示合同。尽管 Mars 公司从没见到过帕特尔先生，也没有与他发生任何直 9.06

② “除非能证明……已向购买物品的当事人说明，我理解为……在购买者满意的地方，他在转让商品时一同转让必要的使用许可。当一个人购买了他试图控制的商品时，必须有相反的明确及明示的协议证明小贩所说的他未授权购买者去销售该商品这一说法是正确的……”（Betts v Wilmott（1871）LR 6 Ch App 239，245 根据 Hatherley 大法官的意见）。

③ 该原则被《欧盟理事会指令 89/104》第 7 条所包含的欧洲经济区的穷竭原则的执行默示地取代。

④ 见 Friedrich-Karl Beier，《商标法的地域性及国际贸易》（1970）1 IIC 48；德国穷竭原则的判例法可以追溯到 19 世纪。

⑤ 穷竭原则目前被多数国家明确作为规范，并且在其他国家默示作为规范。

⑥ 这个立场自此在英国被《1999 年合同法（第三方权利）》所修正，该法授予第三方可执行的权利，除非该权利被合同当事方所明确排除。

接的交易关系，我们也仍可以说双方都是合同的当事方。每一方都对另一方有益：帕特尔先生采取了对 Mars 公司有益的举动（即销售 MARS 巧克力棒，这会使公司获得市场份额，并相应地通过销售更多商品赚取利润），反过来 Mars 公司也做出了对帕特尔先生有益的默示保证，不会起诉他商标侵权。在实践中，这种合同的暗示可能被认为是伪造和精心设计的。

(2) 权利穷竭

9.07 “权利穷竭”（或者美国的“首次销售”）与默示协约的含义的差异相当大。简而言之，对权利穷竭原则可以进行如下阐释。人们都承认 MARS 商标的所有人有销售贴附“MARS”商标巧克力棒的专有权，该专有权将在 MARS 商标注册的期间内持续存在。但是商标不会在“稀薄的空气”中存在：仅仅当你在产品上贴上商标时，例如贴在每一块 MARS 巧克力的包装上，它们才真正存在。对从 Mars 公司生产厂的传输带下来的每一块巧克力棒来说，Mars 公司自己都有权将之命名为“MARS 巧克力棒”，并将“MARS”字样印在产品包装上再行销售。然而，一旦 MARS 巧克力棒被 Mars 公司或者经其同意售予他人（例如，Mars 公司授权另一公司以其名义生产和销售贴附同一商标的巧克力棒），Mars 公司或者该相关公司在特定商品上行使商标权的能力将会“穷竭”，此后的所有人可以自行销售而无须担心存在侵犯 Mars 公司销售 MARS 巧克力棒之专用权的风险。⑦

9.08 让我们回到小乔尼和帕特尔先生的故事中，便会发现穷竭原则适用的精妙之处。Mars 公司有销售贴附 MARS 商标巧克力棒的法定垄断权。乔尼所选择的 MARS 巧克力棒的商标权在 Mars 公司售给批发商时已经穷竭，后者转而售给帕特尔先生。结果是 Mars 公司不会通过行使商标权去阻止帕特尔先生将巧克力卖给乔尼。

(3) 穷竭的三种类型

9.09 大多数国家都有本国的商标制度⑧，这意味着：（a）商标垄断的效力仅仅延及授予垄断的国家边境；（b）一种行为仅仅在国境之内实施时，或者虽在境外实施，但在境内产生效果时才构成对垄断权的侵犯。⑨ 一些国家，比如瑞士，在商

---

⑦ 关于此类合同，见 G H Treitel，《合同法》(1999)，第 540～541 页。

⑧ 显著的例外是比利时、卢森堡及荷兰决定执行比荷卢商标体系。

⑨ 见 Bonnier Media Ltd v Greg Lloyd Smith and Kestrel Trading Corporation [2002] ETMR 1050（苏格兰高等民事法院）。

标法的适用方面仍然与其他国家不同。有些国家则希望加入其他国家组成的贸易组织，如欧洲自由贸易联盟（EEA）或者安第斯条约组织，这对它们的商标法就会产生影响：在组织内一国实施的行为视为在该组织所有国家内实施的行为（例如，将 MARS 巧克力棒在雅典销售所产生的法律效果与在全部 EEA 成员国销售产生的效果相同，就好像同一 MARS 巧克力棒已经在里斯本或赫尔辛基被销售）。

一国与他国共存的方式会对其如何适用穷竭原则产生深刻的影响。这可以从穷竭的三种基本类型得以体现。这三种类型是：国内穷竭、区域穷竭和全球穷竭（或者国际穷竭）。 9.10

国内穷竭是指如果贴附了在斯特隆布利岛注册商标的商品被商标所有人或经其同意后在斯特隆布利岛销售，商标权人将不能再利用其商标权去阻止该批特定商品在斯特隆布利岛的继续销售。但是如果该商品在相邻的维苏威销售，商标所有人可以以商标侵权为由起诉将商品进口到斯特隆布利岛再行销售的任何人。 9.11

区域穷竭是指如果贴附商标的商品在一定区域内的任何国家被商标所有人或经其同意投入市场销售，商标权人将不能再禁止该商品在自己国家或者该区域内任何其他国家的再销售。但是倘若商品在该区域外的一国销售，商标所有人可以以商标侵权为由起诉将商品进口至该区域再行销售的任何人。欧洲自由贸易联盟就是这样的一个区域。一旦商品在欧洲自由贸易联盟内任何国家被合法投入市场，就可以在国与国之间安然流通而不必担心侵犯他人的商标权。另一个区域，虽非实际存在但也存在于法律理论中，是假定的区域穷竭，包括中国大陆、澳门、香港和台湾地区。[10] 9.12

全球穷竭是指如果贴附商标的商品被商标所有人或经其同意在一特定国家投入市场，商标所有人便不能阻止该商品在该国或者任何其他国家的继续销售。全球穷竭原则，在有一些限定条件的情况下[11]，在美国、加拿大和瑞士适用。 9.13

利用商标权穷竭原则而从一国向另一国进口商品的人被称做平行贸易商或平行进口商，原因在于他所销售或进口的商品与非进口商品以及由商标所有人控制货源进口的商品并行销售。平行贸易商销售的商品常常被称做灰市商品，其寓意的来源已经随着时间流逝而消失殆尽。[12] 因此，平行贸易商有时也被称做灰市贸易商。 9.14

---

⑩ 见 Xiodong Yuan，《中国商标平行进口调查》[2003] EIPR 224。

⑪ 因此倘若该商品的质量受损，或者进口以及本地商品的差别会损害商标的声誉，可能抵制合法销售的外国商品。见 Colgate-Palmolive Ltd and another v Markwell Finance Ltd and another [1988] RPC 283。

⑫ Naomi Gross，《商标穷竭：英国的视角》[2001] EIPR 224，225，认为“灰市商品”是新造的轻蔑的词语，指不作为黑市或冒牌商品的商品。

(4) 穷竭的道德层面

9.15 商标权穷竭是好事还是坏事？理论上回答这个问题并不容易，因为权利穷竭如同一把餐叉、一把发刷或一根牙签一样无所谓好坏：它所应用的环境赋予了它是好还是坏的性质。在本章引言的小乔尼故事中，穷竭很明显是好事：正是这一法律观念使得帕特尔先生可以销售 MARS 巧克力棒，尽管他不是注册的商标权人；这一经济理念还产生了降低消费者支付价格的压力。

9.16 但是一套不同的事实参数是否会使读者做出相反的回答？考虑下述情形：

(i) 牙膏的主要成分是白垩。因为白垩采掘费用低廉和运输不便的缘故，牙膏制造商在制造产品时一般使用当地的白垩。白垩的品质不一；巴西生产牙膏使用的白垩比英国制造相同产品的白垩质量要差。COLGATE（高露洁牙膏牙刷制造商——译者注）商标所有人在巴西和英国都生产牙膏。一批巴西产牙膏在未经商标所有人同意的情况下进口到英国并在市场上销售。对英国产 COLGATE 产品满意的消费者购买了进口的巴西产 COLGATE 牙膏，对其感到失望。他们可能不想再购买 COLGATE 牙膏了。⑬

(ii) 阿瑟从经销商处购买了已使用 6 年的二手 FORD FOCUS（福特福克斯，汽车品牌。——译者注）汽车。汽车的原装刹车垫、火花塞、电池、轮胎、齿轮箱和各种其他的原装零件都被通配的零部件替换过，车辆的修理者不是 Ford 的技师而是未受过训练的非专业人员。汽车不适合上路并发生车祸，给其他驾车人造成严重伤害。当地报纸引述阿瑟的话："这恰恰说明，你不能相信一辆 FORD FOCUS"。

(iii) Nike（耐克，运动品牌。——译者注）是在大多数国家鞋类商品上注册的 NIKE 商标的合法权利人，其将跑鞋生产业务外包给发展中国家的公司，后者的管理费用极其低廉。这些跑鞋以反映消费者青睐的价格随后投入美国市场，它们不见得不会被 Nike 授权在定价更高的国家销售。

9.17 第一种情形中，COLGATE 商标所有人将同一商标使用于两种不同质量的牙膏，其本意并不是欺骗消费者：它不过是屈从于一个市场现实：牙膏若要在生产的地域内以具有竞争力的价格出售，就必须使用当地的白垩。商标所有人已经承受了其商标信誉受损的代价，很难让人不对它产生同情。然而巴西产牙膏的进口商和销售商也同样屈从于套利交易的市场现实，承认通过从便宜的地方购得商品并在更贵的地方销售而赚取利润。以后知之明，我们会很轻易地发现只要商标

⑬ 见 Colgate- Palmolive Ltd and another v Markwell Finance Ltd and another [1988] RPC 283。

所有人以明显可见的方式使英国消费者能够区分不同等级的牙膏，问题就可以避免。但是，它并没有理由这样去做，因为诸如牙膏之类的普通产品通常对区域价格差异并不是那么敏感。

第二种情形中的权利穷竭问题更加隐蔽。通常的惯例是用一对商标表示汽车（品牌和子品牌，例如 FIAT PUNTO（菲亚特奔腾，汽车品牌。——译者注），RENAULT CLIO（雷诺克丽欧，汽车品牌。——译者注），NISSAN MACRO（“日产玛科罗”，但实际上中国国内并未上市该款汽车，该名称为音译。——译者注）），哪怕在它们以非出厂时的车况再出售也是如此。品牌和子品牌是诸如“由 FIAT 公司最初生产并以 FIAT PUNTO 名称销售的汽车”之类的简称。事实上，无论因为疏忽还是在不经意间，除了以商标称呼这类汽车之外没有其他更便捷的方式。但在阿瑟案中，非商标所有人未经授权也无法避免地出售汽车导致了损害的后果。 9.18

在第三个案件中我们不得不面对第三世界中经济条件低下的工人遭剥削这一感性问题。商标法在这一问题上是中立的。倘若 Nike 选择将跑鞋的生产外包给管理开销很高、工人受到国内法和欧盟法的有力保护的德国境内的工厂，依据商标法它的处境没什么不同。事实是 Nike 仍然可以利用其在不同国家的商标注册来维持其价格差异。倘若这种行为在欧盟内部或其成员国之间发生，欧盟就认为其是滥用垄断（当独自实施时），或者扭曲竞争（当与别人合作实施时[14]）；但如果在一成员国和其他国家之间发生，欧盟就将之视做商业生活的正常后果。这可看做是建立欧洲单一市场的实用举措，或者看做是当价格差异在“欧洲堡垒”[15]内或外发生时双重标准的采用。 9.19

倘若不是因为商标所有人可能希望在来自不同国家的质量不同但外观相同的商品上行使贴附相同商标权利的缘故，在流通中的商品实际上是真品的情况下，我们可以认为穷竭会给消费者和市场带来益处。需要指出的是，如果商标所有人在不同国家营销贴附着相同商标的、实际上质量不同但外观相同的商品，它需要自行处理这些商品后续流通产生的后果。通过赋予驰名商标以域外法权，法律[16]承认这些商标有值得保护的域外效力。作为一种享有该效力的交换条件，可能商标权利人需要准备接受自己通过混淆性地在不同质量的商品上使用相同商标而将驰名的商标声誉置于险地的后果。尽管用不同的商品满足不同地方的需要完全合法，使用同一商标是否一定是为满足差异性需要而开拓产品市场的最佳方式，这一问题值得商榷。 9.20

⑭ 见 Yves St Laurent Partfums SA v Javico International, Case C-306/96 [1998] ECR I-1983（欧洲法院），该案中一份阻止品牌商品再进口至欧洲经济区的协议被认定违反了《欧洲共同体条约》第81条。

⑮ 这个词语由美国人创造，意指一个周围好像有高墙围绕的单一市场，目的在于鼓励欧洲内部贸易并将非欧洲出口排除在外。

⑯ 《巴黎公约》（下文详述）第6条。

9.21 从上述对复杂和敏感问题的简短而有些琐碎的分析可知，商标权穷竭的道德因素并不是一个简单的问题，在分析这一问题时没有人能绝对占有正义。

B. 现代穷竭法的法律基础

(1) 国际法和穷竭

9.22 许多国际条约专门对商标法的实施做出了具体约定。这些条约包括 (i)《巴黎公约》[17]：该条约要求国家对商标施以法律保护，并尊重其他公约成员国申请人的权利；(ii)《马德里协议》[18] 和《马德里议定书》[19]：两条约建立了一套通过一次申请而在多个国家获得保护的体系；(iii)《1994 年商标法条约》：该条约试图打破与申请商标有关的繁文缛节。这些条约无一涉及穷竭问题，而是将是否在国内、区域或全球范围规定权利穷竭的问题交由各国自行解决。

9.23 此外的一个知识产权法条约，可能也是当今时代所有条约中最重要的，就是 1994 年《与贸易有关的知识产权协议》，通称 TRIPs。该协议是一系列与贸易有关协议的一部分。任何国家若想加入世界贸易组织（WTO）并和其他国家在平等、零关税和零壁垒的基础上进行贸易，都必须签署这一系列协议。TRIPs 要求所有签署国都必须履行国际认可的国内商标保护的最低可接受标准[20]，以及与商标有关的《巴黎公约》的生效条款。[21] TRIPs 甚至涉及一个重要但常常被忽略的关于商标的贸易法：为海关机构在边境扣押进口产品直至确定这些商品是真品还是假货而提供特殊措施。[22] 但是有这样一个有前途的名称（什么又能比商标权穷竭更加与贸易有关呢?）的现代条约仅仅在这一问题上说了下面一段话：

……本协议任何条款不得被用来解决知识产权的穷竭问题。[23]

9.24 这并不是因为穷竭被认为是不适合的或不相关的主题，而是因为在 TRIPs 协议谈判阶段[24]所涉及的所有国家不能达成任何可接受，或者至少是不反对的协议。

---

⑰ 《巴黎公约》(1883)，1979 年修订。

⑱ 《商标国际注册马德里协定》(1891)，1979 年修订。

⑲ 1989 年《商标国际注册马德里协定有关议定书》。

⑳ 《与贸易有关的知识产权协议》第 2 节，第 15～21 条。

㉑ 同上，第 2 条。

㉒ 同上，第 4 节，第 51～60 条。

㉓ 同上，第 6 条。

㉔ 对 TRIPs 第 6 条形成的谈判的简要回顾，见 Daniel Gervais，《TRIPs 协议：起草历史及分析》(1998)，第 2.39～2.41 段。

(2) 欧洲模式：平衡竞争利益

1988年，欧共体理事会在其协调指令[25]中提出旨在其15个欧盟成员国之间建立国内商标法律制度基础的一系列法律，对于所有成员国来说，其中，一些法律规定是选择性规则，但是关于权利穷竭的规定是强制性规则。 9.25

欧盟处理权利穷竭的首选方案见于《欧盟理事会指令89/104》第7条： 9.26

> 商标所赋予权利的穷竭
>
> 1. 商标不应赋予其所有人禁止由其或经其同意以相关商标的名义在欧洲经济区范围内投入市场的商品上使用相关商标的权利。
>
> 2. 倘若所有人有合法理由反对商品进一步流通，尤其是在投放市场后商品情况发生改变或损坏的情形下，上述第一款不适用。

上述规定同时被纳入了《欧盟理事会条例》[26]，预计截至2004年年底，将有新加入欧盟的10个成员国适用这些规定；土耳其也已经实施了效力相当的法律。这使得欧盟关于穷竭问题的立法方案成为世界上最广泛使用的立法模式（见图9.1）。 9.27

上述方案仅解决了部分问题，即，它提供了解决商标权是否已经在任何特定商品上穷竭这一问题的大体架构，但是仍有一系列问题留待法院解决。下文列出这些问题并分别进行阐述： 9.28

(i) 第7(1)条中的“同意”的含义是什么？这个问题远比我们可能想到的更复杂。例如，如果我将商品投放在新加坡的市场且知道它们可能转售到欧盟市场，但未采取任何行动，这是否是对商品投放欧洲市场的同意？如何衡量我的同意，言语还是行动？此外，一旦同意，就不可撤销吗？

(ii) 谁来举证在将商品投放市场这一问题上是否存在“同意”？这是一个程序性问题，其明显的实际后果是：如果我的所有商品贴有包含首次销售详细情况的条码，但是日后当这些商品在条码破损而不能读取的情况下再行销售时，需要我去证明这些投入市场的产品未取得我的同意吗？或者需要商品销售者证明产品在首次投放市场时已经取得了我的同意吗？一旦条码被消除，承担举证责任的人很可能会输掉官司。

(iii) 是否存在诸如蔓延性同意的概念？比方说，如果我已经同意销售一批

㉕ 1988年12月20日第一个《欧盟理事会指令89/104》接近成员国关于商标的法律。

㉖ 1993年12月20日《欧盟理事会条例》第13条。简要的分析以及有用的先前的参考资料，见P Van der Kooij，《欧共体商标条例：逐条指导（2000）》，第2—077—2—081段。

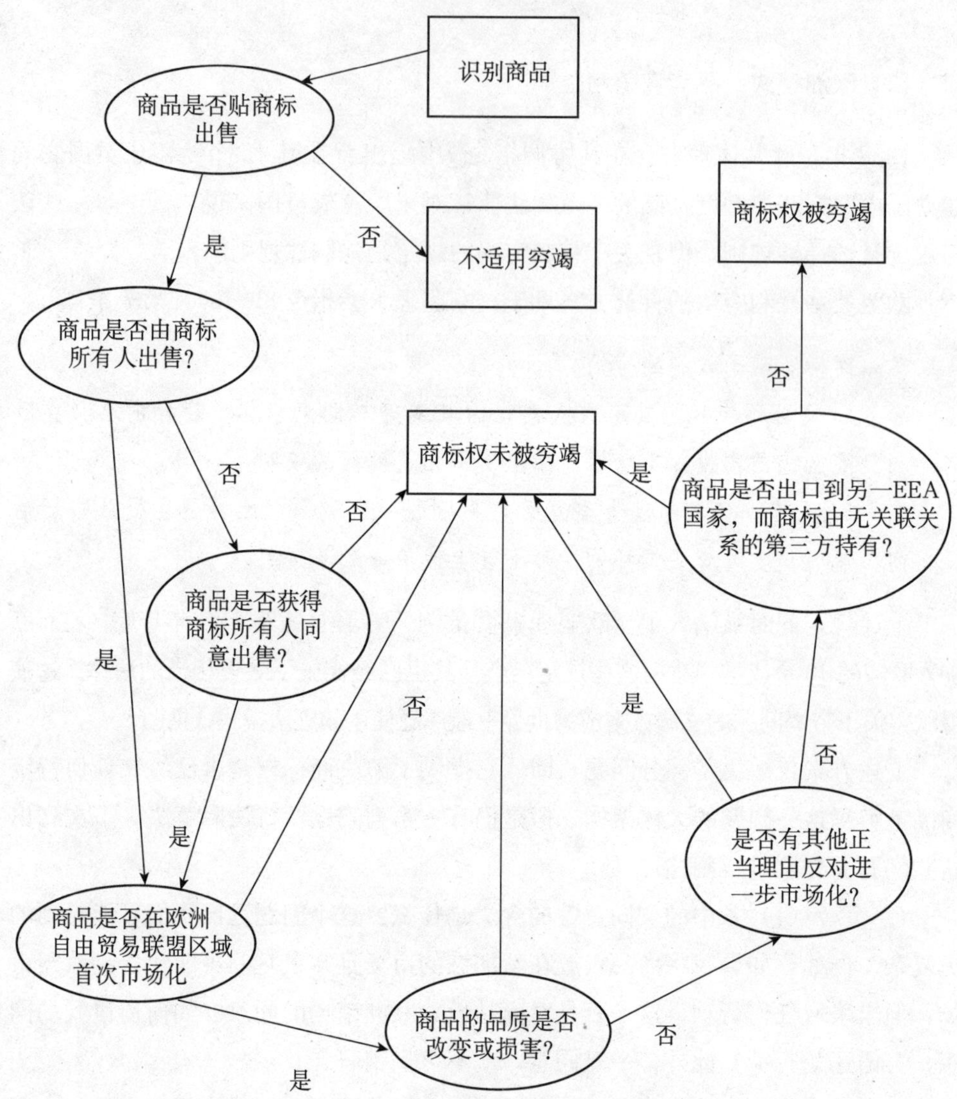

图 9.1　这一流程图说明了确定某一商标权在欧洲经济区内部是否穷竭的过程（《欧盟理事会指令 89/104》、《欧盟理事会条例 40/94》，第 13 条）

由特定工厂为我制造的商品上，这一同意涵盖同一工厂为我制造的、具有相同质量的、但我实际上并未同意销售的其他批次的相同商品吗？

(iv) 何谓商标所有人禁止其商标进一步使用的“合法理由”？“合法”究竟是狭义的“法律允许”——在这种情况下几乎不存在商标所有人有合理理由禁止其最初销售商品的后续交易的情形，抑或是“能够被认定为正当”——在这种情况下又需要什么样的正当理由呢？

(v) 什么可以构成商品情况的改变或损坏呢？如果受托销售的 MARS 牌巧

克力棒在烈日下放上一天，Mars公司最不情愿见的情况是：购买商品的人先用很低的价格买下一批巧克力，再冷冻起来直至它们重回硬实状态，然后再挂出大标语，“MARS巧克力棒：特价销售！”不过这是极端的情况。假设OBSESSION（CK香水的一种——译者注）香水装入纸板盒销售，在运输中纸板盒遭到磨损。商标所有人此时有权禁止进一步销售吗？

（vi）商标权穷竭是否也自动意味着其他权利的穷竭呢？《指令89/104》仅涉及商标，但是标有商标的售出商品可以包含其他知识产权。例如，一个标识一般包含了既可以获得版权保护也可以受到商标保护的艺术要素。商标所有人商标权穷竭的事实是否意味着其版权也同样穷竭？他还可以基于假冒（无论商标是否注册，都可以为商标所有人采用的诉因）或者以不正当竞争起诉吗？

（vii）穷竭原则是否适用于服务商标？《指令》规定穷竭适用于“商品”。但是商品或服务都可以注册商标。《指令》未就服务做出规定，这是否意味着商标在服务上的使用（a）始终穷竭，（b）从未穷竭，还是（c）与服务商标无关？

（3）穷竭原则适用于服务商标吗？

如果我们从字面意义上理解《欧盟理事会指令89/104》和《欧盟理事会条例40/94》，可以很明显地发现对商标侵权诉讼的抗辩仅在商标所有人已经将商标附于商品之上时才适用，因为这些规定指出商标所有人不能就“由所有人或经其同意而在共同体市场投放的商品”提起诉讼。如果权利人是服务商标的所有人，被告就不能指称是由所有人或经其同意而投放市场的任何商品。 9.29

然而还有另一个问题：如果商标所有人在同意的情况下将商品投放市场，在被告辩称其提供的是服务而与商品没有任何关系的情况下，《指令》或《条例》是否为被告规定了抗辩理由？比如，如果我在机动车和机动车修理服务上都拥有PEUGEOT（标致，汽车品牌。——译者注）商标，我再把汽车卖给贴附PEUGEOT商标的地方，我还可以利用我在汽车或修理服务上的商标权去制止一个汽车技师在他的修理厂外张贴内容是“立等可修PEUGEOTS汽车”的标记吗？如若不考虑其他可用的抗辩理由，穷竭的抗辩适用吗？ 9.30

穷竭原则的附文[27]指出，如果“所有人有合法理由反对商品进一步流通，特别是在投放市场后，商品的情况发生改变或损坏”，权利穷竭不再适用。人们可以据此提出：可从“禁止商品进一步流通”的文字推导出其暗示着穷竭原则的用意仅适用于商品商标。但是，也可以据此做出相反的推论：之所以加上“禁止商 9.31

[27] 《欧盟理事会指令89/104》第7条；《欧盟理事会条例40/94》第12条。

品进一步流通”的文字，原因在于若商标所有人的初始商品的情况发生损坏，穷竭原则不再适用，但是若商标所有人的商标是服务商标，而该商标基于某一原因被贴附于市场上流通的商品上，则上述例外情形不再适用。这种情况可能发生，例如，在银行和金融服务而非服装商品上拥有 MONEYBANK 商标的 Moneybank 公司，将印有“满足您所有银行需要的 MONEYBANK”题字的 T 恤衫投放市场。

9.32 我们再回到 Peugeot 案，欧洲法院实际上已经考虑到权利穷竭原则是否适用于服务提供商（此案中是机车修理工和二手汽车销售商）的情况。服务提供商试图使用说明文字“BMW（宝马，汽车品牌。——译者注）汽车修理和维护”与“BMW 汽车专营”，被 BMW 公司以商标侵权为由诉至法院。关于二手汽车的广告问题，法院指出：

> ……倘若他人广告仅涉及由所有人或经其同意投放共同体市场的汽车，BMW 商标的所有人禁止他人为告知公众其为二手 BMW 汽车销售专业人士的目的而使用商标的做法与指令第 7 条相悖，且商标在广告中使用的方式并不构成所有人反对……的合法原因。[28]

9.33 法院随后阐释了汽车维修的广告问题：有关穷竭的规定……不适用于关于修理和维护的广告……第 7 条旨在通过使贴附商标的产品可以进一步流通……而协调商标保护的利益和商品自由流动的利益……涉及汽车修理和维护的广告不影响商品的进一步流通。[29]

9.34 《指令》还有一项单独条款允许 BMW 汽车维护或修理之类的广告，该条款规定，如果使用他人的商标“是指明商品或服务的预期目的所必需……且符合工商业的诚实信用原则”，则可以允许使用他人的商标。[30] 即便这一随后的法律规定明确地允许在 BMW 汽车的维修广告上使用商标，第 7 条的文义也足够宽泛，可以涵盖上述含义，维修者不需要再证明他对商标的使用是“必需的”。

9.35 不是所有其他法院都持与欧洲法院相同的观点，尤其在被告被认为通过对注册商标的使用而获得了不正当利益的情况下更是如此。在俄罗斯的一起案件中[31]，相机商品 KODAK（柯达，照相机品牌。——译者注）商标的所有人与网

㉘ Bayerische Motowerke AG（BMW）and BMW Nederland BV v Deenik［1999］ETMR 339，第 50 段。

㉙ 同上，第 56 段及第 57 段。

㉚ 同上，第 58 段，引用了《欧盟理事会指令 89/104》第 6（1）条。

㉛ Eastman Kodak Company Corporation v Grundul and the Russion Scientific and Research Institute for the Development of Public Networks［2002］ETMR 776（莫斯科联邦仲裁庭）。

站 www. kodak. ru 的所有人发生争议，该网站上提供二手 Kodak 公司数码相机软件和有关 Kodak 公司相机的信息。被告辩称，因为 Kodak 公司的商标权随着商品在网站上的销售已经穷竭，Kodak 公司无权反对被告对准确反映其业务核心的域名的合法使用。法院认定 Kodak 公司的商标权并未穷竭。实际上，被告对商标权的侵犯不仅包括其为销售 Kodak 公司产品将 KODAK 作为 www. kodak. ru 的一部分使用的行为，还包括其在网站上发布公告称 Kodak 公司的商标权已穷竭的行为。法院在做了上述评析后认定：

被告为了对其企业活动做广告而不正当地在网站上利用商标所蕴涵的商誉。[32]

C. 同意的要件

(1)"同意"的含义是什么?

该问题并不像看上去那么简单。毋庸置疑，如果我对你说"我同意你进口并再销售附有我们 KRUNCHABIX（食品品牌——译者注）商标的早餐谷类食品"，这代表我已明确同意。但是，请考虑下列情形： 9.36

(i) 我说："我同意你进口并再销售我在贝基斯坦这个遥远岛屿的市场投放的贴有 KRUNCHABIX 商标的早餐谷类食品，但是你首先须同意在贝基斯坦标签外贴上产品成分的英语翻译。"这一同意也是明确的，但是有条件的——正如大多数的契约性许可一样。

(ii) 我保持沉默，看着你进口和销售 KRUNCHABIX 而不采取任何行动来阻止你。此时并不存在许可，也不存在明示的同意，但是通过我的行为可以推定我已经同意了你的行为——如果我还继续向贝基斯坦市场供应 KRUNCHABIX 商品，更可以做此推定。即便我没有含蓄地同意你的行为，在你已花费金钱、时间和精力进口谷类食品、建立销售链和进行广告的情况下，如果我再提出反对就可能不甚公平。

(iii) 我把 KRUNCHABIX 商品出口到贝基斯坦，并告诉买方："你尽可以在贝基斯坦自由处置这一商品，但是不要再把它返销到欧洲经济区"。这是对附有商标的商品的通常处置方式，不过在欧洲经济区已经过时了。很明显我没有同意买方将谷类食品返销到欧洲经济区，但我并没有告知除买方之外的任何其他

[32] Eastman Kodak Company Corporation v Grundul and the Russion Scientific and Research Institute for the Development of Public Networks [2002] ETMR 776（莫斯科联邦仲裁庭）。

人。可能我只是不想让他再出口商品来赚大钱，但并不介意别人这么做。

(iv) 在第三种情形中，我告诉买方："你尽可以在贝基斯坦自由处置这一商品，但是 (a) 请不要把它返销到欧洲经济区，(b) 如果你不打算自己吃完而是进行再销售的话，请在你的销售合同中添加相关条款，据此要求任何买方不要把商品返销到欧洲经济区并且也向下一买家提出同样要求"。此时我反对再进口KRUNCHABIX商品的意思已很明确。

9.37 根据由《欧盟理事会指令89/104》和《欧盟理事会条例40/94》所实施的欧洲商标法的规定，一旦商标所有人自己将商品投放到欧洲经济区市场，或者其明示或默示同意将商品在欧洲经济区市场销售，商标所有人的权利随即穷竭。[33] 对同意的考察是客观的（存在可以确认商标所有人已经给予明确同意的理由吗?）而非主观的（商标所有人心里确实想给予同意吗?）。相应的，可以这样进行明确的表达：

> 销售商承诺不将商品销售到许可区域之外，并会要求其分销商、分代理人和/或零售商避免这种销售。

Zino Davidoff一案中[34]正采取了这样的表达方式。这种表达即便没有明确地要求分销商、分代理人和零售商对其买方施以类似的要求，在客观上也与商标所有人同意再进口的意思不一致。

9.38 因此可以合理地认为：(i) 除非有证据证明同意已给予，否则即认定不存在同意，且 (ii) 模棱两可的同意（比如，上文案例 (i) 的契约性许可中规定的有条件同意）不明确，所以并不充分。但是第二种情形就恰当吗？要是我卖给你KRUNCHABIX的谷类食品，但你却不付钱给我，此时可以说我并未对我卖掉产品却得不到任何付款的情形给予任何同意。此外还可以辩驳说，我事实上已经同意将之投放市场，如果你仍不付钱给我，我不会和从你那儿购买谷类食品并试图向公众再销售的其他任何人发生争议，而只会和作为债务人的你产生争执。法院还未解决过这一问题，因此尚无明确答案。但在原则上，仍然可以假定已经给予了同意并且未付款商品的商标权已经穷竭。

9.39 在Primark（英国时尚品牌——译者注）一案中，法院评价了关于同意的另一个问题：同意究竟始于何时?[35] 在该案中，Primark公司在牛仔裤上拥有PRI-

[33] Zino Davidoff SA v A&G Imports Ltd; Levi Struss & Co and Levi Strauss (UK) Ltd v Tesco Stores, Teso plc and Costco Wholesale Ltd, Jointed Cases C-414/99, C-415/99 and C-416/00 [2002] ETMR 109，第47段（欧洲法院）。

[34] 见Zino Davidoff SA v A&G Imports Ltd [1999] ETR 700, 714。

[35] Primark Stores Ltd and Primark Holdings v Lollypop Clothing Ltd [2001] ETMR 334（高等法院）。

MARK 和 DENIM CO 商标，对 Lollypop 公司提出商标侵权之诉。Lollypop 辩称他们不可能是侵权方，理由是他们从 Primark 公司自己的供货商处获得了牛仔裤。法院并不倾向于接受这一理由，如果供货商根据 Primark 公司的技术标准生产牛仔裤并再销售给 Lollypop 公司，并且商标经 Primark 公司同意被缝制在牛仔裤上，那么产品就不是侵权商品。法官认为，即使 Primark 公司同意了牛仔裤的生产，但并不能说明其已对贴附商标的牛仔裤给予了同意，除非其已收货并认为牛仔裤已达到预期标准。

（2）谁应该证明是否给予了同意？

当小乔尼从帕特尔的商店中选择了 MARS 巧克力棒时，他不能仅靠眼观就能分辨该商品是否经由 Mars 公司同意而投放市场。帕特尔先生同样无法做到。即便机器可以从条码中获得信息，条码中经过巧妙编码的信息也能迷惑大多数人。并且，当条码信息被毁坏或破损时，或者根本就没有条码时，情况更是如此，回答“这是否属于经同意而销售的 MARS 巧克力棒”，就变得很困难甚或不可能。 9.40

如果被诉的事实得不到证明，法律科学提供了两种可能的解决方案。首先，除非对立的观点成立，应当推定被诉事实存在。知识产权法领域中法律推定十分普遍——例如，商标和专利在被证明无效之前推定为有效——但却没有如果不证明未予同意就不存在同意的法律推定。其次，根据举证责任的标准原则，如果某人想依靠他所断言的被诉事实，他就承担证明责任，否则事实仍属未证明状态。[36] 在实践中，这意味着有义务证明待证事实的任何人都会面临败诉的命运，所以我们在决定是支持商标所有人还是其对手时，可以将举证责任分配于我们最不想让其胜诉的一方。 9.41

商标所有人可以合理地辩称被告应当承担证明商品是经商标所有人同意而投入销售的举证责任：如果被告想凭借商品是由商标所有人或经其同意而投入市场的主张，那么要求被告证明其希望凭借的依据这一做法是公正的。商标所有人可以指出，商标法的目的之一就是保护权利人建立商标信誉和保证以该商标名义出售商品的质量而投入的时间、精力和金钱。权利穷竭大大限制了商标所有人的权 9.42

㊱ 在 Zino Davidoff SA v A&G Imports Ltd［1999］ETR 700（高等法院）案中，Laddie J 认为法律推定商标所有人是默示同意在欧洲经济区以外的地区市场出售的商品重新进口至欧洲经济区的。该推定未抵挡欧洲法院在 Zino Davidoff SA v A&G Imports Ltd；Levi Struss & Co and Levi Strauss（UK）Ltd v Tesco Stores，Teso plc and Costco Wholesale Ltd，Jointed Cases C-414/99，C-415/99 and C-416/00［2002］ETMR 109 中的判决。

利：它极大地削弱了本身已远不足以使得商标所有人能够监控巨大、复杂的假货和侵权产品市场的垄断地位。因此，为了促使商标所有人免于承担如此重要的监管职责，就不应当使之另外有义务证明大规模生产且流通极快的商品非经由其同意而投放市场。

9.43 希望凭借权利穷竭原则进行抗辩的当事人可以同样合法地辩称举证责任应当由商标所有人承担。毕竟，商标所有人可以控制商品的标记、鉴定和贴牌，还可以控制这些商品到达市场所经由的销售链。而之后的商品经销商对于商品到货之前所经由的交易链一无所知，因此无法迫使与其无直接交易的位于销售链更高层的经销商披露商品来源。此外，每一经销商在试图证明其所经销的商品最初是商标所有人同意而投放市场的过程中的相应成本和不便会抬高零售价格，并极大地压缩在单一欧洲市场（或任何其他表面上自由的市场）有效竞争存在所需要的营业利润。

9.44 作为商标所有人产品授权经销商的批发商可能直接从生产商购货（在该情况下，很明显的是经由商标所有人同意而投放市场），也可能从其他中间渠道购货，因此实际的情况比较复杂。从授权批发商处购买商品的零售商会认为，就从该渠道购入的所有商品而言，商标权已经穷竭。而当批发商从欧洲经济区之外的来源购买产品，或者从无法确定可以表明产品是否经由商标所有人同意而首次投入市场的文件或记录的“纸本痕迹”（文件材料）的来源购买产品时，情况甚至更加复杂。[37]

9.45 欧洲的情况无章可循，原因在于欧洲商标法律制度均未涉及这一问题，这就使得每一欧盟成员国可以依照自身意愿自行处理。比如在苏格兰，高等民事法院分析指出，由于表面上干扰商品条码的唯一目的在于掩盖商品的真实来源，这种干扰可以被看做对商标权人的无可争辩的权利的侵犯证据，因此可以在此基础上发布临时禁令。[38] 而欧洲法院则不得不对此问题做出裁定，因为只有在达成统一解决方案之前，进口商品的平行进口商才会被允许在那些商标所有人必须证明商品未经其同意而首次销售的国家中采取干扰商品条码的做法，而此时商标所有人就不得不在贸易商需证明不存在该等同意的那个国家中起诉。总法务官的观点是：（1）承认该等国家可以自由采纳他们选择的任一证据规则；（2）声明不可适用与认为商标所有人已经同意进口的规则效果相同的证据规则；（3）建议举证责

[37] 见 Scapionn BV and Ron Suwandi Sports BV v Basic Trademark SA［2001］ETMR 294 案的事实。该案中，阿姆斯特丹法院在被告已经确立了“表面上充足可信”的案件（即，被告是在首先获得商标所有人的同意后才出售鞋子的，尽管无法证明）的基础上驳回了一项临时禁令。

[38] Zino Davidoff SA v M & S Toiletres Ltd（No 2）［2001］ETMR 112.

任应以某种方式由双方共同承担，以此反映商标所有人应承担的合作义务。[39]

9.46 欧洲法院称，让希望凭借待证事实抗辩的当事方承担举证责任原则上并无不妥，但是如果第三方能够成功证明：如果他自己承担举证责任，尤其当商标所有人利用其垄断的营销系统在欧洲经济区销售产品时，则存在划分国内市场的真实风险[40]，举证责任就相应转移到商标所有人，后者就不得不证明其产品非由其自身或者经其同意而投入欧洲经济区市场。如果商标所有人在这场证据的“乒乓”博弈中能够证明此点，举证责任就再次转至第三方，而第三方得证明商品未经商标所有人同意而首次在欧洲经济区之外销售，随后又经其同意而进入欧洲经济区市场。如果不能证明此点，无论是否存在同意，第三方都将被认定承担侵权责任。

9.47 这一裁定进一步产生两个问题。其一，如果由被告而非商标所有人承担证明商品由商标所有人或经其同意而在欧洲经济区范围内销售的举证责任，被告究竟怎样入手证明国内市场遭划分的真实风险？为了证实风险存在需要提供什么样的证据？向谁寻求证据？既然推测起来“真实风险”比“理论风险”含义更丰富，我们正在讨论的就是真实且在某种程度上是让被告承担举证责任所产生的危险。倘若不存在被告所销售的那类商品的授权经销渠道，且该类商品不便于编码或贴标以使得至少部分输入到欧洲经济区市场的该类商品得以客观证实，被告便可能就支持其有关商品经权利人或者经其同意的主张这一方面而陷入无所依从的窘境。如果存在垄断的经销系统，则被告可以更容易地指出存在国内市场的划分，因为这正是商标所有人通过操作这一系统而试图获得的益处之一。不过垄断经销系统将会得到欧盟委员会许可的事实表明，成员国法院会对第三方不请自说的努力不持任何同情态度。

9.48 其二，是否需要考虑人权问题？根据《欧洲人权公约》第6条，应保证当事人得到公正审判的权利。那么就需要考虑在商标诉讼中由被告证明特定情势——商标所有人有关商品销售的心理状态——这处于商标所有人的控制范围内，但却不为被告所控制。应当承认的是民事诉讼中的证据标准不如刑事诉讼中的那么高。不过，被告有关他诚实地相信商标权已经穷竭的说辞并不充分；表明其已经在仅仅销售授权存货方面尽到一切合理注意的说法也行不通。他必须证明商标所有人自己将商品投入国内市场销售或者同意将该商品投入该市场。

[39] Van Doren + Q GmbH v Lifestyle + Sportswear Handelsgesellschaft mbG, Case C-244/00 [2003] ETMR 561.

[40] Van Doren + Q GmbH v Lifestyle + Sportswear Handelsgesellschaft mbG, Case C-244/00 [2003] ETMR 922（欧洲法院），第42段。

9.49 《欧洲人权公约》第6条在英国的一起有关商标侵权的刑事诉讼中得以适用。该案的被告提出了法定抗辩[41]，该抗辩能够表明他在合理的基础上相信对标记的使用不是侵权，但该抗辩未被接受。上诉法院认定这是证据规则的问题，即一旦被告证明存在合理的基础，举证责任便移回控方以证明被告的罪责。[42] 法院认为这种制度并不违反上述公约的第6条。但是这一问题并不是笃定不疑的，目前正在等待上议院的裁决。

（3）同意会蔓延吗？

9.50 如果我同意了特定商品的销售，例如，对于一批以 SMIRNOFF（思美诺，一种伏特加酒。——译者注）商标销售的瓶装伏特加酒而言，我对产品进入市场的同意是仅适用于那些特定的瓶装酒，还是延及具有相同规格的其他一切商品，例如，在同一天瓶装的其他任何 SMIRNOFF 伏特加酒？毕竟，“由商标所有人或经其同意而以此商标投放欧盟市场的商品”是一个模棱两可的措辞。它可以指那些“实际的商品”，即仅仅那批瓶装酒，不包含其他任何瓶装酒，也可以指“符合该说明的所有商品”，即任何实质物理特点与那批瓶装酒相同的伏特加酒，并且如果这些瓶装酒与经商标所有人实际同意而销售的任何瓶装酒调换后，根本不会被任何人发现。

9.51 欧洲法院在 Sebago（美国一著名皮具品牌，称为仕品高。——译者注）案中考虑了这一问题，在该案件中法院裁定必须狭义地理解“同意”，即同意的对象是在欧洲经济区范围内正在销售的实际商品。[43] 在该案中，一家大型百货店从萨尔瓦多进口了2 561双贴附了 DOCKSIDE（Sebago 推出的一个系列的鞋产品——译者注）和 SEBAGO 商标的鞋子。百货店声称这些鞋子是绝对的真品，与 Sebago 已经在欧洲经济区销售的鞋子相同。百货店同时辩称从萨尔瓦多进口并销售鞋子应被允许，因为这并不损害 Sebago 商标表明鞋子来源和质量的功能。“这种辩白”，总法务官 Jacobs 称，“极其具有吸引力”，但却不能被认可：认可这种说辞将意味着有效地承认了国际穷竭规则，而否定了欧盟法律所强调的区域穷竭原则。[44]

9.52 如果正像看起来那样，欧洲法院在 Sebago 一案中的分析是正确的，那么欧

㊶ 《1994年商标法》第92（5）节。

㊷ R v Johnstone [2003] ETMR 1.

㊸ Sebago Inc and Ancienne Maison Dubois et Fils SA v GB-UNIC SA，Case C-173/98 [1999] ETMR 681.

㊹ Sebago Inc and Ancienne Maison Dubois et Fils SA v GB-UNIC SA，Case C-173/98 [1999] ETMR 467，475-6.

盟成员国法院将不会认为前述行为正当而得出相反的结论。[45]

D. 禁止商标进一步使用的合法理由

(1) 何谓"合法理由"?

即使商标所有人已经同意了其商品的销售，倘若存在反对进一步流通的"合法理由"，他也仍然可以反对进一步出售或分销该产品。在小乔尼和MARS巧克力棒的案件中（见本章导言），这样一种"合法理由"会是什么呢? 9.53

很明显，"合法理由"可以指"法律特别规定的原因"。例如，如果MARS巧克力棒被不合理地存放或与一些有害成分接触而不再适于消费，任何再销售行为都是违法的。同样的，如果进口MARS巧克力棒因某种原因违反了当地的成分标签规定或者其包装侵犯了第三方在当地拥有的知识产权，那么根据法律规定，禁止该商品再销售就是"合法"的，即便该销售已经获得过商标所有人的同意。[46] 9.54

同样清楚的是，"合法理由"一词可以被阐释为比"法律特别规定的原因"含义更广的理由，因为"合法的"通常包含着诸如"合理的，明智的，或有效的"等含义。[47] 让我们来谈谈这一类理由。 9.55

(2) 商品在投入市场后状态发生改变或损坏

这一理由在上文提及的《条例》和《指令》的条款中有明确规定，且已被证明是诉讼的多发源头。实际上，依据国内法的首批案例之一便是德国的"Dyed Jeans"案。该国最高上诉法院认为漂白、过度染色或裁成短裤的做法应被视为可以对LEVI'S品牌造成不利影响的衣服改装，从而使得穷竭的抗辩不再适用。[48] 就该目的而言，"商品条件"的改变包括了首次投放市场销售时包装形式的改变。[49] 类似的判决还包括韩国一法院认为将新的非富士品牌的胶卷装入附有FU- 9.56

---

[45] 例如2001年9月西班牙最高法院案件Bacardi y Compania SA Espana v Dimexco SL and Destilerias de l'Urgell SA [2003] ETMR 326，该案甚至未提及Sebago。

[46] 见London Borough of Hackney v Cedar Trading Ltd [1999] ETMR 801，从荷兰进口的可口可乐罐不能在英国合法销售，因为罐子上列的配方是荷兰语的。

[47] Collins英语字典（第3版）(1994)。

[48] "Dyed Jeans"德国联邦最高法院案例，1 ZR 210/93，[1997] ETMR 530。

[49] 见Elite Industries Ltd v Graziella Import Export Srl，Case 1409/2002，WTLR，2003年6月17日，罗马尼亚最高法院刑庭判决，在缺乏重新包装商标所有人咖啡的"正当理由"的情形下，任何这类的重新包装都侵犯了ELITE商标。

JIFILM（富士——译者注）商标的已用过的一次性相机包装内，可以构成富士一次性相机状态的改变，从而可成为商标侵权的诉因。[50]

9.57 可以想见，奢侈品制造者将反对任何后续销售商在损坏商品外观后再将商品销售给消费者。但是，如果该等商品的标签或包装带有已被涂去或擦掉的条码[51]，该等商品就不会被视做“改变或损坏”，但不包括法律要求涂去或擦除的显示于产品上的信息。[52] 在商品具有功能性的情况下，商标所有人仍可以说服法庭相信存在足够重要的质量控制因素可以限制去除条码商品的再销售。[53] 但是，那些认为自己可以在法国销售的索尼公司 PlayStation（索尼的一种游戏机产品——译者注）产品的包装中放入可与英国电视机连接的非索尼适配器和组件后能免受惩罚的人，将受到打击[54]，除非他保证消费者不会认为非索尼的部件是由索尼公司提供的。

9.58 在商标所有人的商品明显被破坏或损坏的情况下，最终消费者往往会对产品不满意，这些商品的销售便破坏了商标的声誉。但倘若仅仅是中间环节而不是最终消费者发现了破损或损坏的情况，而最终消费者对此毫不关心，那么情况又会怎样呢？这种情况发生过：一家欧洲销售商获得最初在北美出售的微软公司软件的存货，将外包装（包含了不得在北美之外销售的提示信息）去除后将内部的软件售予设备制造商，后者随后将预装程序的计算机在欧洲销售。显而易见，穷竭原则在此并不适用，因为软件还未投入欧洲经济区市场销售。然而法院认为，即便穷竭原则可适用，也不能用以支持本案中的欧洲销售商，原因在于对微软公司软件包装的去除将损害其声誉。但是，鉴于设备制造商对于去除包装这一行为保持中立且最终消费者并未收到商品，所以上述观点就值得商榷了。[55]

9.59 第 15 章将更详细深入地探讨医药产品的条件发生变化和包装被去除的问题。

---

[50] Fuji Film Co Ltd v Noh WLTR，2003 年 7 月 21 日。

[51] 见 Fritz Loendersloot trading as F Loendersloot Internationale Expeditie v George Ballantine & Son Ltd and others，Case C-349/95 [1998] ETMR 10（欧洲法院）；Zino Davidoff SA v A&G Imports Ltd [1999] ETMR 700（最高法院），Chanel SA Geneve of Geneva and Chanel SA of Glaris v EPA AG [1997] ETMR 352（瑞士联邦法院，洛桑）。美国法院持相反观点；见 Davidoff & Cie SA and another v PLD International Corp 263 F 3d 1297（第十一巡回法院，2001 年）：通过使用白色标签或蚀刻工具除去条码信息被认为构成了商品状态的变化，导致公众的“混淆”；Montblanc-Simplo GmbH v Staples Inc（未公开）看似是申请救济较为有利的案例（D Mass 3 2001 年 5 月）：去除了序列号以及 PIX 商标。

[52] Lancaster Group GmbH v Parfume Discount Sjaelland SpA，Case UfR 2001. 2105 SH，2001 年 6 月 18 日（丹麦海商法院）《欧盟理事会指令 76/768》要求的产品回收数据被去除了；比较 Zino Davidoff SA v A&G Imports Ltd（见上脚注[51]）。

[53] Reebok International Ltd v SA Cora and others [1999] ETMR 649（布鲁塞尔上诉庭）。

[54] Sony computer Entertainments Inc v Tesco Stores Ltd [2000] ETMR 102（高等法院）。

[55] Microsoft Corporation v Computer Future Distribution Ltd [1998] ETMR 597（高等法院）。

(3) 他人在药品上以不同的医药标识予以替换

对特定医药配方产品持有销售授权的商标所有人可能会在随后改进其产品或调整其产品的配方，那么他能否利用其商标权阻止原先销售的未改进配方的“旧”产品的再次销售呢？欧洲法院[56]的答复是肯定的但附加了条件：国内法不得立法允许商标所有人撤回市场授权的申请，从而达到自动地中止平行贸易商的进口许可的目的；但是，如果同一市场上同时存在的两种不同配方产品使公众健康面临风险，则对旧版药品进口的限制是可行的。 9.60

(4) 为保护作为奢侈品的商标产品形象而希望规定高零售价

我们不大可能公然厚颜无耻地认为，欧洲任何公开法院均赞同这个抗辩理由，因为规定零售价是个不证自明的恶魔。但如果某人不能合法地规定零售价格，他至少可以获取欧盟委员会对选择性分销协议的批准，这实际上具有同样的效果。[57] 9.61

(5) 希望维护商标品牌形象

这个理由，即上文提到高价理由的柔和版本，是 Christian Dior（迪奥，法国时尚消费品牌。——译者注）香水用以反对 Evora 买下大量合法出售的香型，比如在高端零售场合和免税店出售的 EAU SAUVAGE、FAHRENHEIT 以及 DUNE，并在下游市场 Kruidvat 零售连锁店里进行推广的行为。[58] 欧洲法院并未完全否定该理由，但极大地限制了其适用范围。法院声明商标所有人不可以反对他人以这种方式使用其商标，除非证明，在具体的案件中，为上述目的使用商品严重损害产品的声誉。[59] 9.62

法院并未提供任何案例。将来或许根据这一判决，穷竭原则可适用于未收取销售端点手续费而出售的手表（使用该手表不大可能会严重损害商标所有人的声誉），但不适用于零售商在出售每块 SUCHARD（瑞士巧克力品牌——译者注） 9.63

---

[56] Ferring Arzneimittel GmbH v Eurim-Pharm Arzneimittel GmbH，Case C-172/00 [2003] ETMR 115（MINIRIN Spray 修补为 MINIRIM Nasenspray）。

[57] 见 Givenchy 建立的选择分销网络（Parfums Givenchy system of selective distribution [1992] OJ L236/11），是 BVBA Kruidvat v Commission of the European Communities，Case T-87/92 [1997] ETMR 395 诉讼案的标的。

[58] Parfums Christian Dior SA v Evora BV，Case C-337/95 [1998] ETMR 26.

[59] 同上，ETMR 43。

巧克力时免费提供一小包除虫药丸的情况。

（6）需要保护当前销售的贴附了商标的时尚产品的信誉

9.64 一旦今年的款式形成时尚，去年的就过时了，真正追求时尚短暂美丽的人都不会身着去年流行的款式、长短、质地或颜色的商品。那么怎样处理去年未售存货呢？商标所有人能否确保它们不会重新占领市场？这个问题是 Silhouette（诗乐，太阳镜品牌。——译者注）案商标诉讼的核心。[60] 在该案中，销售太阳眼镜的 SILHOUETTE 商标所有人将一批之前流行产品存货出售给打算在欧洲境内处理这些过时镜框的保加利亚经营者。该案件正是因为商标贴附的商品未作改变，商标所有人反对它们转售的情况。但是，法院暂无判定，当事人是否可以商标侵权为由起诉出售过时商品的转售商，也未对耐用商品（如眼镜框）与会产生保质期问题的快速消费品（如巧克力）进行对比。

E. 穷竭及穷竭与其他法律权利的关系

（1）商标权的穷竭使其他权利亦自动归于穷竭吗？

9.65 商标所有人或其许可销售人售出的商品几乎都会涉及商标以外其他知识产权的商业利用。比方说，Pfizer（辉瑞，全球最大生物制药公司。——译者注）根据治疗男子阳痿物质的专利生产的名为“VIAGRA”（又名“伟哥”——译者注）的产品；其创造的不规则形状药片在很多国家受到设计法的保护；包装上的标注、艺术作品及印刷说明也同时受到版权的保护。因此，商标 VIAGRA 仅仅是法律因素中的一项。假如我在法国购买了一批 VIAGRA 药品的货物，进口到德国并在那里转售，Pfizer 作为商标所有人不能反对我的所作所为——但 Pfizer 能否运用其他合法权利阻止我的计划呢？

9.66 原则上，答案是权利穷竭的确既适用于专利[61]，也适用于版权，即便国内法规定了商标的权利穷竭而没有规定版权的穷竭时。[62] 但是，商标权利穷竭的事实并不授权平行贸易商行使商标所有人其他知识产权的权利。例如，当他进口

[60] Silhouette International Schmiedt GmbH & Co KG v Hartlauer Handelsgesellschaft mbH，Case C-355/06［1998］ETMR 539.

[61] 见 Parke，Davis v Proble［1968］ECR 55。

[62] 见 Norwegian Government v Astra Norge AS［2000］ECDR 20，EFTA 法院通过援引欧盟判例法得出的建议性观点是根据摆在法院面前的事实，欧洲经济区内的国家版权法可能不具有防止医药产品平行贸易的效果。

BURBERRY（英国服装品牌——译者注）服装以供销售时，他不得声称享有合法权利，或默示的同意，可以复制并使用商标所有人为了推广及销售该服装所用的受版权保护的图片。[63] 不仅这些图片不是在市场上出售的商品的一部分，而且该等图片的版权甚至也只能由仅是为了有限目的将图片授予商标所有人使用的第三方享有。

实践中，答案可能不会如此简单。商品权利穷竭是对物权利的穷竭，但根据有关公平贸易的国家法律，如《假冒侵权法》、《不正当竞争法》以及那些适用《市场交易惯例法》的国家，受害一方可对损害其经营的人提起对人的诉讼，而无论其商标权利是否已经穷竭。法律有无可能在这样的情况下规避权利穷竭原则呢？答案是肯定，该答案基于权利穷竭本身并非目的而是商标所有人有权对其财产行使其权利的例外这一假设。在规制不正当竞争法律和公平贸易法律更指向个人的行为而非法律原则的宽泛适用这一层面，法律的灵活性在于法院在下述情况下预计不会去适用法律：在商标所有人的商品首先进入市场后，对于商标所有人对商标享有的权利会有不公正的保护。 9.67

（2）穷竭以及不正当竞争

当适用穷竭原则时，商标所有人就丧失了武器，不能以商标侵权或其他知识产权侵权起诉。但他能否以转售构成不公平竞争为由起诉转售商以很贵的价格在欧盟一国出售在另一国购买的便宜商品呢？这个理由看起来不是很站得住脚：毕竟，被诉的不公平经营者以多便宜的价格购买，再以多昂贵的价格另地转售才谓之不公平呢？经营者通常不都是会这样做的么？而且，商标所有人已经在其投放商品到市场上时从商品的出售中获取了一次利润。为何他应从他人获利的机会中再获利呢？ 9.68

但我们不应该遗忘不公平竞争。它可以作为对付平行贸易商的武器——尤其是为商标所有人以外的人使用时。例如，在选择性分销协议下，获得正式许可的商标商品的经销商在该产品的广告和营销中进行了巨额的投资，创造了对商标产品的需求，培训了工作人员等，他可能有效地耕种了土地，并播下了种子，从而使得以低价购入产品且不承担任何一般管理费用的平行进口商能够进入市场并攫取利润，快速增长且业务超过正式经销商。这是不公平的，因为一个企业投资而另一个企业却收获成果，这也是竞争，但是否为“不公平的竞争”？目前看来在 9.69

[63] Burberrys Ltd v EMEC Co Ltd and Textjournal Co Ltd［1998］IP Asia LR 129（韩国首尔地方法院），向最高法院提起的上诉获得支持；见 Kim，Choi & Lim 知识产权法律时事通讯，2003年1月，第7～8页。

这一方面没有明确指导规则，如果能确定平行贸易商的行为的确构成不公平竞争，则即便商标所有人不能，国内的经销商也可以提起诉讼。[64]

(3) 穷竭以及权利滥用

9.70 进口合法营销的商品的行为既是公平的（从进口商的角度来看，如果这种进口行为可以产生便宜价格，从消费者的角度也是如此）也是不公平的（从商标所有人的角度，并且，在选择分销网络的情况下，从授权分销商的角度也是）；行使商标垄断的事实可以被视为滥用的，但不构成“权利滥用”。如果希望法庭接受关于权利滥用的主张，则需要提供法律上更实质的内容。在接下来的各节，我们将考量一些支持商标权利滥用的法律上的理由。

(a) 对合法贸易的干扰

9.71 如果商标所有人仅仅是为了阻止一个经营者销售贴附其商标的真品而适用其强有力的合法垄断权，我们能否认为对商标法的这种适用是令人厌恶的“权利滥用”，法院根本不应接纳？如果商标法是为了遏制假冒和欺诈、冒牌以及盗版而产生的，则可以认为这并未干扰经营者关于合法商品中的业务，即便出售贴附商标的商品在技术上构成了商标权侵权。

9.72 这个理由在布鲁塞尔商事法庭中提出，并极具吸引力。法院认为采取法律诉讼的方式阻止在比利时出售从 E1Salvador 进口合法生产的鞋子这一做法“根本就是诡计，其性质与商标是背道而驰的”，原因在于不存在提起这样的诉讼的合法动机。[65] 巴黎地方法院则持相反的观点，认为为了防止牛仔裤从美国进入法国销售不是滥用权利的不公平竞争行为。[66] 这个判决得到海牙上诉法院的支持，认为在没有证据证明商标所有人试图划分市场从而维持成员国之间价格区别的情况下，对于真品的进口和出售可以以商标侵权为由提起诉讼。[67]

(b) 权利滥用和竞争法

9.73 在欧盟竞争法的背景下，也可以基于商标所有人为了防止廉价真品的进口和销售使用商标权利这一行为构成了《欧洲共同体条约》第 82 条下的滥用支配地

---

[64] 这种可能性看来为一审法院在 BVBA Kruidvat Commission of the European Communities，Case T-87/92［1997］ETMR 395 案中所坚持。

[65] Sebago Inc and Ancienne Maison Dubois et Fils SA v GB-UNIC SA，Case C-173/98［1998］ETMR 187，191.

[66] Levi Strauss & Co and Levi Strauss Continental v Parkway Ltd［2000］ETMR 977.

[67] Parfums Christian Dior SA v Etos BV［2000］ETMR 1057.

位主张权利滥用。[68] 但是，只要贴有商标的商品是竞争市场的一部分，这一主张就很难成立。Levi Strauss（牛仔裤品牌——译者注）在 LEVI'S 牛仔裤市场上具有绝对的支配地位，但远远不能说是基本上控制了整个牛仔裤市场。如果 LEVI'S 牛仔裤的价格高于其他品牌的，则使价格敏感的消费者会转变他们品牌忠诚的对象，因此，不能说 Levi Strauss 在市场上占有支配地位。并且，即便 Levi Strauss 确实在其市场上占据支配地位，仍需证明发生了对该支配地位的滥用。仅是占支配地位这一事实并不意味着发生了对支配地位的滥用：商标所有人必须在通过采取正常竞争过程之外的行为阻碍竞争才可以称为滥用支配地位。[69]

（c）滥用人权

商标侵权案件举证责任与《欧洲人权公约》第 6 条发生冲突的可能性在上文 9.74
中已经论述。[70]其他人权的主张指商标所有人对真的但侵权的商品的权利行使与被告享有的财产权[71]相悖，也有悖于被告“商业言论”自由权[72]的行使。这些主张在 Levi Strauss 诉 Tesco（超市名称——译者注）案中都被提请法院，收到欧洲法院对穷竭的意见后，在诉讼事实确定时被否决了。[73]

F. 一些与穷竭有关的有趣问题

（1）受商标保护产品的组合

BACARDI（百加得，一种酒。——译者注）和 COKE（可乐——译者注） 9.75
都是很受欢迎的饮料的商标，很多人将两种混合称为“Bacardi 和 Coke”一起饮用，并在酒吧里点饮料时用这个名称点这种混合饮料。一个企业经营者可否购买大量两种饮料，自行混合，然后作为“Bacardi 和 Coke”出售呢，或者他是否会同时侵犯了两个具有很高价值的商标而招致潜在的灾难呢？

正如我们所说的，穷竭原则通常不适用于“所有人有合法理由反对其商品的 9.76
进一步市场化，尤其是在进入市场后商品的状况发生改变或减损的情况下”[74]。

[68] 关于这个假设，见 Thoms Heide，《Davidoff 案后的商标及竞争法》，[2003] EIPR 163-8。

[69] Hoffmann-La Roche v Commission，Case 88/76 [1979] ECR 461，第 91 段。

[70] 见上文第 9.40～9.49 段。

[71] 《欧洲人权公约第一议定书》第 1 条。

[72] 同上，第 10 条。

[73] Levi Strauss & Co and Levi Strauss（UK）Ltd v Tesco Stores Ltd and others [2002] ETMR 1153，第 38～44 段。

[74] 见上文第 9.25～9.28 段。

在本案中，两种商品的状况都发生了改变，因为BACARDI朗姆酒被可乐冲淡了，可乐碳酸饮料掺杂了BACARDI。但仅仅是商品被改变或减损的事实并不必然意味着它们不能被再次出售：如果不能再次出售，那么当我出售带有轻微的刮痕及凹痕的车时，我便不能在我的车上使用令我的车易于识别的注册商标。在这一案件中，除了主张BACARDI和COKE商标的权利已经被穷竭了，该企业家还可以主张他仅为说明其销售饮料的种类而描述性地使用“bacardi”及“coke”词语，而不是暗示他与各商标所有人具有任何贸易联系或获得其授权。尽管在假定商标权未被穷竭且可以被执行的前提下，对于使用是否构成侵权而言，这项主张是单独的，但是如果案件中受商标保护的商品没有其他可简便指代它们的名称，那么这两个问题在这种案子中并非毫无关联。打个比方说，BMW是一项商标也是车子的牌子，商标所有人有权将其投放市场。但即使在商标穷竭前，BMW也是车的名称，因此，将该车描述为BMW并非侵权。倘若在穷竭前，可以将BMW牌子的车称为一辆BMW，当这辆车投放市场，商标权利被穷竭后，人们这样做的权利就应该消失了吗?

9.77 尽管做了上述分析，让法院容忍以这种方式使用BACARDI和COKE商标是不可能的，并不仅仅是因为如果消费者对混合产品的反应不好，对两个商标各自的单独价值可能产生的损害效果。法院还可能考虑用了BACARDI和COKE两个商标的产品在各商标所有人都有机会进行质量控制的情况下加以调制的事实，尽管我们可能认为BACARDI和COKE投放市场后的质量控制不应被列入考虑范畴。用市场的用语来讲，该企业家的行为会导致双方丧失对其商品进行品牌合作的机会，并可能降低它们与对方的竞争者合作品牌的机会。倘若它是促进竞争的，欧盟委员会可能会持较为肯定的观点，推测一个崭新的且易识别的“Bacardi和Coke”商品市场得以发展，从而所有饮料的生产商，而不仅仅是Barcardi以及可口可乐公司会进行竞争。

(2) 对于商标权已穷竭的产品的滥用

9.78 这个问题，在第8章略微不同的背景下已经论述，可以很简要地概括为：当儿童玩具BARBIE（芭比——译者注）以及KEN品牌的商标所有人出售的玩具为第三方所用，在一个杂志网站上展示不同的性姿势时，这是否构成商标侵权，并且在这里是否涉及穷竭的问题？由于欧洲版本的穷竭原则仅适用于进入市场的商品的“进一步市场化”的行为，而争议中BARBIE和KEN的行为并非进一步市场化行为，因此，欧洲版本的穷竭原则与该问题不相关。但是，对“进一步市场化”的概念既未作界定，也未作解释：如果人们付费访问网站，或者如果以这种方式使用BARBIE以及KEN吸引了额外的广告收入，这种使用可否被认为类似于市场化呢？版权的问题非常类似（但非具有约束性），一件作品的市场化不仅局限为制作及销售复制品，还包括公开演出、广播及电缆传输。

(3) 合装包商品的再销售

在不同的时代和不同的文化环境下，大家已认为并接受包装物品可被单个出售。香烟通常在商店里散装出售，而即便在今天培养孩子经营能力时让孩子们在运动场上打开糖果包装出售单个糖果也是非常常见的。这种做法也许不会引起相关商标所有人的注意，但可能会对商标权利穷竭原则产生有趣的反响。 9.79

去年（2002年）在伦敦的超市中，我购买了一袋合装包的WALKERS（食品品牌——译者注）薯片。[75] 每个合装包有6小袋薯片，每袋25克。合装包的外包装未说明Walkers公司会限制在市场上合法出售的贴有其商标的商品在欧洲经济区内的流通。但每件25克小包装的顶部印有这样的文字："合装包，不得单独出售"。在其包装反面印有这样的文字："这是一袋WALKER生产的合装包薯片，不得单个销售"。这里的问题是：我是否可以购买合装包，再销售单个小包装而不侵犯WALKERS商标呢？ 9.80

以单独小包装出售并不会使25克包装产品的新鲜、脆感以及卫生立即有所降低。实际上，单个包装上写着保质期，以及消费者不满意时可以投诉的地址。投诉人不仅须返还小包装及薯片，还须返还合装包的包装。鉴于条码印在了合装包的包装而不是单独小包装上，因此，Walkers禁止小包装商品单独销售的原因可能在于单独小包装的购买者无法获得合装包包装，从而在不满意时无法向生产商退回商品。相反的观点认为，一旦薯片被证明为质量不符合，除了消费者明确拥有的法定权利外，要求退回合装包包装仅涉及消费者获得满意的权利。 9.81

(4) 穷竭与人权

已有至少一个法院[76]已判定商标所有人在商标权利未穷竭时防止合法商品的进一步市场化，不构成对包含销售权在内的所有权的侵害。[77] 9.82

---

[75] 英语称为"chips"，美语称为"crisp"。

[76] Levi Strauss & Co and Levi Strauss (UK) Ltd v Tesco Stores Ltd and Others [2002] ETMR 1153 (高等法院)。

[77] 见《欧洲人权公约》第10条以及该公约《第一议定书》第1条。该公约保护的财产权同样可为公司享有。

（5）因为“必要”而损害商品包装会被认定为正当行为吗？

9.83 这个问题由欧洲法院在医药商品的重新包装案件中做出了答复，并在第16章中进行更为详细的论述。如果人们打算筛选出法院判决中明确提到的该领域那些因素，法院的观点似乎可以概括为对商标所有人在欧洲经济区首次合法销售的商品的改变是

> ……客观必要的…… 倘若，没有这样的（改变），有效进入相关市场，或该市场的相当部分，会因为相当大一部分消费者的强烈抵制而受到阻碍……[78]

9.84 对于全球流行的产品而言，如MARS巧克力，很难想象仅仅通过对产品的改变而克服任何消费者的强烈抵制。在医药领域，我们常见病人对磨成粉状出售的掩藏在奇怪的小贴纸下的药品失去信心。对市场抵制而言，也许MARS巧克力和药品处于两个极端，但多数产品更接近MARS这一端，而不是药品这一端。

（6）如果我首先在采用全球穷竭政策的国家销售产品，我还能以其他国家的穷竭原则阻挡“多余的货物”吗？

9.85 如果我在实施全球穷竭原则的瑞士以BIPPO商标出售牛仔裤，而在我已销售牛仔裤的国家中当地卖出的BIPPO牛仔裤必须与贴着相同商标的由我或在我同意下在希腊销售的牛仔裤竞争，这种事态是否会限制我执行希腊商标的能力，从而将我首次在瑞士销售的BIPPO牛仔裤排除出市场？这个问题尚未得到正式解决，尽管它曾在某种程度上被不十分确定地提交给欧洲法院[79]，但随后又被撤回。该案中的一个问题是倘若该商品首次销售的国家实施全球穷竭原则，不允许商标所有人撤销商标所有人起诉平行进口商侵权的权利，那么欧盟成员国能否这样撤销。表面上看，《欧盟理事会指令89/104》以及《欧盟理事会条例40/94》均未对这种主张给予直接的支持。

---

[78] Boehringer Ingelheim KG and Boehringer Ingelheim Pharma KG v Swingward Ltd，Case C-143/00 [2002] ETMR 898；Merck，Sharp & Dohme GmbH v Paranova Pharmazeutika Handels GmbH，Case C-443/99 [2002] ETMR 923.

[79] Calvin Klein Trademark Trust v Cowboyland A/S，Dansk Supermarked Administration A/S，HBN Marketing ApS，Progress（以Peter Jensen的名义）以及Bilka Lavprisvarehus A/S，Case C-4/98，由丹麦海商法院于1997年12月3日提交欧洲法院，但于1999年3月27日从登记中删除。

(7) 我能通过在各国分别注册差异细小的商标来制止"多余货物的平行进口"吗?

即使基于纯粹诚实的动机在各国选择注册略有区别的商标,这也不可行,除非该等各国不属于欧洲经济区。例如,当商标所有人对同样的医药产品在丹麦、德国以及西班牙注册了商标DALACIN(德利仙,药品名称。——译者注),在法国注册了DALACINE,以及欧洲其他地方注册了DALACIN C,欧洲法院需判定商标所有人是否能依据其在丹麦注册的DALACIN商标,因平行进口商将一批从法国和希腊进口的DALACIN C和DALACINE真品作为DALACIN出售而提出诉讼?法院认为,由于不同的商标是源于地方商标注册登记的问题以及对商标所有人施加的限制性规定,他不能依据当地的DALACIN注册来阻止客观上进口商有必要进行的进口药品的重新包装。在这起案件中,我们可以推测市场上在三个不同商标下出售同样的抗生素产品弊大于利,因为消费者会将DALACIN、DALACIN C以及DALACINE之间的微妙区别归咎于类似产品之间不同的特性或强度。[80] 9.86

(8) 如果平行进口贸易利润这么高,为什么商标所有人不亲力亲为呢?

商标所有人对其商标的使用受到商业因素的驱使,最重要的一点就是迫切地最大化其资产和资源的获利能力。一些商标所有人制造和销售商品,但本身不关心分销机制、运输、仓储、保险、营销及零售贸易。其他商标所有人则更倾向于对其商品制造后的所有环节保持高度的控制。 9.87

竞争主管机关,如欧盟委员会,喜欢将利用制造品商业的各个细分阶段视为市场利润作用下的产物。因此,一旦一组BUDWEISER(啤酒品牌,常称"百威"。——译者注)啤酒从生产线上诞生,则已经存在对其分销的竞争性市场,另有其运输的市场,再有啤酒产品的批发市场,最后是零售市场。通过这种思维模式,我们会主张,市场效率最终会确保百威以可能较低的价格抵达公众消费者手中(如果竞争产生的费用节省为消费者享受)或产生更高的利润(如果节省的费用并非为消费者享有)。生产与生产后环节的纵向整合被质疑可能会在本质上产生反竞争的效果。[81] 然而,这种以竞争为基础的针对其产品采取高度控制且持续策略的经营方式的偏见,并不意味着原来的制造商不能以较低价格把商品买回来,再卖到较高价格的市场上。那么什么可以阻止他们呢? 9.88

[80] Pharmacia & Upjohn SA v Paranov A/S, Case C-379/97 [1997] ETMR 927.

[81] 例如,根据《欧洲共同体条约》第82条,构成市场力量滥用的情况。

9.89 在很多情况下，交易灰市商品是一种投机行为。例如，一家零售折扣店已经停业，其资产被拍卖以偿还拖欠债权人的债务。或者一个套利者可能听说某一批特定商品待售，并可被转移到更容易出售的市场上（例如，粗斜纹棉布商品在潮流不断改变的国家难以卖出，但它耐用的特性使其在潮流不那么重要的国家总能找到买方）。另外，一批品牌食品在快到保质期时可以折价购买，然后在消费者不太关注保质期因素的地方被转售，或者在火灾或水灾后一批轻微受损的香烟可作为处理货出售。在上述各种情况下，通过买入及卖出获取的利润可能是巨大的，但它们是一次性交易，取决于当地民众的认知，而不是多数已设立企业所依赖的常规稳定经营关系的发展。

9.90 在其他情形下，商标所有人希望培养那些通常经销或销售其商品的经营者的商誉，使其能专注于产品的设计、生产以及推广。如果商标所有人通过减少其经销商或零售商建立自己的销售运作，那么商标所有人不容易获得这种商誉。

（9）倘若同一商标在不同国家为不同的权利人拥有，情形又怎样呢？

9.91 有可能发生的是，一项商标，让我们称其为 POXO，由不同的所有人在欧盟不同的国家注册在洗发水商品上：Fritz 拥有在德国注册的商标，Paolo 拥有在意大利注册的商标。Fritz 和 Paolo 都将他们的 POXO 洗发水在其本国投入市场。权利穷竭原则决定了任一 POXO 商品可在其原产国以及其他未有人注册该商标的国家，如丹麦、比利时及葡萄牙，自由销售和转售。但 Fritz 的 POXO 商品能否进口到意大利并在那里销售？

9.92 答案是不能。在欧洲法院看来，即便两项商标都由 Paolo 注册及拥有再由其将德国商标转让给 Fritz，但是一旦丧失行使联合控制的可能性，同样的商标原本处于单一实业“联合控制”下的事实就变得毫无益处，并且两项 POXO 商标的所有人都不能对另一方产品的质量或生产进行控制。这既是一起联合控制因其中一商标的自愿转让而丧失的案件[82]，也是一起联合控制因战争导致一国对商标进行征收的国家行为而丧失的案件。[83]

（10）同意可以撤回吗？

9.93 我们可否推断，一旦商标所有人将商品投入市场或同意它们被投入市场，这些商品的合法性永远都不受侵犯？或这种合法性能否因商标所有人撤回同意后具

[82] IHT Internationale Heiztechnik GmbH v Ideal Standard GmbH，Case C-9/93［1994］ECR I-2789，［1994］3 cmlr 857，［1995］FSR 59.

[83] CNL-Sucal NV v Hag GF AG［1990］3 CMLR 571（“HAG II”），推翻了欧洲法院早先在 Van Zuylen Freres v HAG AG［1974］ECR 731（“HAG I”）中的判决。

有溯及力？法院在一起不同寻常的案件中考虑了这个问题。该案中，一批服装的进口商向商标所有人Adidas的代表发去了每一批服装的样品，并向其询问以证实它们是否是真品。[84] Adidas的代表确认了一批是真品后，改变主意并告知进口商该货物是假冒产品，或者，即便是真的，也是从欧盟境外进口，不能在欧盟境内销售。Adidas随后声称其商标侵权，并寻求简易判决，而进口商主张Adidas代表的同意构成了转售商品的同意。法院做出了对Adidas有利的判决：该代表在可能因卖出服装而发生任何损失前迅速行动，撤回了本可能做出的同意。

(11) 存在穷竭不适用于合同违法原因的可能吗？

这个问题在Phytheron诉Bourdon案中涉及[85]，该案中，Bourdon订约购买在PREVICUR N商标下出售的一些植物健康产品。该商品在土耳其生产，随后合法进口到德国，从德国交付到法国。Bourdon随后拒绝交付该批商品，声称其无法在不侵犯PREVICUR N法国商标所有人权利的前提下交付。法国和德国的商标权利看似由同一组公司拥有，但在法国出售需要重新贴标签。在庞德伊士商事法庭向欧洲法院提交的初步裁决中，欧洲法院判定，鉴于该商品已经合法进口至德国，并在该地销售，商标权利在那里已经穷竭。该判决中似乎Bourdon不能主张由于合同是为了执行侵犯法国商标法的行为，因而该合同是违法的。但是如果，进口到德国是合法的，随即进口至法国是不合法的（比如说，在HAG类型的情况下，PREVICUR N由不相关的公司拥有，但用于同样的商品上），有可能应做不同的考量。 9.94

G. 结语

即使在若干法制复杂并且经济成熟的法域中，穷竭原则对于法院以及商标所有人而言还是新事物。因此，我们期待在下个十年里见到更多的商标所有人试图根据法律规定，尽可能关上平行贸易商的机会之门的判例法，但经营灰市商品的商人也会尽力扩充该原则对商标垄断做出例外的缺口。 9.95

推动权利穷竭并不具有明确的以及无可辩驳的公众利益，因为公众利益既通过对贴有商标的商品质量的维持而实现，而这点被认为因穷竭原则而受损，也通过穷竭可带来的降低价格来实现。从商业和产业经验中，判断商标体系运作这一特定方面也是很困难的，因为商标法是“一体适用”的商品：同样的规则规制医 9.96

[84] Adidas-Saloman AG v Microhaven Ltd and others，2003年3月24日（未公开）（高等法院）。
[85] Phytheron International SA v Jean Bourdon SA，Case C-352/95［1997］ETMR 211（欧洲法院）。

药产品、食物、服装、汽车以及电子产品——而这些市场相互运作各不相同，公共利益所体现的形态也各不相同。

9.97 基于欧盟境内以及境外的多数国家赞同全球穷竭原则，因此我们相信最终会迎来这一天。目前暂无强烈的动力去改变欧盟境内的政策[86]，但改革的主要推动力最有可能来自 WTO。倘若全球穷竭原则被置于谈判桌上，对于那些在下一轮 TRIPs 谈判中被要求接受更高标准的国内商标保护的国家而言则是面包，他们会想知道，作为交换，他们获得了什么。

[86] 自 2000 年 5 月 18 日 Bolkestein 委员发布大意为委员会并不迫切要求全球穷竭的公报后，尽管多数成员国赞同，但委员会答应在 2002 年年底的时候做出回顾欧盟穷竭政策的委员会报告。该报告看来未具体化，并且在这个问题上也没有大的公众分歧。

第 10 章

相同或近似商标、产品和服务

A. 导言

皇家马德里及真品

玛丽亚从街边小贩货摊上拿起一块足球丝巾并仔细而挑剔地查看着。这是一块漂亮的丝巾，大小合适，颜色刚好，绝妙的时尚配饰。她的男朋友胡安可不这么想。丝巾的标签上印着“皇家马德里”①，但是胡安从未看到他最喜欢的球队在之前的赛季中佩戴这样的丝巾或展示出售过这样的产品。“这是真的皇家马德里丝巾么?”他询问道。

“当然是。”街边小贩卡洛斯如同清白受到玷污一般以坚定的语气说道。

“但是我所见过的皇家马德里的丝巾和这个并不一样。”

① 皇家马德里是西班牙著名足球队名称。

"这你就不知道了，"卡洛斯耐心地解释道。多数顾客并不会问这样的问题。"这是一块真的丝巾，并且也真的来自马德里（Madrid）。所以我在上面印了'Real Madrid'。"（皇家马德里英文原名为Real Madrid——译者注）

"哦，这样，"胡安说。与此同时，玛丽亚将丝巾翻过来试图辨认一段边缝上的小标志。"Tommy Hilfiger（美国服装品牌——译者注）也制造足球丝巾么?"

"啊，这个小标签你读的不对，"卡洛斯回答。"你再仔细看看，你会看到印的根本不是Tommy Hilfiger。"

"你确定么?"玛丽亚怀疑道，摘掉她的墨镜，将她漂亮的小脸蛋凑近标签仔细看。"哦，看啊，胡安，他说得没错，根本就不是Tommy Hilfiger，而是Tammy Hilfiger，这不是很奇怪么?"

"知道Tammy的人不多，"卡洛斯告诉她，"她是非常低调的那种，但是她制造的足球丝巾很漂亮，不是么?"

"人们不会感到混淆么，既有Tommy Hilfiger，又有个Tammy Hilfiger?"胡安质疑。

"人们一般都不知道这些。完全不懂的才会将Tammy视为Tommy，是不是?我的意思是Tommy Hilfiger现在很常见，可以说它在走下坡路——但是Tammy更能迎合有鉴别能力的客户。"卡洛斯骄傲地吹嘘。他很少用"有鉴别能力"这么复杂的词。

"哦，再看，"玛丽亚叫道，"标签上还印了其他东西呢。说是'美国运通'，这跟皇家马德里丝巾有什么关系?"

"这是提醒我的客户，如果他们愿意，可以用美国运通卡支付。现在用卡支付更方便。你根本不需要携带现金。"

故事的寓意

10.01 这个故事，虽然扯远了些，体现了商标在保护商品和服务交易时的某些现实。基于皇家马德里足球俱乐部才是各类球迷所使用的配饰如丝巾的文字商标"皇家马德里"的所有权人，该俱乐部自然希望阻止他人将该商标在那些俱乐部已经注册的相同商品上进行使用。这反映了"相同商标使用于相同商品"的情况。"Tammy Hilfiger"与同样注册于衣服的TOMMY HILFIGER商标略有不同：这体现了"近似商标用于相同商品"的情况。著名的美国运通商标被注册于若干种商品和服务，但不包括足球丝巾，这体现了"相同商标用于不同商品"的情况。

这个故事正描述了商标所有人希望采取法律措施应对未经授权使用其商标行为的三种场合。如果仅是“同一商标用于相同商品”的情况，侵权问题容易解决，但其他两种情况，商标所有人的律师可能不得不考虑更多问题。这些问题会令所有客户感到困惑，不能理解为何他的律师不能直截了当地告知其侵权已经发生的直观结论。 10.02

(1) 我们为什么要关注不同企业使用相同或类似商标的情况？

即便法律没有明确说明，从常识中我们也可推断商标法会保护商标所有人，以防竞争者将相同的商标添加在商标所有人已经注册的商品上，或试图将相同商标注册在相同商品上。商标所有人希望保护他为商品和服务的开发所做的投资，从而保障其质量水平，至于他对其品牌商品和服务所进行的广告投资更不消说了。如果他做不到这样，他的竞争者就能在同样的名称下销售商品，而无须承担新产品投资、对消费者建立和强化品牌策略以及做广告的财务负担，从而能以低得多的价格出售同样的商品。 10.03

消费者在这个问题上也有利害关系。很多买假ROLEX手表的人或在他们看到手表的时候就知道是假的，或根据其出售场合而猜到是假的。但同样是这些人却盲目相信他们的药物、刹车踏板及其托付健康和幸福的贴附商标的商品的真实无误的来源。假如我们发现购买的药品是伪劣产品，我们可以起诉店主销售劣质商品；我们也可以向相关的警察局或质量标准主管机关投诉他。但多数情况下我们相信商标所有人会替我们监督其商品品质，甚至确保冒牌商品不会在商店里出售。依靠商标所有人保护其商标并抵制他人未经授权的使用，我们几乎不花任何成本地便可行使监督职能。 10.04

即便不存在假冒商品的风险，在另一层面也会涉及消费者利益，即消费者凭借商标，可以根据自己的意愿购买商品。商标所有人与其顾客之间建立的联系是强大的。它成为多数商业投资得以建立的基石。无论是质量、形象、金钱价值或其他方面的体验，商标所有人向消费者提供了可被反复使用并可预测的经验。反过来消费者又向商标所有人保障了源源不断的交易。这正是商标完整性的重要性所在，也是不管是外部干扰者还是商标所有人，均不得滥用商标所有人和消费者之间联系的原因。 10.05

(2) 法律是如何规制未经授权使用他人相同或近似商标行为的？

为法律界和消费者普遍接受的是，商标所有人在任何情况下均应能够阻止在 10.06

相同商品或服务上未经授权地适用相同商标。同为普遍接受的是，如果存在混淆的可能性，商标所有人应有能力阻止（1）在相同商品或服务上未经授权地使用一项不完全相同仅是近似的商标，以及（2）在非完全相同仅是类似商品或服务上未经授权地使用相同商标。该立场反映在《与贸易相关的知识产权法协议》（TRIPs）第16（1）条中：

> 授予的权利
>
> 1. 注册商标的所有权人享有专有权，以阻止未经该所有权人同意的所有第三方在商业过程中对与已注册商标的货物或服务的相同或类似货物或服务使用相同或类似标记，此类使用会导致混淆的可能性。在对相同货物或服务使用相同标记的情况下，应推定存在混淆的可能性。上述权利不得损害任何现有的优先权，也不得影响各成员以使用为基础提供权利的可能性。

10.07 商标所有人可以通过两种方式来实现此目的：阻止任何人使用其商标，或者阻止任何人注册该商标从而达到阻止其使用的目的。TRIPs第16条仅提到了对标记的未经授权使用，并没有特别提到他人试图注册相同或近似商标的情况。很多国家（例如，《欧盟理事会指令》② 以及《欧盟理事会条例》③ 成员方）国内立法的相应条款都照搬了该条文，并另行规定不予注册或不予使用竞争者相同或近似的标志。这是降低未来侵权可能性的便捷途径，但也随即增加了合法商标使用人的不便和成本。

10.08 本章下述内容将论及下列问题的法律标准：

(i) 商标之间是否相同、近似或不同；

(ii) 商品和服务之间是否相同、类似或不同；

(iii) 两项商标之间的相似性是否会导致混淆；以及

(vi) 两项商标是否存在被混淆地联系的可能性。

② 《欧盟理事会指令89/104》第4（1）条和第5（1）条。

③ 《欧盟理事会条例40/94》第8（1）条、第9（1）（a）条以及第（b）条。

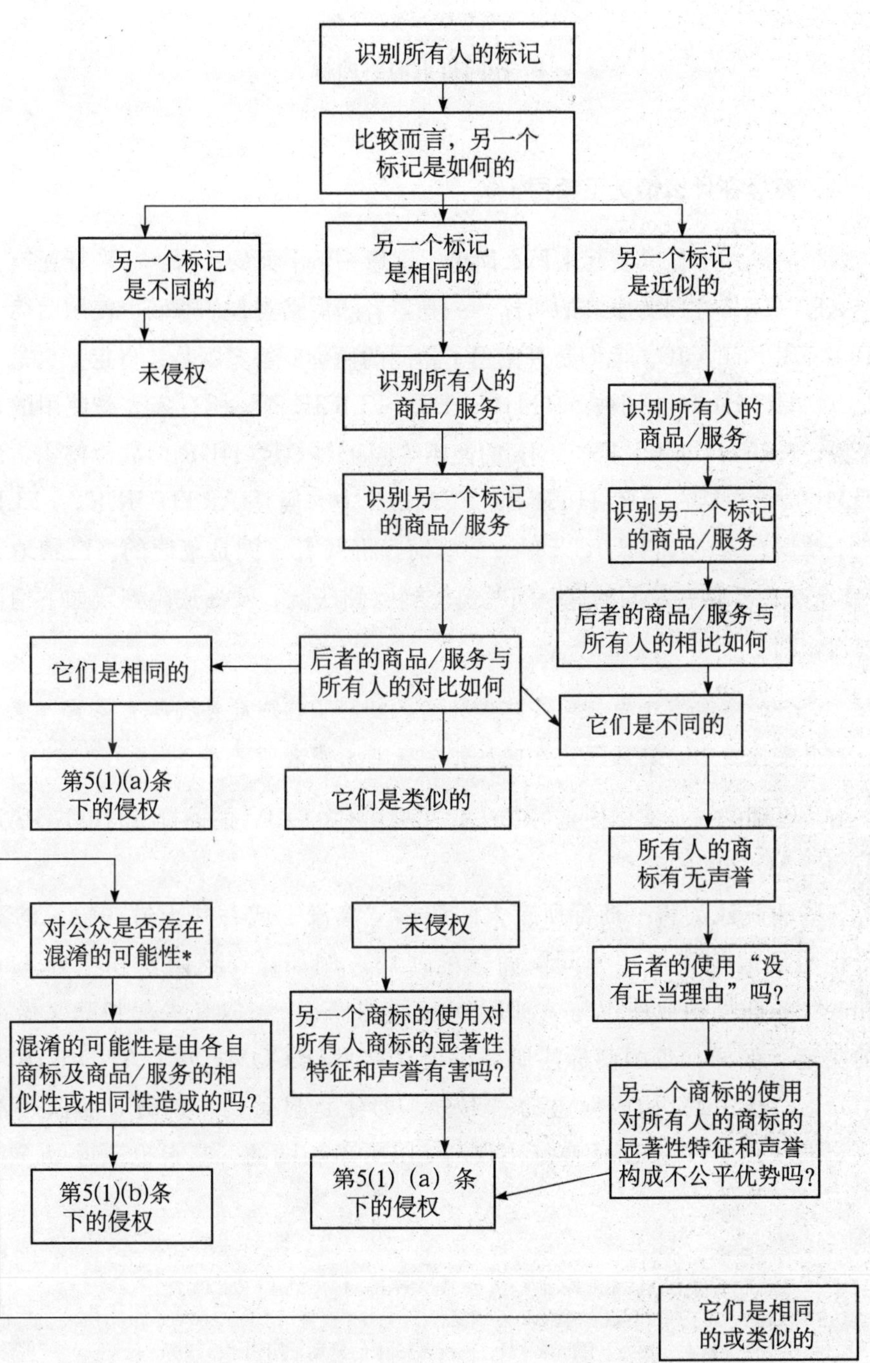

图 10.1　拒绝他人商标注册申请的相关理由的图解

* 如果存在混淆的可能性，商标所有人可以选择下文图解中描述的任一途径或两条途径。 10.09

B. 相同及近似的商标

(1) 商标在什么情况下相同?

10.10 这个问题并不像其看起来那么简单。试想一下下面的场景：一商标所有人将文字 ARTHUR 注册为服装的商标。一竞争者随后在类似的服装上使用商标 ARTHUR ET FELICIE。他们是否使用了相同的商标？答案既是“肯定”也是“否定”。从 ARTHUR 一词被 ARTHUR ET FELICIE 商标所有人完整使用的意义上来说，ARTHUR ET FELICIE 的使用等同于对 ARTHUR 的商标使用，因为 ARTHUR 被包括在 ARTHUR ET FELICIE 中。但是 ARTHUR ET FELICIE 是三个单词，而 ARTHUR 只有一个单词，将两者等同是荒唐的。巴黎地方法院[④]将两项商标是否相同的这一问题提交到欧洲法院，欧洲法院判定如下情况可以视为相同：

> ……倘若它未做任何修改或补充，复制了构成商标的所有要素，或作为一个整体看来，其区别太细微可能为普通消费者所忽略。[⑤]

10.11 细微区别的一个实例便是另一法律文书所列的 IBM 的商标 THINK PAD 和 THINKPAD 之间的区别。[⑥]

10.12 一些法院认为将一商标所有人的商标“淹没”或吞并于另一较长的商标中，很明显地构成了“相同”商标的使用。例如，在英国使用“William R Asprey”的商号构成使用与 ASPREY 相同的商标。[⑦] 但有些裁判庭又做出相反的决定。例如，英国商标注册登记处认定商标 COMFORT AND JOY 不同于 JOY。[⑧] 当 SLIM 构成标志的一部分，即便是显著的一部分，希腊一法院仍认定 COOL AND SLIM 商标不仅与 SLIM 不相同的，甚至也不近似。[⑨]

---

④ SA Societe LTJ Diffusion v Societe SA Sadas Vertbaudet［2001］ETMR 76.

⑤ SA Societe LTJ Diffusion v SA Sadas，Case C-291/00 of 20 March 2003（unreported judgment），para 54，相比总法务官在［2002］ETMR 441，para A53 中的意见，用词略微严厉。

⑥ International Business Machine Corp's application，Case R 10/1998-2［1998］ETMR 643，IBM 可根据其早先在希腊登记的 THINK PAD 申请欧共体商标 THINKPAD 的注册，尽管希腊商标表现为两个单词而共同体商标下的申请表现为一个单词。

⑦ Asprey & Garrard Ltd v WRA（Guns）Ltd and Asprey［2002］ETMR 933（上诉法院）。

⑧ Merri Mayers-Head's application；opposition of Jean Patou［1997］ETMR 577.

⑨ Slim International and Antineas Graikou v Delta Protypos Milk Industry［2000］ETMR 409（雅典一审法院）。

(a) 表明商标相同的因素

10.13 如果后一个标记包含的内容仅仅是描述性的，则可在与在先注册的商标比较中忽略。例如，假设我在皮箱上注册了LOUIS VUITTON，我的同行不能因为他的皮箱标签上刻着LOUIS VUITTON LUGGAGE认为没有使用和我相同的商标。[10]同样，当后一个标记包含其使用人公司名称时，瑞典法院在判定商标EROWA COMBICHUCK等同于申请人申请的欧共体商标COMBI商标时也不会考虑这一点。[11]

(b) 表明商标不相同的因素

10.14 目前众所周知的是，竞争者若仅复制商标所有人注册商标的部分内容不构成相同商标的使用，即便复制的是最显著的部分。因此，巴黎上诉法院判定POST'AIR与LA POSTE是不相同的商标。[12]

10.15 另一项使商标从相同向仅仅近似或非常不同倾斜的标准，是考察后一个商标添加的内容是否赋予了其完全不同的含义。这点为法国最高法院确认，认为文字标志FIRST被FIRST LADY的标志完全复制，但“FIRST LADY”与美国总统妻子的联系完全改变了后一个标志的含义。[13] 同样，巴黎上诉法院令人诧异地判定CHAMPION DU MONDE（世界冠军）的含义与在先注册的标志CHAMPION的含义大不相同。[14]

10.16 从这些决定中我们可以总结出：因两个商标的含义不同而推翻两商标是相同的假设并非一项精密科学，而仅仅是主观评价的结果。

10.17 同增加新内容的方式一样，从前一个标志中提取部分内容的方式同样不能有效避免被判定为近似。因而内部市场协调局异议部门认为STITCHES与在先注册的商标BROKEN STITCHES是近似商标。[15]

(c) “某商标仿制品”的问题

10.18 在ARTHUR ET FELICIE[16]案中总法务官考察了相同性的另一层面：对其

[10] 这个推论从AAH Pharmaceuticals Ltd v Vantagemax plc [2003] ETMR 205（英国高等法院）案中得出，法院认为用于顾客奖励机制的“Vantage Rewards”与VANTAGE用于奖励机制上的服务标志相同。

[11] System 3 R International AB v Erowa AG and Erowa Nordic AB [2003] ETMR 916（斯德哥尔摩地方法院）。

[12] AOM Minerve SA v INPI and another [2001] ETMR 1209.

[13] Sarl Succes de Paris v SA Parfums Van Cleef et Arpels [1999] ETMR 869. 肯定了Vekaria v Kalatizadeh, Case R 410/2001-1 [2003] ETMR 111案的观点，OHIM复审委员会认为英国公众会将DIANA和PRINCESS DIANA联系为同一人。

[14] Atlan v INPI and SA Promodes [2001] ETMR 88.

[15] House of Stiches Pty Ltd's application; opposition of Bellini Warenvertriebsgesellschaft mbH, Case B 16560 [1999] ETMR 994.

[16] SA Societe LTJ Diffusion v SA Sadas, Case C-291/00 [2002] ETMR 441, para 48.

定义的“某商标仿制品”进行分类的困难。换句话来说，假如TISSOT是手表的商标，那贴上IMITATION TISSOT（TISSOT仿制品）标志的商品的出售是否意味着使用了相同的商标？如果“仿制品”一词可被作为描述性的，起码有法院会认为TISSOT和IMITATION TISSOT是相同的。[17] 这种做法似乎对总法务官很有说服力，但总法务官做出警示：如果“某商标”和“某商标仿制品”不能被视为“相同的”，并且消费者不会混淆地认为“某商标仿制品”的商品是真品，那么将会出现不可挽救的对“某商标”的大肆滥用。[18]

10.19 因为，根据总法务官的观点，对这个问题的分析可谓之“既不必要也不妥当”，尽管我们不清楚他为何要提出这个问题。然而，他内心所关心的更为深刻的问题是，指令第4（1）（a）条和第5（1）（a）条在保护商标所有人时起到的基本作用。如果这些条款是为了给一件商标的投资树立起财产类型的防护栏，它们应适用于威胁该投资的“某商标仿制品”的使用。但是如果它们仅仅是在使用“相同”商标时推定存在混淆的情况下提供给商标所有人的一种获得保护的便捷方法（如TRIPs第16（1）条规定的），那么我们可以合理地认为，倘若“某商标仿制品”的使用（假设存在的话）被证明未造成混淆时，“相同商标用于相同商品或服务”的规定不应用做对商标所有人的保护。

10.20 欧洲法院在ARTHUR ET FELICIE案中的判决并没有讨论“某商标仿制品”的问题，对此问题不置可否。“IMITATION TISSOT”不能被视为对“TISSOT”商标的“未做任何改变和添加，对所有构成要素”的字面复制；也不能认为，作为一个整体看时，“IMITATION”一词的添加构成了一项“如此细微以至于普通消费者会忽略”的不同之处。如果将这两个词分开，将IMITATION作为描述商品状况的形容词，不是作为商标，而TISSOT作为商标的整体，这个问题便迎刃而解了。

(d) 有时商标是否相同或近似无关紧要

10.21 鉴于法律假定相同商标用于相同商品和服务时会产生混淆，对于商标所有人而言，显然有利的是去说服法院或商标登记机关相信其竞争者的商标与其商标是相同的。如果他能做到这样，他无须再经历证明其商标和竞争者商标存在混淆可能性的耗时并昂贵的过程。然而，当他的竞争者的商品或服务仅仅是类似于他的商标所注册的商品或服务时，他仍须证明混淆的可能性，而无论其商标和其竞争

⑰ AAH Pharmaceuticals Ltd v Vantagemax plc [2003] ETMR 205（英国高等法院）。

⑱ 这个假设推定，如果“某商标”和“某商标仿制品”用于同一商品，指令将禁止以“不公平优势”或“损害”为由提起的救济：欧洲法院在Davidoff & Cie and Zino Davidoff SA v Gofkid Ltd, Case C-292/00 [2003] ETMR 534案中推翻了这个假设，见第11章。

者的商标是相同还是近似的。在这种情况下，法院或裁判庭仅会考虑当事方各自的商标是否构成“相同或近似”，但无须费周折确定到底是相同还是近似。

(2) 商标在什么情况下近似?

当商标不相同时，如果它们是近似的，在先注册商标的所有人也可以阻止在相同或类似商品或服务上使用可能导致混淆的近似商标。因此，我们有必要明确一个问题，什么情况下商标不是相同的而是近似的。在提出这个问题之前，我们应该先回答几个先决问题：一是在商标之间进行比较的法律标准是什么？二是由谁来裁判商标是否近似？ 10.22

(a) 商标之间进行比较的法律标准是什么？

欧洲法院应请求在Sabel（美国鞋子品牌——译者注）诉Puma[19]（美国鞋子品牌——译者注）案中考虑这个问题，并认为商标之间的比较应该包括：对涉嫌商标在视觉上、发音上以及含义上的近似性做整体评价，尤其要注意它们显著的和主要的成分。[20] 10.23

整体评价是必要的，因为普通消费者通常在一个整体上看商标而不会去分析其不同的细节。[21] 10.24

尽管该法院严格适用的是欧盟法的原则，但我们可以认为该案件这部分的裁决体现了所有商标体系中的公理：鉴于商标通常包含可被读、写和理解的文字，或者包含可被看见和理解的标语、容器或包装，因此除了询问其看起来像什么，听起来像什么及含义是什么，不存在其他的比较不同商标的有效方法。该规则的说明的确是有必要的，因为一项商标应考虑其各因素并非不证自明的；而且我们给予每一因素的重要性也是不明确的。若没有这条明确说明的规则，一个法院可能在一起主要是视觉商标的案件中，认为在比较不同商标时只应考虑其视觉因素。 10.25

Sabel诉Puma案的标准强调了在比较商标时，人们应尤为注意的是它们“显著的和主要的因素”。这个文字公式的含义到底是什么？首先，它可能意味着人们应考虑每个商标中区别于其他不相似商标的自身特征；其次，它还可能意味着人们应考量将两个商标彼此区分的那些特征。第一点似乎有些荒谬，因为在辨 10.26

⑲ Sabel BV v Puma AG，Rudolf Dassler Sport，Case C-251/95［1998］ETMR 1.

⑳ 同上，第23段。对于这些标准，有必要在感官感知的相似性中再增加另一项标准，嗅觉上的相似性，见Adidas-Salomon AG and Adidas Benelux BV v Fitnessworld Trading Ltd，Case C-408/01，2003年7月10日的观点（未公开）（欧洲法院），第43段。

㉑ 同上。

别两项商标之间的近似性时，它们各自显著性的特征与其共同的近似性几乎是毫不相关的：但这正是对法院措辞更自然的解释。第二个标准基于同样的原因，看起来也并不更具说服力：人们可以理解的是，在对两项商标近似性进行整体评价时，人们所记住的是那些近似的部分而不是那些将两者区分开来的特点。无论是哪种情况，鉴于是商标之间共同的特征导致消费者产生混淆，因此，原则上我们应该了解的不是两个商标在多大程度上不同，而是它们共同的特征会在多大程度上造成消费者混淆。

10.27 在实践中，我们也确实对商标之间近似的部分给予了一定程度的关注而不是仅关注于它们的区别。法国最高法院[22]判定，在对比商标时，即本案中的OCEALINE和OCEALIA，应该关注它们的相似性而不是它们的不同点。然而西班牙最高法院采取了不同的方法，它根据“REE…K”之间“truc”和“bo”要素的不同，维持了商标REEBOK和REETRUCK在书写或发音上并非近似的决定。[23]

10.28 Sabel诉Puma案仅能算是为商标的比较揭开了序幕，原因如下，首先，该判决明显没有考虑到对“新”对象——如味道和声音的简单或复杂商标的注册。[24]其次，它对于这三个标准的相对重要性未作进一步的延展。如果这三项标准都被实现，即两项商标必定是近似的（例如PIGLET和PIGGIE），那么未能确定这三项标准的相对重要性不构成问题；如果三项标准都没有实现，由于两项商标不可能是近似的（例如CAT和GRAPE），这也不构成问题。真正产生问题的情况在于，当一项或两项标准达到后，为我们合理推定两项商标既可能是近似的也可能是不近似的留下了余地。这个问题将在本章后文中论述。

10.29 判例法甚少涉及对商标“主要”（dominant）特征的评估，但该问题极具重要性。两项商标既有相似又有不相似的特征时，当它们的相似特征构成主要部分时，则为近似的，如果不相似特征构成主要部分时，则为不近似的。一个很好的范例是OHIM复审委员会就一个案件做出的决定[25]，两件用于衣服上的图形商标，如图10.2所示（图一为Arthur文字商标，图二为包含Arthur文字的图形

㉒ Cuisine de la Mer Cuisimer SA v Maumenee，SA Meralim and Rambour [2000] ETMR 880.

㉓ REETRUCK trade mark application [2002] EIPR N-115.

㉔ 声音（sound）此处意指就其发音而言，非依附于文字商标的声音。COCA-COLA在发音时也具有声音，因此发音上的因素构成其商标本身的一部分。但它用以注册的并非声音，它注册的是文字。不同的说话人在提到它的时候发音是不同。

㉕ Marc Brown's Trade Mark Application；opposition of LTJ Diffusion [2002] ETMR 653. 由于衣服很少通过口头订购，而是通常在仔细挑选后购买，因而衣服商标的视觉因素更为重要；啤酒一般是口头上订购的而并非仔细挑选后购买，其发音要素是支配性因素：Mystery Drinks GmbH v OHIM，Karlsberg Brauerei KG Weber Intervening，Case T-99/01，2003年1月15日（未公开）（欧洲一审法院）。

商标。——译者注)，并非近似的。与认为“Arthur”文字是两件商标主要特征的异议部门不同的是，复审委员会认为两项商标是“显著不同”的，因为图二商标主要的特征是对和蔼可亲的土豚的描绘。

如果人们认为这类衣服的相关消费者是商店里的顾客，这个决定易为人理解。但当零售商通过电话向批发商订购商品时，双方的商品是都被称为“Arthur”的。不过即便如此，交易中的人们应能够了解两者之间的区别，起码不会长时间地陷于混淆。 10.30

图 10.2　OHIM 复审委员会认为这两个用于服装领域的图形商标“特别不近似”

在“Arthur”案中，OHIM 第一复审委员会声称：不予否认的是商标多数情况下是被视觉认知的，但仅限于它们通常以图像表达，在商标上使用字母或者图形，添加一定的颜色，从而使消费者的注意力主要通过视觉认知的方式被吸引。因此，即便商标的发音明显对识别商品的来源具有重大意义，也不能认为时装领域的顾客主要使用其名称（即文字发音）来辨别不同的商品。[26] 10.31

人们会认为这是正确的，这也是一审法院在 FIFTIES[27] 案中持有的相反观点令人失望的原因。在那个案子中，法院认为申请人的文字商标 FIFTIES 与在先的复杂图像商标（如图 10.3）存在令人混淆的近似。从在先商标中可以看到“Miss Fifties”的词语，但绝不能说是主要部分。一审法院注意到，当考察不同商标发音上的近似性时——必须承认的是，FIFTIES 和“Miss Fifties”在发音上是近似的——商标的视觉因素应被忽略。但这是否允许人们做出结论，整体对比下，这两件商标是近似的？在涉及一个文字因素并非占主要部分的、由文字和图形构成的复杂商标时，只关注于发音近似性是错误的。倘若两件商标都是简单商标，一审法院对 MISS FIFTIES 和 FIFTIES 混淆可能性的考虑会是有理有据的。但这项决定使得竞争对手享有一项商标权，不仅能抵制他人对该图形的使用，还能阻止他人对 FIFTIES 和 MISS FIFTIES 的注册和使用——这对“Miss Fifties”文字仅占小部分的复杂商标而言，构成了过于宽泛的保护。 10.32

图 10.3　复杂的“FIFTIES”图形商标

[26] Marc Brown's Trade Mark Application; opposition of LTJ Diffusion [2002] ETMR 653, 660.

[27] Oberhauser v OHIM, Case T-104/01 [2003] ETMR 739.

10.33 雅典一审法院在一起主张 COOL AND SLIM 文字商标与文字图形商标 SLIM 存在混淆性近似的案件中，做出了不同的结论。在该案中，两商标之间唯一相同的特征，即 SLIM 一词与 FIFTIES 一词不同，它在 COOL AND SLIM 中的使用是对所涉产品——减肥冰淇淋的描述，因而在比较中被刻意忽略。[28] 共同描述性因素的忽略对双方当事人的意义是重大的，但如果有证据显示消费者实际上混淆了，人们也会质疑这个结果是否是正当的。

(b) 谁是决定商标是否近似的裁判者?

10.34 商标近似性衡量的标准是个法律问题，应该由决定法律问题的法院或裁判庭来决定。这个问题不应与另外两个问题混淆：(1) 两项商标是否是近似的；以及 (2) 两项近似的商标是否达到了令人混淆的近似（下文详述）。后两个问题是事实问题而非法律问题，应该根据“相关消费者”来决定。“相关消费者”的特征也将在下文论述（见第 10.134～10.141 段）。

10.35 在确定怎样才构成一个合理审慎并已充分知情的消费者时，不仅根据他或她对竞争方交易市场的熟悉程度，也会考虑该市场的性质。这样做，是因为我们是根据贴附该商标商品出现的场合来决定显示相似性的各因素的相对重要性。因此通常由消费者指定特定商品（例如，在饭店或酒吧中）的场合下，或根据消费者的要求购买特定商品时（例如为行动不便者索取非处方药时），又或通常以电话下订单的场合下，一项商标的发音因素相应的会更具有重要性。相反，在超市或自取食品店中的商品，其发音因素的重要性降低而视觉因素的重要性上升。

(c) 近似性是明显的、非潜在的

10.36 两件商标看起来越不近似，或越需要花工夫去想象两者的近似性，裁判庭认定它们实际上近似的可能性就越低。当判例法偶尔做出与此推论相反的例外裁决时，这种标新立异除非由该法域内的最高法院[29]做出，否则通常都会在上诉审中被推翻。

10.37 如果在先注册的商标和申请人的商标在其申请注册时不存在近似性，它可能被以混淆相关消费者的方式进行使用的事实不应被列入考虑的相关因素。因此在 PEPSI 商标所有人提出质疑时，危地马拉最高法院维持了允许 12939 标志的注册是正确的判决。[30] 对 12939 商标与 PEPSI 商标任何直接的比较都不存在可察觉的

---

[28] Slim International and Antineas Graikou v Delta Protypos Milk Industry [2000] ETMR 409（雅典一审法院）。2003 年 7 月 3 日判决的 Budejovicky Budvar Narodni Podnik v Anheuser-Busch Inc WTLR 案（罗马尼亚国家发明和商标审查委员会），得出了相反的结果，AMERICAN BUD 被认为与 BUD 近似，因为“American”一词的使用提示了产品的来源，并没有起到将其与注册商标 BUD 区分开来的效果。

[29] 见西班牙最高法院在 Commercial Uberica de Exclusivas Deportivas SA（Cidesport）v Nike International Ltd and American Nike SA [2000] ETMR 189 案中的判决。

[30] PepsiCo Inc v Productos Industriales，Comerciales y Agricolas，Sociedad Anonima，Case 128-97，19 May 1998（2001）91 TMR 407.

近似性；数字12939，其反过来的图像，可被看做Pepsi潦草的书写，但这非相关考虑因素。如果申请人试图以倒过来的方式使用12939的图像，则不是按照其注册的方式使用，从而等同于构成百事商标的侵权人。

(3) 剖析近似性

既然Sabel诉Puma案已经确立了判定两件商标近似性的三项标准，我们应考察法院以及商标注册登记处是如何贯彻这些标准的。在我们意料之中，客户争夺着商标保护所赋予的潜在并永存的法律垄断权，即便代价很高，而律师就是律师，不仅考虑何为视觉上的、发音上的以及含义上的近似性，还考虑一商标与另一商标在列出标准中的一个或两个方面近似，但不是所有方面近似时的法律后果。 10.38

(a) 视觉上的近似性

视觉上的近似性有时被作为近似性标准之首。正如OHIM第一复审委员会所述：不能否认的是，商标多数情况下是被视觉认知的，但仅限于它们通常为图像表达的，在商标上使用字母或者图形，添加一定的颜色，从而消费者的注意力主要通过视觉认知的方式被吸引的情况。[31] 10.39

商标的视觉上是否相似的效果同时也反映在它们在含义上的近似程度。例如，当商标POWER完整地被包含在标记POWERHOUSE中时，这两个词语具有不同的含义，从而在看到POWERHOUSE一词时不可能没注意到附加的HOUSE。[32] 10.40

商标的视觉因素由于具有多面性，因而优于发音以及含义因素：视觉因素除了包括文字内容，还包括颜色、形状、大小和位置的因素；而发音因素，除了任何乐律感的内容，只包括音高、音调和音量。从任何物理维度而言则不存在含义因素，含义因素仅取决于消费者从商标外形或从其声音中分离出的含义上的认知能力。视觉和发音优于含义因素的另一优势在于，对前两者的不断重复能维持或提高消费者的熟悉程度，而消费者对于含义因素的认知却会因重复而削弱：这是因为标记会在词语的原本含义之外建立起“这是某公司生产的商品”第二层含义。因此，很多人现在将起初作为一匹马和姓氏意思的“Colt”（雄驹，现也作为哥特式手枪。——译者注）和手枪联系在一起。 10.41

当文字商标与包含该文字内容的图形商标相比较时，视觉上的近似性由什么 10.42

㉛ Marc Brown's Trade Mark Application; opposition of LTJ Diffusion [2002] ETMR 653.

㉜ Bata Ltd v Face Fashions CC [2002] EIPR N-9（南非最高法院）。

构成是个很难回答的问题。这是因为，当一个词语被注册为一项商标时，申请人并没有说明它打算如何使用该词语，我们可以认为该词语在另一商标中的任何形式的表达在视觉上都是近似的，因为它们包含了相同的字母，或认为只有在完全相同或近似字体下的表现才是视觉上近似的。换句话来说，基于包含了同样的字母，全部字母大写楷体的 MANGO 是否与首字母大写其余字母小写的 Arial 体 Mango 在视觉上是近似的，或它们实际上是不近似的？OHIM 第一撤销部门似乎采纳了前者的标准，认为图形商标以艺术字体表现的 SENSO DI DONNA（如图 10.4）与文字商标 SENSO 在视觉上是近似的。[33]

图 10.4 "SENSO DI DONNA"的图形商标

10.43 当一项商标是三维的时候，人们或许会认为视觉相似性是 Sabel 诉 Puma 案所确立三项标准中唯一一个能够提供有效商标比较的标准，对下述案例的回顾表明情况并不一定是这样。假定 Felix the Cat[34] 案的判决是正确的，一只老鼠形状的盐罐可能被认为与一件包含一只猫的三维描绘的商标是"近似"的，这是因为它们在文化上的联系，而非因其视觉或读音上的近似。然而海牙地方法院在比对又长又细的管状（SMARTIES 中使用的）和又短又粗的管状（M&M 中使用的）时，并没有超出其纯粹的视觉因素。（SMARTIES 和 M&M 商标都是三维管状书写的，SMARTIES 中字母书写呈又长又细的管状，M&M 中字母书写呈又短又粗的管状。——译者注）[35] 如果它们超出了，他们将发现很难避免得出管状对两项商标而言是共同的结论。人们认为，对于纯粹的三维商标而言，荷兰的标准最值得称道。假如不这样认定，猫状的盐罐则被授予了不但是在猫状商标上垄断性的保护，还扩及其他与猫文化有关联的生物体上的保护：不仅包括老鼠还包括狗（狗会抓猫，正如猫会抓老鼠）、禽类（Loony Tunes 的 SYLVESTER 和 TWEETY PIE）（SYLVESTER 是《傻大猫》动画片，TWEETY PIE 是《达菲鸭》动画片。——译者注），以及猫头鹰（Edward Lear 的"The Owl and the Pussycat"）（《猫头鹰和小猫咪》动画片。——译者注）。

10.44 视觉近似性中特殊的一类被称为"相当近似"。例如 OHIM 第三复审委员会判决饼干商标 FOX'S 和 FUCHS 商标"相当近似"。而与之相反，其在分析

[33] Senso di Donna's trade mark; Kim Carl Meller's application for a declaration of invalidity, Case C000616979/1 [2001] ETMR 38.

[34] Ste Felix the Cat Productions Inc v Ste Polygram [1999] ETMR 370.

[35] Mars BV v Societe des Produits Nestle SA [1999] ETMR 862.

LANDAU，POTTER 或 HARMSEN 时认为看起来“非常不同”[35]。TRIPs 或《欧盟理事会条例》中都没有“相当近似”或“非常不同”的用语，并且倘若文字之间不是“非常不同”的，就推断必然近似，这多少有些言不由衷了。

还有另一类更为特殊的视觉近似性类别叫做“不近似”的。这一类别以OHIM 异议部门[37]对两种公鸡形状的商标的决定为例（如图 10.5），尽管两者乍一看具有非常明显的近似性，但仔细分析后能列出一长列的不同之处。鉴于“普通消费者通常将商标视为一个整体而不会分析其不同的细节”，有必要对商标作整体性评价。而在对两项商标进行整体性评价时，又有多少人真的会注意到“两个商标各自在鸡脚上以及羽毛上的明显区别”的事实？幸运的是，在法院的决策程序中鲜有这样的需要挖掘出如此细微细节的案子。 10.45

图 10.5　这两个公鸡的商标不近似吗？

(b) 发音上的近似性

在考察商标发音上的近似性时，商标律师发现他们卷入了语言学科中。英语系国家当地人对英语发音的不规则形式习以为常，反过来取笑那些须在学校里学习英语的人，并使得他们沮丧。为什么“row”（做喧嚷比赛含义时）与“row”（做划船含义时）发音是不同的，而“ruff”和“rough”或者“threw”和“through”却又是同音词？不过现在，在《欧盟理事会条例》适用 7 年后，英国人不得不考虑使用欧盟其他 10 国语言的人是如何对英语单词发音的。因此，在考虑英语文字商标 FOX'S 是否与德语同一词 FUCHS 在德语中的发音近似时，OHIM 会注意到德国人将 FOX'S 作为单音节词的情况，尽管英国饼干消费者应知道它是双音节词（FOX'S 是饼干商标——译者注）。[38] 10.46

如果相关公众消费者意识到，或者应该意识到一个词语来自外文，那么外文的发音将被纳入考虑。然而如果没有理由去怀疑一个词语是舶来词或者即便怀疑是舶来词，相关公众消费者也不知道它属于哪国语言，我们则假定那些消费者会 10.47

㊱ Northern Foods Grocery Group Ltd's Application; opposition by Horace M Ostwald [2002] ETMR 516, para19.

㊲ Fromex SA's application; opposition of K H de Jong's Exporthandel BV, Case B 43457 [1999] ETMR 989；比较上文讨论的 Cuisine de la Mer Cuisimer SA v Maumenee, SA Meralim and Rambour [2000] ETMR 880 案。

㊳ Northern Foods Grocery Group Ltd's Application; opposition by Horace M Ostwald [2002] ETMR 516.

把它作为本国词语来发音。从而，我们会期待喝酒的人在看到一瓶香槟气泡酒瓶子上的商标时会用法语来读它，但没有理由认为在一瓶风靡苏格兰的蜂蜜味道威士忌瓶子上贴着的英语 DRAMBUIE 商标，应按照苏格兰口音发音而不是英语口音发音。

10.48 根据这些原则，哈佛大学试图保护其用于服装上的 HARVARD 商标，抵制 JARVARD 在同样商品上的注册。由于 JARVARD 并没有被提示为是个西班牙商标并且西班牙语 JARVARD 读起来时与“Harvard”相同，因而它会被假设读成“佳佛”（Jarvard），而不是“哈佛”（Harvard）[39]。同样的，虽然 DAVINA 和 BABINA 商标的英格兰发音非常不同，但 DAVINA 中的 V 在西班牙语中读为 B，从而使两件商标对西班牙人而言几乎听起来是相同的。[40]

10.49 OHIM 异议部门所持的观点是，“在发音上，元音通常比辅音更具显著性的效果”[41]。我们不知道这样的言论是否具有事实上的根据，但似乎它并没有被复审委员会接受。

（c）含义上的近似性

10.50 商标含义上的近似性起码以三种方式确立。

10.51 （i）对象含义的近似性。Sabel 诉 Puma 案本身争议的事项涉及双方商标共同的部分：双方的商标都描绘了“跳跃的野猫”。尽管两个商标视觉上是可以区分的，它们背后的含义却不是。在另一起与猫有关的 AL Gatto Nero 诉 Le Chat Noir 案子中[42]，视觉图像以及文字本身都存在着含义上的近似性（“gatto nero”和“chat noir”分别是意大利语和法语对黑猫的表达）。

10.52 在语言问题上没有放之四海皆准的解决方案。一些民族（例如斯纳的那维亚国家，德国和荷兰）以其语言天赋而闻名，而其他民族表现出的民族自豪感（法国）、岛国特性（英国）或半岛特性（西班牙），使其特别抵制去接受外国音调。这也反映在它们的判例法中。例如，巴黎上诉法院认为法语商标 XXieme SIECLE 和 21st CENTURY 之间不存在近似性[43]，而意大利都灵法院非常自信地认为意大利人都知道“chat noir”是“gatto nero”的法语表达。

---

[39] Kundry SA's application；opposition by the President and Fellows of Harvard College [1998] ETMR 412.

[40] Brackenbrough's application；opposition of Santis Management AG，Case 1517/2000 [2001] ETMR 412.

[41] Warsteiner Brauerei Gaus GmbH & Co KG's application；opposition of Brauerei Beck GmbH & Co，Case 57/1998 [1999] ETMR 225，230.

[42] Al Gatto Nero Srl v Le Chat Noir [1997] ETMR 371（都灵法院）。

[43] Casaubon and Vingt et Unieme Siecle v 21st Century Film France [1999] ETMR 787.

我们推定表达一含义的文字和一件表达同样字面含义的视觉图像在含义上是近似的，因而“猫”这个词语和一幅猫的图片在含义上是近似的。但我们不清楚一个表达一项含义的文字和通过比喻的方式表达了同样含义的视觉图像是否具有含义上的近似性，比如说“Hershey kiss”的图像（见图10.6）[44]（该图是好时牌的巧克力——巧克力之吻的图像。——译者注），很难想象这个图像会被巧克力的消费者理解为与“吻”一词具有含义上的近似性。 10.53

(ii) 将同一词语放入两件图形商标导致的含义上的近似性。对于一件仅包含文字的商标，任何要考察商标所蕴藏的含义的裁判庭只需要与文字打交道，从而文字的含义不可避免地界定了该商标蕴藏的含义。但这对真正的图像商标并不是一回事。基于第一件商标在视觉和艺术表现形式上远远超越仅仅是铅块和几何图形的第二件商标，法院以商标总体形象表现出的含义作为其含义的可能性随之增强。因此，即便视觉上不同的两个EASY商标的确可以被认为在含义上是近似的，但OHIM异议部门仍正确地判定此处描绘的俩“easy”商标（如图10.7）无论如何都不具有含义上的近似性，第一件表现了一个男人举着一面写着字母“e-a-s-y”的旗帜，而第二件则通过字母积木的使用表达了拼写简单的含义。[45] 10.54

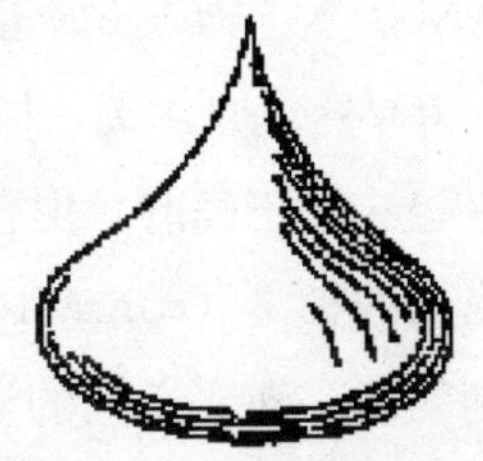

图10.6 好时Kiss巧克力

(iii) 文化关联导致的含义上的近似性。法国大审法院认为FELIX THE CAT和FELIX LE SOURICEAU存在含义上的近似性[46]，不是因为“猫”和“老鼠”在含义上类似，而是因为它们在寓言文化上的关联。巴黎上诉法院也暗示St John和St James都是“st”（圣）加上盎格鲁-撒克逊民族的名字，从而其间存在含义上的近似性。[47] 10.55

图10.7 OHIM异议部门正确地判定这两个“EASY”商标不具有含义上的近似性

共享毫无意义的文字不会导致含义上的近似性。尽管两个商标表达了同样的含义可能意味着它们在含义上是近似的，但这并不代表，从两件商标都不表达任何含义的事实，即它们都是毫无意义的事实，推导出它们仍是含义上近似的。 10.56

[44] Hershey Foods Corporation v OHIM，Case T-198/00，5 June 2002（欧洲一审法院）。

[45] ABB Sadelmi SpA's application；opposition of the European Patents Organisation，Case 3552/2002 of 28 November 2002（未公开）。

[46] Ste Felix the Cat Productions Inc v Ste Polygram [1999] ETMR 370.

[47] Lyon v SA Rhums Matiniquais Saint-James [1999] ETMR 188（Cour dapple de Paris）.

OHIM复审委员会在比较药品商标EVASIL和EXACYL时就做出这样的判定。[48]

10.57 OHIM复审委员会在一起瞩目的案件中，认定申请人的文字商标ORANGEX与由文字和图形构成的商标ORANGE X-PRESS并不近似[49]：他们承认两件商标的含义都涉及橙子，但就这一点本身并不足以构成含义上的近似性。从整体上看各商标，ORANGEX的含义与“橙子”并不具有明显差异，而ORANGE X-PRESS则包含了“快速榨汁方法”中的“榨汁”（pressing）或“快速”（express）的含义。尽管认为一件单一商标的确可能不仅包含了一项简单含义这一想法是正确的，但仍然有必要去考察两商标最打动消费者的是同一含义还是其附加的含义（conceptual surplus）。如果消费者看到这两个商标都想到“橙子”，则的确存在含义上的近似性；但是如果他想到的分别是“橙子”和“榨汁”，则不存在含义上的近似性。假设这两项商标都是用于橙汁榨汁机，并在ORANGEX商标上添加了“遗漏”的“快速榨汁”因素，在适用这些标准时，委员会可能对此事实得出相反的结论。

10.58 大多数基于概念近似性的比较都与文字商标有关，但同样的原则也适用于诸如鞋印图形的纯粹图形商标含义的比较。[50]

10.59 一项商标以单数的方式表达而另一项商标以复数的方式表达，不构成它们之间含义上的区别。[51]

（4）商标近似性的叠加

10.60 确定商标之间是否近似的一个简单算术模型，就是对每满足Sabel诉Puma案确立的三项标准之一时加1分，即视觉、发音以及含义上的近似性。得分为3∶0或2∶1时则确认两项商标是近似的，而得分为0∶3或1∶2时则对有近似嫌疑的商标宣告无罪。三项标准并非都能适用时也不见得会引发问题：比方说，拉脱维亚语CARTIER商标声称被文字商标K ART J侵权，两商标不具有视觉上的近似性，也不具有任何含义上的近似性（后一个商标毫无意义），但是拉脱维亚语发音规则导致了发音上的相似性，从而给予CARTIER法律上充足的1∶0

---

[48] Choay SA v Boehringer Ingelheim International GmbH，Case R 273/1999-1［2001］ETMR 693，para 17.

[49] Orangex CA v Juan Jose Llombart Gavalda，Case R 662/2001-1［2003］ETMR 302.

[50] Dr Martens International Trading GmbH's application；opposition of Lloyd Schuhfabrik Meyer & Co GmbH，Case 165/2000［2000］ETMR 1151.

[51] Principles Retail Ltd's application；opposition of Manifattura Lane Gaetano Marzotto & Figli SpA，Case 355/1999［2000］ETMR 240（PRINCIPLES和PRINCIPE）.

优势而险胜。[52] 唯一存在问题的情况是当含义近似性不适用（当两件商标都毫无意义时），然后其余两项标准打成平手，得出1∶1的比分时（例如，同音但视觉上不相似的KODAK和CAU D'ACQUE）。

尽管巴黎上诉法院起码在一起案例中采纳了这项简单的算术公式[53]，但实践中该公式通常不适用。原因之一，它假设三项近似性标准具有同等的重要性，但一商标的其中一项因素可能远比其他两项更重要。[54] 其二，当使用算术加法时，可能会偏离"整体性评价"的原则，导致消费者在数值上自信地得出近似性存在的结论，而不管商标之间可能存在的重大区别。既然这样，放弃适用Sabel诉Puma案确定的套路，而仅仅考察"这两项商标是否存在整体上的近似性"，不是效率更高么？我们不选择这种直接的解决问题的方式（即后者——译者注）是因为以下原因：(a) 视觉、发音及含义上近似性的三分法分析提供了有效的清单，确保我们不会遗漏消费者将商标之间进行等同比较的主要途径；(b) 一旦我们识别了商标相互之间被认为近似的途径，我们也找到了消费者可能会误认一项商标是另一商标（或与另一商标有关联）的途径；(c) 三项主要标准的检测规则为上诉法院提供了用以检验下级裁判庭事实调查推理过程是否正确的框架；并且 (d) 近似性三分法的审查使得多数情况下原可能是直观的思维模式具备了法律科学的完整性。法律书籍并不是说商标审查部门和法院首先决定两项商标是否近似，然后将他们的直观决定滤出，再放入到我们称为法律推理的框架中来。如果真是这样[55]，则我们起码应该通过参考共同接受的客观标准，以限制并正当化我们高度主观的直观评价。 10.61

将三项标准叠加起来，无论是从视觉的角度还是从发音的角度，两项商标相同的事实，不能确保法院认定其相似。[56] 这是因为当一件商标是复杂商标，例如一件由文字构成主要内容的图形商标，而另一件商标仅包含该文字本身时，视觉同一性（visual identity）的法律概念被适用。最终我们依赖的仍将是"整体评价原则"[57]。 10.62

---

[52] Cartier International BV v Hammer Diamonds A/S [2002] ETMR 1041.

[53] Lyon v SA Rhums Martiniquais Saint-James [1999] ETMR 188 (Cour d'appel de Paris) .

[54] 因此在 Alfa-Tel's application; opposition of Alcatel Altshom Compagnie Generale d'Electricite [2001] ETMR 621案中，布拉格高等法院基于商标注册登记处未能对三项标准给予同等的考虑而驳回了上诉。

[55] 在一些案例中可能是这样。例如西班牙最高法院在 Comercial Iberica de Exclusivas Deportivas SA (Cidesport) v Nike International Ltd and American Nike SA [2000] ETMR 189案中的难以置信和无法解释的结论，两件完全不同的商标被认为存在令人混淆的类似。

[56] Matratzen v OHIM，Case T-6/01 [2003] ETMR 392（欧洲一审法院），pars 31，32。

[57] Sabel v Puma，Case C-251/95 [1998] ETMR1；Lloyd Schuhfabrik Meyer & Co GmbH v Klijsen Handel BV，Case C-342/97 [1999] ETMR 10.

10.63 当计算两项商标有多近似时，标准的叠加可能导致“双重计算”的问题。因此一件由文字和图形构成的商标 JACK & DANNY'S ROCK CAFÉ，因为 ROCK CAFÉ 在文字上以及含义上的近似，被认为和一件很不同的由文字和图形构成的商标 HARD ROCK CAFÉ 构成令人混淆的近似。[58]

(a) 视觉上和发音上近似，但含义上不近似的商标

10.64 如果两件商标看起来以及发音近似，即便它们在含义上大相径庭，也可能被认为是近似的。例如，巴黎上诉法院将 ALOHA 视为近似于 OLA，它们视觉和发音上的近似性超过了它们在含义上的不同，“Ola”在西班牙语中是“你好”的意思，而“Aloha”在夏威夷语中是“爱情、幸福和欢迎”[59] 的意思。法院认为由于普通法国人并不懂夏威夷语，含义上的不同可被列入考虑。但这可能更适合被解释为倘若文字之间是近似的但法国人可以理解的不同含义，两项商标可能就不会被认为是近似的。OHIM 异议部门进一步声称，即使英国人知道 FUNK 和 JUNK 之间的明显区别，视觉和听觉标准足以得出两商标是近似的结论。[60]

(b) 视觉上近似，但发音上和含义上不近似的商标

10.65 视觉上的近似性超越发音和含义上不近似性的典型情况是，商标的总体形象占据主要地位，以至于商标的文字内容的重要性只能屈居第二。意大利那不勒斯法院，在 Barilla 诉 Danis 案中意识到这一点，在该案中，尽管存在不近似的文字，但两商标的总体视觉印象（如图 10.8）明显迷惑了公众。[61]

图 10.8 商标总体形象占据主要地位，以至于商标的文字内容只能屈居第二

10.66 西班牙最高法院在审理 Nissan（尼桑）文字和图形商标近似于 Martini（马提尼）所使用的商标时，采纳了同样的标准。[62] 其认为两商标共同的背景比印刷在前面的闻名的且高度显著性的文字商标 NISSAN 和 MRTINI 更能吸引消费者的注意力。

---

[58] Neil King's application；opposition of Hard rock International plc and another [2000] ETMR 22.

[59] Societe Corsetel v INPI and France Telecom [2001] ETMR 930.

[60] Seder's application；opposition of Funk，Case 151/1999 [2000] ETMR 685. 同见 Verify International NV's application；opposition of Jorg Pohlmann，Case 110/2000 [2000] ETMR 716，会说英语的德国人知道 ADSCORE 一词和 ADSTORE 一词不同的含义，而不会认为它们是近似的。

[61] Barilla Alimerntares SpA v Danis Srl and others [1996] ETMR 43.

[62] Nissan Motor Iberica's application [1999] ETMR 338.

（c）视觉上和含义上近似，但发音上不近似的商标

因为判例中暂未有此类范例，我们可以想象这种情形下的一对商标。假设两个图形商标，都包含一副摇头摆尾看起来兴高采烈的狗；第一只狗叫着英语词语“welcome”（欢迎），而第二只狗叫着法语词语“bienvenu”（欢迎）。视觉上两只狗是近似的；甚至它们可能是同一品种的狗的画像。含义上两项商标表达了同一个含义，即欢迎的意思，尽管“welcome”和“bienvenu”的发音很不同。 10.67

（d）发音上近似，但视觉上和含义上不近似的商标

在一起德国的案例中，用于电脑领域的两项商标 MOBILIX 和 OBELIX 被认为存在令人混淆的近似，尽管它们在视觉上和含义上存在不同。[63] 但是仅依据发音上的近似性就得出商标是近似性的结论是非常罕见的。例如，在爱尔兰，CHANEL 商标与包含 CHANELLE 和一匹海马的由文字和图形构成的商标在发音上近似，但视觉上不同，不足以支持依据近似性而向爱尔兰专利局提出的异议。[64] 同样的，当两项商标视觉上不近似并具有不同含义时，同音词 EIRETEL 和 AIRTEL 不视为近似的。[65] 但对于这些案例需要提醒一点，CHANEL/LE 涉及医药/兽医产品，EIRETEL/AIRTEL 涉及电信及类似的商品和服务，均是消费者通常会仔细留意所提供商品或服务的领域。但在涉及“袋装糖果”的情况下，由于购买者仅通过口头索要来购买并甚少留意一些品牌所采取的与其他品牌发音近似的营销战略，因而可能会得出不同的结果。 10.68

（e）含义上近似，但视觉上和发音上不近似的商标

当不存在其他实质性的近似，仅仅是含义上的近似不大可能成为认定两项商标近似的充足依据。因此在一起案件中，申请人的文字商标 DINOKIDS 和异议人的一副包含虚构幼年恐龙图像与 DINO 文字的商标被认为不存在近似性。[66] 从“young”（年幼）及“dinosaur”（恐龙）的含义是常用的事实本身不能推断出商标是近似的整体评价。这对于图形商标同样适用，两个鞋印含义上的近似性不足以得出两个不同形状的鞋印会导致各自商标被视为近似的结论。[67] 10.69

---

[63] Les Editions Albert Rene v Hauser WTLR，17 April 2003（慕尼黑 Landgericht 法院）。

[64] Chanelle Pharmaceuticals Mfg Ltd v Chanel Ltd [2003] ETMR 64.

[65] Eiretel Ltd's application；opposition by Airtel Movil SA and another，10 June 2002（unreported）（英国商标登记处）。

[66] Herbalife International Inc's application；opposition of Haka Kunz GmbH，Case B 52037 [1999] ETMR 882.

[67] Dr Martens International Trading GmbH's application；opposition of Lloyd Schuhfabrik Meyer & Co GmbH，Case 165/2000 [2000] ETMR1151.

10.70 有时候含义上的近似性可以被划分为两部分。在一起法国的案例[68]中文字商标 LA FRESH WATER 和 EAU FRESH 在含义上是近似的，但是该近似性可以从不具有视觉和发音上近似性的 WATER/EAU 之间分离出来。而它们共同的文字 FRESH 的重要性不大，且在某种程度上是对使用各方产品产生的感觉的描述。在本案中，两项商标被认为并不存在令人混淆的近似性。

(f) 发音上和含义上近似，但视觉上不近似的商标

10.71 这一类别虽然通常不作为法律详尽分析的对象，却在两项文字商标听起来近似并表达近似含义但书写不同的情况下尤为适用。[69] 在 OHIM 的一起案例中，复审委员会提示了从文字读音上相似，就推定含义上必然近似的风险。因此，即便申请人的“HOOLIGAN”标记在读音上近似于异议人的 OLLY GAN 商标（尽管最终认为不近似），也不能毫无根据地假定“olly gan”一词具备“hooligan”不守法暴力球迷的含义。委员会的警示是恰当的[70]，因为当词语发音近似但看起来不同时，我们没有依据推定应该根据它们的声音而不是它们的外形来判断它们含义上的近似性。换言之，词语 RUFF 和 ROUGH 是应该基于其发音相同被视为含义上近似呢，还是应该基于其形状不同被视为含义上不同呢？

10.72 通常情况下我们遇到的含义和发音上近似但视觉上不同的最重要的实例是商标的译写。很多国家的人们不仅可能使用不同的语言，甚至还会使用不同的字母表。例如日本和中国（在书写同一语言时甚至使用不同的字母表），希腊（希腊字母和拉丁字母在商业中一起使用）以及以色列（希伯来语、阿拉伯语、拉丁语）。这些国家如何处理含义相同、读音相同而看起来非常不同的，但——至少在一些情况下——显然是针对不同群体的消费者或终端用户的商标？通常的做法是将这些译写的商标视为与原商标存在令人混淆的近似或至少将对他人商标的译写作为不公平竞争的行为。[71]

(5) 简单商标的比较

10.73 复杂商标的各方面的特征为对比提供了充足的素材。但如果是简单商标，情

[68] Lancome Parfums et Beaute & Cie Snc v Jacques Bogart SA（2003）761 PIBD III-187（巴黎上诉法院）。

[69] 相关的案例是 Taam Teva（1988）Tivoli Ltd v Ambrosia Superb Ltd WTLR，15 May 2003（以色列最高法院），尽管此案中商标在含义上的近似性是微弱的，在该案中用英语书写的文字商标 MEGA REPLEX，侵犯了原告的从右到左以希伯来字母书写的 MEGA-GLUFLEX 商标。

[70] Dann and Backer v Societe Provencale d'Achat et de Gestion（SPAG），Case R 1072/2000-2［2003］ETMR 888（OHIM 第二复审委员会）。

[71] 在 Johnson & Johnson v Bandhaye Pezeshki Co（Iran，noted in Raysan e-mail circular，3 March 2003）：VELBAND 文字商标的拉丁语/波斯语版本。

况会怎样呢？理论上Sabel诉Puma案中确定的标准同样适用于所有商标，但两项商标若都包含诸如单一字母奇形怪状的图画，人们该如何做比较呢？各商标的主要部分都是同样的字母，人们是否必须认定两项商标的整体性评价必然导致它们看起来近似，或相反，采取忽略不具有明显显著性或不具有显著性[72]的因素的实际做法，是否意味着人们在忽略其共同的字母后只关注其不同之处呢？OHIM的实践看似偏向第二种方式，通过详细分析它们的不同之处，他们将字母视为不近似的。[73] 由于人们在做比较时应集中于近似性，因而上述做法在理论上可能是有缺憾的[74]，但这可能是比较弱商标，例如描绘单一字母的商标的唯一可行方法。

当处理缩写而不是单一字母时，欧盟一审法院判定，至少对德国消费者而言，ILS和ELS在视觉上和发音上都是近似的。它们在视觉上是近似的，因为"一个字母的不同不能排除两项商标的近似性"，即便这一个字母相当于整个商标的33.3%。它们在发音上也是近似的，因为"德国人在读元音E和I时发音是相似的，且辅音L和S的发音也相同"[75]。如果这个判决是正确的，那么不久的将来，很多组织就难以在不侵犯他人注册商标的情形下使用它们自身名称的缩写了。 10.74

(6) 商标在什么情况下不同？

如果两项商标不近似，则它们是不同的。一旦法院认定两项商标是不同的，任何基于它们的同一性或近似性的申诉都会败诉。因此，Unilever（联合利华）公司在不能证明竞争者BENECOL商标与它自己的BECEL商标近似的情况下，就无法基于相关消费者可能产生混淆的市场调查证据确立合法的诉因。[76] 10.75

C. 相同及类似的商品和服务

(1) 商品和服务的比较

在详尽考察了商标是否相同、近似或完全不同后，现在有必要对商品和服务进行同样的考察。尽管每个问题是相同的，但显而易见的是，商品和服务的比较 10.76

[72] 如Askey Computer Corporation's application；opposition of Nokia Telecommunications OY [2000] ETMR 214。

[73] Loewe SA's application；opposition by Logoathletic Inc，Case B 37889 [2000] ETMR40.

[74] Cuisine de la Mer Cuisimer SA v Maumenee，SA Meralim and Rambour [2000] ETMR880.

[75] Institut Fur Lernsystme GmbH v OHIM，Case T-388/00，23 October 2002.

[76] Unilever NV v Raisio Yhtyma OY and others [1999] ETMR 847（海牙上诉法院）。

需要一套不同的分析工具：这里我们不是考察区分标记的识别能力——文盲、未受过教育的人、精神不健全的人，甚至是动物也能学会该技能——而是理性地找出商品或服务的相似性或不同性，这实际上不同于我们用感觉器官从商标外形上察觉其不同之处的做法。

10.77 举例来说，试想一下三个苹果。一个是金冠苹果（Golden Delicious），一个是鲁塞特品种（Russet），还有一个是布拉姆雷品种（Bramley）。金冠表面光滑呈黄绿色，鲁塞特则表皮粗糙呈褐色，布拉姆雷深绿中带有褐色的斑点，表面略有些刺手。三种苹果大小也不同。将它们都对半切开，你会立刻发现它们果肉的纹理是不同的；每种都具有自己独特的香气和味道。任何尝试过这三种苹果的人即便是在黑夜中，都不会混淆它们。但它们是同类“商品”：在定义上它们都是“苹果”，也正是因为它们的苹果属性使它们区别于梨、李子、石榴或其他任何水果。

10.78 比较商标与比较商品和服务还存在着另一点不同。商标比较的问题仅是困扰商标律师的问题。但是，什么构成相同的、类似的或不同的商品或服务这一问题反复出现于法律的不同领域，不仅在《竞争法》[77] 还在《数据保护法》[78] 中。该问题在《竞争法》中有不同的规定：为了确立一个企业是否在市场上具有支配性地位，有必要先弄清楚什么构成“市场”：我们能否因为香蕉与苹果都是水果且由相同批发商经销并由相同零售商出售给公众而认定苹果和香蕉相同，并由此得出苹果和香蕉属于同一市场的结论呢？或者我们可否强调香蕉和苹果不属于同一市场：一种是硬水果，一种是软水果；它们储藏条件以及季节周期都是不同的，所以它们根本不属于同一市场？在《数据保护法》中，商品或服务比较的规定堪比商标法，但《数据保护法》的目标是保护数据，防止数据使用者对所获取信息的滥用，而不是防止消费者产生混淆，更恰当地说，不是保护一个企业商誉不受侵害。

（2）商品在什么情况下相同？

10.79 影响确立商标之间同一性的一些问题在确立不同商品同一性时同样具有相应的作用，但它们尚未经历法律详尽的考察和推敲。这些问题包括，如，商品分类类别大小（比方说，茶壶是否与包含茶壶的一套陶器是相同商品？）以及“商标仿制品”问题（TISSOT 手表仿制品是否与其真品属于同一市场？）。但有些问题是截然不同的，如商品是否是相同的或仅仅类似的。在最近的一起案例中，法院

---

[77] 见 United Brands v Commission，Case 27/76［1978］ECR 207。

[78] 《欧盟理事会指令 2002/58》涉及电子交流领域中个人数据的处理和隐私的保护，第 13（2）条。

认为免费的报纸与付费的报纸不是相同的商品[79]，尽管它们之间不存在实体上的区别。这个结论提示了在注册指定商品或服务时用的术语，可能是判断商品和服务是否相同或仅仅类似的决定因素。但这点不能用于双方的商品根据《商标注册用商品和服务国际分类尼斯协定》在同一类别注册的情况，因为每一类别包含的商品或服务都是非常广泛的。[80]

(3) 商品在什么情况下类似但不同?

这个问题，在德国的一文字标志 CANNON 的注册申请提交到欧洲法院后，随即在欧盟境内造成了很大的困扰。[81] 申请人试图在预先录制的录像带上注册该商标，但遭到与其几乎相同的并已在空白录像带上注册的 CANON 商标提出的异议。理想的情况是德国联邦最高法院应向欧洲法院就如何判断已预录录像带和空白录像带是否是类似商品寻求指导意见。但这个问题因异议人的 CANON 商标是极为知名的商标而变得很复杂。欧洲法院应邀对这个问题做出决定，为确定混淆可能性的目的而决定两种录像带是否是类似商品时，应否考虑一当事方的商品已经在一项尤为显著的商标下出售的事实？这个问题融合了在逻辑上最好分开的两个方面：(a) 两种商品是否是类似的；及 (b) 考虑到商品的类似性以及商品上所贴附商标的近似性，是否产生了混淆的可能性。 10.80

有人称，欧洲法院有时判定倘若先用于商品上的商标是非常驰名的，则商品更为类似；倘若先用于商品上的商标不驰名，则不那么类似。这实际上并非欧洲法院的原话。该法院实际说的是……在确定两个商标所涵盖的商品或服务之间的类似性是否足以导致混淆的可能性时，必须考虑在先注册商标的显著性特征尤其是其声誉。[82] 10.81

这并不意味着在先注册商标的显著性特征会使各方的商品更为类似，而是当商品各自的商标也近似时，导致混淆的可能性就越高。从而，在证明混淆的可能性时，只需要证明商品之间存在较轻程度的类似性。 10.82

然而欧洲法院并没有给出测试商品之间类似性的明确判决[83]，它的确确立了“相称性”原则（或比例原则）：该原则同样不能证明商品是否类似，但它认定： 10.83

[79] Associated Newspapers Ltd and another v Express Newspapers [2003] EWHC 1322 (Ch), 11 June 2003（未公开）（英国大法官法庭）。

[80] Rhone Poulenc v Reckitt Benckiser WTLR，18 July 2003（哥伦比亚商标局）。

[81] CANNON trade mark application [1998] ETMR 77.

[82] Canon Kabushiki Kaisha v Metro-Goldwyn-Mayer Inc，Case C-39/97 [1997] ETMR 1，para 31.

[83] 在判决的第23段，欧洲法院指出人们应该看商品的性质、它们的终端使用者、它们使用的方法，以及它们之间是否存在竞争或仅仅是相互补充的；但欧洲法院没有进一步分析下去。

商品越类似，它们各自所贴附商标达到混淆可能性所需的相似程度就越低，反之，商品越不类似，在被视为可能导致混淆时，商标相似程度就得越高。[84] 这并不是很深奥的判决；这有点类似于说，烤箱中温度越低，烤马铃薯的时间就得越长，但是烤箱温度越高，烤马铃薯的时间就越短。

10.84 欧洲判例法在整体上，在决定商品是否类似上是非常理智的。OHIM 异议部门认为啤酒与矿泉水和果汁在西班牙是类似商品，如果（i）这两种商品通常被用做相同用途，（ii）它们在同一商店中常被摆放在一块销售；以及（iii）它们可以相互替代。[85] 第一种和第三种情况相互交叉，因为如果商品用于同样的目的，它们通常也是相互替代的。还有第四个需考虑的情况，当（iv）商品提供给同样的公众时。[86] 鉴于这四种情况是决定不同商品和服务类似性的主要方法，让我们逐一进行分析。

（a）用途相同的商品

10.85 雨伞和防水外套起到同样的作用，即让使用人保持干爽（或免于淋雨）。然而它们通过很不同的方式来实现这个功能，并且多数生产其一的生产商不会将他们的产品范围延伸到另一种上。FIAT（汽车品牌，菲亚特。——译者注）和 Lamborghini（汽车品牌，兰博基尼。——译者注）具有一种相同的用途（用马达来驱动车行驶），但其他用途（暗示财富、地位）则不同。"帽子、靴子、鞋子以及拖鞋"被认为类似于"衣服"，原因在于帽子、靴子、鞋子以及拖鞋分别为满足头部和脚部的需要，而衣服为满足人类这些部分和其他部分的需要，所以它们的属性是相同的。[87]

（b）在销售时相邻摆放的商品

10.86 这种类似性的理由在英国源远流长，并被广泛适用。[88] 在微观层面这个标准是毫无逻辑的，但在宏观层面它体现了高度的功用性。在微观层面，两件商品销售时摆得很近相比隔得很远销售时并不使其客观上更类似。雨伞和防水外套显然互不相同；刀具从不被误认为勺子；牙刷与牙膏也没有任何外形上的相似性。符合这一类型的其他的对应物包括兔子和野鸡，铁锤和钉子，铅笔和橡皮。尽管它们在实体上是非常不同的，但它们被人们购物理念的线索抽象地联系在一起，它

[84] Canon Kabushiki Kaisha v Metro-Goldwyn-Mayer Inc，Case C-39/97［1997］ETMR 1，第 17 段。

[85] Cobra Beer Ltd's application；opposition of Alpabob AG［2000］ETMR 638. 德国最高法院在 Queen's Club trademark application［1997］ETMR 345 案中涉及矿泉水和不含酒精饮料时得出同样的结论。

[86] Humic SA's application；opposition of Dr Rehfeld Handelsgesellschaft mbH，Case 849/1999［2000］ETMR 820，823.

[87] Ducks Unlimited's application；opposition of Dr Rehfeld Handelsgesellschaft mbH，Case 849/1999［2000］ETMR 820，823.

[88] 见 Jellinek's application（1946）63 RPC 59。

们在我们脑海里被一些诸如防雨具、餐具、化妆用品、游戏用具、五金制品以及文具的词语联系在一起。在英国，这个小商店主的国家[89]，恐怕没有比这个标准更适合于测定商品的类似性的了。

(c) 可替代的商品

10.87 雨伞和防水外套在功能上可能是类似的，但它们是不可替代的。使用雨伞时，你需要空出一只手来，并且没有风。FIAT 和 Lamborghini 在多数情况下，是相互替代的，因为，如果你需要从 A 地驱车到 B 地，任一者均可以将你带到那里。

(d) 出售给相同公众的商品

10.88 有人可能会质疑，小 FIAT 和大 Lamborghini 虽然本质上都是“车”，但它们是不同的，甚至是不类似的商品，因为它们提供给不同的公众。相反，雨伞和防水外套，通常提供给那些需要防雨的人。乌德勒支省地方法院判定，至少针对授予临时救济措施而言，对勃起功能障碍和对性欲的医学治疗是“类似商品”[90]。德国最高法院认为在高尔夫赛季中销售的开司米毛衫与高尔夫球杆“并非不类似”的商品。[91]

(e) 商标说明书中特别指明的商品

10.89 有时商标申请会列明注册的商品领域，如使用“所有水果类别尤其是苹果和橘子”的措辞。当这种情况出现时，苹果和橘子被特定化的事实并不支持梨或葡萄与注册该商标的商品不类似的说法。因此在 Durferrit[92] 案中，申请人试图注册 NUTRIDE 为“化学品，非由氰化物构成或不含氰化物，完全用于金属制品”的商标。异议人先前已在“无机盐，尤其是氰化物和氰酸盐，用于金属制品的氮化处理”类别上注册了 TUFFTRIDE。欧洲一审法院认为异议人在商标中对氰化物和氰酸盐的特定提及以及申请人在商标申请中的特定排除，并不能使两类商品不类似，因为“化学品……用于金属制品”仍然与“有机盐……用于金属制品”类似。[93]

(4) 商品可否在“含义上”类似？

10.90 比较商品类似性所采用的标准都是相对不那么抽象的标准。是否能从更高抽

[89] 在我的文章《质量控制和拿破仑原则》(2001) 109《管理知识产权》42－4 中，我将这个词语归因于拿破仑·波拉巴。我发现它在亚当·斯密的《国富论》(1776) 中曾被使用：“只是为了培育顾客群而建立一个庞大帝国的计划，乍看起来似乎只适合于小商店主的国家；然而这种计划完全不适合于小商店主的国家，但非常适合于政府受小商店主影响的国家。”

[90] Pfizer Inc and Pfizer BV v Lestre Nederlandse Reformadviefbureau ENRA [2001] ETMR 155.

[91] Callaway Golf Company v Big Bertha Srl WTLR，20 June 2003（德国最高法院）。

[92] Durferrit GmbH v OHIM，Kolene Corporation Intervening，Case T-224/01，9 April 2003.

[93] 同上，第 40～41 段。

象程度的层面去确定相似性呢？巴黎上诉法院[94]驳回了试图这样做的案子，该案中，“鱼子酱”被主张为与“茶和调料”类似，基于它们都来自同一地理区域，主要是伊朗。由于种种事实上的原因，法院对所提出的这一主张不为所动，但也没有完全否认背后的原理。购买鱼子酱、茶和调料的人通常不会将这些商品与其实际产地联系起来，因此这个理由本身就不大可能成功。

10.91 基于商品含义上近似性的潜在更有力论据可以从《尼斯协定》下的分类系统中获得支撑：鉴于它们属于同一种尼斯分类，该等商品应被视为是类似的。这个理论可能对于相对同性的商品类别是可行的（例如，类别 15：乐器；类别 23：纱和线），但对于较宽泛的和较为灵活的类别是不成立的，如类别 5（医药，兽医以及卫生准备等），类别 9（实际上所有需用电的物品及相关商品）或类别 16（任何印刷品；文具；办公必需品）。在向 OHIM 复审委员会提起的一件案例中，两种药品——一种是非类胆固醇的消炎药品，而另一种治疗前列腺癌、性早熟及子宫内膜炎——当其唯一共同的因素都属于类别 5 时，它们被判定为是不类似的。[95]

10.92 鉴于商品和服务必须根据它们事实上的类似性而不是含义上的类似性进行比较，申请人商品的基本属性与异议人商标对其不同商品所赋予的含义不能加以对比。因此，当试图将文字商标 VISA 注册为一项欧共体商标，用于“用合成塑料制造的存取和流量控制识别带”时，异议部门认定那些识别带与“加密卡，包括磁性卡”不相类似。尽管前者允许该识别带的使用者控制某些事项的访问限制，而用于后者商标“visa”的含义，也有进入控制的意思。[96]

(5) 商品基于它们显而易见的共同渊源而产生的类似性

10.93 意大利那不勒斯法院，认为两个都名为 ALBERT 的电脑程序是类似商品。[97]表面上看起来这是个合理的结论，但适用上一小节讨论的四项标准时，我们会发现存在一个问题：(i) 根据任何理性可识别标准，它们并非用于相同目的的商品：其一是方便 Lotus 软件用户互联网使用的软件包，而另一为管理艺术品的数据库；(ii) 它们不摆放在相邻的地方销售（尽管它们曾在同一交易会上展览，在那里它们发现了对方的存在）；(iii) 显然两种商品并非可替代的；以及 (iv) 它们各自提供给特定且完全不同的市场。

---

[94] SA Caviar Anzali v L'Institut National de La Propriete Industrielle, Ste Brugis (third party) [2000] ETMR 513.

[95] Laboratorios Menarini SA v Takeda Chemical Industries Ltd, Case 222/1999-2 [2001] ETMR 703.

[96] Precision Dynamics Corporation's application; opposition of Visa International Service Association, Case 3479/2002, 29 November 2002（未公开）。

[97] Data Professionals Srl v Mercantile Sistemi Srl [1998] ETMR 670.

一位英国法官在对这种情况作评论时，其观点似乎相当确定地指出那不勒斯法院的裁决是错误的：一张使电脑得以像模拟飞行机一样运转的软件，完全不同于用于电脑上的光学字符识别机软件或设计化工厂的软件。在我看来，让一个对特定领域电脑软件感兴趣的经营者，通过注册，便获得对于各种类型软件的无限期的法定垄断，包括那些与其经营利益毫不相干的领域，这一做法是极为不适宜的。[98] 10.94

Albert 判决只能以如下三种方式来解释：(i) 它是错误的；(ii) 是正确的但存在着目前尚未识别的第五个因素；或 (iii) 电脑程序应被视为具有固有的类似性，不管它们的功能以及它们的目标市场是否相同。 10.95

正如法院自己意识到的，答案是存在第五个发挥效力的因素：两件商品表面上的共同来源。两个软件的包装在很多方面都是不同的，但是相关的软件用户可能将它们“类似化”，认为它们来自同一个生产商或软件开发者。是不是不应接纳这第五个因素呢？我们已经将公众是否认为两种商品因其商标的近似性具有相同来源列为因素，又因为它们同为电脑程序再考虑它们是否暗示了相同的来源，相同来源被使用了两次。当然，人们可以反驳相同来源是混淆问题的核心。根据这个观点，应该通过将商标的近似性和商品的类似性结合起来判定混淆；因此，或者将第五个因素既作为决定商品之间类似性，也作为商标之间近似性的相关因素，又或者将其作为另一问题，混淆是否存在的一部分——后者的可能性现已被“整体评价原则”排除了。 10.96

(6) 商品的类似性：多类别商标的问题

当一个申请人试图在多种商品上注册一项商标，而异议人主张在相当多的商品上已经注册了相同或近似商标，从而阻止申请人这样做时，一个实际问题便出现了。在对比商品时，商品之间类似性的问题需要我们着手于对申请人各类商品和异议人各类商品逐一的检测。[99] 若想避免错误，则有必要缓慢及辛苦地开展这项多类别比较工作。 10.97

(7) 服务在什么情况下相同?

这个问题甚少被提起。在 Avnet（安福利，计算机产品和技术品牌。——译 10.98

---

[98] Mercury Communications Ltd v Mercury Interactive (UK) Ltd [1995] FSR 850，865（英国高等法院），见 Laddie J 的观点。

[99] 一典型的例子可见 Zanella SNC's application；opposition by Zanella Confezioni SpA，Case B 42053 [2000] ETMR 69。

者注）诉 Isoact[100] 案中，商标所有人已将 AVNET 商标注册用于类别 35 下的“广告及推广服务”。被告经营着可以向消费者提供宣传其产品的互联网服务的网站。英国高等法院应邀对被告的服务是否与商标所有人的服务相同做出回答。法官在这点上如是说：应仔细审查服务说明书，不应被宽泛地解释为涵盖各种业务。应关注其实质内容，即宽泛措辞所包含的可能含义的核心。[101]

10.99 商标所有人“广告及推广服务”的实质内容，实际上是通过印刷产品目录的方式销售他人商品。既然如此，双方各自的服务显然是“不相同的”。这个结论反映了关于商品类似性所得出的结论（上文已讨论）：倘若纯粹是主观臆断，含义上的近似性不应被视为判断商品类似的充足依据，但纯粹主观推测要被减少到什么程度，含义上的同一性才被视为真正的同一性呢？

(8) 服务在什么情况下是类似的以及在什么情况下是不同的？

10.100 不存在衡量服务类似性的专门法律标准，也不存在任何认为服务之间是类似或不类似的推断，并且两服务相似性的举证责任由主张相似的一方承担。一些法院在认定服务相似性时持坚定意见，不会轻易地被异想天开的主张所说服。因而，瑞典一法院认为地产中介和旅游中介所提供的服务是非常不同的。[102] 同样的，英国一法院也驾轻就熟地得出被告的 SMILECARE 服务没有侵犯原告 SMILECARE 商标的结论，尽管两者都涉及牙医：一个是牙医对公众提供的服务，另一个则是向牙医提供的金融服务。[103] 而其他法院在做比较时，看来与此相去甚远，使得服务之间的非常显著的区别都被掩盖了，例如丹麦一法院认为地产中介服务和家园重置服务是类似的，因为两者都涉及住所的改变并且它们是互为补充的。[104]

(9) 商品在什么情况下与服务相似？

10.101 相对而言，判例法甚少涉及商品与服务是否类似的问题。巴黎大审法院判决印刷资料（书本、杂志、期刊以及报纸）和广播电站在向公众传播信息方面于功能上是“类似”的。[105] 巴黎上诉法院也认为非亚铁金属锻造服务“类似于”稀有

[100] Avnet Incorporated v Isoact Ltd [1997] ETMR 562.

[101] 同上，565。

[102] Fritidsresor AB v Atlas Mediterraneo Sverige AB，Brandnews 1/2003，p 1（瑞典赫尔辛堡城市法院，尚在上诉中）。

[103] Harding v Smilecare Ltd [2002] FSR 37（HC）.

[104] Home A/S v Home From Home Relocation Services by Annemette Krogh Pedersen [2003] ETMR 605（哥本哈根海商及商事法庭）。

[105] SNC Prisma Press v SA Europe 1 Telecompagnie [1998] ETMR 515（‘CA M’INTERESSE’商标）。

金属和珠宝。[106] 相反，OHIM异议部门认为香烟与饭店并不类似，尽管饭店里可以吸烟。根据该部门的意见：在评估类似性时……所有相关因素……都应被考虑进去。这些因素包括它们的性质、它们的终端用户，以及使用方法和它们相互之间是否存在竞争或互补的关系……其他因素包括它们的来源以及相关的分销渠道和销售场所。[107]

上述由欧洲法院在Canon[108]（佳能，相机品牌。——译者注）案判决中做出的声明，因三个原因而闻名。首先，根据其未经编辑过的原文，很明显这段话仅适用于商品之间的比较而不适用于商品和服务之间的比较。其次，比较对象是“存在竞争还是互补关系”的标准难以有效地适用于实践中：如果我销售DELL的电脑而我的竞争对手提供DELL电脑服务，这两项服务是互补还是竞争性的，又或既存在互补又存在竞争关系，它又会怎样影响它们是否是类似的决定呢？这个例子中“互补的”可能包括了配合使用的产品（例如，薄煎饼面粉与糖浆不类似，但是因为两者都是薄煎饼的原料，从而混淆的可能性很大）。[109] 尽管这种理论推理并不会使两项商品变得更类似，它处理了一种真实存在的混淆可能性，即该混淆可能损害在先注册的商标的声誉，并阻断了其所有人将其业务延展至相邻商业活动中的机会。最后，为什么商品和服务的来源，或者它们相关分销渠道会影响商品和服务类似性？其原因并非直截了当或显而易见的：香烟可在饭店里销售，红酒、牙签和花束也可以。通过提出该问题，我们可以理解并学习到什么呢？ 10.102

D. 混淆的可能性

（1）什么情况下相似性导致混淆？欧洲标准

相似性和混淆之间的关系是什么？毫不相关的人们通常也会具有相似的面部特征和行为方式，但人们不会因此被混淆。摆在同一货架上的不相干商品同样可能存在着某种外观上相似性，但这并不会令购物者混淆。再者，贴着同样商标的商品在零售场合下不一定摆放在一起，一件商品上的商标可能会使消费者想起另一件商品的商标，但不会导致相关消费者思维上的混淆。在这个意义上，申请人 10.103

[106] Haci Keles v Ste Megafonte and Evelyne Sitbon [1997] ETMR 515.

[107] Long John Silver's Inc's application; opposition of Swedish Match Sverige AB, Case 458/2000 [2001] ETMR 120, para 20.

[108] Cannon Kabushiki Kaisha v Metro-Glodwyn-Mayer Inc, Case C-39-97 [1999] ETMR 1.

[109] 在Aunt Jeminma Mills Co v Rigney & Co, 247 F 407 (2d Cir 1917), cert denied, 245 US 672 (1918) 案中据此授予了救济措施。

的商标 AFTER SEX MINTS 被认为会使消费者想起异议人 AFTER EIGHT 牌的薄荷巧克力商品，但不会产生混淆的可能性。[110]

10.104 欧洲法院[111]确立了两类混淆：直接混淆和间接混淆。当两种商品或服务相互混淆时是直接混淆。当商品或服务本身并不相互混淆，但使用不同商品或服务所用的商标或标记的所有人相互混淆时，则是间接混淆。（间接混淆在下文第10.143段～第10.149段有进一步分析。）

(a) 两项商标均已使用的情况下混淆可能性的确立

10.105 一旦两项标志都作为商标使用[112]，混淆可能性的问题因为三个原因变得相对容易解决。首先，就法院而言猜测一项已注册但未使用的商标会被怎样使用是不适当的（这可能是重要的一点，因为一项商标在其注册的商品上的大小和位置会影响消费者的感知），因此法院只需要假设该商标……在通常和正当的方式下被使用于其注册的商品，然后……根据被告使用商标的方式评估混淆以及欺诈的可能性，排除外部因素的影响。这种比较是商标与商标之间的比较。[113]

10.106 其次，两商标共存但未产生实际混淆的情况是证明不存在混淆可能性的有力证据。

再次，可以根据商标使用的方式得出混淆发生可能性的结论。例如，两件不同的商标，一件用于非常昂贵的商品而另一件用于便宜得多的商品时，单就价格而言便可从实质上保证不会发生混淆。[114] 商标所有人和他的竞争对手在此之前都未曾置疑过对方商标的使用这一事实并非不构成混淆的证据。[115]

10.107 实际上，侵权嫌疑人还未开始侵权使用的事实可能促成商标所有人对侵权嫌疑人迅速采取行动，因为实际混淆的证据有时难以获取，而在假定使用发生的情形下主张混淆可能性则更有说服力。

(b) 当一件或两件商标都未使用时对混淆可能性的确立

10.108 在新的欧盟商标体制形成后，不仅在先商标所有人，而且在先未注册权利人均可对商标的申请提出异议，从而有可能会频繁地发生享有在先权利的在先使用

---

[110] Sweetmasters Ltd's application; opposition of Societe des Produits Nestle, 25 February 2002（英国商标登记处）。

[111] Sabel BV v Puma AG, Rudolf Dassler Sport, Case C-251/95 [1998] ETMR 1, para 16.

[112] 如果被告的使用并非用于“交易过程中”，则不可能有混淆；见 Travelex Global and Financial Services Ltd (Formerly Thomas Cook Group Ltd) and Interpayment Services Ltd v Commission, Case T-195/00, 10 April 2003（欧洲一审法院）。

[113] Natural Resources Inc v Origin Clothing Ltd [1995] FSR 280, 284 见 Jacob J 法官的观点。

[114] GTR Group's application; opposition of Jean Patou [1999] ETMR 164（JOIS & JO 牌和 JOY 牌的香水）。

[115] 这点看来并没有被欧洲各国考虑，但被美国确认，见 In re Majestic Distilling Co, No 02-12243, 2 January 2003（未公开）(Fed Cir)。

人对一项未被使用的商标注册提出异议的情况。但无论是国内的还是《欧盟理事会条例》的经验都告诉我们事实并非如此。[116]

但不容争辩的是，由于商标所有人可能从不使用其商标，证明其商标未被使用便产生混淆可能性是不可能的。正如上文所提及的两商标都已经使用情况下混淆的可能性（见第10.105段），英国一法官对此做出如下回答：在我看来，这一点上存在误解。（法律）假设原告的商标正被使用或将会投入使用。它要求法院推定原告的商标以正常和正当的方式被用于其注册的商品，然后评估被告使用其商标方式所导致的混淆可能性，排除外部因素的影响。这种比较是商标与商标的比较。[117] 10.109

这个公式，在做必要调整后，推定适用于即便任一方都未使用其商标的场合。如果不是如此，在商标注册人可不使用其商标的5年宽限期内，确定混淆可能性将会成为无法解决的问题。 10.110

（c）商品之间高度的类似性会提高混淆的可能性但并非产生混淆可能性的原因

在涉及商品类似性的论述中，欧洲法院在Canon案中确立的原则表明商品或服务越类似，商标之间满足混淆可能性的近似程度要求就越低。[118] 然而这个原则也有无法适用的盲点：双方都销售文具的事实不能证明GRANDEE与LANDRE存在令人混淆的近似。[119] 10.111

一些非欧洲国家提出相反意见，双方各自商品如此不同的事实应可得出公众不可能被其混淆的结论。就商品而言，这个观点表面上似乎是合理的：多数人会将一块手表与另一块手表混淆，但不会将一块手表和一根雪茄混淆。但当混淆涉及对商品来源的保证时，它们贴同一商标的事实非常容易使消费者推定ROLEX（劳力士——译者注）手表和ROLEX雪茄具有这样或那样的共同来源。[120] 10.112

（d）商品或服务内在属性的相关性

消费者对于某些种类的商品会进行更仔细的辨认。他们更小心地去辨认不同的药品名称，因为譬如，误将泻药当做漱口水使用的结果可能是让人心惊肉跳的。同样，人们也会相对关注诸如唇膏和指甲油等不同商品，因为错误挑选可能导致颜色搭配不当。但在区分挑选结果不那么重要的商品时，消费者将投入较少的精力。例如，在挑选不同牌子的苹果、马铃薯、牛奶和奶酪等商品时。 10.113

---

[116] Gert Wurtenburger，《混淆的风险及欧共体商标法确定混淆的标准》，[2002] EIPR 20，29。

[117] Origins Natural Resources Inc v Origin Clothing Ltd [1995] FSR 280，284 见Jacob J法官的观点。

[118] Cannon Kabushiki Kaisha v Metro-Goldwyn-Mayer Inc，Case C-39/97 [1999] ETMR 1.

[119] Landre GmbH v International Paper Company，Case R 39/2000-1 [2001] ETMR 794.

[120] 见Montres Rolex SA v PT Permona，Case 951/80（伊朗上诉法院）：ROLEX手表和ROLEX雪茄被认为可能造成混淆。

10.114 欧盟一审法院认定啤酒基于其内在属性，不属于消费者会特别留心的商品，从而可能会在相对近似的MYSTERY和MIXERY商标之间发生混淆：因此，司机对酒精含量会特别留心的观点未能成立。[121]

(e) 商品或服务经销店的相关性

10.115 这项标准已在本章提到过一次，试图表明商品如果在同样的经销店或市场的同一区域中销售则更可能被认为是“类似的”。该标准显然与混淆可能性问题相关，尽管它在本节中的重要性不如前文所述的那样明显。我们可否如波兰人一样，认为人们若看到在报摊或机场商店里陈列的名称类似的出版物时，可能更倾向于相信它们是相关的[122]，或者我们应该认为消费者同时见到它们时比只见到其中一份并且记忆不清时更容易将它们区分开来？两种推理方法都可加以运用。

10.116 在美国运动服公司Nike（耐克）国际于澳大利亚对西班牙公司Campomar提起的诉讼中，耐克认为NIKE商标注册于服装、运动鞋和运动服，而Campomar注册了NIKE商标于香水、肥皂和精油上。当Campomar将名为“NIKE运动香型”的香水投放市场后，耐克公司基于多种理由起诉，并试图依据其可能欺骗或混淆消费者的理由去注销Campomar公司的NIKE商标注册。Campomar的商品与其他运动香水在同一销售店里出售，包括贴着ADIDAS商标进行销售的香水。尽管Campomar的商品本身并未导致混淆，但其商品与耐克公司主要运动产品竞争对手之一Adidas的香水共同销售的事实会导致消费者错误地推定：如果Adidas进行了品牌扩张，耐克公司可能也会如此。[123] 这些事实表明，当试图确立混淆可能性时，建议大家注意：可以通过从侵权嫌疑人或不正当竞争者与商标所有人的竞争者在共同的经销店里销售产品的事实推定混淆性，而不要仅仅考虑争议双方商品共同销售的经销店。

(f) 非显著性或弱显著性因素的相关性

10.117 在决定商标的近似性是否会导致混淆的过程中，我们可能认为明智谨慎的做法是从两商标完全近似的因素着手的，因为它们都涉及某个它们均主张有权使用的添加因素。不正是因为这个标准使得欧洲法院在明知竞争者同样需要使用“baby”（婴儿——译者注）以及“dry”（干爽——译者注）此类词语的情况下，仍允许弱显著性的商标如BABY-DRY[124] 注册于婴儿纸尿片的决定变得正当么？

---

[121] Mystery Drinks GmbH v OHIM, Karlsberg Brauerei KG Weber Intervening, Case T-99/01, 15 January 2003（未公开）（欧洲一审法院）。

[122] Hola SA's trade mark; application for cancellation by G + J Gruner + Jahr Polska Sp Zoo & Co Spolka Komandytowa [2002] ETMR 257 (Halo/Hello).

[123] Campomar Sociedad, Limitada v Nike International Ltd [2000] HCA 12（澳大利亚最高法院）。

[124] Procter & Gamble Company v OHIM, Case C-383/99 P [2002] ETMR 22 (BABY-DRY).

但这不是我们真正使用的标准。我们并不拒绝考虑相似的但描述性的因素：我们的确将其列入考虑，但仅仅限于它们于所比较商标中的总体重要性。这是因为在先商标的存在并不必然阻止它们于在后商标中的使用，但这要取决于它们使用的直接环境是否会造成混淆。

在很多情况下，两项商标共同具有的因素中包含描述性或弱显著性因素的事实，意味着两项近似的商标可以共存。例如，葡萄牙上诉法院认为用于服装、鞋以及头饰的 STREETBALL 和 SETBALL 并不存在令人混淆的近似。[125] 它们都包含为相关葡萄牙消费者所熟知的词语“ball”，因此任何一方都不能要求被授予排他性的使用的权利。芬兰最高行政法庭采用了同样的标准，认为具有弱显著性的且常用的前缀 DYNA-一旦被忽略后，则不存在 DYNANET 和 DYNALINK[126] 混淆的风险。爱尔兰专利局使用了相同的技巧，在决定文字商标 ORANGO 和 ORANGINA[127] 混淆的可能性时忽略了主要的前缀 ORANG-。 10.118

根据丹麦最高法院认为 MEGASOL 和 PIKASOL 并非使用于鱼油的近似商标的结论，上述关于前缀的标准也同样适用于后缀。鉴于类别 5 中的很多商标都以-SOL 结尾，该结尾可被忽略，只剩下 MEGA-和 PIKA-成为它们各自商品明确不同的标记。[128] 10.119

文字商标的标准看起来同样适用于包含文字的图形商标的比较。OHIM 的第一撤销处认为一旦共同文字 DATA 去掉后，由文字和图形组成的两项电讯商标是不近似的。[129] 更引人注目的是该部门认为两件包含“bank 24”的商标（图 10.9）并不存在令人混淆的近似。[130] 两项商标均以“几乎完全描述性的方式”代表 24 小时银行，由于没有进行完全相同的复制，多数具有近似特征的图像不会被认为是存在令人混淆的近似。 10.120

---

[125] Adidas AG's application [1996] ETMR 66.

[126] Askey Computer Corporation's application; opposition of Nokia telecommunications OY [2000] ETMR 214.

[127] Dairygold Co-operative Society Ltd's application; opposition of Austin Nichols & Co Inc [2002] ETMR 1084，还可见 Citicorp v Link Interchange Network Ltd [2002] ETMR 1146（HC）案，根据 1938 年《商标法》做出，该案在比较用于外汇服务的 CITICORP FXLINK 与在先使用的标志 LINK 时，弱显著性的前缀 FX（“外汇 foreign exchange”）被忽略。

[128] Lube A/S v Dansk Droge A/S [2001] ETMR 343.

[129] Deutsche Telekom AG's trade mark; Veiga's application for cancellation, Case 000267724/1 [2000] ETMR 939. 奥地利最高法院在 Deutsche Telekom AG，B＊＊＊＊＊ v R＊＊＊＊＊＊AG，C＊＊＊＊＊Gesellschaft＊＊＊mbH [2003] ETMR 170 案中采取了相似的标准。

[130] Din Bank A/S's trade mark; application for declaration of invalidity by Deutsche Bank Aktiengesellschaft, Case 144C 001027374/1, 1 October 2001（未公开）（OHIM 撤销处）。

bank24.dk

图 10.9　这两个文字和图形的组合商标被认定为不构成混淆性近似

(g) 不同商标互不混淆地融洽共存于所在法域的相关性

10.121　两件近似的商标在其他国家能妥善共存，与在需要决定混淆性近似问题的国家中一起使用两件商标是否会导致混淆可能性根本不相关。[131] 不同的地区因素如广告、营销以及地域性分销，能很好地解释它们在其他地方共存的原因。

(h) 售后混淆也应予以考虑

10.122　《欧盟理事会指令 89/104》和《欧盟理事会条例 40/94》都没有规定产生混淆可能性的时间。显然，消费者在购买前发生混淆的事实是重要的，但在购买后发生的混淆是否也应被重视呢？[132]

10.123　表面上来看售后混淆是不相关的，但经仔细思量后发现并非如此。考虑一下爱尔兰一案[133]中的事实，两种类似的饼干分别以 MCVITIES COLLEGE CREAM 和 BOLANDS COTTAGE CREAM 牌子出售。由于两种商品以非常不同的包装方式出售，因而不会在货架上被混淆，商标侵权以及假冒的主张不成立。然而任何人见到放在盘子里的散装饼干，并打算购买，但记性不好，将来要买的时候可能会将两种名字混淆。类似的情况还有相机主人在购买相机时，不会混淆自己的和竞争品牌的相机，但事后在购买配件时则可能对哪种牌子的配件与他的相机兼容感到困惑。这两个例子均涉及一个消费者在完成一次购买后在第二次购买前发生的混淆。在针对假冒的法律诉讼中，消费者的售后混淆早已被确立为提起诉讼的充足理由[134]，而目前西班牙最高法院在解决商标问题时似乎也采取了这种方法。[135]

(i) 在商标之间建立联系的难度越大，越难以胜诉

10.124　在 Stephanskreuz 案中，涉及的问题是文字商标 STEPHANSKREUZ（Stephen' Cross）是否容易与包含 St Stephen's Crown 图形（该图形印在 St Stephen's Cross 上）的商标相混淆。德国最高法院驳回了两者之间存在任何混淆

[131] Icart SA's application; opposition of Beiersdorf AG, Case B 1794 [2000] ETMR 180.

[132] 这个问题最近在美国同样引起了关注。见 David Tichane，《售后混淆的 Maturing Doctrine》，(1995) 85 TMR 399。

[133] United Biscuits Ltd v Irish Biscuits Ltd [1971] IR 16（爱尔兰高等法院）。

[134] Reckitt & Colman v Borden [1990] RPC 340 (HL)：柠檬果汁容器在销售点展示时是不相同的，但去除标牌后都是相似的。

[135] ACUPREL v AQUAPRED, 24 April 2002（西班牙最高法院（第三法院））。

可能性和联系的主张，并形容任何实际上将两者联系起来的红酒购买者脑中必须完成的曲折的想象过程，法院认为：如果我们将每种可能想象到的精神上的联系都囊括进去，包括非自发产生的思想过程，我们可能将所联想的混淆风险的含义延伸过远。[136]

(2) 混淆的确立：美国和加拿大的标准

通过对涉及范围广泛的欧盟判例法的主题归纳，历经千辛万苦后，欧洲混淆构成的清单终被汇编出来了。将困扰欧盟裁判庭的问题与用以确定混淆的并且曾在美国的某一联邦案件中陈述过的如下13个因素（12个实质性因素加上一个兜底式的条款）加以比较将大有裨益。这13个因素是： 10.125

(i) 商标之间整体上的外形、发音、含义以及商业印象上的近似性或不同之处。

(ii) 商标在申请或注册时指定的商品，或在先商标所使用商品的类似性、差异性以及商品性质……

(iii) 已经确立的，并可能延续的贸易渠道的类似性和不同之处。

(iv) 出售商品或服务时的情形以及购买商品或服务的买方，是冲动性购买还是审慎、深思熟虑的购买。

(v) 在先商标的名气。

(vi) 用于类似商品上的近似商标的数量和性质。

(vii) 任何实际混淆的性质和程度。

(viii) 未造成实际混淆下同时使用两商标所持续的时间以及情形。

(ix) 使用和未使用商标的商品的种类。

(x) 申请人和在先商标所有人的市场分界。

(xi) 申请人享有的阻止他人将其商标用于其商品上的权利的范围。

(xii) 潜在混淆的程度……

(xiii) 其他任何对使用效果有证明效力的已证实的事实。[137]

这种方法囊括了美国确定混淆的标准，并由涉及混淆性质的判例法作为补充。从而“初始兴趣”混淆，即消费者被表面的近似性所短暂迷惑但经进一步调 10.126

---

[136] Stephanskreuz Trade Mark Application [1997] ETMR 182，186.

[137] In re EI du pont de Nemours & Co 476 F2d 1357，177 USPQ 563，567（CCPA 1973）。这个标准清单比Polaroid Corp v Polarad Electronics Corp 287 F 2d 492，495（2d Cir 1961）案中对于非竞争性商品之间确立混淆的标准确立的7项标准更长：（1）所有人商标的分量；（2）商标之间相似的程度；（3）商品的类似性；（4）商标所有人将自己的业务延伸到被告业务上的可能性；（5）实际混淆的证据；（6）被告商品的质量；（7）市场的复杂程度。

查后很快消除，可与传统上与商标侵权者行为相关的更深层次及更持久的混淆类型加以对比。当商标所有人与涉嫌侵权者处于非竞争性的行业中时，初始兴趣混淆可能不足以成为在商标侵权之诉中胜诉的充足依据⑬⑧，而双方业务的部分或完全的重合可能导致初始混淆也会被认定为侵权。⑬⑨

10.127 其他国家也发展起各自的确立混淆的标准，这些标准可能并非建立在欧洲或美国模式上。比如，加拿大在确定申请人的商标 CANNABIS CRUNCH 是否与异议人的 CRISPY CRUNCH 混淆时，异议委员会⑭⓪明确了确立混淆的五个步骤：

(i) 异议人商标的能力有多强?（商标能力越强，有权获得的保护程度就越高）；

(ii) 异议人商标使用了多久?（使用时间越长，公众认知度就越高）；

(iii) 双方各自商品的性质如何? 及

(iv) 双方各自行业的性质如何?（行业越接近，混淆可能性越大）；及

(v) 双方各自商标彼此近似的程度。

10.128 在该案中，异议人符合了前四个条件但最后仍败诉。因为，第五个也是最关键的一个标准并未成立，CANNABIS CRUNCH 和 CRISPY CRUNCH 并非近似到足以混淆相关公众的程度。

(a)“市场化”标准

10.129 不同于欧洲确立的似乎更关注商标法律性质的混淆近似性的标准，美国标准看来更关注商标在市场中的作用。“初始兴趣”混淆的本身就是这一点的体现，而这一概念目前在欧洲境内尚未被承认。⑭① 另一个例子可见于使用于手表的 VENTURE 商标未侵犯用于同一商品的 VENTURA 商标的裁决中，该案中 VENTURE 和 VENTURA 仅作为辅助商标方式使用的事实强烈影响了初审法院，即：公众对两项商标的认知会因它们作为 ESQ 和 SWATCH 旗下各自不知名子的品牌而受影响。⑭② 然而，鉴于美国各因素的表现形式与欧洲的标准大不相同，因此，在欧洲混淆近似性调查中被认为相关的任何因素是否可被认为排除在美国考察之外是不明朗的，反之亦然。

---

⑬⑧ 见 Checkpoint Systems Inc v Check Point Software Technologies Inc，104 F Supp 2d 427（DNJ，12 July 2000）。

⑬⑨ 见 Brookfield Communications Inc v West Coast Entertainment Corp 174 F 3d 1056（9th Cir. 22 April 1999）。

⑭⓪ Valliant-Saunders' application; opposition of Cadbury Trebor Allan, Marketing Law, 16 May 2003.《营销法》，2003 年 5 月 26 日。

⑭① 参见 Playboy Enterprises Inc v Giannattasio WTLR，30 May 2003（那不勒斯法院）案的观点，在第 17 章第 17.09～17.10 段论述。

⑭② Swatch Group（US）Inc v Mvado Corp WTLR，27 May 2003（美国纽约南部地区的地区法院）。

(b) 反向混淆

美国判例法确立了“反向混淆”的概念，即：公众并没有混淆地认为被告的商品与商标所有人有关，但是他们被误导认为商标所有人的商品在某种程度上与被告有关。这种情况发生于商标所有人从未使用其商标，或极少使用其商标，而侵权嫌疑人却广泛使用其商标时。[143] 欧洲的原则并不将“反向混淆”视为与常规混淆有区别的概念，因为是基于混淆的事实，而不是它产生的方向，来决定着责任的承担。但是混淆是“反向混淆”的事实会影响禁令救济的适用、损害赔偿金额以及利润返还救济措施的可适用性。 10.130

(3)“混淆的可能性”是一个法律问题还是一个事实问题?

瑞士联邦最高法院认定混淆的可能性是一个事实问题，而不是一个法律问题。[144] 从而，作为有权对初审法院提出的所有问题进行全面审查的上诉法院，它无须接受或考虑任何新证据，并且可以在决定混淆可能性问题时不依赖于民意测验、调查问卷或其他证据。 10.131

在欧盟境内及其各成员国内，对这个问题的解答没有瑞士的那么极端。但在欧盟也存在，起码部分存在这样的认识，即混淆近似性的问题是一项法律问题，而不是事实问题。让我们思考 Lloyd 诉 Kligsen 案中的这句话：所涵盖的商品或服务越类似，在先商标越显著，则混淆的可能性越大。[145] 10.132

这句话，并非对欧洲法院的冒犯，可能在某些个案中是正确的，但在其他案子中则缺乏现实性。基于商标法的唯一要求就是商标须为“显著的”，让我们暂且搁置这个商标的显著性能否更多或更少的争议，而集中考虑现实中的问题：COCA-COLA（可口可乐——译者注）被认为是世界上最显著的商标是否意味着它比显著性略弱的商标更容易使人们将其与 KOALA-COLA（一种碳酸饮料——译者注）混淆呢？符合事实和逻辑的是，消费者会被第三方商标混淆是因为他对该商标不太了解并且该商标不具有显著特征。当你进入一个药店，你看到 EUDERMIN 护肤品，你在那里也看到 EUCERIN（优色林，护肤品品牌。——译者注）的商品。哪个才是你在广告中看到的？产生混淆可能性的原因是两个品牌都 10.133

[143] Glow Industries Inc v Jennifer Lopez, Coty Inc & Does 1-20, 252 F Supp 2d 962 (CD Cal 2002) 案中对该原则做了较好的回顾。在这个案子中，出售 GLOW 商品的小规模化妆品公司陷于 GLO BY J. LO. 造成的困境。该侵权之诉被法院驳回。

[144] Denner AG v Rivella AG [2001] ETMR826 (RIVELLA 和 ALIELLA 软饮料)。

[145] Lloyd Schuhfabrik Meyer & Co GmbH v Klijsen Handel BV, Case V-342/97 [1999] ETMR 10. 本案为第一起明显地没有遵从 Sabel Bv v Puma AG, Rudolf Dassler Sport, Case C-251/95 [1998] ETMR 1, para 24 案判决的案例。

没有深深印入你的脑海。COCA-COLA 则不同，全球会有多少人——即便他们自身不喝可乐——无法将其从其最接近的竞争者中区别出来呢？

(4) 混淆的标准：被合理充分告知的消费者

10.134 在决定是否存在混淆可能性时，法院和商标登记处必须考虑商标的近似性对一个假定的“合理审慎已获充分告知”的消费者的影响。[146] 这种消费者应该是：(i) 使用（或未使用）商标的商品或服务的相关消费者；(ii) 对涉及的商品或服务充分了解；及 (iii) 与该商品或服务典型消费者相当，不会更小心翼翼也不会更马虎大意，但是这个充分了解商品或服务的消费者 (iv) 并非一个忠诚的购物者，他通常在做出购买决定前会比较双方的商品或服务。（实际上，可能不会存在同时销售双方商品的商店，尤其是当它们是“内部”品牌时。）让我们逐一说明这些特点。

(a) 消费者必须是“相关”的

10.135 对众多消费者而言的普遍流行的商品和服务，相关消费者可以等同于普通大众：牙膏、软饮料、银行账户以及快餐店都属于这类别。消费者在对这些物品做出决定时无须获取很多或特殊的背景知识。而有些商品则是不同的，原因可能在于它们的市场较小或它们的专业性质。因此，大街上的普通老百姓可能会将 MEMORY 和 MEMOREX 商标混淆，但电脑设备的老练购买者则不会。[147]

10.136 当相关消费者是商标专家时，我们对他们识别商标之间微小差别不被混淆的能力的要求最为严格。这个群体通常涵盖名为 MARKLAW、MARKFORCE、INTERMARK、INTERBRAND、MARKPRO、PROMARK、NOVAMARK、MARK-INVENTA、FIRSTMARK、ACEMARK、HIMARK、EUROMARK 以及 MARKPLUS 的商标事务所。

10.137 当一方的商标用于宠物食品，该商品的相关消费者是购买宠物食品的购买者，而不是宠物本身。[148] 尽管一德国法院认为 4 岁以上（含 4 岁）的小女孩是

---

[146] Gut Springenheide GmbH, Tusky v Oberkreisdirektor des Kreises Steinfurt etc, Case C-210/96 [1999] ETMR 425，该案被 Lloyd Schuhfabrik Meyer & Co GmbH v Klijsen Handel BV, Case V-342/97 [1999] ETMR 690 案以及欧洲法院其他商标决定所引用。

[147] Memory (Ireland) Ltd v Telex Computers (Ireland) [1978] EIPR European Digest（英国高等法院），December，“很可能各公司的消费者是受过教育和智商较高的，在涉及要花很多钱的情形下，做出购买选择时会谨慎小心。”

[148] Lidl Stiftung & Co KG v Heinz Iberica, SA, Case R 232/200-4 [2003] ETMR 312 (ORLANDO 动物和人类食品)，参见美国在 Recot Inc v M C Becton 56 USOQ 2d 1859（商标复审委员会 2000）案中的决定，在后一个案件中，FIDO LAY 狗粮被认为与 FRITO LAY 零食混淆。

BETTY（贝蒂，玩具品牌。——译者注）娃娃的“相关观众”[149]，虽然这些小女孩并非自己购买这些娃娃的。

（b）消费者必须是了解商品或服务的

当商品是昂贵的时候，消费者会花费更多的时间去思考他们的购买决定，因此将与LEGO兼容的玩具积木混淆为LEGO产品的可能性也较低（LEGO即乐高，生产玩具积木。——译者注）。[150] 当商品便宜时，或是匆忙做出决定时，消费者被混淆的可能性越高。[151] 10.138

（c）消费者必须达到一般标准的细心和谨慎

消费者永远不会将其最喜欢的香烟牌子与其他牌子混淆，无论是基于经常购买而产生的熟悉[152]，还是因对某种牌子香烟上瘾的狂热。消费者也不会对任何商品或服务如将标志化的麦当劳黄色M符号与粉红的心形M混淆。[153] 然而他可能混淆他最喜欢的啤酒和软饮料，即便他“对这些商品是非常老练的购买者”[154]。 10.139

（d）必须接受消费者可能记忆不佳

没有一个国家的或地区的商标法要求消费者具有完美的记忆力。有时购物者在做出购买决定的时候，摆在他们面前的可能只有两件类似商品中的其中一件，他们可能记不清商标具体的细节，而将面前的商品与竞争者的商品混淆。[155] 有时混淆可能因消费者使用商品或服务间隔的时间较长而产生，例如函授教育课程。[156] 10.140

对不佳记忆力的重要性怎么强调也不为过。当考虑此处画的两个字母商标是否存在令人混淆的相似时（图10.10），OHIM异议部门列举了若干印刷特征，这些特征可能在印刷工看来是非常 10.141

图10.10　两个混淆性近似的商标

[149] Ohio Art Company and Bandai GmbH Toys and Entertainment v CreCon Spiel U Hobbyartikel GmbH [2000] ETMR 756，763（Landgericht Munchen I）.

[150] Lego and another v Distributor of B＊＊＊＊＊ Building Blocks [2001] ETMR 907.

[151] Kimberley-Clark Ltd v Fort Sterling Ltd [1997] FSR 877，884（CA）根据Laddie J法院的意见，“一个家庭在一典型超市里的2.5万种不同商品中进行挑选每周要花费40分钟。消费者只能浏览货架，快速做出购买决定。消费者在食品杂货架前平均花费的时间为每个包装10秒钟”。

[152] British-American Tobacco（Holdings）Ltd's application；opposition of Fabriques de Tabac Reunis SA，Case B598 [1999] ETMR 32（HORIZON and ARISTON）；Lidl Stiftung & Co KG v The Savoy Hotel，Case R 729/ 1999-2 [2001] ETMR 1284（SAVOY和THE SAVOY商标的比较）。

[153] Bertucci v McDonald's Corporation and others [1999] ETMR 742（巴黎大审法院）。

[154] CAFFERY'S application；opposition of CAFRE [2002] Ent LR N-87（匈牙利最高法院）Pfk IV 25.022/1999。

[155] Northern Foods Grocery Group Ltd's Application；opposition by Horace M Ostwald [2002] ETMR 516.

[156] Institut Fur Lernsysteme GmbH v OHIM，Case T-388/00，23 October 2002.

显著的，但普通谨慎的摄像作品的购买者在两项商标未同时出现在面前时，很有可能会忽视这些特征。因此，这两项商标存在令人混淆的近似。[157]

(5) 如果在出售前消除混淆会怎样？

10.142 一旦近似商标之间的实际混淆被证实后，即便较晚商标的使用者之后消除了混淆，侵权也产生了。因此，当一经营者利用了初始混淆去解释他的商品和其竞争者的商品之间的区别时，然后通过消除混淆，引导消费者购买他的商品，即便消费者的混淆已经被“纠正”，对商标所有人的损害依然存在。这种技巧，被法国法院[158]形容为“跨门阶”（doorstepping）或“滑流”（slipstreaming），同样构成一种不公平竞争的行为。

E. 联系的可能性

(1) 混淆的可能性：是否包括“联系的可能性”？

10.143 TRIPs 第 16 条赋予商标权利的规定[159]，保护了商标所有人以防止“混淆的可能性”。但是欧洲商标保护的两个主要平台——《欧盟理事会指令 89/104》以及《欧盟理事会条例 40/94》——则更进一步：它们将“混淆可能性”加上“包括会导致联系的可能性”的含义。[160] 这些词语的含义是什么以及它们的重要性何在？

10.144 “联系的可能性”的术语源自 20 世纪 90 年代中期欧盟法统一化的运动，其起源应追溯到比荷卢同盟商标法整合前。[161] 比荷卢法采用了“商标的外形相似(resemblance)”而不是“混淆的可能性”作为构成侵权的标准，当两件商标视觉上、发音上以及含义上的近似达到它们之间相互“联系”的程度时，“外形相似性”就存在了。[162] “外形相似性”一词既未在《欧盟理事会指令 89/104》也未在《欧盟理事会条例》中使用，取而代之是“联系的可能性”。这是否意味着欧

---

[157] R Cable y Telecommunicationes Galicia SA's application；opposition of Ricoh Company Ltd，Case 3475/2002，28 November 2002（未公开）。

[158] Sarl Le Book Editions v Ste EPC Edition Presse Communication and another [1999] ETMR 554（巴黎大审法院）。

[159] 上文第 10.06 段引用的第 16 条。

[160] 《欧盟理事会指令 89/104》第 4（1）条、第 5（1）条；《欧盟理事会条例 40/94》第 8（1）条、第 9（1）条。

[161] 旧《比荷卢统一商标法》第 13A 条。

[162] Jullien v Verschuere，Case A 82/5，20 May 1983，（1983）4 Jur 36.

洲的制度试图将比荷卢同盟法作为全欧标准呢?[163]

在Wagamama案中，英国高等法院首次在欧洲商标法统一后考察了附加用语“联系的可能性”的含义，认定它们对“混淆的可能性”并未作任何添加。[164]倘若如《欧盟理事会指令89/104》以及《欧盟理事会条例40/94》所表述的，“混淆可能性”包括“联系的可能性”，前一类别在逻辑上应比后一类别要宽泛。任何导致“联系可能性”的事实实质上都已经导致了“混淆的可能性”。因此，附加的用语是毫无意义的。法院本可以激进地补充说，如果指令和条例囊括了被告所主张的含义，它们会采用“包括混淆可能性的联系的可能性”的措辞，而不是相反。 10.145

这种观点引发了很多批评意见，但为欧洲法院在Sabel诉Puma案中所赞同，该法院认为……仅仅是公众基于两项商标语义的相似而产生的联系本身，并非认定存在混淆可能性的充足依据……[165] 10.146

英国上诉法院在随后的裁决中似乎完全误解了这段话。该院在未经商议也没有明显理由的情况下，判定一个成功的原告若希望在商标侵权之诉中胜诉，不仅须证明存在混淆可能性，还须证明存在联系的可能性。[166] 10.147

一些学者坚持认为“联系可能性”标准优于“混淆可能性”标准，而且实际上如果你是商标所有人也会认为前者具有很多优势。混淆是难以证明的（尽管一些案例中被告的商标与原告的并不相似，混淆的证据也堆积如山[167]），而一般来说，比较容易说服法院或登记处相信“联系可能性”的存在。尤其是当在先商标尚未使用时，因为“混淆可能性”的确定的核心正是商标之间或使用商标的商品和服务之间的某些联系。“联系可能性”这个概念，与商标真实声誉或推测声誉相关，在含义上也更能印证向商标所有人授予防止在不同商品和服务上使用相同或近似商标的保护。[168] 10.148

而反对将“联系可能性”作为对不受欢迎近似商标的常规测试标准的意见认为，该测试看似对传统商标很有用，但未就容易确立“联系可能性”的其他商标，如包含单一颜色、混合颜色以及产品形状的商标进行检验，会导致对注册商标过度的保护。知道这点后，在摒弃比荷卢同盟律师所理解的“联系的可能性” 10.149

[163] 这个问题引发了非常热烈的辩论，见Anselm Kamperman Sanders，《Wagamama案的成果》，1996，EIPR 521；Peter Prescott，《在使用Wagamama案观点前先想想》，1996，EIPR 317和《比荷卢同盟商标法已经被写入指令了么?》1997，EIPR 99。

[164] Wagamama Ltd v City Centre Restaurants plc [1996] ETMR 307（英国高等法院）。

[165] Sabel BV v Puma AG，Rudolf Dassler Sport，Case C-251/95 [1998] ETMR 1，para 26.

[166] Premier Luggage and Bangs Ltd v Premier Co（UK）Ltd and another [2002] ETMR 787.

[167] Unilever NV v Raisio Yhtyma OY and others [1999] ETMR 847（海牙上诉法院），上文已论述。

[168] 对这种保护的论述，见第11章。

的概念之前，应首先了解这一概念对我们的借鉴意义。

(2)“联系的可能性”真正的含义是什么？

10.150 最简单意义下的“联系可能性”是指，由于将所有人商标和在后使用者的标志联系起来，公众从而可能认为这些企业生产的产品来自其相关业务，甚至同一业务。因此，消费者可能会推测 RED BULL（红牛饮料——译者注）和 BLACK BULL 饮料来自同一制造商。[169]

10.151 在后标志与在先标志的“联系”是否也包括了这种情况：在先文字商标的显著性一般，而在后商标于在先商标的基础上加入了在后商标申请人自有的驰名文字或标语，该问题被提交给欧洲法院裁决。[170] 倘若欧洲法院将是否构成“联系”作为应由国内法院决定的一项事实问题，而不是应由欧洲法院决定的法律问题，这将更易让人接受。

(3) 如何确立“联系的可能性”？

10.152 证明存在联系可能性的最简单方法是证明基于两项商标实际发生的或可能发生的使用，相关消费者会被引导相信各竞争者的商品是相关的或是它们具有某种共同的来源，或是一种商品体现为另一种商品产业链的延伸。例如，西班牙消费者能将 TED BAKER（泰德贝克，服装品牌。——译者注）服装与 CLAUDIA BAKER 服装区分开来，但他们可能将前者视为后者女装品牌的男装品牌。[171]

10.153 乌特勒支地方法院在判定商标 YOU，YOURS and 4 YOU 与另一件包含文字 FASHION FOR YU 的图形商标之间的混淆可能性时，质疑这些商标是否可能混淆公众，尽管它们之间存在近似性。[172]但法院认为第二个标志包含了词语 FASHION，第一个标志的所有人采纳了“mode”一词（荷兰语中即“fashion”），两者存在含义上的联系，从而确定不仅存在联系的可能性还存在混淆的可能性。这种含义上联系的确立似乎超越了法律的要求，因为“FASHION”与“mode”的联系并非标志本身之间的联系，而是使用这些标志的环境之间的联系。

---

[169] Scottish & Newcastle plc's application；opposition of Red Bull GmbH，Case 863/2000［2000］ETMR 1143.

[170] Deutsche Telekom v Deutsche Krankenversicherung，Case C-367/02（提交到欧洲法院）。

[171] No Ordinary Designer Label Ltd v Commercial Fenicia de Exportacion，SL［2002］ETMR 527.

[172] Hij Mannenmode BV v Nienhaus & Lotz GmbH［1999］ETMR 730.

（4）如果存在联系的可能性，是否还需要证明混淆的可能性？

Adidas（阿迪达斯，运动品牌。——译者注）在荷兰诉 Marca Mode 对其知名的三条带商标的侵权时，声称后者未经授权的两条带装饰的使用侵犯了其权利。Marca Mode 辩称不存在侵权，因为：首先，它没有使用 Adidas 所注册的商标；其次，其商品和 Adidas 的商品之间不存在实际或潜在的混淆。如果是这样，根据 Sabel 诉 Puma 的决定，仅仅是“联系可能性”不能用以支持 Adidas，Adidas 必须证明混淆的可能性。最后该问题被提交到欧洲法院[173]，在像 Adidas 三条带装饰这样尤为显著商标的情况下，能否得出当存在强烈的联系可能性时，混淆的可能性，尽管实际上可能无法证明，也将是无法避免的结论呢？欧洲法院对这个问题的回答给出了否定的意见：混淆的可能性不能单单从联系可能性中推定而来，而必须被证实。[174] 10.154

这个分析对我们理解“联系可能性”的帮助并不大。“包括”一词在“混淆可能性，包括联系可能性”中的使用暗示了联系是混淆的一种。但如果是这样，它给予了“联系”人为创造的另一层含义，而联系在日常语言中的含义远比混淆的含义广泛。我们不能从字面上将这两个词语和“包括”放在一起去理解。欧洲法院认为联系能帮助“界定混淆的界限”，但令人费解的是，它是如何帮助界定的。 10.155

F. 结语

在个案的事实中适用同一性、近似性、混淆以及联系的概念都极为困难。我们应牢记于心的是，欧洲过去10年判例法的发展已经体现出非常健全的一致性和普适性。欧洲法院判决的整合功能与 OHIM 决定一致性的提高（尤其是异议部门在初期做出的一些不规律的决定），鼓励了商标所有人还有其竞争者们相信一个稳定的预见性强的法律适用时代，在历经长期令人沮丧的压抑后正在形成。 10.156

[173] Marca Mode CV，Adidas AG and Adidas Benelux BV，Case C-425/98［2000］ETMR 723.

[174] 在德国类似的决定中，最高法院认为法院不能依据消费者已经对 Adidas 三条带装饰很熟悉，而推定他们能将被告的两条带装饰区分出来。见 Three Stripes trade mark［2002］ETMR 553。

第11章

声誉、不公平利用和损害

A. 导言

商标诋毁者的自白

“所有这一切开始于我尝试GUBBO牌水果味咽喉止咳糖时。”杰克说。“我的意思是,当时我的喉咙真的很疼,就是因为这些广告我才买了这些GUBBO牌止咳糖。”

“接着说。”侦探史密斯说道。

“你是知道这些广告的。这些广告说‘GUBBO能够在几分钟之内缓解疼痛。不满意就退款’。所以,我就买了其中的两种。除了这些糖很难吃的事实外,它们对我的喉咙疼痛并不起什么作用。”

“那么你后来是怎么做的?”史密斯继续问道。

“我打电话给客户服务热线,告诉他们说止咳糖根本不起作用,因此我想退款。他们说不行,我就说广告中的‘不满意就退款’是什么意思?他们说如果‘他们’不满意才能退款,但是他们是满意的,他们很满意我的付款,因此我不能把钱拿回来。就是在这时候我开始很气愤。”

“然后呢?”

“我做的第一件事情就是建立了一个网站www.dontsuckgubbo.com去警告

其他人不要陷入Gubbo肮脏的圈套中去。我还建立了一些相关的链接，这样任何搜索‘GUBBO’或者‘喉咙疼痛’的人都会找到我的网站。”

“网站有什么内容，杰克？”

“很多东西。有篇关于我对Gubbo骗局表示愤慨的文章，以及一些人正在吞咽GUBBO的令人恶心的图片。然后还有一些俳句。”

“俳句？”在警察手册的目录中俳句这个词是不存在的。

“我的喉咙疼起来的时候我就像身处地狱一样痛苦。

就像毒辣的太阳敲打炙热的地面。

GUBBO会火上浇油。”

史密斯记录了作为罪证的俳句，并摇摇头。有时犯错误的人的行为真是莫名其妙。

杰克继续说，“然后我决定在T恤衫上印刷一些‘GUBBO杀人’的广告语。”

“但是GUBBO确实没有杀人，对不对？这么做似乎有些极端。”史密斯自己先思考了一下。你这么做的时候不应该太苛刻。

“我的喉咙快痛死了。”杰克解释说，“因为GUBBO根本不起作用。GUBBO折磨着我的喉咙。”在有必要进一步解释时，杰克会用一根手指划过他的喉咙。

“等一下，我正在记录。”

“接下来我就是印刷了一些小硬纸盒子。这些盒子的前方印着大写字母的BUGGO。盒子的背面写着‘比GUBBO好得多’。”

“什么，杰克？你在盒子里放了些什么？”

“狗屎。”

史密斯皱了皱眉头，多年待在警察部门让他变得很难被触动，但是面对这些如此恶心的事情他却毫无准备。简直没有商标诋毁者做不出的堕落行为。

故事的寓意

11.01 长期来看，树立品牌良好声誉和发展其商誉只有一种途径，那就是使公众消费者在头脑中将某个商标和能够给他们带来愉悦，或者至少是带来满足感的商品或者服务联系起来。相反，毁掉良好声誉的方法却有很多种：嘲弄，羞辱，将其盗用在质量低劣的商品或者服务上，使社会公众产生混淆直到他们无法确信他们购买的商品是他们喜欢的还是他们不喜欢的，等。法律提供了很多途径使商标所有人可以针对其他人的上述行为向法院起诉以保护其商标，或者获得他人对其造成损害的赔偿。本章将主要关注其商标被他人以一种会造成商标损害的方法使用或以造成他人获得衍生的不公平优势的方式使用的被侵权的商标所有人的可以获得的救济途径。

(1) 保护具有良好声誉的商标的背景

注册商标无须其权利人向法院证明其注册商标具有声誉才有权获得禁止相同标识被注册和使用的保护措施。当他人使用的标识或试图注册的标识与注册商标有发生混淆的可能性时，该注册商标同样可以寻求上述保护。无论是上述哪种情况，商标均会获得法律的保护，即便该商标还未被使用。但是，对于已经使用的商标，商标所有人可以获得多一层的保护，这也是本章要阐述的主题。 11.02

一旦商标所有人成功地投资于一项品牌商品或服务的开发，该商标中所蕴含的商誉就会成为有价值的商业资产。通过承诺或保证商品或服务质量、物有所值、其他令人满意的特性，商标能够吸引顾客并使顾客经常购买。对商标注册的投资是保护商标的商誉价值的最好方法，但是同其他领域的商业开发一样，即便是对商标保护的投资也会受制于收益递减规则的影响，本章下文将进行阐述。 11.03

(a) 实践方面的考虑

用于商品或者服务的商标的注册方面的资金都是值得花的钱，但是商标所有人可能考虑在其所在的行业之外的商品或者服务上也获得其商标的注册。例如，注册在一系列香水上的 JEAN-PAUL GAULTIER 商标能保护商标所有人对抗假冒或混淆性相似产品的侵害，但商标所有人是否应该花费时间、金钱和精力在炉具手套、铅笔刀或者球形轴承上注册相同的商标呢？这种做法通常是不可行的。如果商标所有人不在炉具手套、铅笔刀或者球形轴承上使用 JEAN-PAUL GAULTIER 商标（这种情况是很有可能的），则该注册商标将随时面临着由于不使用而带来的异议，并有可能被撤销。[①] 一旦在这些商品上的注册被撤销，它们将不再发挥任何保护作用。 11.04

即便注册在范围极为广泛的商品或服务上的系列商标不会被轻易撤销，但是保护并维持该系列商标将会大大增加维护 JEAN-PAUL GAULTIER 商标的费用。即便是商标所有人也必须量入为出，因为调查和处理侵权行为以及恶意第三者注册该等商标的开销必须由公司财务承担。在注册上花费的成本越多，留给保护商标不受侵权的经费就越少。正如某个评论家所言： 11.05

> 最驰名的商标也不会在每个地方都使用，也不能在所有地区都注册，也不能在侵权可能发生的所有类别的商品或者服务上都注册。奇怪但却真实的情况是，大部分驰名商标的所有人为了捍卫其商标权利，在他们不能获得收

① 关于商标的撤销，参见第13章。

益的地区也要花钱，在这个意义上，他们都是处于入不敷出的状态。[②]

11.06 正是基于上述理由，商标所有人除在其进行商业开发的商品或者服务上获得商标的注册外，最大程度地获得他们不打算在其上使用注册商标的商品或者服务上的保护也是至关重要的。此类型的保护框架将在以下各节进行阐述。

(b) 法律框架

11.07 在第 7 章中，我们提到了《与贸易有关的知识产权协议》(TRIPs)[③] 要求成员国保护注册商标，禁止他人在下列情况下在下列商品上使用注册商标：

> 与商标所注册使用的商品或者服务不相似的商品或服务，条件是在该等不相似的商品或服务上使用该注册商标将暗示这些商品或者服务与注册商标所有人之间存在联系，以及该注册商标所有人的利益将可能由于该等使用而受到损害。[④]（下划线系作者为强调所加）

11.08 上述提到的 TRIPs 协议的条款在欧盟有关商标相似的指令——《欧盟理事会指令 89/104》的第 5（2）条中有所反映，该规定赋予欧盟成员国有下列法律规定的选择权：

> ——在满足下列条件的情况下，商标所有人应该有权阻止第三方在未经其许可的情况下在商业活动中，在与其商标所注册使用的商品或者服务不相似的商品或者服务上，使用任何与其商标相同或者相似的标识：该商标在该成员国中具有商业信誉，以及无正当理由使用与其商标相同或者相似的标识将会造成对其商标的显著性和声誉的不公平利用，或者损害其商标的显著性或声誉。（下划线系作者为强调所加）

11.09 《欧盟理事会条例 40/94》[⑤] 制定了相似的条款将此类行为视为侵权。《欧盟理事会指令 89/104》[⑥] 以及《欧盟理事会条例 40/94》[⑦] 都制定了相应的条款使得商标所有人能阻止第三人在相同情形下对其申请的商标进行注册。

11.10 这些条款以平实语言确定了下列四类违法行为：

(i) 不公平利用在先商标的显著性；

(ii) 不公平利用在先商标的声誉；

② Ronald Lehrman,《未经使用的商业信誉》以及《家喻户晓的名称》，(1986) 3《商标世界》18，27。

③ 参见 TRIPs 第 16（3）条。

④ 《巴黎公约》第 6 条之二。

⑤ 《欧盟理事会条例 40/94》第 9（1）（c）条。

⑥ 《欧盟理事会指令 89/104》第 4（4）（a）条。

⑦ 《欧盟理事会条例 40/94》第 8（5）条。

(iii) 对在先商标的显著性造成了损害；

(iv) 对在先商标的声誉造成了损害。[8]

在解释这些行为内在的含义时，本章将探求，如果商标所有人指控他人未经授权在与其商标所注册使用的商品或者服务完全不同的商品或者服务上使用与其商标相同或类似的商标，商标所有人因其商标的显著性或其商标因使用所获得的声誉受到损害而享受到的保护的性质。 11.11

(c) 商标之间的比较

为了比较商标以确认商标之间是完全相同、近似还是不近似，欧洲法院称，必须进行下列鉴定： 11.12

> 对于争议商标在视觉上、听觉上或者概念上的近似性进行整体鉴定，特别需要注意的是，它们的显著以及主要构成部分。[9]

一般认为，对不同商标进行比较时采用的"整体鉴定"的方法，也可以同样在为了确认商标之间的相似性时使用，以及在处理不公平利用他人商标或对他人商标造成损害而侵权的案件中使用。[10] 11.13

(2) 概念和术语的解释

在探讨前一标题项下描述的四类违法行为以及与之相关的法律前，澄清律师在分析上述行为时所用的术语以及概念的一些相关问题很重要。尤其应该注意的是，在使用"淡化"、"模糊"以及"丑化"等术语时要格外谨慎。这些词语已经开始为欧洲内部市场协调局（OHIM）[11]、欧洲某些国家的国内司法机构[12]所使用，并出现在一些评论家[13]的文章中。对这些词语的理解尚未统一，这个问题将在下一小节进行探讨。同时，理解商标的"显著性特征"的含义也是必要的，本章以下也将会进行阐述（参见第11.23～11.24段）。 11.14

(a) "淡化"、"模糊"以及"丑化"

有时候，人们会认为损害商标的"显著性特征"就是"模糊"的结果，因为 11.15

---

⑧ Hollywood SAS v Souza CruzSA，Case R 283/1999-3［2002］ETMR 705.

⑨ Sabel BV v Puma AG，Rudolf Dassler Sport，Case C-251/95［1998］ETMR 1，para 23，在第10章中进行了讨论，第10.23～10.33段。

⑩ 参见 Andrew Griffiths，《全面审视规则对于商标保护界限的影响》，［2001］IPQ326；Premier Brands UK Ltd v Typhoon Europe Ltd［2000］ETMR 1071（高等法院）。

⑪ Hollywood SAS v Souza CruzSA，Case R 283/1999-3［2002］ETMR 705.

⑫ Premier Brands UK Ltd v Typhoon Europe Ltd［2000］ETMR 1071（高等法院）。

⑬ 例如 Hazel Carty，《注册的商标和被允许的比较广告》，［2002］EIPR294，297-9。淡化是一个方便的简洁的术语，其禁止在不相似的商品或者服务上使用相同或者类似的商标。

商标突出其所注册使用的商品或者服务的功能会因与之同时存在的其他商标而受到损害。有时候人们还会认为对商标“声誉”的损害就是“淡化”或者“丑化”的结果。这些比喻性词语大部分源自美国，以它们通常被使用的形式存在⑭，因此在美国之外的法律背景中使用它们时，应该保持高度的谨慎。这三个概念中的两个——“淡化”以及“丑化”——能在美国的法律中找到，它们被用于对驰名商标保护的规定之中。第 12 章将对此进行深入探讨。⑮

11.16 如果在界定某些术语时或者至少将这些术语放置到能够清晰识别的法律背景中时没有注意，那么尤其是在理解所谓的“淡化”概念时，很容易产生误解。存在的其他风险是，由于这些术语被美国的联邦以及各州法院日益广泛地进行了解释，对这些术语在美国进行的具有约束力并具有法律意义的注解和解释，将会被其他很多本国法律尚未规定这些术语的国家不予置疑地用于其法律分析之中，会因此出现思想混乱、分析不到位和由此导致的法律不确定性的危险。

11.17 在驰名商标被赋予的保护体系内，美国的商标法自从 1995 年起就将“淡化”一词进行了相当广泛的定义：

> 减弱驰名商标辨识和区分商品或者服务的功能，不管是否存在下列情形：(1) 驰名商标的所有人和其他当事人之间的竞争，或者 (2) 产生混淆、错误或者欺诈的可能性。⑯

11.18 上述定义与 Frank Schechter 及其追随者在美国法律体系中对于“淡化”一词的“经典”解释形成了对比，“淡化”在下列情形下发生：

> 当某特定商标表明“唯一商品来自唯一供应商”的这种意识，被该特定商标表明多种不同的商品来源于不同的供应商的意识所取代，并且该意识是正确无误的意识。⑰

11.19 这种意识的重要性在于，其为连接商标和消费者之间的纽带，并因而使得商标具有“销售力”：

> 现代商标的价值在于其销售力……这种销售力取决于其自身的独特性和与众不同的特点……并且，商标一旦使用在不相关的商品上，其独特性或与

⑭ 尽管最早在 1925 年“verwassert” （watered down）这个词语被使用在 Odol 25，Juristiche Wachenschrift 502，XXV Markenschutz and Wettbewerb265，(Landsgericht，Elberfeld)。

⑮ 详见第 12.13 段。

⑯ “淡化”一词是通过 1995 年的《联邦商标淡化法案》引进到美国联邦的法律中的；参见现在的 15 USC，s127. Tony Martino 的《商标淡化》(1996) 中，对于早期美国各州的淡化法律进行了简洁的回顾。

⑰ Beverly Pattishall，《商标淡化与商标——商标保护淡化基本原理的初次接受》，(1984) 74 TMR 289，300。

众不同的特点就会因此大打折扣或者受到损害。[18]

将Schechter1927年对于“淡化”的解释与现代法律给予的解释结合考虑，显然，前一种解释关注对商标真正显著性特征的损害，不考虑商标的知名度，而现代制定法的解释关注的是对驰名商标的保护。 11.20

1995年之后，美国联邦法律将“淡化”有效地分为两个类别：“丑化”以及“模糊”。“丑化”从广义上讲相当于对他人的商标造成损害的行为（“损害商业声誉”[19]），在欧洲法律框架下给予的保护本章将在下文进行阐述。[20] 11.21

“模糊”这个术语是“通过将商标使用在无竞争关系的商品上，逐渐削弱或者耗散商标的可识别性，阻碍社会公众头脑中对于商标的印象”[21]，或者是“淡化商标或者商号的显著性”[22] 的简称。保护商标防止其被“模糊”被认为是商标法的一项重要作用，特别是在商标因为专门设计而拥有显著性及吸引力，并且其他的经营者不具备道义上正当理由对其进行使用。[23] 11.22

在Adidas诉Fitnessword[24]案件中，总法务官认为，对于商标的显著性的损害的概念就是通常所说的淡化[25]，而对于商标的声誉造成的损害，通常被称为贬低或者丑化，上述术语描述的情况是，使用侵权标识的商品是以影响原注册商标的吸引力的方法来吸引公众注意。[26] 在这个意义上，至少欧洲法院在表面上是愿意使用美国法律中的术语的。 11.22A

(b) 显著性特征

“显著性特征”这个术语出现在《欧盟理事会指令89/104》和《欧盟理事会条例》规则中，对此本章前面已经引用（参见第11.08段）。在商标注册问题的语境中，“显著性特征”的含义在第4章进行了详细的阐述。我们能否如此推论，在保护享有声誉的商标的语境中，也应同样采用上述“显著性特征”的含义。 11.23

⑱ Frank Schechter，《商标保护基本原理》，(1927) 40 *Harv. LR* 813，1970年再版，60 TMR334，345。

⑲ Moseley et al，aba Victor's Little Secret v V Secret Catalogue Inc537 US 418，123 Sup Ct1115 (2003)．

⑳ 美国法律关于“丑化”所发挥的作用的杰出的概念性评述，参见Robert Nelson，《解开商标的枷锁：丑化及其在不正当竞争法中的适宜的位置》，(2002) 42 IDEA 133-79。Nelson认为，从逻辑上讲，按照传统观点，丑化不是淡化的一种形式，因为其本质上只是一种暗示产生混淆的可能性，而淡化却并非如此。

㉑ Frank Schechter，《商标保护基本原理》，(1927) 40 *Harv. LR* 813，827。

㉒ Moseley et al，aba Victor's Little Secret v V Secret Catalogue Inc537 US 418，123 Sup Ct1115 (2003)．

㉓ Frank Schechter，《商标保护的想象和困惑》，(1936) 36 Colum L Rev60，65。

㉔ Adidas-Salomon AG and Adidas Benelux BV v Fitnessworld Trading Ltd，Case C-408/01，2003年7月10日选择（未公开）（欧洲法院）。

㉕ 同上，第37段。

㉖ 同上，第38段。

11.24 《欧盟理事会指令89/104》以及《欧盟理事会条例》规则的文字表达中，都没有表明“显著性特征”的术语应该在不同的情况下给予不同的对待，但有些评论家提出，如果商标已经具有知名度，此时对其声誉的保护应取决于商标的固有显著性，而不是通过使用而获得的显著性。这是一个典型的法律问题，尽管它对商标理论学者来讲是个难题，但是对于相关消费者而言，他们是不会想到这样的问题的。因此，人们有权得出这样的结论，当法院或者商标登记处在决定是否保护商标的显著性时，商标如何获得其显著性不是上述机构应该调查的问题。

(c) 名声和声誉

11.25 《欧盟理事会指令89/104》第5（2）条和第9（1）（c）条对“名声”与“声誉”进行了区分：

> 在下列条件下，商标所有人应有权阻止任何未经其允许的第三方，在与其商标所注册使用的商品或服务不同的商标或服务上，为商业目的使用与其商标相同、近似的标识：商标所有人的该商标在成员国内有一定的名声，并且没有正当理由使用该标识，将不公平利用该商标的显著性特征或者其声誉，或者对两者造成损害。（下划线系作者为强调所加）

11.26 由于在英语口语中，“名声”与“声誉”这两个词语是同义词，因而会造成混淆。其他语言版本中的相同条款[27]也并未对这两个术语的细微差别进行区分，内部市场协调局的复审委员会（OHIM Board of Appeal）有如下解释：

> ……商标具有一定的名声的事实意味着，该商标为大部分相关的社会公众所知悉。另一方面，从标识的识别力意义上，商标的名声不会预先决定其在“声誉”或品牌形象意义上可能具有的特定重要意义，而具有竞争性的商标的注册会给商标声誉或形象带来损害。[28]

11.27 换言之，嚼口香糖的消费者知道HOLLYWOOD牌口香糖这一事实就证实了该商标的名声。消费者将HOLLYWOOD牌口香糖与一种健康的生活方式相联系的事实就证实了其声誉。

11.28 需要指出的是，复审委员会就“名声”与“声誉”之间的区别进行了解释，然后放弃使用“声誉”这个词语而倾向于使用非法律术语“（品牌）形象”。

---

[27] 在法国的版本中，例如renomee常被用来指代“reputation”与“repute”。

[28] Hollywood SAS v Souza Cruz SA，Case R 283/1999-3［2002］ETMR705，para 61.

(d) 不公平利用

法院在解释“不公平利用”这一术语时，好像并没有任何太大的困难。以下将以依据德国《不正当竞争法》做出的Dimple案[29]判决对其含义进行阐述。“不公平利用”这个词语的含义与法国概念中的“寄生经营”的含义是一致的，后者也是源于法国的《不正当竞争法》。[30] 11.29

B. 名声

(1) 什么是“名声”，商标何时会具有名声？

尽管“名声”这个词语总是被商标领域的律师、品牌经理、市场顾问甚至消费者拿来使用，但是在TRIPs以及《巴黎公约》中均未出现这个词语。这并不令人吃惊。尽管“名声”这个词语在很多国家的商标法中被使用，包括采用以《欧盟理事会指令89/104》为基础的欧洲模式的所有国家，对于不同的使用者来说，这个词语具有不同的含义。对于一个商标而言，“名声”可能意味着以下事实的结果：(1) 消费者知道商标正在被使用，(2) 竞争者知道商标正在被使用，或者 (3) 消费者赋予该商标特殊的价值，目的是进行或者避免重复性购买。名声可以形成，也可以失去，甚至可以从一种商品转移到另外一种商品上。 11.30

由此可以明确的是，如果不经过使用，商标无法获得名声。正因为如此，保护商标使其避免受到不公平利用或者避免遭受损害条款，将不能用于救济未经使用因而也不具有名声的商标。 11.31

商标的名声可以在不同的方向上进行扩展。它可以在深度上进行扩展，渗透到某个特定的市场领域，并达到很深入的程度（所有嚼口香糖的人都曾经听说过WRIGLEYS，所有开车的人都知道FORD（福特，即便他们没有开过福特车。——译者注），或者商标的名声还可以在广度上扩展，即可以涵盖很多不同的市场，虽然其无法渗透到市场的某个特定领域（MARKS & SPENCER（玛莎百货——译者注）以及DISNEY（迪士尼——译者注）都是非常知名的商标，但不与某特定商品相联系）。商标的名声可以进行扩展的方向将影响其保护商标禁止相同或者类似商标侵害的程度。例如，WRIGLEYS（箭牌——译者注）商标 11.32

---

[29] 见下文第11.60～11.64段。

[30] Yves Saint Laurent Parfums SA v Institut National des Appellations d'sOrigine [1994] ECC385 (YSL香水的小型香槟瓶子和软木塞子的使用被认为是“寄生贸易”的一种形式，尽管它可能并不会损害“香槟”这个词语的知名度)。

是口香糖的驰名商标，如果消费者在花园用具、手术器具或者编织图样上看到WRIGLEYS，很少有人将其与口香糖的生产商联系起来。这就是诸如POLO类型的商标可由三个没有任何联系的人所有，还能够在几乎没有任何联系的活动领域中（包括汽车、服装以及糖果）分别获得广泛名声的原因。然而，MARKS & SPENCER的名声将会扩展到连锁商店销售的产品之外的其他领域，包括扩展到消费者按常理推测该连锁商店经营的商品或服务上（即使实际上其推测是错误的）。

(a) 欧洲法律中的名声

11.33 在通用汽车诉Yplon一案中，欧洲法院已经考虑到了"名声"一词的含义，其中，"名声"是该汽车商标CHEVY的所有权人阻止该商标在清洁以及抛光产品上使用的依据。为了实现保护商标的目的，必须证明"名声"的存在，因此，法院选择了通过对其所被赋予的保护进行描述的方式对"名声"进行解释。因此，法院判决如下：

> ……为了享受扩展到不相似的产品或者服务上的保护，注册商标必须被商标所覆盖的商品或者服务的相关社会公众的大部分人所知悉。㉛

11.34 一种刻薄的批评性观点认为，这仅仅是一种对显而易见问题的陈述。但是此评论忽视了该判决的重要性；它将名声的概念从好名气或者坏名气的概念中解放出来，而前者的含义经常与后两者发生混淆。COCA-COLA（可口可乐——译者注）有名声因为其是众所周知的，然而，尽管很多商标明显不被很多人知道，但是仍然享有很强的名声。VENDOREN（单簧管乐器）、KNOCKANDO（麦芽威士忌）以及EUTHYMOL（牙膏）等商标都不像COCA-COLA那样众所周知，但是在它们被使用的市场中，这些商标被欧洲法院称为"相关公众"的人知道且尊敬。

11.35 法院很明智，没有提及多大比例的"相关公众"才会构成"重要部分"（significant part）。"大"（significant）的意思可以是"大"（big），或者是"具有重要性"（having some significance）；从法律意义上讲，不具有重要性的也可以构成重要部分。欧洲法院不会轻易地对这个问题下结论，当然也不会确定相关公众的某一百分比作为达到"重要部分"的明确分界线。㉜

㉛ General Motors v. Yplon SA，Case C-375/97 [1999] ETMR 950，para 31.

㉜ Llody Schubfabrik Meyer& Co GmbH v Klijsen Handel BV，Case V-342/97 [1999] ETMR690，para 24. 欧洲法院在此案件中表达了略有不同的观点，确认了其在较早的Windswfing Chinese Produktions-and Vertriebs GmbH v Boots-und Segelzubehar Walter Huber and Franz Attenbergr案中，结合案件C－108和109/97 [1999] ETMR，欧洲法院称："例如，当商标具有很强的显著性特征时，通过参考商标在相关范围内的社会公众所获得的一定程度认知度，无法运用常见的术语将其表述出来。"

(b) 与商品或者服务相关的名声

商标的名声并不存在于真空之中：其与使用商标的商品或者服务密切相关，但是无法期待其能在超越商品或者服务存在之外的范围存在——尽管上述情形有可能实现。因此，商标MERCEDES（梅赛德斯——译者注）在汽车上享有的名声不能涵盖到服装制品上。[33] 与香水以及化妆品的零售相关的文字商标SEPHORRA（丝芙兰——译者注）的名声，也不能被涵盖到"美容以及香料店的评估、开创和购买"的服务上。[34] 11.36

(2) 名声仅仅意味着商标很出名吗?

本书曾引用了《欧盟理事会指令89/104》第5（2）条的英文版本，该条款中使用的词语是"名声"。然而，英语仅仅是欧盟11种官方语言中的一种，欧盟指令的英文版本并不比其他语言的版本更具有权威性。指令的其他版本，包括法语、德语、意大利语和西班牙语——英语之外的四种其他的《欧盟理事会条例》官方语言——保护的是"知名的"或者"著名的"的商标，而不是具有"名声"的商标。这告诉我们关于"名声"这个概念的含义的什么问题呢? 11.37

欧洲法院已经考虑到了这个问题，并将这个问题描述为"不会导致重大矛盾的细微差别"[35]。"名声"这个词，与其他语言的同义词一起，仅表明了在商标获得法律保护之前必须满足的"知名度的门槛要求"。欧洲法院明智地拒绝了确定该门槛的标准，认为这是需要国内法院处理的事项。 11.38

另外一个悬而未决的问题是，"名声"这个词语是否仅仅是对知名度的要求，或者"名声"是否必须与某些事情相关：例如，商品或者服务、质量或者价格、地理起源或者其他因素。如果某一商标在真空状态下享有名声，由于很难想象出该商标的权利人需要寻求保护，以阻止侵权或过于相似的具有搭便车嫌疑的商标的注册，那么这个问题就不会有任何实际意义。但在下列情况下，可能会有这样的问题：商标所有人已经将商标ZAPPO（芝宝——译者注）注册在了糖果产品上，那么商标所有人并不制造或者销售任何此类产品，而是用很有吸引力的广告（"zappo就要来了"；"zappo将改变你的生活"，"zappo——最酷的东西"，等等）广泛宣传其产品即将上市。所有吃该糖果的消费群体的成员甚至并不知道ZAPPO是什么，因为这些广告"隐讳"地隐藏了商标所标明的商品。这个国家都在 11.39

[33] DaimlerChrysler AG v Alavi [2001] ETMR 1069（高等法院）。

[34] Inter Service Srl's application; opposition of Sephom SA，案件278/2000，2003年2月23日（未公开）（内部市场协调局异议部）。

[35] General Motors v. Yplon SA, Case C-375/97 [1999] ETMR 950, para 22.

热切地想搞清楚 ZAPPO 到底是什么。此时商标所有人联系当时的一些糖果公司，并将其已经具有一定知名度的商标出售给出价最高的糖果公司。在其还未将上述计划实施的时候，另外一家公司将 ZAPPOX 牌的运动员足部的护理霜投放到市场，很快并且会不可挽回地损害 ZAPPO 的不存在任何商品之上的名声。然而，基于这些不常见的事实，TRIPs、《欧盟理事会指令 89/104》以及《欧盟理事会条例 40/94》规则中关于对于名声保护的规定（前文第 11.02～11.03 段进行了阐述）也会给予 ZAPPO 所有人足够的保护。

(3)“显著性特征”以及“名声”

11.40 从前文提到的欧洲法中的条款对于“显著性特征”以及“声誉”的术语的分别使用中可以看出，显然存在两种不同类型的损害，该侵权可能导致两种损害：(i) 对商标显著性的损害；(ii) 对商标声誉的损害。尽管“声誉”这个词语已经在前文的阐述中被描述为商标的“形象”[36]，“显著性特征”还没有独立的有用的定义，因此我们必然会问：这个词的意思到底是什么？

11.41 我们可以说，对于商标的显著性特征不能进行抽象讨论，必须要与商标所有人将商标所注册的商品或服务相关联以进行考虑。[37] 因此，使用在香烟上的 CAMEL（骆驼——译者注）商标拥有很高程度的显著性，但是使用在骆驼、单峰骆驼以及它们的相关部分以及附属物上，具有的显著程度就很低。

11.42 那么，“显著性特征”和“声誉”之间的关系是怎样的呢？这个问题在英国案例 TYPHOO/TYPHOON 中给予了讨论。在该案中，法官进行了如下阐述：

> 基于人们赋予声誉这个词语含义的宽泛程度，特定商标的差异性，或者在于商标声誉的一部分，或者在于商标具有的显著性特征的一部分：任何一种方法对于我来说都明确属于法律有意要给予的保护的范围……[38]

11.43 基于上述分析，商标法对于商标的“不同一般的特性”的保护范围多少有点像鸡蛋。商标的“显著性特征”以及“声誉”就像鸡蛋的蛋黄与蛋清，因为，如果两者中某一个的范围大一些，那么另一个所占的范围就会相应地小一些，但是由于保护的范围一直是保持不变的，这也就无关紧要了（除非你正在做蛋白甜饼）。然而，上述分析对于理解“显著性特征”这个词组所发挥的作用却没有太大。

[36] 参见上述第 11.25～11.28 段。

[37] Ferrero Ohg mbH v Annie Corelia Beekenkamp，案件 R 214/2004—4，2002 年 12 月 4 日（此案未公开）。

[38] Premier Brands UK Ltd v Typboon Europe Ltd［2000］ETMR 1071（高等法院）。

(4) 很强的“显著性特征”或者“名声”就意味着更好的保护吗?

根据欧洲法院在General Motors诉Yplon案件[39]中的观点，商标的显著性特征或者声誉愈强，商标所有人就越容易证明损害的存在。这个具有争议的观点，至少内部市场协调局（OHIM）的复审委员会在表达下列观点时，已经暗示其持否定意见：商标的知名度越高，人们以与另外一个商标近似的发音的方式错误拼读该商标的可能性就越小。[40] 11.44

上述讨论预示着，商标的显著性特征以及声誉存在于使用商标的最为知名的商业活动所在领域（在侵权诉讼以及商标异议诉讼中确实是这样的）。有时候还会发生下列情形：尽管商标所有者拥有的商标在某一商业领域内具有很强的显著性和广泛的名声，但是在另一种商业领域内要弱很多。在这样的情形下会出现怎样的结果呢? 11.45

这个问题在一个英国的案件中进行了讨论，该案件中作为原告的商标的所有者分别在其所在国和欧盟将商标MERCEDES以及MERCEDES-BENZ（梅赛德斯-奔驰——译者注）注册在汽车和服装上，而被告在其Merc的店中销售Merc牌的服装，原告因此而提起侵权诉讼。[41] MERC（EDES）是非常驰名的汽车商标，但是该商标在服装上的使用仅仅限制在“T恤衫的使用上”，将该商标使用在服装上然后将其销售流通，其目的是达到为原告的汽车做广告的效果。在首先驳回了关于商标在服装上进行注册的主张（根据近似商标相同产品原则）后，法院采纳了此观点，即商标在汽车上享有的远远大得多的声誉不能延伸到服装市场上。然而，法院却保留了这种可能性。[42] 关于侵犯汽车的注册商标权的主张也被驳回：商标所有人仅主张侵权嫌疑人对其商标的使用可被质疑是不充分的：他必须指出社会公众所熟知的其对自身商标的使用与被告从事的贬损性使用之间的联系。如果涉嫌贬损性使用事实上与所有人的商标并没有联系，那么被告的使用就不会带来损害。在美国的VICTORIA'S SECRET案[43]中，法官采取了类似的主 11.46

[39] General Motors v. Yplon SA, Case C-375/97 [1999] ETMR 950, para 30. 同时参见 Premier Brands UK Ltd v Typhoon Europe Ltd（注释[38]）。

[40] Ferrero Ohg mbH v Jordi Tarrida Llopart, Case R 186/2001-1 [2003] ETMR 188, 第20章（MON CHERI 不可能会读为 MONTXERI）。

[41] Daimler Chrysler AG v Alavi [2001] ETMR 1069（高等法院）。

[42] “没有规则认为主要是使用在电脑等其他产品上的商标使用在T恤上就不会给使用者带来与T恤相关的商誉。在任何案件中这都是个事实问题，但是人们不应该盲目地接受此类广告的使用会产生与广告所宣传的事物相关的受保护的商誉。”（同上，第20章）

[43] Moseley et al, dba Victor's Little Secret v V Secret Catalogue Inc 537 US 418, 123 Sup Ct 1115 (2003).

张。该案件中，证明被告使用与原告近似的商标激怒了海军上校的证据，不足以证明被告的使用会淡化原告的商标；同时需要证明的是，在发生涉嫌的商标淡化之后，海军上校对于原告的商标的评价比以前要低。

(5)“名声”的证明以及与商标的名声保护相关的其他因素的证明

11.47　当商标所有人试图保护其商标享有名声的信誉时，商标所有人必须证明其商标有名声——关于名声的证据虽然是胜诉的必要条件，但绝对不是充分条件。[44]商标所有人必须成功地证明，对方当事人通过对某一商标进行注册或使用某一商标，而不公平地利用了其商标或进行了对其具有损害的行为。如果其案件的特定事实没有被证明，无论其商标的名声有多大，原告均会在法庭上败诉，因为没有法院或其他裁判庭会将该案件视为不证自明，无须原告举证的案件。如果不是这样，任何证明其商标享有名声的商标所有人将会被有效地赋予一揽子禁止任何人在任何商品或者服务上使用近似的商标的保护权。[45] 即便高达 96.8%的相关消费者知道该商标，超过 90%的消费者能够准确地描述使用商标的产品，也依然是这样。[46]

(a) 举证责任

11.48　一旦在先商标的所有人有责任证明另外一个商标的注册的申请或者使用，不正当利用了其商标或者对其商标造成了损害时，必须注意其证明应适用何种证明标准。如果证明标准过高，商标所有人将无法享受到由于其商标已经有了名声而使其享有的商标的延伸保护权利；然而，如果标准过低，他人对商标的使用以及注册的范围将受到不合理的限制。[47] 在这种情形下，民事责任的证明标准应该设置多高呢?

11.49　在诸如英国以及爱尔兰这样的国家，商标所有人的举证只需满足“可能性权衡”原则。正因为如此，商标所有人以可能对其商标产生损害为依据反对他人的商标注册申请，会比较简单，而如果一旦另外一方当事人的商标被实际使用，商标所有人证明存在对其自己的商标存在损害的难度就会比较大。如果对于某一商

[44] 在 Bravo Industry of Coffee SA (also trading as Bravo SA) v Fiat Auto SpA [1997] ETMR 167 the Protodikeio (Athens) 中得出结论称，当商标是为了特定的商品而被创造时（例如 Coca-Cola），对于名声的举证是案件获胜的关键，但是在情况并非如此时，这仅仅是一个必要条件。然而，这个方法仅仅适用于申请临时禁令的情况。

[45] DUPLO/DUPLO，案件 R 802/1999—1，2000 年 6 月 5 日（未公开）（内部市场协调局的复审委员会）。

[46] Ferrero Ohg mbH v Annie Corelia Beekenkamp，案件 R 214/2004—4，2002 年 12 月 4 日（未公开）。

[47] Mitutoyo 公司的申请 [1999] ETMR 39（瑞典，专利上诉法院）。

标的使用还没有产生任何具体的且可识别的损害，并且在先商标的所有人也不能确定该等损害，则商标侵权诉讼的被告会质疑：对于在先商标名声造成损害的可能性的推测是否能取代对于在先商标的实际损害而成为支持其诉讼请求的充分理由。在涉嫌不公平利用的案件中，如果不公平利用与导致其产生的行为的性质无关，则同样适用上诉标准，但是，当商标所有人能指出被告人的行为属应受到谴责的行为时，原告应较容易证明其诉讼请求。

(b) 需要证明存在实际的损害或者仅仅证明存在产生损害的可能性?

在欧洲法律下，对于这个问题的回答取决于商标的所有人反对的是他人对另一个商标的注册还是对另一个商标的使用。如果是商标注册，商标所有人只需要证明他人商标的注册将不公平利用其在先商标或者将对其在先商标造成损害[48]的"简单概率"[49]。如果是对商标的使用，商标所有人必须证明不公平利用或者损害的实际存在。[50] 11.50

(6) 名声和商誉之间的差别

"名声"的存在是消费者知道在世界的某个地方某一商标正在被使用。相反，"商誉"是下列事实的结果：因某个地区的消费者知道某一商标已经被使用（换言之，就是商标享有一定的名声），消费者因该商标名声所发挥的积极的作用而受到使用该商标的商品或者服务吸引，而决定购买使用该商标的商品或者服务。从这个意义上讲，商誉似乎与名声的概念具有一定的联系，两者之间的主要区别是，商标的名声是商标在消费者眼中的形象，而商誉是商标形象所带来的经济后果。 11.51

C. 不公平利用以及损害

(1) 什么时候会发生"没有正当理由"的不公平利用或者损害性使用?

对他人商标的不公平利用或许会产生损害的使用，如果构成对商标权利的侵害，那么该使用就一定是"没有正当理由"的使用。其含义究竟是什么呢? 11.52

在进行统一化之前，在Lucas Bols案件中比荷卢法院必须考虑一个非常近似 11.53

㊽ Hollywood SAS v Souza Cruz SA，案件R 283/1999—3［2002］ETMR 705，para 88。
㊾《欧盟理事会指令89/104》第4（4）（a）条；《欧盟理事会条例40/94》第8（5）条。
㊿《欧盟理事会指令89/104》第5（2）条；《欧盟理事会条例40/94》第9（1）（c）条。

的表达——“没有正当原因”[51]。使用这个词组需要考虑什么原因本身是正当的。法院确定了两种正当使用的情形：第一个是当“使用者被强制使用该商标，以至于根据诚信原则其不能被要求不使用该商标，无论商标的所有者是否会因为上述使用受到损害”。另外一种情形是“使用者自身享有使用商标的权利，且使用者无须让其该权利受到商标所有人权利的制约……”[52]

11.54 比荷卢法院给我们的提醒是，这种两分法最终将取决于审理案件的法官对具体案件事实的评估，但英国高等法院[53]已对上述方法给予了认可，但是有一个保留：很难想象会有这种情况：未经授权的使用人能成功地不公平利用了商标而且不是“没有正当理由”（尽管对他人的商标造成损害而且不是“没有正当理由”的情况比较容易理解）。从字面含义上理解，增加“没有正当理由”这个词组意味着下列情形：被告因使用原告商标而获得了好处，并且要不是其有正当理由使用该商标，其对于该商标的使用就是不公平的。这些词语也给了法院在处理下列情况时一定程度的灵活性：涉嫌的侵权行为给被告带来某种不当的利益或者给原告商标带来某种损害，但出于公正的考虑，法院得出了这样的结论——被告不应该承担责任。

11.55 内部市场协调局复审委员会将比荷卢法院在 Lucas Bols 案件中对于“正当理由”的含义的裁判作为一般原则来使用[54]，其认为本来是可被质疑的商标注册（暗示注册行为是侵权行为）后来在欧盟的其他国家被允许注册的事实，不会构成本来会造成损害或者获取不公平优势的“正当理由”[55]。

11.56 苏格兰的法院认为，仅仅因为另一商标的所有人已经开始发动异议程序反对商标的注册申请的事实，不会导致一个商标的注册申请人对于该商标的使用成为“没有正当理由”的使用。[56]

11.57 一家玩具制造商开始制造由互锁的木块构成的玩具迷宫，它选择使用 INTEL-PLAY 作为商标被高等法院认为是侵犯了英特尔公司的商标，后者的商标被注册在诸如玩具以及电脑产品上。[57] 被告的玩具是益智玩具，其商标“intel”采用了“intelligent”（智能）以及“intellect”（智力）开头几个字母，但是这些事实无法阻止法院得出被告已经不公平利用了原告的商标的结论。

---

[51] Lucas Bols v Colgate-Pabmolive［1976］7 IIC 420（CLAERYN /KLAREIN）.

[52] 同上，第 4.25 段相似的观点参见 Hollywood SAS v Souza Cruz SA，案件 R 283/1999—3［2002］ETMR 705。

[53] Premier Brands UK Ltd v Typboon Europe Ltd［2000］ETMR 1071，1098（高等法院）。

[54] Hollywood SAS v Souza Cruz SA，案件 R 283/1999—3［2002］ETMR 705，para 101。

[55] 同上，第 102 段。

[56] Pebble Beach 公司诉 Lombard Brands Ltd［2003］ETRM 252（Court of Session）。

[57] Intel v. Sihra，2003 年 1 月 24 日（未公开）（高等法院）。

(2) 什么是与商标的"显著性"特征相关的"不公平利用"?

内部市场协调局复审委员会在 Hollywood[58] 案件中指出了四种不同的保护商标的情形，这四种情形为禁止相同或者近似商标在与原商标注册的商品或者服务完全不同的商品或者服务上的注册。[59] 第一种情形是不公平利用商标的显著特征。与其他三种类型不同的是（以下三个标题将对这三种情形分别进行讨论），复审委员会没有给出该不当行为的例证。尽管我们不应由此推断，无法举例正是由于不存在"不公平利用商标的显著特征"情形的结果，但是现实中上述事件的发生确实是极其困难的。也许是基于上述原因，Adidas 诉 Fitness 案件中的总法务官无法找到两种类型的不公平利用的区别。[60]"不公平利用商标的显著特征"的可能情形包括以下几种类型： 11.58

(i) 当某一商标具有很强的显著性特征时，他人不支付许可费在其广告或者宣传材料上提及该商标，以达到吸引消费者注意力的目的，然后再将消费者的注意力引导到其自己的产品上，这样既没有损害该商标的显著性特征，也没有不正当利用其名声。例如，通过在汽车爱好者的杂志上发布一则广告，广告中的标语是以大幅字体印刷了这样的标语："终生免费的 CHANEL NO. 5 香水!"，接下来的是较小字体的"除了兴奋之外，我们无法提供给您任何其他东西，但是使用 LUBE-O-SLICK 牌润滑油，您的汽车将感觉到棒极了"。如果广告中的标语改为"终身免费的 HONDA 汽车零部件"，将不会产生如此好的效果。这是因为 CHANEL 商标使用在汽车产品服务上，比 HONDA 商标具有更高程度的显著性，所以更容易引人瞩目。

(ii) 因在广告中以通用的含义使用某一商标，尽管商标具有很高的知名度，但是在社会公众的眼中该商标具有较低的显著性特征。此种情形在下面的例子中可以实现：通过在下列广告语中使用商标 HOOVER："你是否正在忍受使用 HOOVER 吸尘器打扫卫生的疲劳？是否感受到了所有的灰尘都被吸走了呢？试试我们的 SUCKO 牌全新的吸尘清洁系统，让你的家焕然一新。"此处暗示的是，HOOVER 这个令人筋疲力尽的常见的古老的商标被用来与智能的、全新的、令人激动的 SUCKO 产品做了鲜明的对比。

批评者认为这些例证有点像是人为编造的，并不完全令人信服，这些批评也有一定的道理。因此，如果不公平利用他人商标的显著性特征实际上并没有发生过，为什么《指令》以及《条例》要花大力气去规定：不公平利用商标的显著性 11.59

[58] Hollywood SAS v Souza Cruz SA，案件 R 283/1999—3 [2002] ETMR 705。

[59] 同上，参见第 11.02~11.13 段。

[60] Adidas—Salomon AG and Adidas Benelax BV v Fitnessworld Trading Ltd，案件 C-408/01，2003 年 7 月 10 日意见（未公开）（欧洲法院），第 39 段。

特征的行为构成侵权？对这个问题的回答可能是这样的：从理论自然法学的角度来看，如果（i）商标的显著性特征是值得保护的；（ii）不公平利用他人的商标是应该受到谴责的行为，因而从原则上讲，不公平利用他人商标的显著性特征的行为本质上就是错误的，不管该行为是否可能实际发生，都应该属于商标权利涵盖的范围。但是，该答案也被认为是与上述情形一样是人为编造出来的。

（3）与商标的声誉相关的不公平利用的含义是什么？Dimple 案

11.60 Dimple 案是在欧洲统一之前根据德国的反不正当竞争法判决的案件，该案件极大地影响了商标法的思维模式。在 Dimple 案件中，法院对“不公平利用”的概念进行了如下解释：

> ……将产品或者服务的质量与具有很高知名度的具有很强竞争力的商品或者服务的质量相联系，其目的是利用竞争者商品或者服务的良好声誉以增强促销的效果。[61]

11.61 该观点随即受到英国一法院的支持[62]，并在 Adidas 诉 Fitness [63]案件中由总法务官的观点得以加强。上述观点似乎是清晰的，无可争议地表明了属于“不公平利用”范畴内的行为类型。

11.62 商标所有人在证明商标注册申请人或侵权嫌疑人不公平利用了其商标时，必须完成以下两个步骤的分析。首先，商标所有人必须证明另一方当事人已经谋取了某项好处；接着，他必须证明该好处的谋取是不公平的。并不是对他人商标的任何使用都会产生不合理利益。这可能是商标享有一定名声的商品属性本身的原因：例如商标 AMPLEX（使用在除口臭的产品上）以及 ANUSON（使用在缓解痔疮的药膏上），都不会给休闲装、化妆品或者糖果的生产商带来任何好处。由于第三方生产的产品的属性以及产品和商标之间的文化差异，对他人商标的使用也可能不会带来任何好处，因而带刺金属线的供应商可能不会因使用 BAEBLE 商标获得任何明显的益处。[64] 不应该认为需要证明使用他人的商标已经或预计会带来好处是理所当然的。

11.63 上述观点也可以从苏格兰的一个案例[65]中得出。该案件中，共同体商标注册的使用在多种类型的商品以及服务（尤其是与高尔夫运动以及高尔夫度假村相关的产品

[61] DIMPLE（1985）17GRUR529（德国联邦最高法院）。

[62] Premier Brands UK Ltd v Typboon Europe Ltd［2000］ETMR 1071，1092（高等法院）。

[63] Adidas—Salomon AG and Adidas Benelax BV v Fitnessworld Trading Ltd，案件 C-408/01，2003 年 7 月 10 日意见（未公开）（欧洲法院），para 39。

[64] 这个观点由德国联邦最高法院在 DIMPLE 案件中得以确认（1985）17 GRUR 529，当时其认为与威士忌相关的商标的名声可以转移到男人的化妆品，但是不能转移到清洁剂上。

[65] Beach corp. v. Lombard Brands Ltd［2003］ETRM 252（苏格兰高等民事法院）。

或者服务）上的文字商标 PEBBLE BEACH 的所有人，寻求临时禁令的保护以阻止苏格兰的一家公司将文字商标 PEBBLE BEACH 注册在 Speyside 麦芽威士忌上。法院并不认为任何与高尔夫以及高尔夫度假村相关的联系都会给威士忌的销售商带来好处的观点是不证自明的：如果高尔夫与威士忌之间存在着联系，那么这种联系也是“细微的、一般的”。而且，虽然法院承认商标的所有者对注册的商标享有一定的名声，但法院形成了另一个观点：商标的所有者甚至并没用初步地证明被告通过 PEBBLE BEACH 商标的名声获得任何好处。威士忌商标并不充分地体现出与高尔夫之间的关联，并且与所有人的高尔夫度假村也不存在任何联系。法院认为，如果被告获得了好处，这样的好处也是微量无须计算的，从而没有正当理由给予原告禁令救济。

该案还支持了并不是任何一项好处都是不公平好处的观点。被告对文字商标 11.64
PEBBLE BEACH 的选择是基于与所有人商标无关的解释：“pebble”是对“pebble smooth”的使用，意在描述 Speyside 麦芽威士忌，而“beach”这个词暗指 Spey 海湾的鹅卵石，而这个海湾形成了苏格兰最大的鹅卵石沙洲。即便这种推理使威士忌公司获得了好处，但该好处并非“不公平”。同样的推理在《指令》颁布之前，在另外一起德国基于反不正当竞争法案例中被使用。在这个案例中，文字商标 CAMEL 被一家旅行社使用，该旅行社的主要旅游项目是土耳其假日游，该旅行社对上述商标的使用并没有被视为不正当使用在香烟上使用的著名的 CAMEL 商标[66]：骆驼具有的域外风格的象征意义提供了正当使用的充分理由。

(4) 什么是对商标显著性特征的损害?

在欧洲统一之前可以追溯到 1959 年德国的一个案例中，当时法院对于“损 11.65
害”做了如下解释：

> ……具有显著性特征的商标的所有人享有继续保持其花费大量的时间和金钱才获得的排他性地位的合法的利益，并且任何可能损害其具有显著性特征的商标的原创性和显著性特征的行为，以及削弱来源于其独特性的宣传效应的任何行为都是无效的……根本的目的不是阻止任何形式的混淆，而是保护一项已经获得的资产不受损害。[67]

这段论证后来获得了英国法院的支持[68]，它不但描述了法律试图消除的损害 11.66
的特征，而且强调了，即便是在欧洲统一之前，将需要证明混淆存在的侵权类型

[66] Camel Tours（1988）19 IIC 695（德国联邦最高法院）。
[67] QUICK（1959）GRUR182（德国联邦最高法院）。
[68] Premier Brands UK Ltd v Typboon Europe Ltd［2000］ETMR 1071，1092（高等法院）。

与不需要证明混淆存在的侵权类型进行比较也是极其必要的。

11.67 Mercedes案件[69]（上文进行了讨论）对“显著性特征的损害”这一表达进行了进一步的思考，该案例中Pumfrey J法官进行了下列评述：

我发现这个概念有些难以琢磨。两个相似商标的存在，在我看来会对第一个商标的显著性特征造成损害。我很高兴这个概念表达的意思并非如此。[70]

11.68 这位博学多识的法官接着引用了Frederick Mostert的著作《著名和驰名商标》中的一段表达：

显然，商标所用于的商品种类越多，特定的商标引起注意以及将公众的注意力集中在原告的特定产品上的程度就越小。例如，TIFFANY商标已经成为珠宝领域的驰名商标，将该商标使用在诸如巧克力、服装、影院以及饭馆等多样的其他产品上，TIFFANY商标唯一使人联想到商标所有人的珠宝的可能性会逐渐被淡化。[71]

11.69 不管该法官想寻求的东西是什么，从这种方法中他没有找到他欲寻找的东西，对于这种方法，他有如下评论：

从字面上理解，这的确表明了一旦商标获得了知名度，当事人就可以把商标所标识的特定商品的规格抛在脑后。如果相关公众的任何成员已经意识到第二个商标的存在，对于该商标的任何使用将会潜在地产生上述效果。在此，并不是强迫人们接受这个观点，重点是强调对于商标声誉的损害的构成要素，我更倾向于不得出任何结论。这引发了具有难度的概念性问题。[72]

11.70 这似乎是个严厉的批评，因为Mostert既不想宣布“显著性特征[73]”存在于真空之中，也不想否认其存在是由商标注册使用的商品或者服务的情况决定的。抽象点说，“polo”这个词可能会让人想起很多类型的事物：威尼斯的探险家、汽车、时尚服饰、紧贴颈部的领子款式、糖果以及分别在马背或者水里进行的球赛。这并不意味着，与显著性特征相关，任何一种极其具有显著性并具有很强知

[69] Daimler Chrysler AG v Alavi［2001］ETMR1069（高等法院）。

[70] 同上，1104。

[71] Frederick Mostert,《著名以及驰名商标》(1997)，pp58-9。该作者是INTA的前主席。

[72] Daimler Chrysler AG v Alavi［2001］ETMR1069，1105（高等法院）。

[73] 显著性特征存在于商品自身的权利中，该显著性是与商标所标识的商品或者服务的特性相分离的，然而上述观点并没有触及Schechter对于驰名商标防止被淡化的特殊保护的合理性——这个合理性并不适用于商标对于某一类产品极其具有显著性的情况，只是其他商品的描述性商标。参见《商标保护的合理性基础》(1927)，40 Hard LR 813（Ringling Bros-Branum & Bailey Combined Show，Inc v Utab Division of Travel Development 170 F 3d 449（第四巡回法庭，1999年）以这种方法理解Schechter）。

名度的POLO商标的生命力都会受到令人不快的减损。

由于商标的显著性特征可以使得消费者将其与其他的标识相互区分，因而很容易得出的结论为：任何对于商标显著性特征的损害必须要与与之相同或者近似的商标的使用相关，从而会削弱该商标的显著性特征。因此，内部市场协调局的商标异议部门得出下列结论：如果申请注册与在先商标具有“图形上的相似性”的共同体商标，可以认为是不当使用，因此也会损害在先商标的显著性特征。[74] 11.71

对显著性特征造成损害但其原因并非当事人各自商标的相似性而是因使用该商标的产品类型不同的例证，是英特尔公司阻止将“INTEL-PLAY”的商标注册在“由互锁的木块组成的玩具迷宫”上的案件。按照法院的观点，当相似的商标注册在明显科技含量较低的产品上时，使用在高质量、高科技产品上的INTEL商标的显著性特征将会受到损害。[75] 该判决本身会引发一些问题。例如，为什么法院会认为这是损害商标显著性的案例，而不是损害商标声誉的案例？从哪种意义上讲存在对于INTEL商标的显著性特征的损害？如果将“INTEL-PLAY”的商标使用在积木玩具上，也没有迹象表明INTEL商标在其注册使用的商品上相关的功效将会降低。 11.72

（5）什么是对“商标声誉的损害”？

如果商标的声誉就是它的形象，如果在相关社会公众的眼里声誉降低，那么显然就是对商标的形象的损害。例如，Blade Brother的SAFEHANDS牌剃须刀刀片可与安全性发生积极联系并因此而为该公司带来盈利，直至很多名人公开表示由于使用该产品而发生意外。对于商标声誉的损害与第三方试图对该商标进行违法使用的行为并不是同义词。因此，在NCDL[76] 案件中，“国家犬类保护联盟”，作为承担责任的已经注册的慈善机构，积极开展活动反对虐待犬类。然而，该联盟提出的对含有TOYS AREN’T US这几个词的文字和图形商标的注册申请却以失败而告终，原因是将玩具销售商异议人的商标与对犬类的虐待之间的联系是对玩具销售商的文字商标“я”us声誉的损害。 11.73

在确认对商标声誉的损害时，英国商标登记处的听证官员在一个案件中[77]总结了七点有用的审查标准。该案件是由AUDI（奥迪——译者注）的汽车生产商对生产助听器的一家公司提起的诉讼，原因是被告想在其产品上申请商标AUDI- 11.74

[74] Campomar S. L’s application，耐克国际公司的异议，案件102/1999［2000］ETMR 50。

[75] Intel v Sibra，2003年1月24号（高等法院），第24段。

[76] 国家犬类保护联盟的申请，Geoffrey公司提出异议，案件O-213-03，2003年7月29日（未公开）（商标登记处）。

[77] Audio医疗设备公司的申请，奥迪AG提出异议［1999］ETMR1010。

MED的注册。听证官员考虑到了以下几点因素：

(i) 商标之间的相似性。AUDI 牌的助听器更容易使人将其与 AUDI 汽车，而不是与 AUDI-MED 的助听器联系在一起。

(ii) 在先商标的固有显著性。商标 AUDI 的显著性特征受到了与之相近的词语“audio”的损害。

(iii) 在先商标享有的名声的范围。在此案件中，可以得出推论的是在先商标在汽车类产品上享有很高的声誉。

(iv) 在先商标享有声誉的商品或者服务的范围。原告商标本质上是“单一产品”的商标。

(v) 商标在市场上的独特性。Audi 公司是由单独的词语 AUDI 组成的商标在英国的唯一所有权人（由单独的词语 AUDIO 组成的其他已注册商标的存在是否会影响到 AUDI 商标的独特性，这个问题并没有被提及）。

(vi) 当事人双方各自的商品或者服务是否通过相同的渠道进行销售？在此案件中，汽车和助听器并不通过相同的渠道销售。

(vii) 在后商标出现之后，在先商标的显著性特征较之于以前，是否有所降低？这个观点似乎在某种程度上为在美国法律中被定义的“淡化”这个术语确定了标准，但是与有关损害的问题也是相关的，因为其从商标最基本的特征——显著性的淡化的角度引入了损害的标准问题。在此案件中，如果存在对 AUDI 商标显著性的任何程度的淡化的话，那么也是微不足道的。

11.75 在列举上述一系列标准时，听证官员事实上没有指出每个标准与“对商标显著性的损害”或者“对商标声誉的损害”之间的特定的关系，大概是将该问题留给法官根据每个案件的不同情况确定。

11.76 德国早先的判例中确立了确定声誉损害的另外一种途径，它与 AUDI 案件相似，也提到了贸易机制，在该机制中一项本来无可指责的商标的声誉被损害了。在此案件中，商标 MARS 的所有人起诉被告，理由是被告在其未进入的商业领域内使用了相同的商标：

> 如果只在糖果产品（特别是棒棒糖）上具有一定的名声，并且对于这些产品而言具有很高的广告价值的商标被用于……避孕套的包装的标识上，则仅仅这种做法就足以损害原商品的广告价值，而且，会损害社会公众所了解的在先商标的原本积极的形象……因为被告所要实现的目的就是要使得其避孕产品引发特定的联想……大部分的原产品的公众消费者在购买糖果时会想到被告的避孕产品，尤其是享有较高声誉的糖果生产商有理由不希望将其与该避孕产品相联系，因为，一般而言，避孕产品似乎并不会促进糖果产品的

销售或者提升其商品的形象。

不能因为侵权商标没有提及在先商标的持有人，所以侵权商标与在先商标的持有人没有任何关联关系，而否认对于在先商标原本良好声誉的损害以及贬损。因为，我们所讨论的案件中，原告的商标几乎与被告的产品所使用的商标的方式在文字以及外观上完全相同，如作为识别标志……所以，被告的商标也会发挥商标作为商品来源的指示功能，例如该等商标将商品的来源指向了原告，除非消费者注意到这些不引人注意的细节——在包装背面印有作为商品来源的被告公司，但是不仔细看根本注意不到。因此，“避孕产品作为促销礼品”与原告公司的产品联系在一起在本案件中似乎是绝对可以想得到的……[78]

上述案例是商标侵权的类型之一，该案件中侵权行为的性质本身有助于在特定的事实因素中构建损害的概念。然而，当该诉讼涉及商标所有人反对授予另外一项如果使用就会对其商标的精神气质产生损害的商标时，则会出现相当难以解决的问题。此种特定类型的损害曾经出现在内部市场协调局复审委员会审理的HOLLYWOOD案[79]中。该案中，使用在口香糖上的文字商标HOLLYWOOD的所有人欲阻止申请人将同样的商标注册在香烟、烟草制品、打火机以及火柴上。原告的理由是社会公众将其使用在口香糖上的该商标与“年轻、健康、充满活力”相联系，而一旦使用在被告的商品上，就会使人联想到成瘾、健康警告、疾病以及死亡，进而原告商标的上述关联性就会毁于一旦。内部市场协调局的商标异议部门驳回了上述异议，但是复审委员会却部分接受了口香糖生产商的申诉。复审委员会采取谨慎的、有限度适用的对产品逐类分析的方法，按照复审委员会的观点，申请人的商标如果使用在香烟以及烟草制品上将会对原告的商标造成损害，而使用在打火机和火柴上则不会——因为即便是形象健康的童子军男孩在找不到两根可以摩擦生火的木棒时，也会使用上述产品。 11.77

在裁定口香糖和香烟之间不存在相似性后，复审委员会将关注点锁定在了关于损害的问题上。商标异议人需要证明存在损害，同时由于申请人的香烟以及其他产品并没有在市场上销售，异议人需要证明的内容会被限定在对将造成的损害的性质的推测上，而无法引证实际损害作为例证。在此案件中，复审委员会愿意 11.78

[78] MARS案（1995）26IIC282，I ZR79/92。最高法院在Daimler Chrysler AG v Alavi［2001］ETMR 1069，1104中评述称，“在不存在混淆的情况下，上述表达对于毁谤的含义不会起到特别的作用”，但是为什么法院需要更多的帮助是不清楚的。

[79] Hollywood SAS v Souza Cruz SA案 R 283/1999—3［2002］ETMR 705。

接受香烟作为一种类型的产品具有负面的形象特征的观点，这点在商标异议部门的受理过程中已经为原告所指控。

11.79 如果被告的 HOLLYWOOD 香烟也以口香糖生产商为其自己的产品所主张的“年轻、健康、充满活力”的理念为宣传口号在市场上进行销售，此时复审委员会应该如何处理这个问题呢？这个问题似乎有点扯远了，但是任何能够回忆起 20 世纪 60 年代香烟广告的人都将会记得“年轻、健康、充满活力”的广告词如何强有力地吸引了新一代年轻的吸烟者。复审委员会处理该问题的方法就是从社会公众的视角来审视香烟品牌的实际价值，而不是以商标所有者的角度作为审视点：

> 在作为促销赞助商的商业惯例中，香烟的商标通常会与体育领域、活力和生活乐趣联系在一起。人们只需要想想 MARLBORO、FORTUNA、CAMEL、GAULOISES 以及 MERIT 商标，就会发现确实如此。事实是这些商标的所有人已经付出了巨大的努力使得这些商标具有了运动家的精神、活力等等，然而这并不意味着他们已经成功了。尤其是……这并不能证明香烟不会与 HOLLYWOOD 商标所传达的健康理念恰恰截然相反的负面形象联系在一起。相反，其表明了……需要……克服负面的形象从而使得消费者信赖。[80]

11.80 上述表述很有启发性。它表明了这样的事实，即吸烟者被告知他们吸食的香烟品牌传达的是“运动家的精神、活力”等理念，恰恰预示的是，这样的香烟品牌并不包含着上述理念，因而也不会与其发生联系。因此，（例如）试图将 HOLLYWOOD 香烟描述为有益于体育运动的理念，也不会超越其负面形象，如吸烟有害健康等。同时似乎对口香糖商标声誉的损害是从口香糖消费者的视角来审视的（这些人可能无法被推测出对吸烟持有积极的态度），而不是从吸烟者的视角来审视的（大部分的吸烟者对于吸烟持有积极的态度）。[81]

11.81 值得注意的是，在其他案件中，法庭被要求考虑，未经许可的商标使用人或者商标申请人的产品的性质，是否需要法庭裁决商标的注册或者使用将对在先商标的名声造成损害。因此，Adidas 的三条纹商标[82]、希尔顿国际公司的 HILTON 的文字商标[83]以及 Visa 的文字商标[84]都受到保护，禁止分别将其注册在酒

[80] Hollywood SAS v Souza Cruz SA 案 R 283/1999—3 ［2002］ ETMR 705，第 96 段。

[81] 相似的，在 A/S Arovit Petfood's 的商标申请中，Chivas Brothers 公司提出异议，案件 R 165/2002-1，2003 年 3 月 26 日，para 60：动物食品商标 CHIVAS 对于威士忌商标 CHIVAS REGAL 造成的损害，应该从威士忌消费者的视角来进行审视。

[82] Inlima SL 的申请，阿迪达斯 AG 提出异议［2000］ ETMR 325（英国商标登记处）。

[83] Hilton Int. Corp. and others v Raclet SA ［2001］ ETMR 1113（Tribunal de Grande Instance de Pairs）.

[84] C A Sheimer（M）Sdn Bbd 的申请，Visa 国际服务协会提出商标异议［1999］ETMR 519；［2000］ETMR1170（英国商标登记处）。

类饮料、帐篷以及避孕套上，理由是这些申请注册的商标将体现出错误的精神气质，使得商标庸俗化或者使得商标所有人感到尴尬。相对而言，将EVEREADY商标申请注册在避孕套上是允许的[85]，即使使用在电池上的在先商标EVERY READY的所有人对此提出了异议：听证官员认为任何将EVEREADY商标在避孕套上的通常的以及公平的使用，都不会损害在先商标的声誉或者显著性特征。这些案件表明认为该商标对在先商标的声誉产生了损害的判决，并不具有可预见的科学性，但是取决于法官或者听证官员对于一揽子因素的主观性评估。

(6) 只有在存在混淆的可能性的情况下，“不公平利用”或者“损害”才是唯一的问题吗?

目前这是一个纯粹的欧洲问题，并以下列推论为前提条件： 11.82

(a) 只有在可能引起混淆时，商标所有权人才有权禁止未经授权在相似的商品上使用其商标[86]；

(b) 只有在不公平利用其商标的显著性特征或声誉或者对它们造成损害时，商标所有权人才有权禁止他人在完全不同的商品上未经授权使用其商标[87]；

(c) 与禁止未经授权将其商标使用在完全不同的商品上相比，在禁止未经授权将其商标使用在相似的产品上的情况下，商标所有权人有权获得对其商标的更强的保护(该观点很明显是不证自明的，但是在欧洲商标法中并未得到事实上的体现)；

(d) 在典型的禁止未经授权将商标使用在类似商品上的案件中，如果有必要证明存在混淆的可能性，那么在未经授权将商标使用在完全不同的商品的案件中，是不是对混淆的证明更具有必要性呢?

尽管上述推论方法在英国的Baywatch[88]案件中已经得以采用，但是相对于法理学家而言，该推论方法更受到自由市场的企业家以及爱占便宜的人的喜爱。在Sabel诉Puma[89]案中，欧洲法院采取具体案件具体分析的方法进行了下列评述，即在“不同商品”的情况下，不需要证明混淆的存在。此观点在General Motors诉Yplon的案件中被总法务官所采纳，然而总法务官注意到有些人认为不需要证明混淆的观 11.83

[85] Cf Oasis Stores公司的商标申请，Ever Ready PLC公司提出商标异议［1999］ETMR 531（英国商标登记处）。

[86] 《欧盟理事会指令89/104》第4（1）(b) 条；《欧盟理事会条例40/94》第8（1）(b) 条、第9（1）(b) 条。

[87] 《欧盟理事会指令89/104》第4（3）条；《欧盟理事会条例40/94》第8（5）条、第9（1）(c) 条。

[88] Baywatch Production Co Inc v. The Home Video Channel［1997］FSR 22（高等法院），遵从案例BASF plc v CEP（UK）plc［1996］ETMR 51（高等法院）。

[89] Sabel BV v Puma AG，Rudolf Dassle Sport，案件C-251/95［1998］ETMR1，para 20。

点是"自相矛盾"的。[90] Baywatch 案件中的例外判决被 VIAGRNIAGRENE[91] 案推翻，然后重新启用，最终又重新被 TYPHOO/TYPHOON[92] 案推翻。该案法官号召借助于整个欧洲国内的案例法的帮助，以巩固其已经无懈可击的地位。

(7) 当事人各自的商品或者服务具有相似性时，"不公平利用"或者"损害"绝对不是争议的问题吗?

11.84 如前文所述，这个争议同样源于特定的欧洲背景，即欧洲法院在 Davidoff 诉 Gofkid 案件中的判决。Davidoff 的商标，注册在第 14 类（由贵金属制成的产品）以及第 34 类商品上（烟草制品），该商标是对文字 DAVID-OFF 新奇的版式。Gofkid 后来在德国注册了其自己的商标 DURFFEE，该商标几乎就是使用在相同类别的相同商品上。DURFFEE 这个词语版式与 DAVIDOFF 采用了类似的版式，Davidoff 针对 Gofkid 就 DURFFEE 商标的使用提出了异议，其理由不是具有识别能力的消费者会对这两个商标产生混淆，而是 Gofkid 试图攀附 DAVID-OFF 商标的知名度，并且 DURFFEE 商标对于上述商标的效仿已经对 DAVID-OFF 商标造成了损害，因为 DURFFEE 的产品将会被认为是低廉的、质量低劣的商品。

11.85 如果 Gofkid 的产品是完全不同的类别（例如，汽车轮胎或者鸡蛋粉），Davidoff 将会基于德国对《欧盟理事会指令 89/104》第 5（2）条的执行提起诉讼，主张适用下列公式："具有一定知名度的在先商标＋未经授权使用相似商标＋不同的商品＋对于在先商标的损害＋没有正当理由＝侵权"。但是由于 Davidoff 和 Gofkid 制造并销售了同样的产品，Davidoff 采取的方法要遵循《欧盟理事会指令 89/104》第 5（1）条规定的公式："相似的商标＋相同的商品＋混淆的可能性＝侵权"。Davidoff 想用的公式介于两者之间："具有一定知名度的在先商标＋未经授权使用相似商标＋相同的产品＋对于在先商标的损害＋没有正当理由＝侵权"——但是《指令》并没有提供给法院明显的处理此类诉讼的路径。

11.86 在继续 Davidoff 的故事之前，我们应该稍微停一会儿，问这样一个问题——在给予商标的保护中是否存在着空白。是不是没有办法保护已经投入使用并获得一定知名度的商标，使其不受与其相同或相似的被用于与该商标所注册使用的产品或服务相同或相似的产品或服务上的在后商标导致的"不正当使用"以及"不正当损害"？如果在《指令》第 4（1）（b）条以及第 5（1）（b）条中规定，"混

[90] General Motors v Yplon SA，案件 C-375/97［1999］All ER 865，第 26 段。

[91] Pfizer Ltd and Pfizer Incorporated v Enrofood Link（英国）Ltd［2000］ETMR 896（高等法院）。

[92] Premier Brands UK Ltd v Typboon Europe Ltd［2000］ETMR 1071（高等法院）。

淆的可能性”……包括发生“关联的可能性”[93] 被解读成“混淆的可能性或者关联的可能性”，那么就不会存在保护上的空白，因为如果两个商标若真的会有发生关联的可能性，“不公平优势”或者“损害”就会自己暴露出来。如果相关消费者不会产生上述关联，就不会有不正当使用也不会有损害的产生。但是我们——不像欧洲法院——有义务按我们发现的含义接受《指令》中的表达。不管怎样，法院都已经否认了按照狭义去理解之外的任何解读上述文字的可能性。[94]

假设DAVIDOFF和DURFFEE是使用在类似商品上的近似商标，并假设两者之间不存在任何“发生混淆”的可能性，那么我们是否应该关注下列事实——被指控的Gofkid进行的“不公平利用”或者由该公司造成的“损害”不应当是可被起诉的不当行为呢？很难想象出下面一系列事实：(i) 两个商标注册在相同的或者类似的商品或者服务上；(ii) 这两个商标是近似的；(iii) 不存在任何产生混淆的可能性；(iv) 没有任何法定的对于商标侵权行为的抗辩，但是 (v) 在后商标在没有正当理由的情况下，不公平利用了在先商标，并对其造成了损害。[95] 因此，是否存在保护上的空白仅仅是一个理论问题，而在现实中并不存在呢？由于这个问题不会自身就具备答案，目前法院也不大可能去回答这个问题，因而我们必须接受这样的现实，直到将来我们能够回答这个问题。 11.87

Davidoff提起的反对使用DURFFEE商标的诉讼在最初败诉了，这是因为初审法院以及上诉法院都不认为这两个商标之间存在近似性。在进一步的上诉中，德国最高法院认为这两个商标具有相似性，并得出裁定，进一步找到两者之间是否存在混淆的可能性是很必要的。然后，德国最高法院向欧洲法院提出了两个涉及明显的不合常理的情况的问题。该不合常理的情况是：通过对近似商标的未经授权的使用，对商标的声誉造成的损害，当未经授权使用在丝毫不具有相似性的产品上时，应该被禁止，但是，当未经授权使用在相同或者类似的商品上，反而不应该被禁止。这种不合常理的情况被认为造成了法律赋予已使用商标保护上的真空。 11.88

德国最高法院向欧洲法院提出的第一个问题是：(i) 第5 (2) 条的规定是否可以被理解成（在合理适用的情况下）授权成员国当在后商标已经被使用或者将要被使用在与在先商标相同的商品或服务上时，给予驰名商标范围更为广泛的保护？ 11.89

[93] 该表达的含义在第10章中进行过深入的探讨，参见第10.143～10.155段。

[94] 参见Sabel BV v Puma AG，Rudolf Dassle Sport，案件C-251/95［1998］ETMR1。

[95] 该观点见总法务官Jacobs在Davidoff & Cie and Zino Davidoff SA v Gofkid Ltd案中的意见C-292/00［2002］ETMR1219［2003］FER 50。

11.90 如果对于此问题欧洲法院给予否定的答案，德国最高法院又会补充一个问题：(ii) 当国内法中允许保留驰名商标的条款时，《指令》第5（2）条提到的理由是否已经穷尽了所有理由？或者，在这些条款之外，是否允许用国内保护驰名商标不受已使用或将要使用在与知名商标所使用到的商品或者服务相同或者近似的商品或者服务上的在后商标的法律规则再进一步做出补充？

11.91 对于第二个问题一直没有答案，欧洲法院判决认为，对于与已经注册的在先商标完全相同或者近似的在后商标或者标识，试图使用在或者已经被使用在与在先注册的商标所覆盖的商品或者服务相同的商品或者服务上的案子[96]，成员国有权利根据关于注册商标的法律向已经注册的驰名商标提供专门的保护。在该判决中，欧洲法院没有就什么是“专门保护”给出具体指导意见 。

11.92 欧洲法院给出的答案是令人吃惊的，起码是出人意料的。[97] 在做出判决的过程中，欧洲法院采取了非常规的方式拒绝遵循总法务官的意见[98]，总法务官认为：(i)《指令》的前言或条款的明确含义中都没有暗示，《指令》试图比其明确表达的含义提供更为宽泛的保护；(ii) 没有明显的必要赋予比指令本身的明文规定更为宽泛的保护，因为通过“类似的商品或者服务”的条款，指令已经提供了足够的保护。该案件中，另外一个难题是，无论是提出问题的法院，还是在欧洲法院的答复中，均使用了“驰名商标”(well-known marks) 这个表达。似乎该表达并没有明确地表达出其意愿——该判决适用于“驰名商标”，而不是适用于那些尽管有一定的知名度但是并非驰名商标的商标，但是如果情况并非如此，这个案例是否告诉我们，与欧洲法院以前的推理[99]相反，关于“名声”含义的条款实际上也适用于驰名商标，而不仅仅是适用于前文讨论过的仅达到“知名度门槛”标准的那些商标。

11.93 在写作本书的时候我们尚不知道，有多少欧盟的成员国正在试图按照欧洲法院对 Davidoff 诉 Gofkid 案的判决修改它们各自国内的商标法，为商标提供更广范围的保护，以禁止在后商标申请者和使用者在相同或类似商品或服务上不当利用在先商标或对在先商标造成损害。由于葡萄牙支持 Davidoff 案的判决，我们可以推断，它会是最先修改国内法的欧盟国家；英国反对该案件的判决，将是最后一个修改国内法的国家。总法务官 Jacobs 在 Adidas 诉 Fitnessworld 案[100]的意见书中认为，《欧盟理事会指令 89/104》的第5（2）条并没有被正确实施，只有具

[96] Davidoff & Cie and Zino Davidoff SA v Gofkid Ltd Case C-292/00［2002］ETMR534.

[97] 参见 Hedwig Schmidt，《欧洲商标中的“混淆的可能性”：我们现在在哪里?》［2002］EIPR463，465。

[98] Davidoff & Cie and Zino Davidoff SA v Gofkid Ltd Case C-292/00［2002］ETMR1219.［2003］FSR 50.

[99] General Motors v Yplon SA，案件 C-375/97［1999］AII ER950，第 22～25 段。

[100] Adidas—Salomon AG and Adidas Benelax BV v Fitnessworld Trading Ltd，案件 C-408/01，2003 年7月10日意见（未公开）（欧洲法院），第34段。

有一定知名度的商标的所有人有权反对他人将其商标使用在类似的商品或者服务上或使用在与其商标所注册使用的商品或服务相同或相似的商品上。法院对于该意见的回应尚在急切的期盼中。

(8) 还有 Dimple 案原则没有涵盖的其他形式的不公平利用吗?

旧事重提，Dimple 案[101]的判决将“使自己的商品或者服务的质量与声誉良好的竞争商品或服务的质量相关联，目的是利用竞争商品或者服务的良好声誉，以提高其促销的效果”[102] 的任何行为视为不公平利用。尽管所有属于该定义范畴内的行为都可以被视为不公平利用，但是没有任何迹象表明这个定义包括了所有不公平利用行为。在没有解释清楚有关定义的情况下，判例法已经支持了其他类型的不公平利用已经存在的观点。其中的一个案例涉及一家旅行社没有支付费用而使用文字及图形商标 HUGO BOSS（德国著名服装品牌——译者注），吸引其潜在的消费者注意到其设计的到德国的 Hugo Boss 工厂进行旅游参观的旅游行程。这种行为在法国已经被认为构成了商标侵权[103]，即使广告发布者并没有任何故意想把其服务与 Hugo Boss 产品的质量联系在一起。 11.94

D. 结语

在本章中，我们看到商标的名声以及商标名声中包含的商誉是如何受到保护，禁止恶意的商标注册申请以及第三人未经授权在与该商标自身使用的商业领域远不同的领域中使用该商标。我们还探讨了商标保护的“空白”的问题、Davidoff 诉 Gofkid 案件的判决，以及总法务官在 Adidas 诉 Fitnessworld 案件中的意见。 11.95

这是一个尚未解决的法律问题，它不能单纯在法律自身的范围被理解。为了全面了解状况，有必要考虑驰名商标以及著名商标保护的问题，这个问题将在下一章中进行讨论。 11.96

---

[101] DIMPLE (1985) 17 GRUR 529，前文第 11.60～11.64 段有所阐述。

[102] 引自 Premier Brands UK Ltd v Typhoon Europe Ltd [2000] ETRM 1071，1092（高等法院）。

[103] 参见 Hugo Boss v Dernieres Nowelles d'Alsace and others [1998] ETMR 197 (Tribunal de Grande Instance de Strasbourg)。

第 12 章

驰名商标、著名商标及商标淡化

作者按：本章延续了前一章对“声誉、不公平竞争及损害”的论述。前一章讨论了对声誉商标应保护的程度，且这种保护也同样适用于驰名或著名商标。我假定读者在阅读这一章之前已经阅读了前一章，虽然事实可能并非如此，即便是被邀对本章做出评论的专家可能都没有事先阅读前一章。但我建议先读前一章，除非仅仅是查阅本章目录下的某一特定事项。

A. 导言

D是打油诗

A是阿玛尼，时尚达人的必选之衣；
B是百加得冰锐酒，年轻灵魂的痴迷。

C是可口可乐，漂浮着激情的泡沫；
D是迪奥，时尚的引领者。

E是埃索润滑油，给汽车添动力；
F是菲亚特，带你去遥远圣地。

G是吉列剃须刀，最受欢迎的利刃；
H是希尔顿酒店，很多人都曾光顾垂询。

I是英特尔，藏在电脑里的芯片；
J是尤文图斯，球迷心中骄傲的光圈。

K是柯达，相机和镜头的行业老大；
L是兰蔻，帮女孩实现麻雀变凤凰的神话。

M是玛氏公司的士力架，像太妃糖一样美味；

N是雀巢，每天都忘不了的速溶咖啡。

O是CK激情香水，香气让人情迷意乱；
P是Polo衫，先生们的睿智之选。

Q是Q-tip棉签，清洁耳朵乐无忧；
R是雷名顿，剃净胡茬儿不发愁。

S是斯米诺伏特加，啜饮让人欢欣；
T是特氟龙，煎蛋不粘锅的秘密是涂层。

U是茵宝，绿茵场上胜者的披挂；
V是沃尔沃，安全第一才能行走天下。

W是华登峰水晶杯，爱尔兰的名产；
X是施乐静电复印机，复印快捷之选。

Y是雅虎，上网冲浪不落伍；
Z是善卫得胃药，肠胃健康笑开怀。

每个商标都如宝藏般远近闻名，
如雷贯耳的名称伴着璀璨光景。
乘虚而入的窃贼却觊觎着它们，
假冒产品蒙蔽了消费者的眼睛。

我们不懈地努力才让商标出名，
吟游诗人的教诲切要仔细聆听：
偷我钱袋的不过是偷把臭钱，
夺我名誉的才得到真正的财产。①

① 参照莎士比亚《奥赛罗》第3幕第3场："偷我钱袋的人不过是偷去一把臭铜钱，固然有点价值，实在算不得什么；钱原是我的，如今变成他的，从前更曾为千万人做过奴隶。可若谁夺我名誉，那么他虽然并不因此而富足，我却因为失去它而成为赤贫。"

诗歌的寓意

前两章已经论述了两个问题：一是针对混淆可能性而对商标授予的保护；二是基于声誉而对商标授予的保护。第一类保护不管被侵权的商标是否已投入使用均被授予，而第二种则取决于声誉是否存在而不是经营规模的大小。有些商标虽被使用但鲜为人知，但有些商标却是驰名的。而上述打油诗中提到的任一商标都非常驰名，以至于可以被称为家喻户晓的商标。 12.01

这类家喻户晓的商标存在一个风险，就是可能会变成通用术语（见第 6 章）。它们因显示出具有广泛的流行性及巨大的赢利能力，比未投入使用或不知名商标面临着被乘虚而入的侵权者滥用的更大风险（在第 13 章谈及应对恶意使用的段落中，将详细论述如何应对这些乘虚而入者[②]）。 12.02

然而，一些商标的名气是否可使它们能够得到抵御掠夺性经营行为的特殊保护呢？并且，或许更重要的问题是，是否应该给予这种保护？这些问题构成了本章的核心。 12.03

(1) 现实和法律的背景

(a) 现实的考虑

正如前章[③]所述，当商标具有一定程度的声誉时，在所有商品和服务上进行注册——不仅仅是在那些商标所有人意欲使用商标的商品和服务上注册——仅有理论上的可能性而不具备现实的可操作性。这对于驰名商标和著名商标更是如此，因为名气的散播会使商标所有人需在其不具有利益的商品和服务上，甚至是在不从事交易的国家采取昂贵的法律行动去保护他的商标。因此，驰名或著名商标所有人所面临的紧迫任务是将法律所授予的保护最大化，而无须在昂贵而不切实际的国际注册程序中浪费金钱。下一节将讨论此类商标的法律保护框架。 12.04

(b) 保护驰名商标的国际法框架

《巴黎公约》第 6 条之二对驰名商标作了下列特别规定： 12.05

> (1) 本联盟各国承诺，如本国法律允许，应依职权，或依有关当事人的请求，对商标注册国或使用国主管机关认为在该国已经属于有权享受本公约利益的人所有而驰名、并且用于相同或类似商品的商标构成复制、仿制或翻译，易于产生混淆的商标，拒绝或取消注册，并禁止使用。这些规定，在商

② 还可见下文第 12.44 段以及 Fredrick Mostert，《著名商标和驰名商标》(1997)，第 33～49 页。

③ 见第 11 章第 11.60~11.64 段。

标的主要部分构成对上述驰名商标的复制或仿制，易于产生混淆时，也应适用。

12.06 法语中“驰名商标”表述为“marques notoires”，翻译回英语时变成了声誉不佳的“臭名昭著的商标”（notorious marks）。

12.07 《与贸易有关的知识产权协议》（TRIPs）第16条提升了《巴黎公约》的保护水平，增加了如下要求：

2.《巴黎公约》（1967）第6条之二的规定应准用于服务。在确定一个商标是否为驰名商标时，应该考虑该商标在相关公众范围内的知名度，包括在该缔约国由于对该商标的宣传而形成的知名度。

3.《巴黎公约》（1967）第6条之二的规定应准用于与已注册商标的商品和服务不相似的其他商品和服务，其条件是与这些商品或服务相关的商标的使用，应能够表示出这些商品或服务与已注册商标所有者之间的关系，而且已注册商标所有者的利益有可能因这样的使用而受到损害。

12.08 聪明的读者会发现，无论是《巴黎公约》还是TRIPs规定中都没有提及“著名”一词，也没必要规定保护消费者免受驰名商标不当使用或滥用之害。“著名商标”、它和“驰名商标”的关系④以及消费者的地位⑤，在本章后面将会涉及。

(2)“著名”商标和“驰名”商标的定义

12.09 尽管著名商标并非《巴黎公约》、TRIPs以及《欧盟理事会指令89/104》或《欧盟理事会条例40/94》中的用语，美国商标立法（本章后有详述）中却使用了这个词语，而且在探讨对于仅为人们所知晓、驰名或真正著名的商标应各给予多大程度的法律保护时，也反复提及这个词语。因此，这一节我们将考察一些概念上的问题，它们对确定一个商标是否驰名或著名是有必要的。这项考察并非易事：我们都认识一些著名的商标并能够在看到它们的时候识别它们，但什么令这些商标在法律上驰名或著名呢?⑥

12.10 厘清概念的工作是重要的。因为，这不仅仅对我们保护驰名商标是必要的，也对我们拒绝以与驰名或著名商标同样的程度保护非驰名或著名商标也是必要

④ 见下文第12.09～12.24段。

⑤ 见下文第12.47～12.48段。

⑥ 很多不同的法域现在都有确定一项商标是“著名”的还是“驰名”的指导规则。例如见Frederick Mostert，《著名和驰名商标》（1997），第一章所提到的国家。

的。如果我们仅仅关注对诸如COCA-COLA超级著名商标的保护，我们可能会主张：COCA-COLA是著名的这一点是不证自明的，我们不需要在法律上界定什么构成“著名”，然后将这些法律规则适用于事实，法院和商标授予机关仅应对COCA-COLA是著名的这一事实予以司法认知。⑦ 但是我们必须有一项客观标准，使法官能够据此向一个商标所有人解释，对谁而言他的商标是著名的，从而可以告知他：“我很抱歉，无论你的商标（在事实上）对于你而言是如何著名，但对我而言（在法律上）并非如此”。

（a）淡化“驰名”商标和“著名”商标之间的区别

著名商标和驰名商标术语的区分是无益而不精确的。《巴黎公约》第6条之二试图保护驰名商标以防他人在相同或类似商品上使用那些商标。与此形成对比的是，最早淡化理论的倡导者Frank Schechter主张的是，保护商标以防他人在不相关商品上的使用。⑧ 我们本可以基于这点直接得出结论，“驰名商标”一词适用于针对直接竞争者来保护已使用商标的情形，而“著名商标”一词适用于针对非竞争性业务来保护已使用商标的情形。而现在已经再也无法做这种区分了，因为《巴黎公约》下驰名商标的保护已被延伸至不相关的商品和服务上⑨，而成文法下的淡化理论现在对著名商标的保护，也并不区分其是否是在竞争性业务中使用的。⑩ 12.11

（b）“著名”商标：美国的定义

一些商标非常驰名，它们的名气已经超越了普通商标法保护的边界。这一类的商标不限于我们在打油诗中列举的商标。但是法律上“名气”的定义是什么？美国给出的答案很可能是最精确的，因为这个国家享有最丰富的经验去探索如何在法律上定义著名商标，并且毋庸置疑，她的经验起码部分地构成了世界知识产权组织（WIPO）在此问题上的立场。⑪ 12.12

美国联邦立法认为一项商标是否著名是个综合问题，应用以下各项中的一项或多项标准判定： 12.13

在确定一项商标具有显著性或著名时，法院可以考虑以下因素，但不限于这些因素：

---

⑦ 见Julian Gyngell and Allan Poulter，《商标和假冒问题的使用者手册》（1998），第1.11段“在大多数案例中，商标的名气取决于司法认知”。

⑧ 见第11章第11.14～11.29段以及该处引用的材料。

⑨ TRIPs协议第16（3）条。

⑩ 15 USC，s1127.

⑪ 见第12章第12.60～12.68段。

(i) 商标固有的或经使用获得的显著性程度；

(ii) 该商标使用于相关商品或服务持续的时间及程度；

(iii) 对该商标进行广告和宣传持续的时间和程度；

(iv) 商标所使用贸易领域的地理范围；

(v) 贴附该商标的商品和服务的交易渠道；

(vi) 商标在交易领域中被认知的程度以及商标所有人和禁令禁止对象的交易渠道；

(vii) 第三方使用相同或近似商标的使用性质和使用程度……⑫

12.14 即便我们不去探究上述标准的法理学含义，也足以使我们赞叹上述标准与是否著名这一问题之间清晰的联系，而无须进一步的解释。另外，显而易见的是，这些衡量商标名气的标准对于以下两个问题同样适用：(i) 一项商标在《巴黎公约》下是否是“驰名”的；(ii) 一项商标对于欧洲国民而言是否具有“声誉”或注册欧共体商标的目的是否具有“声誉”。我们不应该因为《兰哈姆法》在衡量显著性和名气时适用了同一标准而对其加以指责，因为一项著名商标若丧失其显著性，则理所应当是一个通用术语。⑬

12.15 考察我们所列举的美国标准，它们对于个案的潜在适用性是清晰的。一项致力于产生影响力的商标，例如 KODAK（柯达——译者注），要比“PIZZA EXPRESS”更快积累名气，因为后者若用于销售比萨的快餐店之外的其他用途时，需要公众花时间记住；而对于起初平凡的商标的广泛和深入的宣传也可能促使其比一个具有高度显著性但不为公众所知的商标更快地走向出名。由于商标持续使用的时间和程度能增加名气形成或维持的可能性，英国法院判定一特殊的商标 VIAGRA 在投入使用几个月后便成为家喻户晓的名称，也就不足为奇了。⑭ 一个大力宣传的商标也会比口口相传的品牌更迅速地获取知名度，尽管 BODY SHOP 是以不张扬的模式获得了非凡的知名成绩。⑮ 在纽约州和加利福尼亚州进行推广的商标产品也必然比在空旷地域如怀俄明州或内布拉斯加州投入和营销的产品更快获得名气。与国际高知名度商标，如 KELLOGG'S（家乐氏——译者注）或 MCDONALD'S（麦当劳——译者注），共同宣传的商品上贴附的商标，能额外

⑫ 《兰哈姆法》第 43 节（15 USC，s1125）。此处的分析并不考察美国各州法对著名商标的保护。

⑬ 欧洲法院也被认为正在渐渐“融合”显著性和名誉这两个概念，在 Windsurfing Chiemsee Produktions-und Vertribs GmbH v Boots-und Segelzubehor Walter Huber and Franz Attenberger（Joint Cases C-108 and 109/97 [1999] ETMR 585）案中用以衡量经使用获得显著性的标准，后被用于 Lloyd Schuhfabrik Meyer &Co GmbH v Klijsen Handel BV，Case V-342/97 [1999] ETMR 690 案中名誉的衡量。

⑭ Pfizer Ltd and Pfizer Incorporated v Eurofood Link（United Kindom）Ltd [2000] ETMR896.

⑮ Naomi Klein，No Logo（2000），p20.

提高其曝光率，等等。

法律就是这样规定的，也很难找到任何其他在法庭上有价值的标准。[16] 举例来说，人们可以认为，当一本书或电影中提到某一项商标时，该商标则是出名的，无须解释查考。但是这种“大拇指规则”（意指单凭经验估计——译者注）仅对于文字商标是有效的，在涉及商品外形或难以与商品分离的商标时没有什么用武之地。并且，符合这点可能是其已变成通用术语而不是著名商标的前兆。 12.16

(c) 名噪一时的问题

名气并非永恒并稳定的东西。它可能受制于多方面的因素。几个例子便能解释这一点。 12.17

(i) 名气受限于时间 12.18

今日的英雄，将来往往会被遗忘。任何有愉悦的旅游经历的读者都应该熟悉奥斯曼底斯综合征[17]：在参观众多景点后，见到了很多曾为全国人民敬畏和崇拜的人物名字的雕像和纪念碑。其中的大多数人我们现在根本不知道是谁。他们已从知名人士转变为著名并高度曝光的无名氏。当我们的生活速度越来越快，出名人物相应增加，我们能给予他们的关注却相应地减少了。这正是 Warhol（沃霍尔）所指的：“未来，每个人能当15分钟的世界名人。”[18] 商标的名气有时也是纯粹暂时的，如唱片公司（Regal Zonophone），轿车公司（STUDEBAKER、SUNBEAM、PANHARD、SIMCA、HISPANO-SUIZA），航空公司（TWA、PAN-AM、BOAC），这些品牌都曾广为人知，而现在它们的影响力仅限于怀旧者的思念中。

(ii) 名气受限于空间 12.19

旅游的另一层快乐便是发现不同国家的商店陈列着在本国从未听说过但在度假地到处打广告和销售的品牌商品。[19] 有时候商品只在一国有名而在另一国默默无闻，这是因为那些商品只在该国而并非另一国有市场，例如极具盛名的滑雪产品商标的知名度不会在一个鲜有人们滑雪的国家广为扩散。

(iii) 名气受限于文化条件 12.20

---

[16] 下文第12.16段探讨的1999年《巴黎公约》及世界知识产权组织建议，作了非常类似于美国法标准的列举。

[17] “我曾遇到一位旅行者，从古老的地域而来，诉说：有双巨大的石腿在荒漠上耸立，一个残缺的头像在附近半埋，眉头紧锁，嘴唇皱褶，展现着冷酷和藐视的风采，体现着雕塑者深情的观察，镂刻在这些僵硬的东西上，是帝王的思想，艺术家的手法。像基上还残留着依稀的字迹：‘我是奥斯曼底斯，王中之王，看看我的业绩，众暴君皆黯然失色！’如今，一切已荡然消亡，环绕着这巨大的遗迹，只有孤寂的平沙伸向无边的远方。”雪莱，《奥斯曼底斯》(1818)。

[18] 安迪·沃霍尔（陈列目录，1968）。（沃霍尔是美国知名的波普艺术家——译者注）

[19] 感谢 Michael Edenborough 举的例子，留尼汪岛（法）上的 DODO 淡啤酒。

当一个英国人不得不听着两个美国人关于棒球明星表现的交谈时，他会立刻发现名气与文化的相关性。这个英国人会从相反的例子中得到安慰：当一个美国人置身于两个英国人关于曲棍球球星表现的谈话中时，同样会有类似的感触。

12.21 (iv) 名气受限于社会关系

梅奇阿姨手工做的苹果派可能在她的侄子、侄女、堂兄妹以及其他家族成员中出名，但对于我们这些不是她家族成员的人而言，她的苹果派有名是我们无从得知的，也跟我们毫不相关。

12.22 (v) 名气会受到专业或工业条件的限制

当缝隙市场（指市场不大但提供别人不做的产品的市场——译者注）提供专业商品和服务时，某些商品或服务的商标对于那些在缝隙市场内的人可能是知名的，对于外人则不是。对于商标法领域的人而言，像世界知识产权组织、国际商标协会可能获得百分百的认同，但对于大多数外行而言则可能什么都不是。

12.23 这些老生常谈背后蕴藏的含义可能已为聪明的读者所察觉：如果名气既非永恒的也非绝对的，法律应如何对待其不稳定性和其相对性的特质？一法院在 1995 年认定的一项商标是驰名或著名商标，是否意味着该法院在 2005 年应做出同样的认定？在什么场合下法律应救济部分著名的商标，因为它们起码在部分上是著名的，或者在什么情况下应考虑到商标另一部分的默默无闻而不予保护？如果第三方意图在具有和不具有名气的地域都使用该商标，应如何应对商标名气的地域性问题，或在商标缝隙市场中有名时，如何对待第三方在该缝隙市场外使用该商标的意图？[20] 上述问题都是难以在理论上解释的难题，因为商标所有人总是希望超出他们直接商业利益保护的需要索求额外的保护，而反过来很多当事人希望在法律能容忍的最大程度内侵占已确立商标的名誉。

(3)“驰名”商标是否比“著名”商标更知名?

12.24 在日常语言中，“著名”比“驰名”的强度更甚。但是考虑到与美国著名商标标准相对应的欧洲驰名商标标准的适用，我们可能会质疑美国著名商标保护的门槛是否可能低于欧洲驰名商标保护的门槛。现在定论尚早，而一旦同一商标成为大西洋两岸寻求商标保护之诉的共同对象时，这个问题的答案就显而易见了。

---

⑳ 美国解决这些问题的不一致做法，在 Dyann Kostello 的《在 FTDA 下抓住名气的限制：仅在缝隙市场或有限地理区域知名的商标应受到保护吗?》(2001) 91 TMR 1133－49 一文中论及。

B. 欧洲

(1) 欧洲法的立场 12.25

欧洲两部主要的商标法是如何贯彻《巴黎公约》第6条之二以及TRIPs新增内容的?尽管《欧盟理事会指令89/104》前言的最后陈述确认了指令的条款与《巴黎公约》“完全一致”,但它的英文文本在商标领域几乎没有提到“驰名”二字。[21] 注册他人的“驰名”商标是商标申请可能被驳回或宣告注册无效的理由。[22] 但针对侵权者,对商标授予的保护在性质上是平等的,对所有商标一视同仁,即便它们并非驰名的,均根据它们的声誉进行保护。[23]

《欧盟理事会条例40/94》采取的方式与《欧盟理事会指令89/104》如出一辙。登记他人的“驰名”商标也是不予注册[24]或注册无效[25]的一项理由。并且,针对所有商标对侵权者可以行使的权利基本上一视同仁,无论商标驰名与否。[26] 12.26

欧洲法院在Davidoff诉Gofkid案[27]中对上述相对直接的分析略微增添了不确定性。法院在其英文版本的裁决中认为:《欧盟理事会指令89/104》[28] 授予对“在成员国享有声誉”的商标的保护就是对“驰名商标”的保护。这是否意味着目前“具有声誉”的商标和“驰名”商标成为同义词了呢?欧洲法院在General Motors诉Yplon案[29]中指出英语文本中“具有声誉”的商标即《欧盟理事会指令89/104》法语、德语、意大利语以及西班牙文本中的“驰名”商标,并认为这不过是个细微差异,不会造成任何本质的冲突。[30] 无论使用哪种术语,获取权利保护的前提是商标必须具有一定程度的知名度。当牵涉到该商标下商品销售时,所要求的程度是商标应该为相当范围内的公众所认知。 12.27

㉑ 《巴黎公约》第21条之一。

㉒ 《欧盟理事会指令89/104》第4(2)(d)条。

㉓ 《欧盟理事会指令89/104》第5(2)条。关于该条,见第11章。《1994年商标法》第56节,授予外国驰名商标《巴黎公约》所要求的保护水平,也就是说,防止他人在相同或类似产品上可能导致混淆的使用。

㉔ 《欧盟理事会条例40/94》第8(2)(c)条。

㉕ 同上条例第52条。

㉖ 同上条例第9(1)(c)条。相反的是,南非反淡化规定起草的条款与《欧盟理事会条例40/94》的保护完全一致,《欧盟理事会条例40/94》授予所有具有声誉的商标,但又看似唯独限制了对驰名商标的适用;见South African Breweries International (Finance) BV v Laugh It Off Promotions WTLR,28 May 2003。

㉗ Davidoff &Cie and Zino Davidoff SA v Gofkid Ltd,Case C-292/00 [2002] ETMR 1219,[2003] FSR 50(总法务官意见);[2003] ETMR 534(ECJ),在第11章第11.84~11.93段中已有讨论。

㉘ 《欧盟理事会指令89/104》第4(4)(a)条、第5(2)条。

㉙ General Motors Corp v Yplon SA,Case C-375/97 [1999] ETMR950;可另见第11章第11.30~11.51段。

㉚ 同上,第22段。

12.28 最后需要声明一点，《欧盟理事会指令 89/104》述及，为拒绝授予一项国内商标注册申请或撤销一项注册的目的，“驰名”是指：根据“驰名”在《巴黎公约》第 6 条之二中使用的含义，在一个成员国中驰名。[31]

12.29 理论上，这个在《欧盟理事会指令 89/104》涉及商标为具有声誉的商标（英语文本）以及驰名商标（法语、德语、意大利语和西班牙语文本）条文中不曾适用的要件，暗示了应由巴黎联盟而不是欧洲法院来决定第 6 条之二下的“驰名”含义。实践中，巴黎联盟各国目前尚未对“驰名”的含义形成一致意见或谅解，尽管未来有一天他们或许能达成。[32]

12.30 不是所有的欧盟国家都愿做背离《欧盟理事会指令 89/104》的出头鸟。例如摩纳哥，就规定《巴黎公约》第 6 条之二直接适用于该公国。[33]

(2) 欧洲如何应对著名商标欠缺法律规范的情况?

12.31 评论家们发现欧洲商标法几乎没有将著名商标列为单独类别进行法律保护的规定。[34] 但令人诧异的是，至少从假定法院以及商标注册局公布的决定来看，欧盟国家内以及欧共体有关立法的欠缺对著名商标基本上没有造成不利影响。

12.32 当一项异议涉及真正著名的商标时，审查机关似乎觉察到了采取强硬行动保护著名商标地位，以防止即便是细微侵蚀的紧迫需要。例如，OHIM 异议部门认为，受保护的词语“OLYMPIC”的声誉非常高，从而将该词语在任何种类商品或服务上的任何使用，不仅构成不公平的优势，还构成不正当损害。[35]

(3) 欧洲各国对可能是著名的驰名商标的深入视角

12.33 捷克工业产权局注意到，在关系到商标 DURACELL[36]（金霸王，电池品牌。——译者注）的问题上，一项商标成为驰名商标具有特定的后果。其一是不正当的申请人会试图从驰名商标显著性特征中获益，无论其注册于何种类别的商品或服务上。这样的事实可能意味着一项著名商标的著名为该商标所可能注册的各类商品或服务的相关消费者所识别，而不仅仅是在其特定市场上驰名。

---

[31] 《欧盟理事会指令 89/104》第 4（2）（d）条。

[32] 见第 12.60～12.68 段。

[33] 1975 年 10 月 29 日第 5687 号主权法令。

[34] 见 Pier Luigi Ronaglia，《我们是否应该使用枪支导弹来保护欧洲著名的商标》(1998) 88 TMR 551。

[35] Belmont Olympic SA's application; opposition of the Comité International Olympique [2000] ETMR 919（驳回了一项在运输、仓储以及经营管理服务上使用的文字及图形商标——“FAMILY CLUB BELMONT OLYMPIC”的注册）。

[36] DURACELL trade mark [1999] ETMR 583.

里斯本上诉法院在一起案例中考察了商标中作为商标名气或名声关键的“广告功能”。上诉人要求注销竞争者的商标，认为商标的一项功能就是向公众推广和宣扬其商品或服务的特征，这种功能不应因为不得不和另一商标共存于注册簿或市场上，而相应地被减损。倘若发生了广告功能的减损，商标固有的全球性产权价值也会受到损害或贬低。[37] 商标越著名，他人相同或近似标记即便是相去甚远或不相关的使用，损害其潜在广告功能的可能性就越大。上诉人的上诉未果，很可能是因为他主张反了：他可以主张，如果商标是著名的，对其广告功能的损害应该被救济——但不能说是，因为存在着对商标广告功能的损害，商标就是著名的。应该注意，早先在葡萄牙对著名商标保护的诉讼的胜诉是根据公平竞争或欺诈的理由，而并非声称对它们的广告功能造成了损害。[38] 12.34

法国法院对于被称为著名商标灰色地带的保护，如对商标进行的细微变化而不是完全抄袭，采取了相当严格的态度。因此，最高法院不认为商标所有人在其年度“低价”促销战略中使用“OLYMPRIX”商标（法语 Olymprice）侵害了著名商标“OLYMPIQUE”以及“JEUX OLYMPIQUES”[39]。鉴于法院没有详细阐释其推理过程，我们不清楚其是否否认“OLYMPRIX”是一个《巴黎公约》第6条之二所指的“构成复制或模仿的商标”，而对此“OLYMPIQUE”商标应得到保护。但是法院的确声明，即便法国法[40]相关条款保护著名商标，但它没有明确禁止对其在近似方式下的使用。这个判决或与认为 VIAGRENE 构成对 VIAGRA 侵权的英国判决相冲突，尽管英国的立法条文仅是基于 VIAGRA 的“声誉”对其进行保护，无须主张 VIAGRA 是“驰名的”或“著名的”[41]。 12.35

从这三个案例中我们可以学到什么？除非欧洲法院在这个问题上制定指导规则，或者成员国国内最高司法机构遵守礼让使得司法一致性得以确立，否则（a）驰名或著名商标的保护会因国而异，并且（b）国内法保护范围的确立主要基于不同内国法制传统而非共通的法理学基础。保持地方独特性无可厚非，对各国国内法制和文化的压制当然是不受欢迎的。然而，我们会怀疑当驰名商标或著名商标可获得的保护与其说是建立在欧盟统一体制下的牢固“盔甲”，倒不如说是各 12.36

---

[37] Industria e Comercio de Cosmeticos Natura AS's application [2001] ETMR 783（葡萄牙）。

[38] 见 MARLBORO-SCOTCH WHISKY，Industrial Property Bulletin，10/1981，p 1980（里斯本第三民事法庭）；也可见里斯本第三上诉法院于1990年7月3日做出的裁决（在清洁、卫生及芳香剂产品上使用 COKE 商标的注册申请被拒绝）。

[39] Groupement d'Achat des Centres Leclerc v Comite National Olympique et Sportif Francais and others [2001] ETMR 367.

[40] 《知识产权法典》（法国）第 L713-5 条。

[41] Pfizer Ltd and Pfizer Incorporated v Eurofood Link（United Kingdom）Ltd [2000] ETMR 896.

成员国各自为政所拼凑的“棉被”时，商标所有人、竞争者以及消费者究竟能够受益多少？

(4) 复杂的统一市场中的驰名商标

12.37 商标驰名的观念变成了举国接受的概念。因此，有必要去考察一项商标是不是仅需要在其寻求保护的国家驰名。诸如欧盟这样的统一市场现象引发了一个有意思的问题：如果一商标在统一市场下的一国驰名而在其他国家不知名会怎样呢？

12.38 欧洲商标法通过欧洲法院的判决间接地提到这个问题，即如果能够证明“CHEVY 商标在执行统一商标注册系统的比荷卢同盟的主要地域内的相当部分为公众所知”，即便那“相当部分”仅仅是三个同盟国家之一的部分地区，则在该地区具有声誉。[42] 安第斯协定的成员国[43]更直接地论及该问题，认定，为识别著名商标的目的，在 5 个国家中任何一个国家著名商标地位的承认应被作为足以支持在其他国家也著名的证据，即便没有其他证据证明应该在其他国家也著名。[44]

12.39 这种方案被评价为在争端解决时是有效率的：它保护同一经济区中所有国家，当各国经济区域一体化时，处理在同一时间商标多重所有权所造成的问题，并且比国内法对著名商标授予了更广泛的保护。但也可以认为，它们对经营者在其各自国内市场范围内选择和使用商标构成了不正当的限制，尽管可能并无法律上的异议。然而，从商业和经济的角度来说，对经营者施加的商标使用和选择的限制更多地体现为理论上的而不是实际上的障碍，因为可供选择的新商标库实际上是不会用竭的。并且我们还会提出一个问题，倘若不是为了利用商标的名气，为何一个申请人试图在一国注册在邻国著名的商标。

(5) 商标变得著名后会怎样？

12.40 一个商标投入使用时是普通商标，在注册后的某个阶段逐渐变成著名商标，第三方在该商标出名前已使用该商标并在其出名后持续使用，其行为性质是什么？答案很清楚。在欧洲，是以侵权嫌疑人开始使用商标的日期作为确立责任的日期。因此，当一个 MAC Cat 猫粮和 MAC Dog 狗粮的生产商自 1983 年在德国出售上述商品时，我们有必要考虑 MCDONALD（麦当劳——译者注）的商标组

[42] General Motors Corporation v. Yplon SA，Case C-375/97 [1999] ETMR 950，第 31 段。

[43] 玻利维亚、哥伦比亚、厄瓜多尔、秘鲁、委内瑞拉。

[44] 《安第斯共同体 344 号决议》第 83（d）条。

合中以 Mc-或 Mac-开头的商标在 1983 年时是否具有足够的声誉对抗另一方。[45] 同样的，Elle 杂志在很多国家都负有盛名，但 ELLE 商标的所有人未能证明它于 1984 年在波兰已经著名，因此不能阻止相同商标在化妆品上的注册。[46] 美国也采纳了类似的标准。[47]

但是，一旦商标获得了著名商标这种超级明星地位，是否还应考虑其他因素？原则上，一项名称或商标的在先善意并持续使用的经营者可以继续使用他的商标，无论在其使用开始后市场上发生什么变化。商标所有人即便非常努力，但也可能无法[48]根除相同或近似商标[49]的在先使用，而只有公众和法律界的观点产生了颠覆性的转变，才可能使得法律在更多保护商标所有人相较于在先使用者这一方向上比现在更进一步。 12.41

(6) 名气持续的时间

我们曾见识过一项商标可以极为迅速地获得名气。[50] 但那样的名气能持续多久？更切中要害的问题是，从一个职业律师的角度，是否每次商标所有人去法院保护其著名商标时都需要重新证明名气？从逻辑上来讲，如果名气须在商标所有人寻求救济时首先向审判法院或商标注册局证明，他应同样地在此后各次寻求救济时进行证明，因为商标在遭受威胁时的名气正决定了法律对该威胁应做何种性质的回应。这种立场为秘鲁商标局采纳：Mars 公司于 1994 年成功确立商标 MARS 的名气，试图撤销 1999 年被授予的一项近似商标。秘鲁最高院不予撤销，认为名气确立后，应从市场上持续出售贴着该商标产品的事实中推定名气一直存在。[51] 同样的，一个商标在之前的判决中被否认为著名商标的事实，可以在之后主张该商标具有名气的法律程序中作为具有既判力的事实。[52] 12.42

从实际的角度，这个判决具有其合理性，因为它省却了商标所有人提交证据的不便，而在大多数案子中，这些证据无论对于法官还是对于被告而言都是显而 12.43

---

[45] McDonalds Corporation and McDonald's Deuschland Inc v Rahmer [2000] ETMR 91 (Bundesgerichtshof).

[46] J B Cosmetics SP Zoo Kamienczyk N/Bugiem's trade mark [2000] ETMR 722（波兰专利局）。

[47] AM General Corp v DaimlerChrysler Corp，No 02-1816（第七巡回法庭，2002 年 11 月 18 日）。

[48] 商标所有人成功地通过法律威胁排除在先使用人的案例，不像失败的案例那样有公开资料可查。

[49] 见 McDonalds Corporation v McDonald's Corporation Limited & Vincent Change [1997] FSR 760，Societe des Produits Nestle SA v Pro Fiducia Treuhand AG [2002] ETMR 351。

[50] Pfizer Ltd and Pfizer Incorporated v Eurofood Link (United Kingdom) Ltd [2000] ETMR896（高等法院）。

[51] Mars v Miski (2003) 4WIPR 13（秘鲁最高法院）。

[52] Enterprise Rent-a-Car Co v Advantage Rent-a-Car Inc WTLR，18 July 2003（联邦巡回上诉法庭）。

易见的。另一方面，著名商标的确会丧失它们的名气[53]，并且对于正在丧失名气但仍然著名的商标的案子并不容易做出审判。一种可比照的情况是当具有显著性的商标在丧失其显著性特征的时候。但这个比照并不很恰当：一项商标可以同时是显著的（对少数专家）和不显著的（对于公众消费者[54]），但一项商标难以同时是著名的和非著名的。

（7）对著名商标错误注册的救济

12.44 正如我们上文所看到的，《巴黎公约》第 6 条之二要求在其保护范围内的商标不应被任何无权享有其利益的人注册。如果某人不当注册了他人的商标，撤销该注册应该是最恰当的救济方式。如果该商标足够驰名，不正当注册者就难以提出令人信服的理由证明不知其存在，换句话说，他在注册该商标前肯定已经知道该商标的存在。因而驰名商标的所有人通常可主张该违反第 6 条之二的注册行为是恶意为之的。[55] 以恶意注册作为诉因，好处在于不受申请救济的时效限制。[56] 因此，在一个荷兰的案例中，时尚杂志 Marie Claire（嘉人杂志——译者注）驰名商标的所有人成功地证明了被告恶意的存在，使得在比荷卢同盟恶意注册的 MARIE CLAIRE 短袜、长袜和内衣商标自 1992 年注册后，经过 10 年仍能被撤销。[57]

（8）对著名商标侵权的救济

12.45 当一项著名商标的所有人提起侵权之诉时，禁令通常是最重要的救济方式。这是因为对该商标的威胁如果不被及时地扼杀于摇篮中，不仅商标提示来源地和品质的能力，而且其潜在的“广告功能”（使用葡萄牙的用语[58]）都会长期持续地遭到侵蚀。商标所有人通常非常警醒地看护他们的商标，并能在发生有害威胁时迅速应对。相应地，翻阅一些案例发现，临时禁令是最常用的救济措施，第二常用的是永久禁令。因为被告通常尚不具有造成原告损害的机会，所以相对较少判处损害赔偿。同样的道理，第三人试图注册相同或非常接近的商标时，申请异议比申请撤销更为常见。

---

[53] 见上文第 12.17～12.24 段提到的商标。也可见 Quality Bakers，27 April 2000（海牙上诉法院），当曾经著名的面包商标“CORN KING”因被发现在过去 5 年内只卖出了 221 条面包从而基于不使用而被撤销时，法院认为《巴黎公约》第 6 条之二下的“著名商标”保护意图对未使用而失效的商标仍适用。

[54] 见 Bjornekula Fruktindustrier Aktiebolag v Procordia Food Aktiebolag［2002］ETMR 464（瑞典，提交至欧洲法院）。

[55] 关于恶意注册，见第 13 章。

[56] 《巴黎公约》第 6 条之三。

[57] Marie Claire Album SA v Ipko-Amcor BV，Case 00/2268（海牙地方法院）。

[58] 见 Industria e Comecio de Cosmeticos Naura AS’s application［2001］ETMR 783（里斯本上诉法院）。

摩纳哥一审法院在一起涉及于遥控服务和电脑软件上不正当注册 VIAGRA 商标的案件中指出，禁令救济和非补偿性的赔偿金是商标所有人能够获得的全部救济，即便是著名商标的所有人也如此，除非他能提供实际损害的证据。[59] 12.46

(9) 消费者的立场

当考虑到商标具误导性或对公众造成混淆的问题时，较多关注的是消费者的特定利益和能力。这是因为被混淆的消费者正是购买错误商品的消费者。如果他购买了错误的商品，他对这次购买会很恼怒，当他退回商品时，售出商品的商店也会很恼怒(假设消费者未使用该商品)。这样一来，消费者被一个商标和有侵权嫌疑的标记混淆的可能性，将取决于法院以那些通常会被混淆的消费者的视角如何看待涉嫌的混淆。 12.47

相反，在涉及驰名商标保护的法律问题上，消费者的立场被大大忽视了。但这并不是说消费者在这个问题上不起作用。一个商标的声誉及其名誉[60]是否存在，只能从其注册的商品和服务的消费者那里获得提示。然而，驰名或著名商标保护的法律机制的确表现为较少依赖普通消费者的反映，而是依赖其他标准，诸如商标所有人为建立独具特色甚至是独一无二的形象成功地做出了多少努力。关于驰名和著名商标需要考量的、但不涉及双方各自商标的消费者认知的另一个因素是，在后商标的使用在多大程度上构成了对在先商标所有人的劳动和努力的不正当滥用。 12.48

C. 美国对著名商标的保护

(1) 反"淡化"方法

美国联邦法律[61]比欧洲同类法更为复杂和集中。相关部分的内容如下[62]： 12.49

虚假来源地提示；虚假描述和陈述

(c)(1) 倘若他人对著名商标的所有人的商标或品名在商业中做商业用途的使用开始于商标变得著名之后，并导致商标显著性品质的淡化，法院应根据平等原则以及法院认为合理的条件，授予禁令救济，禁止他人的该等使

[59] Pfizer Inc v Monaco Telematique en Abrege MC TEL［2001］ETMR 169（非补偿性的损害赔偿固定为5万法国法郎，相当于7 600欧元或8 000美元：既非大额财富，但也并非象征性赔偿）。

[60] 见第11章第11.25～11.28段。

[61] 除了联邦反淡化法，许多州也有反淡化的成文法，包括加利福尼亚、佛罗里达、佐治亚、伊利诺伊、马萨诸塞、纽约、宾夕法尼亚。对这些州法的分析，见 Tony Martino，《商标淡化》（1996）。州的名单以及各州提供的反淡化保护可在国际商标协会网站上获得（www. inta. org）。

[62] 《兰哈姆法》第43节（15USC，s1125）。

用，并授予本小节中提供的其他救济……

(2) 根据本节提起的诉讼，著名商标所有人应仅限于获得第 34 节规定的禁令救济，除非禁令禁止的对象故意利用所有人声誉获利或者导致著名商标的淡化。如果能证明这一主观故意，法院根据自由裁量原则和平等原则，应授予著名商标的所有人第 35 (a) 节和第 36 节规定的救济措施……

12.50 《兰哈姆法》(15 USC，s1127) 第 45 节将淡化定义如下：著名商标使其商品或服务来源被识别或被区分的能力被削弱，无论是否存在：(1) 商标所有人和其他方的竞争关系，或 (2) 混淆、错误或欺诈的可能性。

12.51 “淡化”概念与我们用来评价保护范围时提到的为人所知、驰名以及著名商标的概念有怎样的关联？OHIM 复审委员会认为，淡化相比侵害而言是个狭义的概念，因为淡化存在的证据可构成侵害存在的证据，反之则不能。[63] 淡化也可与不公平优势相对比，因为淡化必须从在先商标所有人的视角来衡量，而不公平优势是从争议的申请人或有侵权嫌疑的使用者角度来衡量。[64]

12.52 反淡化法律所保护的一项商标是仅须为著名的，还是既须著名又须具有显著性，这点尚不明晰。这是因为，第 43 (c) (1) 节授予的商标反淡化保护最初是授予著名商标的，后来该规定对“决定一项商标是否具有显著性或是否为著名的”问题具有了指导意义。[65] 在 Nabisco 诉 P E Brands Inc[66] 案中，第二巡回法庭断然判定反淡化保护仅对既著名又具固有显著性的商标适用，而在 Times Mirror 案中，第三巡回法庭同样断然宣布不存在判定一项商标既为著名的又为显著的单独标准。[67]

(2) 淡化和举证责任

12.53 美国联邦法的立场是，在对“淡化”提起诉讼的情形下[68]，商标所有人不能仅仅证明损害的可能性。当一项用于女性内衣上的名为 VICTORIA'S SECRET 的

[63] Hollywood SAS v Souza Cruz SA，Case R 283/1999-3 [2002] ETMR 705.

[64] Pfizer Ltd and Pfizer Incorporated v Eurofood Link (United Kingdom) Ltd [2000] ETMR 806，[2000] IP&T 280，第 37 段。

[65] 该指导规则将在下文第 12.67～12.68 段进行探讨。

[66] Nabisco v P E Brands Inc 191 F 3d 208，227-8（第二巡回法庭，1999 年）：金鱼形状的饼干被认为是著名的并具固有显著性。法院说道：“一项商标可以是著名的，即便不具有一点显著性，正如 AMERICAN AIRLINES、AMERICAN TOBACCO COMPANY、BRITISH ARIWAYS……经使用获得第二含义的一项著名商标若非具有联邦反淡化法所规定的显著性时……则无权受到保护。”

[67] Times Mirror Magazine Inc v Las Vegas Sports News LLC212 F 3d 157，167（第二巡回法庭，2000 年）：体育新闻的报纸标题是著名的，尽管不具固有显著性。

[68] 在下章讨论。尤见第 12 章第 12.49～12.55 段。

驰名商标的所有人对在肯塔基州伊丽莎白镇零售小店出售的名为“Victor’s Little Secret”的“不健康的、低俗商品”提出异议时，该法院认为商标所有人除非证明存在实际损失，否则无法胜诉。[69] 这点与欧洲《欧盟理事会指令89/104》以及《欧盟理事会条例》的立场类似。[70] 侵权行为是实际利用一个商标的显著性特征或名誉或对其造成损害的行为（尽管如何证明这点是国内法下的事项）。[71]

（3）反淡化的临时禁令救济

倘若VICTORIA’S SECRET一案的判决是正确的，商标所有人可采取什么方式说服法院在涉嫌的淡化发生之前授予禁令，则是个有趣的问题。从商标所有人的角度来看，防止损害实际发生永远都比等待其实际发生后再试图阻止损害要好。但是，根据VICTORIA’S SECRET案的判决，除非淡化实际发生，否则不能启用反淡化的措施。当有淡化嫌疑的商标与商标所有人的商标相同时（例如KODAK（柯达——译者注）照相机与KODAK牙签），两个商标相同的事实可被认定为淡化的间接证据，因此甚至在KODAK牙签还没运到商店的时候，法院会发现不难接受KODAK牙签的销售将淡化KODAK相机商标的事实。但如果柯达公司销售相机，而另一商人打算销售KO DA KAI榻榻米，就不存在淡化的间接证据，柯达必须在审判过程中提供证据。 12.54

倘若是这种情况，在KO DA KAI榻榻米投放市场前，显然淡化是不存在的，对于寻求临时禁令的柯达公司而言，仅证明自己的KODAK商标的存在并主张存在淡化的可能性是否足够呢？基于存在淡化可能性的证据不构成在全面审理中胜诉的充分依据，这样的证据同样不可能成为获取临时禁令救济的充分依据。另一项建议是商标所有人提交两份消费者调查证据：一份用以支持原告的商标是《兰哈姆法》定义的著名商标，另一份用于支持其以下观点：如果贴着被告拟注册商标的产品或服务投放市场后，人们会认为原告商标丧失部分显著性特质，从而会较少想起原告商标下的商品或服务。不管法院是否会接受基于假设而做出的调查证据，“两份调查”的方法看起来的确是为获取临时禁令的昂贵、麻烦而不便的方法。 12.55

（4）渐进侵害原则

根据美国判例法[72]，一项商标的所有人可以基于即便是轻微的侵权也可能淡 12.56

[69] Moseley et al, dba Victor’s Little Secret v V Secret Catalogue Inc 537 US 418, 123 Sup Ct 1115 (2003).

[70] 《欧盟理事会指令89/104》第5（2）条；《欧盟理事会条例40/94》第9（1）（c）条。

[71] General Motors Corp v Yplon SA, Case C-375/97 [1999] ETMR 120，第43段。

[72] SunAmerica Corp v Sun Life Assurance Co of Canada, 77 F3d 1325, 1345（第十一巡回法庭，1996年）。也可见J Thomas McCarthy,《麦卡西论商标和不公平竞争》(1997年)，第31.19段。

化其商标显著性的理由，而起诉一个轻微的侵权者（de minimis infringer）。但如果他起初不起诉而是忍受对其著名商标显著性特征的微量侵害，而后再提起诉讼主张其商标被淡化，这也并无不可，并且他不会因此受到懈怠、默许或禁止反言等法律原则对其起诉的限制。

12.57　欧洲并没有与此完全对照的原则。对商标所有人在驰名商标上权利的细微侵害是可诉的，但是诸如懈怠、默许以及禁止反言的问题，则由提出该等问题的所在国家的国内法决定。

（5）著名商标的多方淡化

12.58　让我们思考一下 MON CHERI 樱桃酒心果仁巧克力（费列罗公司的产品——译者注）在欧洲的一些情况。如前章所述，该商标所有人试图阻止造成淡化的商标使用，但这一主张很牵强。MON CHERI 的产品目前很著名，而不像 MONTXERI 酒[73]或 BONCERI 樱桃西红柿一样，虽徘徊在消费者意识的边界，但被排除在异议和侵权诉讼之外。[74] 我们可以将 MONT CHERRY 商标用于一份堆满樱桃的巧克力甜点上，将 MUNCHERIE 商标用于酒浸冰糖外壳的樱桃上，将 LONG CHERI 商标用于樱桃/果仁巧克力口味的清凉果汁酒上，从而很快 MON CHERI 商标看起来就像在樱桃周边产品的拥挤市场中又一个陈旧而乏味的、人云亦云的产品宣传。但对此我们又可以做什么呢？

12.59　当一商标巨头被一群小规模公司袭击时，每个经营者都只对自己的行为而不是他人的行为承担法律责任。假设淡化的加害者并非一致行动，则不存在通过法律途径打击其共谋的可能性；也不存在对不公平竞争采取法律行动的情形。并且，即便第一个小公司足够愚蠢，自投罗网地将自己的标记设计成与商标所有人的商标足够近似，可以用临时禁令抵御住他的袭击，而一旦众人加入，都带着发音类似的商标，商标巨头几乎不可能提出或维护一项商业上可行的权利主张来保护其自身的声誉。

（6）1999 年世界知识产权组织的建议（下称《建议》）

12.60　1999 年巴黎联盟大会及世界知识产权组织成员国会议通过了一套有关驰名商标保护的《建议》[75]（两个大会由大致相同的国家组成）。该《建议》提出了对著名商标保护的若干指导规则，均可为《巴黎公约》成员国适用。联合建议应着

[73] Ferrero oHG mbH v Jordi Tarrida Llopart，Case R 186/2001-1［2003］ETMR 188.

[74] Ferrero oHG mbH v Annie Cornelia Beekenkamp，Case R 214/2002-4，4 December 2002（未公布）。

[75] 世界知识产权组织《有关驰名商标保护规定的联合建议》（2000）。

重于提高那些对驰名商标未能提供足够保护的国家的法律水平，而并非试图对那些已经提供足够保护的国家现存的法律进行补充。

目前上述《建议》尚不是具有强制执行力的法律提案。尽管如此，其所反映出各 12.61
国意见的一致性，及其来自国内法的智力起源，则意味着在一些法域的驰名商标需要保护，却没有更好或更有法律影响力的指导规则时，它们至少具有一些说服性价值。

《建议》的第 2 条包含了决定一项商标在一成员国是否为“驰名”的指导规 12.62
则。主管机关须考虑“任何能据以推断该商标是否驰名的因素”，包括：

(i) 该商标在相关公众中的了解或认知程度；

(ii) 该商标任何使用所持续的时间、使用程度和地理范围；

(iii) 对该商标任何宣传所持续的时间、宣传程度和地理范围，包括在交易会或展览会上对使用该商标的商品和/或服务所做的广告、宣传和展示；

(iv) 能反映该商标使用或被认知程度的任何注册和/或任何注册申请的持续时间和地理范围；

(v) 该商标成功实施商标权的记录，尤其是该等实施的程度被主管机关认定为驰名；

(vi) 该商标的相关价值。

这些标准并非没有争议，因此第 2 条规定它们“并非前提条件”，并且对某个个 12.63
案而言其中仅有某些标准，甚至没有一条标准是相关的：任何决定必须根据其个案情况而做出。我们会质疑，现如今有多少商标还会因在“交易会和展览会”这样的 19 世纪重要交易平台上使用而变得驰名。[76] 同样的，对商标申请的提及，说其“能反映该商标的使用或被认知的程度”，也是令人困惑的。这应该是对申请原封不动[77]的提及，还是在宣称商标通过使用获取显著性情形下的对申请的暗指？

同等重要的是，第 2（3）条还列举了认定驰名商标时不得强制要求的若干 12.64
条件：

(i) 该商标已在该成员国中使用，或在该成员国中获得注册或提出注册申请，或针对该成员国获得注册或提出注册申请；

(ii) 该商标在该成员国以外的任何法域驰名，或在该成员国以外的任何法域或关于该其他法域获得注册，或提出注册申请；或

(iii) 该商标在该成员国的普遍公众中驰名。

第一项和第二项的否定性条件使得，通过战略性产品植入式广告，即在美国 12.65

[76] 本规定述及的交易会和展览会是指《国际展览会公约》（1928 年 11 月 22 日于巴黎签订）及其修订文本下用语的含义。

[77] 第 4 章已讨论。

情景喜剧中提及商标然后在目标国家重复播出的方式使得一商标变得出名，而无论在该国或其他国家注册该商标的时机是否成熟。第三点反映了法院不会认为MCDONALD在南非是个著名商标，因为只有少数富有的白人而不是大量黑人公众熟知它。[78]

12.66 一项商标一旦被认定为驰名，第3条要求成员国应至少自该商标在该国驰名之时起，保护它以免受“与之冲突的商标、企业标记[79]和域名的侵害”。第4条（涉及冲突商标）和第5条（涉及企业标记）明确规定了授予保护的性质，不仅列举了美式的“损害和淡化”原则，还列举了欧式的“不公平优势”规定。

(7) 美国、欧洲法院以及世界知识产权组织指导规则下对“著名商标”规定的对比

12.67 如果将知识产权组织《建议》的第2条、《兰哈姆法》的第43节以及欧洲法院对General Motors诉Yplon案[80]的评论列表比较，我们可以总结出有关名气（《兰哈姆法》和美国法）和名誉（欧洲法）的几项指标。表格是这个比较的最佳表现形式（见表12.1）。

12.68 让我们暂不考虑欧洲法院的标准，集中看看知识产权组织和《兰哈姆法》这两栏，因为它们全面关注的是一项商标是否真正闻名，而不仅仅是为人所知。即便（1）考虑到这两套标准根据不同的方式解释产生的结果可能不同，并且（2）须接受每套体系都具有一项对方所不具备的标准的事实，很显然两套标准都是灵活的，从而对任何特定情形下实际的和潜在适用都必然有其不确定性。在当今世界上试图寻找一个在其法域内相对驰名的商标，符合美国的著名商标标准，但不符合知识产权组织建议的标准，即便并非绝对不可能，也很难找到，反之亦然。

D. 结语

12.69 在本章中我们审查了驰名和著名的概念。我们考察了国际上、欧洲以及美国有关驰名和著名商标的法律，并发现总体上而言，它们较好地得到了法律的保护，尽管获得保护的方式有时在路径上不明确，有时在目标上不确定。

[78] 见McDonalds Corporation v Joburgers Drive-Inn Restaurant（Pty）Ltd and Anor & McDonalds Corporation v Dax Prop CC and Anor［1996］（4）All SA4案的分析。

[79] 第1条定义为：“用来识别自然人、法人、组织或协会业务的任何标志”。

[80] General Motors Corp v Yplon SA，Case C-375/97［1999］ETMR 950（欧洲法院）。

在下一章我们将观摩《杀戮战场》(1984 年美国著名战争影片——译者注)，即阻碍商标注册申请的异议程序，以及撤销已注册商标的措施。 12.70

表 12.1　名气标准比较表：知识产权组织《建议》第 2 条、《兰哈姆法》第 43 节以及欧洲法院在 General Motors 诉 Yplon 案中的评论

	世界知识产权组织联合备忘录	美国	欧盟
公众的了解和认知	第 2（1）（b）（1）条 该商标在相关公众中被了解和认知的程度。	第 43（c）（1）（F）节 商标所有人及禁令禁止的对象的交易领域和交易渠道中商标被认知的程度。	General Motors 案，第 23 段 商标所覆盖产品或服务的相关公众中的相当部分对该商标的认知。
对商标任何使用持续的时间和程度	第 2（1）（b）（2）条 该商标任何使用持续的时间和程度。	第 43（c）（1）（B）节 商标在贴附该商标的产品或服务上的使用持续的时间和程度。	General Motors 案，第 27 段 使用的频率、地域范围和持续时间。
名气的地域范围	第 2（1）（b）（5）条 该商标成功实施商标权的记录，尤其是为主管机关认定驰名的程度。	第 43（c）（1）（D）节 使用商标的贸易领域的地理范围。	General Motors 案，第 28 段 声誉必须存在于该地域的“相当部分”。
	解释性注释 2.8 解释了对驰名商标成功的行使和承认，例如邻国的情况可作为商标在特定国家是否驰名的提示。成员国可以判定一项商标是驰名的，即便在该国不驰名甚或无人知晓，在这种情况下，应根据第 2（3）（b）条，要求该商标在一个或多个其他法域驰名。	仅限于地域上缝隙市场的名气可能足够[81]也可能不够。[82]	
商标的广告和推广	第 2（1）（b）（3）条 对该商标任何宣传的持续时间、程度和地理范围，包括在交易会或展览会上对使用该商标的商品或服务所做的广告、宣传和展示。	第 43（c）（1）（C）节 该商标广告及宣传的时间长短及程度。	General Motors 案，第 27 段 推广该商标的投资额。
商标的注册	第 2（1）（b）（4）条 能反映该商标使用或被认知程度的任何注册或任何注册申请持续的时间和地理范围。	第 43（c）（1）（H）节 该商标是否根据 1881 年 3 月 3 日法案或 1905 年 2 月 20 日法案注册，或注册于主登记簿。	欧盟无对应内容 除非商标注册于成员国，或共同体商标的情形下，除非登记于共同体商标注册簿，否则不能依据第 5（2）条提起侵权之诉。

[81] 见 Avery Dennison Corp v sumpton189 F 3d 368，51 USPQ 2d 1801（第九巡回法庭，1999 年）案，认为如果原告的贸易领域包括被告的贸易领域，则区域性贸易领域内的名气就足够了。

[82] 第 43（c）节的立法记录表明，“（原告）商标的地理上的名气必须延伸到相当部分的美国领土”（众议院报告 104-374（1995 年 11 月 30 日），1996 US CCAN 1029，1034）。这句话也被 Syndicate Sales Inc v Hampshire Paper Corp 192 F 3d 633，52 USPQ 2d 1035（第七巡回法庭，1999 年）一案所引用，法院判定存在于缝隙市场中的名气是不够的。还可见 Times Mirror Magazines Inc v Las Vegas Sporting News LLC 212 F 3d 157，54 USPQ 2d 1577（第三巡回法庭，2000 年）。另见 J Thomas McCarthy，《麦卡西论商标和不公平竞争》(1996)，第 24. 92 段。

续前表

	世界知识产权组织联合备忘录	美国	欧盟
对商标权成功的行使	第 2（1）（b）（5）条 该商标上成功实施商标权的记录，尤其是为主管机关认定驰名的程度。	美国无对应内容	欧盟无对应内容
商标相关的价值	第 2（1）（b）（6）条 商标相关价值	美国无对应内容	欧盟无对应内容
商标在特定贸易领域的认知	第 21（1）（b）（1）条 商标在相关领域公众中了解和认知的程度。 第 2（2）（a）条 说明相关领域的公众包括，但不限于： (i) 贴附该商标的商品并/或服务的实际并/或潜在的消费者； (ii) 贴附该商标的商品并/或服务的营销渠道所涉及的人员； (iii) 经营贴附该商标的商品并/或服务的业界人员。 第 2（2）（b）条 如果一商标被某成员国认定至少为该国一个相关领域的公众所熟知，该商标应当被该成员国认定为驰名商标。 第 2（2）（c）条 如果一商标被某成员国认定至少为该国一个相关领域的公众所知晓，该商标可以被该成员国认定为驰名商标。	第 43（c）（1）（E）节 贴附商标的产品或服务的贸易渠道。Times Mirror Magazines Inc v Las Vegas Sporting News LLC 案及 Syndicate Sales Inc v Hampshire Paper Corp 案。在由原告所提供的产品或服务的购买者和使用者构成的缝隙市场中形成的名气是足够的，但除非在后使用人在同一缝隙市场上营销其产品或服务，反淡化保护才会被授予。	General Motors 案，第 24 段 名誉可根据广大公众，或较为特定的公众，如特定部门的经营者的视角来判定。
第三方的使用	联合建议中无对应内容	第 43（c）（1）（G）节 第三方使用相同或类似商标的性质和程度。	欧盟无对应内容
商标的力度	联合建议中无对应内容	第 43（c）（1）（A）节 商标固有的或经使用取得的显著性程度。	欧盟无对应内容。尽管这个因素与实质问题有关。⑱

⑱ 商标的力度在欧盟评估商标是否具有声誉时是无关的。强势商标根据第 5（2）条和第 5（1）（b）条被赋予更多的保护。在 General Motors v Yplon 案中（第 30 段），欧洲法院声称：在先商标显著性特征和声誉越高，越容易为法院接受损害对其已经产生。OHIM 复审委员会在 Hollywood SAS v Souza Cruz SA 案中（第 115 段）又追加认为如果商标具有强显著性和声誉，不公平利用也更易产生。类似的，在 Cannon KK v Metro-Goldwyn-Mayer Inc 案中（第 18 段），欧洲法院确认如果在先商标具有“高度显著性特征，无论是本身具有的还是源于它们在占有市场上的声誉，混淆即更容易产生”。

第 13 章

杀戮战场：异议、撤销和注销

A. 导言

敲门声

“生意真是太不景气了。”马默杜克搜寻着遥不可及的订单，若有所思地说。服装生意的确是萧条——至少他的经营就是如此。这是毫无疑问的：人们仍然穿着衣服，只是他们所穿的不是经过精心设计并且贴着他的马默杜克·摩德斯商标的知名套装。停顿了片刻，马默杜克将桌上成堆的未付账单推到一边，又陷入了自己的思考当中，想到了他曾经想使他的服装设计室轰动一时的梦想。

突然，一阵刺耳而商业化的敲门声响起。马默杜克跃起身来，迅速地将发票、威胁和“最后通牒”统统打包收起来，很艺术地将其塞到电冰箱中，拉直领带，轻轻地拍了拍头发，肩膀向后挺了挺呈现出一副自信的神情，然后打开了门。一定是位顾客，他想。但是，他错了。两个男人站在他面前。一个身材高但外表粗鲁，另外一个矮但显得圆滑。

“你是摩德斯先生吗?”那个矮个而圆滑的人问道。

“不，我是马默杜克·斯派诺。我的企业叫马默杜克·摩德斯。你知道，马默杜克·斯派诺是以马默杜克·摩德斯的商号从事经营活动的。”

“哦，我知道了，摩德斯先生，”矮个圆滑人继续说道，“那么，您能让我们进去吗？我们来自政府部门，来调查你的商标。”

“我不知道它们需要被调查。”马默杜克有些吃惊地回答说。“我认为一旦你获得了商标权就可以无限期地永远使用下去，就是这样。”马默杜克突然想到，也许政府正在考虑给他下一个调查人员制服的大订单。

“你一直在读童话故事吗，孩子?”这次那个高个但外表粗鲁的人说话了。“你知道，对于商标来讲你如何小心也不为过。上周我们抓住了藏匿商标的人，的确是抓住了。你知道我们是怎么处理他们的吗?”他的眉毛拱了起来，深深地注视着马默杜克的眼睛，等待着他访问的主人的惊愕，马默杜克的确如此。

“我不知道，你们是怎么处理他的?”马默杜克开始变得警觉起来。与政府签订合同的希望破灭了。

“告诉他，孩子。”高个粗鲁的人说。

“我们让他消失了，这就是我们所做的。就在这条街上，当着所有住户的面，我们让他消失了，就是这样。”矮个世故的人说，显然带着一种尽职尽责的热情。

“那么，你们也将这么对我吗?”马默杜克深深地吸了一口气，头脑中在想象着消失时的感受。

“我们有理由怀疑你有一个未使用的商标，摩德斯先生。”矮个世故者停顿了一下以突出其效果，然后继续说道，“就是MARMARDUKE FASHIONS。你还记得这个商标吗?”

“恐怕不记得了。”马默杜克说，他的眉毛错综地拧成了两道线。“哦，等等，是的，我想我的确曾注册过几个商标。一定是几年前的事情了。”

“是在九年前，摩德斯先生。”又轮到高个粗鲁的人说话了。“九年对于不使用的商标来说可是很长的一段啊。恐怕我们得报告这一点了。”

“我将面临着什么?”马默杜克的下唇在颤抖。这可能意味着他的企业梦就此终结了。

高个粗鲁的人耸耸肩膀，一副满不在乎的样子。“这不是我所决定的，老弟。但是政府会决定把它给注销了。”

马默杜克非常沮丧。但是他还有最后一个商标的希望。就在几个月前，他已经申请将其商号马默杜克·摩德斯注册为时尚服装和饰品的商标。这样应该是没有问题的吧?

“哦，还有一件事情，”矮个圆滑的人说，“不要有片刻的想法认为我们不知道你对马默杜克·摩德斯商标的申请。我们对此了如指掌。很可爱的小商标，不是吗？你并不想在这个商标上出问题，对吧?”

“你想怎么样，先生？我可以送给您一套上好的新西装。一人一套，如果您想要的话。”马默杜克恳求道。“但是，请不要损害到我的马默杜克·摩德斯商标的申请。”

“对不起，摩德斯先生，”高个和矮个说，语气中几乎充满了同情，“但是我们执行公务时，是不接受礼物的，仅仅拿工资。关于你的申请有个不好的消息。它与 SQUIRREL MODES 太像了。我们不得不把它驳回。”

马默杜克流下了眼泪。游戏结束了。

故事的寓意

在现实生活中，政府部门不会探访企业，也不会通过发现没有价值的商标及其申请来保护商标登记簿的纯洁。维持登记簿的纯洁是靠经营者自身发挥作用的。他们发挥作用的方式有：(1) 寻找并去除掉“朽木”，即旧的、未经使用过的、没有商业价值、只会给后来的企业带来不便的商标。(2) 对于不能在登记簿上出现的标识被申请时对其提出异议。本章主要论述商场上使现有商标和申请无效以及去除已经无效或即将无效的商标的技巧。 13.01

(1) 本章的结构

在本章中，我们将首先介绍异议、撤销和注销的概念。然后，我们详细讨论这些武器的功能特征；其中每一个武器都可能对商标注册有巨大的破坏作用。 13.02

(2) 异议程序

异议程序使第三方可以阻止商标申请人将其标志进行注册。对于共同体商标而言，异议程序只可以由在先商标或标记的所有人提起，异议主要基于拒绝申请的相对性理由。①如提出登记异议所依据的理由属于拒绝登记的绝对性理由，异议人必须致函内部市场协调局表达其关于可登记性的观点，因为在这种情形下， 13.03

① 《欧盟理事会条例40/94》第42条。

没有正式的异议程序。[②]

13.04 如果我拥有一项注册商标或仅仅是将一个标记作为商标一样使用，大多数国家将为我提供一个机制以使我可以在他人申请注册在我看来存在以下情形的商标时提出异议：（i）与我的商标相同，（ii）与我的商标具有可以造成混淆的近似性，（iii）试图不正当地利用我的商标的显著特征或声誉，或者（iv）对我的商标有损害。通过该机制的有效运用，我可以抑制竞争者的品牌战略，或起码通过使其不能获得法律对商标的强大保护而对其进行削弱。

13.05 麦当劳公司在很多国家所运用的策略便是有效运用异议程序的很好例证。MCDONALD'S文字商标起源于一个在很多国家，包括苏格兰人和他们后裔中都非常普遍的姓氏。它的前缀Mc更为普遍。因此，MCDONALD'S较之自创文字如HÄAGEN—DAZS，更易受到近似标记注册的威胁。因此，麦当劳公司试图对所有的以前缀Mc开始的快餐店的可能存在冲突的申请提出异议。一旦其他的经营者意识到注册登记一个用在快餐店的以Mc开头的商标均有可能遭遇花费昂贵、耗时、带来极大压力的异议程序时，即便异议最后失败，这些经营者也很快意识到应提出对一个非以Mc开头商标的注册申请。

13.06 基于相对性异议理由的程序与商标侵权诉讼程序十分相似，这是因为可以驳回申请的理由正是可以阻止侵权行为的理由。然而，一个商标的注册申请被成功异议的事实并不会顺理成章地得出这样一个结论，即：作为在先商标所有者的异议人可以获得禁令以禁止申请人对该商标进行使用。这是因为异议程序主要是关于申请人是否可以就其所申请注册的商标获得专有权，而禁令救济则主要是关于异议人是否可以获得对其专有权的保护。[③]

(3) 撤销程序

13.07 撤销程序（有时称为无效）提供了一种方法使得不应该被注册的商标可以从登记簿中去除。因此，当异议程序失败或因为利害关系方直到无法异议时才意识到竞争者申请注册商标所带来的危机时，可以通过撤销程序将不想其存在的商标从登记簿中去除。原则上，针对他人商标的撤销申请阶段比尚在申请阶段时提出异议要更加困难，因为一个被授予的商标在被证明为无效之前是被推定为有效的。

13.08 仅仅因为不喜欢他人的某项商标，认为其不应该继续存在于登记簿上去撤销

② 《欧盟理事会条例40/94》第41条；参见Durferrit GmbH v OHIM，Kolene Corporation Intervening，Case T－224/01，2003年4月9日，第73～74页。

③ 相关案例见Wellcome Foundation Co Ltd v Dairy Farm Management Co Ltd［1998］，IP Asia LR40（泰国）。

该商标，这样的情况是不常见的。那么申请人申请撤销他人的商标的动机到底是什么呢？当撤销申请人认为：由于对一个其认为其也有权使用的标志的专有权被授予他人，导致其以自己选择的方式推销其产品或服务的行为受到不公平的限制时，他通常会寻求撤销的救济。在商标侵权诉讼中，当被告认为其被指控侵权的商标一开始就不应该被注册时，商标无效通常作为其反诉而提出。

(4) 异议和撤销的理由

异议和撤销的理由分为两类。一种理由是争议的商标本身不具有可注册性，即绝对性理由。另一种理由是争议商标与属于异议人或者撤销申请人的某在先商标或者其他知识产权有造成混淆或相互冲突的可能性，即相对性理由。[④]商标不可注册性的绝对性理由本书在第4章与第5章作了详细探讨。商标可能与其他商标相混淆（详见第10章），或者某商标的使用被判定对他人的商标造成了损害或者不正当地利用了他人商标的声誉，这些相对性理由在第11章与第12章中进行了探讨。 13.09

除了上述理由外，商标申请也可以由于恶意提出而被异议，或者，如商标是已经注册的，由于申请时存在恶意而被撤销。该理由将在本章下面的内容中进行更为详尽的阐述（参见第13.72～13.148段）。 13.10

(5) 注销程序和注销理由

即便商标被有效地注册，但是仍然可以从登记簿中去除，通常是由于该商标在持续一段时间内未被使用。TRIPs规定注册商标若3年未被使用，可以被注销，除非商标所有人有合理的理由表明对商标的使用确实存在着障碍。与商标所有人主观意志无关的、阻碍商标使用的情形，如进口的限制或者其他政府部门对于商标所保护的商品或服务的要求等，都可以被认为是商标无法使用的有效理由。[⑤] 13.11

在欧盟[⑥]和美国[⑦]，商标在被撤销之前可以允许不使用的期限通常能够放宽到5年。与美国不同，欧盟为商标所有人限制了一个比TRIPs协议要求更为严格的条件，即使用必须是“真实的”。 13.12

④ 并不是所有的商标法体系都基于绝对性理由来考量异议的；参见《欧盟理事会条例40/94》第42(1)条，该规定限制了共同体商标协议共同体商标仅仅以相对性理由提出的异议。

⑤ TRIPs协议第19(1)条。

⑥ 《欧盟理事会指令89/104》第12(1)条，《欧盟理事会条例40/94》第15(1)条。

⑦ 15USC，s1058.

（6）商标异议、注销和撤销的诉讼资格

13.13 防止一般性、描述性和混淆性商标被注册，关乎一般公众的共同利益。因此，在商标法体系中，任何人可以对具备商标不可登记性的一条或多条绝对性或相对性理由的商标提出异议、撤销或注销。但是情况并非总是如此。有些法域在谁才可以质疑商标方面有更严格的限制性规则。例如，在荷兰一起案件中，法院认为试图注销比荷卢商标的申请人，只有商标所有权人和注销申请人在商标注册的商品种类上是直接的竞争者时才能这么做。[8]在一起法国的案件中，注销申请人必须满足申请人是利益相关方的条件[9]，即证明：其对一项标记的使用将侵犯其他注册商标，除非该商标被注销。[10]

13.14 《欧盟理事会条例》具有自己的一套规则规定谁在什么情形下可以向内部市场协调局申请注销或者宣布为无效。本质上：（a）任何人都可以申请注销[11]；（b）任何人都可以基于绝对性理由申请撤销[12]；（c）只有某个在先商标特定的持有人或者使用者可以基于与在先商标相关的相对性理由，对申请提出异议[13]或者申请撤销[14]；以及（d）只有其他知识产权的所有人可以被给予与其权利相关的相对性理由申请商标的撤销。[15]

13.15 当《欧盟理事会条例》与各国国内法关于诉讼资格的规定不一致时，可能产生一种奇怪的不良情形，即当商标所有人持有重叠的国内和欧盟商标时，竞争者可以寻求注销或撤销其中一项，但不能注销或撤销另一项。

B. 异议

（1）异议和“无形的”攻击

13.16 撤销和注销程序相对而言都容易预测。注销通常是某个商标长期不被使用的结果，商标所有人意识到该情形时是或者应该是十分痛惜的。撤销通常是恶意申

⑧ Hij Mannenmode BVvNienhaus Lotz GmbH［1999］ETRM730（乌特勒支地区法院）。
⑨ 法国知识产权法典，L714—5 款。
⑩ SA Jean Lempereur v Jifi-Madison［1999］ETRM 1005（法国上诉法院）。
⑪ 《欧盟理事会条例 40/94》第 50 条、第 55（1）（a）条。
⑫ 同上，第 51 条、第 55（1）（a）条。
⑬ 同上，第 42（1）条。
⑭ 同上，第 52（2）条、第 55（1）（b）条。
⑮ 同上，第 52（2）条、第 55（1）（b）条。

请或者当竞争者认为他们也有权使用其试图占有的标识的结果。

使异议程序与注销和撤销程序不同的特征是：在申请人提出申请的时候，他根本不知道谁将会对商标申请提出异议，甚至直至其提出申请的时候也无法确定是否有人会提出异议。这是因为异议往往是基于非商标权的第三方的在先权利（如著作权或外观设计权）；它们可能是基于对某个不能查询又无法确定的未注册商标的使用；可能是基于一个在先的未公开注册商标申请；甚至，最坏的情形下，异议是基于在《巴黎公约》的任何一个成员国内在先提交的商标申请。[16]以上特征不仅适用于基于与申请人的商标相同的标识所提出的异议，也适用于基于可以与申请人的商标发生混淆或联系的标识所提出的异议。 13.17

（2）申请人的目的

如申请人故意窃取他人的商标并试图将其注册的，该申请即为恶意申请[17]，将被驳回。这并不意味着异议人在任何情况下都要证明商标申请人意图引起欺诈或混淆。甚至当商标申请人在道德上无可非议时，异议的理由也可适用[18]，考虑到证明申请人主观状态的难度时，这点是正确的。 13.18

（3）基于商标系列的异议

阻止竞争者的商标被登记的最有趣的技巧之一就是发展注册商标的“系列”。系列商标的所有权人只有一个，却包括若干商标。每个商标之间都有区分度，但是整个系列的相似性又很强——非常地强，以至于所有权人能够而且似乎有责任否定任何第三方的商标扮成该系列的成员。基于“系列”而提出异议的方式将在以下部分进行探讨。 13.19

（a）基于大系列的异议

当异议人的商标系列较大时，基于系列商标而提出的异议非常有效。一个很好的例子就是麦当劳快餐的商标系列。以 McDONALD 商标开始，这个系列发展到不仅包括 BIG Mac 商标还包括下列商标： 13.20

---

⑯ 巴黎联盟国家包括世界上大多数的授予商标权的司法管辖区以及所有经济上重要的国家。例如，某个注册 VIASAT CORPORATIVO 的哥伦比亚申请被成功地提出了异议，理由是澳大利亚的申请早在一个月前就提出了，只是没有公告。参见 Viasat Inc v Sociedad Telefonica SA WTLR，2003 年 4 月 3 日（哥伦比亚商标办公室）。

⑰ 参见本书下列章节第 13.72～13.148 段。

⑱ Montex Holdings Ltd v Controller［2000］ETMR658（爱尔兰最高法院）：在牛仔服饰上申请注册的 DIESEL 商标被成功地提出异议，尽管申请人是善意的（依据统一之前的商标法案做出的判决）。

McBACON McCAFE McCHEESE
McCHICKEN McCRISPY McCROISSANT
McDONUT McDOUBLE McEXPRESS
McFEAST McFLURRY McMENU
McMUFFIN McNUGGETS McPIZZA
McRIB McSINGLE McTRIPLE

13.21 任何其他快餐商标的申请人将很快被提醒注意到这个不断繁荣的大系列的存在。并且，由于麦当劳公司的“生育期”还没过，因而必须为将来的系列成员留出登记的空间（McTOMATO，McGHERKIN，McNOODLE，McSPINACH 和 McWIENER 尚未成功注册）。

（b）基于小系列的异议

13.22 由于商标大系列中，当很多明显具有关联关系的商标集合起来以抗衡申请人的商标时，商标异议的有效性要更高，因而异议程序鼓励大系列商标。小系列则没有相同的抗衡力。在内部市场协调局初期的异议程序中，BECK 牌啤酒的酿造者试图禁止用在啤酒上的 ISENBECK 文字商标的注册，并声称，除其他外，由于他们还获得了 HAAKEBECK 的啤酒商标，社会公众就会推断任何标有“BECK”名称的啤酒是其啤酒系列的一部分。异议审理部门驳回了这一主张，所依据的证据是 Beck 没有表明是否使用了以及在多大程度上使用了 HAAKEBECK 商标。⑲

（c）忽略系列商标：内部市场协调局的方法

13.23 内部市场协调局的异议部门在 LIFESOURCE 案件中对基于系列商标的异议采取了截然不同的方法。⑳申请人欲将 LIFESOURCE 作为在包括维生素与矿物质营养品、饮食产品和药用物质在内的第 5、30 和 32 类产品上的文字商标进行注册。Novartis 公司提出了异议，理由是它已经在饮食与药用物质的第 5 类商品上申请了 DIETSOURCE、ISOSOURCE、FIBERSOURCE、CITRSOURCE、SANDSOURCE 以及 RESOURCE 的商标注册。那么这 6 个商标组成的系列一定能阻止任何具有 SOURCE 这一要素的商标被注册吗？

13.24 异议人所展示的商标之间的联系并未打动异议部门。该部门认为：首先，系列商标之间的相似性对异议人来讲可能是明显的，但是不能因此推定它对相关公众的影响，这种影响需要加以证明；在考虑 LIFESOURCE 商标是否会与该 6 个系列中的任何一个成员造成混淆时，系列商标之间的相似性无论如何也只是需要

⑲ Warsteiner Brauerei Gaus GmbH & Co KG 申请，Brauerei Beck GmbH & Co 异议，57/1998 [1999] ETMR225 号案。

⑳ Lifesource International Inc 申请；Novartis Nutrition AG 异议，2844/2000 [2001] ETMR1227 号案。

考量的情形之一。Novartis 没有提出任何证据表明其异议商标不但享有个体的声誉，而且共享系列的声誉。如果可以获得该等证据的话，Novartis 可以以“间接混淆”作为其异议的理由[21]——LIFESOURCE 与 Novartis 商标系列可能被认为存在关联。基于这些事实，异议部门认为，LIFESOURCE 与 Novartis 的任何商标并没有混淆性的近似。[22]

(d) 图形商标系列

13.25 与基于文字系列商标的异议一样，也可以基于与图形商标系列的混淆可能性提出异议。然而，如果异议人图形系列商标之间并没有系列的相似性，而其作为主要的共同特征的文字与申请人商标又不同时，异议成功的难度就大了。这就是为什么 TORRES 商标系列（见图 13.1）无法阻止 TORREMAR 商标（见图 13.2）[23] 注册的原因。同 LIFESOURCE 案一样，如果没有证据证明消费者对于系列商标间系列近似性的认知程度，只能由法庭按照异议人的“最大赢面”来决定异议的结果，本案中法庭认为异议人的“最大赢面”是文字商标 TORRES 而不是任何图形商标。

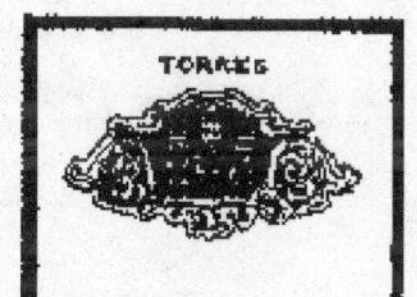

图 13.1　“TORRES”商标家族的若干商标

(4) 异议人商标的使用必须是显著的

13.26 如果意图阻止某个商标申请人的申请，异议人所主张的对其自己的相同或近似商标的使用程度须达到足以实现目的的程度。例如，如果是因为我在自己房子前面的花园里搭了个棚子向 Golders Green 的过路人销售

图 13.2　“TORRES”商标家族未能成功阻止“TORREMAR”商标的注册

㉑ Lifesource International Inc 申请；Novartis Nutrition AG 异议，2844/2000 [2001] ETMR1227 号案，第 25 章。“间接混淆”这一术语并没有在《欧盟理事会条例 40/94》中使用，而是异议受理部门从 Sabel BV v Puma AG，Rudolf Dassler Sport，Case C251/95 [1998] ETMR1（欧洲法院），para 16 中借鉴而来的。在上述案例中，这个词的意思不是商品之间的混淆而是商标之间的混淆。

㉒ 在 Infamous Nut Co Ltd's trade marks [2003] RPC126（LCAP）中采取的原则是将申请人的商标与异议人的单个商标，而不是与系列整体进行比较。

㉓ TORREMAR trade mark [2003] RPC 89（LCAP）.

我随意称之为 SQUIDGE 的饮料，我就可以制止某个申请人在欧盟境内于果汁上注册 SQUIDGE 商标，那就不得了了。

13.27 根据《欧盟理事会条例》的规定，当异议基于的理由是异议人持有相同或近似的在先商标，共同体商标的申请人有权反驳其商标的异议者，并可要求提出过去 5 年中异议人商标真实使用过的证据。这一反驳通常对共同体商标的异议人来说是出其不意的。例如，当 FIAT 对 Volkswagen 公司在汽车上申请 LUPO 商标的登记提出异议，并引证其现在已经在意大利注册了 LUPO 商标时，大众公司要求菲亚特就在先商标的使用进行举证。菲亚特所能收集到的全部证据就是一张价格清单、两份报纸广告和两张发货单。所有这些与最近 5 年的汽车销售情况均无关，关于 LUPETTO 商标的使用证据也与其没有关系。异议部门不费周折地就驳回了以此为据的异议。㉔在类似这样的情况下，异议人不仅无法阻止商标申请的授予，而且将公众关注的焦点吸引到了该事实上——显而易见，其一个或多个商标至少 5 年没有被使用过。

13.28 异议人不仅必须列举出被异议商标申请日之前的 5 年期间内的使用证明，而且必须要表明使用发生的地点和使用的程度。㉕ 写着“PAYLESS RENT A CAR”（免费租汽车）异议人物业的照片、价目单或者标有同样口号的钥匙圈挂饰，并不能视为上述证明的充分证据。㉖

13.29 就共同体商标而言，如果要在共同体商标管辖区内申请商标异议程序，对商标的使用必须要超过“纯粹当地显著性”的使用。㉗ 为了这些目的，在英国对未经登记的商标的使用要求超过“纯粹当地显著性”的使用。㉘

13.30 当异议人的主张是依据在先商标，而共同体商标的申请人对其提出质疑时，异议人必须证明自申请公布之日起的 5 年内，他已真实使用了其商标。为此目的，“真实使用”意味着在有关的市场上为辨识商品或服务的目的真实使用该商标。因此，当断定是否在某个特定市场有实际有效的使用时，“真实使用”被视为排除了极小的或者不充分的使用。在这种意义上，即便所有人的意图是对商标

㉔ Volkswagen AG 申请，FIAT Veicoli Industriali SpA（Iveco SpA）异议，1269/1999 [2000] ETMR320 号案。

㉕ 参见 Maro-Chemie Eugen Martin KG Chemische Fabrik vAldermar AG，R644/2000—4，OHIM OJ 2/2003，375 号案（内部市场协调局复审委员会）。

㉖ Payless Car Rental System Inc 申请，Canary Islands Car SA 异议，198/2000 [2000] ETMR1136 号案（内部市场协调局商标异议受理部）。

㉗ 《欧盟理事会条例 40/94》第 8（4）条。

㉘ McCann-Erickson Advertising Ltd 申请；Momentum Integrated Communications Ltd 异议，2149/2000 [2001] ETMR540 号案（内部市场协调局）：在英国在广告及其他服务上使用 Momentum 商标，而注册为共同体商标的同一商标就被禁止。

进行实际意义上的使用，如果商标并没有客观地以具有有效性、时间上的持续性、商标构成上的稳定性的方式出现在市场上，那么消费者就无法将其视为对争议的商品或服务来源的一种指示，因而也就不存在商标的“真实使用”[29]。

因此，商标的真实使用不包括以维持商标登记为目的的人为使用；商标不仅出现在其受保护的区域的主要范围内，而且要出现在其辨别商品或服务的功能发挥实质作用的范围内，这就使得某个获得商品或服务的消费者在购买的结果被证明是积极的情况下，能够重复购买；反之，当购买的结果是消极的情况下，避免再次购买。[30] 13.31

(5) 异议人的商标必须是地域上相关的

申请人申请将MOSKOVSKAYA在伏特加酒上登记为一个文字图形共同体商标，先前在拉脱维亚注册的相同商标的所有人提出了异议。在申请时，拉脱维亚并不是欧盟的成员国，异议者也未能证明MOSKOVSKAYA在欧盟的任一成员国内都是驰名的外国商标。因此，该异议注定了会失败，即便拉脱维亚最高法院的判决认定异议人有权排他性地在伏特加酒上使用该文字。[31] 13.32

(6) 在先程序和合同安排

有时候会发生这样的情形，争议的标的已经在该国的另外一个法院或裁判庭进行了裁决。当发生这样的情形时，我们有必要考虑一下异议程序是否需要重新进行，或者在先的裁决是否会有效决定后面裁决的结果。例如，一项包含飞利浦三头剃须刀造型的两维图形商标被英国法院判决为无效后，飞利浦公司申请注册一项与无效商标极为相似的略经修改后的商标。Remington公司提出异议，理由是原商标被撤销的理由同样可以适用于第二个商标，那么第二个商标的申请也是无效的的。第二项申请的事实问题已得到了有效处理，根据既判力的原则，申请应被驳回。法院对上述两个主张都予以驳回。既判力的原则只有在前后两个案件完全相同的情形下才能适用（例如，如果飞利浦已试图注册一个与已经被撤销的商标一模一样的商标）。然而，如果以后申请的商标是原商标[32]的修改版，情况便不同了。 13.33

有时候，异议的结果会因商标申请人和异议人之间的合同来决定。例如，在 13.34

---

[29] Kabushiki Kaisha Fernandes v OHIM，T-39/01号案，2002年12月12日（欧洲一审法院），第36章。

[30] Rewe—Zentral v OHIM，T-79/00［2002］ETMR1109号案，第26章（欧洲一审法院）。

[31] Vzao Sojuzplodimport's application；opposition of Latvijas Balzams，Case 62/1999［2000］ETMR 618（内部市场协调局商标异议部）。

[32] Philips Electronics NV v Remington Consumer Products Ltd（No 2）［1999］ETMR835（高等法院）。

德国申请注册的COPMPAIR商标申请人与已使用该商标但用于不同商品的另外一方签订一个共存的协议，根据协议的规定，双方同意其各自的商品间不会造成混淆，因此，德国的登记人就不能主张在德国的注册与另一方之后在共同体商标注册的申请之间有混淆的可能性。[33]

C. 商标的撤销

(1) 基于绝对理由的撤销

13.35 当考虑某个商标的注册是否应该基于绝对理由（例如，该商标有通用性[34]，不具有显著特征[35]，或者有欺骗性[36]）而被撤销时，适用于商标可注册性的原则同样适用。因此，当已经注册的商标由于缺乏显著性而受到质疑时，验证被质疑商标的显著性必须从商标整体[37]上进行，而不能以“切腊肠”[38] 的方式，并且要在注册前以相同的方式进行验证。

13.36 质疑商标有效性的理由如果是商标丧失显著性，则不能依赖其对该注册商标侵权性使用的证据。[39]

13.37 我们还应注意诉讼资格可能会限制基于绝对理由提出的无效申请的方式。因此，在法国的一个侵权诉讼中，被告声称原告的商标缺乏显著性，并援引了被其他经营者使用或注册的23个相同的或者几乎一模一样的商标的事实。然而，法院裁定被告只能援引其享有财产利益的其他商标。[40]

13.38 在一起向内部市场协调局审查官提起的复审中，内部市场协调局撤销部门的态度

---

[33] CompAir Ltd v Naber+Co KG，Case R590/1999—2，OHIM OJ2/2003，341（内部市场协调局复审委员会）。

[34] Rugby Football Union and Nike European Operations Netherlands BV v Cotton Traders Ltd [2001] 861（高等法院）：英国Rugby队的白玫瑰徽章是“描述性的或者为商品通用名称的”的徽章。

[35] 参见Beiersdorf AG的商标：欧莱雅公司提出注销的申请，Case C000835728/1 [2001] ETMR187（内部市场协调局）：POUDRE LIBRE NATURELLE不能作为防止面部皮肤出油的护肤品的商标。

[36] 参见Kaysersberg SA and another v Scott Paper and others [1997] ETMR188（最高法院，意大利），此案中，COTONELLE商标被宣告无效的原因是商标注册的商品不是棉制品。同样参见已经公告的判决，瑞典食品制造公司Wasa放弃了其使用了27年之久的适用于薄脆面包的MORAKNAECKE商标，理由是产品不再在Mora城生产。（http；//news. bbc. co. uk/1/hi/business/2989935. stm）

[37] Deutscher Teeverband eV申请撤销（TEEKAMPAGNE）[2000] ETMR 546（内部市场协调局撤销部）。

[38] 关于“腊肠切片”参见第4章第4. 98～4. 103段。

[39] Farside Clothing Ltd et al v CariclineVentures Ltd 2002 FCA 466，2002年11月12日（联邦上诉法院，加拿大）：PHARSKDE商标的侵权人在其提出的商标缺乏显著性的异议中败诉，而商标的显著性只是由于其自己使用FARSYDE的结果。

[40] Ste Recife v Ste Recife [2001] ETMR 182（巴黎上诉法院）：通过使用RECIF与RECIFE，RECIFE商标不是无效的。

被归纳总结为：当对申请进行审查时，审查人享有一定程度的裁量权。撤销程序提供了对明显错误进行修正的途径，但是并不能用以行使相同裁量权并得出不同的结果。也就是说，他们不能以在行使相同的裁量权的情形下以一个新裁定取代另一裁定。[41]

（2）基于第三方的在先使用的撤销

正如可以依据异议人的在先使用而发起的异议程序在商标申请阶段质疑该商标一样，撤销程序也能够基于撤销申请人的在先使用而提出。在这种情形下，使用必须是真实的，而且必须是商业过程中的使用。Volkswagen公司在成功注册了共同体IFM International Fleet Management这一商标的情形下，一个自称为International Fleet Management（国际舰队管理）的比利时公司寻求撤销该注册，其使用的证据包括该公司发给其母公司Interleasing公司的发票。内部市场协调局撤销处认为母公司与其附属公司之间的通讯，原则上不能构成“在商业过程中”使用的证据；而且，由于未能提交比利时法律所认同的证据，撤销申请不得不以失败而告终。[42] 13.39

（3）基于相对理由的撤销

当撤销申请人的在先商标或名称并非由自己使用而是由他人使用时，注册的商标能否基于相对理由而撤销呢？理论上是可以的，使用经过注册人的同意（如被许可人的使用）以及虽未经授权但属合法使用（例如第三方在比较广告中的使用）的情形下则一定可以。然而，判例法并不支持这样的主张。一个案件中，申请人试图申请撤销一个在比荷卢同盟注册的商标，理由是基于他对该商标在比荷卢同盟的使用而拥有在先的权利。法院判决认为申请人对其欲撤销的商标享有的在先权，必须是基于申请人自己的使用或者是经其同意的他人的使用。第三方例如旅行社未经其授权的使用不能满足此要求。[43]波兰最高法院也持这样的意见：经过私有化之后，一国有企业被分成几个不同的企业，原国有企业的商标转让给另一个私企，该国企分立后的私企不得因它们在私有化之前使用过该商标而质疑商标的有效性。[44] 13.40

基于相对性理由的撤销申请并不是没有坏处。在非常疑难的Scandecor案件 13.41

---

[41] Cahill May Roberts Ltd申请宣布无效；Medicine Shoppe International的商标，C000172734/1［2000］ETMR794号案。

[42] Volkswagen Leasing GmbH的商标；International Fleet Management NV申请撤销，C000525824/1［2001］ETMR1170号案。

[43] Le Lido SA v Nationale Stichtung tot Exploitatie van Casinospelen in Nederland and another［1997］ETMR537（荷兰，注销法庭）：巴黎某夜总会商标LE LIDO的法国所有人不能因为旅行社使用了该商标而注销比荷卢三国关税同盟对LIDO商标在娱乐服务业上的注册。

[44] Spolka Akcyjna PPCH的商标［2001］ETMR770：CALYPSO冰淇淋商标是无可指责的。

中，Scandecor 的当事人双方均成功地使法院认定，基于当事人对于 Scandecor 商标的各自使用，以他们各自名义登记的商标已经不再具有显著性。因此，双方的商标均被撤销。[45]

(4)“中心打击 ”和《马德里协定》

13.42 在两个商标国际申请体系中，《马德里协定》[46]是较早的一个。尽管该协定已经被《马德里议定书》取代，但是不应忽视其继续发挥的重要性，因为该协定仍在使用，其约束着已加入《马德里协定》但未加入《马德里议定书》的国家之间的关系。

13.43 简而言之，一项商标所有人如果是《马德里协定》缔约国国民，在本国已获其商标的注册，则可以通过向日内瓦的知识产权组织（WIPO）的国际商标局提交国际注册的申请，从而将本国注册作为其在部分或所有《马德里协定》缔约国内就相同的商标进行注册的跳板。之后，该申请将被转交各国内商标部门。申请一旦被转交，若未被国内注册部门驳回，该商标注册会自动地在 12 个月之后被授予。

13.44 根据《马德里协定》申请获得的国内商标在提交国际注册申请的 5 年后，就会成为各国独立的国内注册商标。[47]但是如果在此期间，申请人的原国内申请受到质疑并在此后失去效力，不管就整体还是部分而言，根据《马德里协定》获得的保护在所有的其他国家也就失去了效力。[48]对申请人最初国内登记的袭击并以此达到消除国际申请所指定国家的保护，通常称为“中心打击”。

13.45 这并不意味着，中心打击的风险成为《马德里协定》参与国的商标所有人所通常面临的一个严峻问题。即便如此，因为商标在 A 国丧失效力，所以商标的注册登记在 B、C、D 国家也一定失去效力的主张是不合逻辑的。需要接受“中心打击”的条件被证明是阻止很多国家加入《马德里协定》的威慑性因素。值得注意的是《马德里议定书》中并不含有相应的条款。

D. 注销

13.46 欧洲两部主要的商标法典均规定：如果商标连续 5 年不使用就可以被注销。[49]

---

[45] Scandecor Development AB v Scandecor Marketing AB [1999] FSR26（上诉法院）。

[46] 《商标国际注册马德里协定》1891（1979 年 4 月 14 日修改）。

[47] 《马德里协定》第 6（2）条。

[48] 同上，第 6（3）条。

[49] 《欧盟理事会指令 89/104》第 12（1）条；《欧盟理事会条例 40/94》第 50（1）（a）条。

在5年持续不使用之后，申请人可以立即要求注销该商标。[50] 如果商标所有人突然风闻其未使用的商标面临的威胁并开始使用，除非在申请人开始注销行为时该商标已经使用了3个月，否则这种使用对他不会有益。

根据欧洲法律，在下列情形下可以寻求注销程序的救济：由于商标所有人的作为或者不作为，该商标已经成为其注册的商品或服务行业中的通用名称。[51] 以及，由于商标所有人自己或者授权他人在该商标注册的商品或服务上使用该商标，其应当对所造成的公众的混淆，特别是对商品或服务的性质、质量或者地理来源的混淆，承担责任。[52] 13.47

当商标已经成为该行业中的通用名称，将商标从登记簿上除去的正确做法是通过注销程序。如果试图宣告该商标无效，受理该申请的法院或裁判庭会首先衡量该商标的注册本身是否正确，而不是先衡量其是否仍然有效。举一个极具代表性的例子，委内瑞拉商标登记处认定文字商标CORN FLAKES虽然是通用的但是有效的：2003年该裁定做出时该商标已变得通用，但是当其在1988年首次注册时是有效的。[53] 13.48

实践中，几乎所有的注销程序都是基于不使用的原因发起的。 13.49

（1）与不同商品或服务相关的不使用

信用卡服务的商标VISA的所有人在第16类的“报纸、杂志以及出版服务”上注册了VISA商标。当一个叫Jibena的出版商后来将VISA POUR LE MUSCLE、VISA POUR LE BEAUTE以及VISA POUR LE BODY BUILDING注册为商标时，信用卡公司起诉其商标侵权。Jibena成功地反请求撤销VISA在出版物上的注册：尽管该商标已经在信用卡领域进行了大规模的使用，但是它未曾在出版领域使用。[54] 13.50

（2）商标“真正使用”的含义

根据《欧盟理事会指令89/104》以及《欧盟理事会条例》英文版的规定，如果商标在5年内仍然未投入真正的使用，该商标就面临着被注销的危险。这两 13.51

---

[50] Philosophy Inc v Ferretti Studio Srl ［2003］ ETMR97，［2003］ RPC287（上诉法院）：申请注销前不需要等3个月。

[51] 《欧盟理事会指令89/104》第12（2）（a）条；《欧盟理事会条例40/94》第50（1）（b）条。

[52] 《欧盟理事会指令89/104》第12（2）（b）条；《欧盟理事会条例40/94》第50（1）（c）条。

[53] Maizoro SA de CV v Kellogg Company WTLR，2003年5月6日。

[54] Visa International（US）v Editions Jibena ［1998］ ETMR580（法国初审法院）。

部法律的其他语言版本没有使用相同的字眼。正如欧洲一审法院评论的：

> 36.……德国（“ernsthafte BBenutzung”）、法国（“usage serieux”）、意大利（“seriamente utilizzata”）以及葡萄牙（“utilizacao seria”）版本提出正式使用的要求。英国版本的（“真正使用”）具有相同的含义。另一方面，西班牙版本使用了“事实使用”（“uso efectivo”）的表达，这与德国、英国、西班牙、法国和意大利版本中《欧盟理事会条例 40/94》的序言第九段的表达是相呼应的。最后，荷兰版本的（“normaal gebruik”）强调的重点略有不同，即要求正常的使用。
>
> 37. 因此，与申请人的请求相反，真正使用与实际使用是无法对比的。在给真正使用下定义时，有必要一方面考虑到不同语言版本的差别，另一方面要考虑到规定序言中的第九段。[55]

13.52 该段内容如下：鉴于共同体商标或先于共同体商标注册的商标，只有真正投入使用才能得到保护。

13.53 考虑到第九段中“实际使用”一词的使用以及“真正”、“正式”和“正常”等词语的运用，我们认识到首先需要考虑的是商标是否已经被实际使用，因为从逻辑上看，实际使用是任何具体使用存在的先决条件。如果没有实际的使用，换句话说就是根本没有使用，也就没有允许商标继续有效地存在于登记簿上的合理理由，或者使得其所有人有权阻止他人日后申请注册该商标。如果已经实际使用了，下一步就是考虑使用是不是“真正的”、“正式的”或者“正常的”。如果商标在正常的商业过程中使用，那么“真正的”、“正式的”或者“正常的”使用的问题就不太可能受到置疑。然而，使用是以一种反常或者病态的方式进行的，我们必须探求表面证据及使用背后的东西，并考虑使用的重要性。例如，仅靠关联公司之间的交易就能证明商标被使用了吗？使用是被蓄意地保密或者隐藏于商业信息的正常渠道之后吗？使用是否仅限制在商标印制于收据、保证书或者其他订立合同之后的文书？当商标的使用与其他更引人注目、知名度更高的商标在某种情形下相关联时，消费者是否会将这种使用视为对商标的使用？从这些问题的答案中不一定能得出商标不存在真实的、严肃的或者正规的使用的结论，但至少商标所有人需要做出一些合理的解释，来说明为什么其对商标的使用仅限于此类非典型的商业操作中。

13.54 欧洲法院对商标所有人在对其商标未使用而提出的质疑进行辩驳需要证明的商标使用程度，已经在一起于荷兰提交申请的案件中进行了考量。[56] 案情简介如下：使用在灭火器上的商标 MINIMAX 在比荷卢三国关税同盟注册，其所有人

[55] Goulbourn v OHIM，Redcats SA intervening，Case T-174/01，2003 年 3 月 12 日，第 37 章。

[56] Ansul BV v Ajax Brandbeveiliging BV，Case C—40/01，2003 年 3 月 11 日（未公开）。

在无权销售新的灭火器的情况下，向消费者出售已经购得的灭火器的零部件和灭火材料时，继续使用了该商标。对该商标提出注销的申请人主张，如果商标所有人不再销售标有MINIMAX商标的新产品，那么就不再构成对商标的“真实”的使用。欧洲法院裁决如下：当商标的使用与其最根本的功能相吻合，即确保能够辨别出该商标所注册的商品或服务的来源，以实现创造或者保存上述商品或者服务的流通渠道的目的，此时构成对该商标真实的使用。对商标的真实使用不包括为实现维护被赋予的商标权这一单一目的象征性地使用商标。[57]

法院并未就此打住，而是建设性地提出解决商标是否被真实使用的问题时应该考虑的四点具体内容：当评估对某商标的使用是否构成实际意义上的使用时，必须考虑与确定对商标的商业性开发是否真实相关的所有事实和情况，特别是：(a) 这样的使用在相关经济部门看来是否可以在商标所保护的商品或服务的市场上维持或者获得份额；(b) 上述商品或服务的性质；(c) 市场的特征；(d) 商标使用的规模和频率。[58] 13.55

最后，欧洲法院就该案件中的争议点进行了解释：如果商标所有人将同一商标实际用于构成该商品的组成或结构中不可分割的部件上或者实际用于与之前销售的商品有直接关系的商品或服务上，而且其目的在于满足顾客对该等商品的需要的，商标不是使用在市场上新近可获得的产品而是用于过去已经存在的商品上的事实，就并不意味着对该商标的使用不是实际意义上的使用。[59] 13.56

具有重要意义的是，欧洲法院没有采纳总法务官的建议，将使用的持续性作为商标真实使用的条件。[60] 只要满足欧洲法院的“真正”使用的标准的要求，即便是间歇性的或者偶尔的使用都能够因此而对注册的商标提供充分的保护，使其可对抗注销的申请。欧洲法院还必须解决一个提交给它的问题[61]：即便使用是“真正”的，但是使用的规模很小以至于能够忽略不计，是否仍构成真实使用呢？欧洲法院应当被要求回答以市场测试方式进行的使用是否构成“真正”的使用这一问题。各国内法院认为其构成，但所依据的法律规定各有不同。[62] 而且，在市 13.57

[57] Ansul BV v Ajax Brandbeveiliging BV，Case C—40/01，2003年3月11日（未公开），第43段。

[58] 同上。

[59] 同上。

[60] Ansul BV v Ajax Brandbeveiliging BV：Case C—40/01（2002年7月2日，总法务官的意见），第68章。

[61] Laboratories Goemar SA的商标；La Mer Technology Inc申请注销［2002］ETMR382（高等法院）；参见Re Laboratories Goemar SA［2003］EWHC1382（Ch），2003年6月30日（未公开）（高等法院）。

[62] 参见Gerber Products Co v Gerber Foods International Ltd［2002］ETMR882（高等法院），上诉法院2002年12月12日确认了对该案的判决（未公开），该判决参考了前1938年商标法指令和加拿大法院的一个判决，ConAgra Foods Inc v Fetherstonhaugh & Co WTLR，2003年4月2日（加拿大联邦法院）(KID CUISINE)。

场测试中，消费者没有机会再次购买该商品的使用，可能被视为不属于商标基本功能。与之相对，如果商标的使用条件是消费者大众对它的反应好，则其将被再次使用的，它就不会被认为不属于真正的使用范畴。

13.58 在欧盟之外，可接受的使用的标准各有不同。因此，在印度尼西亚，Sumatran 公司使用其注册的商标 DAVIDOFF 仅仅销售了 150 支香烟，也被视为在正常商业渠道中足够的使用以对抗注销请求。[63]

(3) 未使用的合理理由

13.59 当商标所有人有未使用其商标的合理理由时，该商标就不会被注销。但是，什么才构成未使用的合理原因呢？TRIPs 协议注释中规定：源于商标所有人意愿之外的情形可以构成商标使用的障碍，例如进口的限制或者政府对与商标所保护的商品或服务的其他方面的要求。[64] 这意味着如事件在商标所有人意愿之外，或者至少在所有人控制之外，商标所有人将免责。这样的事件包括下列情况：意图的使用是不合法的，除非商标所有人控制之外的某项特定的法律上的要求得到满足。[65] 同时还包括商标所有人无法获得某商品所欲适用的产品的满意的生产方法，尽管商标所有人在产品的开发过程中投入了大量的时间和金钱。[66] 然而，由于商标所有人一直在重新设计商品的外观造型，预计的新产品的营销和包装无法完成的事实，不能被视为商标未使用的合理理由。[67]

13.60 证明商标未使用的理由为真实的举证责任，由商标所有人承担。[68]

(4) 商标必须以登记时的形式使用

13.61 商标所有人要在商标注销程序中安然无恙，仅仅真正地使用了商标是不够的：该商标所有人必须以与商标所注册的形式没有显著[69]区别的形式使用了该商标。因此，当注册的商标是由长方形的图样构成，并标有文字“Fino Bandera”

[63] Reemtsma Cigarettenfabriken GmbH v NV Sumatra Tobacco Trading Company WTLR，2003 年 4 月 22 日。Reemtsma，作为真正的 Davidoff 的获得许可方，据说已经对该判决提出了上诉。

[64] TRIPs 第 19（1）条。

[65] HENNAFLOR trade mark［2001］ETMR132（布拉格，高级法院）：直至登记机关将该许可登记在案，被许可人才被批准使用被许可商标。由于登记机关的内部问题，在注销程序开始之前注册还未登记在案。

[66] Nestle UK Ltd v Zeta Espacial SA［2000］ETMR226（高等法院）：案件涉及的产品是中间填满气体化颗粒的棒棒糖。

[67] Glen Catrine Bonded Warehouse Ltd 申请注销［1996］ETMR56（英国商标登记处）。

[68] Philosophy Inc v Ferretti Studio Srl［2003］ETMR97（上诉法院）。

[69] 参见《欧盟理事会指令 89/104》第 10（2）条；《欧盟理事会条例 40/94》第 15（2）条。

和“Fino Bandera——Rainera Perez Maria-SA lucar de Barrameda”以及西班牙国家传统的色彩时，商标所有人不能主张对此精心设计的商标的使用是通过对文字“Bandera”的使用完成的。[70]同样，上述案件中对文字ELLE的使用，并不能视为对已经注册的图形商标的使用（对该商标的描述见图13.3）。[71]相反的，当商标SECOND SKIN以2 ND SKIN[72]进行使用时，却避免了被注销，理由是这两个表现形式之间并没有本质差别。

移动商务时代的到来，以及商品与服务的销售中对移动电话使用的增加，有可能导致某些商标以一定程度的浓缩或概括形式进行使用，因为在创作的过程中，大多数移动电话的展示设施无法显示注册商标的精细度，或者表现出其实际颜色的有形商标。商标所有人只有在科学技术改进后，注册簿中的商标与屏幕中显示出的商标的区别得以消除，才能确保手机用户看到的版本与商标注册的版本尽可能地一致。 13.62

图13.3　对于大写字母文字商标“ELLE”的使用不被认为是对示例的已注册图形商标的使用

（5）使用的证据

注销程序中商标已经进行使用的证据，与异议程序中的使用证据是相似的。 13.63
异议程序中，异议人对后来的商标申请进行质疑时，会被要求证明在前5年他对自己的商标进行了使用，以支持其对该商标的权利主张。[73] 商标所有人不得依据无法证实其商标已经在交易过程中被使用的证据。因此，将体现商标所有人商标特征的广告资料提交给法庭是不够的，除非同样存在证据表明广告资料已经被分发或者使用：未载明日期的广告以及证明购买了广告材料的发票也是不充分的。[74]

（6）商标在被注销以前都是有效的

法国文字商标JOY在所有类型的商品及服务上进行了注册，其所有者起诉 13.64
某出版商，诉由是该出版商发行了名为Joy的德文青年杂志，并在500件标有“Joy One Year”（开心一年）广告语的T恤衫上复制了“Joy”的字样。出版商反诉称：因JOY商标未在第16类（印刷品）和第25类（服装）商品上进行使

[70] Re Bandera［1999］ETMR337（西班牙高级法院）。
[71] Safeway Stores plc v Hachette Filipacchi Presse［1997］ETMR552（高等法院）
[72] SECOND SKIN商标［2002］ETMR326（英国商标登记处）。
[73] 参见上文第13.26～13.31段。
[74] Manpower Inc v Manpower Temporar Personal GmbH，2003年4月16日（匈牙利，高级法院）。

用，而请求注销。法院不费吹灰之力便查明商标所有人没有在上述类别的商品上对 JOY 商标进行过使用，因此注销了该商标的注册。然而，在这两类商品上的注册被注销前，商标仍然是有效的，因此，被告的行为已经构成了侵权。商标所有人因此获得了侵权的损害赔偿。[75] 英国法院判定，除非注销申请要求注销溯及一个较早的日期，注销是从法院判决之日起开始生效的。[76]

（7）商标被注销后可以再次被注册

13.65 TRI-OMINOS 商标最初在比荷卢进行了注册，商标的适用范围是玩具和游戏。3 年后，该商标因未经使用被注销，因此，在 1988 年原商标所有人再次将其注册。比荷卢法院裁决认为，第二次申请适用的规则与其他任何申请的规则是一样的。第二次申请不能由于在先商标的被注销而获得优先权，也不会因为在先注册的商标未经过使用而受到“恶意”的指控。因此，后进行的注册是有效的。[77]

13.66 即便注销仅仅是一种可能性，尽管商标所适用的商品或服务的范围与在前商标的是相同的[78]，商标所有人对其已经拥有的商标提出第二次注册的申请显然也是没有潜在障碍的。在这样的情形下，商标登记处也许会认为此类申请的提出是恶意的。

（8）部分注册的注销

13.67 仅仅注销部分注册也是可能的。例如，如果某一商标所注册的特定商品范围包括 X 与 Y 两种产品，但是该商标仅在 X 商品上进行使用，那么在 Y 商品上的注册就有可能被注销，而不会负面影响到商标继续对其本身适用的 X 类商品的保护力度。法院或者授予商标权的当局在注册簿上不应该存在的文字上用铅笔画一道线，就表明该商标已经被注销了。因此，MINERVA 商标所注册的特定商品范围列举如下：“纸张以及纸类商品；印刷制品；文具”，但是该商标没有在“印刷制品”上被使用，因此商标在“除了文具类的印刷制品”上的登记被注销，且并没有负面影响到商标对商标所有人在其他特定类别的商品上的使用的保护力度。[79]

[75] Jean Patou SA v Ste Zag Zeitschriftn AG and another［1999］ETMR157（巴黎上诉法院）。

[76] Omega SA v Omega Engineering Ltd［2003］EWHC，2003 年 6 月 3 日。

[77] Erich Perner Kunststoffwerke v Pressman Toy Corporation［1997］ETMR159（比荷卢三国关税同盟司法法院）。

[78] 参见对 Unilever plc and another v Cussons（New Zealand）Pty Ltd［1998］RPC 369 案件的不公开的判决，RPC369，新西兰上诉法院的上诉，引用了 Natural Resources Inc v Origin Clothing Ltd［1995］FSR280（高等法院）。

[79] Pomaco Ltd 的商标；Reed Consumer Books Ltd 申请注销［2001］ETMR1013（高等法院）。

13.68 如果商标登记适用的商品范围很广，例如登记的商品类别为“化妆品”，但是注册对于该类别的某些商品仅是描述性的或者缺乏显著性，内部市场协调局以及英国的通行惯例是撤销整体的商标注册登记，而不是试着去猜测商标所有权人应有权保留哪种商品或服务上的注册。[80]商标撤销部门明智地进行了如下阐述：协调局自身不能为商标持有人制定一个商标所适用商品或服务范围的合理列表。我们对相关的行业没有足够的了解，尤其是在商标持有人所掌握的专门技术和能力方面。另外，更为重要的是，协调局所提议的列表的设立将很有可能迫使商标持有人接受他不想被授权的商业上的某些东西，并间接地被迫使用以避免无法达到使用人要求的问题。而且，协调局在此方面的任何行为很可能会导致竞争者的不满。[81]

13.69 如果登记的商品或服务的类别太过宽泛以致无法补救，法院可能会明智地增加限制性文字来限制商标的使用范围。例如，在一起案件中，法院认为 FREE-STYLE 商标在“旅行、游览、观光的预定与行程安排；陪同游客以及安排陪同游客；提供旅游办公服务；所有第 39 类所涵盖的商品或服务”上的注册应加以具体文字“假日”[82] 的限定。同样，法院认为“啤酒”一词的含义太宽泛会包括更多的而实际上是不同类别的产品[83]，随即 ESB 在“啤酒”上的注册被限定为用于“苦啤酒”；登记在“清洗以及去污物质和制剂”上的商标 DECON，法院通过增加“所有非化妆类使用”的限制性文字，对其注册进行了修改。[84]

E. 商标申请以及敌意行为的中止

13.70 在有些国家，当事人可以申请暂停商标的注册申请，直至涉及该商标法律地位的相关争议在另一程序中得到司法解决。在这种情形下，法院会谨慎行使暂停商标申请的权力。例如，如商标申请人试图注册一个与其正在使用的被控为商标侵权的标识不同的标记的，商标申请中止的措施不会被采用。[85]

13.71 商标申请人也可以试图中止异议程序，以待其他涉及相同或高度近似商标的

[80] Beiersdorf AG 的商标；L’Oreal 申请注销，Case C000835728/1 [2001] ETMR187：POUDER LIBRE NATURELLE 在“化妆品”上的注册被整体宣告无效，理由是该商标所适用的面霜缺乏显著性。

[81] 同上，第 19 章。

[82] Thomson Holidays 诉 Norwegian Cruise [2003] IP&T299（上诉法院）。

[83] West（t/a Eastenders）诉 Fuller Smith 及 Turner plc [2002] FSR822，[2003] ETMR376（高等法院），2003 年 1 月 31 日的上诉（未公开）（上诉法院）。

[84] 同上。

[85] S-P 的商标申请；KS 申请中止商标注册程序 [1999] ETMR335（复审委员会，波兰专利局）。

诉讼程序的判决结果的做出。[86]

F. 商标体系和“恶意”

13.72 尽管申请人的标记可以被注册为商标，如果该登记不是由适格的主体提出的，注册申请可能被驳回或者该注册会被注销。某人欲登记他人合法拥有的商标就属于这种情形。这样的申请被称为“恶意”的申请。那些确实以恶意提出的申请在全部申请中只占很小的比例。在某些国家[87]，“恶意”为异议人惯常使用，与其能够想到的其他反对理由一并提出。但在其他国家，几乎没有基于此原则提出异议的。[88]

13.73 尽管商标申请中善意的要求并不是新增的，但是大多数国家的法院也仅仅是在最近几年才被要求对“恶意”的构成要件进行解释和澄清，并对“恶意”造成的后果进行权衡。欧洲近年来与“恶意”相关的案件数量的急剧增加表明了人们对于“恶意”兴趣的增强。这是因为欧共体商标对无论是来自欧盟成员国还是欧盟外部国家的商标申请，都需要采用相同的标准对恶意的存在与否进行考核，而不管申请人所在国国内法的规定如何。此外，《指令 89/104》要求在一系列国内和区域[89]商标法律制度跨越法律文化的历史广度的国家赋予相同词语类似的含义。

13.74 欧盟的成员国法院和商标登记处同与恶意相关的问题的较量的方式要大于学术兴趣，因为恶意的标准至少涉及了四个实践性问题：

(i) 如果商标申请所要求的善意的标准整体上都很低，那么单个公司的商标可能被不同申请人在不同国家轻而易举地合法注册；

(ii) 如果善意的标准过高，则会对商标注册过程的功能性的有效发挥产生不必要的阻碍；

(iii) 如果不同的国家采用不同的标准，那么不管谁只要在其司法管辖区内能够确定商标的在先优先权的具体日期，当第三方对随后的申请提出异议时，

---

[86] Philips Electronics NV v Remington Consumer Products Ltd (No 2) [1999] ETMR835（高等法院）。

[87] 欧盟 UK 这样的典型代表。

[88] 参见 Eli Lilly & Co v Salenab Nigeria Ltd (FHC/LCS/534/99) WTLR，2003 年 4 月 1 日（联邦最高法院，尼日利亚）：Salenab，Eli Lilly 产品曾经的分销商取得了 8 个医药类商标的注册登记，其构成 LILLY 的名称与 Lilly 所拥有的其他商标的组合。联邦法院判决注销该注册登记，理由是所有的 8 类商标与 Lilly 所拥有的商标相同或混淆性的相近。其他大多数国家则会以缺乏善意为由对此类案件进行判决。

[89] 比利时、荷兰和卢森堡拥有共同的区域“比荷卢”商标法，但也把诸如侵权之类的问题留给国内法解决。

申请人在首次申请时就能从在先优先权日中获益；以及

(iv) 如果国内或区域商标登记处所采用的标准与内部市场协调局采用的标准不一，这将对泛欧洲的注册体系的吸引力或实用性具有很大的影响。

(1) 欧盟法中的“恶意”

根据《指令89/104》，成员国有权规定：如申请人的商标注册申请系出于恶意的，商标不应当被注册，已注册的应当被宣布为无效。[90] 13.75

而且，如该商标与另外一个在国外使用而且在申请之日还在使用的商标可能造成混淆的，商标不应当被注册，已注册的应当被宣布为无效，条件是申请当日申请人系出于恶意行为。[91] 13.76

当商标是以恶意进行注册时，它命中注定无法获得持久的平静和安全。即便因在先商标人已默许在后商标使用了5年而导致在先商标的所有人没有其他方法攻击后来的商标，于在后商标属于恶意注册的情形下，在先商标权人的默许也不会对其行动有不利影响。[92] 13.77

欧共体商标的规则包含了尽管并不完全相同但是却相似的条款。根据这些条款的规定，当商标申请人提出申请时是恶意的，欧共体商标的成员国必须宣告该商标无效[93]；尽管5年时间的默许在其他情形下会使得在先商标权利人丧失对在后商标的注册提出异议或起诉侵权的权利，如在后欧共体商标是以恶意注册的，则该限制不适用[94]；某特定区域内在先权利持有人反对某欧共体商标在本地区内的开发使用的权利，也可能在经过5年的默许期后而丧失，但是当此欧共体商标是以恶意申请注册时，该权利则得以保全。[95]《欧盟理事会指令》和《欧盟理事会条例》之间最大的不同点在于，根据指令的规定，恶意是拒绝商标注册的绝对理由，而条例则规定其仅仅是商标被注销的理由。[96] 13.78

无论是指令还是规则都没有明确指出恶意的含义是什么。然而，《条例》 13.79

---

[90] 《欧盟理事会指令89/104》第3 (2) (d) 条。

[91] 同上，第4 (4) (g) 条。

[92] “出于法律的稳定性以及禁止不合理地侵害在先商标所有人的利益等原因，更为重要的是做出如下规定：如果在先商标所有人在明知的情况下在相当长的一段时间内容忍了在后商标的使用，商标权利人就不得要求宣告在后商标无效也不得禁止在后商标的使用，除非在后商标申请人的商标注册是以‘恶意’做出的。”《欧盟理事会指令89/104》序言的第11条根植于《巴黎公约》第6条第bis3款，并为《欧盟理事会指令89/104》第9条第1款所坚持。

[93] 《欧盟理事会条例40/94》第51 (1) (b) 条。

[94] 同上，第53 (1) 条、第53 (2) 条。

[95] 同上，第107 (2) 条。

[96] 德国（参见Markengesetz，第50 (1) (4) 款）和葡萄牙（工业产权法案，第214 (6) 款）也采用了此种做法。

明确规定[97]：只要商标申请是由商标所有人的代理人或者代表没有获得所有人的同意而以其自身的名义做出的，那么该申请可以依此而被提出异议。此异议的理由没有明确被描述为“恶意”，尽管毫无疑问此类行为是含有恶意的。

13.80 很多案件，包括欧共体商标的案件，都考虑到了恶意的存在这一事实意味着一系列清晰的原则正在被确立。相对而言，根据欧盟《指令》体制下的恶意则不可避免地没那么清晰，至少开始是这样，因为它源于不同国家的不同裁判庭。内部市场协调局的主张如下：《欧盟理事会条例》中恶意的概念是狭窄的，其暗示或涉及，但不限于，事实的或推定的欺诈、误导或欺骗他人的圈套或者任何其他不良动机。恶意应该被理解为含有不诚实的目的。[98]

13.81 这种看法与欧洲范围内的国内法院所采用的看法相比较又如何呢？

（2）欧洲国内商标法中的“恶意”

13.82 欧盟形成欧洲自由贸易联盟的15个成员国，连同3个欧洲自由贸易联盟成员国[99]，已经在其国内商标法中采用了欧盟《指令》中的规范。到2004年5月1日下一组的10个国家加入欧盟时[100]，欧盟的成员国将实施《指令》的规定，同时那些远期加入欧盟的国家也会如此。[101]这就意味着欧洲法域中，大多数的国家已经被要求在注册程序或者判例法中采用“恶意”的概念。

13.83 有些国家已经同时采用了“善意”和“恶意”的概念。例如，在英国：申请需表明该商标正在被申请人本人或者经过其同意由他人在相关商品或者服务上使用，或者申请人具有如此使用该商标的善意意图。[102]

13.84 由于与善意相反的就是“恶意”，因而“恶意”的概念不可避免地也会被放到在此种情形之下考虑。本章“恶意”这一问题的讨论主要集中在恶意对商标申请产生影响的各种情形。

（3）恶意的有说服力的理由

13.85 在此标题之下，我们将列举出导致注销商标注册的指控商标申请人恶意的

[97] 《欧盟理事会条例40/94》第8（3）条。

[98] Decon Laboratories Ltd v Fred Baker Scientific Ltd and Veltek Associates Ltd［2001］ETMR486，第32章（参见Trillium Digital Systems Inc的商标；Harte-Hanks Data Technologies申请宣布无效，Case C000053447/1［2000］ETMR1054）。

[99] 冰岛、挪威和列支敦士登。

[100] 塞浦路斯、捷克共和国、爱沙尼亚、匈牙利、拉脱维亚、立陶宛、马耳他、波兰、斯洛文尼亚以及斯洛伐克。

[101] 在这些国家中，最大的、经济地位最重要的是土耳其。

[102] 《1994年商标法》第32（3）节。在指令或者共同体商标规则中没有类似规定。

理由。

(a) 商标所有人的代理人或者代表未经授权的申请

此种理由的恶意源于《巴黎公约》第6条之七，尽管其准确的适用方法尚不明确，但是该理由不存在任何争议。其潜在的有限制的作用领域可以在一个波兰案件中体现。该案中，当地的一家公司从加拿大的商标所有人处进口商品，并决定在波兰注册商标DURAL DURA KOTE，这个商标就是加拿大公司在波兰使用但未注册的若干商标的复合体。波兰专利局认为：从严格法律意义上讲，这家波兰的公司并不是加拿大公司的代理人或代表，但是专利局仍然判定该公司的申请是以恶意做出的。[103] 西班牙判例也确认，当以恶意做出的申请被转移给代理人或代表的继受人时，商标所有人的代理人或者代表的恶意并不会因此得到洗清。[104] 13.86

在意大利似乎已形成了共识：商标所有人的代理人或者代表未经授权做出的商标申请，已经构成了《指令89/104》所指的恶意。[105] 在现代欧洲商标法体系下，这个观点将恶意与《巴黎公约》相对应的条款联系了起来。同时还意味着，意大利的执行性的规定将涵盖：商标所有人商品的经销商做出未经授权的申请的情形，以及通过与第三方当事人存在的某种订货关系阻碍商标所有人对其商标的申请。[106] 13.87

在一起令人惊讶的案件中，声称自己是商标所有权人的当事人的代理人在意大利提出的申请并没有受到"恶意"存在的指控，而申请商标注册的代理人仅仅在代理合同签订3天前提出该申请。法院认为，因代理合同尚未订立，代理人不可能违反其项下的任何义务。[107] 13.88

在未经授权的商标申请是由商标所有权人董事提出且该申请被授予的情形下，英国的法院判令该商标被转移给所有权人，因此允许所有权人保有不当申请带来的利益。[108] 13.89

(b) 权利的滥用

在德国，当商标的注册是权利滥用的结果或者在其他方面存在不公平的话，那么该商标就是"恶意"注册的商标。尽管这个观点的起源要早于《指令89/ 13.90

[103] Tajer Firma Handlowa Sciwiarski Tadeusz 的商标；Multibond Inc 申请撤销［2002］ETMR491（波兰专利办公室，复审委员会）。

[104] Orient Watch Co Ltd v Rita HB［2002］EIPR N-94（西班牙，最高法院）。

[105] 参见 Davies (ed)，《Sweet & Maxwell：欧洲商标诉讼指南》(1998)，第10～12章。

[106] 《意大利商标法》第22（2）条。

[107] Videogruppo SpA v Agenzia GP Srl［2002］ETMR1003（上诉法院）。

[108] Ball v The Eden Project Ltd and another［2001］ETMR966（高等法院）。

104》的实施，但是此观点在目前仍然被奉行。根据德国的理念，权利的滥用包括“阻碍”——商标申请人对其并不打算开发利用的商标进行注册的做法，而此种做法的目的就是堵死其他经营者通往市场的道路。[109] 当此情形发生时，不仅商标会因恶意注册而无效，而且有过错的登记者也会以不公平竞争为由被起诉。[110] “恶意”还包括“对受保护的已获得的地位的不公平的干扰”，这里的“已获得的地位”是指在先的交易者对尚未注册的标识所享有利益。

13.91 在英国的一个案件中，可以发现“障碍”理论的奇怪变形。此案件中，申请人欲在啤酒上注册 DEMON ALE 商标，其有些不合逻辑的理由是，由于这个词是对“lemonade”颠倒字母顺序形成的，DEMON ALE 无法在波普甜酒上获得注册。尽管 LCAP（Chancellor 大法官指定的人）认为：这起以恶意为主要诉由的案子中的异议申请乏善可陈，然而对商标申请的异议还是取得了成功。[111]

(c)“直接关系”的滥用

13.92 《比荷卢三国关税同盟统一商标法》规定：

> 商标权不得通过以下手段获得……（6）恶意提出申请，包括，除其他外……（b）因与第三方的直接关系而知道该第三方在申请提出前的 3 年内在比荷卢的领域之外以正常的方式善意地在类似的商品或服务上使用了相同或类似商标的人提出申请，但该第三方已经同意或者提出商标申请的人对该第三方对相同或类似商标的使用的知晓是在其已经在比荷卢的领域内使用该商标之后的除外。[112]

13.93 尽管该条款与《欧盟理事会指令》第 4（4）（g）条的任意性条款具有一定的相似性，但是《欧盟理事会指令》就此条款既没有做出要求也没有直接考虑。在一个提交给比荷卢法院的案件中，比荷卢法院认为：在其看来，“直接关系”甚至包括与商标所有人代表的关系。[113]因此，如果申请人在与商标所有人的母公司商谈之后知道该有关商标目前在比荷卢境外在类似的商品上使用的，该商标的注册即为恶意。

---

[109] 例如：(1)EQUI2000（GRUR2000，1032，1034）某 EQUI 商标注册的目的是防止根据 EQUI2000 进行的合法的商标注册；(2) CLASSE E（GRUR 2001，242，244）商标 CLASSE E 申请注册的目的是防止 E-CLASS 商标的注册申请。这种观点在英国得到普遍认同，但是尚处于一个较低的水平；参见商标 oxyfresh（英国商标登记处，1999 年 3 月 25 日），由于申请人写信给真正的 Oxyfresh 并提出以 19 250 美元的价格向其出售此商标，“障碍”就可以推定了。

[110] NeutralRed 商标 trade mark [1998] ETMR277（OLG Karlsruhe）。

[111] Demon Ale trade mark [2000] RPC345（英国商标登记处）。

[112] 《比荷卢三国关税同盟统一商标法》第 4（6）条。

[113] Intergro v Interbuy [2003] ETMR 152.

即便未能在比荷卢三国关税同盟法律中找到相同的条款，“直接关系”规则可以是对“恶意”原则的正常适用。因此，当一家生产 BE NATURAL 产品的澳大利亚公司曾经的英国销售商，在英国申请商标注册登记遭到拒绝后，又将其作为欧共体商标注册的情形下，商标撤销部门不费力地便驳回了该注册。[114] 13.94

（d）以所注册的形式之外的其他形式使用注册商标

在 BETTY KITCHEN CORONATION STREET 案中，英国商标登记处得出结论认为：登记者将两组词语 BETTY'S KITCHEN 与 CORONATION STREET 间隔很大使用并采用了不同的风格，此事实证明申请人并没有计划按照商标注册时的形式使用该商标。由于“CORONATION STREET”本身就是英国一部电视连续剧的名字，其具备偶像级的文化地位，申请人是无法获得仅仅对两个词语的注册的；增加的“BETTY'S KITCHEN”使得该商标获得了注册，但是在以后的使用中，将这两组词语分开使人会产生将其与电视剧相联系的印象。因此，听审官员认为该商标是以恶意进行申请的。[115] 13.95

（e）在明知在先商标存在的情况下对在后商标的注册

人们普遍同意这样的观点：当在后商标申请人确知在先商标存在的情形下，此知晓在判断是否构成恶意时会起到一定的作用。然而，不同国家的法院给予的关注程度不同。例如在瑞典，知晓被视为一个必要条件，在后商标申请如果不知道在先商标的存在，该申请将不会被视为是以恶意做出的。[116]在挪威，知道在先商标的存在对证明恶意存在也是极其必要的。[117]在爱沙尼亚，GULF 商标被认为是以恶意注册的，理由是申请人公司董事会的一成员就住在异议人广泛使用该商标的荷兰；复审委员会判决认为该董事会成员应该注意到 GULF 商标的存在以及其在比荷卢三国关税同盟国内的知名度。[118] 13.96

尽管原则上需要对此种知晓进行证明，但是在瑞典，如果商标申请人是恶意主张者的前雇员[119]，或者当申请人以及反对注册的当事人在相同的区域进行商业 13.97

[114] Multiple Marketing Ltd's trade mark；Surene Pty's application for cancellation，Case C000479899/1［2001］ETMR131（内部市场协调局）。

[115] Betty's Kitchen Coronation Street trade mark［2001］RPC825.

[116] Travaux preparatoires 瑞典商标法，SOU1958：10，pp288 与 289。同样参见 FARGTEMA COLOR TREND（RA1984 2：37）行政上诉法院认为，申请人很有可能知道美国某公司使用 COLORBLEND 商标的事实并不足以证明该商标的注册是以恶意做出的。BUDGET BILUTHYRNING（Svea 上诉法院，1981 年 11 月 27 日），此案件中，根据瑞典商业名称法案，瑞典的公司可以被允许注册其名称，理由是异议者不能证明该公司知道文字 BUDGET 已经在 38 个不同的司法管辖区中的任何一个进行了注册。

[117] 参见 Davies（ed），《Sweet & Maxwell：欧洲商标诉讼指南》（1998），第 11～14 章。

[118] Gulf International Lubricants Ltd v Gulf Oil Estonia AS WTLR，2003 年 7 月 4 日（专利和商标办公室，复审委员会，爱沙尼亚）。

[119] 英国也是如此；参见 Mickey Dees（Nightclub）商标［1998］RPC359（商标登记处）。

经营，并且都使用了该争议商标，那么可以认为恶意存在。[120] 在土耳其（详细内容进一步参见下面的第 13.98 段），事实上的知晓并不需要，而瑞典本身也正在考虑引入此条件，即后来的申请者“知道或者应当知道在先商标的申请”[121]（英国法院似乎采用了该标准）。[122]

(f) 对他人驰名商标的注册

13.98 即便“恶意”的确定存在对申请人知晓的法律要求，但是在未经授权对他人的驰名商标进行注册申请的情形下，此要求是可以推定的。基于此，CAMPARI 商标的所有人能够阻止一个含有此商标的某个文字商标在土耳其注册。[123] 申请人是否是善意，依据的是申请提出之日的状态。因此，微软在英国未能使适用于第 9 类软件产品上的商标 WINDOWPRO、WINDOWBASE 和 WINDOWSHEET 的注册无效：上述商标注册申请的提出在 1991 年，比微软的 WINDOWS 成为家喻户晓的产品时间要早上几年，比微软说服美国商标局文字 WINDOW 就其产品而言是有显著性的，而不仅仅是商品的通用名称要早大概 1 年左右。[124]

(g) 未以谨慎的商业方式行事的后果

13.99 在土耳其的 Alvorada 案中，申请人在土耳其获得了商标 ALVORADA 在茶类商品上的注册。[125]而该商标已经被某个竞争者在其他 15 个国家进行了注册。土耳其共和国上诉法院认为：根据《商法典》第 21 条第（2）款的规定，企业须以谨慎的方式行事，该规定使申请人有义务熟知竞争者的商标。即便申请人是在完全不知道的第三方商标存在的情形下对商标 ALVORADA 进行了注册，由于申请人没有了解竞争者的品牌的行为已经构成了恶意，足以使得该等级注册商标被撤销。波兰的法院做出了相似的判决，认为即便是因疏忽而对他人商标进行注册也可构成恶意。[126]

[120] HAMMARBY MARINCENTER 商标（RA 1988 no 296）（瑞典行政上诉法院）。

[121] SOU2001：26，p438.

[122] Etat Francaise v Bernard Matthews plc [2002] ETMR1098（高等法院），reported sub nom LABEL ROUGE trade mark [2003] FSR13。

[123] Davide Campari Milano SpA v Ozal/ Finkol Giyim Sanayi ve Ticaret Ltd Sti [2002] ETMR 856（伊斯坦布尔一审法庭）。

[124] Software Products International Inc 的商标；微软公司对某商标提出要求宣告其无效的申请，文本记录 O/256/97，1997 年 12 月 30 日（未公开）（英国商标登记处）。同样参见 JB Cosmetics' trade marks [2000] ETMR 722（复审委员会，波兰专利局）著名杂志 ELLE 的商标所有人无法证明，1984 年相同的文字作为在化妆品上使用的商标在共产主义波兰提出的注册申请是以恶意做出的：同年，Elle 杂志在波兰停止销售，商标所有人在申请商标注册登记时不能被认为是以恶意做出的。

[125] ALVORADA 商标 [2003] ETMR623（土耳其共和国上诉法院第十一法庭）。

[126] CORVINAtrade mark，2001 年 12 月 18 日（未公开）（波兰专利局）。同样参见 Medinol Ltd v Neuro Vasx Inc WTLR，2003 年 6 月 12 号（TTAB）案的美国判决，此案中，申请人的疏忽被视为“欺诈”，理由是申请人应该知道商标使用的相关事实，此情况在其申请中应予以表明。

尽管以谨慎的方式从事在英国并不是明确的法律要求，但是在 Gromax 案中，法官在判决时对此进行了考虑：我不应当试图给恶意下一个定义……通常它会包含不诚信，以及如我所主张的，在所考察的领域内的理性和有经验的人士看来，是不符合公认的商业行为标准的行为。议会没有不明智地试图去详细解释在这种情形下哪些行为是恶意，哪些不是。某项交易究竟在多大程度上偏离公认的商业行为标准才会构成恶意，这个问题最好由法院根据法条用语并结合具体情况做出判决，而不是根据法案的释义来解释（否则会导致法院不去解释法条本身而是去解释释义）。[127] 13.100

（h）善意相信其有权申请商标注册并不意味着该申请没有恶意

根据英国的法律，“恶意”的概念通常都需主观考量，但是也不能一概而论。[128]因此，即便一申请人诚恳并真实地认为自己有权申请商标注册，其主观上的诚实也不会对其申请有所帮助；他也不能坚持对其的指控必须在主观上与客观上均得到证明（换言之，必须证明申请人的行为客观上不符合正直的标准，并且主观上知道此情形[129]）。因此，在申请法院做出简易判决时[130]，作为原告的某非法人团体的代表要求宣告被告的 LONG POINT 商标无效。此非法人团体曾经组织过标有 LONG POINT 名称的家具展，而被告在被逐出该团体后注册了该商标。被告主张其并不是以恶意申请商标注册的，因为其善意地认为它有权获得此名称。劳伦斯·柯林·J 就此案做出简易判决，但没有深入地考虑这个问题，也没说明被告的主观心理状态。在 Decon 诉 Fred Baker 案中，Pumfrey J 法官也倾向于不将恶意的范围限于主观上的不诚实。他对法庭在 Gromax 案中所采取的主观的方法进行了评述：此方法将意味着商标注册的有效性与否取决于商标所有人接受的建议，因为在商品说明书的范围问题通常是——如果不是总是——商标所有者的专业顾问提建议的问题。如果商标所有人真实地告知了其专业顾问其使用和拟使用的范围，而这些专业顾问建议其采用了一个不合理的范围很宽的商品说明书的，则商标所有人的行为不应受到谴责。另一方面，商标所有人收到的建议是其商品说明书的范围过于宽泛但其决定冒险一试的，那么此时商标所有人就可能受到谴责。正在考虑商标打算进行的和实际进行的使用以及商品说明书的范围时，此种方法也可能被认为是不适当。在我看来，此种情形下的注册的有效性不 13.101

[127] Gromax Plasticulture Ltd v Don & Low Nonwovens Ltd [1999] RPC367，379（高等法院），per Lindsay J。

[128] 同上，per Lindsay J：“我无法定义何为恶意。通常恶意包括不诚实。”

[129] DAAWAT trade mark [2003] RPC187.

[130] Artistic Upholstery Ltd v Art Forma (Furniture Ltd) [2001] FSR311.

应该取决于主观上的考虑因素。在我看来，潜在的异议很可能更倾向于这样的意见：如果处在所有者的地位的理性的人可以知晓所申请的商品说明过于宽泛的，所有者应当在过于宽泛的范围内失去其注册。然而，就该问题表达一个结论性的观点是没有必要的，我也不会那么做。[131]

(i) 确定地知晓其申请将受到成功的异议

13.102 在英国文字商标 VISA 在避孕工具上申请注册时，贵族院大法官指定的法官表达了这样的观点：商标 VISA 的驰名使得申请人在任何一类商品上的注册都不可能避免异议程序，此事实本身就证明了恶意的存在。[132]

(4) 没有正面地说明恶意存在的情势

13.103 与前面的列举相比较，本标题下所回顾的案件都是那些法院或法庭未明确判定被指控的事实绝不可能构成恶意，但也没有肯定这些事实的确构成恶意。

(a) 利用商标的垄断性以实现延续将到期的专利垄断的目的

13.104 如果商标申请人的意图是想通过将产品的形状注册为商标将专利权进行有效延续，那么该商标申请是以恶意做出的吗？在最近英国的雀巢诉联合利华案件[133]中，法院对此想法严词拒绝。法院认为：对于该诉称我无须再赘述——它是以专利权有可能会被延续的说辞为基础的，此与恶意相去甚远。对于恶意的指控应该仅仅在不诚实或者与此相近的主观状态能够被细节充分证明时才能做出（例如不符合公认的商业行为的行为）。这是个严厉的指控，不是一个可以和其他的常规性的诉求混为一谈的诉求……原告在该案件中的败诉也就不足为奇。

(b) 以已故名人的姓名注册

13.105 JANE AUSTEN 案件中，申请人寻求注册用在化妆用具上的文字商标 JANE AUSTEN，而 Jane Austen（简·奥斯汀）曾是一位著名小说家的名字。简·奥斯汀纪念信托基金拥有简·奥斯汀故居与简·奥斯汀博物馆，该基金以多种理由反对该申请，其中就包括恶意。英国商标登记处的听审官员认为，既然公共政策并没有反对将已故的历史人物的姓名注册为商标，那么就可以推定，即便未经相关人士或者机构的同意或者默示的接受，此类申请本身不会被视为是以恶意做出的申请。[134]

(c) 申请的期限

13.106 LA Chemise Lacoste 对一项在多类商品/服务上使用的商标的注册申请提出

[131] Decon Laboratories Ltd v Fred Baker Scientific Ltd and another [2001] ETMR486，502.

[132] C A Sheimer (M) Sdn Bhd 的申请 [2000] RPC484 (LCAP)。

[133] Societe des Produits Nestle SA v Unilever plc，2002 年 12 月 18 日（未公开）（高等法院），第 7 章。

[134] JANE AUSTEN 申请，1999 年 7 月 12 日（未公开）（英国商标登记处）。

了异议，商标的图形的构成如下：一种爬虫类动物的图形下方标有“Kaimann”的文字，文字的书写风格很有特色且被包含在两个椭圆形里。在众多异议理由中，恶意是其中之一。异议人主张，申请人在德国申请注册之后，在英国就相同的商标进行注册之前，延误了很长一段时间，此事实已经暗含了恶意。听审官员否认了所有的异议理由，认为没有任何证据表明在 Kaimann 商标的申请过程中是非善意的。[135]

(d) 申请的补正

英国最高法院针对商标登记处的上诉，做出了下列意见，认为申请人试图修改其提出的文字商标 CAREMIX，将商标的使用范围修改为第 11 类商品而不是第 7 类，这并不构成证明恶意存在的证据。[136] 13.107

(e) 申请缺乏真实性

在 VISA 的申请过程中[137]，贵族院大法官指定的法官称，与商标申请相关的过程中真实性的缺乏并不一定必然构成恶意。其理由可能是：申请人的虚假陈述可能是出于恶意，但也可能是疏忽或者不小心的结果。 13.108

(f) 已注册商标与先前商标的纯粹的相似性

内部市场协调局的撤销处已经得出这样的结论，被指控以恶意注册的商标（AROMATONIC）与在先商标（AROMETONIQUE）之间的近似之处，不足以作为得出后注册商标是以恶意进行登记的结论的根据，即便是后注册人知道在先商标的存在情况亦如此。[138] 13.109

(g) 先前商标语言的翻译

在前文讨论的 DEMON 案件中[139]，主张商标申请人存在恶意的异议人是在先注册商标 BIERE DU DEMON 的所有人（法语意思是“魔鬼”啤酒）。在关于恶意的争议上，此主张并没有被视为决定性因素。 13.110

(h) 已注册商标与国际非专有名称的相近性

被注册为文字商标的医药商标 OMEPRAZOK 与某国际非专有产品名称 OMEPRAZOL 几乎一模一样，这样的事实至少在德国被认为并不是主张申请人存在恶意的理由。[140] 13.111

---

[135] Wilhelm Kaimann 的申请，1999 年 5 月 19 日（未公开）（英国商标登记处）。

[136] Altecnic Ltd v RelianceWater Controls Ltd［2001］RPC13.

[137] C A Sheimer (M) Sdn Bhd 的申请；Visa International Service Association 提出异议［2000］RPC484（LCAP）。

[138] Lancome Parfums et Beaute & Cies 商标；Laboratories Decleor 申请注销［2001］ETMR981（内部市场协调局）。

[139] Demon Ale 商标［2000］RPC345。

[140] OMEPRAZOK 商标［2003］ETMR662（德国联邦最高法院）。

(5) 确实表明恶意不存在的情势

13.112 下文所列问题增加了争议性，因为申请人如果以它们为根据提出主张的话，则其应当有能力保护其申请免受恶意的指控。

(a) 申请人在提出商标注册申请前公开使用商标的时间段

13.113 在英国的 SKYLIFE 案件中[141]，申请人在 1996 年提出了商标注册的申请，该商标自 1989 起就一直使用且一直没有任何情形显示其行为是对他人商标的侵权。听审官员认为：在申请注册前公开使用商标达 7 年之久的申请人，在提出商标注册申请时不太可能是恶意的。

(b) 申请人解释选择该商标的合理理由

13.114 英国一项在第 28 类产品的多类玩具上提出的 WACKERS 商标的注册申请，遭到了美国一家公司的异议，异议者声称当他们在美国的贸易交流会上展示其产品时，申请人抄袭了其商品商标的理念。申请人否认盗用了其商标，并签署了一项法律声明，称他们正在寻找一个适合于“Wacky Warehouse”的商标，这个名称将用在由申请人的一个客户所拥有的公共室内儿童游乐区。听审官员驳回了这一异议。由于异议者没有提供任何证据支持其所声称的被异议人的商标是从其商品上抄袭而来的主张，而申请人已经解释了其名称源于 WACKERS 的由来，因而主张申请人恶意的指控难以站住脚。[142]

13.115 在另外一个案件中，在波兰的用在服装类商品上的文字加图形商标 GAPPOL 受到了美国服装公司 GAP 的异议，GAP 公司声称 Gappol 是其驰名商标 GAP 的波兰语版本。该申请没有成功；波兰专利局指出，商标所有人选取的 GAPPOL 这个名字系自一条名为 Gappa 的狗演变而来。[143]如果两个商标不是被认为相似，那么这主张能否成功就只能靠推测了。

(c) 共存协议的提出

13.116 根据内部市场协调局商标撤销处的意见，商标所有人提交与另一个其在先商标与商标所有人商标不相同的商标所有人签订共存协议的事实，是证明了其商标的注册没有恶意的积极证据。[144]这是因为，通过首次与在先商标的所有权人相接触，后来的商标申请者已经通知了在先权利人的其拟进行的行为。

---

[141] SKYLIFE 商标，2000 年 7 月 19 日（未公开）（英国商标登记处）。

[142] Wackers 申请，1998 年 11 月 27 日（未公开）（英国商标登记处）。

[143] Porczynska Marzena Gappol Przedsiebiorstwo Prywatne’s trade mark；The Gap Inc’s application for concellation [2001] ETMR1056.

[144] Lancome Parfums et Beaute & Cie’s trade mark；application for revocation by Laboratories Decleor [2001] ETMR981.

（d）先前的在先使用者的概念

根据《比荷卢三国关税同盟统一商标法》的规定，如果商标申请人在明知道另一经营者正在为其商品或服务上使用的标识提出申请的情况下，也在相同的商品或服务上申请注册该商标，那么可以认定商标申请人的行为是恶意的。[145]然而，如果商标申请人在他人使用之前已经使用了该相同的未注册商标，那么情况就不同。实际上，如果商标所有人是在先使用者，则申请人自身是“先前的在先使用者”且其行为就会被视为是以善意做出的，这是因为申请提出的功能就是要纠正其在先前没有申请注册的疏漏。然而，这种说法将来却是不确定的。当 Unilever 第一次在冰淇淋产品上使用墨西哥炸玉米卷的形状时，其竞争者 Artic 已经使用了这个名字，Unilever 随后提出的就上述产品形状提起的商标注册申请被海牙上诉法院认为是以恶意做出的，理由是 Unilever 在知道 Artic 的在先使用，而 Artic 却不知道 Unilever 会在后来将该形状申请为注册商标——在确定 Unilever 此前没有注册上述形状后——其无须假定 Unilever 最终会注册。[146]这个争议已经提交比荷卢法院做出初步判决。[147] 13.117

（6）“恶意”和在先商标的性质

申请人以恶意为由成功地阻止或者注销某商标的注册不仅仅基于申请人商标本身的问题，有时候也有必要考虑诉称恶意的当事人商标的功能和性质。下面的例子将详细阐述。 13.118

（a）在先商标是否需已被使用？

《瑞典商标法》的“准备性工作”要求必须对在先商标已经进行了事实上的使用：单纯的为使用商标而进行的准备不能成为诉称恶意的当事人胜诉的理由。[148] 这个观点与内部市场协调局第一撤销部门的意见是相悖的，撤销部门认为，当有证据表明在后申请人只是参加了一些会议，而在这些会议上其已得悉另一经营者有使用该商标的打算，那么这些证据可以证明恶意的存在。[149] 有人主张撤销处的观点更科学，因为其对不诚实的抑制更强。 13.119

（b）在先商标需要在哪些领域内被使用？

《指令》第4（4）（g）条的选择性条款指出这样一种情况——在后申请日提 13.120

[145] 《比荷卢三国关税同盟统一商标法》第6（4）（a）条。

[146] Unilever v Arctic，Case C01/036，HR2003年1月24日。

[147] 参见 Tijeerd Overdijk 的注释，“恶意像冰一样冷”，在 Steinhauser Hoogenraad 新闻速递中 2/2003，第3章。

[148] Prop1960：167，p106；SOU1958：10，p288.

[149] Interkrenn Maschinen Vertriebs GmbHd 的商标；Horst Detmers 申请宣布无效［2002］ETMR 27。

出时在先商标在“国外”使用，而且（假设在撤销程序已经开始时）仍然在被使用。针对这种情形，意大利已开始实施第 4（4）（g）条的规定[150]；然而，在先商标必须在商业经营领域已经驰名。与之相对的是，瑞典已经将在自己区域内以及区域外的使用都视为对后注册商标提出恶意主张的充分理由。因此，在香烟和烟草上的 GOLDEN LIGHTS 商标的注册申请注定要失败，只要申请人承认其知晓美国的 KENT GOLDENLIGHTS 商标。[151]

(c) 在先商标需要具有一定的知名度吗?

13.121 瑞典的准备性工作认为：在先商标获得知名度的程度并不是认定恶意存在的实质性问题。尽管这点似乎在其他场合尚未被考虑，但是瑞典法院的这种观点没有被认为具有争议性。

(d) 在先商标的使用需要具有连续性吗?

13.122 任何导致在先商标已经被放弃的示意的情形，都将使得对后来商标注册申请的质疑很难取得胜利。因此，如果在先商标的使用过程中存在着中断，有必要考虑理智的商业经营者将如何看待商标的未使用。[152]

(e) 在先商标是否需要与被争议商标完全相同或者有近似之处?

13.123 瑞典法院正在考虑引入一项要求，即：只有完全相同或者存在混淆性近似的商标才能够对后来的商标提起恶意的质疑。[153]从这一点可能得出这样的结论：瑞典法院唯一承认的恶意理由是那些关于窃取在先商标的理由。

(7)“恶意”与使用的意向

13.124 TRIPs 赋予其成员国规定以使用为基础决定商标是否可以注册的选择权。然而，对商标事实上的使用并不是提交注册登记申请的前提条件。[154]

13.125 美国[155]和英国[156]要求申请者说明使用其申请注册的商标的善意意图，尽管外国申请人无须在注册之前使用过该商标。[157] 然而，内部市场协调局[158]与国内法院[159]都明确声明，对于共同体商标，没有“使用意图”的要求。不管申请人是

[150] 《意大利商标法》第 22（2）条。

[151] GOLDEN LIGHTS（RA 1984 ab 122）.

[152] 参见瑞典 Travaux preparatoires，SOU1958：10，p288。

[153] SOU2001：26，p186.

[154] TRIPs，第 15（3）条。此规定补充称，商标注册的申请可能不会由于唯一的理由而受到拒绝，该理由是自申请之日的 3 年内商标没有进行过使用。

[155] 15USC，s1051（b）（1）.

[156] 《1994 年商标法》第 32（3）节；表格 TM3。

[157] 15USC，s1126（e）.

[158] Trillium Digital Systems Inc 的商标；Harte-Hanks Data Technologies 申请宣布无效，Case C00053447/1［2000］ETMR1054；Senso di Donna trade mark［2001］ETMR5。

[159] Decon Laboratories Ltd v Fred Baker Scientific Ltd and another［2001］ETMR486，（Pumfrey J 法官的意见）。

否打算使用该商标，申请人都可以申请注册，而一旦他获得了注册，便可以在5年内去使用它。如果申请人在5年内实际使用了该商标，商标的有效性就不会由于5年持续未使用而面临注销程序的挑战。如果未经该等使用，商标的注册会很容易受到被注销的攻击。因此我们可以得出：没有意图使用共同体商标本身并不构成恶意，即便共同体商标所注册的商品或服务范畴大于其拟在其上使用该商标的商品或服务范畴。

根据国内法的规定，情况可能有所不同。例如，《指令》实施前的意大利的法律认为，以转让给他人为目的的商标登记是一种恶意的行为，理由是登记人寻求获得的是其自身并不打算使用的商标。[160] 但是，似乎《指令》并不要求维持这样的观点。 13.126

较之于其他国家，英国的案例法对作为恶意理由之一的“意图使用”的概念进行了更为充分的探讨。在South Cone诉Bessant的案件中[161]，对REEF商标的注册提出异议的理由是，除其他外，申请是恶意做出的而且申请人没有将其作为商标进行使用的善意意图。相关的使用是一个流行组合对REEF在服装促销品上的使用。法官引用英国《1994年商标法》的相关规定认为：商标法的第3（6）节规定：如果商标注册申请系恶意为之，那么商标不应被注册。该规定在《指令》以及《条例》中也有。该理由唯一的法律依据是第32（3）节：该申请人没有将该商标作为商标使用的善意意图。[162] 13.127

在引用此法律规定之后，即申请人必须表明该商标正在被使用、即将被使用或者申请人有进行上述使用的善意意图，法官补充称：这是一个“本土发展”起来的条款，《指令》中没有相应的规定。该条款陈述了对申请内容的一项要求。我在其他场合也已经表述了这样的观点，根据《条例》的规定，从申请之日起就缺乏对商标进行使用的善意目的，并不能成为依据《条例》注销共同体商标的理由（参见Decon诉Fred Baker案［2001］ETRM486）。在1994年的商标法中引入一个在《指令》或《条例》中没有出现过而且在1938年的商标法中也没有做出规定的概念，是我不愿意做的事情。 13.128

上述阐述已经清楚地表明，在法官看来，尽管缺少使用的意图是法院在做出判决时会考虑的众多因素之一，但并不构成恶意的一个分类。 13.129

---

[160] 参见米兰法院的判决，1980年3月10日，Giur ann Dir Ind80，271，此案件中申请人注册文字商标BEVETE COCACOLA（喝可口可乐）的申请被认定无效。

[161] South Cone Incorporated v Bessant and others（trading as reef）［2002］RPC387（Pumfrey J法官的意见）。针对该判决提出的上诉基于其他理由已经得到了允许［2003］RPC101. sub nom REEF商标。

[162] 同上，第7章。

(8) 过宽注册的恶意

13.130 尽管内部市场协调局通常不会干涉过度宽泛的（商品/服务）说明，如果申请人要求在某类别内的“所有商品”或者“所有服务”上、在第7类的“所有机器”上和/或在第9类的“电动，与电相关的或者电子设备、仪器、装置、工具”，以及第45类的“他人提供的为满足个人需求提供的个人的以及社会的服务”上注册该商标的，英国商标登记处往往会提出恶意这一问题。[163]干预的原理是：这些类别过于宽泛，包含很多不同种类的商品和服务，对过宽的注册给予的保护可能比申请人实际需要的保护要宽泛得多。如果商标所注册的商品或服务的范畴宽于申请人实际想要用于的商品或服务的范畴，该商标的注册就存在恶意。这个观点在下文论述的英国两起重要的判例中进行了讨论，Decon 诉 Fred Baker 案与 Wyeth 诉 Knoll 案。[164]

13.131 在 Decon 诉 Fred Baker 案件中[165]，Decon 以侵犯其在英国和欧共体的 DECON 商标为由提起诉讼，Fred Baker 则主张，无论是在申请日还是在之后，原告并没有在任何商品上（除了“非国内使用的商品”）使用 DECON 商标的意图，因此该商标是以恶意注册的。

13.132 由于《欧盟理事会条例》和英国国内立法都涉及“恶意”，因而法官对于英国和欧共体法律的相互影响如此评论：

> 29. 共同体商标的存续期间还不到5年，因此不可能因不使用而全部或部分地被注销。被告试图根据《条例》第51（1）条的规定，认为商标应被注销，因为原告在提出商标注册申请时，是“恶意”的，从而获得同样的结果。这就是说：在商标注册时及以后除了非国内使用的商品，申请人没有在上述商品说明范围内的任何商品上使用商标的善意目的。于是其主张：由于商品说明的范围超越了我所认为的当时该英国商标所本应该受限制地适用的范围，该商标应该在上述超出的范围内被注销。
>
> 30. 尽管涉及“恶意”，《欧盟理事会条例》第51（3）条允许对商标所注册的商品或者服务中的一部分进行注销，这就表明所有人可能在商标注册的商品说明范围内的一部分商品上表现出了“恶意”。在我看来，应该将两

[163] 英国专利局实践操作补正通知 PAN8/02，2002年6月19日。

[164] 在这个问题上同样参见 David Wilkinson 对商标生命中前四个阶段的宽泛商品描述的精彩评论，以及其在“宽泛的商标商品描述”对内部市场协调局在 Trillium 案件中提出或者解决问题的分析。

[165] Decon Laboratories Ltd v Fred Baker Scientific Ltd and Veltek Association［2001］ETMR486，（Pumfrey J 法官的意见）。

方面因素列入考虑范围。我认为第一个要考虑的因素是：立法机关认为赋予商标所有人5年的时间是合理的，在这5年时间内，商标所有人没有任何义务证明其是否对商标进行了使用。与此同时，商标所有人可以就该商标自由地进行其他交易，即便其自身并没有使用的意图。例如，他可以许可他人在产品说明范围内的其他商品上使用该商标，而被许可人对被许可的商标的使用将被视为商标所有人的使用，见第51（3）条。这些因素使得内部市场协调局的第一商标撤销处在TrilliumTM案中主张[166]：基于"恶意"的异议只能在有限的情况下才能成立。撤销处指出：根据《1994年商标法》第32（3）节的规定，在英国做出的商标注册申请需要有一项声明表明，申请人正在或者经其同意其他人正在商标注册的商品和服务的范围内使用该商标或者申请人有如此使用该商标的善意意图。之后，撤销处称：与之相反，《条例》（而不是《指令》，指令中没有相关规定）并不要求提交该声明。撤销处称：总体而言，原则上讲，只要申请人认为适合，其完全有权提交一份商品和服务的清单（一份超越了其实际经营活动的清单），并可以在以后将其经营范围扩张以能够表明其对共同体商标进行了实际使用，否则就面临根据《欧盟理事会条例》第51（a）条项下的注销及其他制裁。[167]

到这里为止，法官能够接受撤销部门的意见，但是其随后的一些条件给法官带来了困扰： 13.133

他们指出可能存在这样的情况，即：申请人所罗列出的商品或服务与申请人实际的商业经营活动没有丝毫联系，在这样的情况下《欧盟理事会条例》第51（1）（b）条的规定就值得考虑了。我不大同意这种看法。与申请人的实际经济活动没有丝毫联系的含义是什么？这是一个与计算机软件相关的商标注册的另一个案件。我们无法严肃地主张：游戏软件与通讯转换软件之间存在着联系，而后者是申请人唯一的商业经营活动范围。我不相信撤销处会主张：如果商品说明为游戏软件、通讯转换软件以及自动控制生产线的软件，那么该商品说明的第一部分和最后一部分就应当被注销；但是如果商品说明仅仅为计算机软件，就不会面临注销的问题。我遗憾地认为：这种所提议的区分是行不通的。要么因为在头5年没有善意使用的意图而适用第51

⑯ ［2000］ETMR1054.

⑰ Decon Laboratories Ltd v Fred Baker Scientific Ltd and Veltek Association［2001］ETMR486，502（Pumfrey J法官的意见）。

(1)(b) 条；要么就无法适用。[168]

13.134 撤销处的意图可能是说：申请人的商业经营领域与其商标注册申请中所指定的商品或服务之间完全没有任何联系，尽管其尚未构成恶意的实际证据，但是可能成为认定恶意申请的若干证据性因素之一。法官看待此问题的立场却不同。

13.135 法官随后分析了一个政策问题——在英国商标登记处与内部市场协调局之间建立一致性以及对过宽注册的影响。

> 34. 依据我的判断，在这个问题上，在英国商标登记处与内部市场协调局建立起一致性是大家所希望的。第一撤销部门仅仅是一审裁判庭（而且不是司法裁判庭），其观点只代表内部市场协调局的习惯做法。如果在 Trillium 一案中，我忽略所提及的推定欺诈，仅考虑不诚实的构成要素，那么在我看来《欧盟理事会条例》的规定是站得住脚的，没有对一开始就具备使用商标的意图做出明确的要求这一事实也证明了它的合理性。在《欧盟理事会条例》的框架内思考这些问题的话，作为与内部市场协调局相同的法律体系的一分子，我认为，为了一致性的目的，我应该遵守这一解释。
>
> 35. 如果这些观点是正确的，则关于商品说明宽泛度的决定不大可能（但不是绝对不可能）缺乏善意。[169]

13.136 在 Wyeth 诉 Knoll 一案中，通过不同的途径得到了类似的结果。[170] 由于当商标的申请全部是针对医药类产品，而申请人从没有意图在除治疗肥胖的药物以外的其他类产品上使用该商标时，有人以此为基础提出了对商标有效性的质疑。Neuberger J 法官对案件所涉及的问题的处理是透彻的、具有指导性的，而且是确定地以 Gromax 案中法院对恶意所采取的观点为依据。[171]

13.137 在对该申请的总体实体评价中，法官的观点很清晰：我很难接受这样的观点：由于被告表明了要将有关商标用于医药配剂、医药物质以及经药用改造的食疗物质之上，因而可以说他具有恶意。毕竟，被告有在医药制剂、肥胖症药物上使用该商标的确定和成熟的意图，并且考虑过将其用于其他相关医药产品上。[172]

13.138 但是，这些问题仍然有待解决。第一个问题就是：为什么被告寻求注册商标

[168] Decon Laboratories Ltd v Fred Baker Scientific Ltd and Veltek Association [2001] ETMR486, 498.

[169] Decon Laboratories Ltd v Fred Baker Scientific Ltd and Veltek Association [2001] ETMR486, 502 (Pumfrey J 法官的意见), 504。

[170] Wyeth (formerly American Home Products Corporation) v Knoll aktiengesllschaft, reported as Knoll AG's trade mark [2003] RPC175（高等法院）。

[171] Gromax Plasticulture Limited v Don & Low Nonwovens Limited [1999] RPC367.

[172] Wyeth (formerly American Home Products Corporation) v Knoll aktiengesllschaft, reported as Knoll AG's trade mark [2003] RPC175，第 21 章（高等法院）。

的产品清单会如此宽泛？商品选择本身是否为恶意？法官不认为是：尽管（《尼斯协定》中的）商品种类的作用可以被夸大，但是被告重复其附表中第5类第一部分的商品并非毫无意义，其余部分的商品包括膏药、绷敷材料，填塞牙孔和牙模用料；消毒剂；消灭害虫的准备品；杀真菌剂，除草剂。被告在进行商标申请时，参考了商品类别中确立的标准，并很可能是有意识地仅申请上述类别中的部分产品。这很难使人联想起贪婪，更不要说恶意了。[173]

即便被告有点贪婪，他未能对商标申请书进行精练的描述是否是恶意的标志呢？答案也是否定的：我认为难以仅仅因为被告不能批判性地或者精确地起草商标申请文件，就把他说成是缺乏善意。[174] 13.139

在得出结论，即被告有着“在医药制剂、肥胖症药物上使用该商标的确定和成熟的意图”并且“考虑了将其用于其他相关医药产品”之后，法官补充称：即使是在附条件的意图的情形下，也可能存在善意：由于被告在医药制剂、肥胖症药物上使用该商标的确定和成熟的意图是毋庸置疑的，那么他曾经考虑过，或者换句话说具备临时的或附条件的意图，将其用于其他相关医药产品这一情形，对其主张就确有帮助了……而考虑过使用或者可能或附条件的使用意图是否足以支持其观点就要视具体情况而定了。[175] 13.140

法官然后采取了另外一种方法，将在某些具体商品（由于所主张的商品的宽泛度，这点是存在问题的）上使用商标的意图与将该商标作为公司标识使用的意图进行了比较：因此，如果被告能够证明其将商标作为公司标识使用的确定的意图而公司本身又是医药类公司，我认为就很难反驳以下观点：被告有权在相关医药类制剂和一般的药品上注册上述商标。根据《1994年商标法》第3（6）节的规定，该案对于被告的指控不仅涉及申请人的权利要求范围过于宽泛，而且指控被告具有恶意。恶意的准确含义也许随着语言环境与目的的变化而发生着变化，但是我认为恶意必须包括一定程度的不诚实，或者至少是接近于不诚实。在某人打算在一特定类别的医药物质上使用该商标的情形下说他意图在医药物质上使用该商标，在我看来，按照日常语言或者观念的理解，这并不构成缺乏善意。[176] 13.141

因此，Decon与Wyeth案件向我们展示了处理申请过程中商品说明书过于宽泛的恶意问题所采用的相当不同的方法。 13.142

---

[173] Wyeth（formerly American Home Products Corporation）v Knoll aktiengesllschaft，reported as Knoll AG's trade mark［2003］RPC175，第22章。

[174] 同上，第23章。

[175] 同上，第24章。

[176] 同上，第27章。

(9) 恶意与程序问题

13.143 在对与恶意相关的实体性问题进行评论后，也需要注意与恶意相关的一些程序性问题，它们涉及对商标申请人的善意进行质疑的方式。

(a) 商标注册办公室何时需要提出“恶意”的问题？

13.144 在欧洲的商标注册申请以及已经给予注册的商标可以受到两种类型的挑战：一类是基于绝对理由（例如申请人所欲注册的商标本身存在着内在的缺陷）；另一类是基于相对性理由（例如，商标本身没有任何内在的问题，但是它与其他人的商标或者第三方的合法利益相冲突）。尽管根据《指令》第 3 章的规定，申请人的恶意与拒绝商标注册的绝对理由列在一起，但是在逻辑上却是与第 4 章所列举的相对性理由是同质的，这是因为恶意同其他相对性理由一样，处理的是申请人的商标与第三方的权利之间的关系。可能就是出于这个理由，瑞典已经将恶意视为相对性理由，而专利与注册办公室仅仅在在先商标的权利人提出后，才会对这一问题给予考虑。[177] 这项改革将使得瑞典与大多数其他商标体系的实践相符合：不论恶意申请的司法地位为何，很难让国内以及地区的商标登记处担任恶意审查的警察角色。

(b) 哪个裁判庭处理“恶意”请求？

13.145 在共同体商标的情形下，恶意的问题必然是由内部市场协调局的商标撤销部门处理。不管是商标撤销部门还是向其提出上诉的内部市场协调局的复审委员会都不是严格意义上的法院，因此，关于恶意指控的撤销程序实际上是行政程序。共同体商标法院没有审理撤销请求本诉的管辖权，但是可以审理商标注销以及宣告商标无效的反诉。[178]

13.146 就国内商标而言，各国的情形自然各有不同。向法院提出请求宣告商标无效的申请是十分常见的现象。西班牙目前没有注销恶意注册的商标的行政手段，但是其专利和商标处将听从法院就该问题的意见。[179] 瑞典采取的态度是相同的，但是瑞典目前正在考虑一项修正案，以提供行政程序解决撤销恶意申请商标的问题，或者在适当的情况下，将案件移交法院。[180]

(c) 证明“恶意”的举证责任：推翻善意的假定

13.147 英国法院在解决证明恶意的问题时，主张在商标的申请过程中假定存在善

⑰ 《瑞典商标法》第 14 (4) 节。

⑱ CTMR，第 92 (d) 章，96。

⑲ 参见 Davies (ed)，《Sweet & Maxwell：欧洲商标诉讼指南》(1998)，第 13～34 章。

⑳ SOU2001：26，pp448，449，451 以及 452。

意，除非有相反证据足以推翻上述假定。[181] 瑞典的观点也相同。

(d) 指控恶意的诉讼资格

在英国、德国以及瑞典，没有关于诉讼资格的明确的要求，因此，任何人可以对非善意的商标提出质疑。然而，瑞典法院只有在已注册商标的继续存在会对反对注册的人造成损害时，才会撤销该商标的注册。 13.148

G. 结语

本章评论了在商标达到被注册这一安全港之前以及之后可对其提出的足以使其消亡的各种质疑。异议、撤销和注销相关的法律规定与涉及注册、侵权以及其他的法律规定相比，异质性较强，因为它们受到各国程序性要求的影响。这些法律规定在适用中也比有关登记与侵权的法律规定具有更大的自由裁量性。这是因为，对商标垄断的质疑必须要在以下因素之间取得平衡：(1) 保护品牌投资的需要，以及 (2) 在第三方的利益被足够清晰地主张时，不让登记簿上出现不应当被注册的商标的需要。 13.149

在"恶意"的问题上，尽管这个概念已经深深地扎根于欧洲商标法与法律体系中，在确立商标申请人的哪些行为可以被描述为"恶意"的原则的过程中，各国的区别较为明显。"恶意"的问题，与对公共政策问题的处理以及故意侵犯知识产权损害赔偿的问题一样[182]，反映了：欧洲各国的国内法在处理道德上的敏感问题时比处理道德上的中立问题时更具有分化的趋势。 13.150

在决定将与"恶意"相关的法律原则运用到单个案件的事实中时，也存在一个较大的自由度。尽管如此，似乎又存在一个缓慢的同化的方式。这个过程需要时间，除非欧洲法院通过确定的判例加速此进程。 13.151

---

[181] FSS Trade Mark [2001] RPC40 (高等法院)；DAAWAT trade mark [2003] RPC187 (LCAP)。

[182] 参见 Nigel Swycher 与 Mark Parsons，《知识产权的损害赔偿：从跨欧洲的视角出发》，《全球咨询》，2002年9月，第35～40页。

第 14 章

涉诉的商标

A. 导言

对正义的追求

“你知道我想怎么对付那个讨厌的人吗？那个，那个令人鄙视的家伙。”曼迪尖声叫道。“我希望他被吊死，这就是我想要做的。”

赛罗深深地陷在他简陋的办公室破旧的真皮扶手椅里，悲哀地摇了摇头，一副同情而于事无补的神情。“恐怕我们不能那么做。”这是一场进展并不顺利的律师与客户之间的会晤。经济不景气带来的最坏副作用之一就是选择客户的概率少之又少。

“为什么不能？那个混球侵犯了我的商标权，难道不是吗?”曼迪的下唇在微微颤抖。她是一个不快乐的商标所有权人。

“是的，他是侵犯了您的商标权。”赛罗附声道。“但是通常死刑并不适用于商标侵权者，”他悄悄地提醒自己，而且民事法庭也从未适用过死刑。

“为什么不能？侵犯商标权是多么可怕的事情。我认为无论怎么惩罚他们都不为过，这些……这些寄生虫。”曼迪气愤地握紧了她的小拳头，然后把手放在膝盖上。好一会儿她没再动，好像陷入了突如其来的沉思中，又突然间回到了现实中。“那我们应该怎么做？我们要拔掉他的指甲吗?”

“不，那样也不行。”

“投到监狱?”

“监狱恐怕不适用于民事侵权。”

在曼迪看来民事与刑事之间并没有什么区别，她一直以来就认为法律系统存在的目的就是要惩罚不法行为者。

“那么，会发生什么结果呢？我想，什么也不会发生吧！难怪在现在这个社会里，那些侵权者会大摇大摆地走出法庭，这种情况太坏了。”

“不，并不是这样的。”赛罗安慰她说，“法庭还是能做很多事的。”

“比如说呢?”

赛罗觉得，曼迪小小的身躯已经蜷缩成了问罪符号的形状，她的黑色眼睛里燃烧着新的怒火。她是在想还有什么更糟的事情吗？是在想那些做了不应该做的事情的违法者，还是在想法庭在应该采取措施时却无动于衷?

“我们可以寻求禁令的救济。”赛罗满怀希望地建议道。

“什么?”曼迪是一名成功的时装设计者，她的品牌非常受欢迎（特别是受一个不择手段的前同事的欢迎，该人已经成为其不法竞争者）。但是她并没有因此而精通法律。“禁令”这个词在她听来像发动机和接合点的交叉。也许，它和铁路服务有某些联系。

“禁令。”赛罗重复了一遍。“是法庭命令被告必须停止侵犯您的商标。”

“这样做太愚蠢了，不是吗?”曼迪反驳道。

“为什么?”这回是赛罗反过来问了个问题。

“显而易见，不是吗?”她继续说：“如果你获得了一个商标权，那么任何人不得使用它。”

赛罗迟疑地点了点头。

“因此，如果法庭发布其中的一项禁令，无非就是告诉侵权人他绝对不能做不允许他做的事情。这么说对吧?”

赛罗再次迟疑地点了点头。

“那么如果在法庭没有向他发布禁令之前，他无权使用我的商标，在法庭发布禁令之后他也无权使用我的商标，法庭没有禁止其从事其最初有权从事的事，这么说对吧?

赛罗最后一次点头。

“那么，即便我第一时间起诉他，也没什么意义了。”曼迪感觉自己终于可以像一个律师那样思考问题了，或者至少能像赛罗一样，他的法庭辩论技巧在她看来就像他对服装的感觉一样差劲。曼迪的心头有种胜利的感觉在涌动，因为突然明白这些而觉得温暖。接着，一个更进一步的想法打破了她刚刚获得的心头上的平静：经济状况不景气带来的最坏影响之一，就是她不能对他选择的律师事务所吹毛求疵。

故事的寓意

曼迪的期望，尽管措辞有些极端，但是反映了一个商标所有人对这个世界的 14.01
最起码的希望，就是他们的商标一旦登记注册，就将受到法律的保护。当他们像曼迪一样发现商标不能自己强制执行其商标权，并且虽然实体商标法能够提供的对抗侵权方法很多，但是侵权的方法也同样很多，而商标权的强制执行总是被旨在保障公平竞争的公平程序阻碍，这时商标所有人的希望就会彻底破灭。最后，就像小孩子手中上了发条的鸭子一样，商标权的实施机制只有在每个阶段不断上发条，才能不断有效执行；但是如果发条上得太紧，商标的实施机制反而会完全停止发挥作用。

(1) 强制执行的法律机制

14.02 商标法的立法宗旨就是授予并强制执行商标权，每个国家的司法体系的存在目的是通过对其所有法律的公平适用，来发挥监督管理和分配正义的职能。

14.03 只有法律实施机制到位并全面发挥作用时，对侵权者强制执行商标权才会有意义。《与贸易有关的知识产权协议》(TRIPs) 已经认识到了这一点，因而要求协议的成员国遵守下列条件：

(a) 确保国内执行程序"可对任何侵权行为发起有效的法律行动"，包括防止侵权行为发生的快速救济措施及阻止进一步侵权的救济措施。[①]

(b) 具有"合理公平的"、"并非过度复杂和昂贵的"的执行机制，并不得"设置不合理的时效或无依据地拖延"[②]。

(c) 规定对行政程序和初步司法裁决（除了刑事程序中的不起诉外）进行司法审查。[③]

(d) 规定终局禁令[④]、临时禁令[⑤]、损害赔偿[⑥]以及其他救济措施（销毁侵权产品或者从商业流通中予以清除[⑦]）等形式的救济，仅在例外的情况下才允许将去掉商标的侵权商品投放到商业流通中。

(e) 赋予司法机关要求侵权者说明侵权产品生产者或者经销商的身份的权力。[⑧]

(2) 本章的范围

14.04 本章将讨论法院处理侵权者的权力，并将不同国家行使该等权力的方式进行比较。同时本章也会介绍侵权嫌疑人可采取的抗辩措施，以及为了完全避免侵权诉讼或者至少从试图保护其财产权利的商标所有人那里取得主动权所采取的行动。

14.05 有四个重要的问题本章不会涉及。第一个就是诉讼费用。尽管判决哪一方承担诉讼费用会对当事方做出下列决定产生重大影响：(1) 是否提起诉讼；(2) 是

① TRIPs 第 41 (1) 条。
② 同上，第 41 (2) 条。
③ 同上，第 41 (4) 条。
④ 同上，第 44 条。
⑤ 同上，第 50 条。
⑥ 同上，第 45 条。
⑦ 同上，第 46 条。
⑧ 同上，第 47 条。

否对对方的起诉提起抗辩；（3）当事人发生争议后是否进行和解，由于各国做法有巨大差异，这个问题范围太广，因而无法在本书中进行适当简洁的有益的探讨。基于同样的理由，本章也不探讨刑法在商标侵权中的适用。本章忽略的第三个问题是替代性争议解决方法（例如仲裁或调解）的适用性。在一本这样厚度的书中，概括性的原则无法反映出替代性争议解决方式实践操作的价值。第四个问题是对国外法院做出的命令的承认，这个问题与商标法[9]相关，但是其适用的范围远远超出了商标法的界限。

B. 商标诉讼中的主要问题

（1）商标存在的证据

在任何国家的法院开始裁决商标侵权诉讼之前，法院必须首先确定原告享有商标权。一个合法有效的商标登记证件的存在是证明以下情形的最好方式：（a）商标自身的状况；（b）商标所登记使用的商品或服务；（c）注册的日期；（d）商标所有人的身份。有时，原告无法证明这样的权利，例如商标证书记载的是之前所有人的名称，而原告是其受让人或许可方，或是原告变更了公司名称，而该变更未在商标登记中表明。在这样的情况下，大多数国家的法院会接受任何可证实原告主张的可靠证据。 14.06

（a）商标权存在的证据

在英国，如果原告无法证明其是通过登记获得商标权利的，就会影响其在侵权诉讼中[10]主张赔偿权或获利受偿权，而不会影响原告寻求临时禁令的救济。 14.07

（b）商标权存在的起始时间点

《欧盟理事会指令 89/104》没有明确指出商标权存在的起始时间点，而是将其留给各个成员国自己确定。例如，在英国[11]和爱尔兰[12]，商标上所授予的权利会溯及既往地从第一次申请日起发生效力。然而，商标权可以追溯的性质并不意味着可主张有关第三方在商标所有人申请日之前使用并持续使用到申请日后的权利。[13] 14.08

---

⑨ 参见 Unic Centre Sarl v Harrow Crown Court and others [2000] ETMR 595，[2000] IP&T 205（高等法院），Prudential Assurance Co Ltd v Prudential Insurance Company of America [2000] ETMR 1013，[2003] FSR 97（高等法院）；2003 年 3 月 13 日，上诉法院。

⑩ 《1994 年商标法》第 25（4）节。

⑪ 同上，第 9（3）节、第 40（3）节。

⑫ 《1996 年商标法》第 13（3）节、第 45（3）节。

⑬ Inter Lotto（UK）Ltd v Camelot Group plc [2003] 3 All ER 191（高等法院）：用于彩票服务上的 HOT PICKS 商标的权利不能阻止 HOT PICK 标记在相同服务上的预申请和随后的使用。

(2) 管辖的选择

14.09 在某个商标所有人去法院起诉之前，他必须确定适合起诉的法院。作为起点，每个国家的商标法均不能仅仅被用于实施或保护在其他国家授予的商标。[14]尽管商标所有人对起诉法院可能并没有选择权[15]，但他或许能选择提起诉讼的管辖地。譬如当涉嫌侵权行为在几个不同国家发生时，原告就可以选择管辖地。尽管侵权人会在商标所有人决定的法院被起诉，但是如果在商标所有人起诉之前，侵权人在其选择的国家获得一份其未侵权的声明，侵权人就可以预先选择他进行抗辩的管辖地。原告可能希望在某个特定的国家开始诉讼程序以获得临时救济措施，或者从被告处获得证据的披露，然后再从另一个法院获得永久禁令。原告还可以选择一个国家获得法庭命令，然后在另一国家执行。[16]

14.10 在欧盟境内，管辖权决定的问题是由1968年的《布鲁塞尔公约》进行调整的，2001年的《布鲁塞尔条例》规定其为欧盟法的一部分。[17]该公约在规定关于商标或其他工业产权的登记注册以及有效与否的任何争议，都必须在授予该等权利的国家的法院进行解决时，仅在一个特定地方提到商标。[18]

14.11 美国在联邦法以及州法层面均有自己的决定管辖权的标准，了解这点是重要的，因为美国的联邦与各州有并行不悖的两套商标法体系。一些州已经确立了全面的“长臂”司法管辖规则，该规则使得这些州的法院能够受理一些案件，而这些案件中被告往往可能都没有意识到他们的业务会导致其在美国的法院被起诉。美国的法院同时也已确认根据《兰哈姆法》，“商业使用”的行为是可以被起诉的，只要被告是在该法域内进行了广告宣传，即便提供的服务在其他地区。[19]

14.12 尽管所有涉及同一方当事人与同一商标的争议应该由同一法院一并进行受理的做法是最适宜的，但是在有些情况下这是不可能的，并且有些情况下不同国家必须审理同一争议的不同方面。因此，即便商标侵权的诉讼程序在德国尚未最终

---

⑭ 见 Nogueras v City of Barcelona，WTLR，2003年6月9日（美国上诉法院，第四巡回庭）：美国《兰哈姆法》不能保护对于西班牙商标所主张的权利。

⑮ 例如，在法国起诉时，必须在被告所在地起诉；见 Odyssee Interactive v L'Ile des Medias，2002年12月2日（格勒诺布尔地方法院）。

⑯ 这正是在 Italian Leather SpA v WECO Polstermobel GmbH & Co 案中的情况，Case C-80/00 [2003] ETMR 130（欧洲法院），当一意大利原告无法在德国获得救济时，在意大利获得有利于其的命令，但最初拒绝支持其诉求的法院未予以执行。

⑰ 《欧盟理事会条例44/2001》规定了关于民商事问题的司法管辖权以及对法庭判决的认定和实施。(丹麦是《布鲁塞尔公约》的成员国，但是已经退出《布鲁塞尔条例》)。

⑱ 《欧盟理事会条例44/2001》第22款（4）条。

⑲ International Bancorp LLC and others v Societe des Bains et Mer du Cercle des Etrangers a Monaco，Case No 02—1364，2002年12月3日（EDVa）。

判决，但是在该争议的范围内提起的假冒商标诉讼需要在英格兰法院审理，因为普通法系中假冒的规则并不是德国法律的一部分。[20]

如果某一涉嫌商标侵权行为牵涉到一家主机在商标所有权人所在国之外的国家，如果该网站在商标注册地所在国可被访问，并且侵权损害也发生在该国家，则该国家自然就有管辖权，但如果不是这样，该国家就没有管辖权。因此，当CARPOINT商标的意大利所有人要起诉微软公司，理由是微软公司使用了域名为carpoint. msn. com的网站在美国销售汽车[21]，罗马的法庭否认了其享有管辖权，然而当苏格兰本国的“business a. m ”文字和图形的商标所有人起诉本部设立于希腊和毛里求斯，以苏格兰的使用者为服务对象的域名为businessam. com的网站时，苏格兰的法庭认为其有管辖权。[22] 14.13

《欧盟理事会条例》涵盖了大量关于由欧洲内部市场协调局（OHIM）授予的商标的司法管辖权争议的条款。例如，当在两个或者更多的国家启动涉及相同的当事人以及同一诉因的商标诉讼，但是一个诉讼牵涉到对共同体商标的侵权，而另一个诉讼涉及对本国商标的侵权，此时除了最先受理起诉的法院外，任何法庭都应该拒绝对案件的管辖权，可以是自己主动拒绝，也可能是因其管辖权被提起异议而放弃管辖。[23]《欧盟理事会指令89/104》则无相应的规定。 14.14

调整司法管辖权的相关规则适用其独立的原则。[24] 该原则涉及的领域超越了本书的范围，而本书仅限于提醒读者起诉或被起诉所在的司法管辖地区的选择所涉及的因素有很多，包括：诉讼标的（例如，某个国家的法院不能宣布由另一个国家登记注册并授予的商标权无效）、诉讼的费用、期限、针对外国当事人的对损失和费用进行保全的要求、所涉司法管辖区的市场价值、司法救济措施的性质、上诉的风险和胜诉的可能性。 14.15

（3）法院的权力

法院有一系列可以自主行使的司法武器：赔偿损失、禁令、上交或销毁侵权 14.16

[20] Mecklermedia Corporation and another v DC Congress GmbH [1997] ETMR 265（高等法院）。

[21] Carpoint SpA v Microsoft Corporation [2000] ETMR 802（罗马裁判庭）。

[22] Bonnier Media Ltd v Greg Lloyd Smit and Kestrel Trading Corp [2002] ETMR 1050（苏格兰高等民事法院）。

[23] 《欧盟理事会条例40/94》第105（1）条。同见第105条第2、3、4款以及涉及此的非常罕见的一案件：Prudential Assurance Co Ltd v Prudential Insurance Company of America [2002] ETMR 1013，[2003] FSR 97（高等法院）；2003年3月13日（上诉法院），该案判定一个法国法院做出的PRUMERICA与异议人PRU和PRUDENTIAL商标不近似的裁决，不约束处理侵权诉讼的英国法院。

[24] 全面了解这个问题，见James Fawcett和Paul Torremans，《知识产权和国际私法》（1998），还可见Annette Kur，《有关管辖和外国判决的国际海牙公约：知识产权的向前之路》[2002] EIPR 175-83，它们是关于注册国及被告住所地国管辖权竞争的文献。

产品这些措施几乎在所有的法域都能获得，此外有些国家[25]的法院还裁定在全国或地方报刊上对判决书进行公告，以提醒相关公众消费者某个特定商标的侵权属性。如果去除侵权商标不会影响贴附商标的商品的状况，法院还可能命令去除该侵权商标。[26]

14.17 法院通常将其发布的命令限制在本国的领土之内。[27]欧洲某些国家的法院曾做出超越其领土范围的命令以禁止侵权行为在国外的发生[28]，或者表示准备在适当的案件[29]中这样做。在美国，联邦法律——包括涉及商标的《兰哈姆法》，据推定不具有域外效力。[30]然而在某些特殊情况下，美国法的长臂原则可能延伸到欧洲，例如：(a) 被告（在意大利做生意的意大利人）曾是在美国居住了 40 年的美国公民；(b) 国外的侵权行为对美国的商业造成了重大影响；(c) 拟采取救济措施不会与国外的法律相冲突。[31]

(4) 共同体商标法院

14.18 既然欧共体商标是一项泛欧洲的权利，每个欧盟成员国已经被要求在各国内法院指定一审和二审"共同体商标法院"，审理和处理涉及共同体商标的某些争议。[32]这些争议包括侵权诉讼、对注销或者撤销原告共同体商标的决定提起的诉讼，但是不包括原告提起的旨在注销或撤销他方共同体商标的诉讼。[33]

14.19 《欧盟理事会条例》无法发挥作用的时候，其成员国的各国内法院必须适用它们本国的法律。[34] 这个原则明确地适用于法律制裁[35]以及"临时性保全措施"[36]，

㉕ 公开法律裁决的国家包括比利时、法国和意大利。

㉖ Behringer Ingelheim Pharma KG v Eurim-Pharm Arzneimittel GmbH [2003] ETMR 491（德国最高法院）。

㉗ 见 Speech Works Ltd v Speech Works International Incorporated [2000] ETMR 982，苏格兰高等民事法院考虑将法院的指令从苏格兰延伸到英格兰。

㉘ Consorzio per la Promozione dello Speck v Cristanell，Handle Tyrol and Lidl Italia Srl [1998] ETMR 537（Bolzano 裁判庭）。针对在奥地利、德国和意大利的被告颁发了禁令。

㉙ 在 Re Sacher [2000] ETMR 185 案中，奥地利最高法院暗示其准备在所有《巴黎公约》的成员国颁发临时禁令救济措施，条件是申请人能提供如下证据：(1) 涉嫌侵权行为的证据；(2) 该国法律的证据。

㉚ Alcar Group v Corporate Performance Systems Ltd 109 F Supp 2d 948（ND Ill 2000)：美国法律不适用于在德国进行的许可失效后未经授权继续销售产品的行为。法院宣布（见 952 页）：如果原告提起了商标诉讼，则应适用英国法律、德国法律或其他欧盟国家的法律。

㉛ AV by Versace Inc v Gianni Versace SpA 126 F Supp 2d 328（SDNY 2001）.

㉜ 共同体商标案审理法院的名单可以在内部市场协调局网站 http：//oami. eu. int/pdf/as-pects/Co026-ann. pdf 页面上查询。

㉝ 《欧盟理事会条例 40/94》第 92 条。

㉞ 同上，第 97 (2) 条。

㉟ 同上，第 98 条。

㊱ 同上，第 99 条。

例如发出临时禁令和法庭命令以搜查侵权嫌疑人的财产或者收缴侵权物品或者相关证据。

(5) 侵权案件中的举证责任

证明侵权行为存在的举证责任由原告承担。原告需要以“表面证据”证明下列事实：(a) 商标的存在[37]；(b) 原告享有商标权；(c) 根据原告所在国或地区的商标法规，被告正在从事的行为落入侵权行为的范畴。一旦原告举证完毕，举证责任就转移到被告，由被告提供其抗辩的证据。也许被告并没有侵权，或者即便在技术意义上被告侵权了，然而他并不应对此承担责任：例如，他可以证明该商标是无效的或者可被撤销的；被告的行为并不构成侵权因为法律提供了明确的抗辩理由；被告是经过原告的同意或者默许实施该行为的或者该商标权已经到期。如果被告无法做出上述举证，那么法院就会做出有利于原告的判决。 14.20

被告主张原告商标所有人权利届满的举证责任已在第9章进行了探讨。 14.21

当原告成功地证明侵权行为已发生后，他的举证责任并没有就此终结。在有些国家，一名成功的原告在法庭判决对其进行损害赔偿之前，需要证明他已经遭受了实际的金钱或非金钱的损失[38]，而在其他国家原告有权获得按“自愿许可”原则计算的赔偿，即便他不能证明存在任何实际损害。[39] 另外，在被告被发现持有侵权产品的情况下，只有那些被证明已经侵犯原告权利的侵权商品才能被认定为侵权商品；其他的商品必须被视为非侵权商品，直至有证据表明它们的来源不合法。[40] 14.22

(6) 信息的审核与披露

有时候，商标所有人对于获得信息的关心程度与他对于制止侵权行为或者试图寻求对侵权造成的损害的赔偿的关心程度是一样的。例如，对于商标所有人来讲，获知被告的侵权产品的供应商的名字，或者搞清楚被告向其提供侵权产品的客户的身份，是非常重要的。商标所有权人可能还想知道侵权人手中还有多少存货。荷兰的某个法院曾同意由侵权人的会计审查侵权人的账目以获取侵权产品的 14.23

---

[37] 将已经注册的商标推定为合法是正常的，见英国《1994年商标法》第95节。

[38] Barilla Alimentares SpA v Danis Srl and others，2002年3月20日，[2003] ETMR N-4（那不勒斯法院）；Morgan Crucible Company plc v AB Svejseteknik ApS [2001] EIPR N-78（丹麦海商法院）。

[39] Reed Executive plc and Reed Solutions plc v Reed Business Information Ltd，Reed Elsevier (UK) Ltd and Totaljobs. Com Ltd (No 2) [2003] Info TLR 60（高等法院）。

[40] Chloe Societe Anonyme v Fotex A/S [1997] ETMR 131（丹麦海商法院）。

储存、供应商和客户的相关信息，对于原告而言，这比原告只能依赖于侵权人的一面之词要好很多[41]，但是欧洲其他国家的法院是否也这样试图证实原告获得的信息就不得而知了。

14.24 商标所有者获得侵权产品流通信息的途径并不是仅有提起诉讼这一种方式。在荷兰的一个案件中，进口到欧洲自由贸易联盟的药品的成分与在欧洲自由贸易联盟以外的国家使用的药品的成分是不同的，商标所有人成功地提起了诉讼，该诉讼根本不是指向侵权人，而是指控一个不知情的将这些产品从欧洲自由贸易联盟以外的一个供应商运到某德国公司的运输公司；该公司被要求说出其获得这些侵权产品的来源。[42]在英国，当侵权诉讼已经开始后，通过 Norwish Pharmacal 命令[43]的方法从实际侵权人之外的当事人处获得信息，已经成为惯例。

14.25 在适合的条件下，商标所有人可以要求海关披露信息。根据欧盟法律，商标所有人可以要求暂停进入欧盟的任何流转中的货物，扣留可以持续到查清这些货物是否为假冒伪劣产品为止。[44] 欧洲法院[45]裁定该规则优先于任何国内的旨在保护发运或接受这些货物的当事人的身份秘密的法律。因此，一旦被海关缴获的货物被发现是侵犯商标权的，海关当局可被强制提供能够使商标所有人追查到进口者和经销商的信息。

（7）对商标的司法评价

14.26 尽管在驳回商标所有人的起诉后，法院通常情况下会对该商标的有效性进行评价[46]，但是法院应该如何进行实际操作并没有形成惯例。如果被告并没有对商标登记注册的有效性提出反诉，即便法院此时认为商标的登记并非是合法有效的，也不会就此发表评论，而是将其留给商标登记机构。[47]

（8）法院判决的公布

14.27 许多国家的法院（英国除外）的常规做法是应胜诉的商标所有人的要求，指

---

[41] Braun Aktiengesellschaft v Elbeka Electro BV ［1998］ETMR 259（荷兰 Breda 郡法院）。

[42] Boehringer Ingelheim Pharma KG v GTO Expeditie BV and others，2003 年 2 月 19 日（海牙法院）。

[43] 现被称为对非当事人发出的命令，这个程序以确立该规则的案件命名，Norwich Pharmacal Co v Commissioners for Customs and Excise［1974］AC 133（HL）。

[44] 《欧盟理事会条例 3295/94》规定了禁止假冒和盗版产品的自由流通、出口、再出口或其暂停程序的启动措施。

[45] Adidas AG's reference，Case C-223/98［1999］ETMR 960（欧洲法院）。

[46] 参见案例 French Connection Ltd v Sutton［2000］ETMR 341，此案中一位英国高等法院法官评价原告将文字标志 FCUK 作为商标注册不合适。

[47] 参见案例 Ty Nant Spring Water Ltd v Lemon & Co Srl［1999］ETMR969，在该案中，那不勒斯的法院驳回了原告的侵权诉讼，理由是它的深蓝色标记缺乏显著性，但是并没有宣告其登记无效。

令在一家或者多家报纸以及被告的网站上刊登法院的裁决。[48] 法院通常不会就该种救济措施进行讨论，但是布鲁塞尔的商事法院对该救济措施的基本原理进行了如下总结：

> 原告要求判决要在其选择的每四天一版或者每周一版的报纸上进行刊登。被告接受以下观点：该商标侵权判决的公布是为商标人告知善意购买者和潜在的客户，公告判决书正是为了抵制商标侵权。
>
> 公告判决书在某种程度上也是对原告的由三条纹组成的商标的可信度与吸引效应不断恶化的一种弥补；同时也以这种方式警告了公众不要实施商标侵权行为。[49]

法院裁决的公告也会在一定程度上减轻被告的不法行为所造成的损失。 14.28

C. 禁令救济

(1) 终局禁令

商标侵权诉讼中的终局禁令是一种要求侵权人停止进一步侵权行为的命令。 14.29
有时，禁令会与其他救济措施同时使用，比如侵权行为已经发生后的赔偿。

禁令可以立即生效，也可以推迟至下列时间生效：例如，推迟至停止侵权行 14.30
为切实可行的日期，或者被告店铺中的侵权产品被售完之日。在一个法国的案例中，一个胜诉的英国原告获得了禁令救济——禁止被告在纸制品上使用其 CONQUEROR 商标，但是由于侵权人业务活动持续的时间以及其业务的规模比较大，法国法院给予了被告整整一年的时间来停止侵权行为。[50]

当法院对侵权人发布禁令时，这是否意味着侵权人绝对不能使用商标所有权 14.31
人的商标，或者，侵权人只能以其在禁令发布前所采用的非侵权的方式继续使用其侵权的商标？这个问题在瑞典的一个案例中进行了讨论，这个案例中一个未经授权的 VOLVO 保养、修理和翻新服务提供商被要求停止其各种明显侵犯 VOLVO 商标权的行为。上诉法院的意见认为应该对禁令进行修改，允许被告以"Volvo 公司身份操作手册"所允许的方式使用 VOLVO 商标。最高法院不同意这种观点。在重申了斯德哥尔摩法院的命令后，最高法院没有对禁令的相关条件

[48] Hugo Boss (4Ob174/02w) WTLR，2003 年 5 月 6 日（奥地利最高法院）。
[49] Adidas AG v NV Famco [1998]，ETMR616，624—5（布鲁塞尔商事法院）。
[50] SA Papeterie Hamelin v Wiggins Teape Ltd [2000] ETMR1047（巴黎上诉法院）。

进行限制：最高法院认为，《欧盟理事会指令 89/104》规定的未经授权但是法律允许的商标使用，预先假定这种使用必须遵守诚实的商业行为准则，然而，被告为侵权人的案件显然不是这样。[51]这个决定被批评的理由是禁令的授予是针对被告将来的侵权行为，而缺乏诚信的商业行为只是关乎过去的行为。禁止侵权人实施法律所允许的行为所体现的法律或者经济政策的目标是什么呢？

(a) 禁令何时被授予

14.32 针对商标侵权的禁令的基本理由，是迫使侵权人停止现在的和将来的侵犯了商标所有人的以及有权行使这些权利的其他任何人的无形财产权和商业期望。即便对商标所有人的损害能够提供足够的赔偿，上述理由仍然是有效的（例如，外卖比萨 POWER PIZZA 的商标所有人并不是自己出售比萨，而是运营一个全国性的非独占性授权加盟商网络，而侵权人在未经许可的情况下在一个小城里建立了他自己的未经授权的 POWER PIZZA 销售业务）。更有说服力的理由是，禁令也能对商标所有人的金钱赔偿所不能弥补的各种类型的损害提供救济，例如，在侵权造成消费者信任度以及品牌信誉降低的情况下，或者在商标被贬低的情况下，就是这样。[52]

(b) 禁令的形式

14.33 禁令中的命令的表达形式应有多宽泛呢？例如，Knorr 拥有使用在包括面条在内的食品上的商标 POT NOODLE。如果我想销售显然是给人吃而不是给狗吃的食品，我会希望称其为 NOT POODLE。Knorr 将会被建议通过申请禁令来令我打消这个念头。我是应该被命令“不再使用 NOT POODLE 商标”，还是应该被要求“不再使用 NOT POODLE 商标以及其他任何与 POT NOODLE 商标造成混淆性近似的商标”呢？既然法院只是发现 NOT POODLE 将会是侵权的商标，我不知道法院会如何处理在我的食品上使用 PON TOODLE 商标之类的争议。如果禁令以第一种形式发布，Knorr 将不得不再次去法院证明侵权的存在，如果以第二种，Knorr 可能会告我藐视法庭罪。

14.34 这个问题在英国的一起专利案件[53]中被提出，该案的审理法官质疑以总括性命令的形式禁止被告侵犯商标权的明智性。将法官对专利的推理适用到商标上，就是如下推理：如果被告的商标由于没有与权利人的商标有足够的差异而被发现侵权，禁令的措辞形式应体现出仅仅禁止被告从事法院已确立的构成侵权的行为。这会使被告能自由地去寻找一个与权利人商标不太近似的商标，而不用担

[51] Volvo Ltd v D S Larm Ltd and Dick Edvinsson [2000] ETMR 299（最高法院，瑞典）。

[52] Ferrari SpA v Power Horse and others [1997]，ETMR 84（米兰法院，意大利）。

[53] Coflexip SA v Stolt Comex Seaway MS Ltd [1999] FSR473（高等法院），发生在 Beautimatic International Ltd v Mitchell International Pharmaceuticals Ltd and another [1999] ETMR912（高等法院）。

心：如果其下一次的尝试仍构成侵权，他将违反禁令并因此构成藐视法庭。而且，如果与没有收到禁令的情况相比，收到禁令后被告就有义务使其商标与原告的商标有更大的区别，这就减少了市场的竞争性。如果被告没有这种自由，那么他较之其他敢于冒侵犯他人商标权的风险而没有藐视法庭风险的第三方就处于劣势。尽管上诉法院反对这种做法[54]，而推崇传统形式，而当被侵权的商标已经被授予在竞争者认为很难完全避免的某个商品外形上时，前述做法更具有吸引力。

“定制禁令”（tailored injunction）的观念作为允许具有相似名称的业务在互联网上运营的方式在美国已被采纳，尽管这样在无竞争关系的商家之间造成混淆或“干扰”的风险很大。在这样的情况下，禁令并不会绝对禁止对原告名称的使用，而是会在某种程度上精确地告知被告可以使用的方式或条件。[55] 14.35

(c) 禁令的地域范围

禁令不应该授予商标所有人比其需要保护的利益所在的地理范围更为宽泛的保护。因此，在“American Eagle”（美国鹰——译者注）案中，美国的一个法院推翻了初审法院发布的全国性的禁令，而案件中商标的所有人仅仅是在美国的某个特定区域内使用其商标。[56] 14.35A

(d) 禁令的相称性原则

当侵权行为对商标所有权人造成的损害的程度很小时，法院可以拒绝采取授予禁令的救济措施。当侵权造成的损失不仅是单纯经济上的损害还涉及权利人商标的名声时，即使经济损失相对来讲显得微不足道，但是如果有对于商标形象的损害，也需要继续保护商标的形象。因此，在由Scotch威士忌协会起诉对于Isle of Man的“白色威士忌”（重新蒸馏后调和的苏格兰威士忌）假冒产品销售案中，被告不能通过主张由于白色威士忌交易的数量极少采用禁令的救济措施不适合，而逃脱禁令的制裁。法庭的措辞很值得在此一提： 14.36

> 产生损害的真正风险……在于对商标声誉或者是威士忌“光环”不知不觉的侵蚀过程，被告也认同这种光环存在于潜在消费者的头脑里。一旦以传统方法制作的威士忌的毫无争议的概念的信誉被破坏，在我看来……很难讲清楚界限应该划在何处……真正的威士忌的生产者将会眼看着威士忌产品的声望因为越来越不真实的威士忌的产品都被称为“威士忌”而不断削弱。[57]

[54] Coflexip SA v Stolt Comex Seaway MS Ltd [2001] RPC182.

[55] 参见在Anandashankar Mazumdar中讨论的案例，“法庭开始关注近似商标在互联网上可以同时存在的观点”[2003] ECLR293—4。

[56] Emergency One v American Fire Eagle Engine Company WTLR，2003年7月24日（4 Cir 2003）。

[57] Scotch Whisky Association v Glen Kella [1997] ETMR470，492（高等法院）。

14.37 在拒绝接受禁令将向原告提供与被告所造成的损害不成比例的救济的主张之后，法院有效地禁止了白色威士忌的销售，以避免鼓励或允许非本案当事人的第三方的其他不同商品进一步销售。

(e) 商标有效期届满后的禁令

14.38 即便商标因未续展而失效，因继续使用该失效商标而享有一定程度的受保护的商誉的商标所有人也可以被授予禁令救济。[58] 这种情况下，商标所有人的商标期限届满或者无效的事实并不能阻止其根据不正当竞争或者假冒法理来寻求禁令的救济。相反，商标由于不使用而被撤销，被告随后的使用则不会被禁止，即使在商标被撤销之前被告曾经被命令对其造成的损害进行赔偿。[59]

(f) 禁令的适用对象

14.39 几乎可以针对任何侵权人颁发禁令，不管他是侵权事实的最主要行为人还是次要的间接侵权人（如刊登侵害他人商标权广告的报纸的经营者）。[60] 该原则的例外情形如下：如果一旦网络服务商注意到了商标侵权行为，并通过合理的方法减轻了该侵权行为的影响，该网络服务商在商标侵权诉讼中将不再承担责任，禁令再也不适用于该网络服务商。[61]

(g) 违反禁令的法律后果

14.40 任何违反禁令的行为与任何违反法庭的命令一样，通常将会被视为严重的法律事件。在有些国家，禁令还包括违反禁令而逐日计算罚款的条款。在英国，不遵守禁令的被告被视为"藐视法庭"[62]，可被判处长达 2 年的监禁刑[63]，可被处以罚款，并被没收财产。

14.41 禁令仅对案件当事人有效。因此，当一项命令要求 World Wrestling Federation（世界摔跤联盟——译者注）停止其对于 World Wide Fund for Nature（世

---

[58] Azienda Agragia Perda Rubia v Cantina Sociale Ogliastria［2001］ETMR 1114（Tribunal diLanusei, Italy）.

[59] Jean Patou SA v Ste Zag Zeitschriftn Verlag AG and another［1999］ETRM 157（巴黎上诉法院）。

[60] Ferrari SpA v Power Horse and others［1997］，ETMR84（米兰法院，意大利）；Ste Hugo Boss 诉 Dernieres Nouvelles d 'Alsace and others［1998］，ETMR197（Tribunal de Grande Instance de Strasbourg，法国）。

[61] 参见 Ste Gervais Dannone v Societe Le Riseau Voltaire，Societe，Valentin Lacambre［2003］ETMR 321（Tribunal de Grande Instance de Strasbourg，法国）。在 Esso Societe Anonyme Francaise SA v Association Greenpeace France and Societe Internet. Fr［2003］ETMR441，Tribunal de Grande Instance de Paris 认为：网络服务商实际上不应该被免除禁令措施的制裁，但是判决中并没有对网络服务商发出禁令。该做法在实践中已经出现，《电子商务指令》第 12 款（指令 2000/31 规定了信息社会服务方面的相关法律问题，特别是网络市场中的电子商务）免除了网络服务商的责任，但是仅仅适用于极少数情况。

[62] 参见本书前述第 14.33～14.35 段。

[63] 对禁令的轻微的违反没必要由于商标侵权者对法庭的藐视而将其投到监狱中；参见 British Telecommunications plc v Nextcall Telecom plc［2000］，ETMR 943（高等法院）。

界自然基金组织——译者注）的WWF商标各种侵权行为，并采取措施使其被许可方停止侵害时，该联盟的一个被许可方获得其继续销售标有WWF商标的电脑游戏既不违反禁令也没有藐视法庭的声明。[64]

（h）迟延主张权利与默许对于禁令救济的影响

在要求获得终局禁令的情况下，侵权人长时间侵权以及商标所有人已经花费了大量时间来应对侵权的事实在申请永久性禁令的过程中，都不是关键的决定性因素。因此，丹麦的最高法院推翻了海商法院的判决，认为用于The National Academy of Recording Arts & Science（美国国家录音艺术与科学学会——译者注）颁发的奖项的商标“GRAMMY”（格莱美——译者注）的所有权人有权获得禁令，借以禁止被告使用DANSK GRAMMY标识颁奖，即使侵权的DANSK GRAMMY奖项从1989年起每年都会颁发，而商标所有人直到1997年才对此提出反对。[65] 14.42

（i）禁令不被授予的情形

禁令的救济通常是由法院进行裁量后授予的，法院在颁发命令前会对所有与案件相关的因素进行衡量。相关的考虑因素可能包括：在侵权发生前后胜诉原告和侵权被告的行为，在命令发出时被告是否仍然在经营，原告因为侵权行为所遭受的实际损失的程度，等等。程序方面的问题也应被考虑，例如商标所有人向法院提起争议的时间是否过于迟延使得被告无法答复。[66] 下列两个因素，即：（1）侵权行为造成的损害可被量化，或（2）原告已经许可其他使用者商标的使用权，都不能使被告有权选择支付损害赔偿金而不面临禁令处罚。 14.43

当没有损失的实际证据，并且涉嫌侵权的行为不具有造成混淆的可能性或损害时，法院则极有可能不授予禁令。[67] 14.44

若商标所有权人是一个外国实体，自身并不使用商标，而是通过授权他人使用来实现商标价值，奥地利最高法院对此维持了一项授予禁令禁止侵权行为的裁决，理由是其行为构成了不正当竞争，而未回答原告能否基于商标侵权而胜诉的问题。[68] 14.45

---

[64] World Wide Fund for Nature and World Wildlife Fund Inc v World Wrestling Federation Entertainment Inc and another，2003年3月27日（上诉法院）。

[65] National Academy of Recording Arts & Sciences Inc v International Federation of Phonographic Industry Danmark [2001] ETMR219（丹麦最高法院）。

[66] What If! Holdings Ltd v The What If Group BV [2003] ETMR481（海牙地区法院），第5章。

[67] French Connection Ltd v Sutton [2000] ETMR341（高等法院）：临时禁令的申请：没有证据表明商标FCUK与fcuk.com的域名间存在混淆。

[68] The Football Association Ltd，GB v Distributors of Football Strips [1997]，ETMR 229（奥地利最高法院）。

(j) 侵权行为已经停止时的禁令

14.46 当法院认为侵权行为已经停止并且没有再次发生的可能性时[69]（例如这样的情况：被告已经承认其行为是不合法的，并相应地改正其市场销售或者广告宣传活动），禁令不会被授予。然而，法院可能被下列理由所说服：侵权行为虽然停止了，但是进一步的侵权行为可能发生，因此，侵权行为停止并不能阻碍终局禁令的颁发。[70]

(k) 商标中的禁令不能作为专利侵权的辅助救济方式

14.47 有时候，原告起诉要求被告停止使用的商标并不是原告自己的商标，而是被告的商标。这样的情况就发生在英国一个专利侵权案中[71]，案件中经营上成功的原告请求法院下令禁止被告6个月内在无袋直立式吸尘器上使用其VORTEX商标。该主张的理由是被告通过专利侵权已建立起其所有VORTEX商标的良好声誉，并对原告造成了损害。由于被告已经在侵权产品上通过大力使用商标建立起了其良好的商业信誉，如果允许被告继续使用其VORTEX商标，将使得其从专利侵权中获得间接利益。法院驳回了这个不寻常的申请。法院认为，首先，通过商标的使用获得的利益不是被告违法使用原告专利后的可预见结果。其次，由于禁令将会禁止被告除了在销售侵权的机器中使用VORTEX商标外，还会禁止该商标在被告非侵权产品销售中的使用，这对被告来说将是不公平的。然而法院并没有说禁止专利侵权人使用商标的禁令永远都不会被授予。

(l) 商标没有登记注册是否必然导致禁令的终结？

14.48 即使原告的商标已经届满或者已经被宣告无效或撤销，禁令是否会依然有效？这个问题似乎并不是司法实践操作所要考虑的问题，而且没有看上去那么简单。这是因为原告的诉讼不见得会以商标侵权为理由（而以诸如假冒或不公平竞争为由）。法院命令的条款可能针对的是原告所起诉的行为而不是被侵犯的一个或多个权利的性质。然而，原则上讲法院授予禁令的目的是保障所有权人能够真正发挥出商标的最本质的作用。一旦商标权的权利期间届满，即便是在被告的行为已经违法或者违反诚信的时候，也很难证明对该商标继续加以保护是合法的。

---

[69] United Biscuits (UK) Limited v Asda Stores Limited [1997] RPC513（高等法院）；cf Iliad SA v Cedric A，2003年1月7日（Tribunal de Grande Instance de 巴黎），在侵权行为停止后发布了15个月的禁令。

[70] Sony Computer Entertainment Inc v Lee WTLR，2003年4月8日（马来西亚，吉隆坡高级法院）；侵权产品PLAYSTATION CD--ROM已经被收缴；这些产品易于生产、易于销售并且在交易中获利极大。

[71] Dyson Appliances Ltd v Hoover Ltd (No 2) [2001] RPC544（高等法院）。

(2) 临时禁令[72]：基本原则

有些情况下，诉讼费用高得使侵权嫌疑人无法接受，或者在对侵权争议进行临时审理与全面审理之间可能会耽搁很长时间。在这样的情况下，被告或许会发现坚持否认侵权责任在经济上是不划算的：诉讼可能在授予禁令后就陷于停滞，也许根本就无法进入全面审理的阶段。因此，理解法院是否会授予临时禁令的机制，对于任何其商品或服务的名称有可能与竞争者相冲突的商业经营来说是极其重要的。 14.49

对临时禁令的审理通常紧紧围绕着授予或拒绝授予临时救济措施的事实展开。因此，初审与全面审理之间的时间是至关重要的。这种审理的目的并不是给被告提供任何抗辩的机会，被告的抗辩是以过去已经发生的事实为依据的，例如商标所有人以前是否违反了本国的《贸易习惯法》或《不公平竞争法》。[73] 临时禁令程序阶段也不是被告指出原告的商标为通用术语的适当时候。[74] 然而，在英国以及其他一些普通法国家，“寻求衡平法救济者必须自身清白”[75] 的原则要求法院考虑双方当事人已实施行为是否合乎道德标准。 14.50

在有些国家，由于授予临时禁令并不严格取决于商标所有人主张的事实，法院可能会拒绝授予临时禁令，但仍然会争取比常规情况尽早全面审理案件。爱尔兰的一起案件[76]便是如此。在这个案件中，用于止痛药的 SOLPADEINE 的商标所有权人寻求临时禁令的救济，以阻止 SOLFEN 在类似商品上的使用。在被告进行了 5 个月的积极营销后，事实上原告未能指明究竟有谁对这两种产品产生了实际的混淆。法院认为两者之间产生混淆的可能性不足以使得法院批准临时禁令[77]，但仍然存在可诉的因素，因此下令快速审理。 14.51

即便禁令未被明确指出是临时性的，也并不意味着在授予禁令时，法院不能确定下次审理的时间，以期在审理中决定对侵权采取进一步的救济措施。[78] 14.52

[72] 本书使用“临时禁令”一词，尽管“interlocutory”（中间的）一词仍然被广为使用。TRIPs 与共同体商标采取了“provisional measures”（临时措施）一词（参见 TRIPs 第 50 条，《欧盟理事会条例 40/94》第 99 条）。

[73] Christien t/a Rose' s Lace Boutique and another v BVBA Parcels［2000］ETMR1（布鲁塞尔上诉法院）。

[74] Nichols（N N）plc v Mehran Bottles（Private）Ltd（2001）91TMR 477（Sindh 高级法院，巴基斯坦）：原告，VIMTO 商标的所有人，寻求临时禁令救济措施停止 PAKOLA VIMTO 商标的使用。

[75] 参见 I C F Spry，衡平救济原则（2001），pp 246-248，494-500。

[76] SmithKline Beecham plc and others v Antigen Pharmaceuticals Ltd［1999］ETMR 512（爱尔兰高等法院）。

[77] 参见 Beecham Group plc v Munro Wholesale Medical Supplies Ltd［2001］ETMR318（新西兰会审法庭），此案中，药品市场的复杂度是降低商标混淆的一个因素。

[78] Zino Davidoff SA v M & S Toiletries Ltd［2000］，ETMR622（苏格兰最高民事法院）。

(a) 单方和双方禁令

14.53 理想状态下，法院在决定是否授予临时禁令之前会倾向于听取双方当事人的主张，然而，并非总是由商标所有人提出申请，再由被告予以反对（即所谓的双方）。有时候，在法律程序开始之前一旦收到商标所有权人的律师信后，被告就消失不见了，直到他觉得安全的时候才会重新出现；有时候消失不见的不是被告而是被控侵权的商品；而在其他情况下，消失的既不是被告也不是商品，而仅仅是与生产商、供应商、批发商或者消费者相关的文件或其他证据。在这样的情况下，商标所有人并不是真的想提前大肆宣扬其诉求——他想提前获得法庭的命令，然后使得被告始料未及。在被告缺席的情况下，商标所有人提出的临时禁令申请被称为“单方”[79] 申请。

14.54 在英国，有多种形式的单方救济措施，包括使得商标所有人取得证据并阻止证据被销毁[80]的搜查令，以及在安排举行听证[81]之前要求被告停止将其财产偷运出境的命令。同样，在德国民事诉讼法中适用于不可挽回的紧急案件的单方申请在其他情况下也会发生。[82]

14.55 尽管荷兰的法律并没有规定单方申请的禁令，但是以其他方式保护商标所有人的这种需求。比如，即使是在提起侵权诉讼之前也可以针对涉嫌侵权人实施扣押令。[83]相反，比利时法律规定了“搜查令”（saisie-description），这是一个使得商标所有权人能获得发现侵权行为和收缴涉嫌商品等的单方救济措施：在涉嫌侵权人没有提前收到由法庭任命的专家到访的通知的情况下，这个专家被授权对被控侵权的商品进行取样、分析并起草报告，该报告将在实体审理程序中作为证据。[84]法国 saisie contrefaco（证据收集的程序）[85]和意大利 desrizione giudiziarid[86]程序会产生更大的效果，因为这些救济措施允许查封全部侵权货物。

(b) 成功申请临时禁令的两个前提

14.56 意大利的法院要求满足两个入门条件作为临时禁令的前提条件，即：商标所有人必须证明 fumus boni juris（存在其要求保护的权利）以及“一旦迟延就有危

[79] 在英国和威尔士，“ex parte”和“inter partes”在官方已经分别被“未经通知颁发的命令”和“通知”所取代。

[80] 在早期案例中适用后，以前被称为 Anton Piller 命令。

[81] CPR，r25（1）（f）和（g），参见 David Kitchin 及其他，《商标和商号的 Keril 法》（2001），第 18 章第 206 页及第 207 页。

[82] Isabel Davies（ed），《Sweet & Maxwell：欧洲商标诉讼指南》（1998），第 7.102 段。

[83] 同上第 4 章第 95 页。

[84] Ruben Peeters，《搜查与查封》，Bird & Bird 网，2002 年 7 月 31 日。

[85] 《知识产权法》，L 章 716－7。

[86] Isabel Davies（ed），《Sweet & Maxwell：欧洲商标诉讼指南》（1998），第 10.78 段。

险”的情况（需要法院颁布禁令的紧急情况）。[87]理论上，任何标准的缺失都是致命的，然而，如果只有其中一个证据充分的话也可能获得。实践中，意大利的法院已准备接受权利存在的推定，以代替权利已存在的证明。[88]

尽管强调的重点可能有所不同，意大利的两分模式在欧洲的其他国家也有应用，以下各节将进行阐述。 14.57

（c）原告享有权利的证据

原告必须证明他有权起诉商标侵权行为。如果没有合法有效的商标注册证书或者有效的复印件（基于公司内部复杂的组织架构短时间内可能是难以获得的，或者在全国性节假日期间难以获得），原告的宣誓或事实的陈述通常也能提供足够的证明。 14.58

（d）急需采取救济措施的情况

商标权所有人必须首先证明起码存在初步可信的商标侵权的指控，这是因为如果没有对商标侵权的指控，法院是没有理由加以干涉的。商标所有人必须表明需要法律救济的迫切性，商标所有人不能等到法院审理日时才获得法院对于禁令救济的裁决，因为法院的审结往往需要几个月，有些情况下甚至要等上几年时间。原告的商标和与被告所使用的商标相同或近似的证据，以及对被告使用该商标的行为根据国内法构成了一项或多项侵权行为的解释，通常可以支持对侵权的指控。诉讼初期，哪怕是实际混淆[89]的一个情节的证据也会影响法庭的审理，即使该证据本身不足以作为获得终局禁令的依据。法院还可能受到下列因素的影响，例如，不给予禁令救济，损害赔偿将无法弥补全部损失，或者商标所有人能做出对给涉嫌侵权的被告所造成的损失足额赔偿的对等承诺。 14.59

由于在商标所有人临时禁令申请中必须有情况紧急这一要素，这表明起诉的任何延误会减损原告在法院判决之前获得保护的机会。在法国的一个案例[90]中，商标所有人无法否认在其申请临时禁令前的10个月便得知被指控的侵权行为已经发生：这种延误对于寻求法院临时救济是致命的。在荷兰的kort geding案中，原告知悉侵权行为发生的6个月后才提起诉讼将不再被视为紧急。[91]在德国，在商标所有权人知悉其指控的侵权行为1到3个月后，原告的起诉是否被视为紧急将 14.60

[87] ECJ已经采用的紧急状况的标准，参见在Hermes国际诉FHI销售选择案中的规则，案卷C—53/96（1998）ETMR425，第34章。

[88] Levi Spa v Iniziative Srl［2003］ETMR N—3（Monza法院）。

[89] 故，在Teknek Electronics Ltd v KSM International Ltd［1998］ETMR 522（苏格兰最高民事法院）案中，该法院被一项简单的混淆情形所影响，而以后的全面审理中，该项混淆则被认定为没有实际内容。

[90] Skis Rossignol SA and another v SA Head Tyroli Sports & HTM Sport SpA［1999］ETMR450（Tribunal de Grande Instance de Grenoble）.

[91] Isabel Davies（ed），《Sweet & Maxwell：欧洲商标诉讼指南》（1998），第4.91段。

由法院决定。[92]

14.61 当事人各自的产品在一个科技变化飞速的领域中竞争的事实也会影响法院是否做出对商标提供临时保护的决定。那不勒斯的法院[93]命令某公司停止销售与另一家公司生产的已经获得商标登记注册的相似的双色去垢药片（在当时这是个科技创新）时，就考虑了这个因素。正如法院所说，如果商标所有人须被迫接受被告暂时使用其商标的情形，即使在事实审中最终确立了侵权责任，也不会对商标所有人有利。因为，在判定案件事实时，科技的进一步发展或营销策略的改变将会导致被延误承认的权利变得在商业上无用。[94]

14.62 法院要求的紧迫性条件并不总是与临时禁令的性质相适应。因此，在一个案例中，某出版商获得了一个初步禁令禁止被告在 format.at 的域名中使用 FORMAT 商标，但是被告被给予了两周的时间来履行该禁令的要求。[95]

(e) 多方利益的平衡

14.63 一旦原告证明其享有商标权以及救济的急迫性，法院须决定授予原告请求的临时禁令是否合适。这是因为法院可能考虑到被告更为急迫的需要而不采取救济措施。例如，如果被控侵权的商品上架销售的时间并不长，但是对案件的全面审理不会用到 6 个月的时间，命令被告在未审理之前不得销售商品，会对其经济收益产生灾难性的影响。同样的道理，如果原告从未使用其商标而被告却在广告宣传以及使用涉嫌侵权商标的产品生产中投入了大量资金，或者被告已经能够为侵权产品开创一个市场[96]，被告要求不授予禁令的理由相对于原告要求授予禁令的理由会更有力。在英国和爱尔兰，法院在决定是否颁发禁令时必须考虑多种标准，即利益平衡。如果原告的利益高于被告的利益，则颁发禁令；如果被告的利益高于原告的利益，则不颁发禁令。[97]

14.64 一旦接受有必要在商标所有人和被控侵权人相互冲突的利益之间进行某种利益平衡的观点，临时禁令就会成为部分或全部维持“之前状况”的精妙而复杂的工具。临时禁令潜在的多功能可以从牙买加上诉法院在国际著名公司麦当劳诉与

---

[92] Isabel Davies (ed)，《Sweet & Maxwell：欧洲商标诉讼指南》(1998)，第 7.99 段。

[93] Benckiser NV and Benckiser Italia SpA v Henkel SpA and others [1999] ETMR614（那不勒斯法院）。

[94] 同上，647。

[95] Format Gesellschaft mbH and another v Wirtschafts-Trend Zeitschriftenverlags Ges mbH [2002] ETMR472（奥地利上诉法院）。

[96] Beecham Group plc v Munro Wholesale Medical Supplies Ltd [2001] ETMR318（苏格兰最高民事法院）。

[97] American Cyanamid v Ethicon [1975] AC396 (HL)，参见 Symonds Cider 英国就业公司诉 showerings（爱尔兰）公司（1997）ETMR 238（爱尔兰最高法院）。

其名称相同的一个在其进入之前已经存在的当地企业案件里所采取的方法中略见一斑[98]，其中每个企业的利益以及保护公众消费者的需求在权衡利益时都必须给予充分考虑。

(f) 当商标侵权带来的损害短暂且轻微时，不颁发临时禁令

在苏格兰的一个案件中，某威士忌的销售被指控为侵犯 LAPHROAIG 商标权，苏格兰最高民事法院根据“单方申请”颁布了临时禁令，但是在发现被控侵权行为的范围有限、数量也很少后就撤回了该禁令：如果被控侵权的商品销售后，商标所有人享有的利益几乎不会受到什么损害，并且损害不会被视为是不可挽回的。[99] 14.65

(g) 商标登记注册之前的临时禁令

在典型代表为希腊[100]、意大利[101]和荷兰[102]（但是不包括英国）的一些国家，为了保护商标注册申请，法院愿意在商标权被授予之前颁布禁令来阻止商标侵权。如果一国为其国内商标提供上述保护，对于共同体商标也应该提供同等程度的保护。[103] 14.66

(h) 即便在商标使用之前也可以获得临时禁令

在苏格兰的一个案例[104]中，用在收音机以及光缆传输服务上的 DISCOVERY CHANNEL 商标的所有人要求获得一项临时禁令，以阻止当地的电台即将在敦提（苏格兰东部城市）播出“Discovery 102”的“发现之城”节目。尽管商标所有人曾经计划在广播服务上使用其商标，但是当时并没有立即实施该计划。审判法官拒绝提供救济，理由是商标所有人并没有采取任何行动以建立其商标在与广播相关的服务上的使用。上诉法院推翻了这一主张并认为，商标所有人还没有在广播服务上使用其商标的事实本身，并不是阻止临时禁令救济的理由，原因是被告也还没有建立起自己的电台。 14.67

(i) 临时禁令如果对被告是不公平的，将不会获准

由于临时禁令是在法庭全面审理开始前提供的临时救济措施，在授予临时禁令之前，大部分国家的法院都会很慎重地考虑在当事人相互冲突的利益之间建立 14.68

---

[98] Mcdonld’s Co.，Ltd v. Mcdonald’s Co.，Ltd and Vincent Chang（1997）FSR760（牙买加上诉法院）。

[99] Allied Domecq 酒业公司诉 Murray McDavid 公司（1998）ETMR61（苏格兰最高民事法院）。

[100] 参见 Slim 国际与 Antineas Grnaikou 诉 Delta Protypos 牛奶工业（2000）ETMR409（雅典初审法院）。

[101] 《商标法案》第 61 条。

[102] Rowling 诉 Uitgeverji Byblos，2003 年 5 月 3 日（未报道）（阿姆斯特丹地区法院）。

[103] 《欧盟理事会条例 40/94》第 99 条。

[104] 发现通讯公司诉发现 FM 公司案（2000）ETRM516（苏格兰最高民事法院）。

起一个合理平衡的必要性。这并不意味着任何一方当事人在一定程度内的损害就很难在以后的程序中得到补偿，或者在每个案件中产生的损害对于诉讼请求来说都是不成比例的。因此，苏格兰的法庭拒绝向使用在高尔夫休闲度假村以及各类衍生产品上的PEBBLE BEACH商标的所有权人授予临时禁令，案件中的被告销售的就是使用PEBBLE BEACH商标的威士忌。[105] 基于重大的圣诞节销售活动将要开始了，被告已经来不及更换其商品的名称，如果他错过当年的机会，他当年的主要获利机会就会丧失。

14.69 法院在颁发临时禁令之前，可能会要求商标所有权人做出下列承诺：在对侵权争议的实体问题审理之后，如果判决认为被告未侵权，原告对由于被授予临时禁令而造成的被告的任何损失承担赔偿责任。[106] 同样，在不发布临时禁令的情况下，法院也可能要求被告赔偿由于商标的使用所造成的商标所有人的损失；被告还可以向法院交一笔费用，作为法院可能判决其应支付的赔偿金的担保。法院在决定是否授予临时禁令时，将会考虑到双方当事人所承担的必要的责任或者缴纳类似的款项的能力。[107]

(j) 当事人行为对于禁令申请的影响

14.70 由于禁令救济通常是法院在自由裁量后授予的，因而法院不仅会考虑到各方利益的平衡，还会关注当事人的行为。例如，诉讼的一方或者双方是否具有恶意。

14.71 有时原告不能获得临时禁令，因为其行为已经给人留下了他将不会去反对被指控的侵权行为的印象。在一个案例中，被告未能以以下理由说服苏格兰法院：由于被告已经在商标所有人的酒店里开始了他的侵权行为而没有面临酒店管理方的任何异议，商标所有人已经默许了该侵权行为，因而其无法获得禁令救济。[108]

(k) 临时禁令颁发后的结果

14.72 即使是在最近，临时禁令的授予也经常不仅仅是双方战役中的第一枪，而且是最后以及终局性的一枪。这是因为即便被告被禁止使用争议商标几个月，他不能在相应市场范围内使用该商标来推广商品或服务，将是阻碍其获得商业利益的重要因素。没有企业希望将资金、人员以及营销技术投入到一个不能依赖的项目

[105] Pebble Beach Co. v. Lombard Wine Co. (2003) ETMR 250（苏格兰最高民事法院）。

[106] 这些损害是实质性的：在Lube A/S诉Dansk Droge A/S（2001）ETMR343案中（丹麦最高法院），商标所有人赔偿的损失高达600万kr（相当于5.4万英镑或8万欧元）。

[107] Speech Works Ltd v Speech Works International Incorporated［2000］ETMR982（苏格兰最高民事法院）。对于这些争议的总评参见American Cyanamid v Ethicon［1975］AC396（HL）。

[108] Gleneagles Hotels Limited v Quillco 100 Limited and Toni Antioniou，2003年4月1日（Out House：苏格兰最高民事法院）：在知名的GLENEAGLES酒店中投入GLENEAGLES FILM STUDIOS商标。

上直到其不确定性得出最终结果（全面审理）。在这种情况下，是选择在其商品和服务中使用其他商标还是仿冒原告之外的人的商标则更具有商业可行性，虽然这将取决于被告的正直和野心。一旦一项临时禁令被授予，商标所有人主要的目的是阻止新的侵权而不是从原先的侵权人处获得赔偿，这时他不会再进行下一步的诉讼活动，而是试图将临时禁令变为永久性禁令。原告拖拉的行为或不作为对相信自己的行为是正当的并希望看到案件的结果的被告而言，是极其令人恼怒的。

TRIPs对这种状况做了相当程度的改变。根据第50（6）条[109]，如在合理期限内未启动对案件实体问题做出裁决的程序，应被告请求，临时措施应予撤销或终止效力。如果成员国法律允许，上述合理期限的长度应由做出临时措施裁决的司法机构确定，但是，如果该司法机构未确定上述合理期限的长度，则在不超过20个工作日或31天（以时间长者为准）内撤销或效力终止。 14.73

这意味着立场倒置了。一旦商标所有人被授予双方禁令，如果他不希望被禁令限制的被告请求法院撤销或终止禁令的效力，他就必须采取积极的行动以获取案件全面审理后的裁决。[110] 因此，被告可以以迫使其进行诉讼的方式耗费原告的人力物力，这样的费用和不便是巨大的，尤其是在商标所有人试图针对多个被告保护多项商标，而被告仅仅侵犯了原告一项商标的情况下。但如果被告不申请撤销或中止该临时指令，它不会在第50（6）条规定的期限截止时自动失效。[111] 14.74

一旦第50条适用，欧洲境内的国内法院重大修改自己的禁令授予方式的情况将可能出现，但这尚未发生。这可能是因为检测和解释该条款的成本将不可避免地由诉讼当事人来承担，而他们可将其财力用于更好的地方而不是花在法律规则的发展上。 14.75

D. 金钱救济

（1）损害赔偿

在所有的法域内，被侵权商标的所有人均有可能从侵权者处获得对其损害的赔偿。侵权损害赔偿一般只有在经过法庭对实体问题的审理后才能判决。但在比 14.76

[109] 欧洲法院对欧盟所制定的欧盟知识产权法领域有管辖权，可以根据国内法院有关临时措施的请求而适用或解释该条款。

[110] Hermes International v FHT Marketing Choice BV，Case C-53/96［1998］ETMR 425（欧洲法院），第34段。

[111] Schieving-Nijstad VOF and others v Groeneweld，Case C-89/99［2002］ETMR 34（欧洲法院），第56～61段。

荷卢国家，当对有关责任问题的全面审理尚未进行时，有些法院已经要求明显构成侵权的被告提前支付损害赔偿金或者不正当的获利。[112]

14.77 各个国家赔偿额的计算方法都有很大的不同。在某些国家（例如英国、丹麦以及德国），如果当事人之间无法就赔偿额达成一致意见，损害的赔偿是以实际损失的证明为依据的，并通常辅之以数学计算。而在法国，胜诉的原告可以自动获得赔偿，即便无法证明存在实际损害，同时诉讼所花的费用以及支出应首先获得赔偿。[113] 在西班牙、葡萄牙等国家，在作者作为局外人看来，赔偿的数额将依据法官对于损害程度的主观评估。

14.78 民事诉讼中判决损害赔偿的主要依据是对于损失的补偿，但也存在其他决定损害赔偿的依据，例如，对侵权人的违法行为进行惩罚使其不再犯同样的错误（同时以儆效尤）。然而，这些理由更多的是适用于刑法的，而不是民事诉讼的范畴。[114]

14.79 当损害赔偿的判决是以对于损失的补偿为基础时，商标所有人应获得使得其恢复到损害未发生时的状态的一笔赔偿金。赔偿金可能有不同的方法来计算，这取决于商标所有人是经常授权或许可他人使用其商标，还是未许可他人使用其商标。在前者的情形下，起码会有一些客观证据证明权利人通常对其商标的使用收费是多少，从而可以作为线索提示权利人由于侵权人没有获得其许可而遭受的损失。这两种情形下的损害赔偿将在下文进行介绍。

(a) 商标已被许可使用时的损害

14.80 如果商标所有人通过将商业经营权许可给他人的方式利用其商标，则其应记得告知法院他所遭受的损失。因此，在意大利的一个案件中，商标所有人的损害赔偿要求被拒绝，尽管他的商标权的确受到了侵犯，但是他没有主张他受到了任何损失（无论是应从被许可方获得的特许权使用费，还是其他类型的损失）。[115]

14.81 假设商标所有人主张特许权使用费的损失，那么许可的价值有多大呢？一项商标许可的“现行收费标准”是未经授权的侵权人所应支付的侵权损害赔偿额的计算起点，至少在英国是这样的。这是否意味着这样的侵权人在权利人拒绝向其授权后，可以任意侵犯他人商标权，而其赔偿的数额也仅仅相当于其作为合法的获得许可的人所应支付的数额？如法院所反复强调的，对于商标侵权的损害赔偿

[112] Isabel Davies (ed)，《Sweet & Maxwell：欧洲商标诉讼指南》，(1998)，第 4.52 段。

[113] 《民事诉讼法典》第 700 条。

[114] 在英国，法律委员会第 247 号报告（《加重的、惩戒性以及补偿性的损害赔偿》(1997)）建议对知识产权侵权适用“惩罚性”的赔偿。这个建议尚未通过。

[115] Centro Botanico Srl，Angelo Naj Oleari and Gruppo Cartorama SpA v Modafil di A Toniolo & CSas [2003] ETMR 500（米兰裁判庭）。

具有补偿性，那么可能就是这样，除非存在商标侵权损害赔偿的其他依据。

丹麦法院曾考虑过在下列情况下如何判决损害赔偿的问题：商标所有人经常许可他人使用其商标，且执行严格挑选及高额的许可政策（这使得可以在较高水平上计算损害赔偿数额），而被告的侵权行为——在报纸首页复制 WWF 的熊猫标志——是疏忽大意造成的，侵权时间相对较短，对于许可人的销售没有产生很大的影响（这表明侵权产生的危害不大）。此种情形下，法院支持被告的主张：侵权行为相对而言是不明显的，也没有其他证据向法院表明原告因该侵权行为遭受了损害，或者被告获得了收益。[116] 因此，当原告要求赔偿 50 万奥地利旧金币（折合大约 4.5 万英镑或者 6.7 万欧元），而被告仅愿意赔偿原告索赔额的 1/5 时，法院判决赔偿额为 10 万奥地利旧金币（大约 9 000 英镑或者 13 200 欧元）。 14.82

无论商标所有权人是否许可他人使用其商标，侵权商品在市场上的流通，可能会在市场上产生压低价格的作用。如果权利人是许可方，压低产品的价格将意味着从被许可方处获得的许可费会降低；如果权利人不是许可方而是自己销售产品，压低产品的价格就意味着其收益降低。尽管这个问题并没有在最近的欧洲商标案件中明确出现过，价格压制所造成的损失至少在一起专利侵权案件中已经被认定为一项损害。[117] 14.83

(b) 商标未被许可使用时的损害

当受侵害的商标所有人未授权他人使用其商标时，则没有证据表明商标所有人以及其进行商业经营的市场对该商标的定价，因此，也没有任何证据表明侵权行为所造成的损害的价值。在英国，损害赔偿额的计算起点试图建立在侵权人若是“使用者”应该支付给商标所有人的许可费金额上，该假设的前提是商标所有人自愿许可，而侵权人自愿接受许可。[118] 英国法院将此作为计算起点的事实表明，他们热衷于认为侵权人所造成的损害具有一个名义上的价格，而该价格是由所有人所能接受的对其商标侵权的程度决定的。有些商标所有人—— 特别是那些在任何条件下都不外包其生产，又不授权他人使用其商标的人——不愿意接受这点。在一定程度上这类似于对钓鱼者的损害赔偿评估模式：钓鱼者一条昂贵的鳟鱼被偷了，赔偿额按照偷盗者如果买这条鱼需要花多少钱来计算。但是，应该强调的是，自愿许可方或被许可方的假设只是一个出发点。理论上讲，这并不会限制法院基于侵权对一项商标商誉损害程度的证据或者自己的评估，而判决一个 14.84

[116] WWF Danmark and WWF-World Wide Fund for Nature v Den Bla Avis A/S［1999］ETRM300（海事经济法院，丹麦）。

[117] Gerber Garment Technology Ltd v Lectra Systems Ltd［1997］RPC443（上诉法院）。

[118] Reed Executive plc and Reed Solutions plc v Reed Business Information Limited, Reed Elsevier (UK) Limited and Totaljobs. Com Limited (No 2)［2003］Info TLR60（未公开）（高等法院）。

更多的赔偿数额（或者较少的赔偿数额）。[119]

14.85 丹麦的习惯性做法是按侵权人从侵权行为中所获得的交易额的一定比例确定损害赔偿金数额。在近期的一个案例中，某医药产品的平行进口者将正牌产品重新进行了包装，但是通过在商标所有者的商标名称与图形上增加自己的商标名称与图形，将商品进行了“商标混合”，本案中的损害赔偿额被评估为被告侵权生产的营业额的5%。[120]

14.86 当上文所述合理许可费原则不适用的情形下，德国的做法是承认两种不同的计算损害赔偿金的方式。第一种是估算出商标所有人营业收入损失的大概数额，然后从大概数额中计算出所丧失的利润——这在商标的主要作用是与商品销售有关时，特别具有实用性。[121]第二种方法是估算出侵权人利润的数额，但是这些利润可被证明为完全是源于侵权行为，而不是源自侵权人其他的商业行为。[122]

14.87 在不适用许可费原则的情况下，法国采用了截然不同的计算损害赔偿的方法。最近的法律理论表明，即使商标本身并非是家喻户晓的，损害也可能是实质性的（即使不是巨大的）。因此，在2001年的一个案例中，发生了按相关的展览名称列出与之相关的展览商信息数据库的侵权行为，商标侵权者的损害赔偿的数额从与侵犯数据库权的损害赔偿金额相等到该赔偿额1/5不等：原告方中的两家公司获得了2万法国法郎的损害赔偿（大约2 000英镑或者3 000欧元），第三家公司获得的损害赔偿相当于上述数额的10倍。[123]

14.87A 葡萄牙法院认为未经授权使用他人的商标持续达4年的事实本身，就可以作为受到损害的证据。基于此，在没有证明确切损害数额的情况下，至少有一家法院曾命令侵权人支付公平的赔偿金。[124]

(c) 损害的调查

14.88 有时候，胜诉的原告可能不知道由于侵权行为所造成的损失的数额或者性质。在这样的情况下，像英国或者爱尔兰等国家向原告提供了能够要求对损害进行调查的权利，并且调查需要按法院的具体指导进行。在商标侵权案件中，法院给予此项调查权时，会指示损害赔偿是不是以假定存在许可为基础计算，但也会考虑到被告从侵权行为中获益的程度——这个问题似乎更适合划入利润计算而不

---

[119] 然而，事实上，根据英国一位杰出的律师所称，这可能确实会限制法庭的权力。

[120] AstraZeneca AB v Orifarm A/S，2002年1月4日［2002］EIPR N—92（丹麦，最高法院）。

[121] Iris v Urus GRUR 1966，I 457（德国联邦法院）。

[122] Vita Sulfal GRUR 1961，I 354（德国联邦法院）。

[123] Societe Reed Expositions France（Formerly Groupe Miller Freeman）v Socete Tigest Sarl［2003］ECDR 206（巴黎上诉法院）。

[124] Les Editions Albert Rene Sarl v Madaleno WTLR，2003年7月23日（葡萄牙Golega法院）。

是损失调查。[125]

(d) 比较广告中的调查权

当侵权行为是法院认为不公平地使用他人的商标进行比较广告时，损害赔偿的依据是不确定的。在英国的一个案例中，法官注意到了这样的事实，即比较广告的全部价值便是以减少竞争者的市场份额为代价增加广告者的市场份额，而无论比较广告内容是否真实。因此，如果将因进行真实比较造成的损失与不诚信比较所造成的损失之间的差异作为不诚实比较的损害赔偿的衡量标准，那么损害赔偿的数量可能很难计算，法院将不愿意发布对损害赔偿进行调查的命令。[126] 14.89

(e) 精神损害赔偿

通常理解认为，商标所有权人对其商标所享有的权利是一种财产权，由于商标是商业财产权中的一部分，因而所遭受到的损害的赔偿数额应该是以所有人的经济损失为基础的。这与专利侵权的损害赔偿是相同的。然而，从著作权角度看，所有《伯尔尼公约》成员国的法律在对受侵害的著作权人进行赔偿时，应该意识到存在两种权利——财产权与精神权。[127]财产权与精神权之间有什么区别呢?财产权是指复制、经销或者表演受保护的作品的权利，此权利可以转让给他人或者许可他人进行使用；而精神权是专属于著作权人个人的权利，是不能转让或许可他人使用的，权利人有权禁止对于作品的歪曲以及删改。在某些国家，著作精神权还包括下列权利：决定作品完成的时间，如果作者认为作品的出版会损害其名誉时，有权决定不出版作品或者将已经出版的作品收回。 14.90

当商标是标语、图案或者受著作权保护的其他作品时，该商标的创作人（其可能是商标的所有者，但更有可能是有创造作品的第三方）可能会在损害赔偿中要求对精神权利的赔偿。此种对于精神权利的损害与某些国家的“精神损害赔偿”术语的使用是不相同的，后者指的是有关受到侵害的商标的商誉的减损的损失，而不是可以计算的销售额或者销售利润的损失。[128] 14.91

(2) 利润的返还

有时候，侵权人对于他人商标的使用虽然已经给侵权人带来了利润收益，但是事实上却并未给商标权利人造成任何严重的损失。当侵权行为涉及某些在欧洲 14.92

[125] Reed Executive plc and Reed Solutions plc v Reed Business Information Limited, Reed Elsevier (UK) Limited and Totaljobs. Com Limited (No 2) [2003] Info TLR60（高等法院）。

[126] Emaco Ltd and Aktienbolaget Electrolux v Dyson Appliances Ltd [1999] ETMR 903（高等法院）。

[127] 《伯尔尼公约》第6条bis。

[128] Louis Vuitton Distribuicao v Caliente Comercio de Modas WTLR，2003年5月30日（最高司法法院，巴西）：4 000美元精神损害赔偿作为对路易斯·威登商标价值损害的赔偿。

自由贸易联盟之外的市场首次销售的名副其实的“灰色产品”的进口以及销售时，且商标所有人手中并没有留下任何未销售出去的存货，就会发生这种情况。当被告已经制造并销售了质量还不错的侵权产品，但是并未对商标所有权人的销售造成不利影响时，这种情况也会发生。在这样的情形下，商标所有人可以选择接受被告所获得的利益，而无须对其损失进行调查。

14.93 利润返还裁决的依据在各个国家是不相同的。例如，在德国，利润返还被视为赔偿原告利润损失[129]的方法，同时作为一种对易受到侵害的知识产权[130]的侵权行为的合理制裁，而不是仅仅作为一种将某人的收益转移给他人的一种方法。

14.94 利润返还计算不应该与损害赔偿的调查相混淆。利润计算是法庭命令的一种，在英国和其他一些国家都可以获得此种救济，法庭下达此命令时需要当事人提供进一步的证据及收集到的信息来计算金钱的损失，使得损害赔偿能够与原告因被告侵权所受到的损失相一致。

E. 对侵权产品的处理

(1) 对被告商品的查封

14.95 在大部分国家，可以裁定由有权的相关机关对侵权商品进行查封。查封不仅仅可以作为一种最后的救济措施加以运用，甚至在临时性救济措施中，也可以作为禁令的一种辅助手段。[131]

14.96 当侵权商品被查封后，对这些商品应该怎样处理呢？TRIPs 协议对这个问题采用下列方式加以解决：

> 为有效制止侵权，司法机关有权在不给予任何补偿的情况下，责令将已被发现侵权的货物清除出商业渠道，以避免对权利持有人造成任何损害，或在不违背当时有效的宪法规定的前提下，下令将其销毁……在考虑此类请求时，应考虑侵权的严重程度与给予的救济以及第三方利益之间的均衡性。对于冒牌货，仅除去非法加贴的商标并不足以允许将该货物放行进入商业渠道，例外情况除外。[132]

14.97 英国慈善机构国际援助信托基金试图对收缴的侵权产品进行处理，这些措施

[129] 客观损失的计算，IZR16/93，1995 年 2 月 2 日（Bundesgerichtshof 德国联邦最高法院）。

[130] 在获益计算中如何对待经常性消费［2002］ECDR289（德国联邦最高法院）。

[131] Benckiser NV and Benckiser Italia SpA v Henkel SpA and others［1999］ETMR614（那不勒斯，意大利）。

[132] TRIPs 第 46 条（其他救济措施）。

包括由服刑犯人去除掉附着在商品上的商标，然后将没有贴商标的侵权商品运送到发展中国家给予那些显然不可能有能力购买真品的人。

(2) 交还与销毁

交还裁定是将侵权商品返还给商标所有人的指令。有时候，交还是为了使商标所有人销毁侵权商品。销毁，顾名思义，就是将侵权商品予以破坏的命令。销毁侵权商品是商标所有人经常采取的方法，因为此种方法提供了拍照的机会，通常使用蒸汽压路机或者其他工业机械设施挤压或者轧压的方式，将大量的假冒或者其他类型的侵权商品予以销毁。与损害赔偿以及禁令性救济措施不同的是，销毁的措施可以由欧盟成员国有权的海关下令采取[133]，即使在侵权问题上没有采取民事审判程序。[134] 14.98

德国联邦法院曾裁定：当侵权行为包括在本不需要重新包装的平行进口医药产品上使用某一商标时，命令仅销毁包装是适当的。尽管对于被告遵守这项指令可能是令人厌恶的不便，法院判定这并没有违反相称性的原则。[135] 14.99

并非所有的侵权产品交还都是为了销毁。比如说，在商标所有人在当地侵权商标权利未用尽的情形下申请真品交还，这时，商标所有人起码有机会自行销售该批货品。将侵权商品投放市场为商标所有人有效地提供了第二收入来源。在这种情形下，交还命令可以在满足商标所有人向被告支付部分销售价格的前提下做出。[136] 14.100

F. 在没有正当理由下进行威胁的责任

正常人做生意不会希望被起诉。成功辩护一起诉讼所承担的成本和不便，更不用说未决诉讼对商业经营所造成的不确定性，都是商业经营厌恶风险因素。因此，在面临商标侵权诉讼威胁时，若可采取对自己有利的低风险的其他解决办法，企业通常的应对方法甚至是放弃对其立场进行成功的抗辩。但是经营者厌恶风险的本质在过去成为商标所有人不公平地在事实上扩张其在法律上享有的垄断 14.101

---

[133] 《欧盟理事会条例 3295/94》制定了关于进入共同体境内的措施，以及从共同体中将侵犯某种知识产权的商品进行出口及再出口的规定，第8(1)条。

[134] 参见 Adidas-SalomonAG's application，Case 2000：119（未经报道）（芬兰最高法院）。

[135] Boehringer Ingelheim Pharma KG v Eurim-Pharm Arzneimittel GmbH [2003] ETMR 491（德国联邦最高法院）。

[136] 如 Braun Aktiengesellschaft v Elbeka Electro BV [1988] ETMR 259 案，Breda 郡法院颁发了交还命令，但要求胜诉的原告向侵权人支付侵权商品 50%的购买价格。

权的途径。

14.102 考虑到下述情形：Bingo 公司和 Bongo 公司为两个销售电子乌龟形状的保暖器的经营者。Bingo 公司在其产品上注册了 BINGO 商标，并进行了较大的广告投入，后来该公司愤怒地发现 Bongo 公司一直零售 Bongo 牌的产品。Bingo 公司然后函告同时销售 Bingo 和 Bongo 公司产品的零售商，通知销售 Bongo 产品是对其 Bingo 商标的侵害，并威胁将起诉他们的侵权交易行为。他还同样地函告了 Bongo 产品的批发商和经销商。这些函件的接受者不希望被诉，并心想：鉴于销售 BINGO 商品的利润同销售 Bongo 公司产品的利润是相同的，我们不再卖 Bongo 公司产品也不会损失什么。这样我们干吗去法院为我们销售 Bongo 公司产品的权利辩护呢？Bongo 公司于是丧失了一些销售店面，根据需求的降低进行了减产，无法实现必要的规模经济，从而与 Bingo 公司相比以较高的价格销售较少的乌龟形状保暖器。价格敏感的公众抛弃了 Bongo 的产品去购买 Bingo 的产品。通过这种欺瞒的及不道德的手段，Bingo 可以将 Bongo 逐出该产品的市场，即便 Bongo 产品的销售并未侵犯 BINGO 商标。

14.103 英国的商标法[137]和爱尔兰的商标法[138]规定没有正当理由下的诉讼威胁本身是可诉的民事不当行为。其他多数国家的商标法不包含类似的条款，尽管这种威胁的做出构成了不正当竞争的行为或民法基本原则下的权利滥用行为。[139]

14.104 在未注册商标的商品上使用®注册商标标志即便本身不是威胁，通常也被认为是违法的行为。该标志的使用表明了使用人具有起诉未经许可的商标侵权人法律上的授权。由于使用自身的注册商标是侵权的抗辩理由，®标志有时为侵权人所用是试图避免诉讼威胁而不是去威胁他人。[140]

(1) 国际法下不正当的威胁

14.105 《巴黎公约》、TRIPs、《欧盟理事会指令 89/104》以及《欧盟理事会条例 40/94》的共同之处在于，它们都未有条款明确涉及商标所有人在没有合法依据的情况下，对一侵权嫌疑人威胁提起侵权之诉的问题。但其中两个国际公约对此也不是完全沉默的。根据《巴黎公约》，在商业过程中使其他竞争者的公司、商品、产业或商事行为丧失信用性质的虚假陈述[141]，为不正当竞争行为并应予禁

[137] 《1994 年商标法》第 21 节，下文第 14.113～14.115 段将讨论。

[138] 《1996 年商标法》第 24 节。

[139] 见欧洲理事会：《权利滥用及相应概念：原则及当今的适用》。《法国民法典》第 552 条，1382。

[140] 见 Red Bull Sweden AB v Energi Trading I Skara Handelsbolag and Energi Trading I Skara AB (in bankruptcy) [2002] ETMR 758（瑞典市场法院）。

[141] 《巴黎公约》，10 bis3。

止，不正当地威胁起诉第三方商标侵权可能在某些情况下被包括在上述规定的狭义的范围内。

TRIPs中也没有有关诉讼威胁问题的直接规定，只有如下规定：如司法机关应一方当事人的请求采取措施且该当事人滥用实施程序，则司法机关有权责令该当事人向受到错误禁止或限制的另一方当事人就因其滥用权利而受到的损害提供足够的赔偿。[142] 14.106

这条规定至少好像要求对受到不公平的威胁的当事人进行赔偿，例如，该当事人被无正当理由威胁，且法院已经下令对其实施临时禁令限制。但是，无论是《巴黎公约》还是TRIPs协议都没有像英国或者爱尔兰的法律那样进行深入的阐述，后两者明确规定，以商标侵权为由进行不正当诉讼威胁本身也是可诉的侵权行为，实施诉讼威胁的人可以被起诉要求赔偿或者采取其他的救济措施。 14.107

（2）英国的诉讼威胁

英国的诉讼威胁不适用于涉及下列涉嫌商标侵权行为的诉讼：将商标使用在商品或者商品的包装上，进口已经使用某一商标的商品或者提供相关的服务。[143]这意味着，对于商标所有权人对主要侵权人（即实际制造侵权商品者）做出的诉讼威胁，商标所有人可以被免于追究责任。基于大量在英国销售的商品并不在英国制造，因此对主要侵权人的诉讼威胁可能越来越少。 14.108

出现毫无依据的威胁后，法院可以授予受到威胁的当事人赔偿请求权，并且可以裁定给予受到威胁的人损害赔偿，并同时宣告此种威胁是没有正当理由的。[144] 14.109

也许有人认为，只有当没有正当理由的诉讼威胁是由商标所有人对涉嫌侵权人做出时，才可以以这种诉讼威胁为由提起诉讼。但并非一定如此。不仅仅是商标权利人，任何人[145]（不一定是商标所有权人，通常是商标所有权人的律师）都可能因进行诉讼威胁，而承担责任。[146]任何权利受损人（无论是否是侵权嫌疑人）都可以以收到诉讼威胁而提起诉讼。在我们前面提到的Bingo和Bongo案件中，Bingo（或者其代理律师）威胁了Bongo产品的零售商或者批发商，Bongo也可能成为“权利受到侵害的人”，尽管威胁并不是向他做出的。任何向资源不充足的小经营者做出威胁的人，因此应该考虑到，他本身是否也会面临受到这种威胁 14.110

[142] TRIPs第48（1）条。

[143] 《1994年商标法》第21（1）节。

[144] 同上，第21（2）节。

[145] 同上。

[146] 同上。

不利影响的资源较为丰富的大经营者以其诉讼威胁为由提起的诉讼。

14.111 如果英国境内的经营者收到的言辞构成了威胁，即使该威胁是在英国境外做出，其也是可诉的。[147] 以侵犯共同体商标为由的毫无依据的诉讼威胁，在英国[148]以及爱尔兰[149]都是可诉的。

14.112 当因受到威胁而提起诉讼时，唯一法定抗辩是被告（做出威胁者）证明导致其做出诉讼威胁的行为已经或将会侵犯其商标权。

(3) 什么是威胁

14.113 判断某种陈述是不是一种威胁的标准是客观的。有些语言的表达方式十分清楚地表明威胁的存在，以至于很难说服法庭认为这些表达并没有威胁的意图。类似于“我们的客户是使用在乌龟形状保暖器上的登记注册商标 BINGO 的权利人。如果你在 7 天内不停止销售 Bongo 乌龟形状保暖器，而是继续侵犯我们客户的商标，根据客户的旨意，我们会向你提起侵权诉讼”的语句，绝不是毫无杀伤力的玩笑。另一方面，像“我们注意到你正在销售 Bongo 牌的乌龟保暖器。我们认为你应该销售 BINGO 的产品。由于此种原因，我们准备向你提出一项不能拒绝的要求”之类的表达，都是很微妙的，表明以上这些说法似乎被认为是友善的商业辞令，而不是隐藏在司法程序之外的可能的威胁。因此，法院会采取这样的观点，即不是语言本身构成了威胁，而是由于当时的交流的环境和这些语言可能被接收的方式决定了是否构成威胁。[150]

14.114 即便是在律师书写的信函中，该律师拒绝确认他的客户将不会在英国提起侵权诉讼，这种情况下，如果侵权诉讼基于同样的事实已经在爱尔兰被提起，就取得临时禁令的程序而言，这封信可能就构成了无正当理由的威胁行为。[151]

(4) 其他情况下的威胁

14.115 对商标所有人进行无正当理由的威胁好像并非可诉的违法行为，例如，威胁要发动商标撤销或者无效宣告程序。即便是在对商标所有人进行的无正当理由的威胁的受害者提供救济措施的国家也同样如此。

---

[147] Prince plc v Prince Sports Group Ltd［1998］FSR21（高等法院）。

[148] 《1994 年商标法》第 52 节；1996 年共同体规则 1996，reg4。

[149] 《1996 年商标法》第 57（4）节。

[150] 参见 Brain v Ingledew Brown Bennington Garret［1996］FSR341（上诉法院），esp at 349。

[151] L' Oreal（UK）Ltd and another v Johnson & Jobson and another［2000］ETMR691（高等法院）。

G. 不侵权宣告

如果法院判决确认被告实际上没有侵犯商标所有人的权利，这样的判决对于被告来讲是令人满意的。但是，如果被告最初就无须在法庭上为自己没有实施侵权行为进行辩护，那么不管是对被告紧张的神经，还是对他的经济状况而言，通常要更好一些。因此，如果可以，欲使用某一商标的当事人相信其行为并没有构成侵权，那么可能会提起不侵权宣告程序。通过此种宣告，法院判决，如果被告在商业过程中对商标进行了实际使用，这种使用不会侵犯宣告程序中提到的某一特定商标所有人的权利。 14.116

尽管不侵权宣告是专利法中常见的特有制度，但在商标法领域中并不经常使用。意大利法律将其视为一种有效的救济措施，曾被为达到下列目的而援引：表明由于商标所有人享有在肥皂、化妆品、香水以及其他商品上的 NATIVA 商标的权利，已因为在化妆品上的不使用而部分丧失，所以第三方在相同的商品上使用 NATIVA DI CUPRA 商标并没有侵犯其在先权利。[152] 14.117

H. 竞争法

(1) 对非法协同行为协议的诉讼

《欧洲共同体条约》第 81 条（以前是第 85 条）[153] 禁止可能影响成员国之间的贸易的行为，以及目的是阻止或者破坏欧盟市场上的竞争的任何协议或者一致行为。欧洲法院已确定这项条款适用于与商标相关的协议和一致行动。[154] 在商标侵权中，从被告的立场上讲，值得考虑的是，全世界都认为像一个常规商标侵权的诉讼是否可以被解释为共同市场内的扭曲竞争行为，如果这个方法得以成功，被告可以彻底击败商标所有人的起诉。 14.118

两名被 Glaxo 公司、Wellcome 公司、SmithKline Beecham 公司、Boehringer Ingelheim 公司与 Eli Lilly 公司告上法院的药品进口商以第 81 条的规定为依据，向法 14.119

[152] Farmaceutici Dott Ciccarelli v Aboca di Mercati Valentino Sas［2003］EIPR N—72（米兰法院）。

[153] 同样参见英国 1998 年《竞争法案》，S2，适用于在英国司法管辖区内的破坏竞争的协议。

[154] Sirena Srl v Eda Srl，Case 40/70［1971］ERC69（欧洲法院），在 Guy Tritton 中受到批判，参见《欧洲知识产权法》（2002），第 7 章 123—7—124。

院提交意见。他们主张，商标的五个所有权人向他们提起的诉讼已经构成了一致行动，这五家公司在医药产品市场上占据了很大的份额。在经过初次庭审后，进口商被允许修改其在侵权诉讼中的抗辩事由，以原告违反第 81 条为由进行抗辩。[155]

(2) 滥用支配地位的抗辩

14.120 《欧洲共同体条约》第 82 条（以前是第 86 条）规定，在欧共体市场上，或者在该市场中的任何一部分，一家或多家经营者滥用其市场支配地位的行为是被禁止的，只要该种行为影响了成员国之间的贸易往来，这种滥用行为就被视为与共同体市场是不相融的。[156] 商标所有人行使商标权行为本身一般不会构成支配地位的滥用，原因是商标权并不是商业贸易上的主要障碍：至少在理论上，竞争者能够在不同的商标下，向相同的消费群体提供相同的商品或者服务。在第 82 条适用于商标的使用之前，正如欧洲法院所述……考虑到产品的可能的存在和地位以及销售类似或替代产品的经销商，商标所有人应有权阻止有效竞争在争议市场的相当大部分上的存在。[157]

14.121 如果是这样，商标所有人享有的支配地位可以从经济规模、通过专利所建立的市场优势，甚或其他若干与商标权不相关的因素中获得。因此，几乎没有人关注商标在建立和维持市场支配地位以及反竞争地位中起到的作用。

14.122 在英国的一起案件中，一方援引了“滥用市场支配地位”的条款，但没有成功。该案中，Claritas 公司是一家“生活模式”信息的龙头供应商，它试图限制邮政局寄出的 700 万份直接邮件问卷。[158] 邮政局设立了一个子公司——PPS（邮政优先业务公司），与 Claritas 公司竞争生活模式信息的收集和提供。直接的邮件问卷是以 PPS 的名义寄出的，但与 Claritas 信件不同的是，PPS 信件贴着邮政局声望很高的皇家邮件标志。Claritas 公司以邮政局拒绝许可其使用皇家邮件标志，而在 PPS 邮寄广告中使用该标志是滥用在英国支配地位的行为为由，申请临时禁令救济措施。法院不同意它的下列观点：拒绝授予知识产权如果有效地阻止竞争者进入市场，则可能构成滥用权利，但本案并非如此。Claritas 已经建立，并占有 40%到 50%的市场份额；并且，邮政局支配的市场（即邮寄信件和包裹的市场）与涉嫌侵权发生的市场（即收集及提供生活模式信息的市场）是不同的市场。

[155] Glaxo Group and others v Dowelburst Ltd and others ［2000］ ETMR118（高等法院）。然而，该抗辩在法庭上似乎并没有引起争议，参见 Glaxo Group and others v Dowelburst Ltd and others，2003 年 2 月 6 日（未经报道）（高等法院）。

[156] 1998 年《竞争法案》第 18 章中包含英国对滥用市场支配地位的行为进行制裁的类似条款。

[157] *Sirena srl v Eda Srl*，Case 40/70 ［1971］ ECR 69（ECJ），para16.

[158] Claritas（UK）Ltd v Post Office and Postal Preference Service Ltd ［2001］ ETMR 679（高等法院）。

I. 结语

本章试图描述法院所给予的司法救济措施的范畴。显而易见的是，除了将被告作为非自愿的被许可方从而判决补偿性损害赔偿的权力之外，法院在其司法工具箱中对他们需要做的工作还有其他充足的工具。但是，强调每个案件的结果将取决于其个案的情况是很重要的：我们不能确保商标所有人（如本章所介绍的故事中的人物曼迪）能获得所有或任何一种本章提及的救济措施。 14.123

第 15 章

与商标有关的交易

A. 导言

商标探戈

法人类学，即对律师的行为模式和行业惯例的研究，是对法律体系进行任何功能性分析的关键。尽管本书的作者并不是法人类学者，但通过其学术相关性，已经能够在这块鲜为人知的人类行为领域取得部分出色研究成果。这些研究成果主要集中在知识产权交易律师的行为模式上。迄今为止，知识产权交易律师这一类别仍鲜为人知。目前，学者认为知识产权交易律师分为两种不同类别：公司内部律师和私人执业律师。两者的行为模式在很多情况下都极为相似。例如，“开会”、“打电话”，并自认为比“秘书”职业更为优越。然而，两者之间也存在明显差异，其中主要差异是：私人执业律师需要奉承讨好公司内部律师，努力争取完善两者关系，直至进入行业惯例所称的“发出行动指令”阶段。然而，这些关系似乎通常持续时间不长，也不具有专一性。

法人类学者经过几个月的耐心观察，了解了知识产权交易律师鲜为人知的真实生活状态，发现这些律师的时间并不都花在交易上。研究小组通过几个月的耐心观察，制作了他们在休闲时丰富多彩的生活录像剪辑。由于白天很少看见知识产权交易律师在办公室外活动，他们大部分的夜间活动是用红外线镜头连续拍摄的。尽管拍摄影像的清晰度不是太好，但令人兴奋的是，我们已经优先了解到知识产权交易律师在不从事商标转让或许可时所做的事情。

让我们在一开始就说明，这些工作专注的家伙，甚至连业余生活都反映了他们每个工作日约20个计费小时的工作事务。他们喜欢做的事情包括钓鱼（即使客户上钩）、拳击（即归档文件（拳击的英文单词“boxing”同时还有把东西装箱的意思，此处可理解为把文件装箱。——译者注）），更令人惊奇的是，他们还喜欢跳舞。跳舞活动公司内部律师练习得最多，但有时也不熟练。今年最流行的舞蹈是商标探戈。根据该领域最主要的几位法人类学家的介绍，商标探戈的大致过程如下：

1. 挑选舞伴

商标探戈的舞者中，一边是拥有某一商标的企业，另一边是有意使用该商标的企业。开始跳商标探戈时，需记住探戈是两个人的舞蹈。如两人有意合作，则须确定舞伴拥有你所需要的东西。如果你感兴趣的商标不归其所有，则其无法许可你使用该商标。

2. 音乐响起时才开始跳

一般应与舞伴在同一时间开始起跳，因此应确保双方约定一个起舞日期，以便双方共同活动（参见下文第 9 项“音乐结束时会发生什么事情”）。

3. 共同应对音乐

与舞伴随着商标探戈的音乐跳得越好，就会吸引越来越多的其他舞者，想通过模仿你们的舞步，省得自己摸索舞步（有时被称为“侵权者”）。这些侵权者中，最厉害的（“假冒者”）会把你们的舞步模仿得惟妙惟肖，以至于观看商标探戈的观众都会相信他们看到的是你们的表演。绝对不应该允许事情发展到这个阶段。你和舞伴必须共同应对音乐，始终强有力地打击这些侵权者。如果够幸运的话，舞蹈裁判（或简称“审判员”）会令他们停止抄袭模仿你们的舞步，甚至会将他们的全部钱财都判给你们。

4. 在向外抛舞伴时要小心

商标探戈是一种多彩多姿的舞蹈，通常会有很多大胆的即兴动作。这是因为跳探戈时的音乐（有时被称为“现行市场环境”）可能在某个瞬间突然改变。如果旋律、节拍甚至韵律突然改变的话，须与舞伴在行动上有一定共识，否则可能会发现你已经把舞伴抛向另一个舞者的怀抱。

5. 给予舞伴适当支持

有时候，在尝试商标探戈的舞者中，总有一个由于突然转身而导致舞步错乱，因而在起跳时摔倒。当发生这种情况时，你大可以将舞伴有失体面地摔倒在地板上——尤其当该等情况是由于其自身错误而造成的。但是，你真的希望他摔倒吗？如果其他潜在舞伴看到你对现任舞伴如此弃之不顾，他们也许以后就不想再跟你跳了。所以，这时最好是往后弯一下腰（即使在情况最好时，这也是个很难执行的动作）来帮助挣扎中的舞伴，特别是如果他不经常绊倒的话。

6. 记住脚所处的位置

在商标探戈中，只能站在舞伴许可的区域内。若把脚放到其他任何地方，就会位于许可范围之外。这意味着违反了与舞伴签订的合同，舞伴可以不等音乐结束就停止舞蹈（这在舞蹈专业术语中被称为“终止事件”）或者你可能会发现你踩到其他舞者了（有时候被称为“商标侵权”）。

7. 如果无法看到前进的方向

当一方向前走时，另一方就要往后退。两人一起跳探戈，意味着要能信任舞伴的判断。如果你相信他不会带你撞上砖墙或者掉下护墙，那是无妨，但你也许希望在舞蹈开始前从他那里得到一些保证。

8. 中途更换舞伴

有可能在正跳得高兴时，突然一方或者另一方不见了踪影。当一方与另一舞者合并或者被他人“收购”时，这种情况就会发生。因此，必须提前规定，未合并或被收购的一方是否必须与其最初并没有打算与之跳舞的新舞伴继续跳舞，或者是否可以从商标探戈中退出，收起脚步，喝几杯啤酒提神。

9. 音乐结束时会发生什么事情？

取决于自己。如果在开始跳第一支舞之前，没有预先采取措施确保你有选择与舞伴跳第二支舞的权利，那么舞伴可以离你而去，寻找新的舞伴。但有一点可以确定——如果你在音乐停止时仍继续跳下去，舞伴可能认为你违约且不可饶恕，也许再不愿与你合作跳商标探戈。

探戈需要两个人来跳

这个故事的寓意很简单，即任何商标交易都需要两个人来跳探戈。每一方均须坦诚合作，即使对合作孕育出的结果有不同期待，也应让另一方清楚地了解你的期待。本章考察了进行商标交易的法律框架，同时还考虑了商标所有人及其代表通常参与的几种交易类型。 15.01

B. 商标交易的性质

(1) 商标财产

15.02 国内商标法普遍认为，已经注册的商标，正在申请登记注册的商标，而且在普通法国家中[①]即便是未登记注册的商标，都是“财产”的表现形式。[②] 就像土地、汽车以及除草机一样，商标也可以进行买卖、租赁。在欧洲，商标所有人的财产权不能受到任何限制，除非这些限制适用于与其相符的共同体目标。[③] 当商标所有人是自然人而不是公司或者其他法人实体的情形下，商标会传给所有人遗嘱中的受益人，如果所有人没有立遗嘱，则会遵守无遗嘱死亡财产转移的规则办理。如果商标有价值，则可被抵押或者作为贷款担保财产使用。

15.03 对此主题感兴趣的人对于商标作为“财产”的观点有着不同的哲学理念。[④] 尽管本书并不探讨相关问题，但是对于希望在比《巴黎公约》、《与贸易有关的知识产权协议》(TRIPs) 以及两个《马德里协定》[⑤] 更为广泛的司法背景下了解商标功能的学生以及执业人员来讲，我们推荐将这本书作为假期读物。

15.04 将商标作为财产这一观点意义重大，即：允许从事与商标相关的贸易业务。这并不仅仅意味着某人可以出售某商标，然后带着满满一口袋钱走掉，还意味着两个或者更多的人可以在同一时间在相同的商品与服务[⑥]或者不同的商品与服务上[⑦]使用相同的商标。商标可以进行交易的观点证明我们在日常生活当中认为理所当然的行为是合理的：特许经营、促销、赞助以及背书特许。本章将讨论上述活动以及其他活动的法律基础，还有一些支持商标所有人通过允许他人使用商标

① Sprints Ltd v Comptroller of Customs (Mauritius) and another [2000] IP&T735, 737 (PC, 毛里求斯)：根据普通法，对于具有显著性的标识的财产权，经营者仅仅通过在他的商品上使用或者与他的商品相互联系就能够获得，而不管上述使用的期限长短，也无须证据证明社会公众已经将其认知为使得使用者的商品具有显著性的标识。

② 对于构成商标的某些元素，例如域名，则不一定符合上述情况，参见 Sheldon Burshtein,《域名不是知识产权》(2002)，第 11 期《世界电子商务》知识产权报道 9-11。

③ R v Secretary of State for Health, ex p British American Tobacco (Investments) Ltd and Imperial Tobacco Ltd, supported by Japan Tobacco Inc an JT International SA, Case C-491/01 [2003] ETMR547 (欧洲法院)：如某限制仅适用于展示烟草商标的香烟包装盒的部分元素，则烟草商标所有者的财产权不受此限制。

④ 对于该主题的两种最新处理方法，参见 J W Harris《财产与公正》(1996) 与 Spyros Maniatis《商标权：财产权基础上的合理辩护》[2002] IPQ123 (及其中引用的众多材料)。

⑤ 参见其中的第三章。

⑥ 参见下文第 15.50～15.56 段探讨的关于商业特许经营的运作模式。

⑦ 见下文第 15.57～15.59 段探讨的关于角色促销的运作模式。

从而实现其利益最大化的主要原则。

(2) 交易的类型

人们可以从事的具有法律重要意义的商标行为包括两种。某人可以把商标让与另一个人（律师通常将其称为转让）；也可以许可其他人使用某商标。这些交易类型本章将在下文予以详细探讨。 15.05

(a) 商标转让

商标转让是将商标所有权从其所有人手中（转让方）转移给另一方当事人（受让方）。一旦商标所有人已经转让了某商标，他对其已经转让的商标不再享有任何权利。相关方应该通知商标授予机关该转让，以便该所有权变更有可公开获得的官方记录可查，同时以便授予机关将续期费用通知发送至正确的所有人。 15.06

有时候，商标所有人签订合同将他的商标转让给受让人，但是转让的法律手续并没有履行完毕。[⑧] 在这样的情况下，法院将认为受让人对该商标享有“衡平的”或者“受益的”权益：商标转让方将被视为其仍然拥有商标，但属于为受让人代持该商标，受让人不但有权要求转让方以该商标对抗第三方当事人，而且还能要求转让方完成转让手续。 15.07

绝大多数所有权的转让都是交易双方签订合同的结果，通常是在商标所属业务被出售的背景下进行的。有些商标的转让是作为已故所有人的财产的一部分，或者是作为已经进入清算程序的公司的财产的一部分进行的。其他的商标如在拥有该商标所有权的公司被出售给对该公司享有控制权益的第三方当事人时，则可视为事实上被转让。[⑨] 15.08

(b) 许可[⑩]

商标的许可是其所有权人（许可方）同意另一方（被许可方）使用的许可。一旦商标所有人将商标进行了许可，其仍然保持其所有人的身份，即便是在独占性许可的情况下[⑪]，也可以为了任何意图和目的，将权利授予另一被许可人。大部分商标许可通过签署合同进行，在签署合同时，合同条款必须表明被许可人可以使用该商标从事哪些活动。在有些国家，应向该商标授予机关通知该许可，以便该许可有可公开获得的官方记录可查。[⑫] 15.09

在理想的情况下，所有的商标许可均以书面形式记录，这样，许可条款就不会 15.10

⑧ 例如，在英国转让合同必须由转让方亲笔书写并签名：《1994年商标法》第25（3）节。

⑨ 《欧盟理事会条例40/94》第17（2）条。

⑩ 通常情况下的商标许可，参见Neil J Wilkof，《商标许可（2004）》。

⑪ 本章下文第15.27～15.28段对此将进行解释。

⑫ 参见《1994年商标法》第25（4）节（英国）以及《1996年商标法》第29（4）节（爱尔兰）。

存在任何疑问。然而，通常的情况是很多商标许可都是以口头方式进行的；当事人之间可明确表达出许可条款，也可仅通过商标所有人与第三方之间的理解和行为方式引申出许可条款。依赖商标许可条款的当事人有义务证明存在该等许可。

15.11 有些许可并非出于双方自愿。法院可通过暗示认定某项许可，尽管许可人并没有意识到其已将其商标进行了许可。此外，如商标所有人事实上并没有许可他人使用其商标，但是其行为已给第三方当事人留下明确印象，导致第三方认为如果第三方使用该商标，所有人也不会以商标侵权为由向其提起诉讼，则在该情况下，可通过衡平禁止反言规则，在双方当事人之间依法强制实施该商标的许可。

15.12 根据具体情形，商标所有人可能不愿意授予许可，而趋向于承诺其不主张权利：该承诺一般允许第三方继续保持目前其对商标的使用状况，但要求其不得进一步使用；另外，商标所有人也可以允许该第三方仅仅在一段确定的时间内为了处理完现存的贴牌商品或者材料存货而使用商标。

15.13 在美国和加拿大⑬，商标被许可人可能由于他已经通过商标许可对商标进行使用的事实，被禁止否认许可的有效性。⑭

C. 适用于商标交易的基本法律条款

(1) 国内和国际法下的商标的转让及许可

15.14 根据国际法的规定，商标转让或者许可没有任何法律手续上的要求，因此大部分这样的商标贸易都是按照普通合同进行处理，由交易所在国法律管辖（或者由经当事人同意的其他法律管辖）。TRIPs 协议在这方面起到了加强国内法的作用：各成员可对商标的许可和转让确定条件，但应禁止商标的强制许可……⑮

15.15 《欧盟理事会指令 89/104》丝毫没有提及商标转让的事情，而是将其留给欧盟成员国自行去决定商标转让的限定因素。然而，《指令》对许可提到了下列几点：

(a) 可许可全部或部分相关成员国在某一商标登记注册的部分或全部商品或服务上使用该商标。许可可以是独占性的，也可以是非独占性的。

(b) 如果被许可人触犯了商标所有人的许可合同中关于许可期限、注册范围内的商标使用形式、许可使用商标的商品或者服务范围、商标所属地域范围、被

⑬ Anne of Green Licensing Authority and Heirs of L M Montgomery v Avonlea Tradtions，2000 年 3 月 10 日（OSCJ）。

⑭ Seven-Up Bottling Co 诉 Seven-Up Co 一案，561 F 2d 1275，1279（8th Cir 1977）；Pacific Supply Coop v Farmers Union Cent Exch，Inc，318 F 2d 894，908-9（9th Cir 1963）。

⑮ TRIPs 第 21 条。关于强制许可的规定；参见下文第 15.30 段对此问题的深入讨论。

许可人所生产的商品或者所提供的服务的质量等内容的条款，则商标所有人可以对被许可人行使商标所赋予的权利。[16]

可以许可他人在商标登记注册的所有商品或者服务上使用商标，也可以仅许可他人在其中一种或者多种该等商品或服务上使用商标。因此，如果我拥有狗粮、犬类饰品、犬类驯服服务以及为外出度假的宠物主人提供狗类保管服务的注册商标FIFI，那么我可以在每一类别项下授权4个不同的人使用我对FIFI商标享有的权利。从上述条款中同样可以看出，某商标可以在其登记注册的所有或者任何一种商品以及服务上进行转让。因此，如果我拥有狗粮、犬类饰品、犬类驯服服务以及为外出度假的宠物主人提供狗类保管服务的注册商标FIFI，那么我可以在每一类别项下向4个不同的人转让我对FIFI商标享有的权利（我也可以向每一位授予许可）。 15.16

《欧盟理事会条例40/94》重申了《欧盟理事会指令89/104》中的条款，并补充称，如果被许可人获得欧共体商标所有人的同意，那么被许可人可以提起商标侵权诉讼；在商标所有人自己不提起诉讼的情况下，独占被许可人可提起商标侵权诉讼。[17]《条例》还提到了转让的问题，其规定欧共体商标只能作为一个整体，在欧共体整个领域进行转让[18]（尽管商标可以分地域进行许可）[19]。企业的整体转让通常也包括其欧共体商标的转让。[20]当欧共体商标的转让不是法院判决的结果时，这种转让必须以书面的方式，经过双方签字，才能避免无效。[21] 如果欧共体商标登记注册在商标所有人的代理人或代表名下，但该登记注册未获得所有人的授权，则商标所有人有权要求将商标转让给他。[22] 15.17

（2）连同商誉或者不连同商誉的转让

以前很多人坚信的一点是，既然商标在其所有人的身份以及其提供的商品或服务之间建立了强有力的联系，那么商标所有人之外的任何人对商标的使用，都将构成对公众的欺诈。[23] 根据这一观点，商标只能作为与之相联系的所有人业务的一部分被转让。而另外反对商标“净出售”（换言之，没有伴随与之相联系的 15.18

⑯ 《欧盟理事会指令89/104》第8条。

⑰ 《欧盟理事会条例40/94》第22条。

⑱ 同上，第16（1）条。

⑲ 同上，第22条。

⑳ 同上，第17（2）条。

㉑ 同上，第17（3）条。

㉒ 同上，第18条。

㉓ 关于改变社会公众对于商标角色的看法，参见Nicholls法官在Scandecor Development AB v Scandecor Marketing AB and others案中的讲话［2001］，ETMR800，［2001］IPT 676（HL）。

业务一同出售）是出于经济原因，而不是道德原因：答案与商标在提供有用信息方面更节省费用有关，通过其他方式获知产品属性的费用更高。㉔

15.19 如果某商标最初使用于甲公司的产品，后来又使用于乙公司的产品，那么很显然，让消费者来发现这点，是浪费经济资源的。不管是因为何种原因，美国一直以来就是下列原则的坚定支持者——商标应该连同与其相关联的商誉一起进行转让。㉕

15.20 然而，很多人不认为除了商标最初所有人之外的其他人使用商标构成欺诈。在他们看来，在19世纪和20世纪初期，这个观点被认为是正确的，当时大部分公司都制造生产自己的产品，很少有关于商标许可或者外包生产情况的发生。然而，在第二次世界大战之前，由商标所有人以外的人生产产品的现象逐渐越来越普遍。很多人都开始明白，无论是产业人士还是社会公众，都逐渐习惯地看到生产者、产品和商标彼此之间的联系越来越不紧密了。

15.21 在国际背景中，商标单独用于所属业务的转让首先在《巴黎公约》中予以规定，《巴黎公约》对与所属业务一并转让的商标转让以及不与所属业务一并转让的商标转让都予以认可：

(a) 如某欧盟国家的法律规定商标的转让只有在与其所属业务或者商誉一同转让方才有效，则仅在符合以下条件时方能认可该有效性：位于本国境内的业务或者商誉的部分，连同在上述国家境内生产或出售附带被转让商标的商品的独占权利，一同转让给受让人。

(b) 如受让人在实际使用商标时，会有误导公众的性质，尤其是在使用商标的商品的原产地、性质或重大质量问题上具有误导性，则上述条款不要求欧盟国家将该商标的转让视为有效。㉖

15.22 目前人们普遍认为，商标应单独构成所有权的客体。如单纯从有形实体方面而言，商标只能注册及使用于商品和服务上的观点仍然是正确的。但即便如此，商标已经不再被视为与商品或者服务相关的商业经营的陪衬。因此，在很多国家(包括所有的欧盟成员国国家)，商标可与商标所属业务一起进行转让，或者从所属业务中分离出来，单独进行转让。这点在TRIPs协议中有所反映，表述如下：各成员国可确定商标许可和转让条件但……注册商标的所有权人有权将商标与该

㉔ William M Landes and Richard Posner，《商标法的经济学》(1998)，78TMR267，283。这个观点也被用来支持下列观点——不应允许不知名商标所有人对商标进行改变：Louis Tompos，《恶意》[2003]，《哈佛法学评论》1845卷。

㉕ 参见 Marshak v Green 746 F 2d 927，929（第二巡回法院，1984年)。

㉖ 《巴黎公约》第6条之七。

商标所属业务一并或单独转让。㉗

与此相呼应，《欧盟理事会条例》规定如下：欧共体商标可与其登记注册的 15.23
所有或部分商品或者服务的业务分开转让。㉘

这种发展很受欢迎。商标可能是某一企业所拥有的最有价值的财富，事实 15.24
上，所有人唯一的业务可能主要就是对其商标进行授权许可。此外，也难以证明将商标由一个经营实体转让给另外一个经营实体的行为是对社会公众的欺诈，且即使社会公众被上述交易所误导（该情况不大可能发生），起码会有一个商标体系采取措施避免让该转让全面发生效力。㉙

(3) 交易的登记注册

尽管国际商标法并没有要求商标的转让或者许可需要到相关商标登记部门进 15.25
行备案，但是国内法规定的标准做法是，上述商标的交易需要通知授权机关，使得登记机关的信息能够保持时时更新。一个记录维持良好的商标登记簿能够向公众提供商标所有人以及有权使用人的相对可靠信息。如果没能对商标转让、许可或担保权益进行备案，则可能会限制商标权利人在侵权诉讼中获得赔偿的权利㉚，或者使得受让人或者被许可人的权利无法有效地对抗而后登记注册的受让人或者被许可人的权利。㉛

D. 商标许可的分类

商标许可有很多不同的类型。主要的许可类型在下面各节中予以列举。 15.26

(1) 独占性的授权许可

独占性许可只允许唯一的被许可人使用该商标，并以此排除了所有其他 15.27
主体，其中包括商标所有人自己。由于独占性被许可人被授予的权利范围涉及面很宽泛，因而通常的情况是独占性许可比其他类型的许可的费用要高。

㉗ TRIPs 第 21 条。

㉘ 《欧盟理事会条例 40/94》第 17（1）条。

㉙ 参见同上，涉及欧共体商标的转让的第 17（4）条。这是《巴黎公约》第 6 条之七（下文进行讨论）规定的一项选择权。《欧盟理事会指令 89/104》基于相同的原因规定了撤销商标的措施；参见第 12（2）（d）条。

㉚ 参见《1994 年商标法》第 25（4）节（英国）。也可以参见专利案件，LG Electronics Inc v NCR Financial Solutions Group Ltd［2003］FSR428，此案件的观点是，由于没能对某项交易进行登记注册，后来的受让人获得赔偿的权利也将会丧失。

㉛ 参见《1994 年商标法》第 25（3）节（英国）。

下面举一个典型的独占性许可虚拟案例：澳大利亚 COBBER 啤酒酿造商想在距离遥远的欧洲市场立足，因此其授权欧洲本地企业 OzBeers 进口有限公司独占性的权利制造、经销和销售 COBBER 麦芽啤酒，这项授权就是独占性权利。

15.28 在有些法域，独占性被许可人可以以自己的名义提起侵权诉讼㉜，或者在其要求所有人提起侵权诉讼，而所有人不愿提起诉讼的情况下，则其有权以自己的名义提起侵权诉讼。㉝

（2）排他性许可

15.29 在知识产权法中，“独占性许可”是作为法律术语而使用的，“排他性许可”却不是。就是基于这一原因，经常会出现一项知识产权许可授予“排他且独占的权利”。这种用法应该尽量避免，因为“排他性许可”这一表达比较适合与独占性许可对照使用，表示允许商标所有人以及唯一被许可人使用商标。这样的许可在以下情况下会产生与独占性许可相似的商业效果：例如，许可方为自己保留商标的使用权，但是根本没有使用，或者被许可方满足了许可附带的条件。例如，许可方保留了当被许可方连续 3 个月内不能满足每月生产以及销售目标时，使用登记注册商标 FIFI 制造并销售狗类食品的权利。

（3）非独占性许可

15.30 非独占性许可允许许可人授权任意数量的被许可人使用授权商标，前提是许可人允许一个被许可人的行为同样也可以允许其他人。举个典型的例子：PIGG-WHIZZ 将外卖煎咸肉经营模式的特许经销权授予欲在全国各乡镇以及城市经营 PIGG-WHIZZ 店的企业家。在有些国家，如获得了商标所有人提起诉讼的授权㉞，或当被许可人要求所有人提起侵权之诉时所有人拒绝提起诉讼，则非独占性的被许可人可以以自己的名义提起侵权诉讼。㉟

（4）强制许可

15.31 强制许可是一种非双方同意之下的许可，这种许可的授予是违背商标所有人

㉜ 这种情况参见英国《1994 年商标法》第 31（1）节与爱尔兰《1996 年商标法》第 35（2）节。然而，这种诉讼不能以所有人为被告提起。

㉝ 这种情况参见法国的规定；参见《知识产权法典》第 L716-5 条。

㉞ 这种情况参见《欧盟理事会条例 40/94》第 22（3）条。

㉟ 这种情况参见英国《1994 年商标法》第 30（2）节与爱尔兰《1996 年商标法》第 34（2）节。

意愿的。即便可在正当情况下对专利[36]、实用模型[37]以及设计进行强制许可，《巴黎公约》或者其他国际性法规中，都没有关于强制许可的条款规定。[38] 事实上，TRIPs 协议明确规定了禁止商标的强制许可。[39] 但是，这并不意味着商标的强制许可有名无实。商标可登记注册性的潜在范围是很宽泛的；专利和外观设计的保护范围也是很宽泛的。因此，当商标保护的对象是某商品的外型，而该外型同时也是专利、实用模型或者外观设计所保护的客体，或者商标保护的对象是某个设计特征，而该设计特征同时也得到外观设计法的保护，在此种情况下，对于上述产品外型或者设计特征的强制许可会自然涉及对相应商标的使用。

在美国，商标的强制许可一直以来就实际存在。在一起案件中[40]，联邦贸易委员会（FTC）建议创建五个完全新设的公司，然后试图要求三个主要的谷类加工食品生产商（Kellogg，General Mills 与 General Food）许可该等公司使用他们的商标。在另外一个案件中[41]，根据联邦贸易委员查证到的结果，商标 REALEMON（绿的梦）在柠檬汁市场上享有支配性的市场份额，法院赞同，对商标 REALEMON 的强制许可的授予，是其可以强制实施的一种救济方式。 15.32

在国内法规定了知识产权强制许可的情况下，同样会规定支付给知识产权所有人的补偿。[42] 在专利或者受外观设计保护的产品外型的强制许可的情形下，对于赔偿额的评估是否会考虑未经授权使用的行为还包含了相应的商标，就不得而知了。 15.33

（5）分许可

顾名思义，分许可就是由被许可人再授权给其他被许可人的许可。由于《巴黎公约》、TRIPs、《欧盟理事会指令 89/104》以及《欧盟理事会条例 40/94》对于分许可均未提及，因而分许可被授予的范围取决于国内法的规定，这些规定可能分为商标立法、特定商法典以及合同法基本原则。在英国，被许可人只有在原 15.34

[36] 《巴黎公约》第 5A（2）条；TRIPs 第 31 条。

[37] 同上，第 5A（5）条。

[38] 根据《巴黎公约》第 5 条 B 禁止对外观设计权利予以没收，但是对于强制性许可却保持了沉默，因此可以推出的结论是，对于外观设计的强制性许可是被允许的（英国就是如此，参见《1949 年外观设计登记注册条例》第 10 节以及《1998 年著作权、外观设计与专利法》第 240 节（强制性许可政府使用））。

[39] TRIPs 第 21 条。

[40] FTC v Cereal Companies，参见 Sol Goldstein，《强制性许可的研究》（1997），Les Nouvelles122-5。同样参见 Carlos M Correa，《知识产权与强制性许可的使用：发展中国家的选择》（www. southcentre. org/publications/complicence/toc. htm）。

[41] Borden Inc v Federal Trade Commission 674 F 2d 498（第六巡回法院，1982 年）。

[42] 参见《1977 年专利法》第 57、57A 节（英国）。

许可允许的情况下，才能对商标进行再次许可。㊸

E. 成为被许可人的意义

15.35 成为被许可人，首要的也是最明显的意义就是他可以从事未经授权的经营者所不能从事的行为。然而，被许可人有点像所有人商标的"隐形"使用者，因为在下列三种情况下被许可人对于商标的使用被视为商标所有人的使用，而不是被许可人的使用：（a）确定所有人的商誉时㊹；（b）证明商标所有人是否在连续5年时间内未使用该商标时㊺；（c）确定商标申请人是否已经以善意申请了商标的注册时。㊻

15.36 成为被许可人还有其他意义，我们将其总结如下。

（1）被许可人对于商标侵权的责任

15.37 《欧盟理事会指令89/104》清楚地表明，当被许可人违反许可合同的条款后，商标所有人可以以商标侵权为由㊼，也可以以违反合同为由，提起诉讼。这个条款的重要性经常被忽略。商标侵权是民事不法行为还是侵权行为，其违约责任的构成要素截然不同。例如在英国，商标侵权和合同违约——即便是同一行为——其诉讼时效不同，可避免损失的减轻规则不同，损害原因和相关程度的确定规则不同，以及损害额的计算规则不同。而且，根据商标许可协议条款的情况，还可施加合同责任限制条款以及其他适用于合同违约之诉但不一定适用于商标侵权之诉的条款。

（2）被许可人禁止反言

15.38 美国有一项规则，被称为"被许可人禁止反言"，这表明，如当事人在某一协议项下标明其需要获得一项商标使用许可，而且其已经同意该协议的条款，则在许可期间其不能置疑商标的有效性。㊽

㊸ 《1994年商标法》第28（4）节。

㊹ 因此，当快餐商业运营模式的被特许人有自己的经营场所，且通过该经营场所被许可人利用另一商标进行贸易，则他可能享有由于在该经营场所中进行贸易而产生的商誉，而不是享有因使用被许可的商标而产生的商誉：在商标许可中，通常不会规定该等商誉划分。

㊺ 参见第13章，第13.26～13.31段和第13.50段。

㊻ 参见第13章，第13.72～13.148段。

㊼ 《欧盟理事会指令89/104》第8（2）条。

㊽ 参见 Professional Golfers Association v Bankers L & C Co 514F 2d665，671（5th Cir 1975）。

被许可人禁止反言的依据是出于这种考虑，即对于被许可人而言，一方面通过接受许可协议使用某商标的方式承认了此商标注册的合法性，然后又对上述商标注册的有效性予以否认，这是前后矛盾的。这项依据考虑到了公平，而没有考虑到交易的迫切需要：如果我想在自动电话拨号系统上使用你的商标 DIAL-O-MATIC，那么即便我认为其属于说明性文字，不应该被注册，但获得该商标的许可使用的交易成本较低，而且我可以立即开始使用，并且其他人的使用会被限制。然而，如果我希望坚持我的原则，将该商标从商标登记簿中去除，那么我可能会花很多年的时间进行代价昂贵的诉讼，以注销该商标。一旦该商标的登记注册被撤销，我的其他竞争者便会对我辛苦努力得到的成果搭便车，使用 DIAL-O-MATIC 商标。在这样的情况下，经营者没有任何动力去坚持他的原则。 15.39

在美国之外的国家[49]，禁止反言是否构成商标法的一部分，如果是一部分的话，其所占的程度有多大，这个答案是不清楚的。也可以基于以下几点理由对这项原则进行批判：(a) 公共权力机关错误地授予权利，而权利所有人却可通过授权他人使用权利主体，来防止他人对其商标权提出质疑，从原则上讲这似乎是错误的；(b) 被许可人获得的授权可能令其处于不利的地位，例如在他取得授权许可后，第三方可以通过采取商标的撤销程序予以威胁，而协商到更有利的许可协议条款；(c) 如果某项私有的知识产权不应该被授予，或是已被合法授权但应该被宣告无效，那么任何能够具有延长该私有知识产权效果的原则同样具有限制竞争的效果。 15.40

(3) 不置疑义务

除了被许可人的禁止反言之外，另一项措施是，商标许可协议包含一条明确的不置疑条款，明文禁止被许可人质疑许可人商标的有效性，或规定任何对商标有效性提出的异议都可以看做是许可协议终止的通知。原则上，只要不置疑条款不产生妨害竞争的结果，都是可以执行的。但是，如果不置疑条款是为了阻止被许可人对许可人连续 5 年以上未使用的商标提出质疑，这样的条款根据《欧洲竞争法》是无效的。[50] 同样，在美国，即便当事人之间签订有不置疑条款，如允许 15.41

[49] Neil Wilk 的著作《商标许可 (1994)》探讨了在英国适用的规则。同样参见 Adidan Robertson,《被许可人的禁止反言还是好的规则吗？曾经是吗?》[1991]，EIPR373 (尽管这篇文章解决的是专利法之下的争议，但是没有强制性的逻辑表明，对于专利许可确实可行的制度对于商标许可就不可行)。

[50] British American Tobacco Cigaretten-Fabriken GmbH 诉 Commission 一案，Case C-35/83 [1985] ECR363 (ECJ)。

质疑在反补贴方面对公共有利，则支持被许可人质疑注册商标的权利。[51]

F. 内部交易与外部交易

15.42 有些商标交易是严格限制在“内部”的：这些交易仅仅对商标所有人发生作用，无论如何不会影响商标作为其所登记注册的商品或者服务来源的保证的功能。例如，Acme Balaclava 公司（ABC）已经在很多国家在 Balaclava 头盔上登记注册了 ACME 商标。ABC 的财务人员建议公司采取更节省税收的模式。因此，ABC 进行重组，成为一个关联公司集团：Acme 国际公司作为管理中心成立，下设三个子公司 Acme 欧洲公司、Acme 亚洲—太平洋公司以及 Acme 美国公司。商标 ACME 被转让给 Acme 控股公司，这是个设立于荷兰大小安第列斯群岛的离岸公司。Acme 控股公司然后将 ACME 商标以及其他有价值的知识产权授权各个子公司使用。此时很有可能存在的情况是，即便激烈竞争的 Balaclava 头盔销售市场正面临着全球变暖，与 ABC 竞争最激烈的对手都不会注意到这种复杂的交易。

15.43 其他类型的商标交易是极为引人注目。例如，自封为企业界大亨的 Elvin B. Kelvin，与 BISON-BURGER 快餐汉堡店的所有者 Hickety Ridge Tennessippi，决定要实现美国人的梦想，成为国际汉堡市场上的最重要角色，超越市场领军者 MCDONALD'S（麦当劳）和 BURGER KING（汉堡王）。通过一个虚拟许可计划，Kelvin 获得了 BISON-BURGER 经营模式在美国、加拿大、欧洲以及其他地区的特许经营权，然后他与 cult 电影 THE MATRIX RELOADED 的制片人进行合作，推出新的一系列汉堡产品，首先是双层旗舰汉堡 BISON MATRIXBURGER RELOADED。这款汉堡受到了包括妮可·基德曼（Nicole Kidman）、艾米纳姆（Eminem）、大威廉姆斯（Venus Williams）与帕瓦洛帝（Luciano Pavarotti）在内的重量级明星的推崇，所有这些受到商标保护的名字都与 BISON MATRIXBURGER 系列产品联系在了一起。社会公众立即被吸引了，野牛肉（Bison）的销售达到了历史最高纪录。类似这样的交易是很引人注目的，因为引起注意正是此项商标交易所要实现的目标。因此，从其影响上看，这种交易是“外部的”，而不是内部的。

15.44 法律并没有在内部交易与外部交易之间进行任何区分。投资者[52]、大部分的社会公众以及法律职业人员，把更多的关注都给予了外部交易。但是实际上，通

[51] Idaho Potato Commission 诉 MM Produce Farm and Sales 一案（2d Cir20030）。

[52] 参见 Suzanna Hawkes，《知识产权许可：股价浮动和分析家的观点》（2003），关于股价浮动和商标许可及其他知识产权的财务报表公开情况之间的对应关系。

常正是不引人注目的内部交易能够提供坚实的基础，从而使得以品牌为基础的商业经营能够稳健发展。

上面提到的 ACME 的例子是一项受到税务方面建议而从事的交易。这种交易的理论依据很简单：如果商标的授权许可能够产生使用费上的收益，那么商标所有者应该交纳的所得税应该设法在税负比例最低的法域内缴纳。对商标以及商标所登记注册的商品或者服务进行宣传促销所产生的费用，应该设法在能最大限度地与纳税义务相抵消的地方发生。实现这两个原则的建议很复杂，不在本书的研究范围之内。[53] 15.45

其他商业动机可能要求达成“集团内部”一揽子授权许可协议：这些协议包括复杂的担保安排，通过该等安排，财务人员对集团的部分资产而非全部资产设置担保。将集团的商标担保安置在可能构成也可能不构成担保物一部分的单独公司内，然后再落实商标许可安排，在允许集团的运营公司使用这些商标的许可协议中，这种做法或许有它自己的道理。 15.46

G. 商标交易的一些例证

商标交易的二元模式很简单：每一项交易的特征仅可能是转让或者许可。然而，就是在这个受到严格限制的体系内，在不同领域为了各种目的已经发展出开拓商标权的全套技巧，我们对其中一些比较出名的技巧总结如下。 15.47

(1) 担保

目前在很多法域内，商标可以用来抵押或者作为债务的担保。[54] 这种操作并不是很普遍[55]，也没有变得越来越普遍的趋势，只要资金能够相对较容易地借到，且只要公司仍可以使用对于公司持续经营的意义小于商标的资产来提供担保。[56] 15.48

有些债务担保的类型更复杂一些。一个例子就是先出售再进行回租的协议，通过这种协议商标所有人与商标所有权发生事实上的分离，但以获得排他性商标 15.49

[53] 不同专家关于本观点的见解，参见 Nigel Eastaway，Richard Gallafent and Victor Dauppe 的《知识产权法和纳税》(2003)。

[54] 参见《欧盟理事会条例 40/94》第 19 (1) 条。

[55] Jay Eisbruck《以专利与商标使用费提供担保的信用分析：从信用评定机构的视角》，选自 Joff Wild (ed)，《构建和实施知识产权的价值对会议室决策的国际性指导 2003》(2003)，描述了两个担保案例。第一个担保与商标 BILI BLASS 有关，第二个涉及 CANDIE 知名品牌鞋类产品以及被许可的产品系列。在每个案例中，担保取决于商标所有人是否有能力证明其长久以来以获得使用费的速度均足以偿还债务。

[56] 参见 Jeremy Phillips，《知识产权作为债务融资的担保：进步的时代》[1997] EIPR276-7。

使用权作为回报。这样的交易可以规定转让人或者同一集团下的另外一家公司在之后得以行使回购商标的选择权。

(2) 特许经营权[57]

15.50 不论是对于许可人还是被许可人而言，发展商业经营的最成功的方法之一就是通过商业模式特许经营的机制。近几十年来使得特许经营者与被特许经营者实现了双赢的知名特许经营的商业运营包括：7-ELEVEN、AMTRAK、DOMINOS PIZZA、DUNKIN'DONUTS、DYNO-ROD、KFC、KWIK COPY、MANGO、MCDONALD'S、WIMPY 以及 WSI INTERNET。

15.51 显而易见，商标许可是授权许可人与被许可人两者关系的核心。被许可的经营模式是围绕品牌特征而建立的，概括言之，目的是整个特许经营以统一的标准实施。基于此原因，在特许经营的背景下的商标许可往往呈现出比大多数其他商标许可的类型更具有预先设定性：许可人规定条款；被许可人对于特许的标准几乎没有进行个别调整的空间。因此，虽然商标许可普遍规定被许可人要保持所提供的产品或者服务的特殊品质，但特许经营商标许可将质量控制条款规定得更为全面和具体。

15.52 特许经营的技巧很简单：我创建一个具有明显可辨识模式的生意；我确保可被复制的有形部分受到登记注册商标以及其他知识产权的保护，诸如著作权与外观设计权的保护；我确保在商业秘密手册中仔细介绍无形部分。一旦我创造了上述模式，我将此商业模式投入运营，然后等待看是否会取得成功。如果成功了，我可以寻找被许可人（或者被特许经营者），将有形的和无形的部分都授权给他。如果此商业运营模式足够吸引人，我未来的被特许经营者将很愿意因为使用我的知识产权而向我支付特许权使用费以及营业额的一部分。不仅仅如此，他们甚至会愿意支付他们自己的创业费用以获取经营场地，并转换成我的特许经营模式。

15.53 从特许经营者的视角来看，特许经营的授权许可与建立集中控制连锁店相比，所需要的资金的密集程度远远要小得多。因此，特许经营者无须背负大额的负债以及沉重的利息支出，就能从他所授予的特许经营者的商业运营中获得收益。被特许者也能够获益，这是因为使用同一商标保护名称的多家不同特许经营店所作的区域性或者全国性广告宣传，比企图仅凭本地广告建立新企业的痛苦失败经历要有效得多。同样，为了收购经尝试和试验的特许经营店而筹集资本的难度，比为了更具有

---

[57] 关于特许经营的概述，参见 John Adams 与 K V Pritchard Jones 的《特许经营》(1997) 以及 Martin Mendelsohn 与 Robin Bynoe (eds) 的《特许经营》(1995)。

投机性的活动筹集资本的难度也要小得多。商标的特许经营包括集体供应协议，通过此类协议，由于原材料来自共同的供应商，被特许经营人享有批量折扣的好处。此外，特许经营还带来其他好处，例如能够使用中央信息技术系统，获得特许经营人商业运营专门技术的使用权，以及与其他企业和机构的商业联系。

大多数情况下，关于特许经营的争议当然也会产生，但是在欧洲，上述争议很少能够发展到在法律报告中予以公布的程度。[58] 这是因为大部分特许经营合同都规定了仲裁、调解或者其他非司法程序的解决争议方法。多种争议解决可选方案的使用，使得商标许可人在与单个被许可人解决纠纷时，所有其他全部被许可人不知情，也无须询问他们是否也有不满。多种争议解决可选方案是明智之举，为特许经营争议蒙上一层面纱，防止潜在被特许人公开曝光，否则，潜在被特许人不敢再寻求获得特许许可。 15.54

在欧盟境内，曾经有观点主张商业特许经营具有潜在的反竞争性，这是因为特许经营可能对被特许人相互竞争的程度施加合同限制。例如，特许人可以限制某一地区的PRONUPTIA特许经营权人从另一PRONUPTIA特许经营权人开展贸易的地区寻找或者接收业务的范围，则应按竞争法处理。[59] 因此，我们引入一项《欧盟委员会条例2790/99》[60]，规定了不会被视为违反《欧洲共同体条约》竞争法的特许经营机制形式，特别是第85条（现在是第81条），规定扰乱或妨碍欧盟境内全部或主要部分地区竞争的协议均无效。人们一旦领会到，如特许经营方案允许不同的特许经营团体彼此之间开展有效的竞争，则不但不会妨碍竞争，反而能促进竞争，那么就会怀疑特许经营条例的必要性，并同意废除该等《欧盟委员会条例2790/99》。[61] 15.55

欧洲竞争法中目前涉及关于商业模式特许经营的商标许可的唯一条款，是一个笼统性的规定——《条例2790/99》[62]，该条款允许特许人与被特许人之间可以签署大量促进竞争的纵向协议。 15.56

---

[58] 举一个例外情形，在Benincasa诉Dentalkit Srl一案（案件号C-296/95［1997］ETMR447）中，ECJ的判决认为，特许经营者不是《布鲁塞尔公约》中民商事案件的司法管辖和判决执行含义上的“消费者”。

[59] 参见Pronuptia de Paris GmbH诉Pronuptia de Paris Irmgard Schillgalis一案（案件号C-161/84［1986］ECR353）。

[60] 《欧盟委员会条例4087/88》中关于条约第85（3）条在特许经营协议中的应用。

[61] 《欧盟委员会条例4087/88》于1999年12月1日失效。

[62] 《欧盟委员会条例2790/99》关于《公约》第81（3）条对于纵向协议和协同行为范畴的应用。

(3) 人物商品化[63]

15.57 不管人物是真实的（JENNIFER LOPEZ（詹妮弗·洛佩兹），RUUD VAN NISTELROY），还是有着人类性格特征的虚构人物（PRINCESS LEIA，SPOCK），或者完全的虚构人物（YOGI BEAR（瑜伽熊），MINNIE MOUSE（米妮老鼠）），他或她所达到的受欢迎程度，使得社会消费公众都希望将自己与这些人物联系起来。这种现象的表现形式包括，穿着后背标有足球运动员名字的衬衣，舒适地蜷伏在标有 101 DALMATIONS（101 斑点狗）鸭绒垫子上，或者购买海报大小的肖像画装饰墙壁。如果商标的登记注册的目的是"贩卖"，即不生产制造任何产品，仅许可他人使用特权并收取该人自愿支出的特权许可费，这种做法为所谓的"人物商品化"的商业操作奠定了最为安全的基础。

15.58 在英国，用商标进行贩卖曾一度颇受争议，以至于成为商标申请被驳回或者商标的登记注册被撤销的理由之一。[64]由于法律向前发展了，人们所意识到的危机——所有可供注册的相应商标都可能会被投机者登记注册，然后这些人将商标授权给最高的出价者，在商业领域大行敲诈勒索的行为——似乎并没有出现。

15.59 从商标法的角度来讲，人物商品化与其他类型的商标许可并没有什么区别。然而，从现实操作来看，由于需要处理很多争议又显得与众不同。尤其需要指出的是下列几点：

(a) 由于被商品化的人物的"保质期"可能转瞬即逝（例如，足球明星可能从一个球队转到另外一个球队；英国的读者也许仍能回忆起当时风靡全国但现在已渐渐被遗忘的 Mr Blobby 与 Eddie the Eagle），许可协议的条款应该反映出这些保质期较短的商业现实。

(b) 一般商品化人物更容易受到假冒行为的侵害。因此，应尽可能制定相应条文，对可能发生的侵权行为进行充分的管制和报告，尤其是在商业化表演者可能出现的场合。

(c) 协议中必须要规定质量控制条款，并且应该严格实施。如果标有 LUKE SKYWALKER 名字以及肖像的产品破碎了并弄疼孩子，那么孩子们对于 LUKE SKYWALKER 产品的喜爱程度将受到严重损害。当被许可的商品质量低劣会引起损害时，还可能产生产品责任的问题。

---

[63] 这个话题参见 John Adams，《人物商品化（1996）》；Shelley Lane，《英国法中人物商品化中存在的问题：国王、公主和企鹅的（1999）媒体年刊和著作权法 28》，与 Simon Smith，《肖像、人物和法律》（2001）。

[64] 圣经商标［1984］FSR199；［1984］RPC329（HL）。

(4) 商业赞助[65]

就其纯粹的形式而言，商业赞助是商标许可的一种形式，在这种形式中，商标所有人自己支付费用，或者将一些其他形式的利益赋予被许可人，以此换取被许可人对其名称的宣传。这种商标许可的类型可以使得商标所有人看上去像一位伟大的捍卫艺术的守护神（如赞助标语“这部戏剧是由 FIZZ-UP Sparking Lemonade 带给你的”），或者可能试图表达许可人处于商业领域顶端的市场形象（如“The SMUGGO Match-Play Championship，是由国际高尔夫领域最受欢迎的高尔夫设施 SMUGGO 赞助的”）。有时候，“赞助”这个词被用在商业圈内，是作为任何形式的付费广告的一种委婉说法，没有商标许可的任何含义。[66] 15.60

商标的所有人，作为赞助商，应该努力确保能够从此赞助中获益。他应该确保被许可人具有商标当前最新的版本，如果在商业赞助期间有对商标进行重新设计的计划，应该及时通知受到赞助的被许可人；同时也应该谨慎地预防被许可人选择其竞争对手作为新的赞助商而所造成的损失。因此，如果最初是由 PIZZ-UP Sparking Lemonade 赞助的活动，在后来的几年中，由它的主要竞争对手 FIZZOLA 泡沫果汁赞助，消费者可能会感觉，更换赞助商的原因并非是出于商业上的考虑，例如宣传费用的数额，而是由于这样的事实——FIZZOLA 被普遍认为是比 FIZZ-UP 更受欢迎的产品。 15.61

由于一些特定情形，商标所有人在赞助中所发挥的作用也仅仅就是简单地向被许可人提供其名称以及商标的使用权，被许可人独自承担被赞助活动的计划、宣传以及运行实施的全部责任。在这样的情况下，所有人可能会发现其对于控制权的缺失把他放到了商业与法律的双重危机之中。如果被赞助的活动的设想和实行效果不好，或者被赞助的活动引起了观众或参与者的人身伤害（例如，游艇比赛中的竞争者溺水或者受伤），由此造成的社会舆论会对赞助商的形象产生十分不利的影响。为了减少这些风险，赞助商应该确保他获得被赞助活动所涉及的部分领域的批准权，由此可以预见出现事故时品牌或者商标受到损害的程度。同时，他还应该保留被许可商标使用方式的批准权利。赞助商也应该寻求合同性质的保证，保证在被赞助活动的计划和开展的过程中运用程度适宜的技巧，并在必要的时候采取赔偿保证和保险的方式。 15.62

如果当事人认为自己将成为赞助合同的受益人，那么他应该小心谨慎以 15.62A

---

[65] 关于商业赞助，参见 Hayley Stallard (ed) Bagehot 的《关于商业赞助、代言与宣传》(1998)。

[66] 参见例如 the about. con e-shopping 网站，在这个网站上通过支付费用，广告商可以提供“当天的被赞助的联盟”。

确保确实有合同存在，合同的当事方并不仅仅参与了合同订立之前的洽谈协商。[67]

(5) 代言[68]

15.63 代言是商标许可的形式之一，在这种形式中，商标所有人——典型的情况是一些著名的个人，但有的时候是组织——会因为代言被许可人的产品或服务质量而收到被许可人支付的费用，以此换取对代言人的姓名或者肖像的使用权。这种形式的许可在体育运动领域被广泛使用，原因是（取决于你的观点）：(a) 说服公众消费者去购买一种未被现在或过去某个在该项体育运动中取得优异成绩的名人代言的产品越来越困难，或 (b) 在程序上，体育设施通常与从未使用过该设施的人的名字联系起来，这种联系通常毫无意义，但哄抬了该体育设施的价格，而社会公众越来越难买到未经代言抬价的体育设施。

15.64 在体育代言的领域，存在一种不成文的假定，即代言只有来自在相关运动领域取得了骄人成绩的人，才是有意义的。因此，人们期待见到网球拍受到桑普拉斯、大威廉姆斯或者贝克尔的代言，而不是受到（比如说）纳尔逊·曼德拉，米克·贾格尔或者阿尔弗雷德·布伦德尔的代言。在商业活动的其他领域，请消费者能够认出的形象亲切的名人代言的商业效果比请真正的专家代言的商业效果要好得多。因此，“本月精选红酒”由受人尊敬的媒体名人代言的经济效益更好，而不是由那些只要尝一口葡萄酒，便能辨别出太阳是照射在葡萄的哪一边的令人敬畏的品酒专家代言。

15.65 在大多数商品或者服务的代言中，代言人的良好声誉和正直品格是至关重要的。因此，如果名人的形象逐渐败坏，那么继续与这种败坏形象保持联系将会给被许可人造成损害。在这种危机存在的情况下，应该制定相应的条款。例如，在本·琼森由于类固醇滥用，被剥夺了在1988年汉城奥运会的金牌后，好几家由其代言产品的公司赶紧终止了代言。[69]终止代言只能终止进一步的损害；然而，如被许可人已经支付了杂志广告费，而该杂志会在终止代言后数周有时甚至数月时间内继续出版发行，则终止代言对被许可人并不能提供帮助。

---

[67] Jordan Grand Prix Ltd 诉 Vodafone Group plc［2003］EWHC1965（Comm）一案，2003年8月4日（未经报道）（经济法庭）。

[68] 关于商品的认可，参见 Hayley Stallard（ed）Bagehot 的《关于商业赞助、许可和商业销售》(1998)。

[69] 我们不清楚 Johnson 先生是否收到来自类固醇生产商的代言要约。

(6) 品牌联盟[70]

在交易专业术语中[71]，品牌联盟是两个或者多个品牌的所有者为共同宣传的目的将他们的知识产权提供给某个媒介的商业行为。有时候品牌联盟是经过仔细协商后签订合同的结果，以促进和保护两个相配品牌的协同作用。例如，在 20 世纪 50 年代和 60 年代初期，将传统洗衣机/洗衣粉进行品牌联盟搭售时，品牌联盟可以采用互相代言和宣传的形式，譬如一方采用“我们推荐在 WASHWHITE（一洗白）牌洗衣机中使用 SCRUBBO 牌洗衣粉”的广告语，来换取对方采用“为了实现 SCRUBBO 牌洗衣粉的最佳清洁效果，为什么不买一台新的 WASHWHITE 牌双筒洗衣机呢?”的广告语。 15.66

目前有部分极不正式的非定制商标许可采用了品牌联盟的模式。典型例子就是 BUSINESS WIRE INTERNET 新闻服务：合作者进行品牌联盟时，可在 BUSINESS WIRE 名称前使用它自己的品牌名称或者商标，并详细说明其自己的参数条件，以便 BUSINESS WIRE 向品牌联盟合作者网站的访问者提供专门订制的新闻。这种安排的优势很明显：BUSINESS WIRE 获得对其品牌的额外宣传，从而有更多机会吸引付费广告，与此同时品牌联盟合作者获得了免费的专门网络新闻服务。 15.67

从法律的观点来看，品牌联盟的主要问题是，正如一个品牌的行情看好会有助于另外一个品牌一样，其中一个品牌所面临的任何问题，都有毁坏另一品牌声誉的潜在可能性。例如，如果一个非常受欢迎的虚构人物如 MICKEY MOUSE 与 MCDONALD'S 的快餐店一起开展品牌联盟促销搭售活动，为小孩子和其他被吸引的顾客提供 MCMOUSE 食品，MCDONALD'S 所遭遇的任何消极的舆论宣传，例如关于食品营养问题的指控，或者环境影响问题以及雇佣模式，这对于 MICKEY MOUSE 的形象和商业价值也会产生不好的影响。同样，MCDONALD'S 与一部新影片中的虚构人物之间的联系，如果该电影当时的票房不佳，这也会对 MCDONALD'S 产生不好的影响。基于此，任何重大品牌联盟合同都应提出可能会需要提前终止许可，并提出可预见的财务后果。 15.68

(7) 外包

如今常见的一种现象便是，一家企业将一项或者多项功能外包给另一家作为 15.69

[70] 参见 Tom Blackett 与 Bob Boad 的《品牌联盟：联盟的科学》(1999)。

[71] 相同的术语使用在重新包装的商品上，参见第 16 章第 16.26～16.28 段。

独立服务供应商经营的企业。外包的例子包括成品和原材料交货服务，以及电脑服务机构对商业或财务数据进行的后台处理。

15.70 有时候，接受某项商业功能外包的服务供应商将担任“前线”的角色，因为他将直接与商标所有人的顾客接触。例如，在通信中心负责处理来电信息的情况下，或为了促销商品而招募电话销售团队时。让我们以一假设的例子来说明，CHEAPCASH，一家网上银行公司决定通过与 SAFERISK 签订合同进入汽车保险市场，SAFERISK 是一家独立从事汽车保险业务的公司，以 CHEAPCASH 的名称管理着网上银行公司业务。汽车主们并没有意识到他们是在与 SAFERISK 公司，而不是与 CHEAPCASH 打着商业上的交道，这是因为 SAFERISK 是以 CHEAPCASH 的名义与社会公众进行交易的，仅使用了 CHEAPCASH 的商标，由此产生的印象是 SAFERISK 根本就不是一个独立的实体。在这样的情形下，则必须坚定地签署商标许可协议，赋予 SAFERISK 一定的灵活性以营利的方式去经营其业务，但是与此同时也要对公司施加足够的限制，使得被外包业务与 CHEAPCASH 公司的业务毫无差别——特别是使 SAFERISK 的经营反映出银行门户顾客对任何使用 CHEAPCASH 名称的业务所期待达到的精神和质量标准。

H. 商标许可中的重要问题

15.71 在这个标题之下，我们将讨论经过精心选择的一些较为重要的问题，这些问题有时在商标许可中被遗漏，特别是（但不限于此）那些没有索求专业法律建议的协议。这里的列举并不完整，仅仅是示范性举例。对于商标许可的问题和技巧还有冗长而详细的分析[72]，包括诸如竞争法的影响[73]，任何一方当事人破产的情况，许可协议条款的适用法的选择，以及争议审判地点的选择。[74] 这些问题并不涵盖在本段范围内。

（1）地理因素

15.72 商标许可应该规定该许可所适用的法域。当许可人在很多国家获得商标的注册时，被许可人就会错误地假定，该许可涵盖了所有这些国家，因而打起自己的

[72] 参见 Neil J Wilk 的《商标许可（2004）》。

[73] 关于这个问题同样参见 Guy Tritton 的《欧洲的知识产权》(2002)。

[74] 参见 James Fawcett 与 Paul Torremans 的《知识产权和国际私法》(1998)。

小算盘。鉴于权利穷尽引起的问题[75]，被许可人应该考虑清楚，如果他打算之后在 B 国销售产品他是否需要在 A 国获得从事与商标相关经营的许可（反之亦然）。例如，在某个国家销售产品的许可协议是否包括首先将商品进口到另外一个国家，或者在那里将商品进行重新包装的权利？

许可协议中提到的地名有时并非国家。“欧洲”和“美洲”就是两个典型的例子。“大不列颠英国”指的是英格兰、苏格兰和威尔士，但是不包括北爱尔兰（它是爱尔兰群岛的一个省，但是不是爱尔兰共和国的一部分）。如果没有精确的定义，其他可能引起误解的地理名词包括（按照字母的先后顺序）“欧洲大陆”、“塞浦路斯”、“马其顿”、“俄罗斯”、“北欧”以及“南斯拉夫”。 15.73

通过互联网的使用，企业经营商业化的扩张变得越来越普遍，这使得地区问题变得更加复杂化。由于多数互联网网页在整个电子世界中都是可访问的，因而对于以网络使用为目的的商标许可需要专门制定，以反映当事方的意图以及对商标的国际网络开发利用可能带来的风险的性质。 15.74

（2）开始时间

商标许可通常规定为持续多少年。但是许可何时开始呢？是从许可协议签订时起，还是从被许可人首次对商标进行使用的时候起，或者始于其他的时刻？ 15.75

（3）许可期限

关于这个问题的思考与上述内容是相同的，但取决于合同的另一时间端。由于商标可无限续期，因而起草商标许可协议时可表达出这种意思。这对于当事人中的一方或者双方都可能是有益的，但他们却很少做出这样的规定。 15.76

（4）提前终止和到期终止

当事人双方都应该问自己，他们认为当许可终止时应该怎么办。许可协议的终止可能很早就预料到了。但是，即便如此，合同可能在当事人未预见的情况下终止，如合同当事人可能还没有考虑好如何处置那些在许可协议到期日前生产制造，而在到期日突然来到时还没来得及经销或销售的产品。在许可协议到期后，被许可人可能会积压成千上万他急于销售出去的可爱的 CURLIE CUDDLES 牌的小白兔，而与此同时，许可人（如果他正在积极努力为他的 CURLIE CUDDLES 牌系列产品寻找新的被许可人）将不希望未来 15.77

[75] 参见第 9 章。

的新的被许可人看到一大群可爱的小白兔在零售商的“特价处理”仓中已经堆积得老高。

15.78 相对而言，许可协议的到期可以由某些突然发生的事件而引发，例如当事人一方对于合同条款的严重的实质性违反。在这样的情形下，当事人双方应该考虑清楚他们各自的立场以及如何获得最大程度的保护。类似于“在被许可人对许可协议的条款造成任何违反的情形下，许可人能够立即终止许可协议”的条款，看上去似乎有利于作为许可人的商标所有人，但是，如果被许可人不满意许可协议的条款，只是想通过违反协议条款而实现终止协议的目的，此时这样的条款对被许可人也是一种帮助。[76]

(5) 许可的内容

15.79 商标的许可应该规定许可所适用于的商标或者标识或者商标申请，否则会引起误解。例如，如果我接受许可使用“CURLIE CUDDLES”商标，我可能不知道事实上商标所有人拥有两个商标的登记注册，其中一个是文字商标 CURLIE CUDDLES，另外一个是图形商标，该商标由文字 CURLIE CUDDLES 以特殊的编排并配以小白兔的图形予以点缀。其中的一个可能是在英国登记注册的商标，另外一个是欧共体商标。许可协议应该明确它所包含的商标是哪一个或者哪些标识，并标明登记号码或者以其他形式明确说明。

15.80 根据具体的情况，在许可协议中应当包含下列条款，即在许可中明确表明，当商标许可人继续创造全新品牌，或者对已经存在的品牌做出改进后，应当在许可协议中增加上述新的商标。

(6) 许可费及其他费用

15.81 尽管有些人可能已经表达了这样的观点——商业领域是唯利是图的，以利润为主要目的，彻底地以金钱为导向，但是在有些商标许可中几乎没有证据证实上述观点，商标许可对于钱的问题一语带过，在条款的表达上不自然也不充分。每年缴纳一次的使用费可能用这样的语言表达——“每年5%”[77]，这种干巴巴的表达急待详细的解释。什么的5%？什么时候支付？支付的次数如何计算？以何种货币进行支付？向谁支付？通过什么样的方法？由谁来支付交易费用？5%的比

[76] 参照 Alghussein Establishing 诉 Eton College 一案［1991］1 AⅡER267（HL），该案件认为当事人并不能因为自己的违约而逃避合同义务。

[77] 学校拉丁语教学的下降导致的令人遗憾的后果是，按“per annum”支付款项和按“per anum”支付款项的区分能力下降。

率如何证实？支付费用由谁承担？甚至为什么是5%的比例？[78]

当商标是一揽子知识产权的一部分时，应该考虑在一揽子知识产权之间分配使用费的好处。例如，如果某个许可包括一个效力较弱的商标（或者是正处于争议中的尚未经过授予的商标）、一个效力很强的工业设计权利、一些工业技术窍门以及仍在使用中的咨询服务，此时应将费用从许可中的商标部分转移到其他持久性更强的部分（如果商标在后来被宣告无效，那么从商标许可中获取许可费会很困难）。 15.82

（7）控制权变更

如果我将自己的商标的使用权授权许可给一位关系友好的被许可人，我应该记住的是他在后来可能会落到敌人的手中。如果这就是引起我担忧的原因的话（如果商标许可与我自己专有的技术窍门以及敏感商业信息相关的话，这种情况尤其会发生），我应该采取措施，以确保在我的被许可人因发生控制权变更而进入敌人阵营后，我应该能够终止该许可。 15.83

当企业进行重组或者分立时，可能也会发生控制权的变动。在这样的情况下，对于重组的企业来讲，明确商标的所有权和控制权的问题是刻不容缓的。如果对这个问题没有给予明确的说明，两家或者更多的独立的公司可能会简单地认为，他们有权利继续在相同的商品上使用相同的商标，从而导致的结果是可能造成商标被撤销：如果相同的商标成为两家或者更多家独立的公司的具有标志作用的指示物，那么这个商标就不再具有区分上述各家公司产品的显著性，或者甚至具有欺诈的嫌疑。[79] 15.84

在被许可人的控制权变更时对商标许可人进行保护，已经成了最近两起诉讼案件的主要内容，这两起案件体现了当事人需要花很长的时间来试图逃避控制权变更条款的影响。首先，Rothmans集团公司旗下的Rothmans International是英国万宝路香烟商标的被许可人。包括Rothmans International在内的Rothmans集团公司落在了竞争者BAT烟草公司的控制之下。基于许可协议中已经规定了“控制权变动”的条款，Philip Morris寻求并获得了一项关于控制权已经发生变动的声明。但是BAT想说服法庭，由于Rothmans International直接控制权并没有发生变动，而整个集团都归BAT所有的事实，并不意味着Rothmans Interna- 15.85

[78] Alexander Poltorak and Paul Lerner的《知识产权的本质》（2002），第91页，提出了一条令人瞠目的建议：“如果你对所要缴纳的使用费率一无所知，请以5%的要求开始，这样你就不会犯很大的错误。”但是为什么呢？如果5%不会发生很大的偏差，那么6%或者7%也可能不会发生很大的偏差——你可能获得更多。

[79] 参见Scandecor Development AB诉Scandecor Marketing AB等一案［1999］FSR26（CA）。

tional 已经发生了控制权变更。法院不同意这样的观点，而上诉法院也支持法院的决定。[80] 第二个案例也得出了类似的结论。这个案件中，用于治疗咽喉炎药品上的商标 MINITRAN 基于少数股东的同意与另外一家公司合并，而这家公司享有了对前一家的公司的“有效控制”。法院认为，“有效控制”这个词语的意思与“控制”的意思是极为相似的，因为没有效力的控制不是控制，即便被许可人的母公司在理论上能够与其他的股东联合起来击败新的控股权益，该事实并不会改变控制权已经发生变动的事实。[81]

(8) 质量控制

15.86 在英国和受其 1994 年前法律影响的法域，质量控制是商标许可的一个基本因素。倘若商标所有人能小心管理和监督被许可人对商标的使用，被许可人的使用确实可以被视为商标所有权人自己的使用；如果某许可协议下存在不止一个被许可人或生产者生产或者销售产品，消费者也不会混淆地错误认为，相互竞争的经营者在不同质量的商品上使用相同的商标。即便对被许可人规定质量控制条款并没有法律上的必要性，但是在经济上讲却是极其重要的：如果商标所有者允许在其商标之下销售劣质商品，那么商标中蕴含的商誉价值就会消失殆尽。

15.87 目前英国的观点是这样的，由于在欧洲法律没有要求许可人对其被许可人的商品设定性能指标，也没有要求许可人监督其被许可人销售的商品的质量，因而商标所有人是否对其被许可人施以质量控制的要求，纯粹属于他如何审视其自身利益的问题。[82] 在实践中，大多数商标所有人都将质量控制要求视为实现重要商业目的的一种措施，通常都会在他们的许可协议中包含质量控制条款。

I. 商标交易的诉讼

15.88 大多数商标交易都很幸运地没有牵涉到司法诉讼中。而在被诉的商标许可协议中，通常将大量模糊不清的条款留在后期的合同解释过程中解决。因此，由于双方当事人都有依据主张其请求是正当的，因而需要由第三方（通常是法院）做出裁决。

---

[80] Philip Morris Products Inc 及其他产品诉 Rothmants International Enterprise Ltd 及其他公司一案［2001］ETMR1250（上诉法院）。

[81] Sanofi-Synthelabo SpA 诉 3M Healthcare Ltd 及其他公司一案［2003］ETMR586（高等法院）。

[82] Scandecor Development AB 诉 Scandecor Marketing AB 及其他公司一案［2001］ETMR800，［2001］IPT676（HL）。

关于商标合同为什么经常存在条款含义模糊不清或者不完备的情况，有以下几种解释：当事人可能根本就没有提及一些重要的问题；当事人可能已经提到了该问题，但是没有意识到他们提出的解决方案的表述形式不充分；或者他们根本就是想避免上述问题，是因为他们担心如果强制要求签订这些可能不会发生的合同条款，合同可能根本无法达成。然而，即便是仔细、谨慎达成的协议也不能保证在解释合同时不需要通过法院审理。有两个案件阐明了这一点，其中一个所涉及的合同在专业顾问的帮助下，进行了正式的磋商。在另外一个案件中，涉及的合同是双方高级管理人士之间较为不正式的沟通的结果，还需要双方认可该合同具有约束力。两者具有可比性，因为这两个案件中存在着几个相似之处。两个案件所涉及的商标都是国际知名的；在两案中，双方一致同意，将来可能发生的争议，并一致同意为了避免诉讼，划分了双方各自的地区和任务。两案中，欧洲方的当事人都认为存在具有约束力的合同，而美国一方的当事人都认为不存在这样的合同。 15.89

上述案件中的第一个案件是世界自然野生动物基金会和世界摔跤联盟之间为WWF商标控制权而展开的争夺战。[83] 在这个案件中，法院否认了这样的主张——限制当事人使用WWF商标权利的协议由于扰乱了欧盟境内的竞争或根据普通法构成了非法贸易限制，因而是无效的。协议是当事人获取合理建议后自由协商的结果，上述当事人知晓他们各自的利益并且了解他们行为的后果，这样的事实使得任何一方当事人很难在后期主张协议不合理。 15.90

在第二个案例中，当事人各方争夺在保险服务中注册并使用PRUDENTIAL商标及其他近似商标。[84] 此案件产生的主要争议尚待解决，但是该案件引发了这样的问题——双方当事人各自的高级管理人员代表长期往来联系，能否被视做双方当事人以合同形式确定了双方的权利。 15.91

在起诉问题上最后一个常识性的观点是，不管商标交易如何好，如果签订合同的当事人后来忘记了交易合同，就始终存在被诉到法院的风险。这在Pitman诉Nominet[85]一案中有所体现，该案件中的一家公司被分立为两家独立的公司，每一家均仅有权在特定目的下使用PITMAN名称。如果当事人能够遵守执行这份完美协议，而不是将其遗忘在抽屉里，那么就可以避免后来发生的网络域名控 15.92

[83] 世界自然野生动物基金会诉世界摔跤联盟一案［2002］ETMR564，［2003］IP&T98（上诉法院）。同样参见Ilanah Simon，《关于他们界限的思考？WWF：第二轮》［2002］Ent LR161。

[84] Prudential Assurance Co Ltd 诉 Prudential Insurance Company of America 一案［2002］ETMR 1013，［2003］FSR97（高等法院）；［2003］ETRM873（上诉法院）。

[85] Pitman Training Limited及其他方诉Nominet UK及其他方一案［1997］FSR797（高等法院）。同样参见Jeremy Phillips的《在姓名管理中的两个教训》（1997），72《管理知识产权》24-6。

制权争夺战。

J. 商标的价值[86]

15.93 几乎任何一项与商标有关的转让以及许可都是以下列事实为前提的：商标对于任何一方当事人来讲都具有一定的价值，不管上述价值是商业上的还是纯粹情感上的。但是当事人是如何赋予商标某种价值的呢？

15.94 从 20 世纪 80 年代中期起，在商标评估领域已经开展了很多活动。赋予某个商标价值的原因很多：确定企业之间非关联交易的公允出售价格，或者确定关联企业转让定价的客观价格；使年度会计报表中公司账面价值增加[87]；拒绝将会降低目标公司资产价值的收购要约；使得银行了解在以商标为担保的贷款中能贷多少现金，甚至可以使得商标所有人了解，创设自创商标品牌或者购买由第三方当事人所有的品牌的各自的益处。

15.95 在计算品牌或者商标的价值时，建议采用的方法有多种。[88] 简而言之包括：

(i) 超额营业利润法：商标所有人所获得的利润，与不具有商标的类似企业获得的利润相比，超出的数额是多少？这个方法取决于可确定的超额利润，计算起来很困难，因为类似的商业实体也同样会拥有它们自己的商标。

(ii) 溢价法：较之没有品牌以及竞争者不同品牌的产品，消费者愿意多花多少钱来购买商标所有权人的品牌产品？这个方法在被估价的品牌并非高端品牌时无法使用。

(iii) 节省成本法：商标所有人拥有商标预计能节约多少成本？如果使用现存的商标能节省商标所有人开发新品牌的成本，则会产生这样的节约。

(iv) 节约许可费法：商标所有人使用自己的商标而无须向第三方支付特许权使用费，能节约多少成本？

(v) 市场价值法：相似的商标在市场上出售时，能卖出多少钱？这个方法是建立在对相关因素进行比较的基础上的，例如被收购资产的支付价格与衍生销售价值之间的比率。

---

[86] 关于这个话题参见 John Sykes 与 Kelvin King 的《知识产权和无形财产的价值评估与开发利用》(2003)，以及 Raymond Perrier (ed) 的《品牌的价值评估》(1997)。

[87] 在将被收购品牌纳入公司资产负债表时，英国会计准则委员会已经提出了两项会计准则，FSR10 以及 FRS11。

[88] 对于这些方法论的简要介绍，参见 Caroline Woodward，《知识产权的价值评估》，选自 Joff Wild (ed)，《构建和实施知识权利的价值：对会议室决策的国际性指导 2003》(2003)。

（vi）置换成本法：假设商标所有人将失去其商标，那么商标所有人需要支付多少才能取得一项具有足够市场力的商标来取代原商标？

上述方法可以单独使用或者共同使用，以获得“鸡尾酒”混合式的价值。由于人们的主观印象永远不能从价值评估程序中剔除，因而上述各种方法似乎都并非基于毫无缺陷的科学方法。但多数方法具有某些优势，且持续使用相对没有优势的指导方法的效果要比断续使用优势较大的指导方法的效果更好。基于这个原因，如果不存在其他原因的话，最好向从事评估时间最长并已尝试多种计算方法的人索取评估结果。 15.96

我们发现一个讽刺性现象，用商业术语来表达就是，很可能大多数商标仅仅具有些许的商业价值或者根本就不具有商业价值：如果当事人想在原来使用商标的商品或者服务上用另外一个完全不同的商标加以替代，大多数商标所有人的销售数额可能不会或几乎不会产生可以察觉到的变动。上述情况的证据是大多数这些商标——特别是小妈妈和流行街角的商标（the little mom ‘n’ pop street-corner）从未受到过侵犯的事实。这个事实能被理解为证明商标以及使用®标志具有有效震撼价值的证据么？恐怕是不行的。很多侵权行为正在进行着，但是侵权人倾向于侵犯具有最强的防备措施以及资源充裕的商标，因为侵犯这些商标才能获得最大的利润。当无数暴发户都通过仿冒 CARTIER（卡迪尔）、CHANEL（香奈儿）、NIKE（耐克）和 ROLEX（劳力士）等大牌产品惑众时，为什么还会费尽周折去侵犯徘徊在我们消费者边缘的那些普通的、平淡的商标呢？ 15.97

K. 结语

本章的目的是说明：法律提供了一个框架，在这个框架内商标所有人与同其签合同的人，能够利用商标的内在价值和获得利润的潜力。法律的食品柜并非完全是空的——仅有转让和许可这两样原料——但用这两种原料，谨慎的商标所有人和愿意签订合同的对方当事人可以共同烹制这个美味的蛋糕。 15.98

本章还试图揭示以合同形式成功开发利用商标权时存在的障碍，尽管这些障碍规模不大，或者可能是因为这些障碍规模不大，所以这些障碍经常在经营过程中被忽略。然后，即便是最为谨慎的计划和最为出色的起草合同的技巧，也不能担保商标交易免于争议而无须提交法院审查。 15.99

第 16 章

特殊领域的商标

A. 导言

达尔文研究的雀科鸟类和物种的起源

按照传统，当1835年查尔斯·达尔文登上加拉帕哥斯群岛时，他收集到了13个种类的雀科鸣鸟。[①] 这些雀科鸟类形成了一个关系紧密的鸟类家族，尽管它们彼此之间的生活习性大相径庭。通过观察，达尔文和他的同事们得出这样的推论，这13种雀科鸟之间的差别在某种程度上源于它们相异的生活习性，并由此形成理论称，雀科鸟类的基本类型是随着其生存的直接环境而逐渐形成的。

加拉帕哥斯群岛的达尔文禽鸟的行为模式与不同领域的商标实践的行为模式之间有着很密切的相似性。我们的商标法采取的是“一种模式适合所有情况的以一应百”的做法，但是商标在创造、登记注册以及使用过程中，商业与工业领域的行为模式有着天壤之别。本章我们将关注商标法和商标实践在医药业、零售业等各类不相关领域发展起来的方式，以及对于名人姓名及其理念的保护。

B. 医药商标[②]

没有人会由于商标的原因而死亡，但是却有很多人服用了错误的药品而丧 16.01

① 参见 Stephen Jay Gould，《达尔文在海边——港口的好处》，选自《火烈鸟的微笑》（1985），这本书浓缩了进化论发现过程中的民间传统版本和真实但缺少浪漫主义色彩的版本。

② 对医药领域内的法律问题的宏观整体描述，参见 Shelley Lane 与 Jeremy Phillips 的《商标法规与医药行业》（1999）。有关对该领域更具戏剧性和轰动效应的描述，参见 Derek Rossitter，《生命与死亡，舒适与痛苦，希望与绝望》（1987），《商标世界》，第28～33页。在 Tom Blackett 与 Bebecca Robins（eds）合著的《品牌药学：医药领域中品牌的角色》（2001）中，作者对品牌和营销方面的见解颇有价值。

命——将一种药品与其他药品混淆的情况经常发生。因此，在给药品或者医药制剂命名时，避免混淆的“生死存亡”因素在医药商标法律和实践的发展过程中，就被赋予了最优先考虑的地位。然而，人们不应该因此而认为这是唯一的“生死存亡因素”占据重要位置的领域。对于患有食物过敏的很多人来讲，将专卖药与糕点糖果造成混淆的结果是致命的，就如同将汽车或者飞机的零部件搞错一样。但是，在商业领域，安全因素的首要性对商标法规与实践的决定作用相对而言还是要小得多。与安全性因素一道，医药产品真正在国际开发利用上的潜力，以及研究开发费与生产成本之间的严重不平衡，共同赋予了医药商标领域在商标实践中的独有特色。

(1) 医药产品的命名

16.02 医药类产品可以分为两类：“药店柜台上出售的非处方类药物（OTC）”以及“处方类”药品。普通消费者可以在超级市场以及专业药品零售店购买到非处方类药物。处方类药品不能由消费者依照需要购买：此类药品必须由专业从医人士开处方，并由专业的药剂师配制，同时要在他们的指导下使用。在这两类药物之间存在着某些重叠的部分，因为医药职业者可以开非处方类药物，并且了解处方药商标的消费者可请医师开指定名字的药品（例如，PROZAC牌的百忧解，ZANTAC牌子的雷尼替丁）。但是，每个市场中商标的商业功能是截然不同的。

16.03 由于非处方类药物可以根据顾客的需求而购买，不需要处方，因而生产者可以通过常规的广告对消费者直接进行营销。从而，很多此类产品的商标都易被人们记住，并受到消费者的青睐。驰名的非处方类药物的典型代表包括大多数口腔清洁产品、镇痛药、避孕药、通便药品，以及治疗消化不良、斑秃、脚气等的药品。在这些药品类型中，为大家所熟知的有NUROFEN（消炎止痛药）、NIZORAL（治疗头皮屑的香波）以及AVEENO（治疗湿疹的燕麦浴胶）。

16.04 相比较而言，处方类药物由生产者向开出这些药物的医生进行推销。因此，处方类药品的商标的选择通常是为了使得这些药品的名称听上去很难记、很严肃且很伪科学。非处方类药物的名称欢快、活泼，具有一定的隐含意义，如KWELIS（治疗晕车的普鲁米近）和OPTREX（含硼酸和山榆的洗眼液），但是处方药可能需与听上去严肃认真的商标相依存，如VOLTAROL（消炎的双氯酚酸）。当然还有例外，如处方避孕药YASMIN就是一个具有吸引力的名字。

16.05 事实上，处方类药物有三个名字：(a) 它们的商标；(b) 定义其有效成分的化学结构的描述性术语；以及（c）它们的国际非专利名称（INNs）。[③] 这些名字的存在目的是简便地表达出这些产品名称的非专利形式。由于国际非专利名称可能是非专利名称，从而无法在其指定的商品上登记注册为商标，但并不阻止医药类商标申请人选择那些间接暗示国际非专利名称的名称（例如名为 AMOXIL 的阿莫西林）甚或试图获取那些与被禁止注册的国际非专利名称极为近似的商标的注册。国际非专利名称的价值，还可能因为实质上与其相同的商标在不含同一活性成分的其他医药商品上注册，而导致其价值弱化。因此，在德国，OMEPRAZOK 可在“医药、兽医、卫生产品；医用食材、婴儿食品；橡皮膏、敷料”上注册，原因是它并不包括治疗溃疡的国际非专利名称中的活性成分——奥美拉唑。[④]

(2) 医药商标的统一性

在任一单一市场中，无论是仅一个国家还是由很多成员国组成的复合单一市场，最好的是，无论在哪里销售，任何医药产品都能指定统一的同一名称及商标。产品商标的统一避免了消费者购买时或医生开药时药品指明的名称与当地的称呼不一致时的不必要麻烦与尴尬。根据欧盟法，直到近期很多人才接受对于新研制出的医药产品不应被授予营销授权证书[⑤]，除非申请人能够证明他已经获得了单一商标的注册，并且通过该商标，产品在欧盟境内为众人熟知。该观点被欧洲一审法院正当驳回：当有合理理由在不同法域使用不同的商标名称时，并且不存在严重的健康风险的情况下，使用不同商标向有需要的人供应药品带来的公共利益，相对于根本无法获得药品带来的不便而言，更具有重要性。[⑥] 16.06

任何一种医药产品上的商标并不仅仅是出于健康和安全的优先考量：在欧洲竞争法中，不同的国家在相同的药物上使用不同的商标，这看上去似乎是将单一的市场分割为成员国大小的小块市场，目的是限制供给，维持高价，但是，就连竞争法也认识到，从理论上讲，一家药品公司在各成员国市场上使用的不同商标，可能有其善意的原因。例如，产品最初上市所使用的商标因为已 16.07

③ 为了很好地介绍 INNs，参见 Agathe Wehrli，《药物：商标与药品成分名称》（1986），第4期《商标世界》31。

④ OMEPRAZOK 商标［2003］ETMR662（Bundesgerichtshof），当奥美拉唑（e）在冠以 LOSEC 商标进行销售时，其知名度更大。

⑤ 在医药产品于欧盟境内或者其成员国境内销售之前，营销授权证书（CMA）必须从欧洲医药产品评估署（EMEA）获得，或者从国内的证书授权机关获得。

⑥ Dr Karl Thomae GmbH（由欧洲制药工业协会联合会（EFPIA）支持）诉欧盟委员会（由欧盟理事会支持）一案（案号 T-123/00），2002年12月10日（没有报告）（欧洲一审法院（第五审判庭））。

经被他人注册或者同他人已经注册的商标非常接近而混淆，所以在有些国家是无法获取的。[⑦]

（3）平行进口：医药产品的特殊地位

16.08 当西班牙和葡萄牙成为欧盟的成员国时，医药产品并不是专利保护的对象。它们加入欧盟的谈判条件包括过渡期条款，使得这些国家能够控制医药产品售出的价格。[⑧] 因此，这些国家的企业往往以很低的价格订购大批产品，然后将产品出口到定价政策自由的丹麦、瑞典和英国等国家，从而使平行进口商在产品转售时获得丰厚的利润。尽管医药公司不能够拒绝向西班牙或者葡萄牙提供其产品，原因是这与欧盟法相违背，但是医药公司在其能力范围内尽一切努力使得平行进口产品的经销商难以从这种形势中获利。

16.09 产品原生产者与平行进口者之间在法庭内外进行争论，都声称自己是公正的。产品原生产商主张两点：（i）他们合法的获利期望已经被彻底打破，因为允许西班牙和葡萄牙人为压低价格，而他们的合法的经销商要在整个欧洲的范围内与他们竞争；（ii）当平行进口经营者对产品重新包装、重新贴牌时，作为他们最为珍视的财产之一的商标的良好声誉受到了损害。平行进口者辩解称：（i）他们所做的一切不但是遵守了商标法的规定，而且是符合自由市场经济的基本原则的；（ii）他们的行为有利于处于疾病困扰以及贫穷的人们，以低很多的价格购买昂贵的药品，同时也削减了国家购买药品时纳税人的支出。

16.10 公正是乱世中的孩子。她向交战的双方绽放着笑脸，因此，以下各节将以正义为线索介绍法院的观点。

（a）重新包装、重新标识以及过度贴牌

16.11 在《欧盟理事会指令 89/104》以及《欧盟理事会条例 40/94》颁布实施以前，欧洲法院已经做出这样的判决，如需要对这些商品进行重新包装时（例如为了遵守国际包装或贴标法律），并且当重新包装的做法不会负面影响到上述医药产品的质量时，平行进口医药产品的重新包装，以及对原商品生产者的商标进行新包装的申请，将不会侵犯原商标。[⑨]这些原则在法院运用《欧盟理事会指令 89/104》解决 Bristol-Myers Squibb 诉 Paranoua 首批案件的综合判决中就得到了确

⑦ Phamacia Upjohn SA 诉 ParanovaA/S 一案（案号 C-379/97［1999］ETMR937）（欧洲法院）。

⑧ 背景参见 Merck & Co Inc 诉 Primecrown Ltd，Joined 案件（案号 C-267/95 与 268/95［1997］FSR237）（欧洲法院）。

⑨ 参见 Hoffmann-La Roche 诉 Centrafarm 一案，案号为 102/77［1978］ECR1139（欧洲法院）；Centrafarm 诉 American Home Products Corp 一案［1978］ECR1823（欧洲法院）。

认和澄清。[10] 法院的判决称，商标所有者不能反对再包装产品的后续销售，只要下列累计条件能够实现即可：

(i) 执行商标权的结果将导致在欧盟成员国之间进行人为市场分割（例如，商标所有人故意在各个不同的国家采用不同的包装，因而迫使进口商重新包装，无论产品是何时从一个国家进口到另一个国家的）；

(ii) 重新包装必须不能损害产品的最初状态（包括使用说明）；

(iii) 新的包装必须清楚地申明关于最初生产者与包装者具体情况的细节，以及源于原始生产者之外的第三方的任何附加物品的原产信息；

(iv) 经过重新包装的产品的表现不能因为质量低下、自身的缺陷或不整洁而损害商标或者商标所有者的名誉；

(v) 平行进口商必须在进口商品之前公告商标所有者，如果经商标所有者要求，要提供商品的样本。

(b)“重新包装”的构成要件

欧洲法院的总法务官已经建议法院，即便将两个五盒装的在法国销售的 INSUMAN 的胰岛素粘在一起，以形成德国市场上的十盒装，这种做法已经充分构成了“重新包装”的行为，因为粘贴形成的产品并不能被视为真正名副其实的“十盒装”[11]。 16.12

(c) 在重新包装的案例中，“预先通知”的作用是什么？

Bristol-Myers Squibb 诉 Paranoua 中的五个条件可以总结为对告知的要求：如果你想对医药制品进行重新包装，你必须首先让商标所有者知晓，然后给商标所有者准备一份样本。这个要求是建立在常识基础上的。如果商标所有者反对对商品进行重新包装，那么对于他来说较好且较经济的方法就是将反对意见提出来，在销售之前处理好问题，不要等到销售以后。因为采取这样的方法，将医药产品或者产品的包装回收并进行销毁所带来的费用以及不便都能避免。欧洲法院后来更加清晰地表明了其对该问题的立场：平行进口商必须……为了获得对标有注册商标的医药产品进行重新包装的权利，首先应该履行提前通知的要求。如果平行进口商不满足该条件，那么商标所有者可以反对对重新包装后的医药产品进行销售。平行进口者自身负有义不容辞的义务告知商标所有权 16.13

[10] Bristol-Myers Squibb 诉 ParanovaA/S 一案；CH Boehringer Sohn 等诉 ParanovaA/S 一案；Bayer Aktiengesellschaft 等诉 ParanovaA/S，Joined 的案件，案号 C-427/93、C-429/93 和 C-436/93［1996］ETMR1（欧洲法院）。

[11] Aventis Pharma Deutschland GmbH 诉 Kohlparma GmbH 等一案［2003］ETMR143（欧洲法院）：这个案件受《国会规则 2309/93》的调整。

人对商品进行重新包装的意图。在存在争议的情况下，应该由国内的法院在充分考虑所有的情形后，来权衡商标所有权人是否有合理的时间对重新包装意图做出回应。⑫

16.14 在下面英国的这个案例中，高等法院引用了这一判决，并主张：

> ……如未向商标所有者提前通知你将不会侵犯其权利，该行为属于一项可被起诉的错误行为。⑬

16.15 这只能看成是个案，但是在《欧盟理事会指令89/104》、《欧盟理事会条例40/94》或者事实上《1994年商标法》中却找不到任何相应的条款规定：将没有通知商标所有人对产品进行重新包装但不属于侵权的行为添加到其他侵权行为行列中。

(d)“必要原则”是否存在?⑭

16.16 欧洲商标法中提到的一个疑难问题就是是否只有在客观必要时才可以重新包装或者重新贴商标。例如，某个国家要求在其境内销售的药品必须要以本国的语言标明说明书或者列出药品的成分，这可以理解为，如果经营者只能在购买国进行批量销售，他不得利用商标权穷尽原则。同样，如果某个国家要求某种特殊产品必须以十盒装进行销售，而其邻国要求以十二盒装进行销售，那么当该产品在邻国进行再次销售时，重新包装是必要的。但是，重新包装和重新贴商标是不是只有在客观必需的情况下才能被允许呢？如果答案是肯定的，那么“必要”是不是仅指法律上的必要，或者说它是否包括经济上的必要呢？

16.17 在Bristol-Myers Squibb诉Paranoua案件中，欧洲法院认为重新包装只有在必要的情形下才是合理的。⑮ 这个观点后来受到了国内判例法强有力的支持。因此，在丹麦，基于法律并没有要求商品的商标必须全部以丹麦语进行标示，所有进口商要做的就是将含有相关信息的丹麦语的标签贴在商标原始包装的盒子上：重新包装是不必要的，因此便会构成商标侵权。⑯ 当进口产品的数量与进口国所要求的进口数量相同时，该规则同样可以适用：在必要范围内允许重新贴商标，

⑫ Boehringer Ingelheim KG和Boehringer Ingelheim Pharma KG诉Swingward Ltd一案，案号C-143/00［2002］ETMR 898（欧洲法院），第68段。

⑬ Glaxo Group等诉Dowelhurst Ltd等一案，2003年2月6日（高等法院），第38段。

⑭ 有关这个问题，见Dominic Dryden与Susie Middlemiss，《重新包装商品的平行进口，必要性真的是必要的么?》［2003］JBL 82-9；Naomi Gross与Lucy Harrold，《争取医药利润》［2002］EIPR 497-503；以及Stephen Whybrow与Lucy Kilshaw，《重新包装规则过时了》(2003)，155《商标世界》，17-18。

⑮ Bristol-Myers Squibb诉Paranova A/S一案；CH Boehringer Sohn等诉Paranva A/S一案；Bayer Aktiengesellschaft等诉Paranouva A/S，Jointed案件C-427/93，C429/93 & C-436/93［1996］ETMR 1，第56段。

⑯ Lovens Kemiske Fabrik Produktionsaktielskab诉Paranova A/S［2001］ETMR 302一案（Osttre Landrets Domme，丹麦）：从西班牙进口DAIVONEX。

而重新包装是不必要的，因此禁止重新包装。[17]

随着“必要原则”在国内立法中的地位逐渐稳固，值得注意的是《欧盟理事会指令89/104》以及《欧盟理事会条例》并没有对此原则的概念做出规定。那么这个原则是不是因此而成为“海市蜃楼”，是不是仅仅是缺乏法律实质的法学表相呢？抑或一直是欧洲法学的一部分，新欧洲法本质精髓的一部分？即使像恋人的叹息一样，正是由于必要原则给人的感觉过于良好而无法要求在法律规定中给予明确阐述呢？Borhringer Ingelheim Pharma KG 诉 Swingward 案件对这个问题给予了答复，欧洲法院判决称：在法院判例法的含义之内，若相当数量的消费者强烈抵制对医药产品的重新贴牌，而不对商品进行重新包装的话，那么该医药产品就很难进入相关市场或者进入相关市场的主要部分，则对医药产品重新进行包装是客观必需的。[18] 16.18

这个判决，表面上看来支持基于法律、经济和文化上的必要性进行重新包装，实际上这段话限制了必要原则的范围。 16.19

首先，人们会问，如果没有进行重新包装，是否就没有有效的进入国内进口市场的途径？“没有进行重新包装”是否也同样意味着“没有对未经重新包装的产品进行广告宣传和销售”呢？如果有事实可以表明，未能进入市场仅仅是因为平行进口商没能以适当的吸引人的方式对产品进行促销，那么就不是因为没有重新包装而未能使商品有效进入市场，而是因为缺乏积极主动性与努力。 16.20

其次，“强烈抵制”的含义是什么呢？“强烈抵制”想必要比“微弱的抵制”强有力得多，对于后者平行进口商无须重新包装则可以克服。无论是“强烈抵制”还是“微弱的抵制”均比“单纯的任其所为”要强有力得多。因此，可以推测，举证证明强有力抵制的存在，将由试图主张这点的当事人——平行进口商承担，这样的话，人们感兴趣的是如何完成举证责任。 16.21

再次，谁是消费者？从非处方药配制方面看来，消费者可能就是喉咙疼痛的瑞典人，或者是可怕的宿醉的丹麦人。但是如果涉及处方药——我们指的是欧洲北部广大的普通市民，还是专业的合法医学执业者，谁应该对于未经重新包装或者重新贴商标的商品的抵制要轻微一些？ 16.22

事实上，扪心自问说出这些问题目前无法得到解决，需要很大的勇气。 16.23

(e) 进口商能否在进口产品上重新贴上进口国的商标？

众所周知，商标所有人可能有着合法的理由在不同的欧洲自由贸易联盟国家 16.24

[17] Lovens Kemiske Fabrik Produktionsaktielskab 诉 Orifarm A/S 一案，案号 214/2001 WTLR，2003年3月20日（丹麦最高法院）。

[18] Boehringer Ingelheim KG 与 Boehringer Ingelheim Pharma KG 诉 Swingward Ltd 一案，案号 C-143/00 [2002] ETMR 898（欧洲法院），第54段。

在相同医药产品上使用不同的商标[19]，只要他的目的不是试图分割单一的市场。因此，这是否意味着相同商品上的多个商标的所有人不会反对医药商品的平行进口商去掉购买国的商标，贴上进口国的商标呢？在瑞典的一个案例中，商标所有人制造的产品在西班牙以 LIMOVAN 的商标出售，而在瑞典则以 IMOVANE 的商标出售。[20] 进口商将标有 LIMOVAN 商品进口到瑞典，并在瑞典进行重新包装，以 IMOVANE 的名称进行再销售。商标所有人的侵权之诉胜诉了。没有证据表明商标所有人试图分割内部市场，也没有理由解释为什么进口商不能以 LIMOVAN 商标销售商品：修改商标能获得更多的商业利益的事实不能作为进口商应该被允许将商品重新进行包装的原因，因为没有“客观的必要”这么做。事实上，站在进口商的立场上，改变商标，只是试图想搭商标所有人通过广告宣传或销售标有 IMOVANE 商品所获得的商誉的便车。丹麦得出了类似的结论，将葡萄牙的 GUTALAX 泻药重新贴上 LAXOBERAL 的商标，以相同的理由被认定为侵犯了商标所有人的权利。[21]

16.25 当这种性质的重新贴牌行为发生后，法院在决定是否赋予临时救济措施时，会把商标变动所产生的影响考虑其中。因此，在一起案件中，进口商在法国购买标有 DEROXAT 商标的帕罗西汀，然后将其运到苏格兰在那里将商标换为 SEROXAT，再在瑞典进行销售。商标所有人试图寻求临时性禁令的方式予以救济，但是遭到了拒绝。法院发现，重新经过包装的帕罗西汀有一条瑞典文的品牌声明：包装盒里的药片所标识的商标是 DEROXAT，但是包装盒却标有 SEROXAT 的商标；这种情况下，不仅没有产生混淆，也很难证明商标所有者的商标权所遭受到的损失。因此，这种情况并不适用于临时救济措施。[22]

(f) 在进口产品上添加商标、标语或包装涉及形象

16.26 法院乐于让医药产品的进口商和转售商购买以及销售商标所有者权利已经穷尽的商品，原因是这正是权利穷尽原则所需要的。[23] 但是，法院同样也很不情愿允许进口商以此作为推出自有品牌的跳板。因此，虽然平行进口商须在重新进行

⑲ Pharmacia & Upjohn SA 诉 Paranova A/S 一案，案号 C-379/97［1999］ETMR 937（欧洲法院），见上文第 16.07 段引用。

⑳ Aventis Pharma Aktiebolag 诉 Paranova Lakemedel Aktiebolag 一案［2001］ETMR 652（斯德哥尔摩城市法院）。

㉑ Boehringer Ingelheim Danmark A/S 等诉 Orifarm A/S 一案［2002］EMTR 223（欧登塞法院）。

㉒ 关于欧洲自由贸易联盟穷尽原则，见《欧盟理事会指令 89/104》第 7 条，《欧盟理事会条例 40/94》第 13 条，详细论述见第 9 章。

㉓ Lovens Kemiske Fabrik Produktionsaktielskab 诉 Orifarm A/S 一案，案号 214/2001 WTLR，2003 年 3 月 20 日（丹麦最高法院）。

包装的产品上印刷出进口商的身份[24]，但丹麦最高法院判决称，平行进口商不得在重新进行包装的商品上[25]添加自己的广告语或者其他标识，这种做法有时候被描述为“品牌联盟”[26]。

如果平行进口商已经在包装上添加了“条形图文以及/或者其他构成了包装设计的一部分的图形元素”，商标所有人能否反对在包装上使用其商标，这个问题被提交给欧洲自由贸易区法院寻求建议。[27] 16.27

当欧洲药品评估局赋予了商标所有权人营销授权证书，使商标所有人可以用自己的商标在全欧洲销售医药产品时，商品销售的各国仍然可能对其施加补充性贴标义务。为了该目的，欧盟委员会采用了“蓝盒子”的概念，这是被许可商品标志的一部分，在蓝盒子中可尽情公开纯粹关于国家利益的信息，只要该信息为欧洲药品评估局所允许。例如，关于医药产品本地经销商的具体情况。欧洲一审法院判决称没有理由阻止在“蓝盒子”中加入本地经销商的商标或标志，因为这不会引起对被许可医药制品来源的混淆，反而将会提供对消费者有所帮助的信息。[28] 16.28

(g) 进口商能否将品牌商品重新包装或重新贴牌为非专利产品?

很多国家现在已经引进了医药处方的规则，这些规则要求医生开列非专利药品，而不是贵很多的品牌药品，或者允许药剂师用非专利药品取代品牌药品，除非开药方的医生坚持用品牌药品。这样的情况，对于平行进口商来说是有利的，平行进口商可以在一个国家以很低廉的价格购进享有专利的药品，然后将其进口到另外一个国家，在除去原始商标之后将其变为没有商标的药品，从而促使其迅速销售。丹麦最高法院做出判决称，这种做法不能被接受，并构成了商标侵权[29]，尽管我们难以理解这样做所依据的商标法原则。[30] 16.29

㉔ 见 Bristol-Myers Squibb 诉 Paranova A/S etc，Jointed 的案件，案号为 C-427/93、C-429/93 和 C-436/93 [1996] ETMR 1（欧洲法院）。

㉕ Lovens Kemiske Fabrik Produktionsaktielskab 诉 Orifarm A/S 一案，案号 214/2001 WTLR，2003 年 3 月 20 日（丹麦最高法院）。

㉖ 见 Glaxo Group and others 诉 Dowelhurst Ltd 等一案 [2003] EWHC 110 (Ch) [2003] 2 CMLR 248，第 23 段。

㉗ Paranova AS 诉 Merck & Co Inc 一案，案号 C-3/02，申请建议观点，2002 年 12 月 17 日。

㉘ A Menarini—Industrie FArmaceutiche Riunite SRL（欧洲医药产业和协会联盟）v Commission，Case T-179/00 [2002] ETMR 1131（欧洲法院）。

㉙ Lovens Kemiske Fabrik Produktionsaktielskab 诉 Orifarm A/S 一案，案号 214/2001 WTLR，2003 年 3 月 20 日（丹麦最高法院）。

㉚ Glaxo Group 等诉 Dowelhurst Ltd 等一案，[2003] EWHC 110 (Ch) [2003] 2 CMLR 248，第 22 段。

(4) 医药产品的商标以及市场授权的撤回

16.30 当某个享有药品专利权的公司拥有市场营销权时[31]，这种授权使得公司在欧盟范围内以某个特定的商标销售某种已经通过批准的商品，那么它能否通过下列措施规避平行进口商的竞争呢？(a) 改变药品的配方，(b) 放弃该药品的营销授权，平行进口商的进口协议因此而变得无效，然后 (c) 反对对商标权已经穷尽而不再属于有效市场营销授权（CMA）范围的商品的进口，在欧洲法院审理的Ferring公司改变其MINIRIN牌反利尿喷雾产品案中出现了该问题。本案的新产品以MINIRIN喷鼻剂的名称进行销售。Ferring放弃了其在德国的对MINIRIN牌喷雾产品的授权，然后反对Eurim-Pharm进口旧的产品。其称，两种产品同时供应会混淆公众。欧洲法院[32]判决认为，《欧盟竞争法》排除了国内法中规定商标所有人可以通过放弃其专有授权而使得平行进口协议自动无效的任何条款。[33] 法院支持该判决，声称如果使用同一商标但是配方不同的多种商品的同时引发了公共健康危机，那么对于旧版商品的进口可能是正当的。

(5) 医药商标之间的混淆

(a) 风险分析的操作

16.31 有些法院认为，有着相似名称的处方药品，混淆的可能性较之于其他类型的商品要小一些。这是因为，如果这些药品是经由合格的医药执业者开出的处方，然后由合格的药剂师进行配制，那些在医学领域受益于专业训练和专业技术的人，也不可能混淆他们在履行其专业职务中经常操作的药品。[34] 其他裁判庭认为，消费者错服药品的巨大风险，要求在不同的医药商标之间使用更严格的混淆确定标准。[35] 甚至有一个法院下令撤销医药商标ANDAK，理由是有可能与ZANTAC造成混淆，即便ANDAK的所有人还没有决定在何种医药产品上使用该商标。[36]

16.32 OHIM复审委员会采取了这样的观点，这两个相互矛盾的观点都是有效的，

[31] 见上文第16.06～16.08段以及第16.26～16.28段。

[32] Ferring Arzneimittel GmbH诉Eurim-Phar Arzneimittel GmbH一案，案号C-172/00［2003］ETMR 115（欧洲法院）。

[33] Glaxo Group诉Knoll Aktiengesellschaft一案［1999］ETMR 358（丹麦海商法院）。

[34] Pfizer Inc and Pfizer A/S诉Durascan Medical Products A/S一案［1997］ETMR 85，96（丹麦最高法院）：VIBRAMYCIN不大可能与VIBRADOX混淆。

[35] 见Pliva D D Zagreb的申请［2000］ETMR 594（波兰专利局复审委员会）：RECTOCIN与RASTOCIN非常近似，对健康造成威胁，尽管专业人士很少混淆它们。

[36] Glaxo Group诉Knoll Aktiengesellschaft一案［1999］ETMR 358（丹麦海商法院）。

因此彼此对垒：在有些成员国国家，普遍观点认为在涉及药品的案件中，造成混淆的可能性应该更容易被接受，理由是如果病人服错了医药产品，对所造成的严重后果是可以提起诉讼的。其他国家的观点则认为，医药商标不会轻易地造成混淆，因为消费者有拥有合格资质的专业人员的帮助，对于药品之间的区别会给予格外的注意……因为服用正确医药产品的重要性。委员会的观点是，相冲突的观点在很多情况下都互相矛盾，结果是没有特殊的标准能够适用到医药产品的商标上……㊲

如果我们仅仅关注于消费者在购买药品时或者在此之前产生混淆的可能性时，这个观点值得赞赏。任何一位值得尊敬的医生或者药剂师都不会混淆用于治疗眼病的软膏商标 PONGOCYL 与用于去除耳垢治疗方法的商标 PONCOGYL。但是为什么我们会考虑消费者是否会混淆？仅仅是因为我们想保护商标品牌，还是因为我们也想保护消费者的利益？如果答案是后者的话，我们不仅应该关心 PONGOCYL 与 PONCOGYL 是否会混淆符合资质的专业人员，还要考虑到在 6 个月之后，当消费者看到药柜中，他所用的 PONGOCYL 摆在他妻子用的 PONCOGYL 药旁边时，他脑中会有什么想法。如果我们开始关注交易完成后的混淆所造成的后果，那么在现实中我们就不能认为医生以及药剂师的专业技能会降低混淆风险。 16.33

当贴着商标的药品可以在柜台上购得，而无须经过医生的处方时，那么医生和药剂师的专业技能所能提供的保护就不会存在了。因此，令人失望的是，在一个案例中，申请人试图在止痛药上注册 ACAMOL 的商标，异议人提出异议，认为已有一个在先德国商标 AGAROL 注册在泻药上，而 OHIM 复审委员会似乎倾向于这样的结论：消费者可能对不同的药品发生混淆的唯一时间点就是在购买的那一时刻。㊳ 因此，委员会驳回了应该对药品混淆提供额外保护的政策主张，因为将止痛药当成泻药（反之亦然）服用的后果并不是极其严重的。我们会好奇，倘若复审委员会的任何一位成员被告知，他将进行一场复杂的外科手术，而主刀的外科医生之前将泻药错当成了止痛药使用，那么此时他是否会持有同样的观点呢？ 16.34

（b）关于医药商品市场的特殊考虑

与其他很多消费品市场不同的是，医药产品市场中，相互竞争的主体往往对于对方的产品较为熟悉。这是因为很多最新产品都在专利保护的范畴之内，而那 16.35

㊲ Choay SA 诉 Boehringer Ingelhei International GmbH 一案，案号 R 273/1999-1［2001］ETMR 693，第 19～20 段（内部市场协调局）：治疗大出血的 EXACYL 牌的处方药不大可能会与 EVASIL 牌治疗经前紊乱的药物混淆。

㊳ Godeske G 诉 Teva Pharmaceutical Industries Limited 一案，2000 年 5 月 15 日（2001）32 IIC 326（内部市场协调局第一复审委员会）。

些没有获得专利的产品，通过参考其药品名称，以及这些药品进行销售之前，为了取得授权证书，药品所必须经历的批准程序，也能确定产品之间的特性或者相似性。

16.36 尽管药品市场上的大部分主体都资金雄厚，可以相互进行全面的诉讼，但很显然，即便原商品生产者之间的商标异议是极其普遍的，而要求撤销商标的诉讼却不是很普遍。实际上，一家医药公司对他人提起侵权诉讼的情况是较为罕见的。

C. 零售服务标识

16.37 商品零售服务的商标注册在欧洲长久以来一直遭到反对。主要的反对意见是，通过将某商店的名称注册为服务标识，该服务标识的所有者能够控制并最终扼杀商品生产者对于商标的选择权。举个简单的例子，如果我将名称 TRIXIE 注册为我自己的百货商店的商标，当服装、家具、床上用品、厨房用具、玩具、电器设备，以及在百货商店中销售的大部分其他种类的商品的生产者将 TRIXIE 作为商标进行使用时，我就有理由认为我能够对此提出异议，并给予最终的控制。拥有这种控制权所基于的假设前提是，任何从 TRIXIE 商店购买 TRIXIE 牌天鹅绒垫子的人有理由认为，由同一家公司对这两者承担责任。还有两种意见名义上反对将商标注册在零售服务上，对这两点都无须做严肃的辩驳：（1）在《尼斯分类表》列举的不同分类中，没有对其进行专门规定；（2）其销售他人的商品并不是真正意义上的服务，因为这种销售并没有影响到所销售商品的属性，仅仅只是将商店中陈列的商品的所有权转移给了消费者。

16.38 有人认为零售服务标识不应被注册，但持支持意见的人占据了上风。商标和服务标识之间，用在零售供应上的服务标识与用在其他服务上的服务标识之间的差别，在法官、商标检验者以及法律从业人员看来具有深远意义——但是这些差别在绝大多数消费者心目中是没有意义的。人们在大街上不会认为商品商标和商店名称之间有着本质差别；如今普遍而言，对于消费者，他们对于商店的忠诚度与他们对所购买的商品品牌的忠诚度是可以相提并论的。事实上，随着“内部”以及“自有商品”品牌的发展，商品商标和零售性服务标识之间的差别在很多人看来已逐渐变得模糊了。

（1）国际法环境下的观点

16.39 因此，零售服务是否可以注册商标呢？国际条约对这个问题提供了一些见解。《巴黎公约》要求，巴黎联盟国家保护服务标识，但是并不要求它们被注册为商标。[39] 尽管公约要求，商标所登记注册的商品的属性绝对不能成为其注册的障碍[40]，但对于服务标识注册的障碍也只字未提。然而，TRIPs却给予了明确规定：商标所使用的商品或服务的属性，在任何情况下都不应该成为商标登记注册的障碍。[41]

这表明，除非有条款说明零售根本就不是服务，否则没有任何明显合理的理由来阻止将服务标识注册于零售性服务上。 16.40

（2）美国和欧洲的零售服务

在美国，《兰哈姆法》没有区分用于零售服务的服务标识以及其他类别的服务标识。未指出上述区别并没有在美国引起明显的问题。在这片孕育品牌机遇的肥沃法域中，对零售服务标识的注册没有争议，因此产生了世界上大部分最为著名的零售服务标识：WALMART（沃尔玛）、NIKETOWN，以及玩具“я”US，上述仅仅是简单的几个列举，绝不限于此。 16.41

然而，在欧洲，事实上无论是《欧盟理事会指令89/104》还是《欧盟理事会条例40/94》均未禁止零售服务标识的注册，但是长期以来普遍接受的观点是零售服务标识不能进行注册。这一理念为1999年10月7日[42] OHIM主席交流会所赞同，甚至是在英国，所谓的“专业零售国家”也从没有提出过反对意见。日本商法大部分是受到了德国立法的影响，因此日本同样不准许零售服务标识的注册。[43] 16.42

OHIM复审委员会对Giacomelli案件的决定改变了欧洲零售贸易的局面，在该案件中，申请人想在第35类服务上登记注册一个包括文字GIACOMELLI的图形商标。委员会称：概括言之，为了其他人的利益，不同种类的产品……能够使得消费者去审视某产品，并进行购买；在展览馆和展厅进行商品展出的组织是为了经济或者广告的目的。[44] 16.43

委员会的观点是，只要申请人没有试图将商标注册于所有商品的销售服务上，而是将其限制在特定的可以识别的商品种类上，那么就没有什么法律或原则上不允许他这样做。需要指出的是，在很大程度上，零售业的商誉是建立在其所 16.44

[39] 《巴黎公约》第1（2）条，6sexies。

[40] 同上，第7条。

[41] TRIPs第15（4）条。

[42] 这个文件是基于1993年通过《欧盟理事会条例》的理事会会议记录共同声明而做出的。

[43] 今天同样如此；见Esprit International诉Commissioner of the Japanese Patent Office Heisei一案(gyo-ke) 105，2001年1月31日。

[44] Giacomelli Sport SpA’s application，案号R 46/1998-2［2000］ETMR 277（内部市场协调局）。

提供的服务上的。委员会补充称，即便零售商店以自助方式经营，也不应减小其获得零售服务商标注册的可能性。[45]

16.45 OHIM 和其他国家登记机关允许零售服务商标登记注册的意愿未受到德国实践操作的影响。德国明显不愿意授予此类注册，结果导致将“《指令》第 2 条的服务是否包括零售商品服务”这个问题提交欧洲法院做出初步裁决。[46] 德国观点的假设基础是，由于《欧共体条约》本身将服务定义为“通常是为了获得劳动报酬而提供的”[47]，任何可以成为商标注册对象的服务，必须包含一些为获得报酬所提供的服务，例如，通过引用“将不同来源的各种商品整理集中起来，在统一环境下进行销售”而将该等服务包含在内。[48]当我们急切地想获得这项申请的结果时，仅需补充称，如根据起草时未考虑到商标可注册性的《欧共体条约》中的定义来解释内容高度集中的《指令 89/104》中的词语意思，原则上来讲这是错误的。

(3) 商品商标以及零售服务标识之间的内在联系所产生的问题

16.46 如果我们可以假定，服务标识可注册在零售服务上，那么当零售商，基于其零售服务的注册，能控制及主导商品品牌名称的选择（或使用）时，我们应该怎样解决由此所引起的问题呢？换句话说，如果我们将文字商标 SATURN 作为服务标识注册在某个专门销售音响设备的商场中，那么我能否阻止第三方将 SATURN 注册在此类设备上呢？相反方面也同样有这个问题：如果我生产 SATURN 牌的音响设备，那么我能够制止该设备的零售商将 SATURN 作为商场的名称，或阻止他把该文字注册为商标吗？

16.47 实践中，商品与相应的零售服务上相同或者近似商标之间可能产生潜在混淆的问题，可以适用国内不正当竞争与假冒法律得以解决。然而，即便在这种情况下，也并不意味着由于可能涉及原则问题而不考虑商标法。如果生产 SATURN 牌音响设备与使用 SATURN 商标销售音响设备属于“类似”商业活动，且两者之间就存在着混淆的可能性，那么《指令 89/104》[49] 与《条例 40/94》[50] 将保护

[45] Giacomelli Sport SpA's application，案号 R 46/1998-2 [2000] ETMR 277（内部市场协调局），第 20 段。

[46] Praktiker bau- und HeimwerkemArkte AG，德国联邦法院向欧洲法院提交的申请，2002 年 10 月 15 日。

[47] 《欧盟理事会条例》第 5 条。

[48] 见国际商标协会在 Praktiker 申请提交的支持申请人的意见，2003 年 3 月 10 日（www.inta.org/downloads/brief_praktiker.pdf）。

[49] 《欧盟理事会指令 89/104》第 4（1）（b）条、第 5（1）（b）条。

[50] 《欧盟理事会条例 40/94》第 8（1）（b）条、第 9（1）（b）条。

在先的注册者，禁止后来竞争者的行为。但是，即便情况确实如此，似乎只要将商标注册在商品上，就能够获得对于零售服务的自动保护。

澳大利亚对这个问题采取了有力的方法。联邦上诉法院的绝大多数成员认为，Woolworths 零售连锁店能够将 WOOLWORTHS METRO 注册为服务标识，尽管在连锁店销售而非在那儿生产的很多产品的自身商标中包含着 METRO 的字眼。[51] 根据多数意见，既然 WOOLWORTHS 是一个驰名商标，那么任何人都不会把 METRO 牌的产品与 WOOLWORTHS METRO 零售服务联想到一起。持反对意见的法官认为，如果消费者将 WOOLWORTHS METRO 简称为 METRO 的话，就有可能产生混淆。最后多数意见被采纳提交：驳回注册的决定不应该基于偶然因素，例如，消费者（而不是经营者）会如何使用他们的商标。 16.48

(4) 零售、电子追踪销售与现代化科技

如服务标识可以被注册在零售服务上，那么当提供零售的服务是通过传统商场销售渠道以外的其他方法实现时，此时的服务标识应该同样可以被注册，这样的推论是合乎逻辑的。例如，当既通过高速公路上的商店又通过互联网进行某零售服务时，如果通过一种媒介进行商品销售构成在商标注册目的下的“服务”，而通过另一种则不构成，这种理论是反常的。这个原则似乎为德国接受，德国联邦最高法院的一个部门认为，传统零售服务标识注册的管理规定，同样也适用于诸如“通过呼叫中心进行的商品销售和拍卖”，因此，此类服务也必须明确指明以呼叫方式销售的商品类别包括哪些。[52] 16.49

D. 名人商标

TRIPs、《欧盟理事会指令 89/104》和《欧盟理事会条例 40/94》中的定义都将[53]“个人姓名”纳入可注册标识构成要素的非排他性清单中。这些定义并没有将名人的姓名与名人以外的普通人的姓名进行区分。事实上，名人是一个相对的概念，法律没有在人的姓名上做出明确区分的做法是明智的。如果法律的确是想在人的姓名上做出区分，起码应当认可以下人群的特殊地位： 16.50

(i) 世界范围内的名人：有些人的知名度很大，以至于他们的名字可以在任

[51] Woolworths 的商标申请 [1999] FCA 1020（澳大利亚联邦上诉法院）。

[52] SMARTWEB 的商标申请 [2003] ETMR 272（德国联邦法院）：SMARTWEB 不得在未指定商品的呼叫中心服务上注册，无论该服务是否与互联网有关。

[53] 见第4章，详见第4.04～4.06段。

何圈子中都可能被提到，而无须解释他们是谁，例如，美国总统 George Bush（乔治·布什），微软的 Bill Gates（比尔·盖茨）以及流行娱乐明星 Michael Jackson（迈克·杰克逊）。由于美国文化在世界传媒中所处的核心地位，在世界名人这个范畴内绝大多数是美国人。

(ii) 区域性或者本地的名人：例如，法国歌手 JOHNNY HALLIDAY。

(iii) 在某个狭窄活动领域内的名人：Eric Bristow 这个名字与标枪比赛几乎是同义语[54]，他曾经获得过五次世界冠军，四次北美冠军——但是绝大多数对标枪运动并不了解的人，从没有听过他的名字。

(iv) 潜在的以及以前的名人：有些人声名鹊起的时刻将要来临（例如，可能成为下一代音乐演奏会上的小提琴家和钢琴家的少年天才），而有的人的声望却已遗憾地淡去，再不能挽回了（这一类很多都是上一代的体育和电视明星）。有时候一个名人遮盖了另外一个有着相同名字的人的声望（今天的乔治·布什意味着美国总统；12 年前的乔治·布什指的是他的父亲）。

(v) 间接名人：尽管名人的子女或者其他亲属本身并不能称为名人，但是他们与“真正”名人的亲近关系可能使得他们享受到与名人身份一样的待遇。典型例子是总统吉米·卡特的兄弟 Billy。

(vi) 名人真实的和假定的名字：就像蝴蝶破茧而出一样，Elton John（埃尔顿·约翰）褪去他以前作为 Reg Dwight 的身份，留在其身后的名字具有潜在的商业价值，正如孤独女神 Greta Garbo（葛丽泰·嘉宝）（前 Greta Louisa Gustafsson）。有些名人之所以出名仅仅是靠他们所使用的名字或者雅号，因为我们不知道他们的真正身份：Jack the Ripper（开膛手杰克）正是这种典型的例子。

(vii) 故去的名人：这个类别包括很多不同的名人，像 Joan of Arc（圣女贞德）、Kemal Ataturk（穆斯塔法·基马尔）、St Thomas Aquinas（圣汤姆斯·阿奎纳斯）、Maria Callas（玛利亚·卡拉斯）、Florence Nightingale（弗洛伦斯·南丁格尔）、Yuri Gagarin（尤里·阿列克谢耶维奇·加加林）、Attila the Hun（匈奴王阿提拉）与 Marquis de Sade（萨德侯爵）。

(viii) 健在的名人：例如，Celine Dion（席琳·迪翁）、Kofi Annan（科菲·安南）、Anna Kournikova（安娜·库尔尼科娃）、Michael Shumacher the Pope（迈克尔-舒马赫）。

(ix) 虚构的名人：包括一些最受人喜爱的名人的名字，例如 James Bond（詹姆斯·邦德）、Winnie-the-Pooh（小熊维尼）、Sherlock Holmes（福尔摩斯）、

[54] 见 www.cyberdarts.com/pros/EricBristowBio.html。

Tintin（丁丁）、Bart Simpson（巴特·辛普森）、Paddington Bear（帕丁顿熊）、Mickey Mouse（米奇老鼠）和 Harry Porter（哈里·波特）。

（x）民间故事中的名人：这个组合包括像 Abominable Snowman（令人讨厌的雪人）、Yeti（传说中喜马拉雅山的雪人）、Bigfoot（大脚怪人）和 Father Christmas（圣诞老人）。

（xi）集体名人：此类相关的人都是单独出来可能会也可能不会享有名气，但他们与其他人的集合为他们成为名人另外提供了潜在持续的基础。例如，Seven Samurai（七个武士）、Magnificent Seven（神奇七侠）和 the Beatles（披头士乐队）。在已故的李小龙引发的中国功夫热之后，中国河南省少林寺的僧人们发现，有必要通过将"SHAOLIN"（少林）注册为商标来保护和控制对其身份的商业性利用。[55]

上述所分类的组合并不完整，名人的姓名可以再被分为其他的更多的类别。名人姓名尽管没有固有的法律地位，却是一个用来审视最新名人商标判例法的简单方法。因此，有些名人姓名将在下文进行更深入的探讨。 16.51

虽然本章主要研究的是姓名，名人也可以通过商标注册来保护众所周知与其姓名相关的很多其他特征。这些特征包括他们的面部特征（或者面部特征的一部分，例如 Mick Jagger 的嘴唇）或者全身整体形象特征、他们的声音[56]，以及与这些名人存在联系的其他物品（例如，Charlie Chaplin 查理·卓别林的拐杖和靴子，或者 Groucho Marx 格劳乔·马克斯的胡子）。然而总体而言，姓名本身才是成为最具有持久性的主体元素：与五官以及其他生理特征不同，姓名并不随时间发生变化[57]；也不随着名人的角色而变化（例如演员）。 16.52

（1）健在的名人

名人所享有的将其姓名注册为商标的权利与任何其他普通人相比，不享有更多的特殊之处。在欧洲，不论是在欧盟的层面还是根据各国国内法，将名人的姓名进行注册与其他任何标识的申请注册，对文字和图形的显著性要求的标准是一样的。英国的一个法院已经强调，既然英国法并不认可人格权，即便是仍然健在的名人也不能被认为对其姓名拥有所有权，因此，一个姓名既著名又有特色的事 16.53

[55] SHAOLIN 商标以河南少林寺工业发展有限公司的名义现注册于很多类别的商品和服务上；见 INTA Bulletin，2002年11月15日，第6页。

[56] 福特汽车公司对 Bette Midler 在歌曲"Do You Want to Dance?"中声音的滥用，根据加利福尼亚州法被判定侵犯了歌手的权利，见 Bette Midler 诉 Ford Motor Co 一案，849 F 2d 460（第九巡回法庭，1988年）。

[57] 比照 Roger Nelson 王子，亦被称为王子，后被称为原名王子的艺术家（仅可通过标识辨认）。

实并不意味着，这个姓名与商品或者服务发生联系时，就自动拥有显著性。[58]

16.54 在很多法域，所有个人——不仅仅限于名人——都享有隐私权。[59] 尽管商标权利没有明显支持个人隐私权的功能，但是借用商标权保护隐私权是很普遍的事情。例如，防止第三方未经授权擅自公开含有个人姓名的私人材料，且在该材料中使用某人的姓名构成了对该材料内容的代言。在英国，还有一种被普遍认可的情况是，名人婚礼的隐私权可以出售给最高的竞价者[60]；但从严格意义上讲这也并不在注册商标法律范围内。

16.55 在其他商标申请的情况中，名人的姓名如果与使用在相同或者类似服务上的已经登记注册的在先商标近似并容易引起混淆，那么该姓名就不能进行注册。在这个基础上，法国英俊小生 Taig Khris 不能将他特别的名 TAIG 登记注册在香水和化妆品上，因为另一家公司已经将 TAIG 登记注册在相同的产品上。[61] 然而，如果他想把他的姓名的整体 TAIG KHRIS 进行注册，申请人极有可能申请成功。

16.56 很多法域的通常做法是，授权机关允许将健在名人的姓名进行注册，只要有证据表明该商标注册申请与此名人享有的任何权利不相冲突。因此，例如，某个商标申请欲将用希腊文表示的文字商标 LUCIANO PAVAROTTI 注册在香水和化妆品上，但直到其提供了一份法律文件声明称该申请与名人自身的权利不相冲突后，该商标申请的程序才得以继续进行。[62]

(2) 已故的名人[63]

16.57 有些已故的名人是国家文化遗产中很重要的部分，以至于很多人都将他们视为国家的财富。[64] Mozart（莫扎特）理所当然地在奥地利取得了这样的地位，就莫扎特在有生之年通过音乐创作而享有的经济利益和稳定性而言，当地的经营者通过对莫扎特姓名和其照片的商业使用所获得的经济利益和稳定性，显然要比前者大得多。这些经营者并肩与其他已经在某些种类的商品或服务上成功注册商标 MOZART（或者实际上是 AMADEUS，莫扎特的姓）的经营者进行着激烈的竞争。小说家 Jane Austen（简·奥斯汀）在英国取得了相同的成就，因此将

[58] ELVISLY YOURS 商标案［1999］RPC 567（上诉法院）。

[59] 该权利被载入《人权宣言》第 12 条以及《欧洲人权公约》第 8 条。

[60] Douglas 等诉 Hello! Ltd 一案［2001］QB 967（上诉法院）。

[61] Khris，Taig 诉 INPI，ex p Loius Vuitton Malletier 一案［2001］ETMR 194（巴黎上诉法院）。

[62] Guaber Srl 诉 Greece 一案［1999］ETMR 879（雅典行政一审法院）。

[63] 关于已故个人权利的有关问题，见 Jeremy Phillips，《死后的声明》［1998］EIPR 201。

[64] 这个问题为 Nicholas J Jollymore 在美国法框架下仔细分析过，《公开权的消亡：当象征性的名称和肖像进入公共领域后》（1994）84 TMR 125。Rosemary J Coombe 对此做了政策上的广度分析，《财产客体以及政治主体：知识产权法和民主对话》（1991）69 Texas L Rev 1853。

JANE AUSTEN作为商标登记注册在化妆品上的申请被拒绝，理由是社会公众在化妆品上看到JANE AUSTEN这几个字后，将会认为其暗示着简·奥斯汀的事迹，而不会将其视为化妆品来源的象征。[65] 在这个案例中，商标登记处认为，很明显，在已故名人的声望与其姓名作为商标的可能性之间存在着反向关系：在没有证据证明产品经使用获得显著性时，姓名越出名，社会公众将其视为来源象征的可能性就越小。

(a) 已故名人的姓名：私人所有权和公共政策

在波兰[66]，将杰出的国王JANⅢ SOBLESKI的姓名作为商标注册在香烟上的申请遭到了拒绝，理由是这亵渎了对伟大的国家领导人的应有的尊重，与“社会公认原则是相违背的”。最高法院破例对该申请进行重新审查，声称“社会公认原则”不是一成不变的，在各个具体案例中应具体分析。既然其他波兰的著名人士的姓名，包括作曲家兼钢琴家Frederick Chopin（肖邦）都被注册了，而并没有对波兰的社会结构造成明显的损害，因此，对此争议的申请不应该有反对理由。 16.58

(b) 保护已故的以及健在的名人的姓名，禁止相同的标识

对于一般非名人商标而言，禁止对近似商标的不当使用是很有价值的，这是因为这种禁止使用可以使消费者在不存在混淆可能的情况下，做出购买决策。因此，想购买MONTBLANC钢笔的消费者有权在做出选择时，不会误以为BLANCMANGE牌的钢笔会满足他的要求。 16.59

一旦名人的姓名被注册为商标，那么法律就会赋予商标所有人相同程度的保护。然而，实践中对于名人姓名的保护范围要比其他类型商标的保护范围狭窄一些。这是因为相关的消费者很熟悉姓名整体含义上的意蕴，如果消费者被吸引购买标有名人姓名的商品，那么他通常就会注意到一些变动，例如拼写不对。在此基础上，事实上他被混淆的可能性很小。因此，举例言之，当消费者在教学用具上看到PQASSO的文字商标时，头脑中会联想到的事实是这个词与商标PICASSO很近似，但是不大可能联想到这是以艺术家Picasso（毕加索）的名义作为其身后商业实体的招牌。[67]同样的，尽管两个商标存在着近似性，但是在汽车上 16.60

[65] Corsair Toiletries Ltd的申请；Jane Austen Memorial Trust的异议［1999］ETMR 1038（英国商标登记处）。类似的结果在威尔士戴安娜王妃遗嘱执行人申请［2001］ETMR 254（英国商标登记处）案中体现出来，DIANA PRINCESS OF WALES基于未证明获得显著性而不具有可注册性。

[66] JAN III SOBIESKI商标案［1999］ETMR 874（波兰最高法院）。

[67] Farley的申请；毕加索作品相关知识产权专利权联合所有者提出的异议［2002］ETMR 336（英国商标登记处）。

看到PICARO商标的消费者不会将其与PICASSO联系起来。[68] 正如OHIM复审委员会在此案中所说的那样：两个标识之间的任何发音上的或者视觉上的相似性，都能够被毕加索这个名字在含义上的影响所消除……事实上，PICASSO标识的内在固有显著性的程度是很高的，以至于任何可察觉到的区别，在消费者所处的层面都可以排除混淆的可能性。[69]

(c) 对故去名人姓名进行保护的媒介

16.61 如果商标没有进行登记注册，会因第三方的广泛使用而很难获得保护，此种情况下，去世很久的国王和英雄的姓名属于社会财产。然而，越来越普遍的情况是，现代已故名人的姓名受到了商标以及其他知识产权类型的保护。这种情况发生在一个信托机构或其他组织为了利用名人的姓名和形象或维护名人的声誉而建立时（不管是在名人的有生之年还是在其故去之后）。在这样的情况下，信托人控制名人肖像的利用方式的愿望，与社会公众主张名人肖像属于自己所有的愿望之间，就会存在剧烈的紧张关系。毕竟，在通常情况下，正是社会公众的支持才使得名人成为名人，公众可能会认为，他们已经为名人姓名与肖像的使用特权付出了对价。

16.62 判例法表明对人格权进行管理并运用的信托组织或类似的机构的建立，可能并不总是能够防止已故人物被注册为商标。这是因为，此处的组织不可能比名人自己更有权利反对商标的注册。因此，当根据遗嘱享有已故埃尔伯特·爱因斯坦的姓名和肖像使用权的希伯来Jerusalem大学反对将Café EinStein（爱因斯坦咖啡店）作为欧共体商标注册在食品以及饮料上时，OHIM异议部门发现，尽管作为科学家爱因斯坦有着不朽的声望，但不管是他的姓名还是肖像都不是异议所依据的“商业过程中使用的标识”[70]。在日本，就同一个名人却得出了完全不同的结论，要求撤销在服装上登记注册的风格商标EINSTEIN的申请成功获准，理由是这个商标违反了社会的公序良俗。[71]

(3) 名人的签名

16.63 名人的签名，像其他任何签名一样，是可以作为商标进行注册的。名人对其

---

[68] DaimlerChrysler Aktiengesellschft的申请；Succession Picasso的异议，第2/2001 [2002] ETMR 346号决定（内部市场协调局异议部），在Succession Picasso诉DaimlerChrysler Aktiengesellschft（案号R 0247/2001-3 [2002] etmr 953）一案中，（内部市场协调局复审委员会）复审得以维持。

[69] Succession Picasso诉DaimlerChrysler Aktiengesellschaft一案；案号R 0247/2001-3 [2002] ETMR 953，第19、20段（内部市场协调局）。

[70] Einstein Stadtcafe Verwaltungs- und Betrebsgesellschaft mbH的申请；Hebrew University of Jerusalem的异议；案号506/2000 [2000] ETMR 952（内部市场协调局）。

[71] Re Einstein [2001] EIPR N-136（日本商标异议委员会）。

签名享有著作权，而著作权的所有人有权阻止第三方将名人的姓名注册为商标，这一主张在英国并没有被认可：即便签名中存在著作权（这点绝对不是确定无疑的），签名是图像标记，权利主要是针对其外观设计授予的，而不是针对其内容授予的。[72]

（4）集体名人

某个流行组合的前成员可以以自己的名义进行表演，并且可以将其姓名注册为商标。然而，当组合的名称可以被注册为商标时，没有经过商标所有人的授权，该成员不能以组合的名称进行表演。[73] 16.64

（5）虚构的名人

我们所处的这个时代中，一些最受喜爱的商标一直以来就是虚构中的名人：TARZAN（人猿泰山）、JAMES BOND（詹姆斯·邦德）、LUKE SKYWALKER（天行者卢克）、LARA CROFT（劳拉·克劳馥）。即便是WIMPY（汉堡牛排三明治）与JEEP（吉普车）最初都是以Popeye杂志故事中的虚构人物的名字而创造出来的。[74] 16.65

通过禁止对相似姓名的注册或者使用从而对现实中已故或健在人物的姓名所赋予的保护范围较为狭窄，与此相比，虚构的名人所享有的保护范围在一定程度上要宽泛一些。因此，HARRY POTTER（哈利·波特）商标的所有人能够说服荷兰的法院称，这个小巫师的名字不管是在视觉上还是在发音上与“Tanja Grotter”[75] 这个女孩的名字很相似[76]，Grotter小姐有损HARRY POTTER的声誉。 16.66

虚构的名人，与现实中的同伴一样，其名气会随着时间的流逝而黯然失色。在罗伯特·劳瑞斯·斯蒂文森的小说《财富宝岛》中，Long John Silver（朗·约翰·西尔弗）是一位个性丰富又有点让人害怕（对孩子而言）的人物。事实上，在世界的其他地区，这本书仍然在被传阅。然而，当有人提出申请要在食品、糖果、餐馆的特许经营上登记注册Long John Silver作为欧共体商标时，OHIM异议部门并没有参考这个商标所蕴涵的卓越的文化出处。[77] 事实上，唯一 16.67

[72] Anne Frank Stichting'商标案［1998］ETMR 687（英国商标登记处）。

[73] 参见Manton等诉Van Day等一案［2001］ETMR 1114（高等法院）。

[74] Jeremy Phillips，《Elzie Segar，知识产权杰出的创造者》［1986］EIPR 373。

[75] 见第16.59～16.60段。

[76] Rowling诉Uitgverji Byblos一案［2003］ECDR 245。

[77] Long John Silver's Inc申请；Swedish Match Sverige AB的异议；案号458/2000［2001］ETMR 120（内部市场协调局）。

称该商标有名气的是在瑞典被注册在烟草上的在先商标 John Silver 的权利人，异议人主张自己的商标是《巴黎公约》第 6 条之二下的驰名商标。

16.68 未经授权将流行组合名称作为一本书题目的一部分，被视为对商标的描述性使用，而不是在商业过程中的使用，对于虚构名称则并非如此。[78] 因此，在被告侵犯版权的录影带的名称 Tarzan van den Apen[79] 中对 Tarzan 这个姓名的使用，被认为已经侵犯了商标 TARZAN 的权利。商标所有权人本身就在各种类型的书籍和电影的标题中使用 TARZAN 这个商标，以表明产品中蕴涵着 Tarzan 及他的女友 Jane 以及猴群的故事；而被告对 Tarzan 这个词语的使用也恰恰实现了相同的功能。[80]

16.69 源于 TARZAN 案的一个更为复杂的问题是，虚构人物是否能够取得“通用名称”的地位。法院驳回了被告认为 Tarzan 已经成为了“肌肉发达的男人（通常被认为头脑简单）”的通用名称的主张，尽管被告为了支持他的观点提出了字典中的定义解释。然而，在德国的 WINNETOU[81] 的案件中，人们认为 Winnetou 是由 Karl May 创作的版权已经过期的作品中的一个人物，不能注册为商标，理由是这个名字已经成为了一个品格高尚的印度首领的缩影，因此，应允许其竞争者自由使用。

16.70 当虚构的人物源于相同的电视节目或者书籍，并与之发生联系时，第三方就不可能将这些人物中的任何一个注册为商标，而不提醒该商标的使用在某种程度上与这本书有联系。因此，对人物 ZUKINIS IN BIKINIS 的注册将故意误导人们认为其与主角是 Zukinis 的澳大利亚电视节目“Bananas in Pyjamas”（穿着睡衣的香蕉）存在着联系。[82]

(6) 作为名人的事件

16.71 从严格意义上讲，某种事件不能被视为名人，因为事件本身不是人。然而，事件可以通过使用进行商业宣传，按照与名人姓名与肖像几乎相同的方式进行推广和利用。进一步讲，单个人物的身份与事件的身份可以结合。例如，当推出的商品是为了纪念君主加冕典礼、皇家婚礼、罗马教皇造访或者年长摇滚巨星最后

---

[78] Bravado Merchandising Services Ltd 诉 Mainstream Publishing（Edingurgh）Ltd 一案［1996］FSR 205（苏格兰民事高等法院）：使用 WET WET WET 商标没有侵犯《甜蜜的小秘密——WET WET WET——内幕揭秘》书名。

[79] 荷兰语，“人猿泰山”的意思。

[80] Edgar Rice Burroughs Inc 诉 Beukenoord BV 等一案［2001］ETMR 1300（阿姆斯特丹上诉法院）。

[81] ZDF 诉 Karl-May-Verlag 一案，2002 年 12 月 5 日（德国联邦法院）。

[82] 见 Baker & Mc Kenzie Australian Trade Mark Update，2003 年 2 月，第 3 页。

告别表演时，到底是事件还是人物，又或者两者的综合促进了纪念品的销售，也许并没有明确答案。

欧洲几乎没有关于事件地位的民事案例。印度法院明智地指出，国际板球世界杯中不存在公开权，理由是这是事件而不是单个人。[83] 16.72

E. 结语

本章各节，涉及了医药领域、零售领域以及名人对其姓名享有的权利，并不仅仅阐述商标法能够为这三个不同类别的经济领域服务，也同时阐述了商标法能够如何做出调整以满足各个领域的要求和需要。 16.73

选择这三个商业部分不仅仅是因为它们在经济或者文化上的重要性，还因为能够找到有趣的判例来阐述商标法如何做出调整以适应其中特定领域的要求。如果对其他领域进行分析，例如服装和饰品、快速消费品、工业化学品、旅游和休闲服务或者办公设施，也会发现同样的调整办法。 16.74

[83] ICC（Development）International 诉 Philips 一案，2003年1月31日（德里高等法院）。

第 17 章

互联网中的商标

A. 导言

网络蟑螂的安全港[①]

商标持有人在过去的几年中都忙于追寻网络蟑螂（意指恶意抢注他人商标作为域名来牟利的人——译者注），就像大象拍蚊子一样，他们所付出的大量时间和精力，与之获得的好处不成正比，且相比他们对敌人的打击，他们所受的打击往往更为严重。针对网络蟑螂的所有救济措施都已被用过：民事和刑事诉讼、仲裁与调解、置之不理、将域名买断——但是，对待网络蟑螂，就像对付小昆虫一样，救济措施往往只是暂时的、短效的，网络蟑螂会返回，而且返回的时候数量更为庞大。更糟糕的是，每次回来的时候，他们学会了更多的技巧来对付这些不幸的商标所有人。譬如，他们行使的是正当评论的权利；他们享有受宪法保护的言论自由权；他们的姓名恰好就是百事可乐（Pepsicola）；你的商标在他们的国家是通用术语；他们不是在同你竞争，而是将网址用于绝对无害的行为；等等。

这种情况因建立并运营一套新的通用顶级域名（gTLDs）的决定而变得更为糟糕。[②] 这可能是源自一种错误的观点，即每个人都想注册 eBay 或者 PlayStation 域名是因为没有足够的名称可供使用。因此，让我们用 .biz、.info、.name 及其他的名称，给竞争者更多的选择。但是，这种方法不会驱散网络蟑螂：他们想要注册 COKE、NIKE 或者其他类似的域名，新的顶级域名的增加并不会改变这种事实。规定更多的顶级域名只会使商标在网络蟑螂看来是更明显且更脆弱的目标。

① 以作者发表于《商标世界》中的观点为依据，2003 年 5 月，第 66 页。

② 2000 年 11 月，7 个新的顶级域名被建议：.biz，.info，.name，.pro，.aero，.coop 与 .museum。这些域名在 2001 年 2 月开始投入使用。

说了上述这些，我们的确应该意识到，那些习惯于在互联网之外滥用和玷污商标的人，不过是为他们的朋友所推崇，或是被他们敌人所辱骂的人。他们应该在严格控制的条件之下，被授予在互联网上从事这类行为的机会，从而限制对商标所有人可能造成的任何损害。但是，如何做到这点呢？

这个问题的解决方法很简单。让我们提供一套新的顶级域名——我们称之为“安全港”的顶级域名，专门给那些精力没用对地方，导致商标所有者陷于尴尬的网络蟑螂、网络沉溺者、电脑“呆子”、奇客、怪人和蠢人（或者任何其他人）使用。这些新的顶级域名如下：

. not 指那些与商标所有人没有任何关系的网站（例如，chanelno5. not 指气味类似的，但保证绝对不是由 CHANEL 生产的香水的网站。同样，对于影迷 waynesworld. not 也是如此）；

. haha 顾名思义，指取笑商标或其所有人的网站（例如，benetton. haha，刊登的是在 BENETTON 骇人广告中不幸被拍到的身着 BENETTON 牌子衣服的人的照片）；

. love 指我们中那些非常喜好某样事物的人（例如 princessdiana. love，big-mac. love，vwbeetle. love：还需要进一步解释么?）；

. hate 同上，但意思相反；

. priate 指对商标所保护商品的假冒产品和未经授权的复制品模型（例如，rolex. pirate 指地下企业生产的假冒 ROLEX 手表，或 bmwbrakepad. pirate——对于几乎从不购买合法产品的消费者简直是天赐良机）；

. outlaw 指未授权但重新包装或组装过的进口正品（因此 levis. outlaw 指在欧洲以美国价格销售合法 LEVI'S 商品，或 viagra. outlaw 指将过期的 VIAGRA 真品用大篷车装着穿越戈壁沙漠最终运到阿姆斯特丹转售）。

任何商标所有人无权置疑上述这些“安全港”所列名称的纯洁性，甚至应该授予其一定程度的合法性。反而是剽窃者、违法者以及其他不受商标所有人欢迎的人可以主张更多的权利。仲裁将根据《国际新技术准入委员会规则》进行。对所有这些通用顶级域名不存在“日升期”（即不会要求其立即符合法律的规定），只有“日落期”。在“日落期”终止的时候，任何仍然使用 . com 或 . net 以及 . org 顶级域名的网络蟑螂会自动选择最接近的安全港通用顶级域名来避难。

这些网站当然会受到商标所有人严密的监控。这是有益的并且适当的，因为当言论自由以不负责任的方式行使时，受害的是商标所有人。只要每个人都知道 . not、. pirate 以及其他顶级域名的含义是什么，就不会有普通消费者或互联网用户误入歧途，被骗入错误的网站。谁知道呢，我们甚至会发现在抓获网络蟑螂上所耗费的时间、精力和费用均减少了。

故事的寓意

互联网是一个让商标所有人和商标使用者忽然发现他们处于冲突关系的活动领域。互联网并非为了商标所有人的便利而存在。商标法也未明确指明商标在网络上适用的情形。这个故事旨在表明商标所有人使用传统武器对付非传统恶徒时所面对的问题，本章将关注与互联网相关的若干问题，这些问题对商标法和商标实务中的一些基本理论提出了质疑。 17.01

B. 将他人商标作为域名使用

本章中，我们将阐述文字商标所面临的主要问题，因为在目前的互联网技术条件下，文字商标是唯一能够以其商标登记注册的形式作为域名的一部分而使用的商标。但是，这并不意味着其他种类商标的所有人不会面临任何问题。例如，当商标以标语、颜色、产品外形或者声音的形式出现时，将商标的含义以文字形式纳入域名可能被视为一种潜在的侵权行为。 17.02

欧洲的商标法与美国的商标法不同[③]，前者并没有针对将他人的商标作为域名一部分使用的情形作专门规定，而是将该问题留给法院适用商标法的基本原则来处理互联网中的具体情形。有人认为这种法律保守主义是正确的[④]，并且规范商标侵权的商标法基本原则应该足以应对干扰商标基本功能使用的各种情形。下文回顾的案例将表明到目前为止，这种保守的方法都是正当的。 17.03

当考察本标题下所讨论的问题时，读者应思考这样的问题——如果被指控的域名适当地转换形式，譬如作为一本书的标题、一本广告宣传册或者其他纸面的形式，其结果是不是就会不一样。对于网络蟑螂而言，建立一个名为“esso-sucks. com”的网站，当然要比出版一本名为 Esso Sucks 的书或者小册子更为快捷、花费更少，并且互联网有更多的潜在的读者，但不管哪种情形，采取法律措施的条件是相同的：商标所有人反对他人将自己的商标作为一种产品的一部分使用，而此产品使其成为被批评的对象。当行为的目的不是施加政治和经济上的压力，而是获取商业上的优势时，上述原则同样适用。例如，如果我提议卖掉改装 17.04

③ 在下文第 17.27～17.31 段进行分析。

④ Spyros Maniatis，《商标法和域名：回归基本状态?》［2002］EIPR397。

过的二手 FORD 汽车，那么在我建立一个 cheapfordsforall. com 网站和印刷标题为“有人想要便宜 Fords 车吗”的价格表两种做法之间，其法律效果会有任何不同吗？如果对待相同事情采取相同处理方法这种亚里士多德式的理想是我们法律体系的目标，那么我们应该提出这样的问题——我们在应用商标法处理近来网络蟑螂和域名滥用所造成的威胁时，是否与我们在处理常见技术所造成的类似威胁时采用的方法相一致？

(1) 在他人商标中添加顶级域名的行为构成何种类型的侵权？

17.05 所有域名常见的模式是由一个或数个单词构成，每个词语后边都附有一个小圆点，其后跟着顶级域名后缀（TLD）。例如，在域名 sidney. sausage. com 中，“sidney”是第三级别的域名，“sausage”是第二级别的域名，而“. com”是顶级域名。如果一项注册于服装上的商标，而它的竞争者将该商标作为自己网站的名称，加上顶级域名，作为服装出售的门户网站，则商标所有人须考虑几项不同的应对方案。如果商标所有人商标注册的领域与被告商业活动的行业领域相同，则商标所有人须基于第一种类型的侵权进行诉讼（“相同的商标、相同的商品或者服务”）⑤：顶级域名不会被视为商标的一部分，而是地址的一部分。⑥ 在这种情况下，被告是否使用 zara. it 的网站作为销售 ZARA 服装或其竞争者商品的门户网站就无关紧要了。⑦ 然而，如果被告的网站和其经营活动与商标所有人的商品或经营场所完全不相关，那么应考虑第三类型或者第四类型的侵权诉讼（“相同或者近似的商标、完全不同的商品或者服务”）。⑧

17.06 如果原告的商标添加了顶级域名或其他元素，并且被告的域名被认为与原告的注册商标近似，则侵犯了原告的注册商标，可考虑采取第二种类型的侵权之诉（“近似商标、类似商品或服务以及混淆的可能性”）。⑨ 在这种情形下，美国的 PETA 案件已经说明为了使被非议的被告对商标侵权承担责任，“混淆”的含义可以被延及很宽泛的程度。⑩

---

⑤ 关于第一类侵权，见第 7 章（具体见第 7. 10～7. 15 段）。

⑥ Buy. Com Inc's application，Case R 638/2000-4 [2000] ETMR 540 (OHIM).

⑦ 见 Inditex SA v Compagna Mercantile SRL [2002] ETMR 9（都灵裁判庭）：zara. it 网站的使用侵犯了 ZARA 商标。

⑧ 关于第三类及第四类侵权，见第 7 章（具体见第 7. 10～7. 15 段）。

⑨ 关于第二类侵权，见第 7 章（具体见第 7. 10～7. 15 段）。

⑩ 在 People for the Ethical Treatment of Animals v Doughney 263 F 3d 359，60 USPQ 2d 1209（美国第四巡回法庭，2001 年）案中，被告对 www. peta. org 的注册及随后在“味道好的动物被人们吃了”滑稽推广活动中的使用被认为侵犯了原告的商标。

若域名包含了他人的注册商标但未经使用，至少已有一个法院判定，未使用的域名不能被视为与商标登记注册所针对的商品或者服务“类似”[11]。如果一个未使用的域名不构成“类似”商品或者服务，那么是否构成了“不类似”商品或者服务呢？已有英国法院表明其有意将其视为不类似商品或服务，尽管就保留未经使用的域名是否构成“商业过程中”的使用仍然存在一些疑问。[12] 17.07

(2) 以商标作为描述性用语使用的抗辩

被告能否主张商标在域名中的使用是描述性的，与作为纯粹描述性目的而使用的元标志的使用方式一样，从而主张使用具有正当性呢？[13] 试想，如果你是养蜂户，尽管“beehive”（蜂巢）这个词是极为驰名的百货公司的商标，难道你不应该享有在你的域名中使用这个词语的权利吗？[14] 倘若商标是一个任意或新造出来的词语，除了作为商标外不在日常语言中使用，那么答案是不能。因此，人们可能会认为，商标 APPLE 在域名中的使用暗示着该域名与苹果存在着某种联系；但不能主张（如 *Rolex* 诉 *Fogtmann* 案中被告的做法[15]）ROLEX 商标在 rolex. dk 域名中的使用暗示其与 Rolex（一种风格）而不是 Rolex（劳力士）公司的商业经营活动存在关系。这一做法与欧洲法院在 *BMW* 诉 *Deenik* 案中的裁决不同。该案中，欧洲法院允许被告将原告的商标 BMW 使用在对 BMW 车进行维修或服务的广告中。而审理 *Rolex* 诉 *Fogtmann* 案的法院注意到，将他人的商标在域名中进行使用不仅仅是对其经营的描述，而且是通过用商标吸引业务，将商标的使用作为“商店招牌”[16]。审理 *Rolex* 诉 *Fogtmann* 案的法院还驳回了以下观点，即被告因其从事的是二手手表的经营、商标权利已经穷竭，因而具有使用 ROLEX 商标的正当性。[17] 17.08

⑪ Zewilis v Baan Nordic A/S，Case B-3553-97，1996年11月26日（丹麦东部高等法院）。

⑫ British Telecommunications plc and others v One in a Million Ltd and others [1999] ETMR 61，92-3（上诉法院）。

⑬ 见 Monster Board BV v VNU Business Publications BV [2002] ETMR 1（海牙上诉法院），下文详述。

⑭ Magazijn “De Bijenkorf” BV v Accelerated Information BV [2002] ETMR 676（世界知识产权组织）：被告错误地提出这项主张，因为他将网站并非用于养蜂而是色情业。

⑮ Montres Rolex SA v Fogtmann [2001] ETMR 424（丹麦海商法院）。

⑯ Bayerische Motorenwerke AG（BMW）and BMW Nederland BV v Deenik，Case C-63/97 [1999] ETMR 339（欧洲法院）。

⑰ 类似的主张为莫斯科仲裁庭在 Eastman Kodak Company Corp v Grundul and the Russian Scientific and Research Institute for the Development of Public Networks [2002] ETMR 776 案中驳回。比照 Bravilor Bonamat BV v Boumann Hotelbenodigdhenden BV 案，2000年8月10日，(2002) 92 TMR 273（阿姆斯特丹地方法院），法院认为由于原告在 BRAVILOR 咖啡机上的权利已经穷竭了，并且由于原告已经有 bravilor. com 域名，没有绝对的必要让其再有 bravilor. nl 域名。

(3) 域名中商标的使用构成“商业过程中”的使用吗？

17.09 鉴于互联网在商业上的使用是实现商业上的目的，我们可以简单地定论，任何将商标作为商业网站域名的一部分使用的行为就是在“商业过程中”[18] 的使用，因此构成了商标侵权。然而，这一假设需要满足一定条件，即在任何特定的国家中使用取决于特定的情形：网站所有者的目的是什么，网络使用者在看到网站后会有何假设？[19] 因此，一爱尔兰商店店主在域名 crateandbarrel 中对“Crate and Barrel”名称的使用并不被视为对原告——美国经营者在英国注册的商标 CRATE AND BARREL 的使用。由于没有证据证明被告在英国从事了交易，或者实际上试图从事交易，法院不会基于英国购物者能够访问其网站这一事实而认定其构成对商标 CRATE AND BARREL 在英国的商业过程中的使用。

17.10 一意大利的法院认为，域名是“作为商业交流方式的一种显著性标识”，因此，域名使用是受到意大利《商标法》所调整的活动。[20] 该法院还确立了一些将域名与登记注册商标进行比较的规则，目的是查明对域名的使用是否会引起混淆：(1) 由于域名只能由数字和字母组成，在作比较时，商标的图形因素应被忽略；(2) 一个域名具有顶级域名的事实本身并不能作为确定混淆不存在的充足依据；(3)“初始”混淆[21]（即：当网络使用者进入被告的网站，意识到这并不是其寻找的网站，然后去访问其他网站）足以构成商标侵权下的混淆，因为这使得域名所有人具有不正当的优势或损害了商标所有人的利益。

(4) 商标在后域名路径中的使用

17.11 当我们想到一个网络域名时，我们的思想往往倾向于集中在域名“纯粹”的表现形式上，即我们最容易记住的形式（例如，www.inta.org 是国际商标协会的“纯粹”表现形式）。但是每个网页都有其自己的网址，很多情况下这些网址包含了大量与顶级域名相关的信息。例如，在 www.inta.org/press/pr2003_06.shtml 这个网页上，我们可以找到成立国际商标协会特别委员会以便根据 VICTORIA’S SECRET 案对有关知名商标的法律规定予以审查的信息。我们很清楚，将他人的商标在域名的主要部分使用如何构成商标侵权，但是将相同商标用于顶级域名后的信息中（或“后域名路径”）是否也构成商标侵权呢？

---

⑱ 《欧盟理事会指令 89/104》第 5（1）条；《欧盟理事会条例 40/49》第 9（1）条。

⑲ Euromarket Designs Incorporated v Peters and another [2000] ETMR 1025（英国高等法院）。

⑳ Playboy Enterprises Inc v Giannattasio WTLR，2003 年 5 月 30 日（意大利那不勒斯法院）。

㉑ 见第 10 章第 10.125～10.130 段。

17.12 这个问题在美国的一起案例中得到了答复。在该案中，原告公司的LAP TRAVELER商标被包含在一网上交易公司a2z Mobile Office Solutions的网址www. a2zsolution. com/desks/floor/laptraveler/dkfl-1 t. htm中，该网页用于销售LAP TRAVELER牌笔记本电脑支架。原告公司原先的一位所有人生产了一种新的笔记本电脑支架，名为THE MOBIKE DESK。原告停止与a2z之间的交易并要求a2z在其销售网站上删除LAP TRAVELER的信息。a2z并没有这样做，反而在其最初的LAP TRAVELER网页上销售THE MOBIKE DESK产品。原告在商标侵权诉讼中败诉。按照法院的意见，LAP TRAVELER在网页后域名路径中的出现不大可能会引起任何混淆，因为在这个位置其不会被视为提示其来源的标识：后域名路径仅仅表明了网站上的数据在主机文件中是如何进行编排的。[22]

17.13 法院在使用欧洲混淆标准时是否会持同样的观点尚不得而知。由于双方当事人采用同样的商标（LAP TRAVELER）来标识同样的商品（笔记本电脑支架），法院将会考虑被告的使用是否构成"商业过程中的使用"，以及这种使用是否会干扰原告的商标履行其作为商品来源担保的主要功能。至少，laptraveler在后域名路径中的使用将laptraveler指定为THE MOBIKE DESK产品的销售区域，会导致商标显著性削弱，甚至导致商标显著性变成通用性的结果。

17.14 如果事实上没有人注意到后域名路径，那么将商标作为后域名路径的一部分还会对商标作为商品来源担保的作用产生影响吗？可能会有人认为，大部分人会通过网站主页上的链接进行网络导航，因此永远不会在地址栏直接键入后域名路径（例如，多数人不是输入www. oup. co. uk/aliceinwonderland进入该网页，而是首先进入网页www. oup. co. uk，然后通过后续的链接来查找儿童读物，如查找刘易斯·卡罗尔（著名儿童读物作者——译者注）以及《爱丽丝漫游记》）。有些人还可能根本不使用地址栏，而是通过搜索引擎找到他们想要的东西，因此结果是：除非他们碰巧往上瞟了一眼，否则他们永远都不会留意到后域名路径。与此意见相反的是，我们应该记住被告对LAP TRAVELER商标的使用是在商业背景下的使用：如果THE MOBIKE DESK产品的网上购买者从www. a2zsolution. com/desks/floor/laptraveler/dkfl-1 t. htm上打印他们的订单、销售记录、交货记录或支付同意书的纸面文件，那么他们会得到有关THE MOBIKE DESK产品但包含laptraveler一词的永久商业记录。

[22] Interactive Products Corp v a2z Mobile Office Solutions Inc 326 F 3d 687（美国第六巡回法庭，2003年）。

(5) 对商标持有人有利的因素

17.15 当商标同时是其所有人公司名称时受到的保护加强。在下列情况下，商标所有人针对域名所有人提起的主张会更为有力：(1) 商标同时是商标所有人公司的名称；(2) 双方当事人是竞争对手，因为任何形式的域名使用都会更有力地表明与商标所有人存在联系。因此，当 Format 公司同时也是商标 FORMAT 的所有人时，奥地利最高法院毫不费力地便授予其临时禁令救济措施，以对抗出版业中的竞争对手将 format. 作为域名注册。[23] 相同的原则在其他情况下同样适用。例如，原告如果持有一项商标以及与之关系非常密切的域名，则可试图阻止其竞争者将该商标作为公司的名称注册。[24]

17.16 域名的注册者没有选择该名称的明显理由。如果一方当事人将其明显不享有权利的名称作为域名注册，并且其使用必然会引致法律诉讼时，当事人很难说服法院他有权在对商标所有人造成损害的情况下保存和使用该名称。换言之，如果你的名字叫做 John Travolta，你起码有一定的理由将 john. travolta 作为你的域名注册，但是如果你的名字是 John Smith，那么选择使用"travolta"这个词语就有些令人惊讶了。在英国，不管域名的注册是否为可诉的商标侵权行为，这样的注册都可能构成"欺诈"，并可以通过"假冒"之诉受到限制或者获得救济。[25] 当域名名称的选择不仅仅牵涉到某知名公司，而且域名的登记注册是在某个重大事件发生后进行的，例如宣布并购[26]或者新产品发布[27]等，那么"欺诈"的主张则更加有力。

17.17 被告从事了一系列将商标登记注册为域名的行为。如果商标所有人能够证明被告惯常从事该种行为，多次对其他经营者商标进行域名注册，域名注册者将发现其更难主张对该域名的权利。[28]

---

[23] Format Gesellschaft mbH and another v Wirtschafts-Trend Zeitschriftenverlags Ges mbH [2002] ETMR 472 (奥地利最高法院)。

[24] 见 Advernet SL v Ozucom SL [1999] ETMR 1037 (毕尔巴鄂一审法院)，该案中，OZU 商标以及 ozu. es 域名的所有人获得了对注册了 Ozucom 作为公司名称以及 ozu. com 作为其相应域名的前员工实施禁令以及损害赔偿的救济措施。

[25] British Telecommunications plc and others v One in a Million Ltd and others [1999] ETMR 61 (英国高等法院、上诉法院)。

[26] 见 Perfetti SpA, Van Melle NV and Van Melle Nederland BV v MIC [2002] ETMR 52 (世界知识产权组织)，被告于 PERFETTI 及 VAN MELLE 商标所有人合并后 2 天注册了域名 perfetti-vanmelle. com 以及 perfettivanmelle. com。

[27] Format Gesellschaft mbH and another v Wirtschafts-Trend Zeitschriftenverlags Ges mbH [2002] ETMR 472 (奥地利最高法院)：被告在原告商品投入市场后 3 个小时 55 分钟注册了该域名。

[28] British Telecomunications plc and others v One in a Million Ltd and others (见上文脚注[25])，被告公司注册了一系列包含知名商店以及知名公司名称的域名。

被告使用争议网址销售非商标所有人提供的商品。如果某域名的注册人为销售某商品对特定网站进行使用，则有权将该商品的商标作为域名的一部分使用，只要这种使用并非不诚实的或引起混淆的使用。[29] 但是，如果他将 davidoff-shop. com 注册为域名，仅仅是为了销售一小部分与 DAVIDOFF 商标有关的商品时，美国全国仲裁协会则裁定这种对域名的使用是恶意的。[30] 在这种情况下，销售主要来源于商标所有人的商品的域名注册人和销售来源于平行进口或者二手渠道的域名注册人之间不会有任何区别。 17.18

域名的注册似乎是为了阻止商标所有人对域名进行注册。当域名的注册人注册一项域名的目的是阻止商标所有人注册该域名时，这种情况表明他已经构成了不正当竞争。[31] 17.19

(6) 对商标持有人不利的因素

弱显著性或者不具有显著性的商标。在奥地利的一起案例中，原告为注册于法律服务以及其他的商品和服务上 JUSLINE 商标的所有人，向被告提起诉讼，称被告公司将 jusline. com 登记注册为域名，再许诺将该域名出售或者出租给原告，这种行为是一种勒索。[32] 最高法院驳回了原告的上诉，理由是 JUSLINE 并不是一个“自由创造出来的词语”，其虽然已经作为商标进行了注册，但是没有证据表明该商标通过使用已经获得了显著性。鉴于普通的互联网用户将会把“jusline”这个词语当成是“jus”（拉丁文的法律的意思）以及“line”（与网络相连）的合成，因此这个词语不会被视为商标。 17.20

相同的问题出现在 FREEBIES 案中，FREEBIES 这个美国商标自 1977 年以来在期刊上进行使用，提供免费邮购商品的信息。这个商标后来失效，然后重新进行了登记注册。在商标失效的这段时间里，域名注册人注册了 freebie. com 的域名，用于追踪零售交易的电脑系统。美国弗吉尼亚州[33]的法院推翻了全国仲裁协会认为域名应返还给商标所有人的观点，认为商标 FREEBIES 已经丧失了任何曾拥有的显著性，可被视为通用名称。因此，FREEBIES 无权根据《兰哈姆 17.21

㉙ Ty Inc v Perryman，2002 年 10 月 4 日（美国第七巡回上诉庭）。

㉚ Davidoff & Cie SA v Muriel WTLR，2003 年 4 月 4 日（NAF，主流观点）；还可见 Philip Morris Inc Tsypkin WTLR，2003 年 5 月 7 日（世界知识产权组织），discount-marlboro-cigarettes. com 用于销售 Philip Morris 竞争者的商品。

㉛ 见 Format Gesellschaft mbH and another v Wirtschafts-Trend Zeitshriftenverlags Ges mbH [2002] ETMR 472；Magnetics v Diskcopy，CF 751/00（以色列特拉维夫地区法院，2001）。

㉜ Jusline GmbH v O＊＊＊＊＊ [1999] ETMR 173（奥地利最高法院）。

㉝ Retail Service Inc v Freebies Publishing 247 F Supp 2d 822（弗吉尼亚州东部地区法院 2003）。

法》获得商标的特殊保护。[34]

17.22 选择某名称具有明显的理由。雀巢公司，作为商标 MAGGI 的持有人，对第三方未经授权而将其商标作为域名一部分使用的情形保持警惕是正确的——但是 Romeo Maggi 具有正当且明显的理由去将自己的姓氏注册在域名 maggi. com 中。[35] 那些由创造性的词语构成的商标较之那些由已经存在的词语、姓氏或者地名构成的商标，通常能更好地抵制网络蟑螂而受到保护。

17.23 被告的商业利益与商标所有人的商业利益相去甚远。名为 Zaras 但以 Zara 名称进行交易的商事组织作为域名注册人注册了域名 zara. gr. com，以销售它的工业咖啡研磨机。对此，希腊的一法院认为，对希望购买贴着原告商标 ZARA 时尚商品的消费者，没有产生混淆的可能性。[36]

17.24 存在适当的添加事项。在构成域名的过程中，在商标中加入的词语越多，社会公众产生混淆从而错误地认为标有域名的网址是来源于商标所有人的可能性就越小。因此，商标 DANONE 并没有因为被告对 jeboycottedanone. net（"je boycotte" 在法语中是 "I boycott"（我抵制）的意思）[37] 的使用而受到侵害，原因是对商标 DANONE 的未经授权的使用基于添加事项淡化了其传达该网址与商标所有人之间存在某种联系的能力。这个结论很显然是不能适用于被添加的事项是中性的（例如，"danonedairy products. net"）或者积极地暗示了存在联系的情况（例如，"enjoydanoneeveryday. net"）。

（7）授予侵权域名的责任

17.25 域名的分配机构是否会因为允许申请人将某个不当地包含他人商标的名称注册为域名而招致责任呢？奥地利最高法院驳回了一起持有某未注册商标的政党起诉域名主管机构的诉讼。法院认为让主管机关去监督每个域名申请人使用其所选择域名的合法性是不切实际的。[38] 该判决当然是正确的，原因在于主管机关无法断定（例如）在数个"polo"商标的所有人中哪个有权排他性地将该词语作为其域名一部分使用。[39]

[34] 深入分析见下文第 17.27～17.31 段。

[35] Societe des Produits Nestle SA v Pro Fiducia Treuhand AG [2002] ETMR 351（世界知识产权组织）。

[36] Re Zaras [2003] ECC 34（Monomeles Protodikeio Athinon，Athens）. 当事人双方各自的商标是不近似的，据推定，法院对混淆的考虑归结于原告的权利主张一半是基于商标侵权，一半是基于不正当竞争。

[37] Ste Gervais Danone v Societe Le Riseau Voltaire，Societe Gandhi，Valentin Lacambre [2003] ETMR 321（巴黎大审法院）。

[38] FPOE v Nic. t [2003] ETMR 25：该起诉讼根据《奥地利民法典》相应条文提起，而并非国内《商标法》。

[39] 关于"Polo 问题"，见第 6 章。

(8) 不侵犯商标的域名

即便商标在网络媒介上使用，我们也可以采取更多的措施保护商标的完整性。法国互联网命名合作协会（AFNIC）引进了一套新的二级域名“.tm.fr”。只有注册于法国的商标所有人才能使用.tm.fr。[40] 法国的消费者在访问以.tm.fr结尾的网站时大概会感到很安全，因为他们在和真正的商标所有人进行交易。然而我们会质疑，该政策在促进法国商标所有人利益的同时，是否不公平地歧视了（例如）同样涵盖法国领域的欧共体商标的法国或外国所有人呢？ 17.26

(9) 美国的模式

美国作为互联网的摇篮，对第三方进行的网络蟑螂行为采取了相对迅速的全面立法回应。根据其建议的立法案[41]是： 17.27

(d)（1）（A）在商标（包括在本节下作为商标保护的个人姓名）的所有人发起的民事诉讼中，在不考虑双方当事人的商品或服务的前提下，从事下列行为的个人应承担责任：

(i) 具有从商标（包括在本节下作为商标保护的个人名称）中获利的恶意；以及

(ii) 在下列情形下注册、交易或使用一项域名：

（Ⅰ）若该商标在域名注册的时候具有显著性，与该商标相同或混淆性地近似；

（Ⅱ）若在域名注册时该商标是著名商标，与该商标相同或混淆性地近似或淡化了该商标；或

（Ⅲ）构成美国法典标题18下第706节或美国法典标题36下第220506节所保护的商标、词语或名称。

(B)（i）在确定一个人是否构成（A）小段所述恶意时，法院可以考虑，但不限于考虑下列因素：

（Ⅰ）该个人对域名所享有的商标或其他知识产权（如有）；

（Ⅱ）域名对该个人法定名称或通常用以识别该个人的名称的使用程度；

（Ⅲ）该个人先前出于善意提供任何商品或服务之目的使用域名的任何

---

[40] 见 Karina Dimidjian and Claire Lazard，《商标所有人的新域名“.tm.fr”》，WTLR，2003年4月17日。

[41] 通过了《1999年的反网络蟑螂消费者保护法》，该立法作为第43（d）节纳入了《兰哈姆法》（15 USC，s 1025（d））。

情形（如有）；

（Ⅳ）该个人在域名的可访问网站中对商标善意的、非商业的或公平的使用情况；

（Ⅴ）该个人将消费者从商标所有人的在线位置吸引到可能对商标所代表的商誉造成损害的域名下的可访问网址，无论其是否意图在该网址来源、赞助、从属关系、认可等方面制造混淆从而获取商业收益或玷污或贬损上述商标；

（Ⅵ）该个人为了获取经济利益，将域名许诺转让、销售或以其他方式转让给商标所有人或任何第三方，该个人未使用该域名或没有将该域名用于善意提供任何商品或服务的意图，或该个人之前的行为体现出这样的规律；

（Ⅶ）该个人在申请域名注册时提供了具有误导性的实质性虚假联系信息，该个人有意不提供真实联络信息，或个人之前的行为体现出这样的规律；

（Ⅷ）该个人注册或获取多个其明知在域名注册时与他人显著的商标相同或混淆近似的域名，或注册或获取其明知会对他人在域名注册时著名的商标造成淡化的域名的，无论双方当事人的商品或服务是什么；以及

（Ⅸ）该商标在该个人注册的域名中使用的程度显著和驰名或不显著不驰名的程度。

(ii) 在任何案件中，如果法院认定该人士相信并有合理理由相信域名的使用公平或合法，则不构成恶意。

(C) 在涉及本节下域名注册、交易或使用的任何民事诉讼中，法院可以命令没收或注销域名将该域名转让给商标所有人。

(D) 某人士仅在其是域名的注册人或注册人的授权使用人的情形下方应对（A）小段下使用域名的行为承担责任。

(E) 在本段中，交易一词的含义包括但不限于销售、购买、出借、质押、授权、汇兑或为了获取或交换对价的任何其他转让或接收。

(2)（A）在下列情况下，商标所有人可以对域名发起对物的诉讼：

(i) 域名侵犯了商标所有人就专利和商标局注册商标享有的或受到第(a) 小节或 (c) 小节所保护的任何权利；以及

(ii) 法院发现商标所有人——

（Ⅰ）无法对第 (1) 段项下的被告提起对人的民事诉讼；或

（Ⅱ）虽已尽到合理勤勉但仍无法通过下列方法确定第 (1) 段所述民事诉讼中的被告：

(aa) 发出涉嫌侵权的通知并意图依据本段对域名注册人提起诉讼……以及

(bb) 在提起诉讼后立即按照法院的指示公布诉讼通知。

(B) …………

(C) 在本段项下的对物诉讼中，一项域名的所在地应被视为在下述法域：

(i) 注册以及分配该域名的注册登记员、注册处或其他域名主管机关的所在地；或

(ii) 足以证明对域名的注册和使用的处分的控制权和权力的文件交由法院保管的所在地区。

(D) (i) 本段项下对物诉讼的救济措施应限于法院指令没收及注销该域名或将该域名转让给商标所有人。美国地区法院一旦收到有关本段所述的商标所有人提交的起诉书的盖印复印件的书面通知后，域名注册登记员、域名注册处或其他域名主管机关应该：

(Ⅰ) 尽速将足以证明法院对域名的注册和使用的处分得以控制和行使权力的证据存放法院；并且

(Ⅱ) 在诉讼未决期间，除非依据法院的命令，不得转让、中止或以其他方式改变域名。

(ii) 域名注册登记员或注册处或其他域名主管机关不对本段所规定的禁令或金钱救济措施承担责任，但涉及恶意或过失忽视，包括有意不遵守法院的任何指令的情形除外。

(3) 根据第 (1) 段所发起的民事诉讼以及根据第 (2) 段发起的对物诉讼，以及在任何上述诉讼中可获得的任何救济措施，应作为其他民事诉讼或可适用的救济措施之外的附加救济方式。

(4) 根据第 (2) 段所确立的对物诉讼应作为其他法域另行规定的对物诉讼或对人诉讼之外的附加诉讼程序。

从这些条文中可以看出，法条试图提供一套法律机制，该机制通过适用《商标法》本身已足够充分且主题十分明确的单行法规的方式，以解决域名不当使用他人商标的情形。因此，商标所有人必须证明的恶意标准是特定的，即“恶意获取利润的意图”标准，该标准包含了列出的一系列要求。诚然，所列举的要求并非穷尽，从而允许诉讼主体从主流的商标先例中引用“恶意”的原则，但是列举出的详尽且高度限定的恶意标准似乎对此未留余地。 17.28

有关责任的问题是十分有趣的。只有域名的注册人及经其授权的被许可人对 17.29

出于营利目的恶意注册他人商标负责。因此，访问含有侵犯他人商标的网站的网络服务供应商（ISPs）、搜索引擎的运营商以及网络用户被豁免一切责任。根据此条款，将他人的商标卖给出价最高的买方作为元标志使用或作为弹出式旗帜广告的触发链接也不承担责任。[42]

17.30 上文摘抄的条款解决了商标所有人提出的所有主要问题，尤其是使商标所有人在无法提起对人诉讼以获得满意结果的情况下能够提起对物诉讼，从而获得给他带来麻烦的域名。鉴于在申请对物诉讼前无须穷尽对人诉讼，商标所有人无须浪费宝贵的时间或浪费调查及诉讼费用去追寻域名的始作俑者[43]，就能够对令其愤怒的域名对象发起诉讼。对物诉讼的另一优点是它能剥夺或（即便在最糟糕的情况下）限制争议域名所有人在外国法院发起对人诉讼，从而与美国法院争抢管辖权的权利。[44]

17.31 在消除不确定性以及展现立法目的方面，美国法在网络蟑螂出现的相对早期就解决了网络蟑螂的问题。相反，欧洲的商标持有人则需根据不同情况，在不同国家适用不同制度处理这些问题，并且很多在美国制定法中提到的问题在欧洲各国仍悬而未决。但是，有人认为[45]，美国法矫枉过正，原因在于其将淡化原则的精神适用于域名中，而该法律倾向于禁止“非竞争的、非相同，仅仅推测为有淡化著名商标可能性的商标”的使用，因此，应该中止淡化理论对域名的适用。[46]

（10）依据 ICANN 及类似的规则解决域名争议

17.32 诉讼是昂贵的消遣，我们已经归纳出商标所有人为了维护商标的完整性，在对抗各种各样的小规模仿冒者、网络蟑螂以及和他们有私人恩怨的人时所面对的种种问题。[47] 为了对这些问题提供成本低廉并且快捷的救济方式，从而得以消除恶意的域名注册或者将域名返还给受损的商标所有人，互联网名称与数字地址分配机构（ICANN）[48] 颁布了《统一域名争端解决政策和规则》。

---

[42] 比照 Estee Lauder Cosmetics and others v Fragrance Counter Inc and Excite Inc [2000] ETMR 843（汉堡地方法院认为该行为既构成商标侵权，又是一种不正当竞争的行为）。美国发起的一起诉讼，Estee Lauder Inc v Fragrance Counter 1999 US Dist LEXIS 14825（SDNY 1999），最终因 Fragrance 公司的继受者 iBeauty 主动愿意不将 Estee Lauder 商标作为网络关键词而得以解决。

[43] Caesar's World Inc v Caesar's Palace. com and others 112 F Supp 2d 502（EDVa 2000）.

[44] GlobalSantaFe Group v Gobalsantafe. com WTLR，2003 年 4 月 15 日：弗吉尼亚地区东部法院命令采取对物的救济措施，即便随后韩国首尔地方法院做出一项指令。

[45] Matthew D Caudill，《奶酪之外：识别什么导致 15 USC s. 1125（c）下的淡化：削减对互联网域名的商标淡化的自由的建议》（2002）xiii Fordham Int Prop，Media and Ent Law Jl 231。

[46] 还可见 Sporty's Farm LLC v Sportsman's Market，Inc 202 F 3d 489（美国第二巡回法庭，2000 年）；cert denied 147 Led 2d 984（Sup Ct）：“很明显，新法颁布从而法院可以将联邦淡化法延伸到网络蟑螂案件中。”

[47] 见反假冒集团业务通讯邮件中引用的案例和例子。

[48] 分配名称和数字地址的互联网公司。

当注册的域名受到质疑时，ICANN 政策对域名注册人员的行为予以管辖，而规则制定了实体标准并提供了争端解决服务的调解员应适用的程序。ICANN 规则仅管辖涉及全球顶级域名，如 . com，. net，. org，. biz 以及 . info 的争端，并且它们只适用于争议域名是二级域名的情形。因此，涉及如 www. kodack. com. 的域名的争议将根据 ICANN 规则处理，但关于 www. kodack. cameras. com. 的域名则不是。分配全国顶级域名的域名登记机关通常采用与 ICANN 政策和规则非常类似的政策和规则。 17.33

简而言之，根据《统一域名争端解决政策和规则》（UDRP），申请人可以通过提出下列主张，向争端解决小组提起强制行政程序：（i）注册申请人注册了与其商标或服务标识相同或者混淆性近似的域名；（ii）申请注册人对该域名"无权或不享有合法权益"；并且（iii）申请人恶意注册并使用域名。[49] 为了上述目的，"恶意"被界定为：（i）域名注册或获取的主要目的是向商标所有人出售或出租该域名；（ii）注册的目的是阻止商标所有人自身的注册申请；（iii）注册是为了干扰竞争者的经营；或（vi）通过在其网址和商标所有人商标之间制造可能的混淆，试图吸引互联网用户访问注册人的网址。[50] 17.34

域名争议的调解本身是个很大的题目，在本书中不会详细论述。本章试图解决的是简要总结 ICANN 体系能为面对网络蟑螂的商标所有人提供的救济措施的范围并审查该体系的总体影响。如此，我们可以总结出以下八点（第（a）～（h）项）。 17.35

（a）原告的"商标"无须注册

一起争议中的域名申请人注册了大量包含知名作者名字的域名，然后联系小说家 Jeanette Winterson，许诺将包含其名字的三个网站转让给她，条件是获得她 1999 年小说销售总收入的 3%。世界知识产权组织（WIPO）专家组认为，作者所写的名字是未注册的商标且《统一域名争端解决政策和规则》第 4（a）段不要求"商标或服务标识"的所有人必须在侵犯其权利的网站可能向其转让之前注册该商标。[51] 另一起案件中原告的名字不仅不是商标，而且作为荷兰政府的机关，根本不可能注册为商标，法院在该案中也得出类似的结论，仍授予了对该名称的保护。[52] 17.36

[49] UDRP，第 4（a）段。

[50] 同上，第 4（b）段。

[51] Winterson v Hogarth，Decision 200-0235［2000］ETMR 783（世界知识产权组织）。

[52] Netherlands v Goldnames Inc，Decision 2001-0520［2001］ETMR 1062（世界知识产权组织）："The States General"可受法律保护，尽管它不是商标，而是荷兰王国两院制议会的名称。

(b)“糟糕透了”以及其他具有批评性质和敌意的域名

17.37 专门为批评商标所有人的行为和商品而注册域名，被视为再合法不过的事情。然而，该域名不应在互联网用户访问对商标所有人予以批评的网站时误导其认为自己进入了商标所有人的网站。因此，批评 Leonard Cheshire Foundation（列昂纳德·切舍尔基金会）对残疾人态度的网站是合法的，但它不能命名为 leonard-cheshire. com，因为该域名的使用会混淆公众[53]，而将网站命名为 ihate-leonardcheshire. com 则较利于行使对商标所有人的抗辩权。

17.38 尤其是在美国，不满的消费者及大公司的雇员广泛使用“糟糕透了”的表达方式，作为释放私人不满情绪或指责与之相关的环境或经济问题的方式。一些专家组判定商标持有人无须忍耐“糟糕透了”之类的网站的存在，这些网站往往不能为外国人理解，会损害商标的声誉。[54] 而其他专家组对它们保有较为支持的观点，认为这些网站的使用是人们在任何一个自由和开放的社会中所期望的尊重言论自由的一种体现。

(c)“擦边球”注册

17.39 并非所有人都善于拼写，也不是所有人在打字时都能精确无误。那些拼写正确但打错字（反之亦然）的人在进行网络导航时，经常发现他们拼错了要搜索的词语——包括商标。被反复拼错的驰名商标包括 GUINNESS（经常拼写为 GUINESS）、PROCTER AND GAMBLE（而不是 PROCTOR）、威士忌商标 LAPHROAIG 以及伏特加商标 STOLICHNAYA。这些注册了驰名商标的错误拼写形式的域名似乎获得更多偶然的访问并从中获益，不管他们是不是用“捕鼠器”诱捕网上冲浪者，使其陷于无法逃脱的广告的弹击或诱导其进入色情或其原本不打算访问的其他网站。

17.40 在一起争议中，对一家银行名称故意的错误的拼写，即将 LACAIXA 写为 lakaixa. com，被视为具有充分理由裁定域名转让。专家组成员说道：

> 尽管将“c”转化为“k”是一种表达情绪的方式，类似于英语中用 sucks（糟透了）一词所表达的情绪，但这种做法是一种反传统文化的拉丁俚语表达，不大可能为世界上多数互联网用户所理解。

---

[53] Leonard Cheshire Foundation v Darke，Decision 2000-0131 [2001] ETMR 991（世界知识产权组织）。世界知识产权组织专家组在 Legal& General Group plc v Image Plus（2003）157 案中观点有分歧。《商标世界》第 17 期持相反观点，认为注册人运营投诉网站的合法权利使其能正当使用 legal-and-general. com 域名。

[54] 见 Diageo plc v John Zuccarini and Cupcake Patrol，Decision 2000-0996 [2001] ETMR 466（世界知识产权组织）。

换言之，多数人不会知道 lakaixa. com 是叫骂政治经济讽刺的行为：该名称其实就是打了“擦边球”，从而不能为注册申请人正当地保留。[55] 17.41

（d）盗用“驰名商标”被推断为是恶意的证据

当一域名注册人获得 scaniabilar. com 的域名后，瑞典摩托车制造商斯堪尼亚公司（Scania）提出了异议，认为其在瑞典和美国拥有 SCANIA 商标用于摩托车，注册人对 scaniabilar. com 的使用（瑞典语中“Scania 牌汽车”的意思）会导致互联网用户推测该网址是 Scania 公司的官方网站。世界知识产权组织专家判定 SCANIA 商标的名气很大，注册人不能合理地声称其不知道。[56] 17.42

申请人对为何选择一个域名的虚伪解释不大可能说服世界知识产权组织的专家。因此，当 Christian Dior 反对 babydior. com 及 babydior. net 域名的注册时，注册人解释道“babydior”暗指注册人为教育的目的创造的紫色恐龙，专家仍然认为商标 DIOR、CHRISTIAN DIOR 以及 BABY DIOR 很明显是《巴黎公约》第 6 条之二下的驰名商标，应该对其保护以免受此种恶意注册的侵害。[57] 17.43

并非所有专家愿意按照此类事实推定恶意的存在。例如，当著名的意大利足球俱乐部 Sampdoria 质疑对其不利的 sampdoria. com 域名的注册时，专家认同，域名的主要组成部分与异议人的 SAMPDORIA 商标相同，且申请人并没有使用该域名的合法正当理由（鉴于“Sampdoria”并非一个地名而是先前两个足球俱乐部（Sampierdarenese Doria 和 Andrea Doria）名字的简缩，任何人不得主张比俱乐部本身更适于使用该名称）。但是，俱乐部不仅未能证明 SAMPDORIA 是一项著名商标，也未提交该域名是恶意注册或使用的证据，因此，该申请败诉。[58] 17.44

（e）当商标也是普通词语时恶意的证明

自创词语诸如 XEROX、NESQUIK 及 SCANIA，易于保护其免受网络蟑螂的侵害，因为域名注册人通常难以证明其对该词语的使用是正当的。但这对于像 APPLE 这样的驰名商标不适用，因为水果经营者同计算机制造商一样有很多理由注册 apple. com 作为域名。 17.45

一个专家组成员拒绝将 avenger. com 域名判给拥有周日剧场连续剧 *The Avengers* 版权的公司（令人惊讶的是，在该案中异议人并没有注册该商标）。注册 17.46

[55] Caixa d’Estalvis y Pensions de Barcelona v Namezero. com，Decision 2001-0360 [2001] ETMR 1239（世界知识产权组织）。

[56] Scania CV AB v Leif Westlye，Decision 2000-0169 [2000] ETMR 767（世界知识产权组织）。

[57] Christian Dior Couture SA v Liage International Inc，Decision 2000-0098 [2000] ETMR 773（世界知识产权组织）。

[58] Unione Calcio Sampdoria SpA v Titan Hancocks，Decision 2000-0523 [2000] ETMR 1017（世界知识产权组织）。

人声称其打算使用 avengers. com 用于“欢乐潜水行”的推广。原告的商标并不是非常著名，且恶意的证据也无法说服专家认定注册人存在恶意。倘若原告的商标不是普通词语且具有电视连续剧以外的含义，原告会有更高的胜算概率。[59]

(f) 恶意的其他旁证

17.47 媒体预测两家公司意图合并为 RTL Group 之后，申请人随即提出了对 rtl-group. com 域名的注册申请。申请人申请注册的时机、注册生效后 12 天就出售域名的事实以及注册人的名字是“该域名待售”的事实，都是导致世界知识产权组织专家组的三名专家认为域名被恶意注册的原因。[60]

(g) 反向域名抢注

17.48 ICANN 政策保护无辜、善意的域名注册人免受意在免费取得其域名的欺凌弱小行为（“反向域名抢注”）的损害。因此，当注册于汤水上的 MAGGI 商标所有人试图迫使注册人放弃对 maggi. com 域名的控制权时，专家在了解注册人的利益后，猛烈抨击商标所有人提出该异议的不纯动机。注册人并非意欲在汤品市场上竞争，也不打算将该网址卖给 MAGGI 商标所有人：这是一家由 Romeo Maggi 所有的公司，该公司为了 Maggi 家族的利益而使用该网站。[61]

(h) 混淆的证据

17.49 荷兰国家信息局以其邮政地址“Postbus 51”在该国为人所熟知。一注册人在自己的域名 postbus51. com 上使用该名称，并拒绝将该域名转让给原告，理由是任何互联网用户都不会将他的 postbus51. com 网站与原告的官方网站 postbus51. nl 混淆。专家不同意这种说法。即便 . com 通常用于商业网站，但不能由此推出互联网用户会自动推断 postbus51. com 是个商业网站，与国家信息局没有关系。[62]

17.50 在网站上使用“免责声明”，即便有助于防止互联网用户错误认为其正在访问商标所有人的网站可能是奏效的，但在处理是否裁定将网站转让给原告的情形时，不是决定性因素。此类“免责声明”仅在已发生欺诈或混淆的情况下方产生作用，且就商标所有人在商标中享有的声誉而言，争议域名注册所带来的损害已经发生了。[63]

---

[59] Canal + Image UK Ltd v VanityMail Services Inc，Decision FA0006000094946 [2001] ETMR 418（世界知识产权组织）。

[60] CLT-UFA Societe Anonyme v This Domain name if for Sale and Sean Gajadhar，Decision 2000-0801 [2001] ETMR 446（世界知识产权组织）。

[61] Societe des Produits Nestle SA v Pro Fiducia Treuhand AG [2002] 351（世界知识产权组织）。

[62] Netherlands v Humlum，Decision 2002-0248 [2002] ETMR 1213（世界知识产权组织）。

[63] Lenonard Cheshire Foundation v Darke，Decision 2000-0131 [2001] ETMR 991（世界知识产权组织）。

C. 在网页上使用他人的商标

将他人商标作为域名的一部分使用是最明显、最张扬的、与网络有关的侵权形式，但也存在其他方式。在下面各段中，我们将回顾第三方出于故意或疏忽侵犯商标所有人权利或降低其注册商标威望的其他一些方式。[64] 17.51

(1) 在网页上使用他人的商标在哪个国家构成“商业过程中的使用”?

当一项商标出现在一个商业网页上可为世界各地互联网用户访问时，是否对于可以链接该网页的各国都存在“商业过程中的使用”呢？英国法院在一起案件中考虑了这个问题，认为在任何既定国家，使用均取决于个案的情况：网站所有人的意图是什么以及互联网用户在看到网站时会怎样认为?[65] 从这起英国法院处理的案件中我们可以得出结论，如果我使用 PANGOLIN 商标用于聚合体管，当我向英国建筑商推销聚合体管时，我在我的网站上展示该商标，来自圣文森特和格林纳丁斯的网民虽能够访问我的网站，但并不因此构成在上述境外法域的使用。 17.52

(2) 为了销售商标所有人的商品而使用他人的商标

如果我想销售 CHANEL 瓶装香水，原则上我可以选择任何方式销售。这包括在我的网页上列明商品的特征进行网上销售，即便我通过商标来识别它们。但这种自由受到商标侵权一般规则的限制。因此，任何经营行为如果不得以非在线方式进行，那么同样被禁止通过网络媒介进行。如果法律禁止我将 CHANEL 淡香水倒进瓶子中，冒充 CHANEL 香水进行销售，那么通过我的网站进行销售并不能令该行为比此前其他行为更具合法性。[66] 17.53

(3) 未经授权的广告使用

基于其独特的可访问性，互联网是传播广告资料的完美媒介。此处两个问题尤其值得注意：对真实广告未经授权的传播以及对明显未经授权或欺诈性广告资料的传播。这两个问题都不是互联网所独有的，但均会在本章中加以探讨，因为它们属于互联网的范畴且这些行为最为常见。 17.54

---

[64] 对这个问题最新的观点，见 David Bainbridge,《网页上的商标侵权》(2003) 19 CL&SR 124-30。

[65] 1-800 Flowers Inc v Ohoenames Ltd [2000] ETMR 369, [2000] IP&T 325 (英国高等法院); [2002] FSR 191, [2001] IP&T 810 (英国上诉法院)。

[66] Sté Chanel v SA Citycom [2000] ETMR 1068 (巴黎大审法院)。

(a) 真实的广告

17.55 网络界有一个奇怪的现象，尤其在涉及对等网络服务如 Kazaa 和 Grokster 时[67]，第三方未获得广告商的同意将驰名商品和服务的广告放置于网上。尽管广告可能被错误地发布在网络上，但也有可能放置广告是为了制造大品牌所有人发布付费广告的印象。这种错误的印象可能向网络用户暗示了发布该广告的网站一定是“合法的”，而促使其他广告商考虑将自己的付费广告也发布在同样的媒介上。

17.56 从欧洲商标法的角度来看，事情是很简单的：发布展现商标的广告是第一类侵权（“相同商标、相同商品或服务”）[68]。主要的问题在于法院如何应对。尽管很多商标所有人会积极地澄清他们并未在例如色情门户网站上刊登广告，但是真正的损害难以估量，同时（至少在一些案例中）商标所有人从消费者对未经许可广告的积极反应中可能获得意外的好处。这是欧洲法和实践之间未能协调的领域之一。

(b) 地下广告

17.57 这一类包括：

(i) 为了批判、毁誉或取笑驰名品牌商品或服务的目的而创造的恶搞性广告；

(ii) 仅在网络上发布的真实广告，这可能是因为此类广告不符合在目标国家的电视或印刷品上发布的法定或建议性标准；

(iii) 经过编辑的真实广告的复印件，一般是布告牌海报，传递了并非商标所有人意图传播的信息[69]；以及

(iv) 来历不明的且一旦被质疑商标所有人会否认发布的、但宣传了商标的形象或精神并会吸引一些潜在购买者的广告。

17.58 这些广告中大多都以色情或暴力作为主题[70]；它们通常以病毒营销的方式进行传播，借助于相互发送自己认为有趣的，并在特定网站上发布资料链接的网络用户。[71] 同样的资料还会在“博客”中发布。[72] 通过病毒营销的方式对商标进行

[67] 见 Vinka Adegoke，《超级品牌开始从 P2P 网络中撤回广告》，《新媒体时代》2003 年 4 月，第 24 期，第 1 页。

[68] 商标侵权的分类，见第 7 章。

[69] 见 VW Commando，Land Rover，Vauxhall Tigra 以及 Audi 的广告，见 subvertise. org/theme. php? theme=CAR。

[70] 具有争议的例子是针对 Puma 产品的一对广告，直接地使用了色情图像，Puma 公司警告了 memefirst and adrant websites 的运营商，它保留采取法律行动的权利，并对 Gawker 发出了停止及终止信（www. gawker. com）。

[71] 该类广告可见 www. punchbaby. com/clip-ads. htm。

[72] 博客是互联网网页，记录控制该博客的个人的一般评论或发布的文章。范例包括 Martin Schwimmer 法律办公室的商标博客（trademark. blgo. us/blgo/）以及 ipkat. com 知识产权博客。

传播，从而推广产品和服务的潜力是让人惊讶的。[73] 因为它们以一种非传统的方式接近公众消费者，与商标所有人可能没有任何实际的或被承认的联系。本章将它们称为地下广告。

从商标侵权的角度来说，这些地下广告的确产生了若干问题，最明显的便是难以确定它们的来源。一方面，任何有数码相机的人都可以翻录一个广告将其发布在一个方便的主页上。另一方面，设备齐全的工作组也可以通过这种方式雇用演员和设备，制做出质量上——甚至是内容上——与真实广告没有区别的地下广告。除非这些广告的创作者公开他们的身份，否则商标所有人无法清楚地找到可诉的被告。即便广告创作者和制作商公开了姓名，商标所有人仍需要确定他们的营运所在地。如果地下发布者在其没有个人财产的广告发布所在地造成了损害或侵扰，或者说他根本没有任何财产，即便发生了商标侵权，起诉他们也没有任何意义。 17.59

鉴于商标所有人不大可能会起诉广告的始作俑者，他或许会考虑起诉提供侵权网站的网络服务供应商。倘若网络服务供应商"仅仅是广告发布的渠道"，并非广告的制作者，也没有选择访问者及改变广告内容的权利，欧盟成员国将确保网络服务供应商不因运行网站而承担责任。[74] 美国对该问题的立场似乎尚不明确。不管是对创造及发布广告的当事人，还是对网络供应商，也无论提起的法律诉讼是基于常规的商标侵权[75]还是商标淡化[76]，都需要证明被告对所有人商标的使用构成商业过程中的使用。 17.60

就与广告内容有关的实体性责任而言，如果广告由商标所有人制作及传播（假若他承认）或得到了他的同意，则根本不存在侵权；如果广告仅仅是一种恶搞[77]，则是典型的第一类"相同商标、相同商品或服务"侵权行为。[78] 然而，法院接受言论自由作为侵权抗辩的程度是很不确定的。[79] 另外，确定这些广告损害商标价值的程度也是一个很难的问题，因为在特定的缝隙市场中，他们可能会提升商标的形象。比方说，一项商标所保护的品牌通过包含直白的色情图像或对话的电影短片来推广，可能在多数公众看来是令人厌恶的，但在年轻网络用户中会 17.61

[73] 见"病毒工厂"在其网站 http：//www.theviralfactory.com/. 上引用的例子。

[74] 《第 2000/31 号指令（电子商务指令）》第 12 条。

[75] 《兰哈姆法》第 43（a）（1）节。

[76] 同上，第 43（c）（1）节。

[77] "Meme"，意为"一则从大脑到大脑再到大脑传递的信息"（Kalle Lasn，《文化果酱》（2000），第 123 页），是一个用于指原先的广告被改变，传达与该广告意图相反的信息的词语。

[78] 见第 7 章第 7.10～7.15 段。

[79] 关于言论自由的抗辩，见第 8 章第 8.60～8.65 段。

建立起认同感。[80] 而在其他情形下，广告的性质决定了商标损害的潜在可能性对于社会各阶层都是重大的。这种情况的范例是“诺基亚小猫”（Nokia kitty）广告的恶搞。该广告中，在明显是 NOKIA 视频电话广告的背景下，描述了一只猫被快速旋转的吊扇吊着在屋子中转圈，直到撞到墙上的情形。[81]

17.62 最终需要解决的问题是商标所有人能在多大程度上控制他人在广告上使用其商标。我们应谨记，一旦恶搞广告可在互联网上被访问，商标所有人实际上不可能根除它，它不同于传统的在电视或广播中发布电子广告，可能会永远存在。我们希望所有利害关系人都对网络上商标控制的争论享有发言权，且所涉问题不会留给法院在个案的基础上逐一解决，因为法院可能会受到商标权利背后所代表的商业、技术以及政治暗潮的不当影响。

（4）将他人商标作为著作权声明的一部分使用

17.63 在英国，REED 一词被包含在著作权副标题“REED 版权商业信息 1999”中并刊登在发布招聘机会的网站上的行为，侵犯了原告用于招聘中介服务的 REED 商标。[82]

D. 将他人商标作为元标志使用

17.64 元标志[83]是在网页上以电子语言如 HTML 编写的用语。当植入网页时，通常元标志对于网络用户而言是不可见的，但网络搜索引擎在被指令搜索时可察觉不可见的内容。如果选择一项注册商标作为元标志使用，则任何使用搜索引擎例如 Alta Vista 或 Google 的人通过搜寻（提示）会获取若干结果，包括涉及该元标志的网页。例如，搜索像“polo”的一些词语，不仅会指向该商标，还会指向其他该词语的非商标含义，如在马背上或水中玩的游戏（polo 具有马球的意思——译者注）、某种潮流的衣领（polo 领——译者注）以及著名探险家的姓氏。当商标是自创词语时，我们可以合理地推测所有搜索引擎识别的“提示”起码在某些方面与该商标有关。

---

[80] 例如《“下流的提议”，Scott Quigley 导演的一则 MASTERCARD 的哄骗广告》，可见 www.yjd40.dial.pipex.com/mastercard.html。

[81] “诺基亚小猫”广告可见 www.ad-rag.com/103616.php。

[82] Reed Executive plc and Reed Solutions plc v Reed Business Information Ltd，Reed Elsevier（UK）Ltd and Totaljobs.Com Ltd［2003］RPC 207，［2003］IP&T 220（英国高等法院）。

[83] 对元标志问题很好的回顾，可见 Askan Deutsch，《隐藏的侵权及网页：元标志和美国商标法》(2000) 7—8 IIC 845。

如果一个企业的名称是乏味且没有想象力的，例如，北方城市及地区上釉和窗户框架公司（Northern Urban and District Glazing and Window Frame Company），很多网络用户会没有耐心通过传统的搜寻方式找寻它，如果你忘记了这个名称，也很难轻而易举地找回它。但使用流行且容易拼写的词语如“nike”和“sex”作为元标志，能确保大量的访问者访问该公司的网页。 17.65

将其他企业的商标作为元标志或磁铁来吸引网络用户到自己的网站来，这种未经许可的使用在欧洲、美国以及其他地方都引起了大量同时也十分昂贵的诉讼。尽管每次技术变革都为商标所有人和他们的竞争者发掘自身的强势和利用对方的弱点创造了机会，但目前对于这种诉讼我们已大致地清楚，在何种情况下未经许可使用元标志是允许的。在下一节，我希望总结出一些近期最为重要的案例，并就元标志使用的结果向商标所有人提出一些一般性的指导原则。 17.66

（1）允许将他人商标作为元标志使用的情形

将商标作为普通会话的一部分使用。商标INTERMEDIAIR（荷兰语中“intermediary”的含义）被注册用于与招聘职位广告有关的杂志和在线服务。初审法官禁止另一公司将其作为元标志使用，但在上诉中获得许可。[84] 该使用被认为是对词语“intermediary”正当的描述性使用；该词语并没有出现在被告广告中，在其出现的情形中也没有作为商标使用。[85] 17.67

为言论自由目的而使用。巴黎大审法院在商标所有人申请临时禁令救济措施的程序中判定，当商标ESSO作为元标志使用时，从而将对网络浏览器的注意吸引到批评埃索石油环境政策的绿色和平组织网页上，这种使用在法庭程序中甚至不会构成一项可争议的侵权。[86] 17.68

（2）不允许将他人商标作为元标志使用的情形

商标所有人的直接竞争者将商标作为元标志使用。两家为公路拖运产业提供计算机软件的公司，其中一家持有ROADRUNNER商标。被告将“roadrunner”作为元标志吸引网络用户访问被告网站的行为，被认为是对商标ROADRUNNER的侵权。[87] 在法国，即便不是注册商标，竞争者未经授权使用第三方的注册 17.69

[84] Monster Board BV v VNU Business Publications BV [2002] ETMR 1（海牙上诉法院）。

[85] 根据欧洲法院在Arsenal Football Club plc v Mathew Reed, Case C-206/01 [2003] ETMR 227（欧洲法院），[2003] IP&T 43（欧洲法院）案中的裁决，这种推理方式是否正当受到质疑。

[86] Esso Societe Anonyme Francaise SA v Association Greenpeace France and Societe Internet. Fr [2003] ETMR 441.

[87] Roadtech Computer Systems Ltd v Mandata (Management and Data Services) Ltd [2000] ETMR 970（英国高等法院）。

公司名称或商号，将网络用户引向竞争者网站，也构成一项可诉的民事不法行为，可以要求损害赔偿。[88]

17.70 搜索引擎运营商“出售”关键词的行为。Excite 搜索引擎的所有人卖出了使用第三方商标作为关键词的权利。通过这种方式，网络用户键入那些商标名称作为网络搜索用语时会在指向商标所有人网站的同时，也指向那些“购买”了这些权利的公司所发布的广告资料和网站。汉堡地区法院认为这不仅构成商标侵权也构成不正当竞争。[89] 除此之外，还存在搜索引擎运营商对商标的其他形式的商业使用，此类使用的合法性尚不确定。例如，某一商标的其他合法使用人（如 BMW 车的修理商或 NOKIA 电话零售供应商）希望在网络搜索时，享有将自己网站的页面元素置于商标所有人网站的页面元素之前的权利，搜索引擎运营商是否可对其收取费用?（即为了提高页面点击率，通过网站上页面元素的安排，使搜索时优先搜索到自己的网站。——译者注）据报道，Google 近期接受了 eBay 的请求，禁止拍卖业务的广告商用 eBay 的商标作为关键词使用的权利，无论这些广告商是否有权使用其商标。[90] 从理论上看，把第三方以营利为目的而合法使用他人商标的所有商业行为均视为对该商标的侵权似乎是没有道理的，但是推测法院在网络这个对政治和商业因素均十分敏感的领域所持的立场也是不明智的。

17.71 在元标志使用前被告即意识到混淆的情形下的使用。即便未构成商标侵权，但两个有着相同或近似名称的经营者在过去就可能存在着混淆。当技术的趋同将两个经营者的利益进一步拉近时，该混淆可能加剧。这正是招聘中介和杂志出版商的案例中发生的情况——他们都在名称中使用了 Reed 并且都使用互联网。公众偶尔混淆这两个 Reed 或者认为它们是相关联的，但直至两家都在网络上出现时才发生了真正的损害。招聘中介（享有注册用于招聘中介服务的 REED 商标）试图通过其网站推广工作空缺和招聘机会，而出版商试图将其报纸、杂志上长期发布的招聘广告发布在网络上。出版商早在互联网时代之前就已意识到，混淆风险的事实对其主张在网站、旗帜广告及元标志上使用 Reed 一词是诚实的商业行为而言是不利的。[91]

---

[88] Ste Fabrication et d'Outillage de la Brie (SFOB) V Ste Notter GmbH，13 March 2002（巴黎上诉法院）。

[89] Estee Lauder Cosmetics and others v Fragrance Counter Inc and Excite Inc [2000] ETMR 843（汉堡地方法院）。

[90] 见 Stefanie Olsen，《商标可能会阻碍在线搜索》，www.news.zdnet.co.uk/business/legal/0，39020651，39115824，00.htm，2003 年 8 月 20 日。

[91] Reed Executive plc and Reed Solutions plc v Reed Business Information Ltd，Reed Elsevier (UK) Ltd and Totaljobs.Com Ltd [2003] RPC 207，[2003] IP&T 220（英国高等法院）。

元标志的过度使用。医药商标 PYCNOGENOL 的所有人起诉 healthier-life. com 网站的运营商——该网站销售各类医药产品包括商标所有人竞争对手的产品。被告通过其元标志对 PYCNOGENOL 商标的使用是如此广泛，以致美国一上诉法院判定，这种使用会给他人留下商标所有人与被告存在某种形式的关联（可能是其赞助商）的印象。[92] 17.72

E. 将他人商标作为网络服务供应商的名称使用

17.73 拥有注册用于“类别 35”所述广告服务的 AVNET 商标的一公司起诉被告商标侵权，因为被告使用 Avnet 名称（词语“Aviation Network”的缩写）作为 ISP 名称，以供互联网用户发布广告推广其自身的经营业务。法院认为将 Avnet 作为 ISP 名称的使用并不构成提供广告和推广服务。法院补充道，即便被告对该名称的使用的确构成上述服务的商标使用，此种使用也不同于提供类别 35 中广告行为所理解的上述服务的行为。[93]

F. 结语

17.74 本章简要地回顾了商标所有人因为网络的发展而面临的很多问题，以及他们可能希望采取的若干措施。

17.75 在编写之时，互联网仍然是个新生的现象，远不能说是成熟的——尽管不容置疑的是，互联网在我们一生中对贸易和商业诸多方面都产生了最为重要的技术和文化影响。这个现象向律师提出了一个问题：我们是否应该像美国一样，试图对发展中的互联网进行立法，或者我们是否像欧洲和其他国家更倾向的那样，努力运用旧法适用于新的情况？美国的模式保障了商标所有人的交易安全性，为投资者提供了保障并为网络用户和第三方提供了可预见性。欧洲模式虽然确定性不足，但不仅保障了学说的灵活性，将法典主义构造成能根据变化调整的活生生的司法有机体，还培养了欧洲普通法国家的经验主义精神。

---

[92] Horphag Reasearch Ltd v Pellegrini（t/a Hdalthdiscovery. com）328 F 3D 1108（美国第九巡回法庭，2003年）。

[93] Avnet Incorporated v Isoact Ltd［1997］ETMR 562（HC）. 类别 35 包括诸如租赁公告版、屏幕、存储器以及其他显示设备的服务。

第 18 章

地理标记和其他类型的保护

A. 导言

玛乔丽姑妈的来信回答栏

亲爱的玛乔丽姑妈：

我邀请了一些律师界的朋友来吃晚饭，但是我真的不知道该给他们做什么。更糟糕的是，他们都是做商标的律师，都是出名的具有极强的鉴别力和深谙美食之道的法律执业人士。我开始慌乱了——姑妈，帮帮我！

您的绝望中的，

汉普斯德的汉克利

亲爱的汉克利：

律师的确是很难满足的，因此你害怕那些在这方面出了名苛刻的商标界律师是很正常的。但是，绝对不要害怕！按照我下面的简单的指导就可以轻松地准备一个夏日晚宴聚会。即便是最机智的知识产权代理人，也会对你的食物印象深刻。

好运！

玛乔丽姑妈

开胃酒

当你的客人到来的时候，奉上下列食品：

Avllana de Reus（榛子） Olives noires de Nyons（橄榄）

Amendoa Douro（杏仁） Konservolia Piliou Volou（橄榄）

Kelifoto fistiki Phtiotidas（开心果）

芦笋汤

500 克 Asparago verde di Altedo 2 汤匙 Toscano 橄榄油

3 Scalogno di Romagna 25 克 Beurre Charentes-Poitou

1 大份 Patata Kato Nevrokopiou 压榨的 Costa d'Almalfi 柠檬汁

2 份 Ali rose de Lautrec 丁香 调味料

2 品脱煮熟的 Gemminger Mineralquelle Crème fraiche fluide d'Alsace

1. 将 Asparago verde di Altedo 切成矛状：把木质的尾端切除扔掉，切开，按人数保留芦笋尖，以作装饰。将剩下的芦笋切成 1 厘米厚的块状。

2. 将 Scalogno di Romagna 去皮，切成小方块。在 Toscano 橄榄油里煎嫩，颜色不要变成棕色。

3. 将马铃薯和 Ali rose de Lautrec 丁香去皮，切成小方块。与 Beurre Charentes-Poitou 一起加到 Scalogno di Romagna 里，并混合少量的 Costa d'Almalfi 柠檬汁。嫩煎 3 分钟颜色不要变深。

4. 加入煮熟的 Gemminger Mineralquelle 和预先保留的芦笋尖。煮 3 或 4 分钟，将芦笋尖拿出，留作装饰用。

5. 加入剩下的芦笋块，煮到沸腾，然后把火温调低，文火炖，直到马铃薯和芦笋变软为止——大概 1 小时。

6. 混合在一起直到搅拌均匀。调味品尝。

7. 立即上菜，并在每个碗里挤上一圈 Crème fraiche fluide d'Alsace 奶油，放入芦笋尖点缀。

下文其余菜谱略。

事实胜于雄辩

18.01 到此为止，本章中所提及的最重要的法律制度就是对地理标识的保护。对此当前既有国际保护体制也有国内保护体制，但处于广泛的争议中。本章中涉及的其他问题仅仅是一带而过。前文中描述的烹饪菜谱引用的几乎都是地理标识，这些地理标识并非通用的，也非描述性的，而是在欧盟法律体制下受到保护的称号。

18.02 地理标识通常用于那些按照统一高标准制作，从而以较高价格销售的食品以及饮料；地理标识同时也反映了某一个时期文化种类的多样性，当时泛欧口味尚未形成，食品是手工制作的，而不是大批量地进行生产和包装，然后在不同地域进行大批量消费。因此，这些地理标识不仅仅受到艺术鉴赏家和美食家的偏爱，同时也受到了那些被允许使用地理标志的食品生产者的积极有力的保护。

18.03 本章在探讨被授予法定保护，但非注册为商标的文字或名称的权利分类之外，探讨了地理标记。所涉及的一些问题在本章中仅是简要和介绍性的；它们被包括在本书中，以便商标专家能全面地了解，而不是为了满足某些对于地理标识功能以及实际价值深度探究的好奇心。

B. 对于地理标识的保护

(1) 地理标识

18.04 地理标识授予的权利与商标的很相似，这是因为：(a) 地理标识是被用在商品上；(b) 其作用是将一种商品与其他商品分开。然而，从其他方面看，地理标识与商标却截然不同。以标志着奶酪的地理标识 Gorgonzola 为例。此术语是地理标识的事实使得其使用者受到保护，区别于生产类似特征的奶酪但来自制作 Gorgonzola 奶酪 Po Valley 之外城镇的竞争者。该术语也可以作为一种障碍，阻止他人欲将相同的词语或者略加修改的词语注册为商标。然而，Gorgonzola 这个词语并不是商标意义上的“财产”，理由是对于奶酪来说，Gorgonzola 是一个受保护的词语，但不能进行买卖或者授权。对 Gorgonzola 这个词的使用受到一些特殊规则的调整，即便是那些住在限定地理范围之内的奶酪制作者也要遵守这些规则。某个词语一旦作为地理标识为大家所认可，如非根据新食品技术或者市场条件做出改动，那么该地理标识的说明很快就被固定下来。这是因为，商标能够用在某著名商品的改进版或新配方上，却不会对相关消费公众造成混淆或者失望，但是地理标识的初衷就是要用在为传统所认可的商品上。 18.05

表 18.1　　商标和地理标识的主要区别

	商标（欧共体商标以及欧洲国内商标）	地理标志（条例 2081/92）
主体事项	《尼斯协定》第1到45类中的商品或服务	农产品和食品
注册条件	须为图形表示的“标记”并可以区分不同企业的商品/服务	须符合 PDO 以及 PGI（第2条）的定义，须有界定其指定特征的说明（第4条）
期限	10年，但可以10年为期无限延展	没有限期
申请人	标记所有人	“团体”，受保护产品的生产商/加工商的任何协会
转让	可以	不可以，基于地理标志并非财产权
许可	可以	对于指定的产品不可以，但团体可以在不受地理标志保护的商品上将地理标志注册为商标并可授权他人使用
非显著性以及描述性的用语	不能注册，但是它们通过使用获得显著性后便可注册	不可注册
通用术语是否可注册?	不能注册，但是它们通过使用获得显著性后便可注册	不能（第13（1）条）
商标/地理标志能否变得具有通用性?	可以	不能（第13（3）条）
对不正当竞争行为是否可申请保护?	仅在《指令 89/104》第5（2）条以及相关条款所规定的范围内可以	在第13条，尤其是13（1）(d) 条的规定下可以
地理保护的范围	全欧（欧共体商标），地区性（比荷卢商标）或一国国内	全欧

续前表

	商标（欧共体商标以及欧洲国内商标）	地理标志（条例 2081/92）
异议/注销/撤销	都可以，一些国家有诉讼资格方面的规则	成员方可向委员会提出异议（第 7 条）
使用要求	申请前不需要使用；5 年不使用的，注册可因不使用而被撤销	PDO 和 PGI 必须在有资格获得保护前被使用过是隐含的（见第 2 条）
执行权利的诉讼	在国内法院或欧共体商标法院提起商标侵权诉讼	成员方有保护地理标志的义务，但没有规定保护的机制

18.06 地理标识和商标之间还存在着地理商业上的巨大差异。绝大多数世界最著名的含金量最高的商标源于美国，或者被美国的公司所掌控。相反，作者单纯的主观印象认为，很有可能目前世界上最著名的地理标识大部分源于欧洲。这也许是欧盟委员会促进地理标识的保护方面行动的一个原因或者结果；同时也可以解释为什么近年来有那么多的人那么多次寻求欧洲法院的干预；还可能可以解释为什么欧盟委员会在过去的几年中总会源源不断地从各成员国处收到新的地理标识的通知。

18.07 就欧盟而言，地理标识可以被分为两类：受保护的原产地名称（下文简称 PDOs）以及受保护的地理标识（下文简称 PGIs）。下文将结合欧洲法院的有关判决对原产地名称和地理标识进行探讨。然而，地理标识是原产地名称和受保护的地理标志在 TRIPs 中使用的术语。[①]

（2）国际法下的原产地名称

18.08 在考量欧盟法的立场之前，应先了解欧盟法所属的国际框架。

18.09 《巴黎公约》已经确认，对于工业产权的保护的目标之一是（包括其他）“货源标记或者原产地名称”[②]，但是公约并没有明确指出保护的方式，而是留待不正当竞争所适用的法律救济的条款处理。[③] 在此基础之上，1958 年的《里斯本协定》[④] 确立了一个专门的体系，将“起源地的名称”交由世界知识产权组织管理之下的国际局处理。根据《里斯本协定》，每个签约国均须保护在其他国家注册的原产地名称。在该协定中，“原产地名称”是指：某个国家、地区或者地点的地理名称，其作用是表明某种产品的出处，该产品质量以及特征与所处的地理环

① TRIPs，s3.

② 《巴黎公约》第 1 条第（2）款。

③ 同上，第 10 条之三。

④ 保护原产地名称以及国际注册的 1958 年《里斯本协定》，1979 年修订。

境，包括自然以及人文因素，有着排他性的或本质上的关系。[5]

这个定义仅仅保护地理名称，因此表面上看，排除了那些表明产品的起源但并不是地名的词语（例如，Speck ham[6]）。 18.10

截至2003年5月15日，《里斯本协定》只有20个签约国，这些成员国中，经济地位最为突出的是法国、意大利和墨西哥。 18.11

TRIPs将对地理标识的保护向前推进了一步，其做法是将地理标识与一揽子承诺捆绑起来，作为加入世界贸易组织的一项条件。TRIPs包括三个与地理标识有关的条款。第22条从TRIPs订立的目的出发，将其含义定义如下：地理标识标明产品起源于成员国的境内，或者成员国境内的某个地区或者地点，其特定的产品质量、知名度或者其他特征在本质上归因于其地理起源。[7] 18.12

上述定义较之《里斯本协定》又进了一步，该定义包括了事实上并不是地名的名称。 18.13

实践中，TRIPs中定义的地理标识是如何运作的呢？如果说，来自Perpignon的咖喱鸽是用一种特殊的有特色的方法制作而成的，而这种方法与Perpignon地区的原材料、气候以及本地的烹饪秘诀、当地人的才能有关，那么，Perpignon可以被视为标明来自Perpignon的咖喱鸽地理标识。然而，如果咖喱鸽的味道与其他任何地方鸽子的味道没什么差别的话，对来自Perpignon的咖喱鸽的长期供应的事实本身，并不能够使得Perpignon这个地名被作为地理标识来使用。 18.14

(a) 基本的保护

从TRIPs中所涵盖的地理标识来看，每个TRIPs协议的成员国应该对利害关系人提供法律途径，以防（i）将地理标识用在商品上，从而误导性地表明该地理标识所附着于的产品出自其真正原产地之外的其他地方[8]，以及（ii）任何不正当竞争行为。[9] 换言之，我不能将Perpignon这个词贴在，比如说来自Pisa的咖喱鸽上。TRIPs协议没有明确指出如果我将Perpigpong这个词贴在了咖喱鸽上会有什么后果，因为这并不是地理标识本身的使用。根据各成员国的国内法，对一个混淆性相似词语的使用的行为很可能构成不正当竞争或者假冒。 18.15

(b) 对于酒类的额外保护

同奶酪和熏肉制品一样，葡萄酒和烈酒的名称也会具有通用性或者描述性的 18.16

---

⑤ 保护原产地名称以及国际注册的1958年《里斯本协定》，1979年修订，第2条。

⑥ 参见 Consorzio per la Promozione dello Speck v. Cbristnell, Handle Tyroly and Lidi Italia Srl [1998] ETMR537 (Tribunale di Bolzano)。

⑦ TRIPs第22（1）条

⑧ 同上，第22（2）（a）条。

⑨ 同上，第22（2）（b）条。

含义。有一些奶酪的名称，例如 cheddar，已经不再作为地理标识发挥作用了，而成了真正的通用术语。[10] 一旦某个品名变为通用术语，试图扭转此种趋势并重申其为地理标识的努力会受到强烈的抵制：欧盟委员会努力将 Feta 奶酪重新指定为具有单纯希腊的地理意义，但是丹麦乳制品行业目前对欧盟的这种努力并没有表现出丝毫的热情，而丹麦的乳制品行业生产的 Feta 奶酪在世界范围内占有很大的比重，其使用 Feta 这个词语的时间已经长达半个多世纪。[11]

18.17 葡萄酒和烈酒的生产者也不得不解决同样的危险。对诸如 "Spanish champagne"、"Elderflower champagne"、"South African sherry"、"Welsh whisky" 等名词的使用已经引发了法律诉讼。然而，由于 TRIPs 要求成员国对葡萄酒和烈酒给予额外的保护，葡萄酒和烈酒商的说客团应该比奶酪以及肉类制品的说客团要强大得多。根据 TRIPs，相关利益方须被赋予法律手段：以防止将识别葡萄酒或烈酒的地理标识用于并非来源于所涉地理标识所标明地方的葡萄酒或烈酒，即使对货物的真实原产地已标明，或者该地理标识以翻译方式使用或附有"种类"、"类型"、"特色"、"仿制"或类似表达。

18.18 这项要求为地理标志解决了商标法下尚未解决的一个问题："X 仿制品"产品描述的合法性。[12] 虽然"ROLEX 仿制品"可以与真的 ROLEX 一模一样（这种情形下无须证明引起混淆的可能性），或者仅仅只是相似（这种情形下混淆的可能性必须要加以证明），而"Burgundy 仿制品"将会侵犯地理标识"Burgundy"，只要其误导了公众或者构成了不正当竞争。

18.19 尽管此项要求适用于在葡萄酒或烈酒上的对受保护的地理标志的禁止性使用而并不适用于其他产品，但是在葡萄酒和烈酒以外的其他产品上使用受保护的地理标识可能仍然为法律所禁止。例如，如果我想把"Champagne"这个词语使用在装有泡沫浴液的瓶子上，控制该词语的人可以引用商标权利、假冒行为或者不正当竞争规则[13]以阻止我的此种行为。

(c) 进一步的国际谈判

---

⑩ 关于地理标识是否代表某类商品的通称的问题，与商标法上的情形是极为相似的；参见第 6 章的专门论述。

⑪ 参见 Denmark, Germany and France v The Commission, Joined Casess C-289, 293 以及 299/96 [1999] ETMR478（欧洲法院）2002 年 10 月 14 日，Feta 再次被指定为具有排他性的希腊奶酪。丹麦已经表明其会继续对这一指定提出诉讼的意愿。

⑫ "某商标仿制品"问题在第 10 章进行了论述，见第 10.18～10.20 段。

⑬ 参见 TRIPs 第 22 (b) 条，该条款规定根据《巴黎公约》第 10 条的含义，所有的地理标识（不仅仅只是使用在酒类制品上的地理标识）应该受到保护以禁止不正当的竞争行为。

关于受到地理标识的合法保护的葡萄酒（但不包括烈酒），TRIPs规定应当在TRIPs理事会内进一步协商，以确立地理标识的通知与注册的多边体系[14]，TRIPs对谈判开展的限定条件以及对地理标志和商标同时保护的国内体制的运行也进行了规定。[15] 18.20

C. 欧盟中的地理标识

欧盟对地理标识所采取的态度是：只要该标志被其来源国的国内主管机关认定为地理标识，那么该标志将有权作为地理标识在欧盟的全部范围内受到保护。这就要求成员国确认国内法下保护的地理标志，哪些应当给予整个欧盟范围内的保护，从而可在欧盟委员会下注册。其他仅在国内法保护下的名称应在5年[16]后停止使用。 18.21

（1）食品与农产品

根据《欧共体商标条例2081/92》[17]，每个成员国必须对农产品以及食品的地理标识提供法律保护，包括啤酒和矿泉水（另有法律对葡萄酒和烈酒的名称进行保护[18]）。《条例2081/92》保护PDOs与PGIs。[19] 尽管PDOs与PGIs的定义表明此两种形式的保护必须是针对该地方的食品或者农产品的地区、地方的或者（例外的情况下）国家名称，由于“特定的传统地理性名称或者非地理性名称”同样可以被视为原产地的名称，因而使得诸如Speck的名称在火腿制品上受到保护。[20] 18.22

除了《条例2081/92》，《条例2082/92》[21] 主要保护在加工类食品上使用的地理标识，例如巧克力、意大利通心粉、半成菜、半成调味酱、汤、汤料、冰淇淋以及冰糕等。这些食品可被授予特色证书（CSC，通常被称为TSGs，即传统特色制品的质量保证），授予的依据是这些产品的传统属性而不是它们的实际原产地。关于特色证书CSC的典型例子就是传统农产新鲜火鸡，这个名称是由传统农场新鲜火 18.23

---

⑭ TRIPs第23（4）条。

⑮ 同上，第24条。

⑯ 参见Commission of the European Communities v French Republic，Case C-6/02，2003年3月6日（欧洲法院）。

⑰ 《欧共体商标条例2081/92》是对标明农产品和食品起源的名称和地理标识的保护。《条例2081/92》的具体实施可以参见《欧盟委员会条例2037/93》。

⑱ 参见下文的第18.36～18.37段。

⑲ 《条例2081/92》第2（2）条。目前关于PDOs与PGIs的名单可以在www.europa.eu.int/comm/agriculture/qual/en/1bbab_en.htm找到（但是不包括其生产者以及准备者的细节）。

⑳ 《条例2081/92》第2（3）条。

㉑ 《条例2082/92》是关于特色农产品与食品证书的规定。

鸡协会[22]的成员在 GOLDEN PROMISE（金色保证）品牌下进行推广的。PDOs、PGIs 以及 TSGs 的生产者都有权贴上各自的官方标志以证明他们的地位。TSGs，可以与 PDOs 和 PGIs 相同的方式进行注册并受到保护，本章对此不再进行深入的阐述。

18.24 那么，PDO 与 PGI 之间存在着怎样的差别呢？

(i) PDO 保护的食品或者产品的质量或者特征，在很大程度上或者几乎全部取决于“与固有的自然以及人文因素相关的特殊的地理环境”，食品或者产品的生产、加工以及配制必须在特定的地理区域内进行。

(ii) PGI 所保护的食品或者产品具有“归因于其地理起源的特优的质量、知名度或者其他特征”，此类食品或者产品的生产、加工或者配制过程必须在特定的地理区域内进行。

18.25 这些定义仅仅与地点和生产等标准相关，从定义的表面看，PDO 与 PGI 之间没有任何法律意义上的差别。要确定 PGI 的存在，较之于确认 PDO，所需条件的繁琐程度相对小些，这意味着所有的 PDO 均可以作为 PGI（反之并不然）。质量并不是争议点，被指定为 PDO 的产品的质量相对于 PGI 的质量而言，其或好或坏并不影响产品的法律地位。既然《条例》并没有区分 PDO 与 PGI 所享有的保护的属性，我们可能会询问为什么要保留两者之间的差别。

18.26 无论是在 PDO 还是在 PGI 的情况下，对于受到地理标识保护的产品的描述在某种程度上可以使人联想到专利说明书。对于作为 PDO 的 Parmigiano Reggiano 奶酪制品的产品说明是这样的：

> 半发酵干奶酪是由加工熟的奶浆经过缓慢发酵而制成的。它是由牛奶加工制成的，生产牛奶的奶牛食用的饲料主要是来自起源地。使用的牛奶是未经过加工的生牛奶，不能经过任何加热处理。严格禁止使用添加剂。
>
> 在夜间和早上挤出来的牛奶在挤完之后的两个小时内被送到乳制品加工厂。牛奶在挤出来之后可以立即进行冷却，并在不低于 18 摄氏度的温度下进行保存。每天两次挤奶的时间都要分别控制在 4 个小时内。
>
> 夜间挤出来的牛奶被放置在顶部开口的不锈钢盆中，通过去除掉自然浮至表面上的奶油，夜间挤出来的牛奶的表面部分会凝结起来。早上挤出来的牛奶在被送到奶制品加工厂之后，立即与前一天晚上挤出来的已经部分凝结的牛奶进行混合。通过去除掉自然漂浮到表面上的奶油，早上挤出来的牛奶也可能形成部分程度的凝结。
>
> 早上挤出来的牛奶最多有 15％可以留到第二天进行加工。在这种情况

[22] 农业部，食品与水产品新闻发布会（168/00），2000 年 3 月 18 日。

下，牛奶必须保存在奶制品加工厂中适宜的可以制冷的容器中，并配有特制的搅拌器，最低温度为10摄氏度。在当天晚上牛奶应被倒至盆中。

然后把发酵乳清加到牛奶中。将前一天奶酪的加工过程中剩下来的乳清在自然酸化后，进行乳汁发酵，这是自然的发酵培养。

牛奶的凝结是在铜制的大桶中进行的，桶的形状像横截的圆锥体，专门用来取得犊牛皱胃酶。在凝结之后，凝结物分裂为粒状，然后进行加工。这些凝结的颗粒沉淀到桶的底部，以形成紧密的团块。接着，这些奶酪团被放置到特殊的模子中进行成型的加工过程。

几天之后，奶酪经过盐水的冲洗被腌制。发酵过程从奶酪成形后算起，必须经过至少12个月的时间。

在夏天，发酵房间的温度必须不得低于16摄氏度。

Parmigiano Reggiano奶酪具有以下特征：

圆柱形，竖直面上有着轻微的凸面，上端和底部有着轻微的凹槽；

体积：上端与底部之间的距离为35到45厘米之间；侧面高度为20到26厘米之间；

最小的重量：30千克；

外部特征：外皮呈自然金色；

奶浆的颜色：从浅的稻草黄色到稻草黄色；

特有的气味与味道：芳香的，清淡可口的，可口但口味并不刺激；

奶浆的质地：颗粒细微，易碎；

外皮的厚度：最多6毫米；

脂肪含量：最低为净含量的32%。

对于上文中未提及的内容，其制造流程会适用惯常持久的当地工艺。任何加工程序上的变动都需要由Consorzio Parmigiano Reggiano对实验与研究结果进行检验和评估，如果结果是好的，则可对生产程序进行修改。

生产地区：位于Po河右岸的Parma、Reggio Emilia、Modena及Mantua省境内，以及Reno河左岸的Bologna。

从上述说明中我们可以看到：Parmigiano Reggiano的称谓代表着一系列复杂的特征的结合：原材料、挤奶操作、温度范围、生产方法、发酵方法，有关形状、大小、气味、味道、浓度、整体外貌以及地理起源等相关数据。该说明还为及时修改预留了可能性。 18.27

(a) 申请过程

保护机制很简单。每个欧盟成员国必须通过其指定的主管机关，向委员会通 18.28

知提名的 PDO 或者 PGI。通知的内容应包括对于欲寻求保护的食品或者产品的说明，还包括关于生产方法的详细的技术性描述。因此，对于寻求保护的申请必须直接向相关国内机关做出。在大多数情况下，申请的提出必须由同一产品的生产者或者加工者组成的协会完成，这些生产者或者加工者之间可能存在着相互竞争，但是他们相信只有自己与同类生产者才有权使用相关的地理标识。一旦该机关批准该申请，其将会把申请移交给欧盟委员会，后者将在 6 个月内对该地理标识进行检验和核实。委员会的主要职责是防止对明确规定不能获得地理标识称谓的通用名称授予保护。[23]

(b) 非欧盟国家的地理标识

18.29 根据《条例 2081/92》[24] 与《条例 2082/91》[25] 的规定，倘若欧盟以外的国家对于源自欧盟的地理标识提供互惠保护，欧盟以外的国家的地理标识在欧盟也可以获得保护。然而，委员会网站的主页上并没有列出在欧盟境内受到保护、但是并不是来源于欧盟的地理标识。

(c) 保护与实施范围

18.30 一旦某个名称在欧盟被注册为 PDO 或者 PGI，法律便保护它免受下列 5 种行为的侵害：

(i) 直接或间接地将相同的名称使用在注册范围之外的商品上，如果上述商品是注册商品的可比商品，或者该使用试图利用地理标识的知名度（例如，对火腿上的地理标识 PARMA 所提供的保护禁止将 PARMA 使用在诸如猪肉等其他猪类制品上；也将禁止在与 PARMA 火腿一起消费的芥末上使用 PARMA 标识）。此种保护与《指令 89/104》第 5（1）（a）条与（b）条中给予商标的保护是一致的；

(ii) 对地理标识进行滥用、假冒或者唤起人们对某地理标志的印象，即便标有此地理标识的商品的真正来源已经予以表明（例如，使用在棕色麦芽酒上的地理标识 Newcastle 所期望得到的保护，是能够禁止"Newsparkle 棕色麦芽酒，在 Sunderland 酿造"的使用）；

(iii) 将受保护的名称经过翻译或者加上"款式"、"类型"、"方法"、"像该地制造一样"、"仿制"[26] 等表述后的再现；

(iv) 任何其他关于产品原产地的传达虚假印象的虚假或者误导性的暗示、

---

[23] 《欧共体商标条例 2081/92》第 3 条。

[24] 同上，第 12 条。

[25] 《欧共体商标条例 2082/91》第 16 条。

[26] 参见前文第 18.16～18.19 段。

包装或者广告；

(v) 其他能够引起公众对于产品来源形成误导的做法（例如，将法国国旗与fleur-de-lis徽章贴在丹麦特产Brie-style奶酪上）。[27]

即便有侵权嫌疑的产品的生产纯粹为了出口到另一欧盟成员国，并且不在其生产国销售和消费，欧盟的成员国也可以执行地理标识下的权利。基于此，意大利有权发动诉讼程序禁止Parmesan的磨碎干酪的生产者将不符合使用Parmigiano Reggiano的地理标识进行销售的条件的干酪在法国进行销售。[28] 18.31

由于《条例2081/92》[29] 并不能作为直接向"经营者"（欧洲法院喜欢使用这个词语表示违反PDO的说明进行生产、磨碎（或者切割）然后包装产品的生产者）提起诉讼的依据[30]，因而这个问题留待各个成员国制定各自的执行机制。在有些国家，最初提出保护申请的组织可以对违反《条例2081/92》的行为直接提起诉讼。在英国，尽管某个贸易组织甚至个人经营者可能基于若干可靠的事实以假冒为由提起诉讼，但执行权仍是被认为由当地制定贸易标准的机关所享有。[31] 18.32

某个地理标识的权利是否被侵犯的问题取决于国内法院的裁决。欧洲法院的裁决认为[32]：不同国家的国内法庭就是否已经构成侵权的问题可能得出相互矛盾的判决的事实，并不会对共同体内的货物的自由流动构成威胁。 18.33

(d) 相冲突的商标与商标申请情况的处理

一旦某个PDO或者PGI被注册，成员国可以拒绝任何标记的商标注册申请，如果其一经使用便会侵犯该地理标识下的合法权利。[33] 理论上讲，如果相冲突的商标是在PDO或者PGI的保护申请提出之日前以善意的方式进行注册的，那么该商标可以继续存续。[34] 然而，1999年，法国法院下令撤销1923年注册的使用在香水上的BAIN DE CHAMPAGNE（香槟浴）商标，理由是该商标的注册通 18.34

[27] 《条例2081/92》第13（1）条。

[28] Dante Bigi［2003］ETMR707（ECJ）.

[29] 欧盟规则中规定就地理标识注册的直接提起诉讼的部分尚未经过ECJ审查，但是根据《条例2081/92》的规定，以相同原因提起的直接法律诉讼，也不会受到支持。

[30] Consorzio del Prosciutto di Parma and Salumificio S Rita，Case C-108/01，2003年5月20日（欧洲法院）；Ravil Sarl v Bellon Import Sarl and Biraghi SpA，Case C-469/00，2003年5月20日（欧洲法院）。

[31] 但是基于事实，假冒可能很难或者根本不可能确立；参见Consorzio del Prosciutto di Parma v Marks Spencer plc［1991］RPC351（上诉法院）。

[32] Consorzio per la Tutela Formaggio Gorgonzola v Kaserei Champignon Hofmeoster GmbH v Co KG and Eduard Bracharz GmbH，Case C-87/97［1999］ETMR454（欧洲法院）；因此，Cambozola在有些国家可以构成对PDO Gorgonzola的侵权，但是在有些国家不会如此，这取决于消费者对于Cambozola名称的反应如何。同样参见Gorgonzola /Cambozola［1999］ETMR135（上诉法院，Frankfurt am Main），在此案中法院认为，Cambozola既不构成对Gorgonzola的仿冒，也不构成篡改。

[33] 《条例2081/92》第14（1）条。

[34] 同上，第14（2）条。

过搭驰名称号"Champagne"的便车，获得了不正当的利益。[35]

（e）受保护的名称的地理区域可以改变吗？

18.35 德国主管机关通过法规将 Altenburger Ziegenkase 作为在很多地区，包括 Altenburger 与 Wurzen 生产的奶酪的特定名称。在委员会批准将 Altenburger Ziegenkase 作为 PDO 后，两家在 Altenburger 地区生产奶酪的公司诉称：这个名称的范围过于宽泛，因为它包括了萨克森地区，特别是乌尔岑，而这些地区都是位于 Altenburg（阿尔腾堡）之外的，因此，PDO 的说明应该受到限制。在裁决中，欧洲法院解释道：对于 PDO 的说明提出质疑的正确方法是通过诉讼程序，根据国内法起诉相关国内主管机关。[36] 只有在穷尽国内救济手段后，也只有在原告得以证明根据国内法，其不可能对 Altenburger Ziegenkase 有不正当竞争嫌疑的奶酪的生产商提起诉讼，才能起诉委员会。

（2）酒精饮料的保护

18.36 在欧盟的管辖区内，葡萄酒和葡萄汁的名称受到《条例 2392/89》的保护。[37] 起泡沫的含碳酸的酒类的名称受到《条例 2333/92》的保护。[38] 正如《条例 2081/92》对于农产品和食品所提供的保护一样，这些《条例》已经在各个成员国设立集中的注册机制，并对该注册所涵盖的名称授予类似的保护水平。

18.37 《条例 2392/89》与《条例 2333/92》并没有对所保护的葡萄酒名称给予自动的和绝对的保护，以禁止其他葡萄酒产品对该名称的任何形式的未经授权的使用。因此，在一起案件中，受《条例 2333/92》保护的名称是用 Riesling 葡萄制成的葡萄酒，名为 Riesling Hochgewachs。原告是德国一家承担保护酒类名称职责的组织，就被告使用注册商标 KESSLER HOCHGEWACHS 的权利提出质疑，而该酒六十多年来都是用 Chardonnay 的葡萄制成的。按照欧洲法院的说法，除非原告能够向有关国内法院证明下列情形，否则不存在对受保护的酒类名称的侵

---

[35] Comite Interprofessionel du Vin de Chanpagne v SA Parfums Caron（1999）685PIBD，Ⅲ-442（巴黎地方法院）。BAIN DE CHAMPAGNE 这个名称据称是一个喜欢在与案件相关的商品中洗澡的有钱的绅士选择的。

[36] Molkerei Groddbraunshain GmbH and Bene Nabrungsmittel GmbH v Commission，Case C-447/98 P［2002］ETMR605（欧洲法院）。同样参见 Carl Kuhne GmbH and Co KG Rich Hengstenberg GmbH and another v Jutro Konservenfabrik GmbH and Co KG，Case C-269/99［2003］ETRM36（欧洲法院），此案件中，法院拒绝应被告在德国提起的诉讼要求，宣告 PGI Spreewalder Gurken 无效。

[37] 《条例 2392/89》制定了对水果酒和葡萄酒名称的描述与介绍的概括性规则，《条例 2603/95》对此进行了修改。

[38] 《条例 2333/92》制定了对起泡沫的碳酸酒类的名称进行描述和介绍的概括性规则［1992］OJ L231/9。

权：(a) 如果某名称含有受保护的酒类的指定名称的一部分，对该名称的使用很有可能造成与受保护名称的混淆，而且；(b) 对争议名称的使用很可能会误导消费者，从而影响他们的经济行为。[39]

D. 欧洲国内法下的地理标识

由于欧盟的每个成员国亦是 TRIPs 的成员国，虽然 TRIPs 要求对地理标志给予保护，但是其具体条款并没有明确规定保护的机制。毫无疑问，《条例 2081/92》以及相应的关于酒类保护饮料的条例在欧盟的运作，均提供了 WTO 接受的履行 TRIPs 协议义务的保护措施，但法院可根据其意愿授予进一步的保护（这些额外的保护措施要遵循欧盟对于货物自由流动规则的要求）。[40]因此，例如在英国境内关于假冒的法规过去保护对于 Champagne[41] 与 Sherry[42] 名称的使用。而最近，在瑞士巧克力上保护"Swiss"，即便（1）瑞士巧克力没有单一的产品说明；以及（2）并不是所有的由瑞士巧克力生产者制造的巧克力都是在瑞士生产的。[43]无独有偶，德国《不正当竞争法》以相同的方式保护受保护的"Champagne"名称的使用，禁止使用该名称为廉价电脑做广告宣传。[44] 18.38

根据《欧共体商标条例 2081/92》或者保护地理名称的相关的另一规则的规定，某个名称具有地理标识的地位并不意味着其地位在国内法下是不容推翻的。除了受到这些名称影响的当事人根据国内法可以就该名称提出质疑外[45]，如果由于产品的特征与其地理起源地之间不存在任何联系，而使得该地理标识极有可能构成误导，此时欧盟成员国也可以制定法规来禁止对地理标识的使用。因此，根据欧洲法院的观点，在德国法的框架内，保护消费者避免混淆是可行的，因为该混淆的产生原因是由于这样的事实——WARSTEINER 啤酒是产自距离 Warstein 18.39

[39] Verbraucherschutzverein EV v Sektkellerei GC Kessler GmbH und Co，Case C-303/97［1999］ETMR269（欧洲法院）。

[40] 参见 Guimont，Jean-Pierre，Case C-448/989［2001］ETMR145（欧洲法院），下文将详细进行讨论。

[41] 参见 Taittnger SA v Allbev Ltd［1994］4 ALL ER75（上诉法院），Bulmer（HP）Ltd v Bolling SA（3 号）［1978］RPC79（上诉法院）。

[42] 参见 Consejo Regulador de las Denominaciones Jerez-Xeres-Sherry y Manzanilla de Sanlucar de Barrameda v Mathew Clark Sons Ltd［1992］FSR525（高等法院）；Vine Products Ltd v Mackenzie & Co Ltd（No 3）［1967］FSR402（高等法院）。

[43] Chocosuisse，Kraft Jacobs Suchard（Schweiz）AG and Chocoladefabriken Lindt Spriingli（Schweiz）AB v Cadbury Ltd［1999］ETMR1020（上诉法院）。

[44] "Champagner Bekommen，Sekt Bezablen"［2002］ETMR1091（Bundesgerichtshof）.

[45] Molkerei Groddbraunshain GmbH and Bene Nabrungsmittel GmbH v Commission，Case C-447/98 P［2002］ETMR605（欧洲法院）。

40 公里之外的周边城镇 Paderborn。[46]

18.40 欧盟单一市场中对 PDO 与 PGI 的保护与欧盟之外的受到双边条约保护的第三方国家的名称的国内法保护是同样的。[47] 这些条约与欧盟现行法规不冲突的内容依然是可执行的：它们的适用性及其解释由相应国内法院决定。[48]关于这些条约的法律地位以及实施的判例法的数量目前已经有了飞速的发展，原因是前捷克斯洛伐克已经加入了一系列的为保护名称百威 Budweis 而进行的安排，存在争议的"Bud"这个简称就是从"Budweis"衍生而来的。[49]

E. 地理标识的保护与商标的保护之间的对接

18.41 欧洲对地理标识的管理体制假定了平行保护形式的存在，地理标识是对产品品名的保护，而商标则是为了保护产品的个别来源。以下观点是没有疑义的：只有一种葡萄酒可以被称为香槟酒，但是该酒可使用不同的商标表明其真正的来源，例如 BOLLINGER、MOET ETCHANDON、VEUVE CLICQUOT 或者 KRUG。事实上，关于酒类的特殊条款就是为了地理标识与商标的共同存在而制定的。[50]

(1) 欧洲法院的观点

18.42 在 Hochgewachs 案件[51]中，对酒类名称的使用进行管理的组织寻求禁止对商标 KESSLER HOCHGEWACHS 的使用，理由是该商标据称侵犯了受保护的地理标识 Riesling Hochgewachs。在请求初步裁决时，德国联邦法院向欧洲法院询问一个对商标所有者的利益极其重要的问题：如果某国内商标的使用是在《条例 2333/92》所授予的酒类名称的保护范围之内，品牌的所有人因其在德

---

[46] Schutzverband Gegen Unmesen in der Wirtschaft eV v Warsteiner Brauerei Haus Bramer GmbH Co KG，Case C-312/98［2003］ETMR76（欧洲法院）。德国联邦法院最终得出结论称，消费者在获得来自 Paderborn 的 WARSTEINER 啤酒的利益，是位于禁止将虚假的地理来源地的标签用在该啤酒上的需求之上的。参见 Schutzverband Gegen Unmesen in der Wirtschaft eV v Warsteiner Brauerei Haus Bramer GmbH Co KG，［2002］EIPR N-110。

[47] 欧盟成员国之间签订的双边条约目前似乎附属于 PDO 以及 PGI 当前的法律体系；参见；Ravil Sarl v Bellon Import Sarl and Biraghi SpA，Case C-469/00，2003 年 5 月 20 日（欧洲法院）。

[48] 参见 Budejovicky Budvar NP v Rudolf Ammersin GmbH，Case C-216/01（Advocate Gerneral 的意见，2003 年 5 月 22 日）。

[49] 关于"Bud"的条约争端问题，参见 Budejovicky Budvar Narodni Podnik v Anheuser-Busch Inc［2002］ETMR1182，v Anheuser-Busch Inc v Budejovicky Budvar Narodni Podnik［2001］ETMR 74。

[50] 《条例 2333/92》第 13（2）条。

[51] Verbraucherschutzverein EV v Sektkellerei GC Kessler GmbH und Co，Case C-303/97［1999］ETMR269（欧洲法院），上文第 18.36～18.37 段进行了阐述。

国的以传统上未经打扰的方式在说明范围中的使用而获得的工业产权，作为应当被保护的较高位次的利益，是否可以阻止（《条例2333/92》中的禁止）申请呢？

法院认为：基于其对此前某问题的回答，回答该问题也是“漫无目的的”。 18.43
然而，法院在处理欧盟范围的地理标识与成员国国内的商标之间的冲突问题所采用的方法中暗示了，决定性因素是如何对消费者进行保护的。在确定国内品牌的使用是否属于《条例2333/92》所禁止的活动范围时……国内的法院有权确认某个名称、品牌或者广告中的陈述是否具有误导性……在此种情况下，国内法院有权根据以下情形进行考量——广告所面向的消费者头脑中，此商标的名称或者其部件是否会与某些葡萄酒的说明的全部或者部分发生混淆。从这方面讲……国内法院必须同时对普通消费者的期望值加以考虑……[52]

这明显表明，如果消费者辨认出被告葡萄酒的标签指的是被告生产的酒，而 18.44
不是受保护的地理标识，那么法院必须认可该识别程度：如果不这样做，保护地理标识而禁止商标的使用将不会保护消费者避免混淆，而是实际上导致混淆——至少在短期内是如此，直到消费者就标记的含义“被重新教育”为止。然而，如果此酒类商标的使用会引起相关公众的混淆，那么应该禁止上述混淆性的使用，从而保护该地理标识。注册商标法律中所面临的问题与此基本相同，当一项原本描述性的标记在相关消费者眼中逐渐获得了第二层含义：一旦这种情况发生后，法院应该尊重这样的事实，即该词语已经在使用该词语作为商标使用的消费领域内，实际地改变了其含义。[53]

当争议的焦点不是落在已经具有知名度的在先商标上，而是关注于随后进 18.45
行的商标申请时，该法院采取了类似的方法。商标申请人欲将某个文字商标LES CADETS D'AQUITAINE注册在酒类产品上，这个商标计划是使用在由位于Aquitaine区域内Bergerac生产的酒类上。法国商标登记处拒绝了该注册的申请，理由是LES CADETS D'AQUITAINE包含了受限制的文字AQUITAINE，但是其并不属于酒类名称的相关法律进行了规定的说明，该裁决受到了上诉法院的支持。法国最高法院将该案提交欧洲法院请求初步裁决。该法院判决称：《条例2392/89》本身并不禁止使用词语Aquitaine。即便LES CADETS D'AQUITAINE中包含了受保护的地理性称谓Aquitaine，并且其意图在酒类产品上使用，但是将其注册为商标的行为应仅仅在的确存在真实的风

[52] Ibid，第36章。

[53] 商标法中的如何获得显著性，参见第4章第4.163～4.178段。

险的情况下被禁止，即对该词语的使用使消费者造成混淆，并因此改变他们的经济行为。[54]

(2) 国内法院的观点

18.46 意大利一法院判决认为：原则上，商标不能包含地理名称是没有道理的。商标和地理名称分别具有各自的功能：地理名称通过将产品与其原产地相联系，使得消费者对特定产品的质量感到放心。商标并不专门表明产品的质量问题，但是它向消费者传达产品起源的信息。因此，地理标识 Pilsener 与被告的商标 TUBORG 的联合使用原则上并不是违法的。[55] 该法院补充道：在商标侵权诉讼中，被告使用的本属于原告的商标的唯一可诉的因素就是地理标识也被包含在商标中，管辖他们之间的争议的法律应当是有关地理标识保护的法律而不是商标法。因此，在此种情况下，对品牌名称 TUBORG PILSENER 的使用并不会侵犯商标 PILSEN URQUELL。

F. 欧洲法院的判例法

(1) PDO 以及国内法下的平行保护

18.47 一旦某个 PDO 进行了注册，成员国不可以改变国内法的相关条款，以改变 PDO 所要寻求到的保护。因此，在法国政府提出要求对奶酪 Epoisses de Bougogne 进行 PDO 的保护之后，它不能扩大国内法下的保护范围，从而单独保护 Epoisses。[56]

18.48 当食品类制品被作为 PDO 进行保护时，此种保护已经扩展到了欧洲，尽管国内法院做法不一。但是根据欧盟成员国国内法，食品类制品的说明书范围很狭窄，而与此同时在欧盟以外的其他地区，相同的产品在一个更宽泛的说明书的描述中进行生产和销售，欧洲法院裁决：此种情况下界定狭窄的说明书的使用限制了货物的自由流通。这就是法国《88-1206 号法令》的命运，这条法令禁止在无外壳的奶酪上使用指定名称 Emmenthal。欧洲法院认可了以下事实：世界卫生组织和联合国粮农组织的《食品法典》将 Emmenthal 指定为奶酪的专用名称，即

[54] Borie Manoux Sarl v Directeur de l'Institut de la Propriete Industrielle, Case C-81/01 [2003] ETMR367（欧洲法院）。

[55] Pilsen Urquell v Industrie Poretti SpA [1998] ETMR168（意大利最高法院）。

[56] Chiciak Formagerie Chiciak and Fol, Joined Cases C-129 与 130/97 [1998] ETMR550（欧洲法院）。

便是在没有外壳的情况下也是如此。[57]

（2）货物的自由流通

欧洲法院已经好几次考量了涉及 PDO 与货物自由流通的问题。这是正常的，因为有时 PDO 与 PGI 的说明书不仅扩展到了被保护产品的生产领域，而且扩展到了商业链中很下游的一些活动，例如火腿的切片、包装，奶酪的磨碎、包装，或者酒类的装瓶等。如果这样的说明为有效且可执行的，则其会干扰初始生产过程的下游活动的竞争性市场的发展。 18.49

欧洲法院涉及货物自由流通的第一起 PDO 案件中，比利时以西班牙为被告发起了一场诉讼[58]，请求宣告将 Rioja 这个术语只使用在 Rioja 地区装瓶的酒上，构成了散装货物出口的数量限制，因为任何桶装运到比利时并在那里进行装瓶和销售的葡萄酒都不可能作为 Rioja 葡萄酒进行销售。欧洲法院不认为其是对出口的一种数量限制：酒可以被销售并进行重新装瓶——但不能以 Rioja 葡萄酒进行转售。法院的观点是，装瓶是一个很重要的操作环节，如果不按照严格的要求进行，将有可能损坏酒的质量。酒的散装运输也可能产生相似的结果。在此基础上看，将 Rioja 这个术语限制使用在由本地进行装瓶的酒上是正当的。 18.50

法院同一天在另两起案件 Ravil 案[59]和 Parme 案[60]中裁决了同一问题。在两起案件中，PDO 所涵盖的产品的说明书规定，必须在生产地做最后的准备（Ravil 案中指的是 Grana Panado 奶酪的磨碎和包装；Parma 案指的是 Parma 火腿的切片和包装）。两起案件中都有人主张：要求在其生产地区完成最后一步的程序，PDO 产生的影响是——对这些产品的出口施加了数量限制。然而，根据《欧洲共同体条约》第 30 条的规定，为了保护产品所享有的知识产权，类似这样的限制是正当的。 18.51

G. 地理标识的未来规划

从 2003 年 6 月 10 日起至 6 月 11 日止，世界贸易组织（WTO）和世界知识产权组织（WIPO）共同举办了一场由来自 24 个国家的地方食品和饮料的生产者 18.52

[57] Guimont，Jean-Pierre，Case C-448/989［2001］ETMR145（欧洲法院）。

[58] Belgium（Kingdom of）v Spain（Kingdom of），Case C-388/95［2000］ETMR9999（欧洲法院）。

[59] Ravil Sarl v Bellon Import Sarl and Binaghi SpA，CaseC-469/00，2003 年 5 月 20 日（欧洲法院）。

[60] Consorzio del Prosciutto di Parma and Salumificio S Rita，CaseC-108/01，2003 年 5 月 20 日（欧洲法院）。

参加的会议，类似这样的会议是首次举行。这次会议的成果是建立了国际地理标识网络组织（ORIGIN），一个提倡在地理标识被误导性使用方面给予消费者更多保护的跨境游说团体。就目前而言，欧盟国家（盛产现有的以及潜在的地理标识所保护的产品的国家）以及发展中国家（这些国家将地理标识的保护视为一种相对而言无须投资的保护术语，例如 Darjeeling 茶以及 Basmati 大米）很热情地团结在了一起，为的是（1）对地理标识提供更多的保护，以及（2）扩大能够获得地理标识保护的产品的范围。与之相抗衡的是一个主要由前殖民地国家组成的规模很小但是力量强大并且极为雄辩的组织，上述前殖民地国家在商业贸易中广泛地使用了前期的殖民者所带来的名称：该组织的成员国家包括美国、澳大利亚和拉丁美洲的大部分国家。预计，国际地理标识网络组织将要发挥（以下称 ORIGIN）的首要作用是对反抗的国家施加进一步的压力，并希望实现对地理标识的进一步保护。[61]

18.53 在欧洲，目前改革计划的系列措施没有那么激进，在性质上是对现行制度的微调以强化其性能，而不是提议进行根本性的改变。欧洲议会已经采取了欧盟委员会的建议更新了《欧共体商标条例 2081/92)》，表现在：（1）扩大了产品的保护范围，以包括芥末酱、意大利通心面、羊毛制品、柳树以及烟草制品；（2）规定了注册的撤销机制，前提是注册人放弃保护或者名称不再具备筛选条件；（3）禁止申请人试图对与欧盟成员国相邻的国家相关的 PDO 以及 PGI 的注册，除非相邻国家是共同申请人。

H. 公司名称的注册

18.54 与许多不是律师的人的观念相对立的是，无论是在英国还是在其他国家，公司名称的注册不能被赋予与商标同样的效力。当公司的名称进行注册后，注册被赋予的主要利益是：没有其他的公司可以在以后的日子里就相同或者非常近似的名称进行注册。只有通过在公司名称下进行交易，或者通过将其注册为商标，才能获得任何可执行的并能对抗第三方的权利。当公司的名称被使用时，通过使用其名称而使公司享有的保护较之与所赋予商号的保护相当，不会更大也不会更小；而商号不一定就是公司的注册名称。

[61] 参见 Stephanie Bodoni，《世界范围内的生产者组织开始保护食品名称》，MIP 周刊，2003 年 6 月 15 日。

I. 标题的保护

德国对于书籍、戏剧、电影以及类似作品的标题给予了特殊的保护。[62]这些保护看来使得标题的所有者能够制止第三方将该标题注册为商标，由于对于标题的保护是在目前的商标法律制定之前根据反不正当竞争法赋予的，因而也应该能够提供禁止其他类型的不正当竞争的保护。[63]在丹麦，一个在先电影名称的存在可能成为后续商标申请被拒绝的原因。[64] 18.55

J. 证明商标、保证商标和集体商标

证明商标是一种能够表明使用该商标的商品或者服务的质量或者特征经其所有人认证的商标。[65]集体商标，又被称为"协会商标"[66]，它与证明商标十分相似，主要区别在于集体商标由某个协会所有，对集体商标的使用也仅仅限制在协会的成员中。[67] 保证商标则能担保"企业、产品生产方法、地理标记等共同特征以及上述企业的质量"[68]。 18.56

本书对证明商标、保证商标和集体商标仅概要述之，因为，如果以宏观整体视角审视欧洲以及国际商标法的方方面面，上述商标不仅在数量上很少而且几乎没有留下什么影响。[69] 18.57

除了一些很小但是十分必要的修改迎合其特定的特征以外，证明商标、保证商标以及集体商标在总体上将遵守与普通商标的注册、异议、撤销、续展和侵权方面相同的规则。《指令 89/104》并没有要求欧盟成员国对证明商标、保证商标或者集体商标的注册做出规定。然而，如果成员国选择对其做出规定的，第 15 条规定如下： 18.58

> 关于证明商标、保证商标和集体商标的特别条款
>
> 1. 在不违背第 4 条规定的情况下［商标申请被拒绝的相对性理由］，那些法律许可对证明商标、保证商标以及集体商标进行注册的成员国可以规定：如为上述商标的功能所需要的，依据第 3 条［拒绝的绝对理由］以及第 12 条［未使用

[62] 《商标法案》ss5，15（德国）。

[63] FTOS［1999］ETMR338（德国联邦法院）。

[64] VN Legetoj A/S v Pantentankenqvent［2001］ETMR529（海商法院）。

[65] 参见《1994 年商标法》第 50（1）节（英国），《1996 年商标法》第 55 节（爱尔兰）。

[66] 《巴黎公约》第 7bis 条。

[67] 参见《1994 年商标法》第 49（1）节（英国），《1996 年商标法》第 55 节（爱尔兰）。

[68] 该定义引自 www. bogazicipatent. com. tr。

[69] 对证明商标的全面的学者分析，参见 Jeffrey Belson 的杰出著作《证明商标》（2002）；同样参见 Jeffrey Belson，《证明商标、担保与信托》［2002］EIPR340。

商标的撤销］以外的理由，对该等商标不予注册，或者注销或宣告无效。

2. 作为第3条（1）（C）款［完全由地理性描述构成的商标绝对不能进行注册］的例外，成员国可以规定，那些在贸易中标示商品或者服务的地理起源地的标识或者指示可以构成集体商标、保证商标或者证明商标。此类商标不能使所有人有权禁止第三方在交易过程中使用此类标识或者指示，只要第三方的使用方式符合工业或者商业领域中的诚信惯例；特别需要指出的是，这样的商标不能对抗有权使用某地理名称的第三方。

18.59 因为上述商标的数量相对极少，所以这些商标被诉讼的案例是极其少见的。然而，最近在一个重要的案件中，瑞典法院做出了这样的判决——因集体商标的注册而赋予的保护与根据《条例2081/92》而赋予PGI的保护相重合。[70] 因此，负责对起泡酒的地理标志“Champagne”进行保护的组织，能够起诉当地的Champagne牌眼镜架的销售商侵犯了其集体商标。法院认为，上述眼镜架的销售在没有正当理由的前提下，不正当地利用了原告方的名气。

K. 结语

18.60 任何人，只要其商业经营或者专业活动依赖于商标法的应用知识，他就不能忽略地理标识的影响，如同本章开篇中的烹饪杰作的创造者不能忽视它们一样。除了向消费者确保商品的质量外，地理标识提供的保护还涉及一些词语，这些词语的地理属性可能使得它们具有描述性或者甚至成为通用名称。它们也阻止那些商业使用者希望将其转化为商标的标识的注册。随着发展中国家在TRIPs协议及其他以商业贸易为基础的国家性条约的未来回合谈判中显示其数量上的力量，我们将看见受到地理标识保护的产品类型在数量上会大幅度增加。的确，来自发展中国家的地理标识可被确立为富有价值的知识产权，其所指定的产品的范围涵盖发达国家货架上出售的很多产品，相对于来自相同国家的那些普通品牌的产品，地理标识所指定的商品会取得更多的商业上的成功。

18.61 相反，尽管证明商标以及集体商标具有潜在的重要性，但是这些商标在商业开发以及对商誉保护的领域似乎仅保留了边缘性的作用。这可能是因为上述商标提供的是很少有商业利益群体严肃地考虑的保护的选择权，或者是因为它们被认为是缺乏灵活性而不易于开发利用和转让。

[70] Institut National des Appellations d'Origine v Handelshuset OPEX AB，Case 99-004WTLR，2003年5月7日（瑞典，专利上诉法院）。

第 19 章

商标的选择

A. 导言

爱的创造

1997 年，汤姆·斯托帕德编排了一部名为《爱的创造》的戏剧。这部戏剧主要描述了诗人兼古典派作家A. E. 豪斯曼的生活以及他与同时代的诸多名人之间的交往，这些名人包括约翰·拉斯金、奥斯卡·王尔德、沃尔特·佩特和本杰明·昭也特。鲜为人知的是，在没有获得学位便离开牛津大学之后，汤姆·斯托帕德曾有一段时间在英国的专利局担任商标审查员的工作。以下豪斯曼与其担任专利审查员的朋友杰克逊之间的对话，就节选于这部戏剧：

杰克逊：任何一个时代都自认为是现代化的时代，但是我们这个时代才真正称得上是现代化。电将改变一切。所有的东西！今天我们送上去了一件通电的束身胸衣。

豪斯曼：亮灯的那个？

杰克逊：这是我以前从未想到过的，但是从某种意义上说，专利局是新时代的守门人。

豪斯曼：审查电力产品说明书的审查员有可能是，但是这与在商标上埋头苦干的我们是不一样的。今天我拿到了喉咙疼痛的止咳糖，有项申请要在止咳糖上注册一只忧愁的长颈鹿——这其实给商标管理提出了一个很细致的问题：目前有人已经注册了一只长颈鹿的形象，穿着12种款式的赛璐珞衣领，这就是问题的所在，一只快乐的长颈鹿，事实上是一只精心打扮自我感觉良好的长颈鹿。问题是——它是注册过的柏拉图式的长颈鹿吗？①是不是上帝创造的所有长颈鹿的目前以及将来的形象②都转移给了 Houndsditch 新式衣领公司呢？③

故事的寓意

19.01 19世纪末期，对商标的选择通常取决于对物理性质的因素。长颈鹿，是有着与众不同的长颈动物，因此成为衣领与咽喉止咳糖制造商进行商标选择时的自然选择。如果社会公众不会立即将商标与商品的性质联系在一起，咽喉止咳糖使用的长颈鹿就被描述为正在经历喉咙疼痛的痛苦，而在衣领上注册的长颈鹿却是“精心打扮自我满足”的，这会让使用者产生一种优越感。

19.02 自豪斯曼时代以来，将商标与产品或服务相结合的做法与19世纪商标机制所允许的惯例相比，已经逐渐变得更具隐喻性。2003年，在豪斯曼的帮助下长颈鹿的形象在商标登记簿中仅有一次被注册在餐馆与酒吧上④，而在餐馆与酒吧

① 这是指柏拉图的形式理论。豪斯曼是在问是不是所有的长颈鹿都是独立的实体或者它们仅仅是理想化状态的长颈鹿在现实中的黯淡的写照，所有的长颈鹿都从中选择它们的形式和特征。

② 拉丁语，意思是“存在和前景”。

③ 《爱的创造》（1997），第55章。

④ 英国商标第2181388号。

既看不到长颈鹿也没有长颈鹿供消费。现在也有着很多这样的商标，例如：FCUK、POISON以及（在维多利亚女王统治的地方）VICTORIA'S SECRET，很难想它们在19世纪末期能取得商业上的成功。本章将关注如何从不同的角度对商标进行选择的实际操作。

B. 法律因素

商标从业者在为客户选择商标时所能做出的直接贡献就如同他们在客户为其孩子选择名字时所做的贡献一样少。这是令人遗憾的，因为一名经验丰富的商标代理者能够为客户节省大量的时间、花费并避免难堪。商业机构未获得的法律指导典型的主要有如下原则： 19.03

(1) 所选择的商标不要极易使人联想到另外一个更为知名的商标

商标一旦成功后，就无法避免地吸引很多"我也是这样"的追随者，不管所经营的商业活动在不在相同的领域。这种现象的典型例子就是现在使用"я"US作为字尾的大量企业，它们都积极地或者下意识地模仿极具想象力的玩具"я"US的商标。如果另外一个企业正在使用某个商标，"我也是这样"的追随企业将会发现产生下列一种或者多种结果：(i) 他们会被起诉侵犯了在先企业的商标权；(ii) 即便没有被起诉，他们会发现自己的商标与驰名的在先商标之间很强的联系，会严重阻碍他们的商标形象向其他领域的扩展，这比他们当初如果选择了一个更具显著性的商标的情形要困难得多。 19.04

(2) 不要将任何实际归属他人所有的事物作为商标使用

当企业选择艺术作品作为标志时，很容易忘记某个他人可能对该作品享有著作权，作者也许并不想看到他的作品被盗用成为他人的商标。⑤ 这同样会发生在即便该标志是特别为某企业所创作的，但是商标中的著作权未协商转让给商标申请人的情况。⑥ 19.05

(3) 不要选择明显带有描述性或者高度暗示性的商标，除非你有资本去培养它

因此，倘若FROOT LOOPS商标被充分使用于相关商品上，使得公众逐渐 19.06

⑤ AUVI Trade Mark [1995] FSR288（新加坡，高级法院）。

⑥ Hutchison Personal Communications Limited v Hook Advertising Limited and others [1996], FSR549（高等法院）。

认识到 FROOT LOOPS 商品来源于 Kelloggs 公司，最终它能够在加工过的水果味圈状早餐谷物食品上获得显著性，但是 Kelloggs 公司为实现他们的目标，将要付出大量的法律上和市场营销上的努力。⑦

（4）避开你的竞争者很可能将之视为欺诈性的商标

19.07 在某种意义上，很多非常成功的商标在文义上都具有欺诈性，但这在登记时并不会面临任何问题。FAIRY 牌的液体饮料既不是由精灵制成的，也不是从中提炼的。CROSS 牌的笔也不是坏脾气的。匈牙利的 BULL'S BLOOD 牌的酒中没有公牛血，CHURCH 牌鞋也没有任何宗教联系。

19.08 然而，导致欺诈或者误导性的商标是不能注册的。⑧ 即便商标不会引起事实上的误导，但是如果你的主要竞争对手认为会的话，你将会在法庭诉讼上花去大量的时间和金钱。当雀巢反对 Kenco 申请注册 KENCO——真正的咖啡专家（KENCO——THE REAL COFFEE EXPERTS）这一商标时，难道 Kenco 没有合理预见到选择这样一个争议性的商标会产生这样的结果吗?⑨

（5）避免使用敏感的文字以及词组的一部分

19.09 即便表面看来没有问题的文字，例如 BIO、ORGANIC 和 CHOCOLATE，当立法限制该词语在食品标志上使用时，无论是否作为商标的一部分，它们都可能引发法律上的后果。⑩

C. 文化因素

19.10 合适的商标并不是仅仅符合律师的要求就可以了，还涉及其他方面的细节考虑。例如，吸引社会一部分群体的商标可能正是因为这种吸引力，才会招致另一部分群体的疏远。商标 FCUK 正是这类典型的例子：就时尚敏感的青少年和他们的父母而言，他们对此的行为和反应是截然不同的。一些商标可能因为语言或者其他语义上的特征而失去吸引力，而另一些商标可能也会被认为具有政治上的不当性。在所有这些情形下，商标区分商品或者服务的功能并没有受到损害，但

⑦ Cf FROOT LOOPS Trade Mark［1998］PRC240（英国上议院大法官指定的人）。

⑧ 参见第 4 章第 4.50～4.52 段。

⑨ Kraft Jacobs Suchard Limited 的申请；Nestle UK Limited 进行异议［2001］ETMR54（英国商标登记处）。

⑩ 参见第 4 章第 4.41～4.49 段。

是其吸引消费者积极回应的能力却被损害了。

（1）部门或种族因素

文字商标CRUSADER已经被注册在很多类的商品和服务上。在有些区域Crusader（十字军战士）的含义是积极正义的（例如，虚构的蝙蝠侠的形象被称赞为“The Caped Crusader”披着斗篷的十字军战士）。但是，有些宗教团体认为CRUSADER文字商标的含义令人不舒服或者含有蔑视的意味。选择一个表达这种含义的商标是否值得呢？（例如曼城足球队的球迷极其不喜欢赞助曼彻斯特联队的驰名商标的所有人，这是最新的关于部落文化的范例。） 19.11

（2）语言因素

语言因素也应给予考虑。由于“WHIRLPOOL”这个词在西班牙语中发音很含糊，那么Whirlpool公司在西班牙销售标有“WHIRLPOOL”商标的洗衣机是否是正确的呢？西班牙语中“SEAT”并不是指我们坐的椅子，而包含着可靠性与信誉度的含义，那么是否应该在英格兰以西班牙商标“SEAT”去销售汽车呢？ 19.12

关于“Whirlpool问题”并没有明确的答案，原因在于如果营销手段适当，消费者能读出或正确读出该商标，能增强商标的识记程度，并因此增强消费者对商标的忠诚度。因此，在酒精类饮品领域，经营者广泛利用了商标发音的明显难度，如LAPHROAIG。20世纪60年代，COCKBURN葡萄酒因对外宣称“COCKBURN”一词的正确发音不是“cock-burn”而是“co-burn”而声名鹊起，该正确的发音之前仅为葡萄酒的行家所知晓。 19.13

（3）政治上的适宜性

在市场销售过程中，商标在政治方面的适宜性也被认为是一个很重要的影响因素。在英国，罗宾逊（Robertson gollywog）是数代孩子们的偶像，但是这些孩子不知道gollywog在概念上与黑人有着一定的关联，更不用说“wog”这个词所带有的轻蔑的含义了。然而，因为被指控为带有种族歧视的内涵，gollywog商标被边缘化并最终被削减。在美国，激进者提出“Redskin”一词对于美洲土著印第安人来讲是一个含有诽谤意思的名词，随后撤销了注册在篮球队上WASHINGTON REDSKINS[11]的六项注册商标。即便被认为幽默的商标也同样面临着 19.14

⑪ Harjo v Pro Football Inc，50USPQ2d 1705（TTAB 1999）.

被撤销的命运，如 ONLY A BREAST IN THE MOUTH IS BETTER THAN A LEG IN THE HAND 商标，尽管该商标注册在自助餐馆上，但是仍被认为是对女性的侮辱。[12]

19.15 政治上的适宜性并没有明显给予宗教组织以帮助，这可能是源自对很多宗教组织不支持政治上的适宜性的报复。因此，经常被称为“Moonies”（以贬抑的口吻）的教堂联合会，未能说服法院：注册在一种可以脱掉自己裤子的新型玩具娃娃上的 MOONIES 商标是对其宗教活动的一种贬损。[13]

19.16 当某个术语被用来作为商标来贬损大部分人而不是仅仅针对少数人时，政治上的适宜性也有可能不会成为一个问题。像 GRINGO[14] 和 POM[15] 这样的术语可以在英国的商标登记簿上找到，其也没有引起任何足以使人侧目的冒犯。

(4) 品牌的价值与禁忌

19.17 商标所有人不可避免地去试图攫取那些在消费群中很受欢迎的品牌的价值：食品一定是营养丰富的、健康的或者充满了乐趣；服装一定是款式新颖、实用性强或者十分性感；汽车要速度快、安全或者技术上处于领先地位；等等。结果往往是，极具显著性的商标通常所反映的品牌价值与其最具竞争力的对手的价值接近，尽管这些商标表面上具有可区分性，但是公众消费者会认为标有这些商标的商品相互是可替代的。在过去，人们通常会关注商标所有者赋予商标自身的内涵的价值（例如，使用在忠实于原音的声音录制和复制设备上的 HIS MASTER' VOICE 商标，用于保险上的小心慎重的特征的 PRUDENTIAL 商标，而 DURACELL 和 EVER READY 则体现了电池的持久性和可靠性，READER'DIGEST 则表现了部分受教育者的蹩脚的读写能力）。这一作用目前通常是通过营销而不是通过对商标的选择来实现的。

19.18 当前吸引消费者注意从而使商品在拥挤的市场购物中心脱颖而出的技巧是体现了或者赋予了商标的一种令消费者震惊或引导消费者对抗一些事情的价值，它们可能不仅在市场销售中是忌讳的，而且在社会用语中也被认为是忌讳的。有些公司成功地采取了这种做法，例如 French Connection 公司选择了 FCUK 商标，Diesel 和 Benetton 公司选择了中性的商标但采取震惊营销的方式。近年来，Be-

⑫ Bromberg v Carmel SelfService Inc 198USPQ176（TTAB1978）.

⑬ Re In Over Heads Inc 16USPQ2d1653（TTAB1990）.

⑭ 拉丁美洲人使用该术语称呼来自英语国家的人：该商标注册在服装、行李箱及其装饰物以及其他商品上。

⑮ 澳大利亚人使用该术语表示英语，通常在“whingeing Pom”或者“Pommie Bastards”短语中使用：注册在各类型的服装上。

netton开发那些被大多数人所忽略的含有“死亡、疾病、痛苦、虔诚”[16]意思的商标的价值，虽然增加了销售量，但也招致了道德上的咒骂并且偶尔受到法律诉讼的威胁。对人类所遭遇的痛苦（如艾滋病以及等待处决的囚犯）的商业性开发，口碑是好是坏因人而异；这些行为的结果可能是有利可图或者是毫无价值的，但是这样的行为最终会作为言论自由权的行使而受到保护。

D. 商业因素

大多数选择商标的书籍都会强调选择某个使得商品或服务在竞争者中脱颖而出的商标的重要性。[17]这一建议与商标法的规定遥相呼应，商标法仅允许那些具有显著性特征的标识被注册。然而，这项关于商标品牌的建议并不总是适宜的。单一的品牌和商标战略是不存在的。任何一个试图发展壮大的公司都将有其眼前的、中期的和长期的目标，有着其独一无二的经济、地理和文化的特征，对其存续的充满竞争的市场也有着自己的看法。并不是所有的公司都拥有充足的资金或信用贷款；并不是所有的公司都愿意投资低风险、低收益的行业。更为重要的是，也并不是所有的企业都想使得自己的商品或服务在竞争者中脱颖而出：许多公司特地使用能反映出与竞争者相同的规则和价值取向的商品和服务上的品牌。这样一个公司的商标仅仅需要（1）符合显著性标准的最低要求；（2）不能过于具有描述性而导致无法注册；（3）不能与其他商标太近似而不能使用。 19.19

关于表明商标的商业意义的通常建议中，最重要的可能是这个建议：确保你的商标符合你的商业计划。商标注册的适当性可以通过以下检测得以确认。 19.20

（1）企业所拥有的或被授权使用的商标是否涵盖了其活动?

商标注册或注册后所提供的保护均不能自动随着业务的扩张而扩张。当开发出新的产品或服务时，这些新的商品或服务可能会把业务的范围扩展到现存的商标登记无法提供法律保护的领域。幸运的是，一个已经注册的商标有权反对相同或者近似的商标在与之注册的类似领域内进行使用。如果商标已经具有一定的知名度，商标法甚至可以提供禁止在不同类商业领域中使用的保护。[18]需要牢记的是，某些商业经营核心领域的商品及服务的发展可受到现有商标注册的保护—— 19.21

⑯ Henning Hartwig,《联合起来反对戒律》(2003) 157《商标世界》36，37。

⑰ 这种做法的典型例子取自John Murphy的《品牌战略》(1990)，特别是第1～4章，Tom Blackett和Graham Denton的《开发新品牌》，John Murphy (ed) 的《品牌：关键的市场销售工具》(1987)。

⑱ 参见第11章与第12章。

但不能理所当然地进行如此推定。

（2）维持商标的成本是否有正当的理由？

19.22 商标必须经过注册、审核、监督、续展，以及偶尔情况下的诉讼。上述行为的部分或者全部的开销是不是应该更好地花费在其他有可能收益更大的项目或者活动上呢？给予注册商标的资源向其他活动的分流不会剥夺法律所给予的对企业的保护，至少《商标法》或者《反不正当竞争法》给予未注册商标以及预防假冒最为基本的保护，于是对与商标相关的开支的减少似乎也具有合理性。有些商标在其所使用的商品或服务上对于其所有人利益来讲已经被边缘化之后，仍然保留很多年。也有一些商标，特别是那些多少有些描述性的商标，通常会被认为是“易于惹上麻烦”的，往往会成为其他经营者不留意就会侵犯其权益的对象。继续保留这些商标是否有价值，一个完全的改变会产生长期的优势并节省开支吗？

（3）如果可以通过许可而使用他人的商标，坚持拥有商标是否有价值？

19.23 如果某企业希望在快餐、酒店服务或者其他以特许权经营为常规模式的领域发展时，那么应考虑采取许可的方式使用已经存在的商标（例如 HOLIDAY INN、PRONTOPRINT、KFC 等），而不是试图开发自己的商标，从而花费金钱和精力以确立在当地的商誉的优势和劣势。

E. 心理因素

19.24 树立品牌和选择商标的心理是非常重要的问题，本书将有一整章对其进行单独阐述。[19]

F. 结语

19.25 商标的选择有着十分重要的法律、文化和商业影响。因此，对这些影响进行的考虑应该在选择商标前就列入日程。如果不这样做的话，在商品或服务投放到市场之后，通常就要考虑如何将损害限制到最小程度了。

---

⑲ 参见第 20 章。

第 20 章

商标的心理学

A. 导言

“萨基”（H H Munro）短篇故事：《Filboid Studge，一只扭转乾坤的老鼠的故事》

“请把你的女儿嫁给我”，马克·斯佩利满脸热切而又有点踌躇，“我只不过是一个年收入只有两百元的艺术创作者，而她却是一个家财万贯的富翁的女儿，我猜你一定会说我是癞蛤蟆想吃天鹅肉。”

邓肯·达拉米，一个杰出的公司决策者，没有表露出丝毫的厌恶。事实上，他暗地里正为能给自己的女儿丽安诺找到哪怕是一个年收入只有200元的丈夫而感到欣慰。一个危机正迅猛地扑向他，他知道这场危机会使他破产并且名誉扫地。最近他所有的投资都很不顺利，连很棒的新颖早餐食品PIPENTA也达不到预期的效果，他可是在这食品的广告上投入了巨资。它远不如药品，人们在市场上购买药品，但无人问津Pipenta早餐。

"如果丽安诺是一个穷老头的女儿，你还会娶她吗?"财富名存实亡的老头问。

"是的"，马克答道，明智地避开犯过分明言的错误。使他惊奇的是，丽安诺的父亲不但同意了，还给他们的婚期提议了一个相当早的日子。

"我希望我能够用某种方式表达我的感激之情"，马克真诚地说。"只是怕会像伊索寓言中的老鼠提出要帮助狮子一样。"

"让人们购买那讨厌的垃圾"，达拉米一边说，一边猛地朝着那受人鄙弃PIPENTA的海报点头，"那你就比我任何一个经销商的功劳都要大。"

"你的产品需要一个更好的名字，"马克沉思道，"海报的广告词要有新意。不管怎么样，我会试一下的。"

三个星期后，全世界的人都被告知一种冠有响亮名字的新食品"FILBOID STUDGE"的到来。马克没有使用一大群婴儿在该食品强力作用下像蘑菇般迅速生长的图片，也没有使用世界大国的代表你争我夺这种食品的图片。一幅巨大而昏暗的海报描绘着地狱里受折磨的人正在承受着一种新的痛苦——举止文雅的年轻魔鬼将PIPENTA盛在透明的碗里，放在他们刚好够不着的地方。《迷失的灵魂》这一绘画中的男女主角容貌带来的细微暗示，让这场景显得更加可憎；两个政党的显赫个人、协会的女主人、著名的戏剧作家和小说家以及那尊贵的飞行家在昏暗的人群中依稀可辨；音乐剧舞台上的灯光在昏暗中黯淡地闪烁着，还是习惯性的微笑，却带着强压愤怒欢笑的可怕。这个海报没有一处是揭示新型早餐食品的优点的，只有一行冷冰冰的、用大写字体的广告词穿过海报的底部："全部卖光了"。

马克抓准了人们做事总是出于一种不得不做而不会把其看做一种乐趣的事实。数以千计的受人敬重的中产人士，如果你意外地在土耳其蒸气浴室中遇到他们，他们会真诚地向你解释说是医生嘱咐他们前来洗蒸气浴的；如果你反过来告诉他们：我来这里是因为我喜欢洗蒸气浴，他们会以困惑和痛苦的眼神盯着你，怀疑你轻率的动机。同样的，无论什么时候小亚细亚的亚米尼亚人被大屠杀的消息传来，每一个人都会以为这只不过是执行某个命令的结果而已；似乎没人会认为这个世界上有些人可能就是喜欢杀害他们的邻居。

这种新型的早餐食品也是如此。从来没有人把吃 PIPENTA 当做一种乐趣，但它的广告所宣扬的灰暗严峻现象使得家庭主妇成群结队地跑到杂货店，吵着要立刻购买。在小厨房里，一本正经的梳着辫子的女儿们帮着消沉的母亲准备这种食物的原始仪式。在死气沉沉的营业室的早餐桌上，人们默默地将它一扫而光。一旦妇女们发现这种东西简直难以下咽，她们那要将它强加于家庭成员身上的热情马上就一发不可收拾。当毫无胃口的小职员疲倦不堪地急急欲抽身离开餐桌时，她们会朝着他高声叫道："你还没吃完你的 FILBOID STUDGE!"，而他的晚餐会是一盘叫做"你今天早上没吃完的 FILBOID STUDGE"的热过的东西。那些在精神和肉体上刻意卖弄、用健康饼干和健康服饰来修炼自己的怪异的狂热者对这种新型食品大嚼特嚼。一本正经的、戴着眼镜的年轻人坐在国家自由俱乐部的台阶上狼吞虎咽地吃着它。一个不相信未来的主教指责这个海报；一个贵族的女儿死于吃这种化合物吃得太多。一个步兵团发生的兵变——士兵们宁可将那些军官杀掉也不要吃这种叫人恶心的垃圾——进一步加强了它的广告宣传效应；幸运的是，当时的战争部长比勒尔公爵用他那乐观的隽语平息了这个局面："要使纪律产生效力，就应该让人们有选择的余地"。

FILBOID STUDGE 已经成为一个家喻户晓的词，然而达拉米明智地意识到：它不一定会成为早餐食谱上的最后一个选择；只要另一些更加难于下咽的食品推出市场，它至高无上的地位就会受到挑战。这甚至可能引发人们重新喜爱上美味可口的食物，届时清教徒式的苦行可能会从家庭烹调术中被完全摒除。因此，他适时地在一个关键时刻将曾经带给他巨大财富的这个东西的股份全数售出，而此举丝毫无损于他的经济声誉。至于他的继承人丽安诺，现在自然今非昔比，她在择偶市场中的价值岂是一个每年两百元收入的海报设计师所能高攀的？马克·斯佩利，那个压根儿没想到经济巨狮会过河拆桥的聪明老鼠，现在只有诅咒他那天设计出的那个创造奇迹的海报了。

"毕竟"，克洛维斯不久后在他的会所见到他时说，"你可以这样聊以自慰——扭转乾坤非凡人可为"。

品牌心理学与商标法有何联系？

这个发表于一战前的故事反映了：(1) 品牌影响消费者决策的能力；(2) 选择适用于相关市场的品牌之必要性；(3) 当品牌与正确的行销策略相配合时所释放出的能力；以及 (4) 相互合作的当事人通过缔结书面合同的方式确立其对创造性劳动成果享有的权利的重要性。今天同样的故事仍在发生，只是因为近在身边反而得不到重视。例如，TOMMY HIFIGER 是一个对消费者选择具有影响力 20.01

的品牌，其营销策略是经过精心设计的。但同样的策略若用于一个虚构的品牌 ELMER WIMP 还能否发挥作用呢？

20.02 名称的选择仅仅是在坚实的商标保护平台上发展品牌的若干心理因素之一。在前一章我们考察了因商标选择的需要而产生的各种问题；本章将考察其他一些心理因素。

B. 商标作为品牌忠诚的象征

(1) 商标作为衡量商品或服务差异的标尺

20.03 当若干企业在同一市场上相互竞争时，经典的商标理论试图表达以下逻辑：

(i) 市场上的每个企业向消费者按照特定且可识别的质量并以反映生产成本以及合理附加利润的价格提供商品或服务；

(ii) 由于每个竞争的企业均在其特有的价位上按照可识别的标准提供商品或服务，因而消费者会意识到这些商品或服务具有不同的质量和价格；以及

(iii) 与商品或服务相关的商标是消费者识别其竞争来源的途径，同时也是消费者得以重复购买令其满意的商品或服务或避免再次购买令其不愉悦的商品或服务的途径。

20.04 在现代商业中，这个三步推理模式的第一个前提越来越受到质疑。这是因为以下因素的作用：(i) 符合健康和安全要求的需要，(ii) 符合产品标识要求的需要，(iii) 基于已知的消费者偏好的意识对商品和服务特性的融合，(iv) 对时尚的追求，以及 (v) 使用共同外包供应商导致产品的质量和价格逐渐趋同。一家欧洲领先的设计事务所的所长言简意赅地表达了这种趋势：

> 看看金融服务、石油零售、航空以及化工业，还有我们随便指出的广泛的工业和商事领域。在所有这些经营活动中，龙头企业所提供的产品和服务无论在价格、质量还是服务方面都只存在很少的区别或者不存在实质性的区别。在竞争中做到最好仅能保证一个组织在市场上存续。
>
> 在这种情况下，情感因素，即被喜欢、崇拜或尊敬比起竞争，更能帮助一个组织胜出。这也是目前很多组织在公司品牌中投入巨资的原因。[①]

20.05 以上表述以复杂且有说服力的方式告诉我们，在商事领域中不同商品和服务之间唯一真实及有意义的区别，不是相互竞争的商品和服务的质量，也不是价

① Wolff Olins，《同一性的新导向：如何通过管理同一性来创造和维持变化》(1995)，第 30 页。

格——而是商标本身。在这种情况下，公司的资源会越来越多地用于使公众喜爱它的品牌以及行使商标权利（以及在适当情况下，其他知识产权），以此消除或减少对标记和形象的“干扰”，从而建立起品牌忠诚。

（2）何为品牌忠诚?

正如人类的爱情一样，品牌忠诚是一种现象，只可意会不能言传。本书也不适合作为解释它的场合。明白品牌可以对消费者施加特殊影响的能力已足够；商标就是保护品牌脱离其所有人控制的锚。攻击商标时便会削弱品牌。这是为何尽管竞争法不关心品牌价值保护，商标法却关注的原因。这也是为何在试图推行比较广告和意欲消除或压制它的势力之间存在着强烈和持续的紧张关系的原因。 20.06

（3）品牌忠诚的培养

一旦消费者意识到他对一项商品或服务感到满意，并知晓其品牌时，一种强烈的忠诚感可能就建立了。这种忠诚在商品具有显著性特征而难以被竞争者效仿时尤为明显（例如，最喜欢品牌的酒、糖果蜜饯或香水）。具有显著性特质能形成强烈的消费者忠诚的商品范例包括 GAULOISES 香烟、JACK DANIEL’S 威士忌以及 CHANEL 五号香水。即便竞争商品之间是完全可替代的，也可能存在同样的品牌忠诚，只有商标本身能表达消费者认为它们具有吸引力的价值，正如休闲衬衫倘若不是 POLO、LACOSTE 或相当品牌的则毫无区别的情形一样。如同在 POLO 及 LACOSTE 的情形中一样，品牌传达了关于“生活方式”的信息，消费者对该生活方式的坚持又更进一步增进了对该品牌的忠诚。 20.07

忠诚的某些表现形式并不取决于品牌产品的质量或品牌气质所蕴含的力量。举例来说，足球俱乐部由于各种不同原因得到球迷的忠诚：地理位置、家庭或社会联系以及同龄人的认同，都对球迷对某一球队依恋的形成产生影响，而无论球队竞技的素质和风格如何。然而像皇家马德里、巴塞罗那以及曼联这样的俱乐部与其球迷已经超越纯粹教徒的关系。它们已经演变为真正的国际大品牌，提供给他们的球迷消费者很多东西（其中很多与足球毫不相关），利用其商标以期最大化地利用消费者的忠诚。 20.08

商标垄断并不能防止对商品或服务的复制，但其能够防止会弱化品牌吸引力或显著性特征的商标使用和注册，从而为品牌所有人和消费者的关系提供一定程度的保护。当消费者效忠的最初对象不再生产品牌所对应的商品时，商标还能够保护品牌忠诚度。例如，对 KENTUCKY FRIED CHICKEN 的忠诚并没有在 1980 年随着 Harlan Sanders 上校的去世而消亡；BEN ‘N’ JERRYS 的支持者也 20.09

没有因为联合利华收购了该产品，而放弃他们对该冰淇淋的选择。

（4）针对品牌忠诚是否存在禁止性规定？

20.10 商标所有人和消费者之间的关系可依各方的意愿并受主导的市场条件的限制而保持亲密或疏远。但是欧盟委员会非常谨慎地确保在品牌推广中使用的技巧不会为欧盟成员国用于被禁止的目的。倘若要尊重以商标和地理名称的保护为主要组成部分的《欧盟竞争法》，保持这种警惕是必要的。

20.11 因此，无论是理论上还是实践中，将地名用于商标是可能的（例如，将CHIEMSEE（基姆湖）用做运动服的商标[②]）。将地名用来指明产自该地方、具有特定质量和特征的商品也是可能的（例如，CHAMPAGNE 指一类产自法国 Champagne 地区、通过“Champagne 酿造方法”生产的酒）。但不能仅仅基于商品来自该地区，就使用地方名称来吸引顾客，而不管市场上还有其他同等质量和价格的商品存在的事实：这会导致消费者的市场选择取决于非经济理性的因素，如商品的原产国或来源地，从而对人口较多的地理区域有利，阻碍商品的自由流通。因此，举例而言，根据《欧洲共同体条约》第 28 条，不得对生产于德国的产品贴附“德国产品质量标签”[③]。法国也不得继续在法国产品上保留“Salaisons d'Auvergne”（来自 Auvergne 的咸肉）、“Savoie”（萨瓦省）、“Normandie”（诺曼底）以及“Lorraine”（洛林）（这些都是法国地名）等用语，除非上述词语用做具有特定特征商品的地理标签。[④]

20.12 还有比使用标签更隐秘的方法来唤起民族主义。在商品或服务的商标以及制服的彩色编码上使用国旗的颜色就能实现这种目的。在美国商品的品牌上使用红色、白色和蓝色（例如，TOMMY HILFIGER 和百事可乐广为使用的色彩）能够不费吹灰之力地表达出全部美国精神。这方面也有相反的情况：当一个国家是不受欢迎的（例如，来自美国的商品在一些对美国 2003 年出兵伊拉克的决定不满的中东社群中受到地区性的抵制），民族主义的色彩搭配策略可能会导致顾客的丧失，那些消费者即便不能识别品牌上的、不认识的字母，但却能够识别其颜色图案。有趣的是，将民族主义颜色与主导品牌相关联的做法并没有减损市场全球化的进程。这可能暗示了要么上述颜色图案在国外具有积极的效果，要么大多

② Windsurfing Chiemsee Produktions-ukd Vertriebs GmbH v Boots-und Segelzubehor Walter Huber and Franz Attenberger，Jointed Cases C-108 and 109/97［1999］ETMR 585（欧洲法院）。

③ Commission of the European Communities v Federal Republic of Germany，Case C-325/00［2003］ETMR 417（欧洲法院）。

④ Commission v French Republic，Case C-6/02，6 March 2003（欧洲法院）。

数消费者并不在意颜色图案的意义。

C. 品牌战略行动

(1) 做更多承诺：品牌扩张的心理

当商标所有人与其公众消费者建立联系后，如果他能够指明其品牌所具有的积极品质，便会希望发展这种联系，将上述品质转移到其他商品或服务上，使同样的消费者愿意购买或使用。比如，喜欢光顾STARBUCKS咖啡店的公众会被说服购买家用STARBUCKS咖啡袋以及STARBUCKS五金器具（如杯子、咖啡壶等）。STARBUCKS产品的气息以及对愉悦感的预期很好地从一个领域传递到另一个相关领域。我们中多数人所熟悉的品牌在类似行业中扩张是一种传奇："如果你喜欢这本书，你就会喜欢这部电影"（或，更贴近今天的说法，如果你喜欢这部电影，你就会喜欢它的电影附加产品⑤）。 20.13

有时，即便原先品牌产品的使用人或购买者与品牌扩张产品的购买者之间毫无关系，品牌扩张的举动也会成功。当这种情况发生时，品牌扩张的对象并非消费者所期望的满足感，而是品牌所有人的精神的扩张。CATERPILLAR品牌最初用于挖掘机，这些设备的购买者并非该品牌拓展进入的时尚服装和鞋类的主要市场的消费者。其他例子还包括HARLEY DAVIDSON品牌从摩托车拓展到化妆品和除汗剂，清凉快乐主义的精神传递给了不骑摩托车的下一代人。同样，在足球俱乐部、慈善基金以及其他非银行机构中开展的爱心信用卡计划及电信服务也是如此。 20.14

品牌扩张中一种有效的做法是将具有特定精神的驰名品牌延伸到与之最为匹配的商品或服务上。比方说，沃尔沃（VOLVO）汽车品牌传达安全的形象（当然还传达了其他内容）。这使得该品牌能成功地用于门锁、保险箱、登山设备以及降落伞和保安服务。美体小铺（BODY SHOP）既传达了生态意识又传达了经济意识：该品牌可以从化妆品以及身体护理品延展到食品、服装、替代医学治疗以及类似领域。 20.15

当消费者期待以及品牌精神都未发生转移时，恐怕就会失败。一个实例是CADBURY品牌从巧克力延伸到即食捣碎番茄粉上。其他例子也随手可得：这些例子有时可能很滑稽可笑。例如，FERRARI品牌从汽车延伸到热水瓶，PIZZA HUT 20.16

⑤ 电影《骇客帝国2重装上阵》产生了包括DVD、CD、VHS、电脑游戏、海报、婴儿帽以及尼布甲尼撒二世装配工具的不同产品。

从披萨饼店延伸到养老金，TAMPAX 从女性卫生护理用品延伸到男人时尚用品上，SAMSONITE 从行李箱延伸到冰淇淋，以及 INTEL 从半导体芯片延伸到香烟上。

（2）什么情况下品牌能打动消费者

20.17 商标的所有权使得品牌所有人得以控制其品牌发展的很多方面，从而在应对竞争者和其他经营者时保持主动。通过创立和推广品牌精神，商标所有人吸引并刺激着顾客，并且试图通过对商标的所有权，确保品牌商誉和声誉所带来的好处在其掌控之下。然而对商标的控制可能会在消费者手中。忠实的 COCA-COLA 饮用者对拟定的产品配方变更做出的“反抗”就是一个合适的例子，该例子会在本书后面章节中叙述。⑥

20.18 对商标所有人控制其品牌更为严重的威胁并不来自其最忠诚和信赖的顾客试图保存品牌的传统、反对不愿接受的改变（正如 COCA-COLA 一例所体现的），而是来自其最忠诚和信赖的顾客为了自身的目的积极地占领或推翻品牌，在普通大众的观念中重新建立与商标所有人意欲建立的精神完全不同的品牌精神。这种情况发生在相对中立的产品被与暴力联系在一起时。一个实例就是若干群体对 DOCTOR MARTEN 皮靴的“绑架”：

> 你不需要通过理平头来体现光头仔的形象，你只需要身着紧绷的褪了色或者做旧（光头仔最早发明了工装布的漂白剂）的简洁工装牛仔裤和夹克衫或短夹克，佩戴手链，并且脚蹬一双 16 孔 Dr Marten 靴子便可塑造你的粗暴形象。这种形象曾只与右翼法西斯分子联系在一起，鉴于其被一些同性恋男人所接受并且这种形象的来源，即 60 年代的 Ska 和 Mod 文化重新大行其道，所以你不会被认为是一个流氓。⑦

20.19 当这种情况发生时，品牌所有人可以做三件事情：（a）尝试将自己与侵蚀其品牌的群体所奉行的政策和文化划清界限，（b）可以以此为契机积极树立这一意料之外的形象及其相关的商誉，或（c）无视这个问题，希望它会自动消失。第一种做法可能疏远其既存的忠实顾客，因此可能被视为一种背叛，而且还不能确保有新的以及更多的品牌可以接受的忠诚人士会取代他们。第二种方法取悦了既存的忠实顾客，但可能会阻碍范围更广的公众购买者购买该商品并且体验商品质量。第三种方法从长远来看可能是最好的方法，尤其是在时尚转变迅速、更替期很短，或目标市场是基于年龄而区分，同时原有顾客群被新近进入相应年龄阶段

⑥ 见第 21 章第 21.25～21.29 段。

⑦ 见 www.widemedia.com/fashionuk/news/2000/07/07news0000560.html。

的消费者所取代的情况下更是如此。

（3）对品牌的损害

品牌可能会受损或消亡。当这种情况发生时，相应商标的价值会减弱甚至完全消失。[8] 例如，20 世纪 80 年代，在英国销售的一种流行商品，商标是 SLIMMERS AYDS。当“可传染的获得性免疫缺损综合征”也被简称为“Aids”（意指是患病者感染病毒损耗其身体的一种状态），使用 SLIMMERS AYDS 对于购物者而言是一种耻辱。 20.20

商标所有人并不享有一般性的合法权利阻止公众用其商标作为疾病的名称。在这种情况下，商标所有人可以采取什么措施来避免或尽量减小这种损害呢？倘若该疾病是广泛传播并且不容易治愈的，那么最佳的做法就是尽可能早地改变商标名称，同时应该意识到商标变更所引起的新闻价值本身就是免费的宣传。若该疾病仅是在小范围内为医生、科学家、病人及病人家属所知，或许就不值得这样做了。 20.21

对品牌的一些损害是商标所有人自己引起的。例如，1990 年在 PERRIER 矿泉水瓶子中意外发现了苯，这导致了大约 1 400 亿瓶矿泉水的损失，并且导致消费者长期对 PERRIER 品牌丧失信心。但有些损害可能是由第三方导致的。例如，有人在零售店里对泰诺止痛药捣鬼。[9] 再有，损害可能来自未能预见的事故，例如埃克森·瓦尔迪兹号（Exxon Valdez）油轮 1989 年在阿拉斯加发生的石油渗漏。即使是公司解雇员工这样平常的事件，都会对公司的品牌产生影响。[10] 20.22

这些实例的共同点是品牌形象会在普通消费者以及全体公众心中大受打击。值得注意的是，当原材料产品如鸡蛋（携带沙门氏菌）、牛肉（携带克雅氏病菌）、金枪鱼（含水银）以及养殖三文鱼（携带有毒成分的混合物）的声誉被严重损害的时候，大品牌在这段期间内很少因发生这些事情而受到损害。品牌相对的抵御能力或许是商标所有人精心培养其商标的结果。 20.23

（4）消极品牌战略

19 世纪和 20 世纪 60 年代之间，商标倾向于是一种光明的、愉快的、为公众消费者传达整体形象的事物。从 20 世纪 60 年代开始的文化改革影响了个人以及 20.24

⑧　对受损品牌“恶评”的概念以及它与商誉的关系的生动描述，见 Louis Tompos，《恶评》（2003），《哈佛法律评论》，第 116 卷，第 1845～1867 页。

⑨　这样的损害并不需要是永久的：泰诺对破坏品牌威胁的激烈反应反而使得品牌忠诚度得以恢复甚至提升。

⑩　Vault Inc2001 年进行的一项 1 200 名最新被解雇的员工调查表明，54％的被解雇员工提到，基于公司对其解雇的处理方式，他们不会向其他人推荐公司的产品。见 www. accountingnet. com/x31751. xml。

社会的道德观，也对品牌政策产生了影响。20 世纪 60 年代以前，为获得诸如“阳光”和“完美”这样的商标，人们付出了很多努力，但我们看到，过去两代人倾向于注册“POISON”（毒药）用于香水以及注册 FCUK（接近于 FUCK 的拼写——译者注）用于服装。不算很驰名的但品位奇特的英国注册商标的例子还包括“DEATH”（死亡）（香烟）以及“SNOTBLASTER”（擤鼻涕）（精油）。我们还没见到例如“CARRION”（腐肉）用于肉制品这样的商标，但这一理念现在已不再令人感到震惊。

20.25 对负面形象商标的选择反映了消费者市场的心态。尽管消费者并非总是叛逆的，但他们希望被人们认为是这样。上述商标的使用引发了一个有趣的问题，即，随着消费者经历了反叛期和各阶段的叛逆后逐步成长，达到真正“个性化”阶段（对“叛逆”的正面表达，这一表达通常为更有购买力的群体所采用）并最终不再叛逆时，商标所有人和消费者之间的关系能否维持呢？鉴于商标以形象为出发点，最好的做法可能是拥有不同系列的一整套商品，各系列都有单独的商标所保护的精神，从而年轻消费者可以在其人生旅途上向中年及老年迈进时渐次使用。因此，随着时间更替而变更形象的品牌策略能迎合那些个人风格由震惊他人慢慢地转变得更为平和的富有年轻人。

D. 品牌心理的一些问题

(1) 侵权的心理

20.26 商标可能被侵权的风险是商标注册存在的理由，也是商标所有人最不愿见到的后果。尽管大多数的商标权利根本不会受到侵犯并且大量的实际侵权行为可能永远都不会被发现，但商标注册体系最终指向一种相对较少发生的情形，即对侵权的审判。

20.27 当商标所有人发现或怀疑存在侵权行为时，侵权诉讼仅仅是若干可能后果中的一种。商标所有人可以使用的其他方案包括：(i) 什么都不做；(ii) 将商标卖给那些愿意采取措施的人；(iii) 将侵权嫌疑人转变为授权使用者；(iv) 试图通过调解解决任何立场分歧；(v) 交由非司法但具有法律约束力的仲裁员裁定。选择将取决于若干因素的折中：采取行动的成本、不采取行动的成本、时间和资源的充足性、成功或失败的可能性、商标所有人愿意承担风险的程度、商标所有人抵制潜在侵权人的欲望，等等。

20.28 从侵权人的角度来看，侵权行为并不是经营者使用受到法律保护的注册商标的一种事实状态：它通常是复杂思维过程的产物。记住以下几点：

(i) 商标侵权可视为对品牌价值的强烈认可。换句话来说，倘若一项商标不值得侵犯，它可能也是不值得拥有的。用通俗语言来说，"模仿是最真挚的恭维"。这种模仿肯定让商标所有人能够知晓其商品是否成为他人效仿的标准或在公众眼中其是否处于支配地位。

(ii) 当假冒产品进入市场后，被侵权品牌的"杠杆作用"就显露了，使消费者和竞争者知晓生产这种产品的成本和合法产品出售价格之间的差别。因此，无论是实际发生的假冒行为还是假冒威胁，对商标所有人的定价策略而言都是一种监督。品牌所有人会感到沮丧，因为正如他们合理指出的那样，他们不仅为其商业上成功的产品花费了研究、测试、发展及营销成本，也为其商业上不成功的产品发生了上述开支，而假冒人却可以仅挑选那些商业上成功的商品，而未花费品牌所有人所花费的任何费用。

(iii) 在假冒的情况下，每个侵权人都依赖商标所有人通过行使商标垄断权打击除他以外的其他侵权人。这对他个人是有利的。如果商标保护的政策并非如此，侵权人会发现他的利润因其他侵权人销售侵权产品而减少，并且被侵权品牌的信誉因受到广泛假冒而被侵蚀。当品牌信誉受到损害时，被侵权品牌的商誉会减损，而侵权人维持其利润的机会也会基于受损程度成比例地减少。

(2) 比较广告的心理

比较广告是一种令在一项商品或服务上胜出的提供者相对其竞争者占据市场优势的机制。它所产生的好处是无法穷尽的。在一个完全市场中，假定消费者具有充分认知且所有竞争商品在相同价格上具有相同的可获得性，我们可以想象成功的比较广告会将在比较中其商品或服务处于不利地位的竞争者逐出市场。这样，比较广告实现了适者生存的效果：它被称为"商业达尔文主义最残酷的形式"[⑪]。 20.29

由于商标通常是商品或服务为人所知晓的途径，竞争理论为下述做法赋予了正当性，即以使用竞争者的商标这一最有效的方式来告知消费者其原可能购买的商品或服务存在的缺陷或不足。然而，消费者可能与上述商标的所有人保持稳定的关系，原因在于消费者所考虑的因素不同于通过行使选择权消除弱势竞争者这一法则。这些考虑因素让经济学家而不是律师（尤其是商标律师）感到气愤。 20.30

那么人们为什么要购买劣质商品呢？原因很多。例如，如果对它们的需求越少，人们则可能越快速或越便宜地购买到它们。或者，消费者可能持有生产劣质 20.31

⑪ Sonya Willimsky，《对比广告：概况》[1996] EIPR 649。

商品公司的股票，从而愿意提供支持。或是该商品可能并非最好，但起码它与货架上此前出售的商品具有一样的质量。消费者可能希望通过购买表达自己的性格，而不是购买商店里所有一线大牌的人云亦云的购买者。消费者也可能感受到品牌忠诚的现象（在下一章讨论）。

E. 结语

20.32 品牌忠诚和品牌战略中存在心理学因素，认识到这点很重要。这是因为品牌所有人和消费者之间的关系是一种具有特定参数的财产，依赖于为其提供保护的商标。当我们对心理因素给予足够关注后，就有可能最大程度地享受合法商标所能赋予的优势。

第21章

商标、形象、偶像以及社会责任

A. 导言

“亲吻我这里，抚摸那里”①

“如果你不属于足以控制赛场的公司，也负担不起为自己聘请律师团队的费用，那么你将无法参与游戏。”

这似乎是Mattel（美泰）（商标）诉丹麦流行乐队Aqua及其标志MCA一案的教训。美泰主张该乐队的歌曲“芭比女孩”——其歌词中写道“亲吻我这里，抚摸我那里，来吧”——对其健康的金发美女娃娃不正当地进行了性暗示。美泰在1997年9月以商标侵权和不正当竞争为由向法院起诉Aqua。该玩具厂商要求损害赔偿同时将该专辑下架并销毁。Aqua胜诉……

尽管音乐纯粹是吸引人的棉花糖，但Aqua案值得我们深思熟虑……它反映了品牌扩张的逻辑——公司所期望的是整个文化的整合——与法律争夺战之间的不愉快的对立关系。除了芭比还有谁能够既是一种产品，又是文化象征呢？芭比

① 摘自Naomi Klein，《拒绝品牌》（2000），第180～181页。

实际上是典型的外来入侵者，是身着粉红色衣衫的文化帝国主义者。她是让整个城市洋溢着紫红色庆祝“芭比月”的人。她是在过去 40 年里致力于塑造各种类型年轻女孩的女禅宗——医生、成熟女人、青春女孩、职业女孩、联合国儿童基金会大使……

然而，美泰人在发起对 Aqua 诉讼的时候并没有兴趣讨论芭比这一文化偶像。“这是个商业问题，而不是言论自由的问题”，美泰发言人告诉“公告牌排行榜”(*Billboard*)。“这是一个价值 20 亿美元的公司，我们不希望被这般粗鲁地对待，这种情况会逐渐导致品牌淡化”……

这场针对品牌淡化的战争在品牌相互竞争的背景下看似很合理，但是从侵略性品牌扩张视角来看则是两码事——并且从这个角度来看，我们迫切需要重新审视公众对这些“私人”形象表达自己看法的权利。例如，美泰已经从鼓励年轻女孩构建其芭比娃娃的精美梦想生活中获取了大量利润，但它仍希望单方掌控这种关系。该玩具公司鼓吹有“100 项不同的［商标］调查在全世界进行”，几乎是滑稽可笑地激进地保护上述准则。除了其他成功的经历外，该公司的律师关闭了一个名为“嗨，那里，芭比女孩！”的暴动女孩（riot girl）杂志，并成功地阻止了 Todd Haynes 的纪实片——《超级巨星：卡伦·卡朋特的故事》的传播，该纪实片用芭比娃娃作为木偶演绎了患厌食症的流行歌手的一生（卡朋特家庭也施加了法律上的压力）。

在我们看来，Aqua 成员 Sten Rasted 说他在参观了“芭比娃娃的儿童艺术博物馆展览”后产生了创作“芭比女孩”歌曲的灵感是正当的。为了将其明星娃娃捧成一个文化艺术品，美泰近年来试图通过举办旧款芭比娃娃的巡回展览，以“美国人最喜欢的玩具”的方式讲述美国历史。其中部分展览是由美泰自己发起的，其他是与美泰保持密切联系的私人收藏家举办的，这种关系确保芭比历史上不愉快的章节——譬如说，女权主义抨击芭比娃娃，或者吸烟芭比的造型——神秘地在展览中消失。这就不奇怪为何芭比，与其大量其他经典品牌一样，除了是儿童玩具外，还是一件偶像和艺术品。但是美泰……在希望被视为重要的流行文化艺术品的同时，还寻求对其历史和文化遗产维持完全的专属控制。这是一个会最终隔绝文化批评的过程，在这个过程中著作权和商标法作为有效工具被用于封杀其所有不喜欢的反对派。

故事的寓意

这起商标侵权诉讼（美泰未能成功上诉[②]）反映了商标所有人“拥有蛋糕并享用蛋糕”的希望：树立一项承担文化偶像身份的商业上可行的品牌，然后通过原先用以保护其免受竞争者侵害的法律规则，来保护品牌的完整性，以清除有损于品牌所有人试图向消费者传达的信息的滑稽模仿、讽刺、批评以及其他不受欢迎的“噪音”。但是对美泰行为的批评不应该与对法律本身的批判相混淆：允许美泰主张 BARBIE 商标权利的规则正是民权偶像罗莎·帕克斯（Roca Parks）在起诉说唱歌曲“罗莎·帕克斯”（Roca Parks）的发行人时成功援引的规则，该歌曲对其名字的使用被认定与歌曲的艺术性毫无关联。[③] 21.01

本章中，我们将考察商标超越品牌性质[④]成为强势的并且具有人格影响力的文化偶像的情形。上述考察主要是从当代最严肃和最有影响力的品牌评论家的视角来进行的。 21.02

B. 拒绝品牌：主题

在纳奥米·克莱恩（Naomi Klein）的 *No Logo*（拒绝品牌）（2000）一书中，她针对全球最大的一些品牌所有人提出了一个引起激烈争执的案例。我们不应该认为，由于克莱恩是新闻工作人员而不是律师，不需要回应她提出的案例或对其置之不理。[⑤] 即便她所做出的结论都被证明是错误的（实际上并非如此），她在构述案例以及论证其结论过程中的严谨程度足以引起商标界适当并且理性的回应，而不是陈腐地视而不见。克莱恩用几百页的篇幅描述和批评现代“大企业”的行为特别是主要品牌所有人的特定行为，本章对此不再赘述。克莱恩的文章提出以下命题： 21.03

（1）公司将它们对产品生产的关注转移至品牌精神的创造上。公司不再生 21.04

② Mattel Inc v MCA Records Inc 296 F 3d 894（9th Cir 200）；cert denied 123 Sup Ct 993. 法院判定“芭比女孩”的作为流行歌曲歌名和主题的使用既没有侵犯也没有淡化芭比商标。美国最高法院实际上驳回了美泰上诉许可令的申请。根据之后最高法院在 Moseley et al，dba Victor's Little Secret v V Seecret Catalogue Inc 537 US 418，123 Sup Ct 1115（2003）案中的决定，商标所有人必须在淡化诉讼中证明实际损失而不是损失的可能性，美泰公司现在的法律地位甚至比之前的还脆弱。

③ Parks v LaFace Records No 99-2495，12 May 2003（美国第六巡回法庭，2003 年）：法院认为歌曲合唱部分歌词“向车尾箱移动”的重复没有提到市民权利，而是暗示流行乐队 OutKast 比其同行水平更高。

④ 对“品牌”概念的描述，见第 1 章。

⑤ 对品牌忠诚与克莱恩意见相左的观点可见《为何纳奥米·克莱恩应成熟起来》，载《经济学家》，2002 年 11 月 9 日，第 86 页，该文章试图嘲讽克莱恩但明显未论述克莱恩所提到的案例。

产和销售产品，反而更多地创造和推广形象。产品生产将资本花费在厂房、劳工和生产成本中，而不同于产品生产，形象的创造是一项智力活动，对资本投资的要求较少⑥，但相应的广告的费用较多。⑦ 关于这个命题，我们必须承认商标法为此提供了便利，因为商标法使得商标所有人能够保护和开发他们的品牌，而无须成为其商品的实际来源。⑧

21.05 （2）随着品牌形象的公众知名度和品牌力逐渐增强，其形象便会侵入宣传并且接受该形象的社会的文化生活中。这种入侵可以通过传统的广告实现，也可以通过活动或机构赞助，以及将品牌与明显不属于品牌一般范畴的事物联系起来的方式加以实现。⑨ 取决于个人的立场，私人品牌资金对公共和文化活动的投入可以被视为企业社会责任的一种表现⑩，或是在欠缺其他来源资金的情况下的无奈之举，或是经济殖民主义的一项举措。

21.06 （3）这种入侵不仅在常规广告和传媒中常见，也表现在对私人空间和公共空间（譬如，学校课程和学校建筑物）的入侵。在这点上，品牌所体现的形象并非在消费者之外为消费者个人或团体所崇拜的东西，而成为一种“社会经历”或“活生生的现实”⑪。

21.07 （4）随着大品牌公司缴纳的税收占公共收入比例的持续减少，品牌所有人为了自身利益支持或成功地破坏公共事件的作用逐渐增强。品牌所有人因此能够自诩为公众捐助人，尽管他们的目的实际上是为将其品牌植根于消费者的意识而创造进一步的平台。⑫

21.08 （5）随着全球品牌力的持续增长，品牌所有人所实现的规模经济，以及将生产外包于全球最贫穷因此劳动力最便宜地区的行为，具有扼杀规模较小的竞争者的效果，从而（a）城市中心的购物区域被同化；（b）即便没有实际消除消费者真正的选择权，选择权也被划定在大规模竞争者之间。⑬ 扼杀小规模竞争者的过程是共谋的，因为它需要其消费者持续的配合，然而消费者可能没有意识到他们

⑥ 《拒绝品牌》，第1章“全新品牌化的世界”。

⑦ 广告视觉的重要性反映于德国的座右铭“谁不广告，谁将消亡”。

⑧ 根据美国法典第15章第1125节第（a）（1）（A）条，保护商标所有人免受与商品物理性质毫不相同事项的诸如“附属、有关、联系……赞助或授权使用”而产生的混淆。在欧盟 Can Kabushiki Kaisha v Metro-Goldwyn-Mayer Inc，Case C-39/97［1999］ETMR 1，确定保护商标所有人，防止导致他人相信其商品来自“经济上关联企业”的行为，而无论那些商品的来源是什么。

⑨ 同上。

⑩ Marcel Knobil，《“拒绝品牌”品牌所未能阐述的》，载《大不列颠品牌》，2001年春天第13卷，第1页。

⑪ 《拒绝品牌》，第2章“品牌的扩张”。

⑫ 同上。

⑬ 《拒绝品牌》，第6章“品牌爆炸”。对该现象更清楚的描述，见 Susan George，《公司全球化》，载 Bircham 和 Charlton 编，《反资本主义：行动指导》（2001），第11～24页。

行为的后果。

(6) 鉴于大品牌不再仅仅具有商标功能，而是本身成为文化标记，公众会真诚地期望他们也能够有使用品牌的权利。但持有品牌的公司不会允许这种情况发生，并且运用知识产权例如著作权和商标权来抵制爱好者杂志对其品牌的使用，甚至抵制那些对其品牌形象微不足道的使用。⑭ 21.09

(7) 具有广告功能的媒体如新闻及广播电视行业越来越依赖于从少数强大品牌所有人处获得的收入。这反过来使品牌所有人得以操纵这些媒体，阻碍或防止有可能对品牌所有人或其品牌形象不利的新闻内容和特写，从而创造出： 21.10

> 一幅如同法西斯国家的公司行业景象，在这个环境中我们都向该品牌致敬，而鲜有机会对其进行批评，因为我们的报纸、电视台、互联网服务器、街道以及零售场所都被跨国公司利益控制着。⑮

当代大品牌主义的另一评论家卡勒·拉森（Kalle Lasn）预见的后果更为灰暗。他以非常感性的语言，描绘了公司狂热主义下国家自身的沦陷。他说道： 21.11

> *America*（美国）不再是一个国家，而是价值数万亿美元的品牌。America这个商标本质上与麦当劳（Mcdonalds）、万宝路（Marlboro）或通用汽车（General Motors）等商标没有什么不同。它不仅被推销给美国市民，也销售给世界各地的消费者。America品牌与民主、机会和自由这类的口号捆绑在一起。但正如作为活力和年轻叛逆的象征而出售的香烟一样，美国的现实与其商标形象大相径庭。America作为商标受到公司势力的干扰。它所选举出的官员为了保全其职位向公司力量屈服。软弱无力和幻象的观念扎根于商标内，而一种强烈的背叛感正在形成。⑯

(8) 消费者最终会怨恨自由文化空间的缺失，同时他们感到被因自己的购买而不是选举行为而具有影响力的品牌背叛。在这种背叛感的促使下，消费者将站起来反对他们的压迫者。对此，拉森引用了为人们熟悉的例子：在1998年电影《楚门的世界》（The Truman Show）中，一个公司自楚门（Truman Burbank）出生以来就领养了他，然后精心地对其生活进行复杂的安排和情感管理，在电视上24小时直播。只有在楚门自发做出一些事情时，才能摆脱既定次序，看到其被设计的生活之外的真实世界。慢慢地，他意识到只有一连串自发行为方能自 21.12

⑭ 《拒绝品牌》，第8章“公司监督”，尤其是第176～180页所引用的示例。

⑮ 同上，第187页。这段话同克莱恩的文章《领先标志：以品牌为例》中描述的一样不准确，载《经济学家》，2001年9月8日，第9页。

⑯ 《文化干扰》(2000)，概述，第xii页。

救。文化干扰面临同样的采取行动的紧迫性，以逃避消费者的预先设置。[17]

21.13 但楚门是文明时代的个人，《楚门的世界》最终也有一个欢喜结局。在克莱恩看来，现实却雇用了一组不同的剧作家：

> 当更多人发现全球标志网络中的品牌名称的秘密时，他们的愤怒将为下一次政治运动煽风点火，抗议的浪潮直指跨国公司，尤其是那些具有很高知名度品牌的公司。[18]

21.14 再次，拉森以坚定的措辞写道：

> 我们将抗击悄无声息的America品牌，通过有组织的力量抵制控制和管理该品牌的托拉斯势力。如同万宝路（Marlboro）和耐克（Nike）这些品牌，America品牌已经将其标志传播至各个地方。[19]

C. 拒绝托辞：做出回应

21.15 品牌滥用这一指控的后果是严重的，它伤及所有正直的品牌所有人。这是因为树立一项成功的品牌，起码在初期阶段，完全取决于能否给予消费者足够的满足感，从而使品牌所有人和消费者建立统一阵线，以维持相互关系。但是这些批评言论清楚地表明这种关系是对品牌所有人有利的，而对消费者、经济、环境以及自由选择均是不利的。

21.16 处理这些批评言论的一种途径是指出消费者在所谓的滥用过程中是自愿的：如果这是消费者所希望的，那么也就是消费者应该得到的，因为这就是事物的自然定理。正如心理学家所熟知的人们通常与利用其信任、信赖及身体的同伴建立深厚的情感联系的现象一样，我们也可以说，消费者与最终伤害他们的品牌之间形成深厚的情感联系的现象是很常见的，即便我们并不是非常理解。但这种处理不是解决问题的方法。用拟人化的词语来形容，立法扮演的是家长的角色并插手保护被欺骗的同伴，至少在药物、健康和安全以及产品责任领域也是如此。但在涉嫌品牌滥用的情况下并非如此。

21.17 那么，具有社会意识、客观诚实的商标所有人或律师应如何着手回应这些问题呢？

21.18 首先，我们应该意识到克莱恩举出的例子并非基于所有品牌所有人对所有品

[17] 《文化干扰》(2000)，概述，第107页。

[18] 《拒绝品牌》，第xviii页。

[19] 《文化干扰》，第xvi页。

牌的滥用行为。她所提出的问题只涉及部分全球品牌，尽管这些品牌具有巨大的品牌力，但仅仅构成所有品牌中的一小部分。克莱恩的指控不涉及大多数品牌所有人。当品牌所有人的品牌符合下列情况时，它们并未受到指控：（1）品牌实际上尚未全球化或未在全球化进程中；（2）品牌无意且没有成为文化标记，以及（3）品牌所有人没有试图（在合法的情形下，恶意地）利用品牌环境上、社会上以及经济上的优势，且没有在此过程中在品牌所有人公共形象和私人人格之间进行分隔。我们还应该意识到克莱恩批判的并非品牌自身，而是其所有人利用品牌实施的行为。[⑳] 一旦我们明白克莱恩批评的对象是少数大品牌公司控制者的行为，我们就会发现，“多数品牌所有人不是那样做的”这一说法并非对克莱恩所述情形的回应。然而我们应该意识到，很多并非品牌“恶霸”的企业受到全球大企业所展示出的企业精神、领导气质和巨大的赢利能力的影响。

我们不能假装有实力的公司不会为了最大化其商业行为的赢利能力而试图扩张 21.19
它们在市场及其他领域中的权力。这样做本身并没有错：这是它们得以在开放经济中发挥其作用的原因，也是为何我们将养老金投资于这些公司股票的原因。但我们在对市场权力最大化表示欢迎的同时，我们不一定欢迎公司在所处市场中滥用权力实施在本质上削弱竞争的行为（例如，划分市场、限制供货、设置零售价格联盟），因为这些行为将会削减或破坏保证开放市场效率的消费者的选择范围。

公司的规模越小，业务越集中，其确定并实现公司目标的可能性就越大。20 21.20
世纪50年代和60年代多数大品牌所有人均为大型复合架构的公司，涵盖了全部或大多数重要职能部门，如设计、制造、储存、经销、营销及零售。到20世纪90年代，这些公司或转型或被小型精干的企业取代，这些小型企业建立在品牌概念上而将制造功能以及其他劳动密集的职能部门外包。这种现象应是意料之中的：小型公司中相对精简的执行团队比工作于不同地方且各自期望时常不同的董事、营销人员、店面楼层雇用人员以及会计师们，更便于树立共同的目标和抱负。简而言之，一个小型且业务高度集中的公司比巨大笨重的公司能更有效地使用其权力，无论是善意使用还是恶意使用。

法律对企业试图以对现有经济和社会价值有害的方式行使财务及法律权力并 21.21
非毫无戒备。因此，法律通常在付款、劳工关系以及工作健康安全等领域规定所有人都必须遵守的最低标准，不管这对于企业利益而言造成何种不便。法律对市场滥用的潜在风险的意识，反映为抵制垄断、卡特尔以及滥用市场支配力量的法律形式。多数国家都采纳了实现此类目的的立法规定，并且它成为欧盟过去40

⑳ Tim Ambler，《品牌对英国是好东西么?》（英国品牌小组就职演讲，2000），第3页。

年来经济政策的支柱。㉑

21.22 要求企业尽社会及经济责任的法律对很多新生代品牌所有人的行为未做多少约束。例如，品牌持有公司可能会在税收责任最小甚至无须缴纳税收的国家合法建立；它们将产品的制造外包给劳工保护形同虚设或无法执行的国家。它们在法律防止商标权滥用但不约束品牌权力的国家进行交易。商标是纯粹商业环境（即市场）中的一个纯粹的法律概念（一种与商品或服务标志使用有关的垄断权）；然而，品牌是一个“跨领域”的概念：它是包含于图标中受到商标保护的一种形象或信息，植根于商业领域也深入文化领域。因此，可以推断对商标垄断滥用的考察不能适用于对品牌形象所有人滥用权力这一问题的考察。

21.23 克莱恩意识到负面报道可能使品牌力反过来对品牌所有人不利。无论品牌所有人是否滥用其权力，都会如此。因此，麦当劳公司在“Mcdonald’s Two”名誉侵权诉讼中的最终胜诉对麦当劳公司的影响，必然比其早先发起法律程序保护其著名品牌免受指控时预计的要更为负面。正如上述有关热带雨林破坏、残暴对待动物和职工的指控，虽严厉但最初并未得到大量宣传。㉒ 如果只能借助于传统的广告和营销传媒，那么消除针对品牌所有人的负面报道可能是昂贵或有限的，但我们不应低估一些非正式交流渠道的力量，如通过电子邮件发送信息，使用互联网或借助反病毒式营销。

D. 不能冒险：品牌力及商誉

21.24 品牌力对品牌所有人倒戈相向的事实，使我们识别出立足于品牌的企业与非立足于品牌的企业之间的重要区别。一个没有公众形象的企业相比一个品牌被公众熟知的公司更容易脱离公众的视线，从而更难对其加以责难。这是为何对如Nestle（雀巢）、Shell（壳牌）或Nike（耐克）品牌的抵制，相比于较少为人知晓的公司（如为很多公司生产通用商品或为超市提供超市自有品牌商品的公司）的抵制，在我们脑海中留下的影响要深远得多，即便后者对员工或环境的行为更让人憎恶。但要一个立足于品牌的公司从事真正的或所谓的恶行通常是非常困难的。为什么会如此困难呢？

㉑ 欧盟对控制实际的或涉嫌的滥用知识产权情况所贯彻的原则的完美论述，见 Inge Govaere，《欧盟法知识产权的使用和滥用》（1996）；可另见 Guy Tritton，《知识产权在欧洲》（2002），该书认为欧盟知识产权政策变得越来越容忍；见 Jeremy Phillips，《贱民、水虎鱼还是合伙人：欧洲知识产权新视野》，[1998] IPQ 107-12。

㉒ 见《拒绝品牌》，第 387～395 页以及引用的材料。

这个问题的答案就是“商誉”。流行品牌具有英国一法院所称的“成为风俗习惯的吸引力”[23]。当看到NIKE这个词或者斜对勾图时，人们不可能无动于衷。通过强有力的广告、同龄人的影响以及对某种生活方式的向往（不要忘记，这种向往可以通过愉快和积极的经验，如参观“Nike Town”销售店并购买符合潮流、称心如意的高质量商品的方式得以加强），人们已经被训练得对NIKE以及斜对勾图做出正面的反应。对耐克公司加以责难是可能的，就像人们通过牛鼻子上的缰绳拉牛一样，可以向耐克提出其在交易中产生的问题。但任何人这样做之前首先必须克服高涨的消费者商誉支持——不要忘记的是，耐克的商誉并非从他人处继承或在大街上白捡来的，而是费尽心血方与其公众消费者建立起来的。 21.25

上述情形也适用于在其他商事领域中的品牌。长达40年的反对烟草产业的调查、游说、诉讼和法律限制，最终都未能消除其主要的香烟品牌的影响力（尽管相关产品会上瘾的事实对于维持该市场上的品牌力很可能起了重要作用）。其他品牌在有关内幕交易[24]、政治方面[25]和税收方面的不当行为[26]、低生产标准[27]，以及顾客对服务不满意[28]的指控（但似乎并非对恶魔崇拜[29]的指控）下存活了下来。 21.26

人们该如何应对商誉的强大积极影响？答案不是简单的。近年来由公司自身损害或摧毁品牌力的情况，远多于品牌力被他人摧毁的情况。不同种类的品牌，根据其不同形象，面对特定威胁时尤为脆弱。例如，沃尔沃（VOLVO）作为安全的同义词，若其安全形象受到削弱则面临威胁。同样美体小铺（BODY SHOP）的健康形象会因污染环境或剥削发展中国家当地居民而受到玷污。但是，对品牌正面评价的攻击并不能总是轻易地进入那些脆弱领地。 21.27

㉓ Inland Revenue Commissioners v Muller※ Co's Margarine Ltd [1901] AC 217.

㉔ 例如 MARTHA STEWART 品牌，《玛莎的堕落》，www. guardian. co. uk/Print/0，3858，4445370，00. html。（玛莎是Mark & Spencer的创始人，2002年被指控犯有内幕交易罪。——译者注）

㉕ 见FORMULA ONE涉嫌向英国工党支付100万英镑提高影响力。www. news. bbc. co. uk/1/hi/uk _ politics/931708. stm。

㉖ 例如ERBITUX，ImClone系统的创始人Sam Waksal被判要求返还近430万美元的罚金和税收；见Erin Mcclam，《ImClone创设人获罪七年有期徒刑》，2003年6月10日，www. wallstreetbaloney. com 。

㉗ 一个显著的例子是SKODA，几十年来其产品质量都被嘲笑（如问：为何SKODA边窗很烫手？答：当你推开的时候可以暖手），但现在已经是受人尊敬的VOLKSWAGEN旗下品牌。

㉘ 例如意大利航空公司ALITALIA被嘲笑为“飞机在东京降落。所有行李却仍在阿姆斯特丹”（Aircraft Landing In Tokyo. All Luggage In Amsterdam）的缩写。

㉙ 宝洁公司“moon and stars”标志的衰落和消失，见 http：//www. ship-of-fools. com/Myths/02Myth. html，以及宝洁，《象牙构建的房子》（1988），第7页。（宝洁公司原先的商标是由月亮和13颗星星组成，月亮上有个男性面孔。——译者注）

21.28 另一种方式是将品牌力授予消费者。[30] 尽管这听起来牵强，但曾发生过消费者反抗导致公司无法控制的著名事例：1985 年 5 月可口可乐公司宣称其打算在其尊贵的可口可乐（COCA-COLA）商标下重新投入一种新改良的配方不同的可乐饮料。这项投入并非是不理性的决定：它根据的是可靠的试验以及消费者调查。消费者的反应则是不理性的，但最后胜利的是消费者。在很短时间里，可口可乐公司收到来自愤怒消费者的超过 40 万个电话以及 20 万封信和明信片。消费者行动团体组建起来，面对如此强烈的敌对游说，品牌所有人退却了。[31] 倘若有 60 万个消费者同样不辞辛苦地代表政治或经济敏感话题游说顽固的品牌所有人，会产生一定效果么？我们虽然不知道答案，但我们应该现实地承认：(1) 卷入抗议公司行动的消费者不大可能成为其忠实消费者；以及（2）一个面临消费者抗议的企业宁可放弃上述消费者的拥护可能带来的利益，从而避免承认错误的尴尬情景。

E. 无法改变：为何我们从不能充分利用公众作为最好的武器

21.29 最终，正如克莱恩意识到的，针对品牌滥用最有效的两项武器是消费者认知和消费者的愤怒。见多识广并且具有辨别能力的消费者不会允许其被充满激情的广告信息所蒙蔽，而会洞悉所售商品或服务背后的东西。消费者，一旦掌握了令其不愉快的信息，不仅会行使消费者选择权避开该品牌，还会质疑该品牌，采取积极行动将其拉回正轨。在这种情况下，品牌所有人自身面临着选择：是将其资源花费在对抗质疑上，还是接受批评并加以修正。

21.30 但就目前来看，这两项消费者武器不大可能被有效运用。原因起码有六个。

21.31 第一，市场上信息分布不是均衡的。尽管完美市场理论假设消费者对相关市场的商品具有完整的信息，但品牌所有人通常比消费者更了解与其共享市场的竞争者。品牌所有人能够通过销售调查、数据获取、剖析心理以及其他很多技巧来精确地确定目标，刺激和激发潜在的购买者。相反，购买者的购买不仅取决于建立在事实基础上的标准，如价格及对过去购买的满意度，还取决于其他因素，如他们的朋友或同学会怎样说：他们的购买是不是很酷或很糟糕？品牌流行度越广，酷的或者糟糕的问题主宰理性选择的可能性就越大。

[30] 一些国家主张消费者对大品牌公司相比对其他公司而言有更大的影响力。见《领先标志：以品牌为例》，载《经济学家》，2001 年 9 月 8 日，第 9 页；《谁穿了裤子?》，载《经济学家》，2001 年 9 月 8 日，第 27～29 页。

[31] Donald Keough，《品牌力的重要性》，载 Paul Stobart 主编：《品牌力量》（1994），第 26～28 页。

第二，多数高档品牌产品的消费者实际上并不想知道品牌背后的故事。很多对宠物狗宠爱有加的女士，并不想知道她们所使用的化妆品是否在实验室里用动物活体做试验。购买软底运动鞋的大多数年轻孩子也不关心异国他乡生产这些产品的同龄儿童的经济和社会生存状况。多数男人在驾驶他们梦寐以求的座驾时（或者，若他们没有那么富裕，则符合其经济实力的车时），也不关心提炼燃油所付出的环境代价。这并不是说不应该告诉他们这些他们并不希望知道的事实，而是消费者对这些事实的回应可能根据消费者在特定时候拥有的不同想法和感觉而有所不同。举一个简单的例子，对于大规模生产的、不健康且让消费者丧失选择权并造成环境破坏的快餐产品而言，一个消费者在刚刚吃完这些食品后，会比在连续10个小时没吃饭正饥饿难耐而恰好又受到发出吱吱响声的汉堡香味的引诱时，更容易对《拒绝品牌》一文所表达的主题产生共鸣。 21.32

第三，消费者并不是理性行事的。即便消费者获取了有关品牌所有人在生产、营销及环境方面所持立场的全部信息，也没有证据显示，消费者作为一个整体会做出正确的决定——假定我们知道理性消费者的实际行为是什么，以及在做出选择的时候，理性消费者只会有一种回应。一些消费者，当被告知软底运动鞋的生产是外包的时候，会感到羞耻并改变他们的购买习惯。但是，更多的消费者会在经历短暂的困扰后忘却这些困扰。其他一些人则漠不关心：他们只关心他们的鞋。还有一些人因为他们对运动鞋的选择遭受质疑而感到愤怒并怨恨。再有一些人认为这是对的，并继续购买那些在外生产的产品。他们认为应该为导致年轻失业者移居至自由港和工业区的贫困的农村地区提供哪怕是廉价的雇佣机会。所有这些回应都是可以理解的，而且所有这些回应均可以被描述为理性的或者具有一定的理性——但所有这些回应，不管怎样的不同，都因同样的事件而触发，即告知消费者其不想知道的信息。人们对此类信息的回应是否存在正确的优劣顺序呢？恐怕没有。 21.33

第四，消费者之间无利益共同体。一个消费者对一种实际的或所谓的不公感到愤怒，而对另外一件事则可能连轻微的不满都没有。这或许就是为何抗议活体解剖家养宠物的人多于抗议层架养殖母鸡（形容饲养鸡的空间十分狭窄——译者注）的人的原因。更少人关注养殖鱼的权利，也没有人抗议为获取蜜蜂赖以生存的蜂蜜，对蜜蜂整个蜂巢的利用情况。由于不存在利益共同体，消费者个人与他人联合起来抗议每个令其愤怒的问题的情况是非常少见和零散的，他们可能历经努力后最终失败。从而，曾经产生过极大影响的抗议者，比如干扰世界经济论坛以及“收复街道”行动，加入由不同抗议者团体结成的联盟而不是参与一个特定 21.34

的压力团体[32]，并非偶然的现象。

21.35 第五，识别人们在抗议什么比确定他们在保护什么要容易。在《拒绝品牌》中，克莱恩强调了消费者在面临他人灌输或强迫其接受的品牌价值时，重新主张其自身价值的需要和能力。品牌价值是稳定且容易识别的，但消费者个人的价值并非如此。例如，反对雀巢公司在发展中国家分销和推广婴儿配方奶粉的人们中间，一部分人乐于接受雀巢略微改变方案从而使人们更好地理解母乳和奶粉哺乳各自的优点，而另一部分人则坚持将雀巢公司解散并获得赔偿金，不愿意接受任何妥协。消费者群体会联合起来对抗雀巢，但未必会联合起来赞成单一的解决方案。

21.36 第六个原因可能是，在这个比之前任何其他时代都见证了更多的传统家庭和社会群体生活的传统观念破碎的时代中，每个人都是不同的，每代人也是不同的。由于一些人不属于任何家庭和社会群体，代表他们生活方式的品牌必然在他们当中很大程度上体现了他们的身份。对这些人而言，质疑他们生活中所崇拜的品牌的影响力实际上就是质疑他们本身。而且，并非所有品牌的价值都是负面的——尽管有时在批评家或有鉴别能力的分析家看来如此。1971 年“我愿为世界购买一瓶可乐”宣传大战，传承了可口可乐公司公开明确支持的“自由、民主、平等以及新生”的理念。[33] 这场竞争可能是综合性的，是基于增加销量的目的而对意识和情感的粗野操纵，但它所表达的价值却是真实的。早在 70 年代，一位评论家评论道：

> 美国这个国家的伟大之处在于它树立了最富有的人和最贫穷的人都能购买基本相同商品的传统。在看着电视的时候，你看到可口可乐，你知道总统喝着可乐，伊丽莎白·泰勒喝着可乐，而且想到，你也喝可乐。可乐就是可乐，多花多少钱也不会买到比一个流浪者在街角喝的可乐更好的可乐。所有的可乐都是一样的，并且都是很好喝的。伊丽莎白知道，总统知道，流浪者知道，你也知道。[34]

21.37 这种观点反映了可口可乐人人平等的观念，这种品牌价值无论是在 70 年代还是在今天同样正确。

F. 无所畏惧：为何不能打开消费者的意识

21.38 克莱恩所预见的场景是假设品牌所有人（有时被称为“品牌恶霸”）会

[32] 《拒绝品牌》，第 311～322 页以及所引用的材料。

[33] 见 Donald Keough，《品牌的重要性》，载 Paul Stobart 主编：《品牌力量》（1994），第 18～23 页。Keough 是可口可乐公司前任总裁及首席执行官。

[34] Andy Warhol，《Andy Warhol 哲学（从 A 到 B，再返回）》（1975），引自 Donald Keough，《品牌力量的重要性》，载 Paul Stobart 主编：《品牌力量》（1994），第 31 页。

坚持他们的习惯——倘若不通过激烈的政治运动，走上街头煽风点火，则不能改变现状。我们并不清楚克莱恩是认为消费者的意识能减少她所描述的品牌滥用，从而构成"最好的应对方案"，还是基于所有新秩序都会体现出无秩序和混乱这一理由，而将其视为"最糟糕的方案"。

我们不置疑克莱恩对该问题严重性的看法，但从其他水晶球中看到的景象可能是消费者的意识是不大可能被打开的。这种视角是在考虑了以下几点之后形成的： 21.39

(1) 克莱恩和她的同事们通过使用尖锐和感性的词语以及吸引广泛关注的方式期望避免其预言的实现。消费者意识的缺乏构成品牌滥用持续存在的重要因素，这在上文中已有论述。但是毋庸置疑的是，在过去两年里消费者意识水平急转而上。这并不仅仅是由于《拒绝品牌》一书的销售，网络已被证明是获取重要事实并进行讨论的理想媒介。除此之外，法院所允许的[35]当事人可审慎地将商标及品牌作为元标志使用，以及ICANN仲裁员在善意注册品牌批评网站问题上勉强达成的妥协[36]，为那些希望参与讨论的人提供了机会。

(2) 过去两年中，在发达国家内外，对传统智慧怀疑主义的氛围与日俱增。因此，对各种各样的问题，如安全和基因、改良庄稼、人类和动物克隆、难民的待遇、抗击政府和私人企业进行的恐怖主义，以及艾滋病传染病治疗专利的授予等问题的辩论，以前是在决策者层面进行的，现在却史无前例地在消费者层面进行着。基于这种辩论的增多，同时鉴于精心规划的对争议物品的破坏时常发生，政府在修正他们的立场，而超市也将（争议）商品从货架上撤下。

(3) 品牌霸主在其股东的鼓励下，会一直向利润最高和投资回报最大的领域进军。如果当消费者不需要那么多MCDONALD'S，开麦当劳店面不会再有好处时，麦当劳会专注于其他项目，例如注重健康生活模式的三文治连锁店"Pret A Manager店"。当潮流从咖啡转移到其他饮料时，STARBUCKS也会转移它的重心。消费者在这个过程中有一定的话语权，他们中的多数现在无须外力的激励也会参与其中。

(4) 克莱恩提出的个案是尖锐的，正如任何一个以解决问题为核心的竞选者，她选择了最适于其目标的案例和主张。这不是说她完全忽略了品牌持有公司

---

[35] 见 Ste Gervais Danone v Societe Le Riseau Voltaire，societe Gandhi，Valentin Lacambre［2003］ETMR 321；Association Greenpeace France v SA Societe Esso［2003］ETMR 441（巴黎上诉法院）。

[36] 见 Leonard Cheshire Foundation v Darke，2000-0131号决定［2001］ETMR 991。

的慈善行为[37]和对社会和环境有益的行为。但是，大公司“做好事”的作用——她在多数场合下承认——不是她文章的主旨（除了在BODY SHOP的情况下，“做好事”被描述为操纵消费者的行为）。克莱恩质疑这些施与能否被这些公司未交的税收所抵消，但这个问题也不是其文章的主旨。重点是，公司的确通过它们的慈善行为获得了额外的商誉，这些行为所带来的影响力对于获益的公司不是无用的。如果机构和个人会感谢有恶行的公司的话，那么壮大的消费者革命的时机便尚未成熟。

G. 非善恶大战：商标诉讼的威胁

21.40 在这点上我们应该回到作为本章伊始的主题中：商标所有人有能力创造演变为文化标记的商标，而商标法的保护使其不受大众所需要的舆论的侵害，即：通过滑稽模仿、讽刺或其他方式提出批评的舆论，这种舆论在品牌所有人眼中，伤害文化标记的商业或文化价值。

21.41 回顾第8章中有关非侵权行为的冗长清单，能使普通大众对商标法实现品牌所有人保护其财产与公众消费者使用该财产利益之间的可靠平衡有更多的信心。从该章中，我们可以看到商标所有人受到妥善的保护，以防止（1）对其商标的不正当竞争使用，以及（2）竞争者的市场破坏主义和机会主义行为，这些几乎都不针对公众消费者本身。

21.42 克莱恩引用“芭比女孩”故事的主要目的，实际上不是表明文化偶像的使用人没有权利，而是表明了只有那些既有勇气公然藐视品牌所有人又有足够金钱支付诉讼费用的人才可能试图行使那些权利。如果未经授权将品牌作为文化标记使用的情况是公开、大规模的并且获取了较多利润，那么必然是上文描述的情形；但当未经授权的使用人规模较小且资金不足，起诉他们的成本与获得的利益不成正比时，则并非如此。因此，只要美泰仍然是个营利性企业，它从事的每起诉讼——无论是起诉录音公司MCA还是起诉用芭比娃娃肖像装饰蛋糕的mon-and-pop商店——均是商业上的决定。如果美泰意识到（或促使其意识到）不起诉比起诉能获得更多财务利益和商业稳定性时，公司也会选择不起诉。

[37] Marcel Knobil在其短文《“拒绝品牌”所未能阐释的》中列举了一些大规模公司慈善施与的例子，《不列颠品牌》第13期，2001年春季刊，第1页，以及同名作者的《谁穿了裤子?》(载《经济学家》2001年9月8日）一文指出，品牌例如CADBURY（吉百利）和HERSHEY（好时）实际上是建立在品牌所有人慈善活动之上的。

我们在本章先前部分谈到了更好地教育消费者并使他们充分认识品牌背后含义的需要。教育品牌所有人也是必要的。如果我们意识到下面几点，就会认为这一点是显而易见的： 21.43

（1）保护企业在品牌上的投资免受各种形式侵蚀——通过淡化、模糊、玷污或任何其他法律概念造成的侵蚀——是一种正当的需要，公司律师教育其客户在侵蚀发生时如何应对侵蚀威胁。然而，一些品牌所有人显然把诉讼作为应对品牌未经授权使用情况的自然首选回应方式，其他品牌所有人则不是如此。未经授权的使用可以看做是恭维也可以看做是侮辱；它能够增强品牌力和认知度，也可能降低或淡化它。当孩子们在涂鸦的墙上绘画品牌图像时，他们对墙的损害多于对品牌街头信誉的损害。因此，品牌所有人首先应该学会，诉讼并非第一步，而是行动过程中在其他所有方法都失败后的最后一步。㊳

（2）品牌所有人需要明白并非所有消费者都是他们的消费者，品牌力的扩散可能在那些并非品牌所有人的顾客中产生恐惧、怨恨以及愤怒。消费者选择权就部分体现在公众成员不会总是要面对他们不喜好的品牌。

（3）品牌所有人必须意识到，商标法的内在机制要求他们面对批评，即便该批评明确地提及该品牌所依赖的商标。本书已经探讨了很有价值但未被充分利用的比较广告的技巧。㊴ 在一个所有参与人的行为都同样令人憎恶的市场中，产品比较广告的价值微不足道；但如果基于产品质量、价格、环境影响或其他内容可以将参与人分为好人和坏人，那么好人应该至少得到鼓励，使其理解和意识到他们采取措施的相对安全性。个人也可以批评品牌所有人，而且无须担心，因为公平及负责任的批评受到言论自由的保护。品牌所有人应尊重这项权利而不是以保护商标为借口，在商标尚未受到威胁时就试图压制批评。

（4）品牌所有人必须接受他们所看到的评论家立场的相互不一致，是“万花筒”视角——对同一现象从不同角度同时观看——所造成的自然并不可避免的后果。消费者喜欢选择，但他们中的很多人也乐于排他地选择他们挑中的品牌；消费者需要物美价廉的商品，这一点能够在有质量控制机制的前提下通过向第三世界进行生产外包来满足，但是他们也需要非外包生产所提供的工作机会。品牌所有人希望能感受到他们“拥有”他们的消费者，但消费者也希望感到“拥有”他

㊳　在英国和爱尔兰，如果商标所有人威胁向无辜方提起此后被证实是毫无根据的侵权诉讼，则可以“恐吓”为由向商标所有人提起诉讼；在其他国家，这种恐吓作为不正当竞争也是可诉的。见第 14 章第 14.101～14.115 段。

㊴　见第 8 章。

们所选择的品牌。同样的不一致性存在于规范品牌所有人经营行为的法律中，知识产权授予了强有力的垄断权，但竞争法又打破这种垄断。这里不存在简单的“对”或“错”——我们面对的是在品牌所有人、竞争者及其消费者之间交互的利益关系以及冲突中不断摇摆的状态：法律不是单行线，法律必须能够在两个方向上均提供便利。

H. 结语

21.44 纳奥米·克莱恩对于大品牌力量和影响力的担忧并非庸人自扰，但她所强调的滥用不限于品牌所有人：它们也存在于不同种类的大型公司中。对这类滥用行为的修正不仅仅由商标和品牌保护群体来完成。克莱恩认为商标法是品牌所有人手中的武器，便于其操纵消费者。但是商标法是把双刃剑，当它授予排他性保护权利、保护品牌操纵者时，同样的法律也提供了大量的防御措施，防止对言论自由、竞争和诚实使用利益的侵犯。

译后记

本书——《商标法：实证性分析》，是欧洲著名商标法学者杰里米·菲利普斯教授多年研究商标的成果结晶。菲利普斯教授既有在欧洲顶尖律师事务所如司力达（Slaugter & May）等事务所做知识产权顾问的经验，也有多年在英国大学从事商标研究和任教的经历，对商标法基本原理有着全面、透彻、精深的理解。如作者在前言中所述，“自1973年起，商标就成了我的面包、黄油和果酱”。从2002年开始，作者“厚积薄发”，用一年多时间完成了这部以欧洲商标法为研究基础的“扛鼎之作”。作者在中文版序中表达了希望能向全世界讲述商标法重要性的良好愿望。译者也期冀本书的中译本能够在中国帮助实现这一愿望，同时为国内的商标研究事业做出自己的微薄贡献。

译者概括本书的三个特点：全面、深入、生动，在此与读者分享。

一、全面性

本书涉及商标法领域全部知识要点，整体上可分为五个部分。第一部分（第1～6章）从“为什么选择商标”这一起始问题出发，分析注册制度和基本原则，之后分析各类型商标的注册性、通用术语问题，对于商标注册保护的合理性基础做出了全面的阐释。在第二部分（第7～9章），作者解析了那些应被认为侵权的行为，以及包含合理使用的各种类型的非侵权行为，并以欧洲法为基础对亦属侵权关联问题的权利穷竭进行了分析。在第三部分（第10～12章），作者笔锋一转，由浅入深地剖析了商标权侵害问题，即首先解释商标相同或近似、商品及服务相同或类似及关联的“混淆可能性”问题，继而分析欧洲商标侵权制度的另一重要问题：声誉、不公平利用和损害，之后以比较研究的方式探讨了国际公约规定下美国法和欧盟法分别对驰名商标和著名商标的保护特点。本书的第四部分（第13～14章）重点论述了商标之上不同利益主体的对抗程序，将商标异议、撤销和注销程序形象地喻为“杀戮战场”，先后论述不同程序的基础和类型，以及商标诉讼程序的禁令、损害、赔偿、威胁、不侵权宣告等问题。第五部分（第15～21章）涵盖内容较多，触及商标法律体系内非核心但依然重要的内容，包括涉及商标的交易、医药等特殊领域商标，商标与互联网，地理标记，商标选择的法律、文化、商业、心理四种因素，商标的社会形象等问题。在全面介绍商标问题的同时，本书也做到了层次分明、详略得当、重点突出，第一到第四部分共计 14 章内容而占本书近五分之四的篇幅，均为商标法的核心问题。

二、深入性

在注重全面地实证性解析商标法的同时，对于商标核心问题阐述的深入性是另一重要特点。雅各布法官在原书序言中指出，涉足商标领域的人们会惊异地发现自己“遇到了真正的知识难题”。作者在书中对商标法上的诸多知识难题如“庖丁解牛”般逐一解释。本书目录的详尽程度以及书中俯拾皆是的阐释性案例便是深入性的明证。例如，在第 3 章的“商标注册制度的主要特点”这一核心主题下共有 11 个小标题，在第 9 章的“一些与穷竭有关的有趣问题”中亦有 11 个被逐一解释的问题。深入性反映了作者在商标法领域的博学多思。作者从 1973 年开始以商标法为主要研究方向，到 2002 年写作本书时，已有三十年之久。本书将商标法核心问题的所有关联内容讲得深入透彻，切中要害。读者定会体察到作者“三十年磨一剑”向世人讲述商标法重要性的良苦用心。

三、生动性

从笔者多年学习法律的经历而言，除本书以外，笔者尚未读到过其他如本书一样“生动”的中文或外文法律著述，本书篇幅如此之大却仍能做到生动，体现了作者深厚的语言功底。作者在前言中提及曾对其他一些商标类书籍有过“苛刻”的评价，如“在细节问题上太过冗长”、“充斥着别人的见解，没有任何有意义的评论”、“鹦鹉学舌般乏味地复述法律或者危险地解释法律”，表示将收回此类评价并表达感谢。法学教科书的平铺直叙、缺乏文采问题倒也具有“国际共通性”，国内书店中售卖的少数商标法教科书因内容重复而使得读者提不起兴趣，难以有购买或阅读的冲动。本书的生动性体现在三个方面：一是开篇前的小故事和打油诗，读者会被故事的情节和打油诗深深吸引，更有兴趣阅读相关内容；二是作者在阐释问题时往往采用生动的商标案例加以说明，这恐怕也部分归因于品牌故事本身的生动性；三是书中的相关内容采用了商标图示和框图的形式，更加清晰明了。再次引述雅各布法官所言：“它不是那种会让你打盹的法律读物。请阅读、欣赏吧。”

在译者看来，对本书会产生浓厚的阅读兴趣并会最终受益匪浅的读者群主要包括以下四类：

一是法官。国内知识产权法院或知识产权审判庭的法官们审理大量的商标、专利、版权等类型知识产权案件，在涉及商标的不同利益间努力进行平衡，既要保护商标权利，又不能“过度”保护而侵害其他法益，其实这绝非易事。在根据国内商标成文法规定做出裁判的同时，法官也会希望了解域外特别是欧盟、美国、澳大利亚等商标法发达国家的商标体系、法理基础以及审判实践，例如在商标驳回复审行政及相关民事诉讼审理涉及外文商标显著性及保护范围、立体商标是否给予保护及保护范围的时候，外国法院的既往裁断经验会被适当参考和关注。本书中作者所引证的很多欧盟案例会给中国的知识产权法官带来一些启发。在跨国公司就同一商标在多国申请注册或寻求保护时，中外法官会遇到相同的保护问题，如飞利浦公司的剃须刀头立体商标案。此外，基于国家间共同保护知识产权的需要，《保护工业产权巴黎公约》、《与贸易有关的知识产权协议》等知识产权国际条约的规定，已在国内商标法中有深刻的烙印，包括驰名商标保护、地理标志、侵权程序等，对国际公约所关注的重要商标保护问题，本书中的欧盟等国案例和理论也提供了很好的视角。“他山之石，可以攻玉”。在商标领域，这本书正具有这样的借鉴价值。商标行政主管机构中负责审查、复审、异议、撤销、无效等工作的审查官员，和法官一样，同属于这一读者群。本书会给他们讲述“原汁原味”的外国商标案例故事。

二是律师。同其他领域律师一样，商标律师也奉行“当事人主义”的理念，面对纷繁复杂的商标法及关联问题，在法律真理与客户的需求之间孜孜以求。好的商标律师既需要有丰富的法律知识、精湛的律师技能，也需要了解域外商标制度的历史及演进，从国外案例裁判所体现的法律智慧中汲取营养，提升理论水平。作为商标法的直接践行者，商标律师在工作中会遇到各种类型的商标法实体和程序问题，如显著性、描述性、暗示性、功能性、第二含义 、真实使用、定牌加工、商标的知名度和“驰名”、优先权、国际注册、全球监测、“中心打击”、异议、撤销和无效、平行进口、区域穷竭、共同侵权等问题。但即便从业十年以上的商标律师，也未必精通商标法律服务的全部领域。本书共有 21 章，涵盖商标领域的全部重要制度和理论问题。对于那些不想仅撰写“八股文”式法律文件的律师而言，在基本的商标教科书以外，本书是帮助提升商标业务水平的绝佳参考书。从初级律师到合伙人的各级别律师都会发现其价值所在。无论是在与客户的工作交往中，还是在与国外律师就案件沟通的过程中，熟读本书的律师读者们都会更欣喜地意识到本书的重要作用。就前者而言，律师因深入阅读本书而致知识水平有所提高后会多一份自信；就后者来说，本书实际上在各国商标法律人之间架起了一座沟通与合作的桥梁。“共同商标语言”的增多对中国商标律师涉外业务范围的开拓也具有重要的意义。

三是公司法务或称公司内部律师。此类读者的范围可以很广，不仅包括那些处理日常知识产权各类型实务的法务工作者，也包括围绕公司品牌战略和品牌商品或服务的市场营销而工作的全部人士，如对品牌的确立、培育、管理和保护等重大问题有决策权的公司领导层，需在企业并购中解决商标尽职调查等问题的非知识产权业务公司律师。读完本书，有些最初对商标法了解不深的法务人员应会改变对商标曾有的片面理解，扭转商标是“法学不那么有意思的一个分支”的印象，在为寻求解决实现公司商业目标的知识产权保护问题的过程中，与外部商标律师的交流合作也将更有效率。公司内部律师在阅读本书了解商标法基本理论问题的同时，对当代中国曾经或正在发生的品牌故事或许会有新的体会，对商标保护在实现公司商业目标方面的裨益有更深刻的感悟。

四是研究商标、专利、版权等知识产权法律问题的高等院校或研究机构的学者和研究人员，从广义上来说既包括知识产权专门研究人员、教师、博士硕士研究生，也包括主修或辅修知识产权法的本科学生，甚至还包括在关联经济和管理学领域对品牌战略问题进行深入研究的研究者。实际上，很多密切关注国外商标法律和实务动态的学者或学者型法官或律师已经注意到这本著述，并在著述中对原书多有引述。从中文研究便利的角度看，本书中译本在阅读和引述上相较原文虽非“原汁原味”，但更为直观易读。学者在商标著述中可以自由选择是引述原书英文版，还是中译本。对于学生读者而言，在众多有指导价值但或多或少有些“枯燥”的商标教科书以外，也会发现本书的精妙之处和魅力所在。本书或许不能直接有助于学生商标法考试成绩的提高，但作者以深入浅出的笔触生动地讲述商标案例和分析问题，定会对尚在读书的商标法学习者有莫大的吸引力，鼓舞他们去求索商标法问题的答案。我们又在何处能寻得到另一本每章开篇前有虚拟故事或打油诗的法律参考书呢？

最后，笔者有必要解释一下本书“漫长”的翻译过程。本书最早由笔者于2004年年末年在国家图书馆外文阅览室中发现并决心翻译成书，导师郭寿康教授原拟将之纳入其主编的知识产权法学译丛中。那时，笔者尚在中国贸促会专利商标事务所商标一部从事商标代理工作，先邀请了当时在商标二部工作的同事廖飞参与翻译，我们二人首先分工完成了若干重要章节的翻译工作。由于翻译量较大，笔者又先后邀请了中国人民大学2005级法学博士同年王燕和2006级博士陈洁加入翻译团队。历经一年多翻译，译文一稿完成，但因商标术语和翻译风格未能统一等问题，我们感觉还需要下大力气修改完善。2008年年末本书翻译完成，二稿相对一稿在风格上更为统一，王燕博士和我承担了此次校译工作。由于赴美留学及工作变动原因，翻译工作搁置了数年。现在看来未能使中译本早些与读者见面，笔者颇感遗憾。

2011年8月，笔者加入君合律师事务所，继续知识产权律师生涯，主要仍从事侵权诉讼等类型的商标法律工作。在适应了新岗位之后，2012年本书的第三轮校译工作再次启动。一方面由原翻译团队重新审读各章节，另一方面笔者邀请了君合律师事务所的翻译组全体同事分章节对全书进行了全面校读，确保中译本与原文的词法、句法准确对应，力争避免翻译错漏。笔者之后再次进行了全书的审校工作，最终完成译稿审订工作的时间已是2014年，相距原书出版之日已有十年。十年间，原书并未再版，欧洲商标法律制度也有了一些变动，但本书并非一本拘泥于某时某地的具体商标保护制度的著述，因此重要价值并未因岁月的流逝而降低。出版十年以后，本书依然是欧洲最重要的商标著述之一，是欧洲商标律师的必读参考读物。

由于原书篇幅较长，翻译团队中两位译者皆是在工作之余从事此项翻译工作，虽经历两轮校译，仍难免疏漏或错译，相关责任尽由作为译者之一和审校者的笔者承担。对翻译疏漏、改进建议等问题，衷心请予谅解并请发函至笔者邮箱(maq@.junhe.com)。在此表示最诚挚的谢意！

中译本的最终出版，笔者也有许多要感谢的人。首先最重要的，感谢菲利普斯教授，向世人提供了如此之好的一本商标法著作！感谢廖飞律师、王燕博士、陈洁博士热情加入翻译团队并承担相应部分的翻译工作，在全书成稿的过程中团队精诚合作，发挥了重要作用，没有三位的鼎力参与，中译本的出版是不可能完成的。感谢导师郭寿康教授对翻译项目给予的恳切鼓励和谆谆教诲。感谢君合律师事务所翻译组全体同事在校读方面给予的重要支持。感谢中国人民大学出版社编辑郭虹女士。我延迟交付译稿数年，给出版社带来了不便，在此致歉并对其建议和耐心致以由衷谢意。最后感谢我的妻子韩笑女士，她对我和爱女的辛苦照顾使我可以心无旁骛地从事商标法实务和研究工作，使我在成为优秀学者型律师的道路上继续大步前行，并对出版更多更好的著译成果充满信心！

此外还需要说明，本书中文版书名为《商标法：实证性分析》，英文原版书名为“TRADE MARK LAW：A PRACTICAL ANATOMY”。本书中文版基于英国牛津大学出版社2003年版翻译完成。

以下为本书译者简介和分工介绍。

译者简介：

马强（1974— ），中国人民大学法学博士，现为君合律师事务所合伙人；

王燕（1979— ），中国人民大学法学博士，现在广东外语外贸大学任教；

陈洁（1981— ），中国人民大学法学博士，现在中国农业银行总行任职；

廖飞（1975— ），北京大学文学学士、英国伦敦大学学院（UCL）法学硕士，现为金杜律师事务所合伙人。

翻译分工：

马强：序言、第7、8、9、18、19章，以及全书审校；

王燕：第1、6、10、12、17、20、21章，第5章的5.44～5.152；

陈洁：第11、13、14、15、16章；

廖飞：第2、3、4章以及第5章的5.01～5.43。

全书校读：

赵欣、杨士纪、赵雪星、彭剑、董祎白、孙春华、徐媛、叶世宝、刘又铭、左玉茹、徐皓月。

马 强

2014年10月 北京

Trade Mark Law-A Practical Anatomy was originally published in English in 2003. This translation is published by arrangement with Oxford University Press and is for sale in the Mainland (part) of the People's Republic of China only.

《商标法》英文版 2003 年出版。简体中文版由牛津大学出版社授权中国人民大学出版社出版，仅限中国大陆地区销售发行。

图书在版编目（CIP）数据

商标法：实证性分析/［英］菲利普斯著；马强主译．—北京：中国人民大学出版社，2013.9

ISBN 978-7-300-18040-3

Ⅰ.①商… Ⅱ.①菲…②马… Ⅲ.①商标法-研究 Ⅳ.①D913.04

中国版本图书馆CIP数据核字（2013）第217914号

商标法：实证性分析

［英］杰里米·菲利普斯（Jeremy Phillips）著

马　强　主译

Shangbiaofa：Shizhengxing Fenxi

出版发行	中国人民大学出版社		
社　　址	北京中关村大街31号	**邮政编码**	100080
电　　话	010－62511242（总编室）		010－62511770（质管部）
	010－82501766（邮购部）		010－62514148（门市部）
	010－62515195（发行公司）		010－62515275（盗版举报）
网　　址	http://www.crup.com.cn		
	http://www.ttrnet.com(人大教研网)		
经　　销	新华书店		
印　　刷	北京联兴盛业印刷股份有限公司		
规　　格	170mm×250mm　16开本	**版　　次**	2014年10月第1版
印　　张	38.25 插页2	**印　　次**	2014年10月第1次印刷
字　　数	707 000	**定　　价**	198.00元